고시넷

포스코그룹 PAT

생산기술직 인적성검사 기출예상모의고사

[적성검사 + 한국사 + 인성검사]

4회분

정오표 및 학습 질의 안내

정오표 확인 방법

고시넷은 오류 없는 책을 만들기 위해 최선을 다합니다. 그러나 편집에서 미처 잡지 못한 실수가 뒤늦게 나오는 경우가 있습니다. 고시넷은 이런 잘못을 바로잡기 위해 정오표를 실시간으로 제공합니다. 감사하는 마음으로 끝까지 책임을 다하겠습니다.

고시넷 홈페이지 접속 > 고시넷 출판-커뮤니티 > 정오표

www.gosinet.co.kr

모바일폰에서 QR코드로 실시간 정오표를 확인할 수 있습니다.

학습 질의 안내

학습과 교재선택 관련 문의를 받습니다. 적절한 교재선택에 관한 조언이나 고시넷 교재 학습 중 의문 사항은 아래 주소로 메일을 주시면 성실히 답변드리겠습니다.

이메일주소 qna@gosinet.co.kr

차례

포스코그룹 PAT [생산기술직] 정복

파트 1 포스코그룹 PAT [생산기술직] 기출예상모의고사

| Contents |

파트 2 인성검사

파트 3 면접가이드

책속의 책

파트 1 포스코그룹 PAT [생산기술직] 기출예상모의고사 정답과 해설

구성과 활용

1 포스코그룹 소개

포스코그룹에서 추구하는 경영이념, 비전, 핵심가치, 인재상 등을 수록하였으며 포스코그룹 계열사들에 대한 정보를 한눈에 파악할 수 있도록 구성하였습니다.

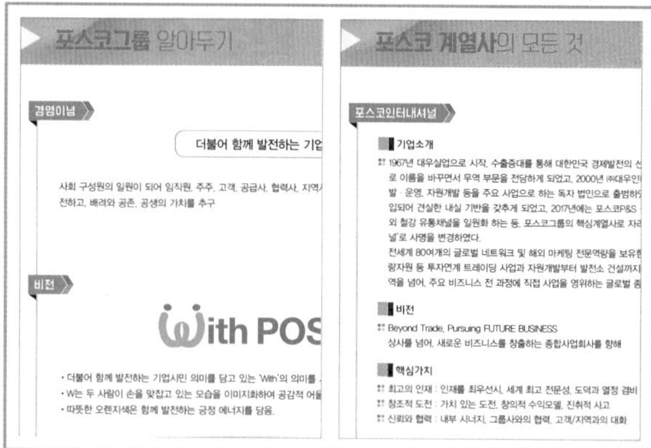

2 포스코그룹 PAT [생산기술직] 채용 분석

포스코그룹의 채용절차와 특징, 시험영역 등을 쉽고 빠르게 확인할 수 있게 구성하였습니다.

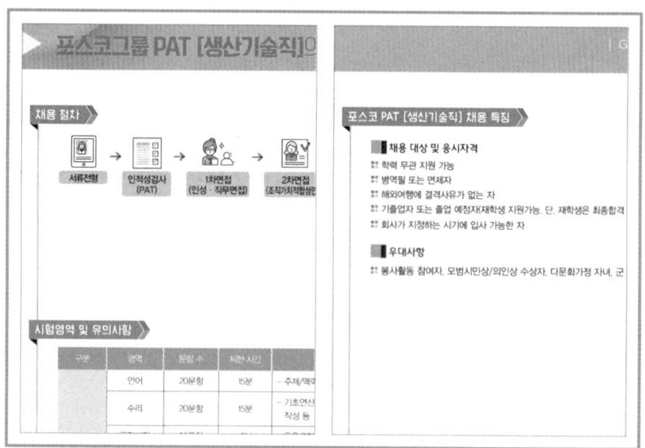

3 기출예상문제로 실전 연습 & 실력 UP!!

최신 기출문제 유형에 맞게 구성한 총 4회분의 기출예상문제로 자신의 실력을 점검하고 완벽한 실전 준비가 가능하도록 구성하였습니다.

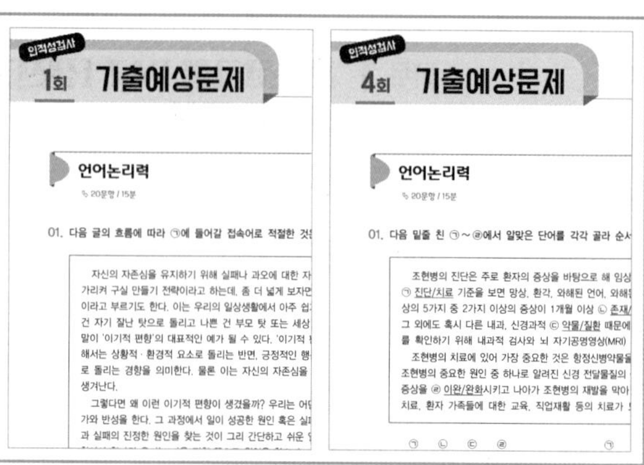

4 인성검사 & 면접으로 마무리까지 OK!!!

채용 시험에서 최근 점점 중시되고 있는 인성검사와 면접 질문들을 수록하여 마무리까지 완벽하게 대비할 수 있도록 하였습니다.

5 상세한 해설과 오답풀이가 수록된 정답과 해설

기출예상문제의 문제에 대한 상세한 해설을 수록하였고 오답풀이 및 보충 사항들을 수록하여 문제풀이 과정에서의 학습 효과가 극대화될 수 있도록 구성하였습니다.

포스코그룹 알아두기

경영이념

더불어 함께 발전하는 기업시민

사회 구성원의 일원이 되어 임직원, 주주, 고객, 공급사, 협력사, 지역사회 등 여러 이해관계자와 더불어 함께 발전하고, 배려와 공존, 공생의 가치를 추구

비전

With POSCO

• 더불어 함께 발전하는 기업시민 의미를 담고 있는 'With'의 의미를 시각적으로 전달
• W는 두 사람이 손을 맞잡고 있는 모습을 이미지화하여 공감적 어울림이 지속됨을 표현
• 따뜻한 오렌지색은 함께 발전하는 긍정 에너지를 담음.

활동영역

Business
Biz 파트너
(협력사 · 고객사 · 공급사)

• 공정 · 투명 · 윤리 실천
• 동반성장
• 최고의 제품 · 서비스

Society
사회공동체 · 개인
(지역사회 · 주변이웃)

• 사회문제 공감 · 해결기여
• 지역사회 발전 · 환경경영
• 나눔활동 참여

People
포스코그룹
임직원

• 안전하고 쾌적한 근무환경 조성
• 공정 인사 · 안정적 노사관계
• 다양성 포용 · 일과 삶의 균형

인재상

"실천의식과 배려의 마인드를 갖춘 창의적 인재"

- **실천(Action)**
  '실천' 의식을 바탕으로 협업하여 시너지를 창출하는 인재
- **배려(Consideration)**
  겸손과 존중의 마인드로 '배려'하는 인재
- **창의(Creativity)**
  유연한 사고와 지속적 학습으로 도전적 아이디어를 제시하는 인재

포스코인터내셔널

기업소개

- 1967년 대우실업으로 시작, 수출증대를 통해 대한민국 경제발전의 선도적 역할을 수행해 왔으며, 1982년 ㈜대우로 이름을 바꾸면서 무역 부문을 전담하게 되었고, 2000년 ㈜대우인터내셔널로 분할되면서 국제무역, 인프라 개발 · 운영, 자원개발 등을 주요 사업으로 하는 독자 법인으로 출범하였다. 2010년에는 포스코그룹의 일원으로 편입되어 견실한 내실 기반을 갖추게 되었고, 2017년에는 포스코P&S 철강사업부문 흡수합병을 통해 그룹내 국내외 철강 유통채널을 일원화 하는 등, 포스코그룹의 핵심계열사로 자리매김하였으며 2019년에는 '포스코인터내셔널'로 사명을 변경하였다.
  전세계 80여개의 글로벌 네트워크 및 해외 마케팅 전문역량을 보유한 국내 1위 종합상사로 철강, 자동차부품, 식량자원 등 투자연계 트레이딩 사업과 자원개발부터 발전소 건설까지 밸류체인을 구축, 전통적인 무역 상사의 영역을 넘어, 주요 비즈니스 전 과정에 직접 사업을 영위하는 글로벌 종합사업회사이다.

비전

- Beyond Trade, Pursuing FUTURE BUSINESS
  상사를 넘어, 새로운 비즈니스를 창출하는 종합사업회사를 향해

핵심가치

- 최고의 인재 : 인재를 최우선시, 세계 최고 전문성, 도덕과 열정 겸비
- 창조적 도전 : 가치 있는 도전, 창의적 수익모델, 진취적 사고
- 신뢰와 협력 : 내부 시너지, 그룹사와의 협력, 고객/지역과의 대화

포스코건설

기업소개

- 1994년 출범하여 지난 28년동안 연평균 14%의 성장을 이뤄내며 글로벌 경쟁력을 갖춘 종합 건설회사로 도약하였다. 글로벌 Top-tier 수준의 제철플랜트 기술 기반으로 철강 · 발전 · LNG플랜트에서 두각을 나타내고 있으며 세계 각지에서 도로, 경전철, 항만 등 SOC사업과 신도시 개발, 초고층 빌딩 등 건설의 모든 분야를 수행하고 있다.

핵심가치

- 안전 : 안전을 최우선 가치로 삼아 "안전 경영" 실천
- 신뢰와 소통 : "현장 경영" 강화로 프로젝트 중심의 조직문화 구축
- 혁신과 성장 : "사람 – 기술 – 시스템" 기반의 사업관리 체계 고도화

포스코에너지

기업소개

- 포스코그룹의 에너지 전문기업으로서 발전, 연료전지, 신재생에너지사업을 추진하고 있다. 1969년 에너지사업을 시작한 이후 50여 년간 수도권에 안정적으로 전력을 공급해오고 있으며, 부생가스복합발전소 운영 및 유연탄발전사업 진출을 통해 국내 최대 민간 발전사로 성장해 왔다. 또한 신재생에너지사업을 추진하여 정부의 '재생에너지 3020' 정책을 이행하고 있으며, 인도네시아, 베트남 등 해외발전사업을 영위하고 있다.

비전

- Gas&Power 중심의 글로벌 종합 에너지 회사

핵심가치

- 열정 : 주인정신 · 도전 · 프로의식
- 소통 : 신뢰 · 배려 · 협력
- 상생 : 생태계 번영 · 사회적 책임
- 녹색창조 : 친환경 성장 · 창조와 혁신

포스코ICT

기업소개

- 철강, 건설, 에너지 등 산업 전반에 IoT, 빅데이터, 인공지능, 블록체인과 같은 최신 ICT기술을 접목하는 '스마트化'를 주도적으로 수행하고 있다. Smart Factory 분야에서 세계 최초로 철강산업의 스마트화를 성공적으로 추진하였으며, 4차 산업혁명 플랫폼인 '포스프레임(PosFrame)'을 개발하였다. 또한 첨단 기능의 빌딩과 친환경 미래도시를 구축하는 Smart Building & City, 친환경 에너지 발전과 효율적 소비를 지원하는 Smart Energy 분야로 확산하여 국내 선두주자로 자리매김하고 있다.

포스코모빌리티솔루션

기업소개

- 포스코인터내셔널의 3개 사업부문을 통합해 분사하여 2020년 4월 2일 출범하였다. STS냉연/정밀재, 모터코아 등을 생산, 유통하고 후판가공 및 철구조물 제작을 전문으로, 향후 연간 100만톤 이상의 철강 소재를 취급해 안정적인 수익구조를 확보할 예정이다.

비전

- Global No.1 Mibility Solution Provider

핵심가치

- 신뢰 · 소통 : 감사와 배려, 내부시너지, 고객 · 지역과의 대화
- 안전 : 인간 존중, 자기주도 안전활동, 규칙의 철저한 준수
- 고객지향 : 상생가치창출, 산업생태계 번영, 최고의 제품&서비스
- 창의 · 도전 : 창의적인 사고, 열정적인 도전, 실효 중심 업무

포스코엠텍

기업소개

- 1973년에 철강원료 및 철강포장 전문기업으로 시작하여 지난 50여 년간 포스코 및 해외제철소에 철강부원료의 공급과 철강포장에 관한 모든 작업을 수행해왔다. 비철금속 제련 및 합금철 등 소재사업 영역을 개척하여 철강산업과의 시너지를 창출하고, 자원재활용 사업을 통해 친환경 글로벌 소재전문기업으로 나아가고 있다

미션

- 철의 가치를 높이는 글로벌 포장&소재 전문기업으로 인류에 기여

핵심가치

- 안전, 환경, 혁신, 경쟁력, 신뢰와 배려

포스코O&M

기업소개

- 포스코의 공익기업 문화와 고객 서비스를 통한 기술 경영을 바탕으로 시설물 유지/관리, 주택관리, 부동산 임대 및 관리 사업 등을 주요 사업 영역으로 가진다. 고객과의 신뢰 구축을 통해 빌딩 경영 관리 부문에 있어 최고의 선두주자로 발돋움하려 하고, 전문적이고 차별적인 서비스 회사로 발전해 나가고 있다.

인재상

- 실천 의식과 올바른 가치관을 가진 인재
- 배려의 마인드를 갖춘 인재
- 창의적 인재

포스코기술투자

기업소개

- 1997년 6월 18일 설립된 포스코홀딩스와 포항공대로 구성된 안정적인 주주기반의 신기술금융사이다. 혁신패러다임의 미래산업을 선도할 유망 신기술사업자 및 벤처기업을 발굴, 육성하고 있다.

비전

- We are the Best Financial Company

핵심가치

- Smart system of the Company, Industry Knowledge, Intergrity of Employees, Compassion for Society

포스코터미날

기업소개

- 2003년 1월 포스코와 일본의 미쓰이물산이 합작하여 설립되었다. 대형선박을 이용하여 국외 원산지로부터 석탄 및 원료를 대양운송 후 광양 및 포항 CTS(Central Terminal System, 대량화물유통체제) 기지에 하역, 보관, 가공을 거쳐 고객이 원하는 시점에 도착지까지 운송하는 복합물류서비스업을 수행하고 있다.

비전

- 동북아 최고의 종합물류회사

미션

- 고객의 행복을 나르는 기업

전략

- 미래 성장 투자
- Value Chain 확대
- 경영 인프라 쇄신

포스코A&C

기업소개

- 포스코의 100% 출자사로서 포항제철소 건설사업에 필요한 전문기술을 지원하기 위해 1970년 설립되었다. 건축의 기획, 설계, 시공, 감리 및 사후관리까지 건축의 일련과정에 대해 종합수행이 가능하며 기술력이 바탕된 설계와 제철플랜트CM 기반의 건축CM역량, 공기단축과 품질향상이 가능한 Design Build, 그리고 건축의 패러다임을 바꾸는 Modular 사업 등 차별화된 건축서비스를 제공하고 있다.

비전

- SMART A&C, 강하고 지속 가능한 건축 Platform

핵심가치

- 창의, 협력, 기술, 안전

포스코스틸리온

기업소개

- 1988년 포항철강공단 1단지에 연산 30만톤의 능력을 갖춘 아연도금강판 및 알루미늄도금강판 생산업체로 설립된 포항도금강판을 모체로 하여, 2004년 11월 15일에 제2도금공장을 준공하여 연산 100만톤 체제를 완성하고 아연도금강판 및 알루미늄도금강판, 다양한 색상과 패턴의 컬러강판을 생산하여 표면처리강판 전문기업으로 발돋움하고 있다.

비전

- Steel design & solution global top company

미션

- 단압Mill로서 業의 한계 극복 및 신성장 동력 확보
- 고기능 컬러강판의 Design 차별화로 강건재 시장 생태계 조성

SNNC

기업소개

- 포스코와 뉴칼레도니아의 최대 니켈광석 수출 회사인 SMSP사가 합작 설립하였다. 스테인리스강의 주원료인 페로니켈과 기타 부산물을 생산, 판매하고 있다. 단일 규모로 세계 최대 생산능력의 전기로를 갖추어 최고의 기술력을 바탕으로 품질 및 에너지 절감에서도 세계 최고 수준의 페로니켈 공장으로 발돋움하여 페로니켈 제조의 새로운 역사를 만들어 가고 있으며 국내 최초로 페로니켈을 생산, 포스코에 공급함으로써 안정적인 원료 확보는 물론 국가 6대 전략광물 확보에도 기여하고 있다.

포스코알텍

기업소개

- 지식자산 전문기업으로 2017년 6월 8일 설립되었다. 고객에게 기술정보 조사 및 전문적 분석을 통해 Insight를 제공하고, 기술 보호와 권리화 지원 서비스를 통해 지식자산 가치를 최대화하며, 항상 고객과 함께 성장 발전하는 지식자산 토털 솔루션 기업을 지향한다.

비전

- 지식 Life Cycle 전 영역에서 고객가치를 제공하는 '지식자산 Total Solution' 기업

핵심가치

- 기술사업운영 능력을 Level up하고 그룹 지식자산 사업화를 위한 내 · 외부 지식 융합 플랫폼 제공
- 기술경쟁의 첨병으로서 내 · 외부 기술정보 조사 및 전문적 분석을 통해 고객 Insight 제공
- Data 기반 특허분쟁 지원과 현장밀착형 서비스 병행으로 고객의 특허 경쟁력 지원

포스코케미칼

기업소개

글로벌 석탄화학 및 탄소소재 전문기업으로 화학과 소재 분야에서 시장을 선도하는 제품과 서비스로 차별화된 고객 가치를 만들어 나가고 있다. 1963년 삼화화성으로 출발하여 기초 산업소재 분야에서의 기술과 풍부한 경험, 독창적인 노하우를 바탕으로 새로운 도전을 계속하고 있다. 포스코의 포항과 광양제철소에 국내 최대 규모의 생석회를 공급하고, 콜타르와 조경유 등의 생산 기반이 되는 석탄화학 산업에도 진출했으며, 미래 고부가가치 소재 산업인 2차전지 음극재, 침상코크스 등에서도 세계 시장을 선도하는 세계 최고의 석탄화학 및 탄소소재 전문회사로 도약하고 있다.

비전

화학&에너지소재 Global Leading Company

핵심가치

신뢰, 창의, 도전, 안전

미션

최고의 제품으로 새로운 가치를 창출하여 행복한 사회를 만든다.

피엠씨텍

기업소개

2012년 11월 대한민국 최초 프리미엄 침상코크스 제조기업으로 포스코케미칼의 우수한 경영 인프라와 미쓰비시케미칼의 세계 최고기술, 미쓰비시 상사의 Global Network Marketing이 만나 설립되었다. 제철과정에서 발생하는 부산물인 콜타르를 원료로 하여 업계 최고의 기술력과 체계적이고 전문화된 공정을 통하여 침상코크스, 피치코크스, 크레오소트오일, 나프탈렌오일 등 기초 산업 소재분야에서 다양한 부가가치를 창출하는 고품질의 제품을 생산하고 있으며, 지속적인 기술혁신과 품질 향상을 통해 고객 가치 창출에 기여하고, 미래 탄소소재 산업의 새로운 가치를 창조한다는 사명감으로 끊임없는 도전과 혁신을 거듭하고 있다.

비전

GLOBAL MAJOR 탄소소재 전문 Maker

핵심가치

- 고객가치 기술
- 글로벌 인재 양성
- 시장맞춤형 마케팅

포스코휴먼스

기업소개

- 장애인, 고령자, 다문화가정 등 다양한 취약계층에게 안정된 일자리를 제공하기 위해 포스위드(자회사형표준사업장)와 포스에코하우징(사회적기업)을 합병해 만든 회사이다. 이웃들의 자립적 삶을 돕고 함께 행복을 나누는 세상을 만들어 가는 데에 기여하고 있다.

비전

- 국내 1호 장애인 사업장 위상에 걸맞은 자립형 사업환경 구현

미션

- 사람을 먼저 생각하며 이웃과 함께하는 기업

PNR

기업소개

- 2006년 7월 신일본제철(이하 신일철)의 RHF(Rotary Hearth Furnace, 회전로상식 환원로) 기술을 이용한 조인트벤처(Joint Venture) 설립 제안을 받아들여 2008년 1월에 설립된 출자사이다. RHF 공정을 통해 원료로 제철소 제선 및 제강공정의 집진 더스트와 수처리 슬러지를 연간 20만톤 처리해 14만톤의 DRI(Direct Reduced Iron, 직접환원철)를 제조하고, 제품의 장거리 운송을 감안해 조괴공정을 추가로 설치하며, 최종제품으로 HBI(Hot Briquette Iron)를 생산하고 있다.

비진

- 부산물 자원화 Global Leading Company

전략방향

- Know-How 등 고유기술 확보
- Zn제거율 향상 설비 강건화
- Process 개선 통한 부산물 자원화 확대

핵심가치

- 안전, 윤리, 신뢰, 환경

포스코그룹 PAT [생산기술직]의 모든 것

채용 절차

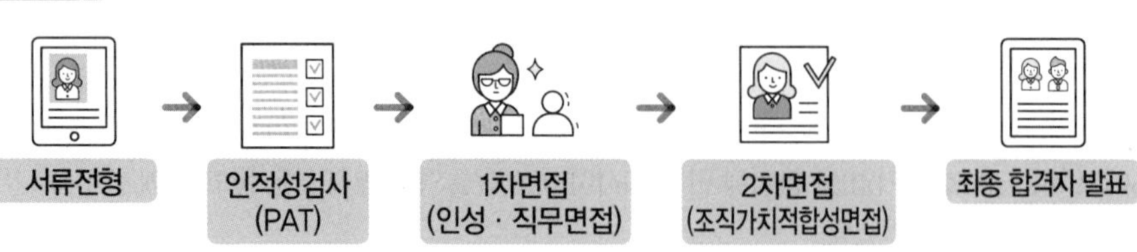

시험영역 및 유의사항

구분	영역	문항 수	제한 시간	출제 유형 및 비고
적성검사	언어	20문항	15분	– 주제/맥락 이해, 언어추리, 문서작성, 언어구사 등
	수리	20문항	15분	– 기초연산, 도표/수리자료 이해 및 분석, 수리적 자료 작성 등
	공간지각	20문항	15분	– 응용공간지각, 도형 추리 등
	문제해결	20문항	15분	– 대안탐색 및 선택, 의사결정 등
	집중력	20문항	10분	– 문서점검, 오류탐색 등
	상식	25문항	30분	– 한국사, 과학, 회사 현황
인성검사		450문항	50분	–

※ 채용 절차, 시험 영역, 시간 등은 계열사 및 시기별로 상이할 수 있음.

포스코 PAT [생산기술직] 채용 특징

채용 대상 및 응시자격

- 학력 무관 지원 가능
- 병역필 또는 면제자
- 해외여행에 결격사유가 없는 자
- 기졸업자 또는 졸업 예정자(재학생 지원가능. 단, 재학생은 최종합격 시 현재 학력 인정 불가)
- 회사가 지정하는 시기에 입사 가능한 자

우대사항

- 봉사활동 참여자, 모범시민상/의인상 수상자, 다문화가정 자녀, 군 장교/부사관, 한국사/어학성적 보유자

포스코 합격전략 코칭

- 준비물 : 수험표(감독관 확인), 신분증(주민등록증 또는 외국인등록증, 여권, 운전면허증 중 하나)
- 최근 난도가 높아지고 문제 유형에 변동이 있으므로 다양한 유형을 풀어봐야 한다.
- 시간관리가 관건이므로 문제를 풀고 바로 OMR 응답용지에 마킹하여 시간을 단축한다.

문항 수 · 시험 시간

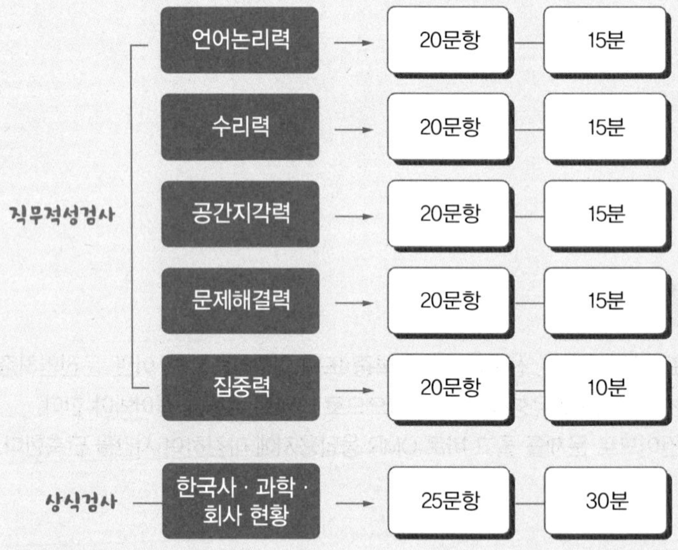
직무적성검사
언어논리력
20문항
15분
수리력
20문항
15분
공간지각력
20문항
15분
문제해결력
20문항
15분
집중력
20문항
10분
상식검사
한국사 · 과학 · 회사 현황
25문항
30분

파트  포스코그룹 PAT [생산기술직]

기출예상모의고사

1회 기출예상문제

2회 기출예상문제

3회 기출예상문제

4회 기출예상문제

1회 기출예상문제

시험시간 | 100분
문항수 | 125문항

정답과 해설 2쪽

언어논리력

20문항 / 15분

01. 다음 글의 흐름에 따라 ㉠에 들어갈 접속어로 적절한 것은?

> 자신의 자존심을 유지하기 위해 실패나 과오에 대한 자기 정당화 구실을 찾아내는 행위를 가리켜 구실 만들기 전략이라고 하는데, 좀 더 넓게 보자면 그런 심리를 가리켜 '이기적 편향'이라고 부르기도 한다. 이는 우리의 일상생활에서 아주 쉽게 목격할 수 있다. 우리말 중 '좋은 건 자기 잘난 탓으로 돌리고 나쁜 건 부모 탓 또는 세상 탓으로 돌린다'는 말이 있는데 이 말이 '이기적 편향'의 대표적인 예가 될 수 있다. '이기적 편향'은 우리의 부정적인 행동에 대해서는 상황적 · 환경적 요소로 돌리는 반면, 긍정적인 행동에 대해서는 우리의 내부적 요소로 돌리는 경향을 의미한다. 물론 이는 자신의 자존심을 높이거나 방어하려는 욕구 때문에 생겨난다.
>
> 그렇다면 왜 이런 이기적 편향이 생겼을까? 우리는 어떤 일을 끝마친 후 그 일에 대해 평가와 반성을 한다. 그 과정에서 일이 성공한 원인 혹은 실패한 원인을 따져 보려 하지만 성공과 실패의 진정한 원인을 찾는 것이 그리 간단하고 쉬운 일은 아니다. 그러나 어쨌든 원인을 찾아야 한다면 우리는 마음 편한 쪽으로 원인을 찾으려고 한다. 특히 실패를 했을 때는 우리의 자존심이 상하지 않는 방향으로 원인을 찾으려고 한다. (㉠) 실패의 원인은 늘 타인과 상황, 시기 등 나 자신이 아닌 다른 데 있게 되는 것이다.
>
> 이렇게 이기적인 것이 사람의 마음이다. 이기적 편향은 치사하고 비겁하게 보이기는 하지만, 일이 잘못됐을 때 실패의 원인을 남의 탓으로 돌림으로써 나의 자존심을 유지하는 심리적인 방어 능력이기도 하다. 그러나 실패했을 때마다 자기반성은 하지 않고 남의 탓만 하다가는 자기 발전을 이룰 수 없다. 자존심이 상하더라도 실패의 진정한 원인을 찾기 위해 냉정히 자기 내면의 소리에 귀를 기울여 볼 필요가 있다.

① 그리하여　　② 하지만

③ 그리고　　④ 반면

02. 다음 글을 읽고 추론한 내용으로 옳은 것은?

> 미국의 저명한 경영학자인 P 교수에 의하면 소비자의 구매 경로는 인지, 호감, 질문, 행동, 옹호의 과정을 거친다고 한다. 이 중에서 기업이 그들의 역량을 집중시켜야 하는 부분은 바로 기업의 옹호자를 만드는 과정이다. 기업의 옹호자가 된 소비자는 기업이 추구하는 철학에 공감하고 기업으로 인해 자부심을 느끼기도 하기 때문이다.
>
> 기업의 옹호자를 만들기 위해 기업에게 필요한 요소는 진정성이다. 오늘날의 소비자는 제품의 가격, 품질보다는 기업의 진정성을 구매의 기준으로 삼는 경우가 많다. 이는 기술의 발달로 제품의 품질과 성능이 비슷해지면서 제품 간 차별성이 약해졌기 때문이다. 사회적으로도 기업의 투명성이 강조되면서 기업의 진정성이 어떤 방식으로 전달되는지가 중요해졌다.
>
> 기업의 진정성이 중요해진 데에는 소비자의 진화가 결정적인 요인으로 작용했다. 소비자가 기업이 제공하는 정보에 의존하던 과거와 달리 오늘날에는 소비자가 실제 제품을 사용해 본 타인의 사용 후기, 전문가 의견, 블로거 리뷰 등의 간접적인 경험을 통해 제품 구매를 결정한다. 따라서 기업은 자신들의 의도대로 소비자의 인식을 바꾸려 하기보다는 제품에 관한 모든 것을 투명하게 공개한 후 이를 직 · 간접적으로 접하게 되는 소비자의 경험 가치를 관리해야 한다. 오늘날의 소비자는 자신의 구매 활동이 개인적 활동인 동시에 사회적 의미도 내포하고 있음을 알고 있다. 이에 따라 가격과 품질만 좋다면 기업의 이미지와는 상관없이 제품을 구매했던 과거와 다르게 오늘날의 소비는 기업이 지닌 철학과 기업의 이미지를 고려하여 비록 가격이 조금 더 비싸더라도 사회적으로 긍정적인 효과를 주는 제품을 구매하기도 한다.
>
> 진정성은 광고나 구호 등으로 표현되는 것이 아니라 생산 소비의 모든 과정에서 일련의 행동을 통해 나타나므로 기업이 진정성을 보이기 위해서는 기업의 철학과 이를 실천하고자 하는 구성원의 노력이 필수적이다. 기업은 제품 자체에 대해 진정성을 나타낼 수 있고 때로는 고객에 대해, 때로는 사회적 가치에 대해 진정성을 나타낼 수도 있다. 비록 기업에 약간의 결점이 있더라도 기업이 소비자와 공감대를 형성하고 겸손함과 같은 미덕을 보여 준다면 소비자는 그 기업을 투명한 기업으로 느끼면서 기업을 신뢰하고 옹호하게 된다.

① 제품에 관한 정보를 얻을 수 있는 경로가 다양해지면서 기업의 진정성 전달은 더욱 중요해졌다.

② 기업의 진정성을 전달하기 위해서는 소비자의 인식변화를 이끌어 내는 광고를 하는 것이 효과적이다.

③ 진정성을 보이는 전략은 기업의 이미지 개선에 도움이 되지만 매출 증대에는 별다른 영향을 주지 못한다.

④ 옷을 팔 때마다 저소득층에게 그만큼의 옷을 기부하는 것은 제품 자체에 대해 진정성을 나타내는 방법이다.

03. 다음 글의 밑줄 친 부분과 의미가 가장 유사하게 쓰인 문장은?

> 물론 관광호 이전에 특급 열차가 없었던 것은 아니다. 일제 강점기에도 경부선에 아카쓰키호라는 특급 열차가 있었고 해방 이후에는 해방자호, 재건호, 약진호 같은 열차가 있었다. 1955 ~ 1960년에 운행하던 경부선 특급 열차의 이름은 통일호와 무궁화호였다. 구간별로 경부선에는 맹호호, 호남선에는 백마호와 같이 각기 다른 이름이 붙던 시절이었다. 그 뒤를 이어 등장한 관광호는 특급 열차로 분류되었지만 일반적인 특급 열차 위에 군림하는 초특급에 해당했다.
>
> 1974년은 철도사에서 매우 중요한 해이다. 수도권 최초의 전철이 개통되었고, 특급 열차인 관광호에 '새마을'이라는 새 이름이 붙었다. 전국으로 새마을 운동이 <u>번지던</u> 시기였다. 열차의 구분도 새마을호, 무궁화호, 통일호, 비둘기호의 등급 체계로 바뀌었다. 기차가 달라진 것은 아니지만 관광호 대신 새마을호라는 이름은 이때부터 고급 열차의 새로운 상징이자 한국 열차의 정점이 됐다.

① 공부방에서 간간이 책장을 <u>번지</u>는 소리가 들린다.
② 전염병이 마을에 <u>번져</u>서 손쓸 사이도 없이 많은 이가 희생되었다.
③ 일본의 역사 교과서 왜곡에 대한 규탄 대회가 전국으로 <u>번질</u> 기미이다.
④ 서로 주장만 내세워 계속 협상이 결렬되자 심각한 표정이 장관 얼굴에 <u>번졌다</u>.

04. 다음 중 어법상 올바르지 않은 문장은 모두 몇 개인가?

> ㉠ 국회가 제정한 '고용차별금지법'은 효력이 실효된 전과, 고용의 형태, 연령, 사회적 신분 등을 이유로 한 차별 행위를 금지하는 내용을 담고 있다.
> ㉡ 재난, 사고 등으로 인하여 방음벽이 파손되더라도 방음판이 분리되어 흐트러지지 않는 구조로 설계하여 방음판의 비산 등으로 인한 2차 피해를 예방하여야 한다.
> ㉢ 가까이 있는 병원으로 갔는데 차도가 없어서 시내에 있는 대형병원으로 옮겨 드렸다.
> ㉣ 지난번 지진으로 피해를 본 주민들에게 겨울철 이전에 주택복구를 위해 천만 원의 자금을 지원받기로 하였다.

① 0개 ② 1개
③ 2개 ④ 3개

05. 다음 글에 나타나는 글쓴이의 견해와 일치하지 않는 것은?

어떤 연구자는 리더십을 '목표 달성을 위해 행사되는 영향력'이라 정의 내리고, 리더의 공통된 자질로서는 지력, 교양, 전문지식, 정력, 용기, 정직, 상식, 판단력, 건강을 꼽았다. 그러나 실제로 리더가 갖추어야 할 조건이란 이론적인 것이며, 상황에 따라 달라지는 것이다.

정치세계에 있어서의 리더십의 요건이 경제계, 군대 또는 교육계에 있어서의 요건과 같을 이유는 없다. 정계만을 생각할 때, 그 나라가 어떠한 상황에 놓여 있는가에 따라 필요한 리더십도 달라진다. 즉, 어디에서나 기능하는 유일하고 절대적인 리더십의 존재는 수긍하기 어렵다. 리더십을 강력한 통솔력인 것처럼 해석하는 사람도 있으나, 자유방임형이나 상담형의 리더십이란 것도 존재할 수 있으며, 상황에 따라서는 후자의 유형이 유효하게 기능하는 경우도 있다. 물론 마찬가지로 어떤 조직에서 다른 유형의 리더십이 제대로 기능하는 경우 또한 있을 수 있다.

리더십이란 특정인만이 갖고 있는 특수한 자질이 아니다. 리더가 될 수 있는 잠재적 능력은 선천적, 생득적(生得的)인 것이 아니라 오히려 후천적인 것이며, 거의 대부분의 사람은 인위적 훈련에 따라 어떤 형태의 리더십을 몸에 익히는 것이 가능하다. 그러나 모든 조직, 집단, 국가는 광의로서의 환경 속에 존재하며, 이것과의 적합성이 항상 의문시된다. 어려운 것은 리더십을 몸에 익히는 것보다도 어떠한 리더십을 몸에 익히고, 발휘하면 되는 것인지를 아는 것이다. 통솔력이 뛰어나고 강력한 리더가 되는 것보다도 그 조직 또는 환경에 있어서 바람직한 리더상이 무엇인가를 간파하는 것은 본질적으로 중요하면서도 어려운 문제이다.

① 조직별로 리더에게 요구되는 자질은 다르므로 뛰어난 장군이 뛰어난 정치가가 될 수 있다고 단정지을 수 없다.

② 독재형 리더십이 제대로 기능할 수 없었던 조직이나 국가에서 상담형 리더가 정점에 서면 제대로 기능할 가능성이 있다.

③ 지금까지의 리더와 전혀 다른 자질 · 사고방식의 소유주가 리더가 되더라도 종래와 마찬가지로 통치나 관리를 잘 수행할 수도 있다.

④ 정치세계에서는 강력한 통솔력보다 자유방임형이나 상담형의 리더십이 더 효과적이다.

06. 다음 글의 서술 방식에 대한 설명으로 적절한 것은?

언젠가부터 우리 바닷속에 해파리나 불가사리와 같은 특정한 종들만이 크게 번창하고 있다는 우려의 말이 들린다. 한마디로 다양성이 크게 줄었다는 이야기다. 척박한 환경에서는 몇몇 특별한 종들만이 득세한다는 점에서 자연 생태계와 우리 사회는 닮은 것 같다. 어떤 특정 집단이나 개인들에게 앞으로 어려워질 경제 상황은 새로운 기회가 될지도 모른다. 하지만 이는 사회 전체로 볼 때 그다지 바람직한 현상이 아니다. 왜냐하면 자원과 에너지 측면에서 보더라도 이들 몇몇 집단들만 존재하는 세계에서는 이들이 쓰다 남은 물자와 이용하지 못한 에너지가 고스란히 버려질 수밖에 없고 따라서 효율성이 극히 낮아지기 때문이다.

다양성 확보는 사회 집단의 생존과도 무관하지 않다. 조류 독감이 발생할 때마다 해당 양계장은 물론 그 주변 양계장의 닭까지 모조리 폐사시켜야 하는 참혹한 현실을 본다. 단 한 마리 닭만 질병에 걸려도 그렇게 많은 닭들을 죽여야 하는 이유는 인공적인 교배로 인해 모든 닭이 똑같은 유전자를 가졌기 때문이다. 따라서 다양한 유전 형질을 확보하는 길만이 재앙의 확산을 막고 피해를 줄이는 길이다.

이처럼 다양성의 확보는 자원의 효율적 사용과 사회 안정에 있어 중요하지만 많은 비용이 들기도 한다. 예를 들어 출산 휴가를 주고 노약자를 배려하고, 장애인에게 보조 공학 기기와 접근성을 제공하는 것을 비롯해 다문화 가정, 외국인 노동자를 위한 행정 제도 개선 등은 결코 공짜가 아니다. 그럼에도 불구하고 다양성 확보가 중요한 이유는 우리가 미처 깨닫고 있지 못하는 넓은 이해와 사랑에 대한 기회를 사회 구성원 모두에게 제공해 주기 때문이다.

① 다양성 확보의 중요성에 대해 관점이 다른 두 주장을 대비해 설명하고 있다.

② 다양성 확보의 중요성에 대해 예시를 통해 설명하고 있다.

③ 다양성이 사라진 사회를 여러 기준에 따라 분류하고 있다.

④ 다양성이 사라진 사회의 사례들을 나열하고 있다.

07. 다음 중 (가)～(라) 문단의 중심내용으로 적절하지 않은 것은?

> (가) 정부와 공공기관은 수요공급의 조절이 어렵고 가격변동이 크게 발생하는 농산물의 가격 안정을 위하여 다양한 수급 안정 사업을 실시하고 있다. 하지만 정책처의 사업 분석에 의하면 유통 비용이 과다하게 발생하고, 채소류의 가격이 크게 변동하는 등의 문제점이 여전히 해소되고 있지 못한 상태이다. 문제점을 구체적으로 살펴보면 다음과 같다.
>
> (나) 먼저 무의 경우 20kg당 연평균 도매가격이 20X6년 9,692원에서 20X8년 17,420원으로 80% 가량 상승한 것으로 나타났으며 배추의 경우 1kg당 연평균 가격이 20X6년 479원에서 20X8년 1,086원으로 2배 이상 상승했다. 이처럼 채소류의 가격 상승은 농산물의 안정적인 수급을 방해한다. 뿐만 아니라 농산물의 가격 변동 폭 또한 확대되고 있는 추세이다. 배추의 연도별 월 기준 최고, 최저 가격의 차이는 20X6년 1kg당 467원에서 20X8년 1,522원으로 커졌다.
>
> (다) 더불어 농산물의 소비자가격 중 유통 비용이 차지하는 비율은 감소시킬 필요가 있다. 20X7년을 기준으로 농산물이 도매시장을 경유하는 경우 45.8%가 유통 비용으로 소요된 반면, 농가에서 유통센터로 직접 공급하는 경우에는 41.5%가 유통 비용으로 소요되었다. 직접 경로는 기존 도매시장 방식에 비해 간접비와 이윤이 낮기 때문에 유통 비용 감소에 도움이 되며, 그에 따라 농가가 수취하는 부분도 증가하여 농가 수취 개선에 큰 도움이 될 수 있다.
>
> (라) 농산물 수급 안정 정책의 성과 개선을 위하여 정부와 공공기관은 위와 같은 문제점에 유의하여 정책을 수립해야 한다. 효과적인 정책 방안은 다음과 같다. 첫째, 채소류 농산물 가격 변동폭을 감소시키기 위해 계약 재배를 확대하고, 자조금을 활용하여 자율적 수급 조정 기능을 강화시키는 정책을 마련하는 것이 중요하다. 둘째, 농산물 유통 비용의 감소를 위해서 농가에서 직접 유통센터로 공급하는 신유통 경로를 적극 활용하여 유통 경로를 축소할 필요가 있다.

① (가) 가격 인상을 위한 농산물 정책의 부작용

② (나) 농산물 가격의 상승과 변동폭 확대 추세

③ (다) 농산물 유통 과정 개선을 통한 유통 비용 절감 방안

④ (라) 농산물 수급 안정을 위한 정책 제안

08. 다음 글의 문맥에 따라 빈칸에 들어갈 문장으로 적절한 것은?

우주는 물체와 허공으로 구성된다. 물체와 허공 이외에는 어떠한 것도 존재한다고 생각할 수 없다. 그리고 우리가 허공이라고 부르는 것이 없다면 물체가 존재할 곳이 없고 움직일 수 있는 공간도 없을 것이다. 허공을 제외하면 비물질적인 것은 존재하지 않는다. 허공은 물체에 영향을 주지도 받지도 않으며, 다만 물체가 자신을 통과해서 움직이도록 허락할 뿐이다. 즉, 물질적인 존재만이 물질적 존재에 영향을 줄 수 있다.

영혼은 아주 미세한 입자들로 구성되어 있기 때문에, 몸의 나머지 구조들과 더 잘 조화를 이룰 수 있다. 감각의 주요한 원인은 영혼에 있다. 그러나 몸의 나머지 구조에 의해 보호되지 않는다면, 영혼은 감각을 가질 수 없을 것이다. 몸은 감각의 원인을 영혼에 제공한 후, 자신도 감각 속성의 몫을 영혼으로부터 얻는다. 영혼이 몸을 떠나면, 몸은 더 이상 감각을 소유하지 않는다. 왜냐하면 (　　　　　　　　　　　　　　　　　　　　) 물론 몸의 일부가 소실되어 거기에 속했던 영혼이 해체되어도 나머지 영혼은 몸 안에 있다. 또한 영혼의 한 부분이 해체되더라도, 나머지 영혼이 계속해서 존재하기만 한다면 여전히 감각을 유지할 것이다. 반면에 영혼을 구성하는 입자들이 전부 몸에서 없어진다면, 몸 전체 또는 일부가 계속 남아 있더라도 감각을 가지지 못할 것이다. 더구나 몸 전체가 분해된다면, 영혼도 더 이상 이전과 같은 능력을 가지지 못하고 해체되며 감각 능력도 잃게 되는 것이다.

① 몸에서 영혼이 떠나게 되면 감각 능력이 상실되면서, 더불어 신체의 모든 기능이 멈춰 버리기 때문이다.

② 몸은 감각 능력을 스스로 가진 적이 없으며 몸과 함께 태어난 영혼이 몸에게 감각 능력을 주었기 때문이다.

③ 몸은 영혼과 따로 떨어져서 존재한다는 것은 불가능한, 그야말로 불가분의 관계이기 때문이다.

④ 몸은 그 자체만으로는 하나의 물체에 불과하며, 영혼만이 감각을 지니고 느낄 수 있기 때문이다.

09. 다음 글의 내용과 일치하지 않은 것은?

> 이탈리아의 저명한 신경심리학자인 리촐라티(Giacomo Rizzolatti) 교수는 자신의 연구진과 함께 원숭이에게 다양한 동작을 시켜 보면서 그 동작과 관련된 뇌의 뉴런이 어떻게 활동하는가를 관찰하고 있었다. 그러던 어느 날 리촐라티 교수는 매우 흥미로운 사실을 발견했다. 한 원숭이가 다른 원숭이나 주위에 있는 사람의 행동을 보기만 하고 있는데도 자신이 움직일 때와 마찬가지로 반응하는 뉴런들이 있다는 것이었다. 우리는 이 뉴런을 거울뉴런이라고 부른다.
>
> 내가 그것을 직접 할 때와 내가 그것을 직접 경험하지 않고 보거나 듣고만 있을 때 동일한 반응을 하는 뉴런이 있다는 것이 과연 무슨 의미일까. 얼핏 생각하면 별것 아닌 것처럼 지나칠 수 있지만 사실 인간의 뇌와 마음을 연구하는 심리학자들에게는 엄청난 발견이 아닐 수 없다. 왜냐하면 이는 인간이 왜 그리고 어떻게 지구상에서 가장 지적인 존재가 될 수 있었는가라는 질문에 본질적인 해답을 줄 수도 있기 때문이다.
>
> 이러한 거울뉴런들은 주로 어떤 외부 상황이나 행동에 반응할까? 가장 잘 반응하는 대상은 타인의 의도가 반영되어 있는 행동이다. 하지만 타인의 의도를 전혀 파악하지 못하는 자폐환자의 경우 이러한 거울뉴런은 거의 활동하지 않는다. 이로 인해 거울뉴런은 자폐에 대한 신경학적 원인에 대해서도 대답을 해 줄 수 있게 되었다.
>
> 그렇다면 아이들은 어떻게 다양한 활동들과 언어를 배울까? 바로 모방, 즉 '따라 하기'를 통해서이다. 이를 위해서도 거울뉴런은 결정적 역할을 수행한다. 무언가를 따라 하기 위해 타인의 말이나 행동을 유심히 관찰할 때 아이들의 뇌 안에 있는 거울뉴런들은 열심히 반응한다. 자신도 그 말이나 행동을 하는 것처럼 느끼기 위해서이다.
>
> 공감은 누가 더 잘할까? 내 앞에 있는 사람이 아프면 누가 더 같이 아파해 주는 경향이 있을까? 남자일까 여자일까? 상식적으로 이러한 공감은 남성보다 여성이 더 많이 한다고 알려져 있으며 여성은 남성에 비해 평균적으로 더 강한 거울뉴런 활동을 보이고 있다.

① 간접 경험을 할 때 거울뉴런에서는 직접 경험을 할 때와 동일한 뉴런 반응이 나타난다.

② 어린 아이들의 언어 학습, 사회화 학습뿐만 아니라 인간의 공감능력에는 모두 거울뉴런이 핵심적인 기능을 수행한다.

③ 동일한 거울뉴런 활동이 나타남에도 타인의 의도를 파악하지 못하는 사람을 자폐환자라 한다.

④ 여성은 남성에 비해 더욱 강한 거울뉴런 활동을 보여 준다.

[10 ~ 12] ○○기업은 다음 글을 주제로 신입사원을 대상으로 한 연수를 진행하였다. 이어지는 질문에 답하시오.

오늘은 아홉과 열이라는 수(數)가 지니고 있는 뜻에 대해서 생각해 보기로 합시다. 잘 아시다시피 열은 십, 백, 천, 만, 억 등의 십진급수(十進級數)에서 제일 먼저 꽉 찬 수입니다. 그러므로 이 열에 얼마를 더 보태거나 빼거나 한다면 그것은 이미 열이 아닌 다른 수가 되어 버립니다.

무엇을 하기에 그 이상 좋을 수가 없이 알맞은 경우에 '십상 좋다'고 말하는 '십상'도 '열 십(十)' 자와 '이룰 성(成)' 자에서 나온 말입니다. 그만큼 열이란 수는 이미 이룰 것을 이룩한 완전한 수이며, 성공을 한 수인 것입니다.

그러면 아홉이란 수는 어떤 수입니까? 두말할 필요도 없이 열보다 하나가 모자라는 수입니다. 다시 말하면 완전에 거의 다다른 수, 거기에 하나만 보태면 완전에 이르게 되는 수, 그래서 매우 아쉬움을 느끼게 하는 수입니다. 그러면 아홉은 정녕 열보다 적거나 작은 수일까요? 그렇지 않습니다. 예를 들어 보겠습니다.

끝없이 높고 너른 하늘을 십만 리 장천이라고 하지 않고 구만 리 장천이라고 합니다. 젊은이더러 앞이 구만 리 같은 사람이라고 하는 말과 같은 뜻이지요. 굽이굽이 한없이 서린 마음을 구곡간장(九曲肝腸)이라고 하고, 굽이굽이 에워 도는 산굽이가 얼마인지 모르는 길을 구절양장(九折羊腸)이라고 하고, 통과해야 할 문이 몇이나 되는지 모르는 왕실을 구중궁궐(九重宮闕)이라고 하고, 죽을 고비를 수도 없이 넘기고 살아난 것을 구사일생(九死一生)이라고 표현하고 있습니다. 또 있습니다. 끝 간 데가 어디인지 모르는 땅속이나 저승을 구천(九天)이라고 하고, 임금보다 한 계급 모자라는 대신인 삼공육경(三公六卿)을 구경(九卿)이라고 합니다. 문화재로 남아 있는 탑들을 보면 구층탑은 많아도, 십층 탑은 많지 않습니다.

특히 우리나라에서는 오랜 옛날부터 열보다 아홉을 더 사랑했습니다. 얼마나 사랑했으면 아홉 구 자가 두 번 든 음력 구월 구일을 중양절이니, 중굿날이니 하는 이름으로 부르면서 천 년이 훨씬 넘도록 큰 명절로 정하고 쇠어 왔겠습니까. 우리의 조상들이 열보다 아홉을 더 사랑한 것은 무슨 까닭이었을까요. 간단히 말해서 모든 일에 완벽함을 기대하지 않았다는 뜻이 아니었을까요? 다시 말하면 이 세상에 완전한 것은 없다는 사실을 우리의 선조들은 아주 오랜 옛날부터 익히 알고 있었다는 것입니다.

우리가 흔히 듣는 말 중에 '(가)'라는 말이 있습니다. 이 말이 타당하지 않다면 여러분이 아시다시피 세계 제일의 기록만을 수록하는 기네스북도 해마다 다시 찍어 내야 할 이유가 없을 겁니다.

– 중략 –

열이란 수가 넘치지도 모자라지도 않고 또 조금도 여유가 없는 꽉 찬 수, 그래서 다음도 없고 다다음도 없이 아주 끝나 버린 수라는 점에서 아홉은 열보다 많고 열보다 크고 열보다 높고 열보다 깊고 열보다 넓고 열보다 멀고 열보다 긴 수였습니다. 그러하여 다음, 또 그 다음, 그도 아니면 그 다음 다음을 바라볼 수 있는 미래의 꿈과 그 가능성의 수였기에 슬기롭고 끈기 있는 우리의 선조들에게 일찍부터 열보다 열 배도 넘는 사랑을 담뿍 받아 왔던 것입니다.

10. 제시된 글을 참고할 때, 가리키는 대상이 나머지와 다른 하나는?

① 완전에 거의 다다른 수
② 우리의 조상들이 더 사랑한 수
③ 미래의 꿈과 가능성의 수
④ 넘치지도 모자라지도 않는 수

11. 제시된 글의 빈칸 (가)에 들어갈 말로 적절한 것은?

① 해마다 바뀌는 것은 의미가 없다.
② 완전한 기록은 그 자체로 아름답다.
③ 역사는 마땅히 보존할 가치가 있다.
④ 모든 기록은 깨어지기 위해서 존재한다.

12. 제시된 글의 중심 내용에 대한 신입사원의 반응으로 적절하지 않은 것은?

① 지난 입사시험에서 90점을 맞아 실망했는데 이 글을 읽고 나니 아직 끝없는 가능성이 남아 있다고 생각이 되어 힘이 나는 것 같네.
② 아홉이 열보다 작은 수라고만 생각해 왔는데 우리 조상님들의 언어를 생각하니 반드시 그렇지만도 않구나.
③ 열에 도달한 사람보다 아홉에 도달한 사람이 더 노력할 수 있겠구나.
④ 문화재로 남아 있는 탑들 중 구층 탑이 많다고 하셨는데, 아직 원각사지 10층 석탑을 보지 못하셨구나.

[13 ~ 14] 다음은 외부효과에 관한 글이다. 이어지는 질문에 답하시오.

외부효과는 금전적 거래 없이 개인이나 기업과 같은 경제주체의 행위가 다른 경제주체에게 예상치 못한 혜택이나 손해를 발생시키는 효과를 의미한다. 이때, 혜택을 발생시키는 경우를 긍정적 외부효과 또는 외부경제라고 하며, 손해를 발생시키는 경우를 부정적 외부효과 또는 외부불경제라고 한다.

예컨대, 누군가의 집 앞에 예쁘게 가꾸어진 정원을 지나가며 구경할 수 있는 행인은 긍정적 외부효과를 누리고 있는 것으로 볼 수 있다. 금전적 거래 없이 꽃 감상이라는 편익을 누리고 있기 때문이다. 반대로 공장과 그 주변 주택가의 관계는 부정적 외부효과의 사례이다. 공장에서 발생하는 매연이나 소음, 폐수가 인근 주민들에게 피해를 입히기 때문이다.

외부효과와 관련한 경제적 문제는 다음과 같다. 긍정적 외부효과를 수반하는 경제행위는 사회적으로 바람직한 수준보다 더 적게 일어나는 반면, 부정적 외부효과를 수반하는 경제행위는 바람직한 수준을 크게 초과하여 일어나게 되는 것이다.

집 앞 정원을 보기 좋게 가꾸기 위해서는 집주인 한 명이 많은 노력을 들여야 한다. 그러나 그 집 앞을 지나가는 수많은 행인은 아무런 노력 없이 예쁜 정원을 마음껏 감상할 수 있다. 결국에 집주인은 계속된 노력에 지쳐 정원 가꾸기를 포기하게 될지도 모른다. 이처럼 긍정적 외부효과는 생산의 측면에서 볼 때 개인적으로 드는 사적 비용이 사회적 비용보다 크고, 소비의 측면에서 볼 때 사적 편익이 사회적 편익보다 적기 때문에 결과적으로 과소 생산될 수밖에 없다.

한편, 공장은 각종 오염물질을 몰래 방출하는 것이 처리 비용은 덜 들고 이득은 더 많이 볼 수 있는 방안임을 알고 있다. 때문에 별다른 제재가 가해지지 않으면 공장은 주민들의 원성에도 개의치 않고 인근에 오염물질이 퍼지도록 방치할 것이다. 이처럼 부정적 외부효과는 생산의 측면에서 볼 때 사적 비용이 사회적 비용보다 적고, 소비의 측면에서 볼 때 사적 편익이 사회적 편익보다 크기 때문에 결과적으로 과대 생산될 것이다. 그래서 우리 정부는 적절한 정책을 마련하여 사회에 존재하는 다양한 경제적 외부효과를 해결하고자 끊임없이 노력하고 있다.

13. 제시된 글에 대한 설명으로 적절하지 않은 것은?

① 긍정적 외부효과는 외부경제와 같은 개념이다.
② 생산의 측면에서 볼 때, 외부불경제는 사적 비용이 사회적 비용보다 적다.
③ 소비의 측면에서 볼 때, 외부경제는 사적 비용이 사회적 비용보다 크다.
④ 금전적 거래가 있다면 외부효과라고 볼 수 없다.

14. 제시된 글을 참고할 때, 서로 부정적 외부효과를 가진 관계는?

① 양봉업자－과수농가
② 흡연자－비흡연자
③ 골프장 사장－골프장 회원
④ 특허를 등록하지 않고 신기술을 공개한 업체－이 기술을 활용해 공모전에서 입상한 대학 동아리

[15 ~ 16] 다음 글을 읽고 이어지는 질문에 답하시오.

2015년 건강검진을 받은 성인 1,346만 명 중 몸무게(kg)를 키(m)의 제곱으로 나눈 체질량지수(BMI)가 25 이상인 비만 · 고도비만 · 초고도비만 수검자의 비율은 32.5%로 2006년의 29%보다 증가했다. 특히 같은 기간 남성의 비만율은 34.1%에서 40.1%로 높아져 10년간 21.4 ~ 23% 수준을 유지해 온 여성보다 증가폭이 컸다. (㉠)

소득, 지역 등 계층 간의 비만율 격차도 눈에 띄었다. 소득과 재산을 반영한 건강보험료 분위와 비만율을 대조해 보면, 저소득층에 해당하는 1분위는 모든 계층을 통틀어 고도비만율(BMI 30 ~ 35)이 4.8%로 가장 높았던 반면 고소득층인 17 ~ 19분위는 2.3%였다. 초고도비만율(BMI 35 이상)에서도 유사한 패턴을 보였다. (㉡)

이는 7세 미만 영유아 사이에서도 마찬가지였다. 생후 24개월 미만일 땐 신장별 체중이 상위 95% 이상일 경우 '과체중'으로, 24개월 이상은 BMI 정규 분포를 기준으로 '비만'을 구분하는데, 부모의 건보료가 높은 분위인 경우 비만율이 2.5%에 불과하지만 저소득층으로 갈수록 점차 늘어 1분위는 3.7%를 기록하였다. (㉢)

세계 곳곳에선 비만에 악영향을 미치는 설탕 등 당류나 탄산음료에 물리는 '비만세'를 도입하고 있다. 고열량 식품의 소비를 줄이고 거둔 세금은 비만 퇴치 정책에 활용하겠다는 취지다. 성인 60% 이상이 비만인 멕시코는 2013년부터 설탕이 함유된 음료 1L에 1페소(약 54원)를 세금으로 물리고 있다. 미국 필라델피아 시도 올해부터 탄산음료 한 캔(약 283g)에 15센트(약 177원)의 '소다세'를 매긴다. 이렇게 지방세를 도입한 국가에서 비만세가 적용된 제품의 소비는 0.9 ~ 11.2% 줄었다. (㉣)

이런 '극약처방'으로 비만과의 전쟁에 나선 선진국들과 달리 국내 비만 정책은 컨트롤타워 없이 중구난방으로 진행되고 있다. 보건복지부는 2020년까지 '제4차 국민건강증진종합계획'에 따라 비만을 억제하겠다고 나섰지만 비만율을 줄이는 것이 아니라 현 수준으로 '유지'하는 게 목표다. 게다가 산발적으로 진행되는 각 부처의 비만 관련 정책은 하나로 모아지지 않고 제각각 진행되고 있다.

15. 제시된 글의 ㉠ ~ ㉣ 중 다음 글이 들어가기에 가장 적절한 곳은?

> 직장 가입자의 경우 직장의 규모가 작을수록 비만율이 높았고 지역별로는 제주(36.1%), 강원(35.4%), 충남(34.6%) 등 농어촌 지역의 비만율이 대구(30.2%), 광주(31.0%), 서울(31.8%) 등 도시 지역보다 높았다.

① ㉠　　② ㉡
③ ㉢　　④ ㉣

16. 제시된 글을 읽고 추론한 내용으로 옳지 않은 것은?

① 비만은 소득이나 지역적인 차이와도 연관이 있는 것으로 보아야겠군.
② 비만 대책으로 비만 유발 음료에 과세를 실시하는 나라에서는 해당 제품의 소비량을 억제하는 데에 효과가 있었네.
③ 소득 분위별 비만율은 성인보다 영유아에서 더 큰 차이를 보이고 있구나.
④ 2006 ~ 2015년 사이 남성의 비만율 최대 증가폭은 여성 비만율 최대 증가폭의 두 배가 넘네.

[17 ~ 18] 다음 글을 읽고 이어지는 질문에 답하시오.

현대 생명윤리는 크게 두 가지 관점을 통해서 해결에 접근한다. 그것은 바로 자유주의 윤리학과 공동체주의 윤리학이다. 주목할 점은 자유주의 윤리학과 공동체주의 윤리학은 동시에 대립하면서 발전한 것이 아니라 자유주의적 윤리학의 이론과 적용에 대하여 공동체주의 윤리학이 반론을 제기하면서 발전했다는 점이다. 그러므로 대응방식으로서 생명윤리학의 현대적 의의는 자유주의 윤리학에 대한 공동체주의 윤리학의 보충이 아닌 맞대응이라고 할 수 있다. 여기서 맞대응은 생명윤리의 전제조건에 대한 전환을 말한다.

자유주의 진영에서 롤스의 출현은 규범적 전환(Normative Turn)이라고 불릴 정도로 규범에 관한 논쟁을 일으켰는데, 이 대표적인 논쟁이 바로 규범윤리학 방법론이다. 생명윤리 문제에 있어서 공동체주의의 대응은 원칙주의와 결의론 등 자유주의적 관점이 지닌 문제점에 대한 인식에서 나왔다. 현대 바이오테크놀로지(Bio-technology)는 기술만으로는 해결하기 어려운 많은 생명윤리적 쟁점과 질문을 동시에 세상에 내놓았다. 이와 같은 한계를 극복하고 문제를 해결할 대응으로 출현한 것이 공동체주의 관점의 생명윤리학이다.

자유주의 생명윤리가 개인의 자율성을 강조한 것에 대항하여 공동체주의의 학자 샌델(Michael Sandel), 매킨타이어(Alasdair MacIntyre), 테일러(Charles Taylor), 왈저(Michael Walzer)는 각자의 정치철학 이론에 기초하여 생명윤리관을 서술했다. 공동체주의자는 정의로운 사회란 공동체가 공유하는 가치와 선(good)으로 구성된다고 말한다.

다시 말하자면 공동체주의는 공동선이 옳기 때문에 정의의 자격이 부여되는 것이 아니라 그것을 사람들이 좋아하고 그로 인해 행복할 수 있기 때문에 정의로서 자격을 갖춘다고 주장한다. 하지만 공동체주의적 접근 방식은 공동선을 강조하다 보니 인간의 권리와 자유를 소홀히 할 수 있고 공동체에 대한 개념과 공동체가 지닌 현실적 한계에 대한 정의가 모호하다는 비판이 있다. 그러나 이런 한계에도 불구하고 공동체주의 접근방법은 자율성으로 경도된 개인을 지나치게 보호하는 자유주의적 관점에 대하여 개인이 현실적으로 속해 있는 공동체와 대화할 수 있는 길을 열어 주었다는 점에서 큰 공헌을 했다. 사실 현실 세계와 분리된 상황에서 인간의 도덕적 지위를 확립하고 그 이념에 따라 모든 인간이 올바른 가치판단을 내리면서 올바르게 삶을 선택한다면 좋겠지만 현실 속의 인간은 추상화된 개념의 이상(理想) 속에 고립되고 한정된 존재가 아니라는 점을 간과해서는 안 된다. 추상적 존재로도 불리는 인간이지만 현실적, 경험적 인간이 속해 있는 공동체의 가치와 선을 고려한다는 것은 고립된 자아의 삶이 허무주의로 흐를 수 있는 위험을 좋은 삶을 위한 방향으로 수정할 수 있는 기회를 제시해 주는 것과 같다. 이 점은 개인과 공동체 사이에 여러 가지 차이와 간극이 있음에도 불구하고 공동체주의가 주는 현실적 가치임을 기억해야 한다.

17. 제시된 글에 대한 이해로 적절하지 않은 것은?

① 자유주의 윤리학은 공동체주의 윤리학에 선행하여 발생하였으며 공동체주의 윤리학은 자유주의 윤리학을 반박하는 개념이다.

② 현대 바이오테크놀로지는 기존 자유주의 윤리학의 관점만으로는 해결하기 어려운 생명윤리적 쟁점을 가진다.

③ 공동체주의는 절대적으로 정의로운 공동선을 설정한 후 이에 기초한 올바른 가치판단을 내리는 삶을 이상적으로 본다.

④ 개인의 자율성을 지나치게 보호하는 자유주의적 관점을 따를 경우 자아가 고립되어 삶이 허무주의로 흐를 가능성이 있다.

18. 제시된 글을 참고할 때, 다음 중 '공동체주의적 생명윤리 사상'을 가진 사람의 연명치료에 대한 의견으로 적절한 것은?

① 가족들의 동의가 없더라도 환자 본인이 원한다면 연명치료를 중단할 수 있도록 해야 해.

② 개개인의 의지에 따라 연명치료를 중단하는 것은 결국 사람을 죽도록 방치한다는 측면에 있어 사회통념상 옳지도 않고 사회적으로 악용될 우려도 있으니 신중한 검토가 필요하다고 생각해.

③ 의사는 의학적으로 전문가니까 연명치료 중단 여부도 주치의의 의견에 최대한 따르는 것이 맞지 않을까?

④ 의식불명 환자가 과거에 명료한 정신으로 연명치료를 원치 않는다는 의견을 표명했다면 현재 치료 중단을 요구하지 못하더라도 환자 본인의 의지를 중시하여 연명치료를 중단하는 것이 옳아.

[19 ~ 20] 다음 글을 읽고 이어지는 질문에 답하시오.

질적으로 유사한 인자(因子)의 종류가 서로 다른 문예 양식들에 동시에 존재하는 경우는 비일비재하다. 회화는 문학의 창작과 관련하여 작가에게 무수한 영감을 주는 원천이다. 어떤 작가는 특정 그림을 소재로 하거나 특정 그림의 영향을 받아 창작의 방향을 세우기도 한다. 우리의 전통 한시 양식 중 하나인 제화시(題畵詩)는 회화를 보고 느낀 감회를 표현한 문학작품으로 그림의 내용이 문학작품의 창작에 직접 관여하게 됨으로써 제재와 표현 영역을 제한하고 규정하게 된다. 제화시 같은 문학 장르는 회화의 영향이 직접적으로 작용한 예이다. 문학작품의 내용이 그대로 회화로 형상화되는 경우도 있다. 〈춘향전도〉와 〈구운몽도〉 같은 작품도 이야기의 핵심 장면 몇 개를 차례대로 화면에 담아 만드는 병풍으로 많이 제작되었다.

그러나 이러한 직접적인 설화화(說話化) 외에 문학의 모티브라든가 분위기가 암묵적으로 회화에 차용되는 경우는 더욱 흔하다. 문학작품에서 문학적 모티브로 숙성된 다음 그것이 비로소 회화작품의 주제로 형상화될 수도 있고, 경험의 동시성을 포착하여 재현하는 시각 예술이 문인에게 창작의 기법이나 재료를 제공해 주는 경우도 있다. 이때 문학과 회화 사이의 상동성(相同性)은 상상력을 연결 고리로 하여 성립된다. 문학의 언어가 사람들로 하여금 동시대의 그림을 눈앞에 떠올릴 수 있게 하는 힘을 지니고 있다고 할 때 혹은 그 반대로 하나의 그림이 문학작품 속의 인물이나 사건을 연상하게 하는 힘을 가지고 있다고 할 때, 그 사이를 연결하는 매개는 상상력이다.

상상력이란 단순한 심리 활동인 '느낌'과도 다르고 이성적인 심리 작용인 '사고'와도 다르다.

㉠ 느낌은 사고가 세워지기 전에 견고하게 자리잡아 사고가 제대로 기능할 수 있도록 하는 기초가 된다.
㉡ 상상력은 막연한 느낌 이상의 것으로서 어떤 것을 주목하고 의식하는 행위이다. 어떤 상상력이 작용한다면 그 작용에 영향을 준 것이 분명히 있기 마련이다.
㉢ 상상력은 느낌과 사고 사이에 위치한다.
㉣ 느낌은 사고라는 상부 구조를 세우기 위해 조직되는 인간 정신의 기본 토대이다.
㉤ 그렇다면 상상력이 유발되는 어떤 계기 혹은 동기가 존재하지 않겠는가?

당대성과 텍스트 상관성은 상상력의 계기 혹은 동기로서 매우 적절해 보인다. 당대성이란 시대적인 동일성뿐 아니라 사회문화적 상황의 유사성과 정신적 분위기의 흡사함까지도 포괄하는 개념으로 사용된다. 동시대를 호흡하면서 유사한 사회문화적 분위기가 자연스럽게 형성될 것이고 그것이 비슷한 상상을 가능하게 하는 것이다. 이로써 동시대의 문학과 회화가 서로 닮는 현상이 벌어진다. 시인이 화가를 닮은 것은 묘사에서의 핍진성(逼眞性) 때문이다. 화가가 캔버스 위에 외적 세계의 이미지를 옮기듯이 시인은 마음의 눈으로 외적 세계의 이미지를 내적 이미지로 옮겨 놓는다.

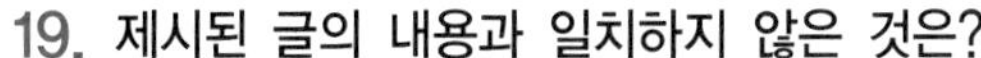

19. 제시된 글의 내용과 일치하지 않은 것은?

① 상상력은 막연한 느낌 이상의 것으로서 대상에 대하여 주목하고 의식하는 행위이다.
② 사고는 이성적인 심리작용에 해당한다.
③ 느낌은 사고가 잘 기능할 수 있도록 하는 것이다.
④ 상상력은 느낌이나 사고를 초월하여 이루어지는 활동이다.

20. 제시된 글의 ㉠ ~ ㉤을 문맥에 맞도록 바르게 배열한 것은?

① ㉠-㉡-㉢-㉣-㉤ ② ㉡-㉠-㉤-㉢-㉣
③ ㉢-㉡-㉠-㉣-㉤ ④ ㉢-㉣-㉠-㉡-㉤

수리력

20문항 / 15분

01. 김 과장은 4일에 한 번씩, 박 과장은 6일에 한 번씩 공장을 다녀온다. 20X1년 11월 1일 수요일에 김 과장과 박 과장이 함께 공장에 갔다면, 다음에 또 수요일에 함께 공장을 가는 날은 며칠 후인가?

① 12일 후 ② 24일 후
③ 48일 후 ④ 84일 후

02. 2021년에 지수 어머니 나이는 지수 나이의 3배이고, 2016년에 어머니 나이는 지수 나이의 4배보다 2세가 많다고 할 때, 2021년에 어머니와 지수 나이의 차이는?

① 20세 ② 22세
③ 24세 ④ 26세

03. G 회사 직원 4명은 외국의 A 회사 직원 3명, B 회사 직원 3명과 함께 회의실의 원형 테이블에 앉아 프로젝트 관련 미팅을 하려고 한다. 이때 G 회사 직원과 A 회사 직원 사이, G 회사 직원과 B 회사 직원 사이에 통역사를 1명씩 둘 예정이다. 이들이 둘러앉을 수 있는 경우의 수는 모두 몇 가지인가? (단, 동일 회사 직원끼리는 붙어 앉는다)

① 864가지 ② 1,152가지
③ 2,592가지 ④ 3,456가지

04. A와 B 사이의 거리는 120km이다. 고진이는 A 지점에서 오토바이를 타고 시속 36km로, 애정이는 B 지점에서 도보로 시속 4km로 각각 B, A 지점을 향해 달렸다. 두 사람은 몇 시간 후에 만났는가?

① 1시간 후 ② 1시간 30분 후
③ 2시간 후 ④ 3시간 후

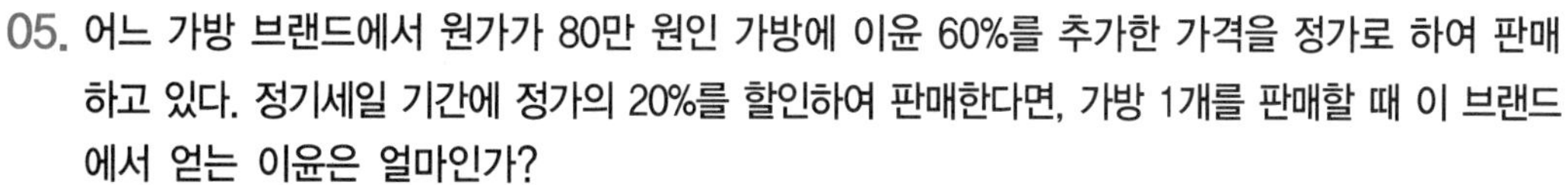

05. 어느 가방 브랜드에서 원가가 80만 원인 가방에 이윤 60%를 추가한 가격을 정가로 하여 판매하고 있다. 정기세일 기간에 정가의 20%를 할인하여 판매한다면, 가방 1개를 판매할 때 이 브랜드에서 얻는 이윤은 얼마인가?

① 166,000원 ② 198,000원
③ 224,000원 ④ 480,000원

06. 10%의 소금물 250g과 8%의 소금물 200g을 섞은 후 소금을 추가로 더 넣었더니 12%의 소금물이 되었다. 이때 추가로 넣은 소금의 양은? (단, 소수점 아래 첫째 자리에서 반올림한다)

① 10g ② 13g
③ 15g ④ 17g

07. ○○기업에서 여름 야유회로 캠핑장을 가기로 했다. 캠핑장에서 텐트를 배정하는데 한 텐트에 4명씩 들어가면 11명이 남고, 7명씩 들어가면 텐트가 1개 남는다고 한다. 이때 야유회에 참여한 인원은 최대 몇 명인가?

① 35명 ② 39명
③ 43명 ④ 47명

08. ○○극장에서 초연되는 뮤지컬 공연의 티켓 예매가 성황리에 이루어지고 있다. 여러 날짜 중 공연 티켓이 매진된 다음 날에 또다시 매진될 확률이 $\frac{3}{5}$이라면, 수요일에 매진되었을 때 그 주 금요일까지 연속하여 매진될 확률은?

① $\frac{4}{25}$ ② $\frac{3}{10}$
③ $\frac{6}{25}$ ④ $\frac{9}{25}$

[09 ~ 11] 다음은 어느 회사원의 2020년과 2021년 연봉에 대한 지출 내역을 그래프로 나타낸 것이다. 이어지는 질문에 답하시오.

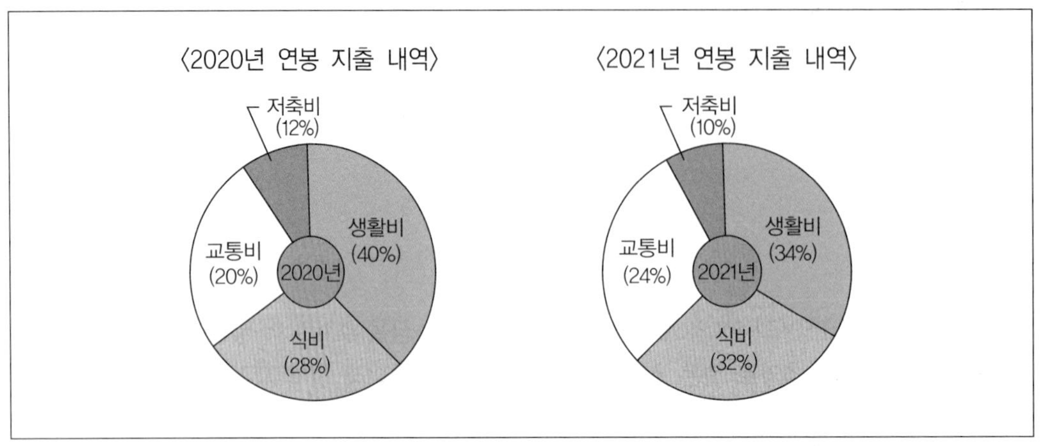

09. 2021년의 연봉이 3,000만 원이라면 교통비는 얼마인가?

① 320만 원 ② 500만 원
③ 640만 원 ④ 720만 원

10. 2020년의 식비에서 2021년의 저축비를 뺀 값은 얼마인가? (단, 2020년의 연봉은 2,500만 원, 2021년의 연봉은 3,000만 원이다)

① 200만 원 ② 300만 원
③ 400만 원 ④ 500만 원

11. 2020년 연봉이 2,800만 원, 2021년 연봉이 3,200만 원이라면 2021년 생활비는 2020년 생활비에 비해 얼마나 변화하였는가?

① 10만 원 감소 ② 20만 원 증가
③ 32만 원 감소 ④ 45만 원 증가

[12 ~ 13] 다음은 중소기업 CEO 400명을 대상으로 해외경기가 부진하다고 느껴지는 분야와 지역을 설문한 결과이다. 이어지는 질문에 답하시오(단, 주어진 모든 수치는 소수점 아래 첫째 자리에서 반올림한 것이다).

〈해외경기가 부진하다고 느끼는 분야별 비율(중복 응답)〉

(단위 : %)

농수산업	경공업	중화학공업	기타	계
31	37	36	7	100

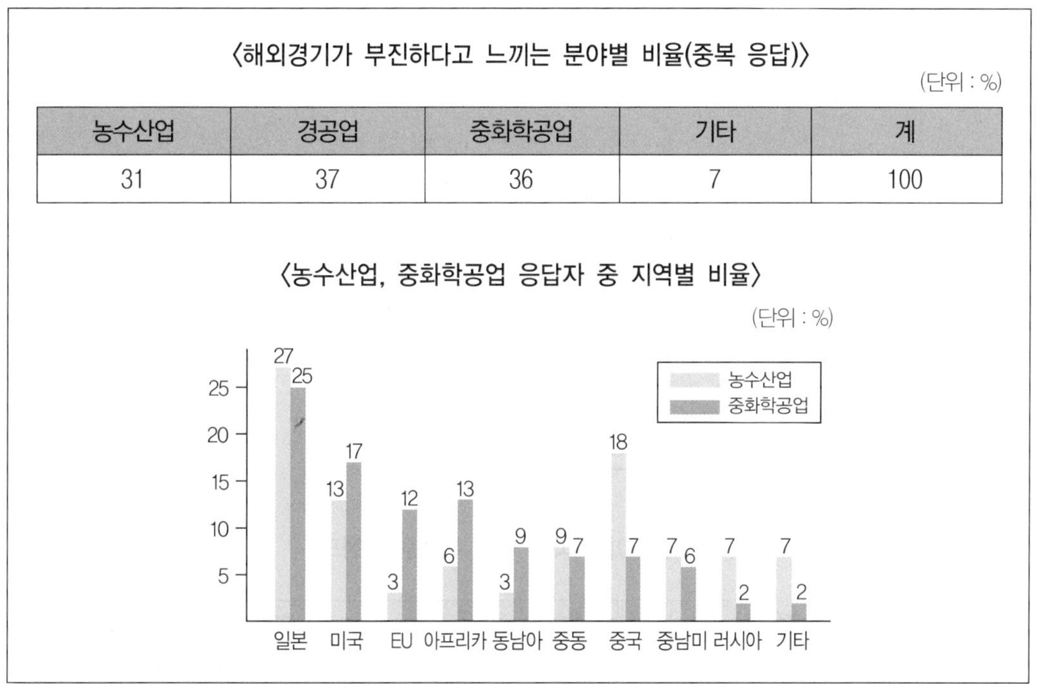

12. 위 자료에서 경공업 분야의 해외경기가 부진하다고 응답한 CEO의 수는?

① 124명　　② 132명
③ 148명　　④ 154명

13. 위 자료에서 농수산업 분야의 해외경기가 중남미 지역에서 부진하다고 응답한 CEO의 수는? (단, 소수점 아래 첫째 자리에서 반올림한다)

① 9명　　② 10명
③ 11명　　④ 12명

[14 ~ 15] 다음 자료를 보고 이어지는 질문에 답하시오.

〈경찰관 수와 범죄 발생 건수의 변화〉

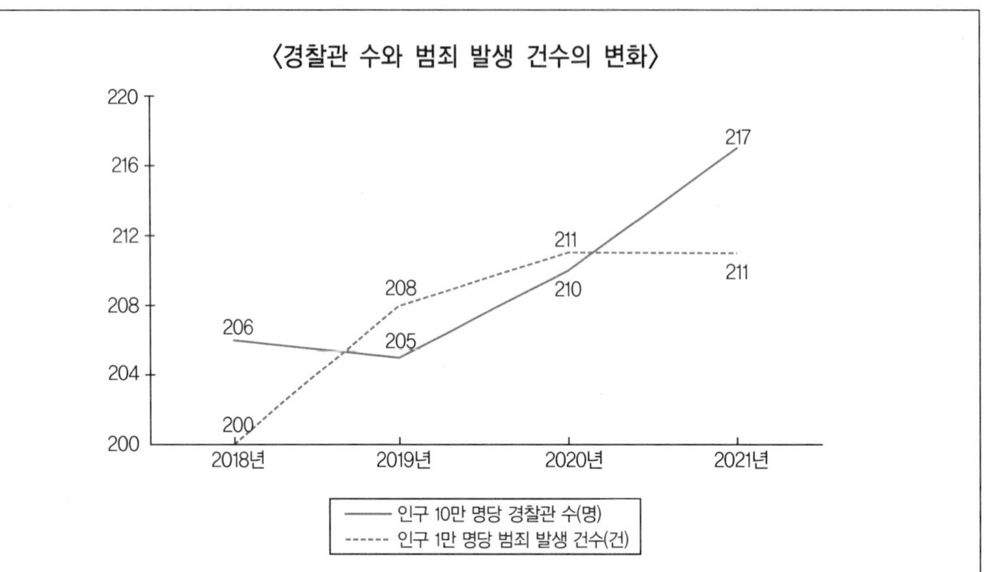

〈성별과 나이에 따른 범죄 두려움의 정도〉

(단위 : %)

구분 \ 두려움의 정도		느낌	약간 느낌	보통	별로 느끼지 못함	전혀 느끼지 못함
남성	10대	14.3	42.9	26.6	12.7	3.5
	20대	14.9	43.4	27.7	12.4	1.6
	30대	17.1	45.2	26.3	9.8	1.6
	40대	16.4	42.9	25.8	12.4	2.5
	50대 이상	12.7	38.1	26.3	17.3	5.6
여성	10대	16.9	45.1	26.7	10.3	1.0
	20대	17.9	46.1	26.0	9.6	0.4
	30대	21.0	46.8	23.2	8.8	0.2
	40대	18.4	45.0	25.9	10.5	0.2
	50대 이상	14.9	36.1	26.3	15.1	7.6

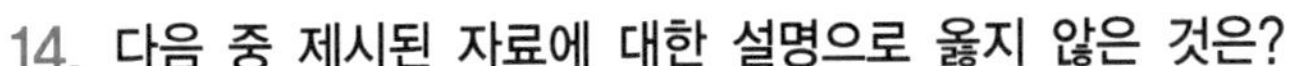

14. 다음 중 제시된 자료에 대한 설명으로 옳지 않은 것은?

① 남녀 모두 30대까지는 나이가 들수록 범죄를 두려워하는 사람들의 비율이 높아진다.
② 모든 성별과 연령대에서 범죄에 대한 두려움이 있는 사람들은 절반을 넘는다.
③ 경찰관 1인당 범죄 발생 건수는 10건 정도로 매해 큰 변화가 없다.
④ 인구 수 대비 범죄 발생 건수가 늘면 인구 수 대비 경찰관 수도 증가한다.

15. 제시된 자료를 바탕으로 전년 대비 인구 1만 명당 범죄 발생 건수의 증감률을 그래프로 나타낼 때, 적절한 것은?

①
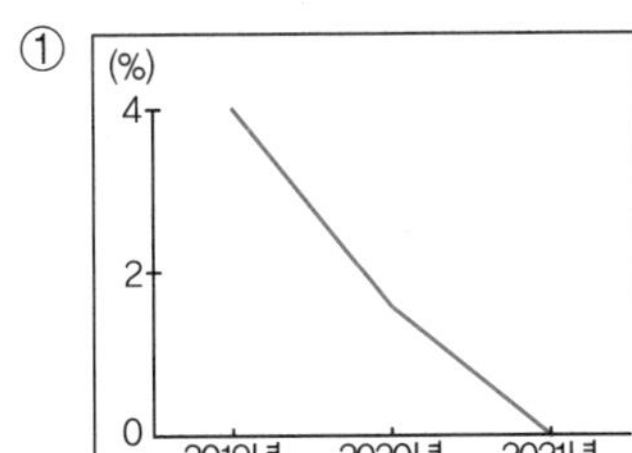

②
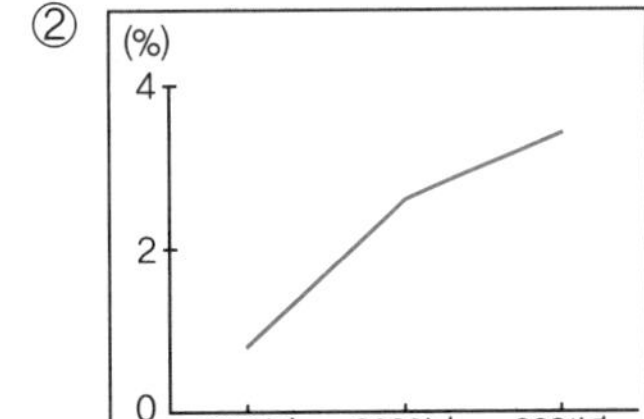

③
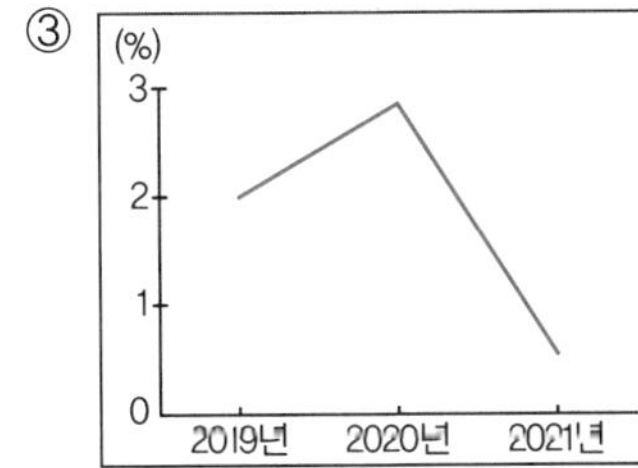

④
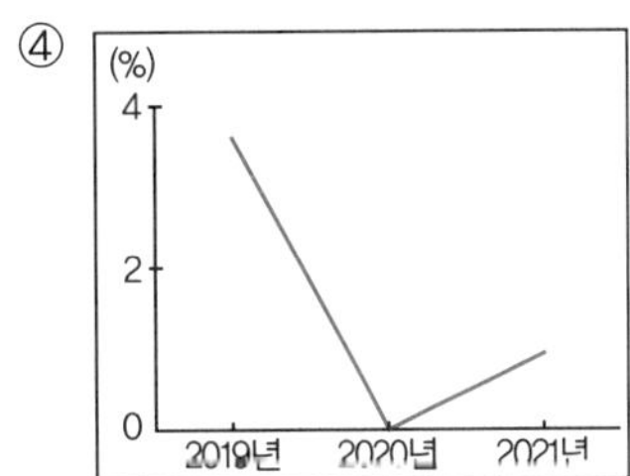

[16 ~ 17] 다음 자료를 보고 이어지는 질문에 답하시오.

〈인구 및 고령화 전망 추이(1990 ~ 2050년)〉

(단위 : 천 명, %)

구분	총인구	유년인구 (0 ~ 14세)		생산가능인구 (15 ~ 64세)		고령인구 (65세 이상)	
		인구	구성비	인구	구성비	인구	구성비
1990년	42,870	10,974	25.6	29,701	69.3	2,195	5.1
2000년	47,008	9,911	21.1	33,702	71.7	3,395	7.2
2010년	49,410	7,985	16.2	35,973	72.8	5,452	11.0
2014년	50,424	7,229	14.3	36,809	73.0	6,386	12.7
2017년	50,977	6,890	13.5	37,068	72.7	7,019	(　　)
2020년	51,435	6,788	13.2	36,563	71.1	8,084	15.7
2026년	52,042	6,696	12.9	34,506	66.3	10,840	20.8
2030년	52,159	6,575	12.6	32,893	63.1	12,691	24.3
2040년	51,092	5,718	11.2	28,873	56.5	16,501	32.3
2050년	48,121	4,783	9.9	25,347	52.7	17,991	(　　)

※ UN의 기준에 따르면 65세 이상 인구가 7%면 고령화사회, 14%를 넘으면 고령사회 그리고 20%를 넘게 되면 초고령 사회로 분류됨.

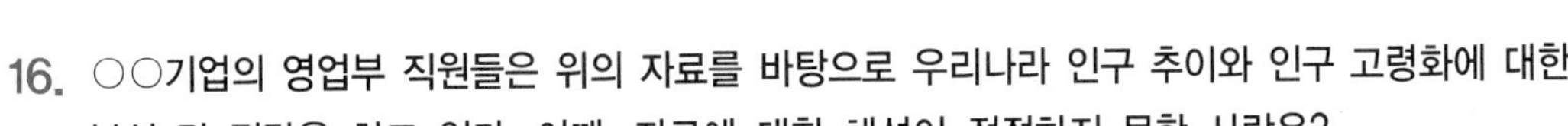

16. ○○기업의 영업부 직원들은 위의 자료를 바탕으로 우리나라 인구 추이와 인구 고령화에 대한 분석 및 전망을 하고 있다. 이때, 자료에 대한 해석이 적절하지 못한 사람은?

① A : 1990년 이래로 고령인구의 비율은 계속 증가하고 있으며 이 추세는 계속될 것으로 예상하고 있구나.

② B : 2017년에 이미 고령사회로 진입했고 2026년에는 초고령사회에 진입할 것으로 예상돼.

③ C : 고령인구는 1990년 219만 5천 명에서 지속적으로 증가하여 2030년 1,269만 1천 명, 2050년 1,799만 1천 명 수준으로 늘어날 것으로 예상돼.

④ D : 2010년에 고령인구 비중이 전체인구의 10%를 넘었고 이후 계속 증가해 2050년에는 고령인구의 비중이 전체의 37% 이상을 차지할 것으로 보여.

17. 노인부양비율은 생산가능인구 대비 고령인구의 비율을 뜻한다. 다음 중 노인부양비율에 대한 설명으로 옳지 않은 것은?

① 2010년 노인부양비율은 1990년 노인부양비율의 두 배 이상이다.

② 2020년 노인부양비율은 20%를 넘을 것으로 예상된다.

③ 2050년 노인부양비율은 75%를 상회할 전망이다.

④ 2040년 노인부양비율은 약 57%로 2030년보다 15%p 이상 증가할 전망이다.

[18 ~ 19] ○○공사에서 근무하는 K 대리는 5개 도시의 차종별 이용차량과 주행거리 자료를 분석하고 있다. 이어지는 질문에 답하시오.

〈20◇7년 주요도시 차종별 현황〉

구분	차종	이용차량(대/일)	주행거리(km/대)
서울	소형차	16,375,553	64
	버스	1,061,017	112
	화물차	2,300,198	94
대전	소형차	3,391,249	93
	버스	346,493	108
	화물차	655,534	114
대구	소형차	4,041,913	78
	버스	153,433	154
	화물차	1,513,428	116
부산	소형차	5,188,979	80
	버스	458,734	101
	화물차	1,386,633	158
광주	소형차	2,866,200	143
	버스	376,828	183
	화물차	749,808	185

※ 20◇8년 서울, 대전, 대구, 부산, 광주의 일일 이용차량 대수 합은 전년 대비 20% 증가한 49,039,200대이다.
※ 20◇8년 도시별 이용차량 대수의 전년 대비 증가율은 서울 20%, 대전 10%, 대구 30%, 부산 15%, 광주 25%이다.

18. 제시된 자료에 따라 K 대리가 작성한 보고서 내용 중 옳은 것은?

〈5개 도시 차종별 이용차량 대수와 주행거리 보고서〉

① 20◇7년 조사 대상의 일일 이용차량 대수 총합은 41,866,000대이다. ② 도시별로 이용차량이 많은 차종일수록 주행거리는 짧으며, ③ 각 도시에서 차종별로 이용차량 수에 따른 순위를 부여했을 때 순위는 '소형차 – 화물차 – 버스'로 모든 도시에서 동일하다. ④ 서울의 일일 이용차량 대수는 5개 도시 총 이용차량의 70% 이상으로 나타났다.

19. K 대리는 추가로 도로의 수요를 알기 위해 20◇8년 도시별 이용차량 대수를 계산하였다. 20◇8년 버스 대수가 두 번째로 많은 도시와 세 번째로 많은 도시를 순서대로 나열한 것은? (단, 도시별 이용차량 대수 증가율과 버스 대수 증가율은 같다고 가정한다)

① 광주, 부산
② 부산, 대전
③ 광주, 대구
④ 부산, 광주

20. 다음 자료를 바르게 이해한 사람은?

〈연령대별 구직급여 신청자 수〉

(단위 : 명)

구분	2021년 2/4분기	2021년 3/4분기
20대 이하	38,597	37,549
30대	51,589	49,613
40대	47,181	47,005
50대	48,787	49,770
60대 이상	32,513	35,423
전체	218,667	219,360

① 김 사원 : 2021년 3/4분기 구직급여 신청자 비율이 2021년 2/4분기에 비해 줄어들었구나.
② 이 사원 : 2021년 2/4분기 구직급여 신청자 중 30대의 수가 많은 것은 이직 때문이야.
③ 박 사원 : 2021년 2/4분기 대비 2021년 3/4분기 구직급여 신청 증가율은 60대 이상에서 가장 높게 나타났네.
④ 윤 사원 : 20대 이하와 30대는 2021년 2/4분기 대비 2021년 3/4분기에 구직급여 신청자 수가 조금씩 늘었구나.

공간지각력

20문항 / 15분

[01 ~ 05] 다음 〈보기〉의 도형과 동일한 것을 고르시오.

01.

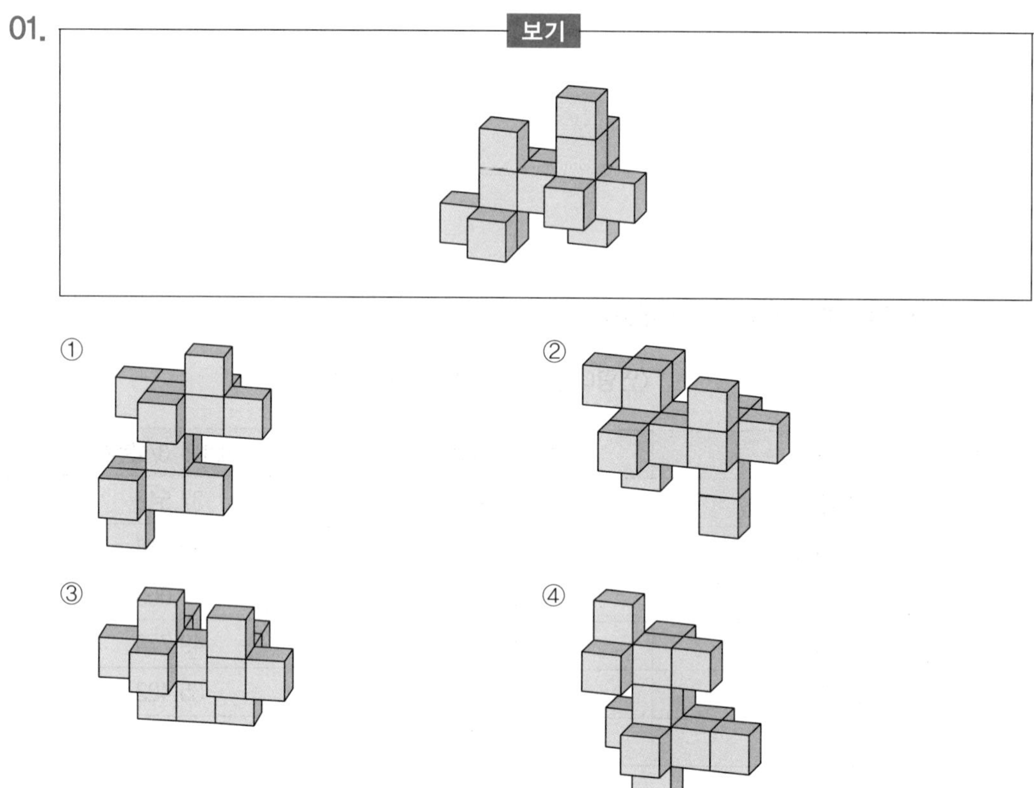

02.

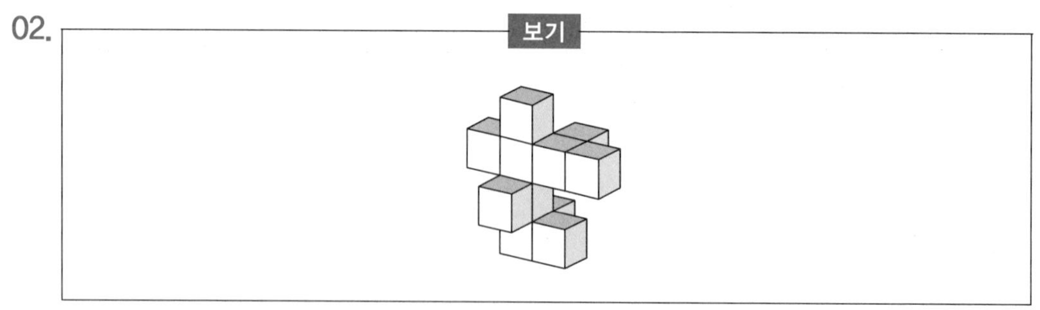

①
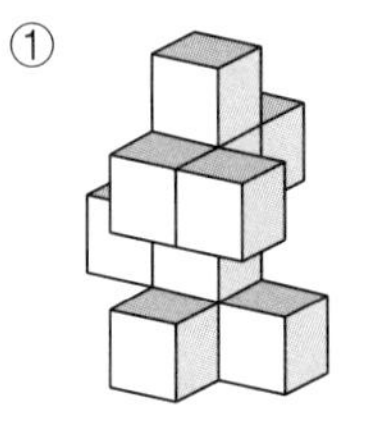

②
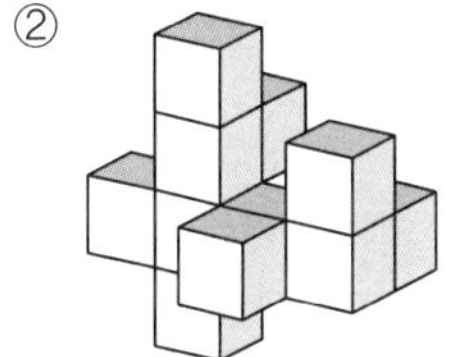

③
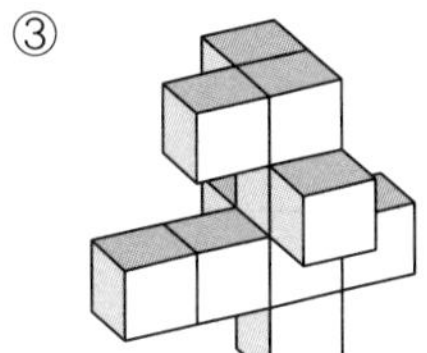

④
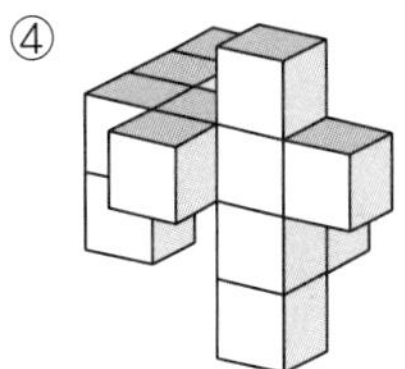

03.

보기

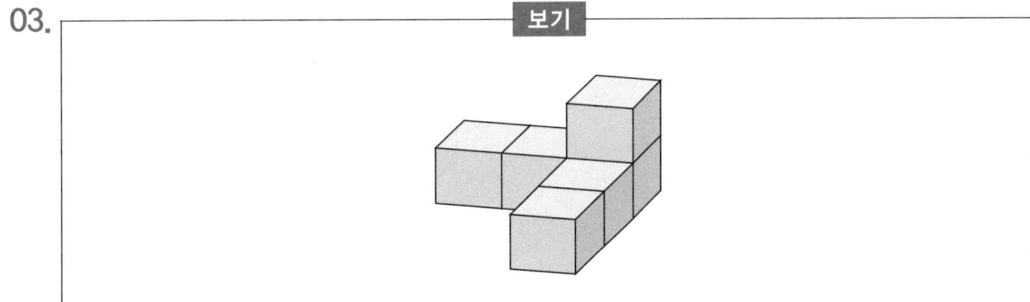

①
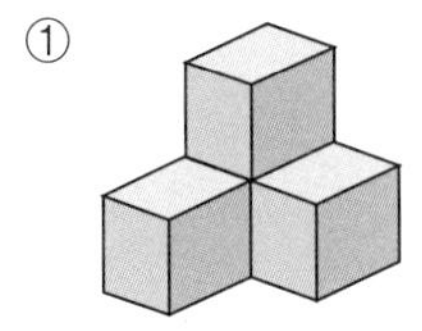

②
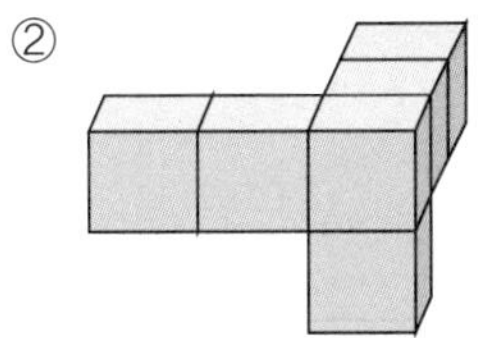

③
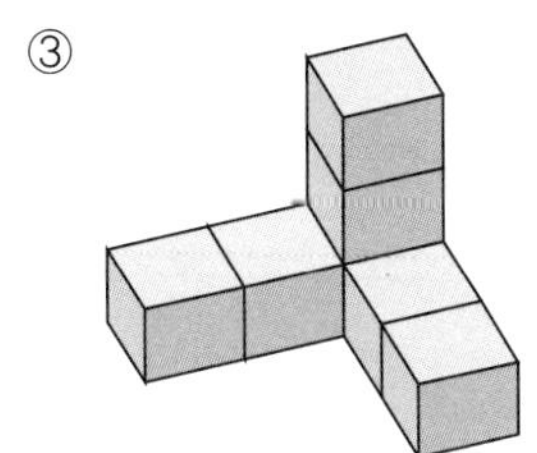

④
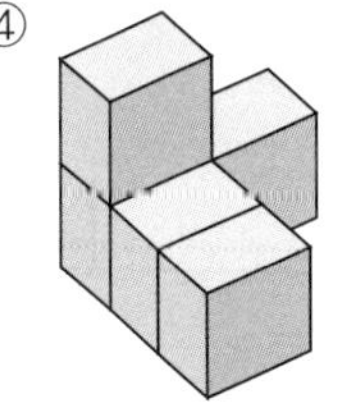

04.

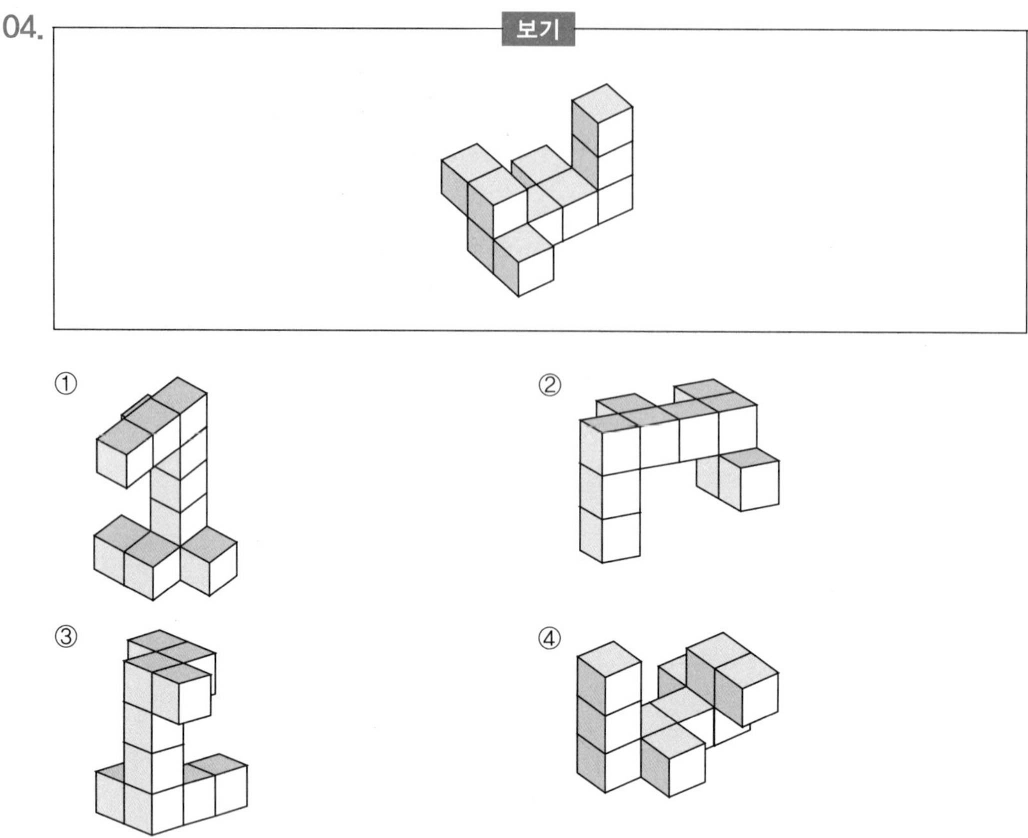

05.

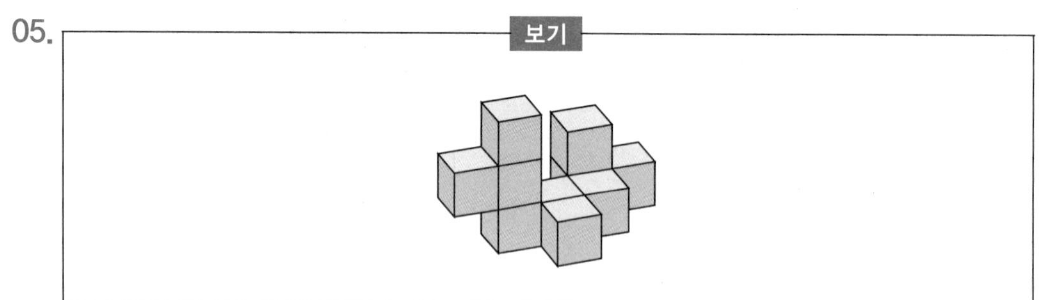

①

②

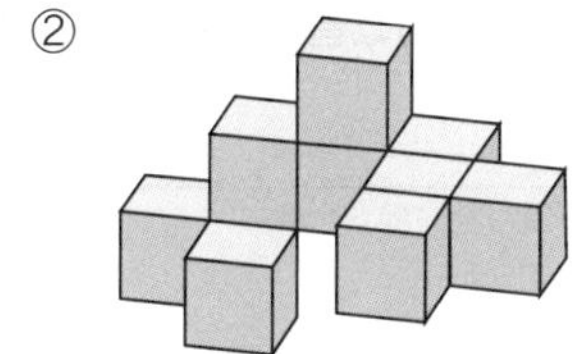

③

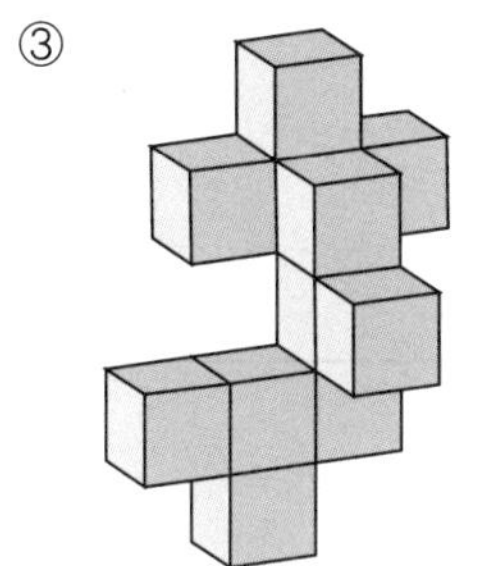

④

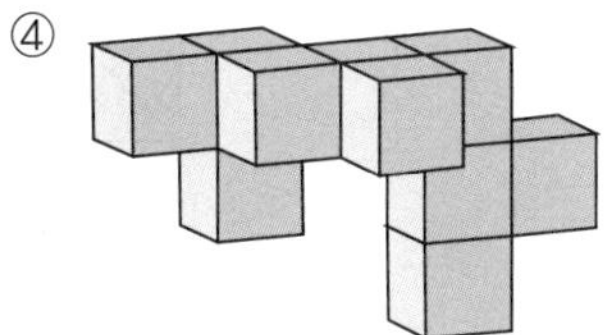

06. 다음 전개도를 접었을 때 나올 수 있는 도형으로 적절하지 않은 것은?

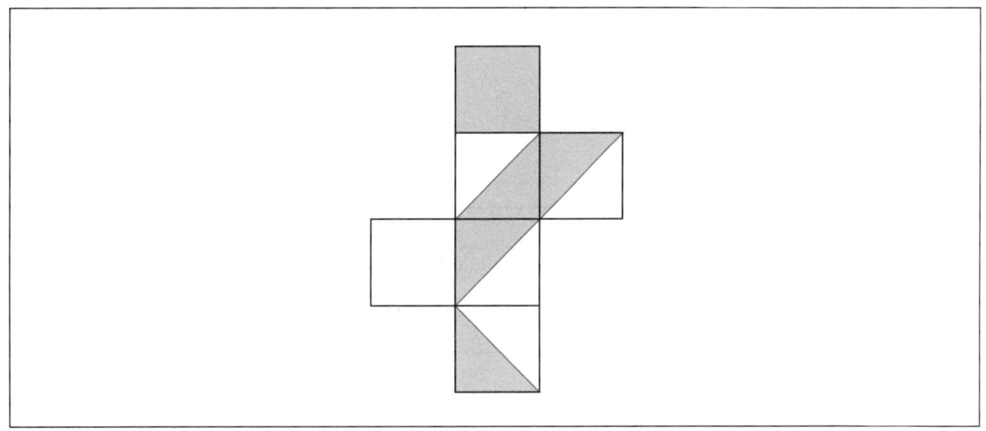

①

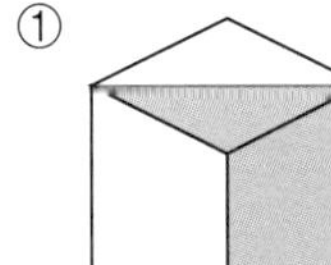

②

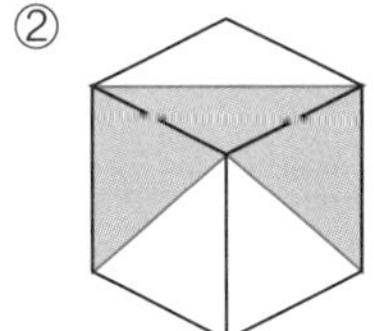

③

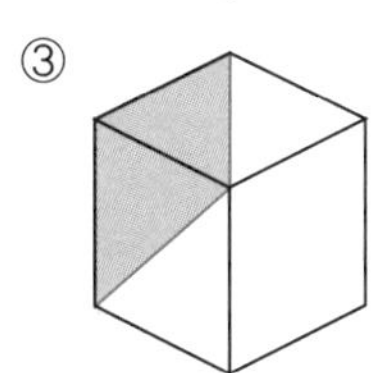

④

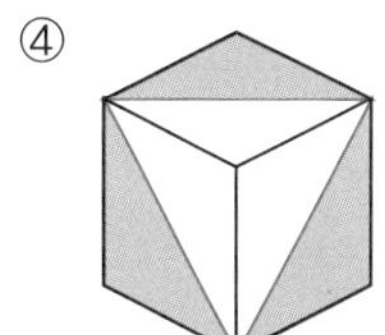

[07 ~ 08] 다음 전개도를 접었을 때 나올 수 있는 도형을 고르시오

07.

①

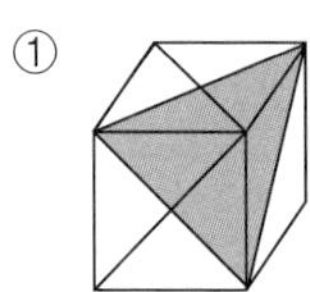

②

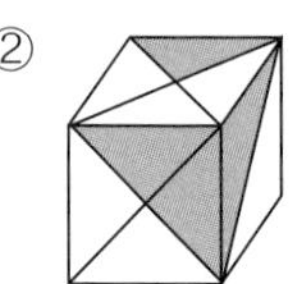

③

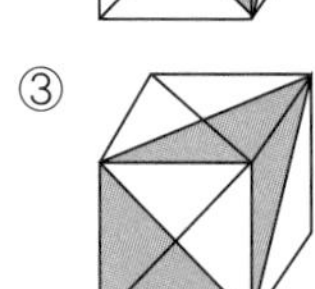

④

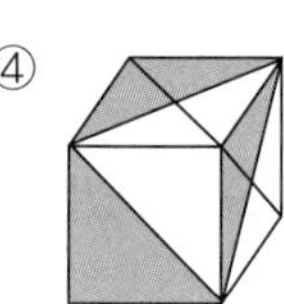

08.

①

②

③

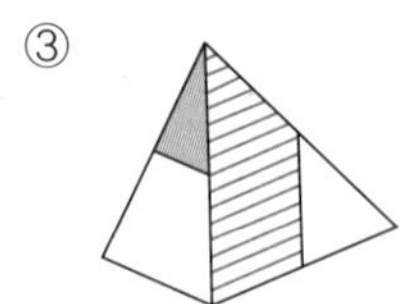

④

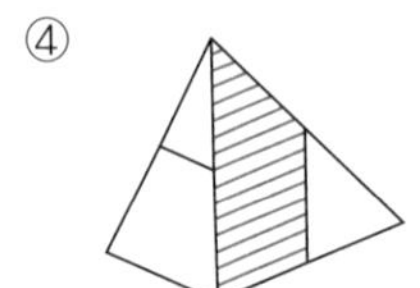

09. 다음 입체도형의 전개도로 적절한 것은?

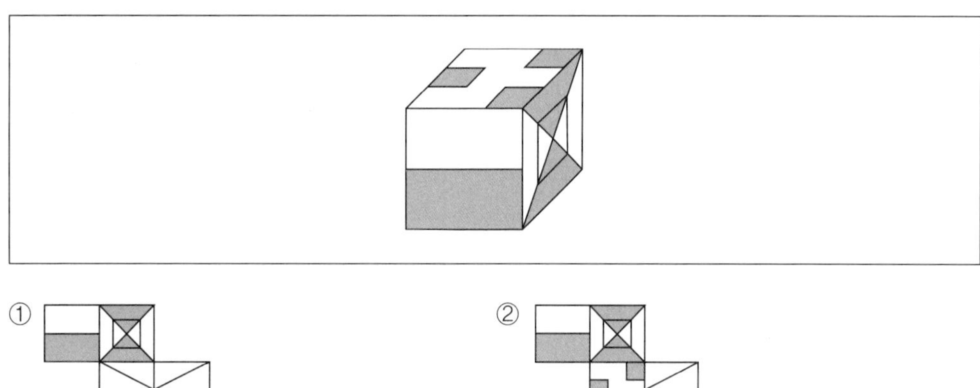

①

②

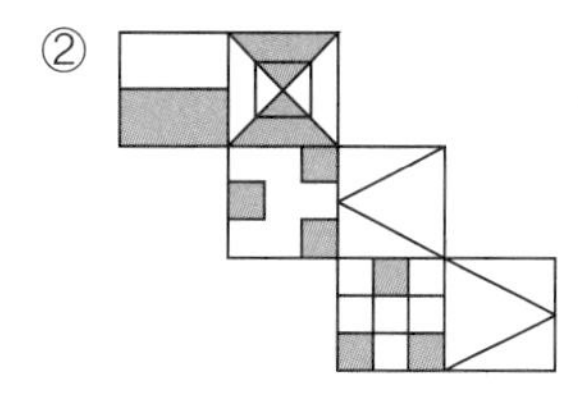

③

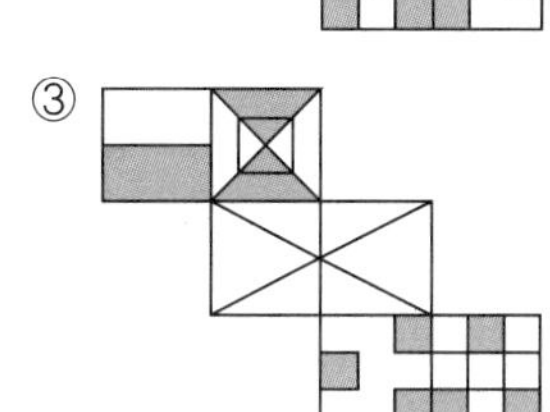

④

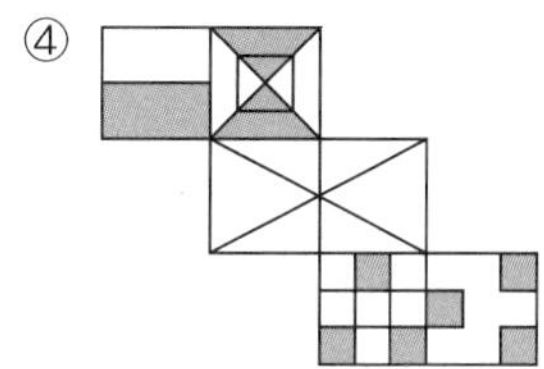

10. 다음 사각뿔의 전개도로 적절하지 않은 것은?

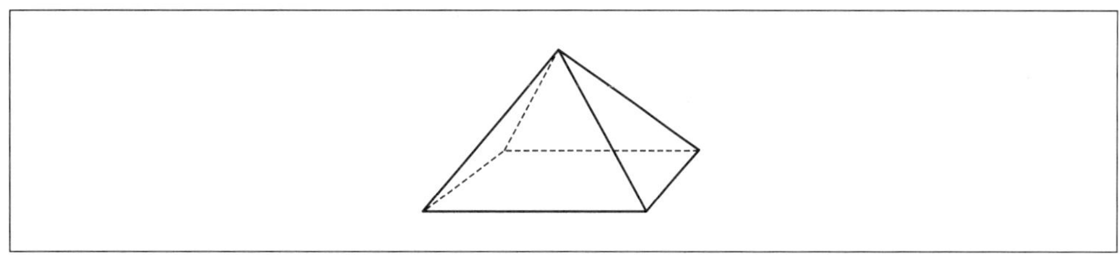

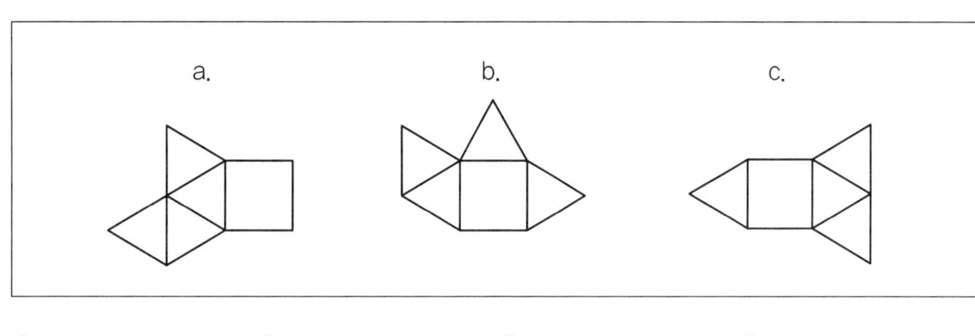

① a ② b ③ c ④ a, b

11. 다음과 같이 종이를 접은 후 색칠된 부분을 자르고 다시 펼쳤을 때의 모양은?

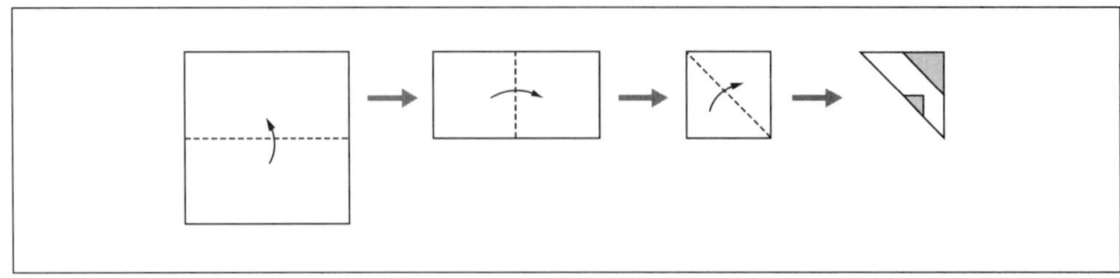

①

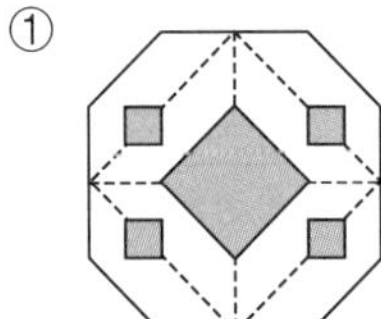

②

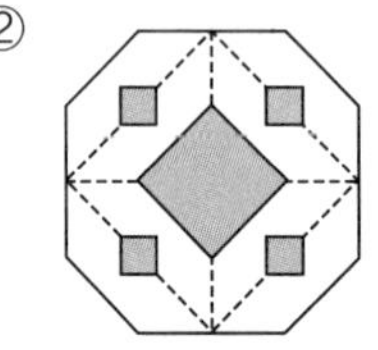

③

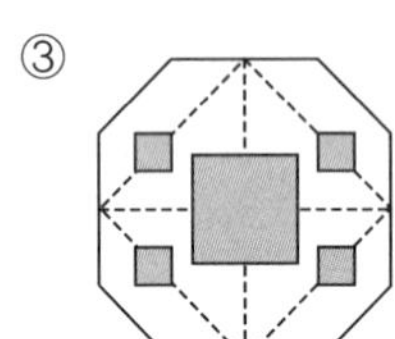

④

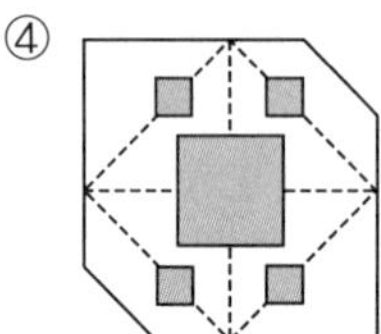

[12 ~ 14] 다음과 같이 종이를 접은 후 펀치로 구멍을 뚫고 다시 펼쳤을 때의 모양으로 옳은 것을 고르시오.

12.

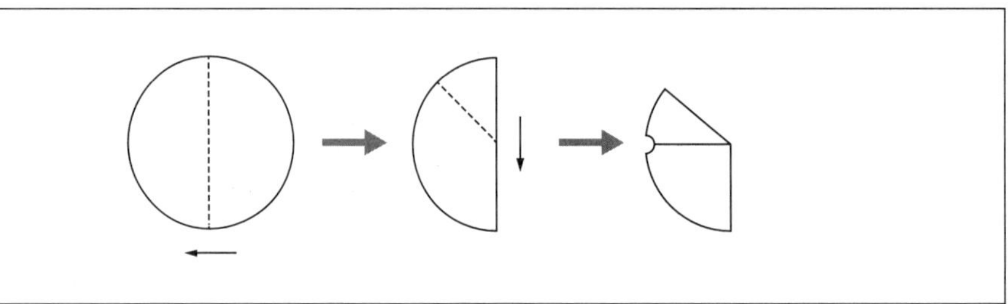

①

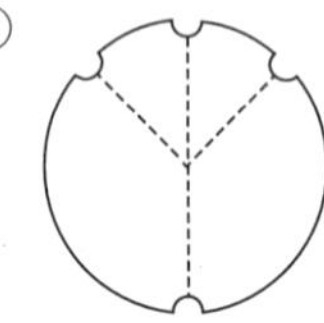

②

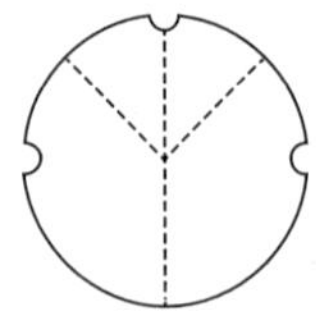

③

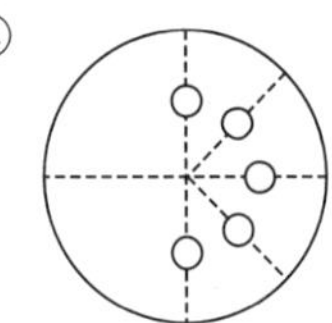

④

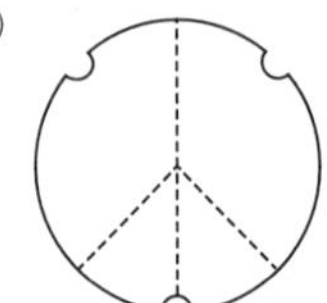

13.

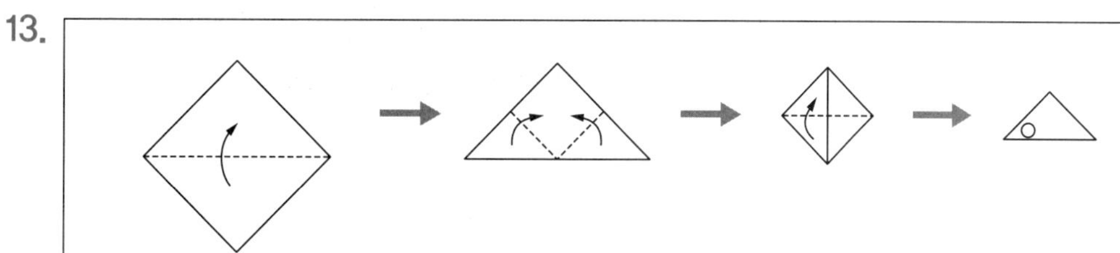

①

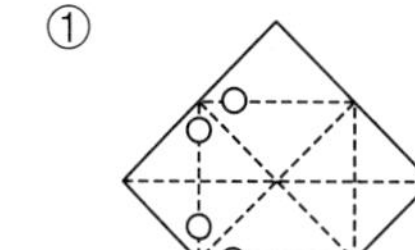

②

③

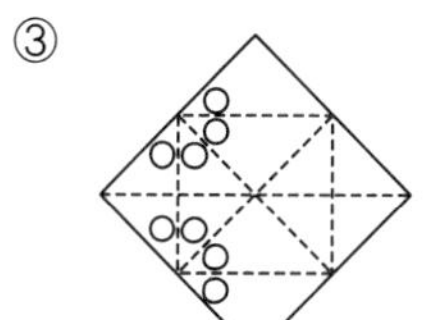

④

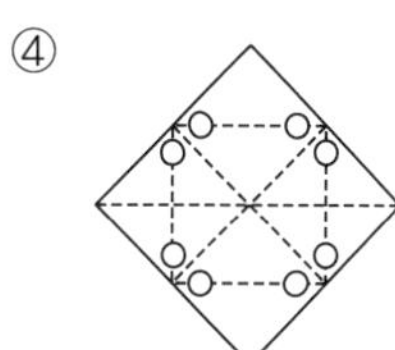

14.

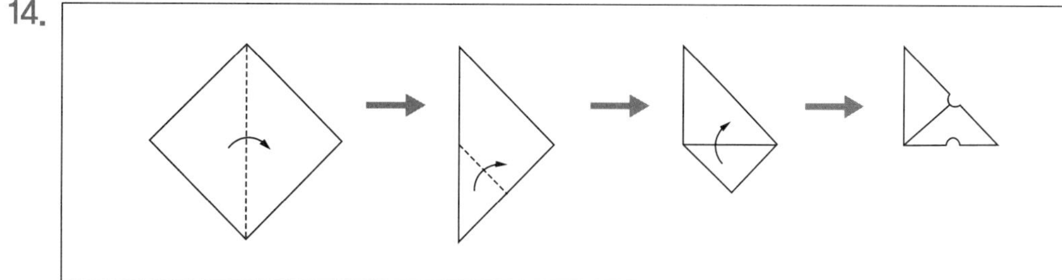

①

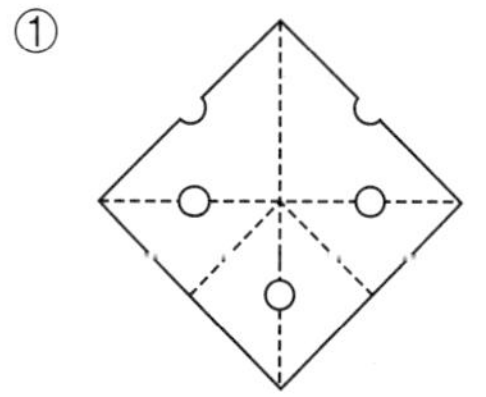

②

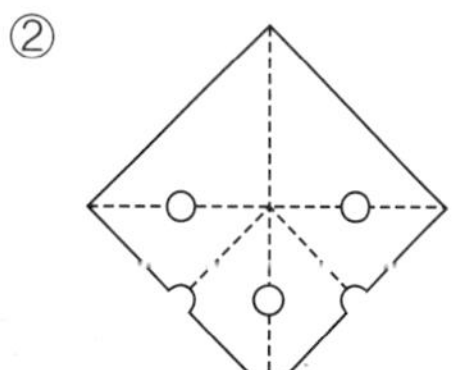

③

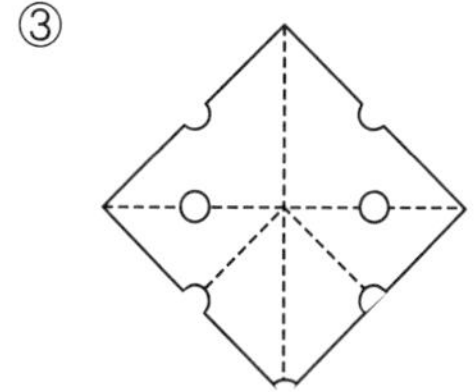

④

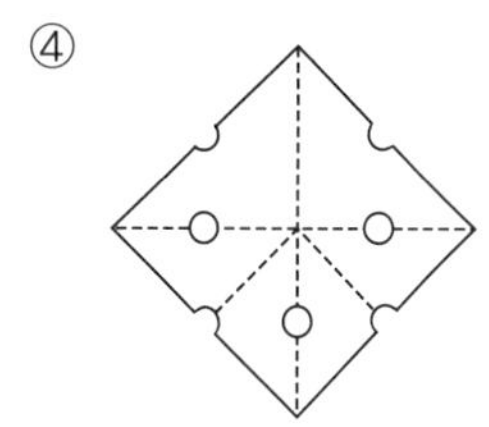

15. 다음과 같이 종이를 접은 후 펀치로 구멍을 뚫고 다시 펼쳤다. 〈보기〉에서 구멍의 위치에 해당되는 좌표를 모두 고르면? (단, 종이를 접을 때 종이의 위치는 바뀌지 않는다)

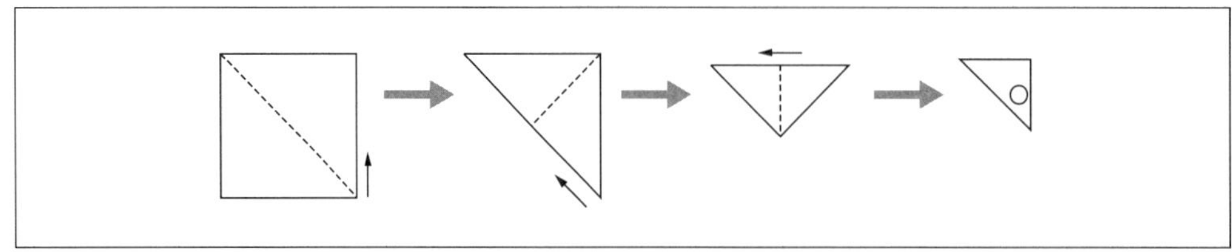

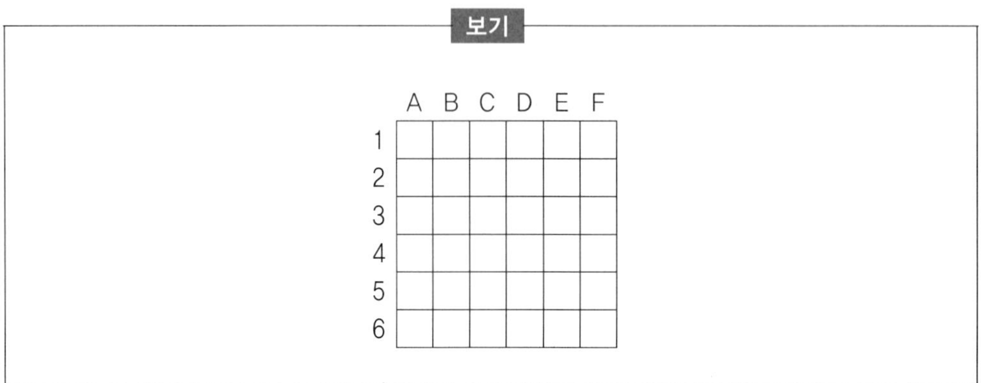

① B−3, B−4, C−2, C−5,

② C−2, C−5, D−2, D−5

③ B−2, B−5, C−3, C−4, D−3, D−4, E−2, E−5

④ B−3, B−4, C−2, C−5, D−2, D−5, E−3, E−4

16. 다음 주어진 블록을 정육면체로 만들기 위해 합쳐야 할 블록의 모양을 고르면?

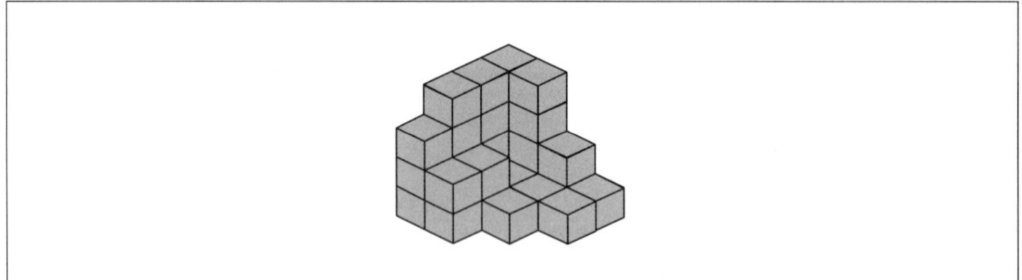

①

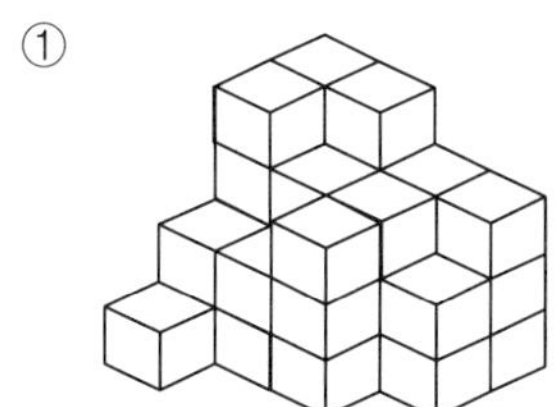

②

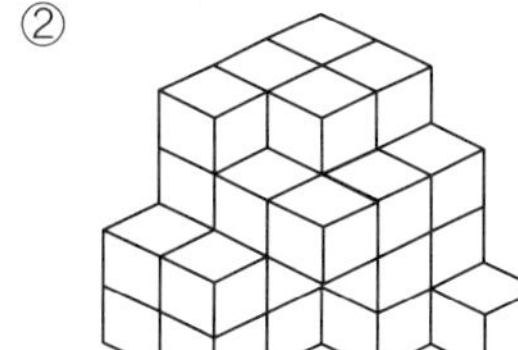

③

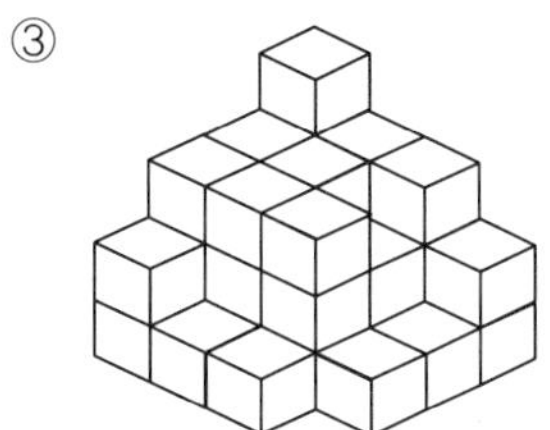

④

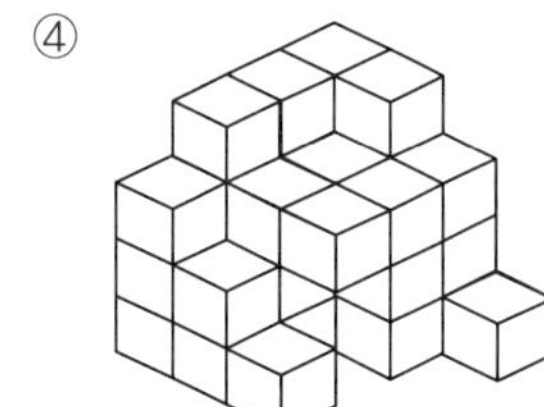

17. 정육면체 (A)에서 (B)의 블록을 제거하고 남은 형태의 블록을 고르면?

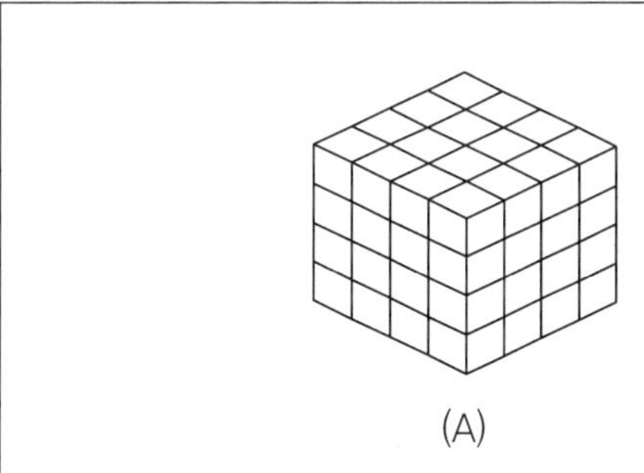

(A)

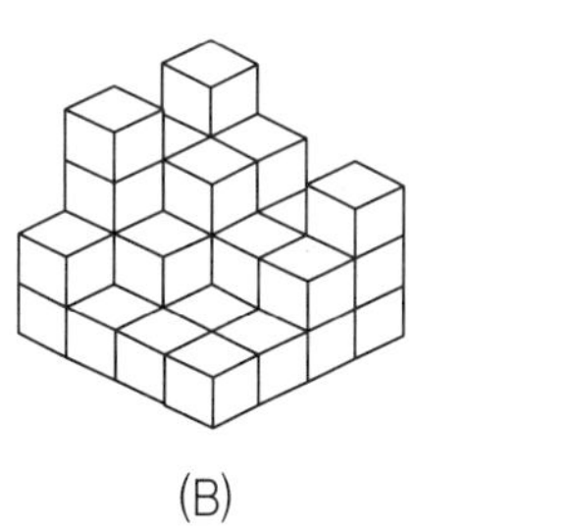

(B)

①

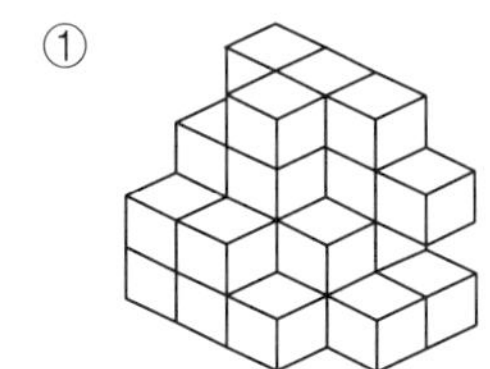

②

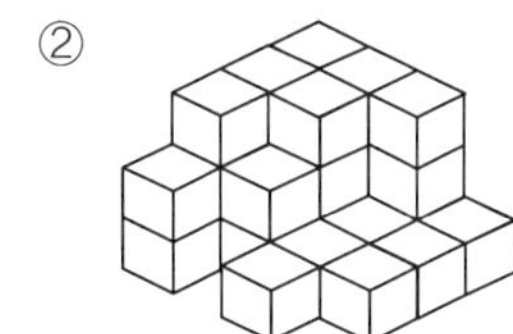

③

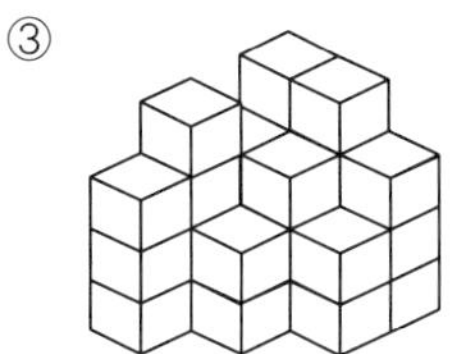

④

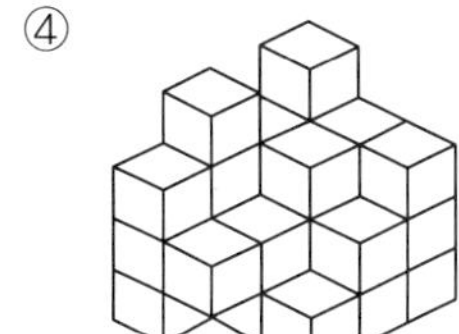

18. 다음 블록을 합쳤을 때 나올 수 없는 형태는? (단, 회전은 자유롭다)

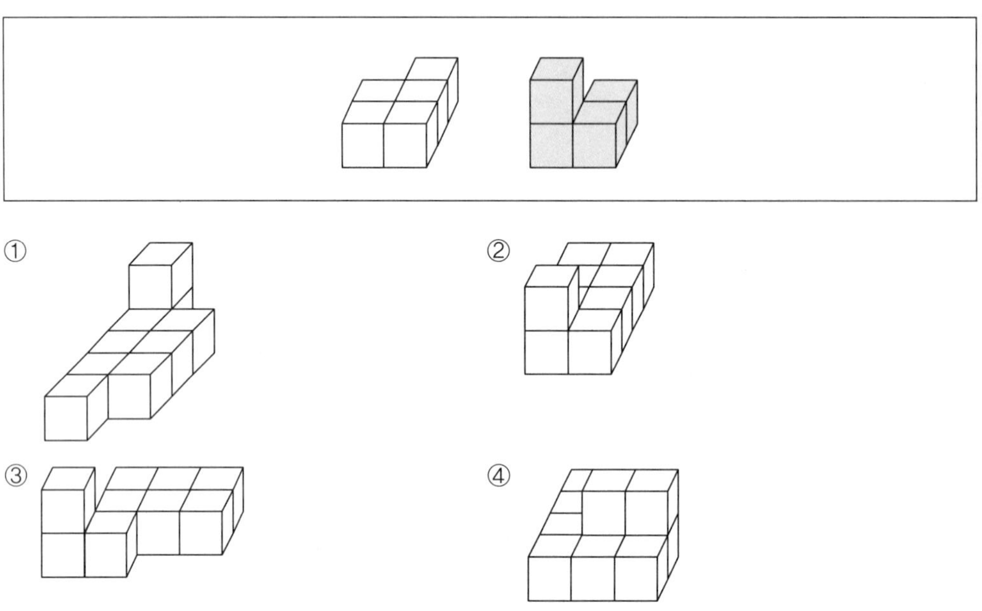

19. 다음 세 개의 블록을 결합했을 때 만들 수 있는 형태는?

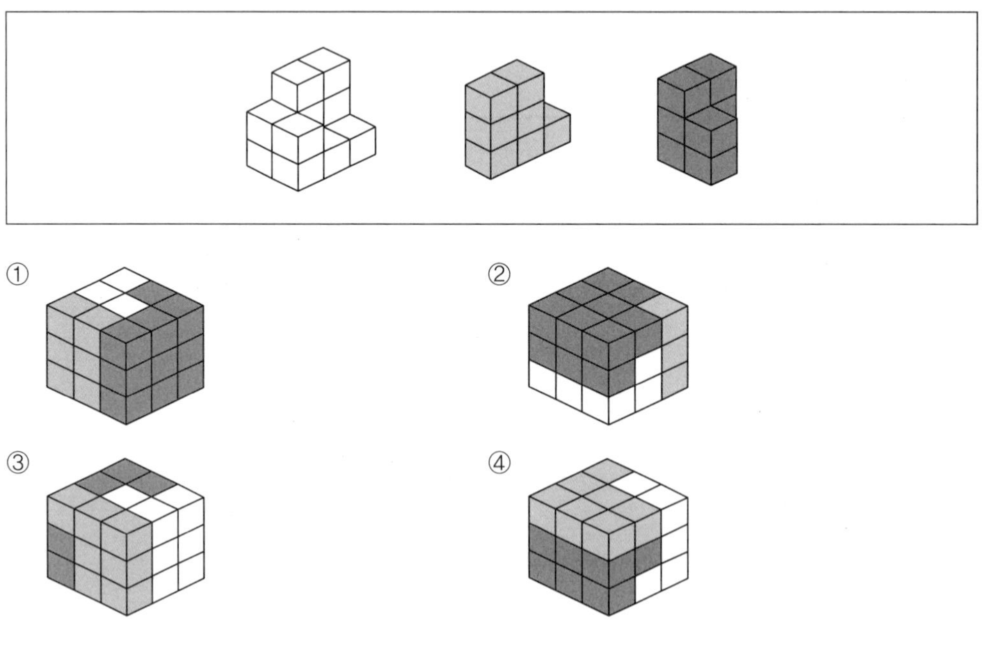

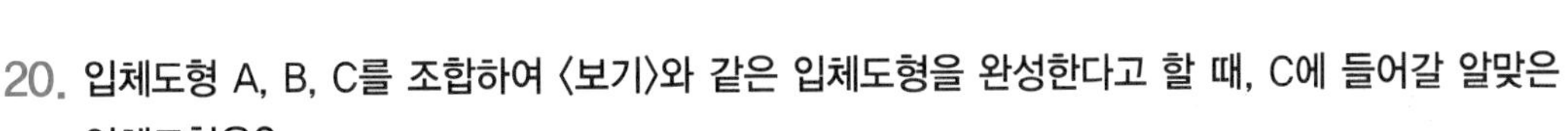

20. 입체도형 A, B, C를 조합하여 〈보기〉와 같은 입체도형을 완성한다고 할 때, C에 들어갈 알맞은 입체도형은?

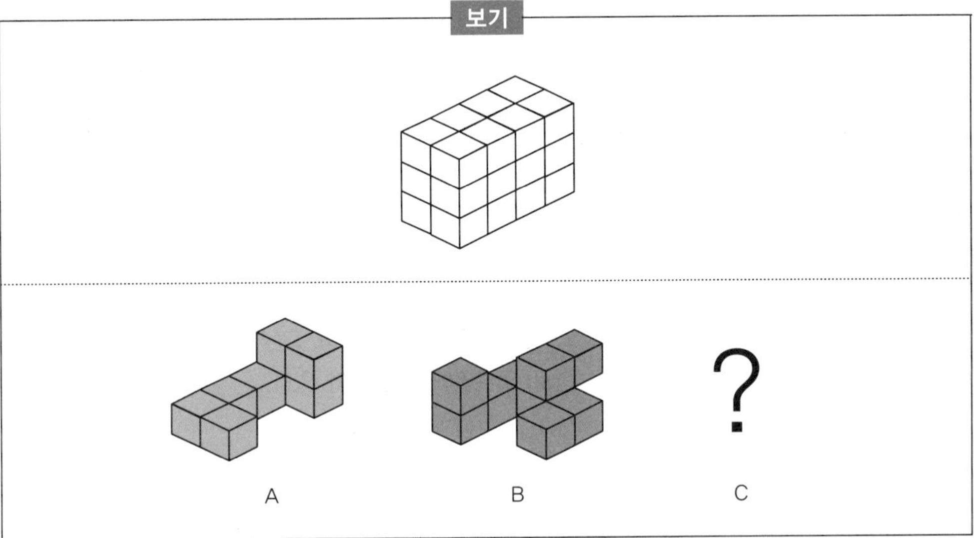

①
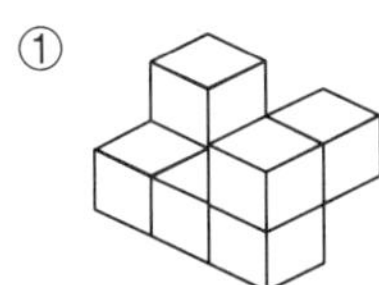

②
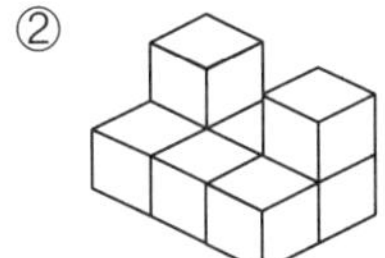

③
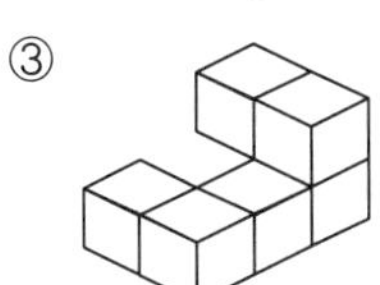

④
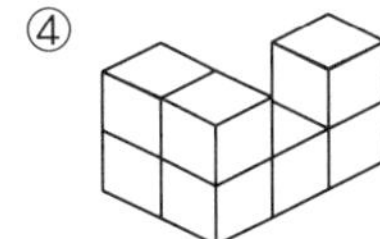

문제해결력

20문항 / 15분

01. 홍보팀 직원 A, B, C, D, E 5명이 모여서 회의를 하고 있다. A부터 시작하여 시계방향 순으로 앉은 사람을 바르게 나열한 것은? (단, 방향은 자리에 앉았을 때를 기준으로 한다)

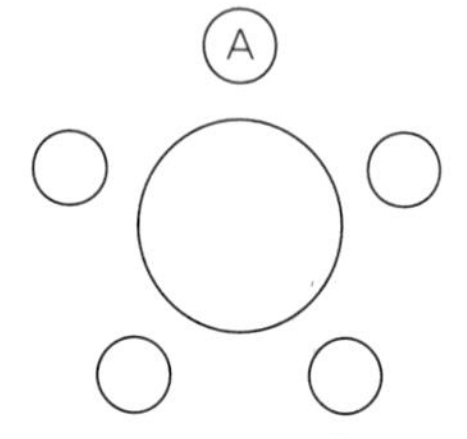

- A, B, C, D, E는 둥근 탁자에 앉아 있다.
- A는 C 바로 옆에 앉아 있다.
- E 오른편에 C가 앉아 있으며, 그 사이에 한 명이 더 앉아 있다.
- D 바로 오른편에 B가 앉아 있다.

① A, B, C, D, E
② A, C, B, E, D
③ A, C, D, E, B
④ A, E, B, D, C

02. 다음의 〈조건〉이 반드시 성립한다고 가정할 때, 항상 참인 명제는?

조건

- 다이빙을 좋아하는 사람은 서핑도 좋아한다.
- 요트를 좋아하는 사람은 낚시도 좋아한다.
- 서핑을 좋아하지 않는 사람은 낚시도 좋아하지 않는다.
- 카누를 좋아하지 않는 사람은 서핑도 좋아하지 않는다.

① 다이빙을 좋아하는 사람은 요트도 좋아한다.
② 요트를 좋아하지 않는 사람은 서핑도 좋아하지 않는다.
③ 카누를 좋아하는 사람은 낚시도 좋아한다.
④ 다이빙을 좋아하는 사람은 카누도 좋아한다.

03. 동일, 태현, 은혁, 보라, 민정이 〈조건〉에 따라 가위바위보 내기를 할 때, 다음 설명 중 옳지 않은 것은?

> **조건**
>
> • 동일과 보라가 가위바위보를 하면 항상 동일이 이긴다.
> • 태현이 가위를 내면 민정은 바위를 낸다.
> • 태현과 보라는 항상 서로 다른 모양을 낸다.
> • 민정은 바위와 보만을 낸다.
> • 은혁은 항상 보라와 민정에게 진다.

① 동일이 주먹을 낼 경우 태현은 바위 혹은 보를 낸다.
② 태현이 가위를 낼 경우 은혁도 가위를 낸다.
③ 동일이 가위를 낼 경우 은혁은 보를 낸다.
④ 은혁이 민정과의 내기에서 낼 수 있는 모양은 가위와 바위뿐이다.

04. 다음 〈조건〉에 따라 A, B, C, D, E는 주번 한 명, 보조 두 명으로 총 세 명이 한 조를 이루어 하루씩 일하려고 한다. 오늘이 2월 10일이라면 5월 10일의 주번은 누구인가?

> **조건**
>
> • 한 번 주번을 한 사람은 다섯 명이 모두 한 번씩 주번을 할 때까지 다시 주번을 할 수 없다.
> • 어제 보조였던 사람은 오늘 주번이나 보조를 할 수 없다.
> • B와 E는 연속으로 주번을 할 수 없다.
> • 오늘 주번은 A, 보조는 B, C이며, 2월의 마지막 날은 28일이다.

① B
② C
③ D
④ E

05. 업무지원팀 팀원 A～F 6명의 협업 실적은 모두 다르며 이번 달 협업 실적 우수사원에게 성과급을 주기로 하였다. 다음 〈조건〉이 모두 참이라고 할 때, 성과급을 받지 못하는 팀원은?

조건

- 협업 실적 순위에 따라 1위부터 5위까지 성과급을 지급한다.
- A는 B보다 협업 실적 순위가 낮다.
- E의 협업 실적 순위는 C보다 낮고 F보다 높다.
- F의 바로 앞 순위에는 B가 있다.
- D와 F의 협업 실적 순위를 합한 값은 9 미만이다.

① A　② C　③ D　④ F

06. 다음을 근거로 할 때, 7개 부서의 예산을 바르게 비교한 것은?

- G 부서의 예산은 F 부서 예산의 3배이다.
- A 부서의 예산과 C 부서의 예산은 같다.
- B 부서의 예산은 F 부서의 예산과 G 부서의 예산을 합한 것과 같다.
- D 부서의 예산은 A 부서의 예산과 B 부서의 예산을 합한 것과 같다.
- E 부서의 예산은 B 부서, C 부서, F 부서의 예산을 모두 합한 것과 같다.
- A 부서의 예산은 B 부서 예산과 G 부서 예산을 합한 것과 같다.

① $F<G<A=C<B<E<D$　② $F<G<A=C<B<D<E$
③ $F<G<B<A=C<D<E$　④ $F<G=B=A<C<E<D$

07. **다음 중 A와 B를 통해 도출할 수 있는 결론으로 옳지 않은 것은?**

> A : 달리기를 좋아하는 사람은 말랐거나 야채를 좋아한다.
> B : 건강관리를 못하는 사람은 야채를 싫어하며 뚱뚱하다.

① 건강관리를 못하는 사람은 달리기를 좋아하지 않는다.
② 마른 사람은 건강관리를 잘한다.
③ 뚱뚱한 사람이 모두 달리기를 싫어한다는 것은 아니다.
④ 달리기를 좋아하는 사람 중에서도 건강관리를 못하는 사람이 있다.

08. **다음 명제를 읽고 〈결론〉에 대한 설명으로 옳은 것을 고르면?**

> • 학생들은 모두 이과 또는 문과에 간다.
> • 소설책 읽는 것을 좋아하는 학생은 국어 시험 성적이 높다.
> • 이과에 간 학생은 국어 시험 성적이 낮다.
> • 문과에 간 학생은 수다 떠는 것을 좋아한다.
> • 수다 떠는 것을 좋아하지 않는 학생은 소설책 읽는 것을 좋아하지 않는다.

결론

> (가) 수다 떠는 것을 좋아하지 않는 학생은 이과에 간다.
> (나) 문과에 간 학생은 소설책 읽는 것을 좋아한다.
> (다) 국어 시험 성적이 높은 학생은 수다 떠는 것을 좋아한다.

① (가)만 항상 옳다.
② (나)만 항상 옳다.
③ (나), (다) 모두 항상 옳다.
④ (가), (다) 모두 항상 옳다.

[09 ~ 10] 다음 〈규칙〉을 참고하여 이어지는 질문에 답하시오.

보기

• 4개의 행과 열로 이루어진 격자가 존재한다.
• 행바꿈이란 각 행에 해당하는 모든 칸을 서로 바꾸어 주는 것이다.
• 열바꿈이란 각 열에 해당하는 모든 칸을 서로 바꾸어 주는 것이다.

〈버튼의 기능〉

버튼	기능
A	1행과 2행을 행바꿈한 후 3열과 4열을 열바꿈한다.
B	3행과 4행을 행바꿈한 후 1열과 2열을 열바꿈한다.
C	1행과 3행을 행바꿈한 후 2열과 4열을 열바꿈한다.
D	2행과 4행을 행바꿈한 후 1열과 3열을 열바꿈한다.

예 (ㄱ)에 A 버튼을 누르면 (ㄴ)의 과정을 거쳐 (ㄷ)의 결과물이 된다.

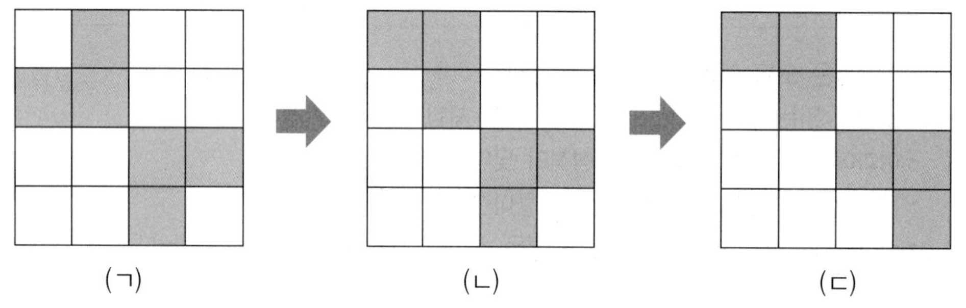

09. (ㄱ)을 (ㄴ)과 같이 만들기 위해서는 어떤 버튼을 눌러야 하는가?

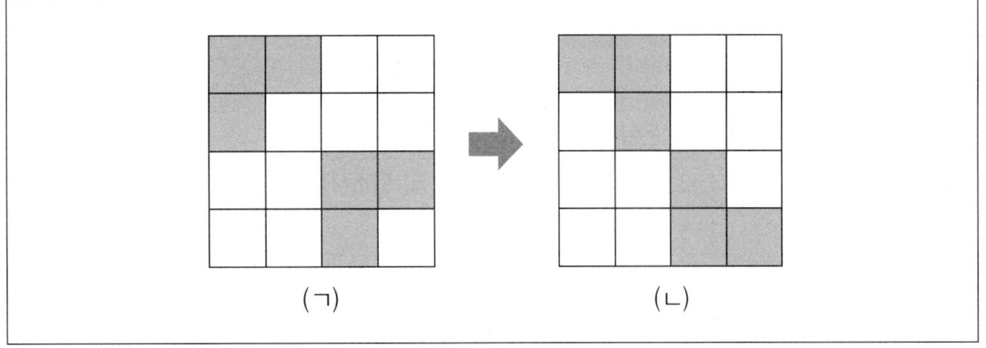

① A 버튼　　② B 버튼
③ C 버튼　　④ D 버튼

10. (ㄱ)에서 버튼을 3번 눌렀더니 (ㄴ)과 같이 바뀌었다. 어떤 순서로 버튼을 눌렀는가?

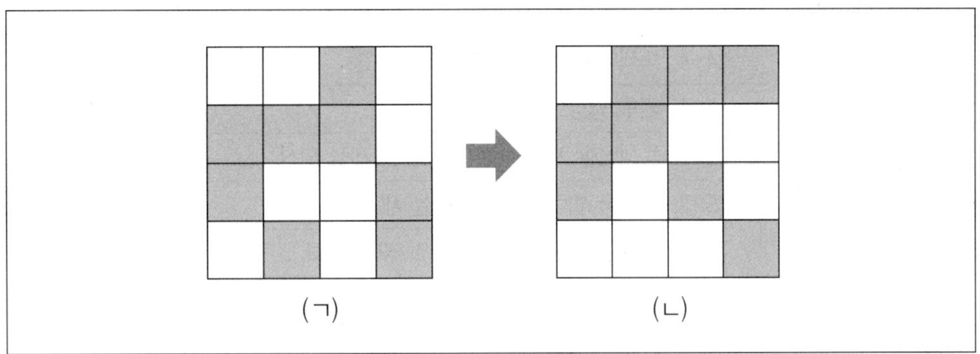

① A → B → B　　② A → B → D
③ D → C → A　　④ D → C → B

[11 ~ 12] 다음 자료를 보고 이어지는 질문에 답하시오.

〈녹생성장위원회 회의 내용〉

5대 정책방향	중점과제	평가 결과
가. 효과적 온실가스 감축	1-1. 온실가스 감축 로드맵 체계적 이행	우수
	1-2. 탄소배출권 거래제 정착 및 탄소시장 활성화	보통
	1-3. 장기 국가 감축 목표 수립	보통
	1-4. 탄소흡수원 확충	우수
나. 지속가능한 에너지체계 구축	2-1. 에너지 수요관리 강화	보통
	2-2. 신재생에너지 보급 확대	우수
	2-3. 분산형 발전시스템 구축	보통
	2-4. 에너지 시설 안전성 확보	보통
다. 녹색창조산업을 통한 생태계조성	3-1. 첨단융합 녹색기술 개발	보통
	3-2. 녹색창조산업의 규제 합리화	미흡
	3-3. 자원순환 경제구조정착	우수
	3-4. 녹색 인재 양성	보통
라. 지속가능한 녹색사회 구현	4-1. 기후변화 적응역량 강화	우수
	4-2. 친환경 생활기반 확대	보통
	4-3. 녹색 국토공간조성	보통
	4-4. 녹색복지 및 거버넌스 기반 확충	미흡
마. 글로벌 녹색협력 강화	5-1. 기후 협상 효과적 대응	미흡
	5-2. 녹색성장 지역협력 확대 및 국제적 확산	보통
	5-3. 개도국 협력 확대 및 내실 제고	미흡
	5-4. GGGI/GCF와의 협력 및 지원 강화	보통

11. 제시된 자료를 바르게 이해한 것은?

① 녹색창조산업의 성장을 위해 녹색 인재 양성과 친환경적인 국토공간을 조성하는 데 노력이 필요하다.

② 효과적인 온실가스 감축을 위해서는 제도적인 노력과 에너지 분산형 시스템을 구축할 필요가 있다.

③ 녹색사회 구현을 위해 녹색창조기술을 개발하고, 녹색복지시설 확충을 위한 적극적인 노력이 필요하다.

④ 국제관계에서 녹색협력을 강화하기 위해서는 기후 협상에 관한 대응과 개도국과의 협력관계가 보완되어야 한다.

12. 다음 5대 정책방향별 중점 과제와 실제 성과를 짝지은 내용 중 적절하지 않은 것은?

① 1－2 : 정부가 보유한 탄소배출권 예비분과 배출권을 할당받지 못한 업체의 감축 실적을 탄소시장에 공급하여 탄소시장 활성화를 꾀했다.

② 2－4 : 15,781개의 에너지 시설에 대한 현장점검을 통해 2,844개소 보수 · 보강 등 안전조치를 취하고, 공동주택 등에 태양광 설비 설치를 홍보하였다.

③ 3－1 : 리빙랩(기술을 활용해 생활 속 문제를 혁신하는 실험실) 구축을 지원하고, 초미세먼지 농도 측정, 녹 · 적조 처리 등을 위한 융합기술 개발을 진행하였다.

④ 4－4 : '바우처 운영관리시스템'을 구축하여 저소득가구의 에너지 비용을 보조할 수 있는 '바우처 제도'를 시행하였다.

[13 ~ 14] 다음은 E 영어학원의 강의 시간표에 대한 내용이다. 이어지는 질문에 답하시오.

〈강의 개설 주의사항〉

- 모든 강의는 2개월 단위로 이루어진다.
- 모든 강의는 입문 – 초급 – 중급 – 고급 4단계로 이루어져 있다.
- 2개월이 지난 뒤 강의 수준은 이전보다 한 단계 높은 수준으로 바뀌어 개설되며, 고급 강의가 개설된 다음에는 입문 강의가 개설된다.
- 종합반은 2개 시간대를 묶어서 개설한다.
- 직장인 대상 비즈니스 영어반은 밤 8시 이후에 개설되어야 한다.
- 모든 강의는 주 2회 이상 개설되어야 한다.
- 시간대 구분은 변경되지 않는다.

〈5 ~ 6월 시간표〉

<table>
<tr><th>구분</th><th>월</th><th>화</th><th>수</th><th>목</th><th>금</th></tr>
<tr><td>16 : 00 ~ 16 : 50</td><td rowspan="2">종합반
(초급)</td><td>회화반 B
(고급)</td><td rowspan="2">종합반
(초급)</td><td>회화반 B
(고급)</td><td rowspan="2">종합반
(초급)</td></tr>
<tr><td>17 : 00 ~ 17 : 50</td><td>작문반
(초급)</td><td>작문반
(초급)</td></tr>
<tr><td>19 : 00 ~ 19 : 50</td><td>회화반 C
(초급)</td><td>회화반 A
(중급)</td><td>회화반 C
(초급)</td><td>회화반 A
(중급)</td><td>회화반 C
(초급)</td></tr>
<tr><td>20 : 00 ~ 20 : 50</td><td>문법반
(중급)</td><td>독해반
(고급)</td><td>문법반
(중급)</td><td>독해반
(고급)</td><td>문법반
(중급)</td></tr>
<tr><td>21 : 00 ~ 21 : 50</td><td>청취반
(입문)</td><td>비즈니스반
(입문)</td><td>청취반
(입문)</td><td>비즈니스반
(입문)</td><td>청취반
(입문)</td></tr>
</table>

〈7 ~ 8월 강좌 예상 일정〉

강좌명	개설 가능 요일
종합반	매일
회화반 A	수, 금
회화반 B	매일
회화반 C	화, 목, 금
독해반	매일
문법반	월, 화, 목
청취반	화, 목
작문반	월, 수, 금
비즈니스 영어반	월, 목

13. 다음은 제시된 자료를 토대로 작성된 7 ~ 8월 시간표이다. 잘못 기재된 부분을 바르게 지적한 것은?

구분	월	화	수	목	금
16 : 00 ~ 16 : 50	종합반 (중급)	회화반 C (중급)	종합반 (중급)	회화반 C (중급)	종합반 (중급)
17 : 00 ~ 17 : 50		독해반 (입문)		독해반 (입문)	
19 : 00 ~ 19 : 50	작문반 (중급)	청취반 (초급)	작문반 (중급)	청취반 (초급)	작문반 (중급)
20 : 00 ~ 20 : 50	비즈니스반 (초급)	회화반 B (입문)	회화반 B (입문)	비즈니스반 (초급)	회화반 B (입문)
21 : 00 ~ 21 : 50	문법반 (초급)	문법반 (초급)	회화반 A (고급)	문법반 (초급)	회화반 A (고급)

① 청취반과 작문반의 요일을 바꾸어야 한다.
② 비즈니스반 강좌는 문법반 강좌와 시간대를 바꾸어야 한다.
③ 회화반 A는 입문 강좌를 개설하여야 한다.
④ 문법반은 고급 강좌를 개설하여야 한다.

14. 다음 7 ~ 8월의 강사 일정표를 참고할 때 13에 제시된 시간표에 대한 적절한 변경 사항은?

강사명	가능한 강의	가능한 시간대
박○○	독해, 회화	월, 화, 목 17 : 00 ~ 22 : 00
김△△	문법, 비즈니스	화, 수, 금 20 : 00 이후
최♠♠	청취, 회화	화, 목 16 : 00 ~ 20 : 00
이□□	작문, 비즈니스	매일 19 : 00 이후
유◆◆	회화, 종합	월 16 : 00 ~ 19 : 00/수, 금 16 : 00 ~ 22 : 00

① 화, 목요일의 청취반 강좌와 화, 목요일의 독해반 강좌의 시간대를 바꾸어야 한다.
② 수, 금요일의 작문반 강좌와 월, 목요일의 문법반 강좌의 시간대를 바꾸어야 한다.
③ 월, 목요일의 문법반 강좌와 수, 금요일의 회화반 A 강좌의 시간대를 바꾸어야 한다.
④ 변경할 필요 없다.

[15 ~ 16] 다음 자료를 보고 이어지는 질문에 답하시오.

펌프를 분해하여 점검 작업을 실시할 때 점검자는 점검 전 개인별 안전보호구를 착용해야 한다. 점검 책임자는 정비작업 전 정비자에게 작업 시 안전수칙을 주지시키고 작업을 시작해야 한다. 또한 PDA 단말기, 기술자료, 유지보수설명서, 도면, 전회 정비기록 사항, 공기구 및 측정장비를 사전에 준비한다.

점검자는 설비별 점검 실시기준에 의거하여 각 항목별로 빠짐없이 점검을 실시한 후 감독 및 운전책임자에게 보고하여야 한다. 이후 감독이나 운전책임자의 입회 또는 승인을 받아 시운전을 실시한다. 시운전이 완료된 후에는 PDA를 활용하여 CMMS(유지관리시스템)에 상세히 기록한다. 만약 점검 중 가동하고 있던 설비에 경상정비(동작시험, 소모품 교체, 볼트조임 등)가 필요할 경우 운전책임자에게 즉시 보고하고 입회 또는 승인을 받아 주 기체와 예비호기 간의 교체운전을 실시한다.

〈펌프 분해점검 기준〉

기준 / 사용연수	가동시간(시간)	조건	경과연수(년)
4 ~ 5년	10,000	or	4
6 ~ 10년	8,000	or	4
11 ~ 15년	6,000	or	4
16년 이상	5,000	or	4

※ 가동시간은 펌프 분해점검 이후 누적가동시간이다.

※ 경과연수의 기준시점은 펌프 분해점검 실시연도이다.

15. 오 사원은 펌프 분해점검 작업을 시행 중이다. 다음 중 적절한 행동 요령이 아닌 것은?

> 오 사원은 본격적인 점검 작업을 시작하기 전에 ① 먼저 안전보호구를 착용하고 챙겨야 할 장비와 서류들을 준비했다. ② 펌프를 분해하던 도중 볼트가 헐거워진 부분이 발견되어 운전책임자의 입회하에 보조펌프로 교체운전을 실시하였다. ③ 정비가 완료된 후에는 즉시 시운전을 시행하고 사후에 감독에게 보고하였다. ④ 시운전이 끝난 후에는 PDA를 활용하여 CMMS에 상세히 기록하였다.

16. 다음 내용을 참고할 때, 2021년에 점검을 시행해야 할 펌프가 아닌 것은?

> 2021년을 기준으로 사업장에서 운영되고 있는 펌프는 총 네 대이다. A 펌프는 가동을 시작한 지 5년, B 펌프는 8년, C 펌프는 13년, D 펌프는 18년이 경과되었다.
>
> A 펌프의 누적가동시간은 9,000시간이며, B 펌프는 7,000시간, C 펌프는 5,000시간, D 펌프는 5,000시간이다. 이 중 A 펌프는 분해점검을 한 번도 실시하지 않았고, B 펌프는 2016년에 분해점검을 실시했으며, C 펌프와 D 펌프는 2019년에 분해점검을 실시했다.

① A 펌프 ② B 펌프

③ C 펌프 ④ D 펌프

[17 ~ 18] 다음은 고용친화기업 지원사업의 일부이다. 이어지는 질문에 답하시오.

〈고용친화 대표기업 선정 및 지원사업〉

1. 사업개요
   - 대상 : 고용창출과 근로환경이 우수한 종사자 30인 이상 기업
   - 선정규모 : 10개사 정도(단, 심사결과에 따라 변동될 수 있음)
   - 사업기간 : 20X1. 11. ~ 20X2. 08.
   - 추진체계 : 공모신청 → 심사평가 → 기업선정 → 기업지원 → 결과분석 및 후속계획 수립
   - 선정기준 : 고용창출 실적, 근로환경, 사업성과를 상, 중, 하로 평가한 후 그에 따라 점수를 부여하여 총점이 가장 높은 기업을 선정

17. 각 추진체계에 해당하는 진행상황으로 적절하지 않은 것은?

① 공모신청－기업들의 신청 현황을 틈틈이 파악한다.

② 심사평가－지원된 사업비가 임직원의 복지향상에 기여한 바가 있는지 분석한다.

③ 기업지원－기업 광고를 위한 사업비를 지원해 주고, 수시로 브랜드 홍보를 실시한다.

④ 결과분석 및 후속계획 수립－성과를 평가한 다음 후속 사업 시 고려할 점을 논의한다.

18. 다음은 기업 평가 결과와 평가기준 개정안이다. 현행 평가기준과 개정된 평가기준을 각각 적용할 때, 고용친화기업으로 선정될 기업을 바르게 짝지은 것은?

〈기업 평가 결과〉

선정기준 \ 기업	A	B	C	D
고용창출	상	중	상	하
근로환경	중	상	상	상
기업성과	하	중	하	상

〈현행 평가기준 및 개정안〉

선정기준	현행	개정안
고용창출	50점	40점
근로환경	30점	50점
기업성과	20점	10점
합계	100점	100점

※ '상'은 평가기준 대비 100%, '중'은 80%, '하'는 60%의 점수를 부여함.

	현행	개정안		현행	개정안
①	A	B	②	A	C
③	C	C	④	C	D

[19 ~ 20] 다음 내용을 보고 이어지는 질문에 답하시오.

상황

- Q 기업에서 에어컨 설치를 담당하는 K 기사는 오늘 예약된 관할지역 고객 명단을 보며 방문 계획을 세우고 있다.
- 오늘 방문해야 할 고객은 A, B, C, D, E로 총 5명이다.
- 에어컨 설치 1건당 1시간 30분이 소요된다.
- K 기사는 오늘 설치해야 할 에어컨을 모두 싣고 물류센터에서 9시 10분에 출발하여 첫 번째 고객에게 방문할 예정이다.
- 물류센터에서 첫 번째 설치고객에게 방문하는 데 20분이 소요되고, 고객 간 이동 시간은 각 15분이 소요된다.

〈에어컨 설치 예약현황〉

고객	설치 방문 희망시간	요청사항
A	오후 1 ~ 5시 사이	오전 중에 방문시간 연락 주세요.
B	오후 3시 이후	
C	12시 이후	오후 4시 이전에 설치 완료해 주세요.
D	오전 9 ~ 11시 사이	
E	상관없음.	방문 1시간 전에 연락 주세요.

※ 단, 점심시간은 고려하지 않는다.

19. 〈상황〉과 〈에어컨 설치 예약현황〉에 나타난 고객들의 설치방문 희망시간 및 요청사항을 고려할 때, K 기사의 방문 순서로 옳은 것은?

① D → E → A → C → B
② D → E → C → A → B
③ D → E → C → B → A
④ E → D → C → A → B

20. 각 고객에게 방문하기 2시간 전에 알림문자를 발송하려고 한다. K 기사가 3번째 방문고객에게 문자를 전송해야 하는 시간은?

① 오전 10시
② 오전 10시 20분
③ 오전 10시 35분
④ 오전 11시

집중력

20문항 / 10분

[01 ~ 03] 다음 문자 · 기호 · 숫자군에서 찾을 수 없는 문자 · 기호 · 숫자를 고르시오.

01.

545 258 844 169 847 561 432 184 864 730
158 132 564 583 454 235 655 445 256 397
542 341 889 478 468 897 899 156 651 138
498 784 184 279 920 384 713 398 520 473

① 478　② 398
③ 781　④ 156

02.

끗 끝 끞 끕 끌 끗 끅 끝 끚 끔 끈 끙 끌 끟 끜 끟 끞 끘 끔
끈 끙 끌 끟 끜 끚 끞 끟 끙 끕 끚 끋 끅 끗 끔 끈 끙 끌 끟
끜 끝 끘 끞 끟 끕 끚 끅 끘 끆 끝 끔 끈 끙 끌 끟 끜 끝 끚
끔 끈 끕 끚 끋 끅 끟 끜 끚 끅 끘 끆 끟 끔 끈 끙 끌 끟 끜
끟 끞 끘 끔 끈 끙 끌 끟 끝 끜 끚 끟 끙 끕 끚 끋 끅 끗 끔

① 끞　② 끆
③ 끟　④ 끚

03.

♧ ☆ ◐ Σ ∮ ▥ £ ♡ ▣ ▦ £ ¥ ◈ ♥ ▧ ℃ ☎ ♣
♤ ◑ ▩ ▶ ⊠ ☸ ◁ ♀ ▨ ▶ ♬ ▤ ♭ ◉ ⇛ Ⅷ ◍ ¢
☍ ✪ ∮ ◱ ⊛ ◭ ☊ ☮ ☈ ◓ ◪ Ⓚ ㉠ ⋑ 〶 ⇔ ⁉ @

① ∮　② £
③ ‰　④ ♭

[04 ~ 06] 다음의 문자 · 기호 · 숫자군 중에서 왼쪽에 제시된 문자, 기호, 숫자의 개수를 구하시오.

04.

담	단 댱 닥 닮 담 댐 닼 달 댱 닽 답 닷 닻 단 닾 닯 딤 닿 닻 답 달 닻 닾 닥 닸 닦 닿 닥 단 답 닯 댬 닽 닫 닶 닼 딤 딥 당 답 닷 닼 답 닻 닷 닫 닽 닷 담 닮 당

① 1개　② 2개
③ 3개　④ 4개

05.

$x+y+z^4$	$x+y+z$　$x+y^2-z$　$x\div y-z$　$x^2\times y-z$ $x-y^2\div z$　$x\times y^4\div z$　$x+y+z^4$　$x\times y\times z$ $x+y^2-z$　$x\div y-z$　$x-y^2-z^3$　$x^5\div y+z$

① 1개　② 2개
③ 3개　④ 4개

06.

자연과 인간에 대한 아시아의 깊은 지혜를 바탕으로, 누구도 밟아 보지 못한 혁신적인 미(美)의 영역에 도전한다.

① 5개　② 6개
③ 7개　④ 8개

07. 다음 글에서 쉼표(,)의 개수는?

> 영화에 제시되는 시각적 정보는 이미지 트랙에, 청각적 정보는 사운드 트랙에 실려 있다. 이중 사운드 트랙에 담긴 영화 속 소리를 통틀어 영화 음향이라고 한다. 음향은 다양한 유형으로 존재하면서 영화의 장면을 적절히 표현하는 효과를 발휘한다.
>
> 음향은 소리의 출처가 어디에 있는지에 따라 몇 가지 유형으로 나뉜다. 화면 안에 음원이 있는 소리로서 주로 현장감을 높이는 소리를 '동시 음향', 화면 밖에서 발생하여 보이지 않는 장면을 표현하는 소리를 '비동시 음향'이라고 한다. 한편 영화 속 현실에서는 발생할 수 없는 소리, 즉 배경 음악처럼 영화 밖에서 조작되어 들어온 소리를 '외재 음향'이라고 한다. 이와 달리 영화 속 현실에서 발생한 소리는 모두 '내재 음향'이다. 이러한 음향들은 감독의 표현 의도에 맞게 단독으로, 혹은 적절히 합쳐져 활용된다.

① 3개　② 4개
③ 5개　④ 6개

08. 다음 글에서 '기술'이라는 글자가 나오는 횟수는? (단, 합성어를 포함한다)

> 하지만 기술 혁신을 통한 생산성 향상 시도가 곧바로 수익성 증가로 이어지는 것은 아니다. 기술 혁신 과정에서 비용이 급격히 증가하거나 생각지도 못한 위험이 수반되는 경우가 종종 있기 때문이다. 만약 필킹턴 사 경영진이 플로트 공정의 총개발비를 사전에 알았더라면 기술 혁신을 시도하지 못했을 것이라는 필킹턴 경(卿)의 회고는 이를 잘 보여 준다. 필킹턴 사는 플로트 공정의 즉각적인 활용에도 불구하고 그동안의 엄청난 투자 때문에 무려 12년 동안 손익 분기점에 도달하지 못했다고 한다.
>
> 이와 같이 기술 혁신의 과정은 과다한 비용 지출이나 실패의 위험이 도사리고 있는 험난한 길이기도 하다. 그렇지만 그러한 위험을 감수하면서 기술 혁신에 도전했던 기업가와 기술자의 노력 덕분에 산업의 생산성은 지속적으로 향상되었고, 지금 우리는 그 혜택을 누리고 있다. 우리가 기술 혁신의 역사를 돌아보고 그 의미를 되짚는 이유는, 그러한 위험 요인들을 예측하고 적절히 통제할 수 있는 능력을 갖춘 자만이 앞으로 다가올 기술 혁신을 주도할 수 있으리라는 믿음 때문이다.

① 5개　② 6개
③ 7개　④ 8개

[09 ~ 10] 다음 글에서 오탈자의 개수를 고르시오.

09.

녹색성장에서 중요시되고 있는 것은 신재생에너지 분야이다. 유멍 산업으로 주목받고 있는 신재생에너지 분야는 국가의 성장동력으로 집중 육성될 필요가 있다. 우리 정부가 2030년까지 전체 에너지 중 신재생에너지의 비율을 11%로 획대하려는 것은 탄소배출량 감축과 성장동력 육성이라는 두 마리 토끼를 잡기 위한 전략이다. 우리나라에서 신재생에너지란 수소, 연료전지, 석탄 가스화 복합발전 등의 신에너지와 태양열, 태양광, 풍력, 바이오, 수력, 지열, 폐기물 등의 재생가능에너지를 통징해 부르는 용어이다. 2007년을 기준으로 신재생에너지의 구성비를 살펴보면 폐기물이 77%, 수력이 14%, 바이오가 6.6%, 풍력이 1.4%, 기타가 1%이었으며, 이들 신재생에너지가 전체 에너지에서 차지하는 비율은 2.4%에 불과했다.

따라서 정부는 '에너지 및 자원 사업 특별회계'와 '전력 기금'으로 신재생에너지 기술개발 지원사업을 확대할 필요가 있다. 특히 산업파급효과가 큰 태양광, 연료전지, 풍력 분야에 대한 국산화 지원과 더불어 예산 대비 보급효과가 큰 바이오 연료, 배기물 연료 분야에 대한 지원을 강화하기 위한 정책도 개발되어야 한다. 이러한 지원정책과 함께 정부는 신재생에너지의 공급을 위한 다양한 구제정책도 도입해야 할 것이다.

① 없음. ② 3개
③ 4개 ④ 5개

10.

(가) 계약금액(사업비)는 7,000만 원이고, 계약기간은 1월 1월부터 12월 31일까지이다.
(나) 甲은 乙에게 사업비의 50%에 해당하는 금액을 반기(6개월)별로 지급하며, 乙이 청구한 날로부터 14일 이내에 지급하여야 한다.
(다) 乙은 하반기 사업비 청구 시 상반기 사업추진실적과 상반기 사업비 사옹내역을 함께 제출하여야 하며, 甲은 이를 확인한 후 지급한다.
(라) 乙은 사업비를 위탁받은 교육훈련 이외의 다른 용도로 사용하여서는 안 된다.
(마) 乙은 상 · 하반기 사업비와는 별도로 매 분기(3개월) 종료 후 10일 이내에 관련 증빙서루를 구비하여 甲에게 훈련참여자의 취업실적에 따른 성과인센티브의 지급을 청구할 수 있다.
(바) 甲은 (마)에 따른 관련 증빙서류를 확인한 후 인정된 취업실적에 대한 성과인센티브를 취업자 1인당 10만 원씩 지급한다.

① 없음. ② 3개
③ 4개 ④ 5개

11. 다음과 같이 문자가 서로 대응될 때, 연결이 올바른 것을 고르면?

哀 刀 忘 − か へ の

① 刀 刀 哀 − へ へ の
② 忘 刀 哀 − の へ か
③ 哀 忘 刀 − の か へ
④ 忘 刀 忘 − へ の へ

[12 ~ 17] 다음 〈보기〉와 같이 알파벳들이 각각 짝지어진 숫자를 의미할 때, 제시된 알파벳과 숫자의 연결이 올바르지 않은 것의 개수를 구하시오.

보기

A	B	C	D	E	F	G	H	I	J	K	L	M
2	5	7	3	8	1	4	5	9	0	3	6	9

N	O	P	Q	R	S	T	U	V	W	X	Y	Z
4	7	9	2	3	5	0	8	1	7	6	0	4

12.

SGFIU : 34168

① 1개
② 2개
③ 3개
④ 4개

13.

CTEKS : 70845

① 1개
② 2개
③ 3개
④ 4개

14.

XAYBMO : 629057

① 1개 ② 2개
③ 3개 ④ 4개

15.

PVORG : 91724

① 1개 ② 2개
③ 3개 ④ 4개

16.

WDLKQ : 73623

① 1개 ② 2개
③ 3개 ④ 4개

17.

NHZJET : 450408

① 1개 ② 2개
③ 3개 ④ 4개

[18 ~ 20] 다음은 어느 대학교에서 회계원리 수업을 수강하는 학생 목록이다. 목록과 제시된 표의 내용을 비교할 때 일치하지 않는 칸의 개수를 구하시오.

번호	이름	학번	성적	결석일수
1	김민지	201005134	B+	2
2	이아름	201124562	A	0
3	진해수	201015442	B	1
4	이종민	200941579	D	4
5	송두원	201134335	B+	3
6	임재영	201321574	A+	0
7	강민희	201222458	A	0
8	우희진	201131952	B	1
9	강인호	201052367	C	2
10	장윤수	201215362	B+	0
11	이소리	201165374	B	1
12	박현빈	201315492	C+	3
13	강민주	201042316	C+	1
14	전진서	201375118	B	2
15	서예주	201264291	C	1
16	권샘	201047325	B	0

18.

번호	이름	학번	성적	결석일수
1	김민지	201005134	B+	2
2	이아름	201214562	A	0
3	진해수	201015442	B	1
4	이종민	200941579	D	4
5	송우원	201134335	B+	3

① 1개　　② 2개

③ 3개　　④ 4개

19.

번호	이름	학번	성적	결석일수
6	임재영	201321574	A+	0
7	강민희	201222458	A	0
8	우희진	201131952	B	1
9	강인호	201052367	C	2
10	장윤수	201215862	B+	0

① 1개　　② 2개
③ 3개　　④ 4개

20.

번호	이름	학번	성적	결석일수
11	이소리	201165374	B	1
12	박현민	201315492	C+	3
13	강민주	201042315	C+	1
14	전진서	201375118	B+	2
15	서예주	201264291	C	1
16	권샘	201047325	B	0

① 1개　　② 2개
③ 3개　　④ 4개

상식

25문항 / 30분

01. 다음 (가), (나) 시기 사이에 일어난 일로 옳은 것은?

> (가) 문무 관료전을 차등 있게 내려주었다.
> (나) 중앙과 지방 관료의 월봉을 없애고 다시 녹읍을 내려주었다.

① 백성들에게 정전을 지급하였다.
② 김흠돌의 난이 일어났다.
③ 동시전을 설치하였다.
④ 독서삼품과가 마련되었다.

02. 다음 중 발해에 대한 설명으로 옳은 것은?

① 화백회의에서 국가 중대사를 결정하였다.
② 3성 6부의 중앙 통치 체제를 갖추었다.
③ 영고라는 제천 행사를 지냈다.
④ 안시성 전투에서 당나라 군대를 격퇴하였다.

03. 다음 밑줄 친 '이 승려'가 했던 활동으로 옳은 것은?

> 순천 송광사는 고려 무신 집권 시기에 이 승려가 결사 운동을 전개하였던 곳이다. 이 승려의 활동으로 조계종이 매우 흥성하였다.

① 백련결사를 제창하였다.
② 정혜쌍수를 제시하였다.
③ 〈교장(속장경)〉을 간행하였다.
④ 〈대승기신론소〉를 저술하였다.

04. 다음 자료 속 임금이 재위하던 시기의 일로 옳은 것은?

> 경연에서 조광조가 아뢰기를, "국가에서 사람을 등용할 때 과거 시험에 합격한 사람을 중요하게 여깁니다. 그러나 매우 현명한 사람이 있다면 어찌 꼭 과거 시험에만 국한하여 등용할 수 있겠습니까. 중국 한나라를 본받아 현량과를 실시하여 덕행이 있는 사람을 천거하여 인재를 찾으십시오."라고 하였다.

① 〈혼일강리역대국도지도〉를 제작하였다.

② 진관 체제를 마련하였다.

③ 훈민정음을 반포하였다.

④ 비변사를 임시 기구로 설치하였다.

05. 다음 (가)에 들어갈 인물은 누구인가?

> 〈역사 인물 다섯 고개〉
>
> 이 인물은 누구일까요?
>
> 첫 번째 힌트 : 〈성학집요〉, 〈동호문답〉 등을 저술했습니다.
>
> 두 번째 힌트 : 십만양병설, 수미법을 주장했습니다.
>
> …
>
> 다섯 번째 힌트 : 주기론을 주장한 성리학자입니다.
>
> 정답 : (가)

① 이황 ② 조식

③ 윤휴 ④ 이이

06. 다음 중 백정에 대한 설명으로 옳지 않은 것은?

① 고려 시대에는 과거에 응시할 수 있었다.

② 고려 시대에는 일반 농민을 지칭하였다.

③ 갑오개혁으로 사회적 차별이 사라졌다.

④ 1923년 형평 운동을 일으켰다.

07. 다음 (가)에 들어갈 인물은 누구인가?

> 임오군란 이후 청의 내정 간섭 심화와 민씨 정권의 개화당 탄압으로 개화 정책은 후퇴하였다. 이때 (가) 은/는 일본의 차관을 끌어들여 개화 정책의 자금으로 사용하려고 하였으나 실패하였다. 이에 박영효 등은 우정국 개국 축하연을 계기로 갑신정변을 일으켰다.

① 최익현　② 김옥균　③ 김홍집　④ 전봉준

08. 다음 중 밑줄 친 '이 전쟁'이 해당하는 전투로 적절한 것은?

> 이 전쟁은 훈춘 사건 조작을 계기로 만주로 출동한 일본군에 맞서 북로군정서군, 대한독립군, 국민회군 등이 연합하여 거둔 것이다. 이후 일본은 이 전쟁의 패배를 보복하기 위해 간도 참변을 일으켰다.

① 청산리 전투　② 봉오동 전투　③ 호가장 전투　④ 쌍성보 전투

09. 6 · 25전쟁의 전개과정 중 빈칸에 들어갈 사건으로 알맞은 것은?

> 북한군 남침 → (　　　) → 9 · 25 서울 수복 → 중공군의 개입 → 휴전협정 체결

① 1 · 4 후퇴　② 인천상륙작전
③ 국군과 유엔군 압록강 진격　④ 미국의 애치슨라인 선언

10. 다음 (가)～(라) 사건을 일어난 순서대로 바르게 배열한 것은?

> (가) 새마을 운동 시작　(나) 유신 헌법 확정
> (다) 7 · 4 남북 공동 성명 발표　(라) 브라운 각서 체결

① (가)→(라)→(나)→(다)　② (나)→(가)→(라)→(다)
③ (나)→(다)→(라)→(가)　④ (라)→(가)→(다)→(나)

11. 빗속을 10m/s의 속도로 가는 자동차 안에서 바라보니 빗방울이 연직 방향과 30°의 각도로 내리고 있었다. 빗방울의 실제 속도는?

① 5m/s
② 10m/s
③ $10\sqrt{3}$ m/s
④ $10\sqrt{5}$ m/s

12. 금속에 빛을 쪼여 광전자가 튀어나오게 할 때, 광전자의 에너지를 크게 하는 방법으로 적절한 것은?

① 파장이 짧은 빛을 쪼여준다.
② 진동수가 작은 빛을 쪼여준다.
③ 빛의 세기를 강하게 하여 쪼여준다.
④ 일함수가 큰 금속으로 교체한다.

13. 다음 중 태양 전지의 종류가 다른 하나는?

① 단결정 태양 전지
② 연료 감응 태양 전지
③ 다결정 태양 전지
④ 박막형 태양 전지

14. 다음 중 철의 이용에 대한 설명으로 옳지 않은 것은?

① 철은 자연 상태에서는 주로 산화물의 형태로 얻어진다.
② 철의 반응성이 구리의 반응성보다 작기 때문에 철광석이 구리 광석보다 제련하기 어렵다.
③ 철은 농기구, 교통수단, 건축물, 우주 산업 등 다양한 분야에서 이용된다.
④ 지각에 매장된 양은 철이 구리보다 적다.

15. 다음 ㉠ ~ ㉢ 중 원자와 이온의 크기를 올바르게 배열한 것을 모두 고르면?

㉠ $I^- > I > I^+$　　㉡ $Ca^{2+} > Mg^{2+} > Be^{2+}$　　㉢ $P^{3-} > S^{2-} > Cl^-$

① ㉠　　② ㉠, ㉡
③ ㉠, ㉢　　④ ㉠, ㉡, ㉢

16. 다음 〈보기〉 중에서 전기력에 대한 설명으로 옳은 것은 모두 몇 개인가?

보기

㉠ 단위는 뉴턴(N)을 사용한다.
㉡ 같은 종류의 전하 사이에는 서로 밀어내는 힘이 작용한다.
㉢ 전기력은 두 전하량의 곱에 비례한다.
㉣ 전기력은 두 전하 사이의 거리에 반비례한다.

① 1개　　② 2개
③ 3개　　④ 4개

17. 다음은 철의 부식 방지법의 〈원리〉와 〈예시〉이다. 이를 바르게 짝지은 것은?

원리

(가) Fe보다 반응성이 큰 금속을 사용하여 산화를 막는다.
(나) 공기, 물과의 접촉을 막아 산화를 막는다.

예시

㉠ 철을 주석과 합금한다.　　㉡ 철에 기름칠을 한다.
㉢ 철에 Zn을 입힌다.　　㉣ 주유소 탱크에 Mg선을 연결한다.
㉤ 배 바닥에 Al, Zn 조각을 부착한다.

① (가)－㉠, ㉡　　② (나)－㉠, ㉢
③ (가)－㉣, ㉤　　④ (나)－㉡, ㉣

18. 다음의 이온 결합 화합물들 중에서 녹는점이 가장 높은 것은?

① NaCl　② LiF
③ KI　④ MgO

19. 다음은 동일 직선상에서 운동하는 물체 A, B의 충돌 전후의 위치를 시간에 따라 나타낸 것이다. 이에 대한 설명으로 옳은 것을 〈보기〉에서 모두 고르면? (단, A와 B에 외부의 힘은 작용하지 않는다)

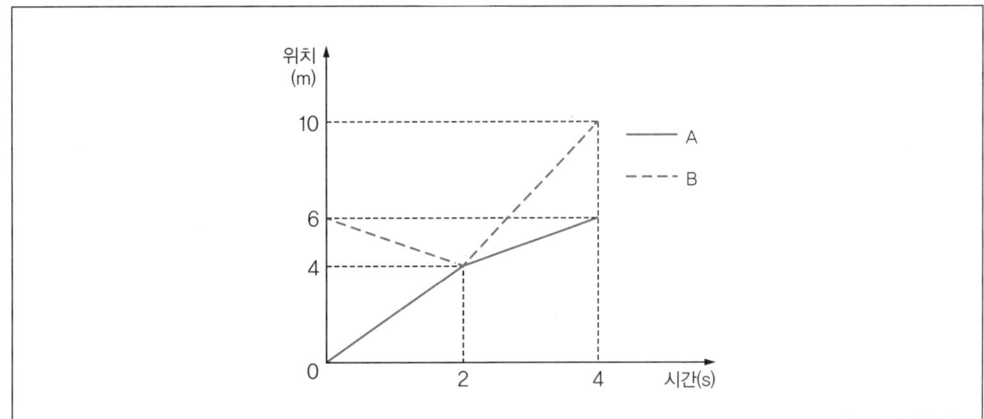

보기

㉠ 충돌 시 A가 받은 충격량의 크기와 B가 받은 충격량의 크기는 같다.
㉡ A의 질량은 B의 질량의 4배이다.
㉢ A와 B의 운동 에너지의 총합은 충돌 전과 후에 동일하다.

① ㉠, ㉡　② ㉠, ㉢
③ ㉡, ㉢　④ ㉠, ㉡, ㉢

20. 보어의 원자 모형에 대한 설명으로 적절하지 않은 것은?

① 전자는 원자핵 주위의 일정한 궤도만을 원운동한다.
② 수소 원자의 각 껍질의 에너지 준위는 그 껍질의 주양자수 제곱에 반비례한다.
③ 전자가 궤도를 이동할 때 궤도 에너지의 차이만큼 에너지를 지닌 빛이 방출 혹은 흡수된다.
④ 다전자 원자 스펙트럼도 잘 설명할 수 있다.

21. 다음은 포스코그룹이 추구하는 인재상에 대한 설명이다. 빈칸에 들어갈 알맞은 말은?

(　　　)의식과 배려의 마인드를 갖춘 창의적 인재

① 실천　　② 봉사
③ 책임　　④ 상생

22. 포스코가 IMF 외환위기를 극복하기 위해 했던 사업이 아닌 것은?

① 1997년 중국에 아연도금강판공장을 준공하였다.
② 1998년 동남아 최초의 코일센터인 POS-THAI를 준공하였다.
③ 2002년 말레이시아 아연도금강판공장을 준공하였다.
④ 2002년 인도네시아 코일센터를 출범하였다.

23. 포스코의 윤리경영에 대한 내용으로 옳지 않은 것은?

① 클린 포스코 시스템을 통해 모든 추천 및 청탁 내용을 기록, 관리한다.
② 매년 1월 업무시작 전 모든 임직원은 CEO 메시지를 통해 윤리규범 준수서약을 실시한다.
③ 5만 원을 초과하지 않는 판촉 또는 홍보 용도의 선물은 받을 수 있다.
④ 해외출장 시 해외법인으로부터 선물을 요구하거나 받는 경우는 예외적으로 가능하다.

24. 다음 글에서 설명하고 있는 포스코 고유의 제철 기술은 무엇인가?

> 가루 형태의 철광석과 석탄을 가공 없이 사용하여 쇳물을 생산함으로써 생산원가와 설비 투자비를 절감하고, 오염물질의 발생을 줄일 수 있는 환경 친화적인 제철 공정이다.

① 코렉스 공법 ② 파이넥스 공법
③ 스트립캐스팅 공법 ④ 연연속압연 기술

25. 다음 중 포스코에서 생산 · 취급하는 소재를 모두 고르면?

> ㉠ 아연 ㉡ 스테인리스 스틸
> ㉢ 티타늄 ㉣ 마그네슘

① ㉡, ㉢ ② ㉠, ㉡, ㉣
③ ㉠, ㉢, ㉣ ④ ㉠, ㉡, ㉢, ㉣

2회 기출예상문제

시험시간 | 100분
문항수 | 125문항

정답과 해설 25 쪽

언어논리력

20문항 / 15분

01. 다음 글의 내용과 일치하지 않는 것은?

> ○○출판사에서 출간한 〈XX세기 △△학습백과사전〉은 우리나라의 초 · 중 · 고등학생들이 새로운 교육환경에서 보편적인 지식을 균형 있고 폭넓게 학습하며, 온갖 형태의 학교 숙제를 혼자 힘으로 해결할 수 있도록 미국의 유명한 학습백과사전 출판사인 W사와 손잡고 최첨단의 과학적인 방법을 이용해 편찬한 21세기형 백과사전이다.
>
> 전체 내용의 약 65%는 전 세계에서 가장 많이 팔리는 세계 최고의 학습백과사전인 〈W백과사전〉에서 최신 연구 자료 위주로 골라 싣고, 나머지 35%는 우리나라 학교 교육에 필요한 내용을 새로 집필하여 21권의 책과 별도의 CD-ROM 타이틀인 〈XX세기 멀티미디어 △△학습백과〉 속에 담았다. 또한 원하는 정보를 가장 빠르면서도 편하게 찾고, 재미있게 읽으면서도 오래 기억할 수 있도록 새로운 방법과 효율적인 방법을 다양하게 개발하여 이용했다. 주제별로 권을 나누어 가나다 순으로 편찬한 것, 항목 서술을 기본적이고 쉬운 설명에서 출발하여 전문적이고 어려운 것까지 계단식으로 심화시킨 것, 백과사전의 전통을 깨고 항목 끝에는 익힘문제를 두어 복습할 수 있게 한 것 등이 그 예이다.
>
> 표제어는 현직 대학교수와 초 · 중 · 고등 교사 그리고 각 분야의 뛰어난 전문 연구원 63명으로 구성된 '표제어선정위원회'에서 검토하고 선정했다. 번역 및 집필, 감수는 내용의 객관성 · 균형성 · 정확성 · 보편성을 위하여 그 분야의 뛰어난 전문가, 전문 연구원, 대학교수 500여 명이 맡아 글을 쓰고 검토했다.

① 기존의 백과사전 방식을 탈피한 독특한 시스템으로 주목받았다.

② 동영상과 음향 등의 시각 자료는 CD를 활용한다.

③ 이 책의 편찬은 전문적 지식을 지닌 집단이 주도하였다.

④ 전체 분량의 약 $\frac{1}{3}$은 기존 자료를 활용하였다.

02. 다음 글의 흐름에 따라 빈칸에 들어갈 말로 알맞은 것은?

> 양자 역학은 고전 역학보다 더 많은 형상을 정확하게 예측함으로써 고전 역학을 대체하여 현대 물리학의 근간이 되었다. (　　) 양자 역학이 예측하는 현상들 중에는 매우 불가사의한 것이 있다. 다음의 예를 살펴보자. 양자 역학에 따르면 같은 방향에 대한 운동량의 합이 0인 한 쌍의 입자는 아무리 멀리 떨어져도 그 연관을 유지한다. 이제 이 두 입자 중 하나는 지구에 두고 다른 하나는 금성으로 보냈다고 가정하자. 만약 지구에 있는 입자의 수평 방향 운동량을 측정하여 +1을 얻었다면, 금성에 있는 입자의 수평 방향 운동량은 −1이 된다. 도대체 그렇게 멀리 떨어진 입자가 어떻게 순간적으로 지구에서 일어난 측정의 결과에 영향을 받을 수 있을까?

① 차라리　　② 예를 들어
③ 그럼에도 불구하고　　④ 뿐더러

03. 다음 중 빈칸에 들어가는 단어가 아닌 것은?

> 툰드라 지역은 추운 날씨 때문에 음식이 잘 상하지 않아 사람들은 사냥한 고기를 날로 먹는 것을 즐긴다. 이곳 사람들은 기후적 특성 때문에 채소를 (　　　)하며 섭취하기 어렵지만 열을 가하지 않은 날고기를 먹음으로써 부족한 비타민과 무기질을 보충할 수 있다. 또한, 식량이 부족할 때를 대비하여 고기를 냉동, 건조, 훈제하여 (　　　)하기도 한다. 최근에는 툰드라 지역의 독특한 음식을 맛보기 위해 많은 관광객이 (　　　)하고 있다.

① 재배　　② 소비
③ 저장　　④ 방문

04. 다음 글의 논지를 반박할 수 있는 근거로 가장 적절한 것은?

지구 곳곳에서 심각한 기후 변화가 나타나고 있고 그 원인이 인간의 활동에 있다는 주장은 일견 과학적인 것처럼 들리지만 따지고 보면 진실과는 거리가 먼, 다분히 정치적인 프로파간다에 불과하다. "자동차는 세워 두고 지하철 또는 천연가스 버스와 같은 대중교통을 이용합시다."와 같은 사실상 기후 변화와 무관한 슬로건에 상당수의 시민이 귀를 기울이도록 만든 것은 환경주의자들의 성과였지만 그 성과는 사회 전체의 차원에서 볼 때 가슴 아파해야 할 낭비의 이면에 불과하다.

이제는 진실을 직시하고 현명해져야 한다. 기후 변화가 일어나는 이유는 인간이 발생시키는 온실가스 때문이 아니라 태양의 활동 때문이라고 보는 것이 합리적이다. 태양 표면의 폭발이나 흑점의 변화는 지구의 기후 변화에 막대한 영향을 미친다. 결과적으로 태양의 활동이 활발해지면 지구의 기온이 올라가고 태양의 활동이 상대적으로 약해지면 기온이 내려간다. 환경주의자들이 말하는 온난화의 주범은 사실 자동차가 배출하는 가스를 비롯한 온실가스가 아니라 태양이다. 태양 활동의 거시적 주기에 따라 지구 대기의 온도는 올라가다가 다시 낮아지게 될 것이다.

대기화학자 브림블컴은 런던의 대기 오염 상황을 16세기 말까지 추적해 올라가서 20세기까지 그 거시적 변화의 추이를 연구했는데 그 결과 매연의 양과 아황산가스농도가 모두 19세기 말까지 빠르게 증가했다가 그 이후 아주 빠르게 감소하여 1990년대에는 16세기 말보다도 낮은 수준에 도달했음이 밝혀졌다. 반면에 브림블컴이 연구 대상으로 삼은 수백 년 동안의 지구의 평균 기온은 지속적으로 상승해 왔다. 두 변수의 이런 독립적인 행태는 인간이 기후에 미치는 영향이 거의 없다는 것을 보여 준다.

① 지구의 온도가 상승하면서 인도의 벵골 호랑이와 중국의 판다 개체 수가 줄어들어 멸종 위기에 처해 있다.

② 1,500cc 자동차가 5분 동안 공회전을 하면 90g의 이산화탄소가 공기 중에 배출되고, 12km를 달릴 수 있는 정도의 연료가 소모된다.

③ 친환경 에너지타운, 생태마을 등을 조성하는 일이 실질적으로 미세먼지를 줄이는 데에 실효성이 있는지는 여전히 의문이다.

④ 최근 수십 년간 전 세계가 대기오염을 줄이기 위한 캠페인의 일환으로 숲을 조성한 결과 지구의 평균 기온 상승률이 어느 정도 완만해졌다.

05. 다음 (가) ~ (마)를 글의 흐름에 따라 바르게 배열한 것은?

(가) 심리학자 와이너는 부정적인 경험을 한 상황을 어떻게 해석하느냐에 따라 이러한 공포증이 생길 수도 있고 그렇지 않을 수도 있으며, 공포증이 지속될 수도 있고 극복될 수도 있다고 했다. 그는 상황을 해석하는 방식을 설명하기 위해 상황의 원인을 어디에서 찾는지와 상황의 변화 가능성에 대해 어떻게 인식하는지의 두 가지 기준을 제시했다. 상황의 원인을 자신에게서 찾으면 '내부적'으로 해석한 것이고, 자신이 아닌 다른 것에서 찾으면 '외부적'으로 해석한 것이다. 또 상황이 바뀔 가능성이 전혀 없다고 생각하면 '고정적'으로 인식한 것이고, 상황이 충분히 바뀔 수 있다고 생각하면 '가변적'으로 인식한 것이다.

(나) 공포증이란 위의 경우에서 보듯이 특정 대상에 대한 과도한 두려움으로 그 대상을 계속해서 피하게 되는 증세를 말한다. 특정한 동물, 높은 곳, 비행기나 엘리베이터 등이 공포증을 유발하는 대상이 될 수 있다. 물론 일반적인 사람들도 이런 대상을 접하여 부정적인 경험을 할 수 있지만 공포증으로까지 이어지는 경우는 드물다.

(다) 와이너에 의하면, 큰 개에게 물렸지만 공포증에 시달리지 않는 사람들은 개에게 물린 상황에 대해 '내 대처 방식이 잘못되었어'라며 내부적이고 가변적으로 해석한다고 한다. 이것은 나의 대처 방식에 따라 상황이 충분히 바뀔 수 있다고 생각하는 것이므로 이들은 개와 마주치는 상황을 굳이 피하지 않는다. 그 후 개에게 물리지 않는 상황이 반복되면 '나는 어떤 경우라도 개를 감당할 수 있어'라며 내부적이고 고정적으로 해석하는 단계로 나아가게 된다.

(라) 반면에 공포증을 겪는 사람들은 개에 물린 상황에 대해 '나는 약해서 개를 감당하지 못해'라며 내부적이고 고정적으로 해석하거나 '개는 위험한 동물이야'라며 외부적이고 고정적으로 해석한다. 자신의 힘이 개보다 약하다고 생각하거나 개를 맹수로 여기는 것이므로 이들은 자신이 개에게 물린 것을 당연한 일로 받아들인다. 하지만 공포증에 시달리지 않는 사람들처럼 상황을 해석하고 개를 피하지 않으려는 노력을 기울이면 공포증에서 벗어날 수 있다.

(마) 한 아이가 길을 가다가 골목에서 갑자기 튀어나온 큰 개에게 발목을 물렸다고 하자. 아이는 이 일을 겪은 뒤 개에 대한 극심한 불안에 시달리게 된다. 멀리 있는 강아지만 봐도 몸이 경직되고 호흡 곤란을 느꼈으며 심할 경우 응급실을 찾기도 하였다. 이것은 한 번의 부정적인 경험이 공포증으로까지 이어진 경우라고 할 수 있다.

① (가)-(나)-(마)-(다)-(라)
② (가)-(다)-(라)-(마)-(나)
③ (마)-(가)-(다)-(라)-(나)
④ (마)-(나)-(가)-(다)-(라)

06. 다음 글의 주제로 적절한 것은?

> 어떤 경제 주체의 행위가 자신과 거래하지 않는 제3자에게 의도하지 않게 이익이나 손해를 주는 것을 '외부성'이라 한다. 과수원의 과일 생산이 인접한 양봉업자에게 벌꿀 생산과 관련한 이익을 준다든지, 공장의 제품 생산이 강물을 오염시켜 주민들에게 피해를 주는 것 등이 대표적인 사례이다.
>
> 외부성은 사회 전체로 보면 이익이 극대화되지 않는 비효율성을 초래할 수 있다. 개별 경제 주체가 제3자의 이익이나 손해까지 고려하여 행동하지는 않을 것이기 때문이다. 예를 들어 과수원의 이윤을 극대화하는 생산량이 Q라고 할 때, 생산량을 Q보다 늘리면 과수원의 이윤은 줄어든다. 하지만 이로 인한 과수원의 이윤 감소보다 인접 양봉업자의 이윤 증가가 더 크다면, 생산량을 Q보다 늘리는 것이 사회적으로 바람직하다. 하지만 과수원이 자발적으로 양봉업자의 이익까지 고려하여 생산량을 Q보다 늘릴 이유는 없다.
>
> 전통적인 경제학은 이러한 비효율성의 해결책이 보조금이나 벌금과 같은 정부의 개입이라고 생각한다. 보조금을 받거나 벌금을 내게 되면 제3자에게 주는 이익이나 손해가 더 이상 자신의 이익과 무관하지 않게 되므로 자신의 이익에 충실한 선택이 사회적으로 바람직한 결과로 이어진다는 것이다.

① 외부성이 초래하는 문제를 해결하기 위한 정부의 개입

② 외부성에 따른 사회적 비효율

③ 제3자의 손익을 고려하지 않는 개별 경제 주체

④ 비효율성 해결을 위한 정부의 개입이 초래하는 해악

07. 다음 글의 흐름에 따라 빈칸에 들어갈 문장으로 적절한 것은?

2019년 우리나라 중 · 고등학교 청소년 8만 명을 대상으로 한 어느 설문조사 결과에 따르면 조사 시점을 기준으로 할 때 '이전 30일 동안 단식을 했거나 식사 후에 구토 등의 다이어트 경험이 있는가?'라는 질문에 여학생의 약 21.2%, 남학생의 약 12.9%가 그렇다고 하였다. 또한 이들이 이와 같은 굶는 다이어트를 하는 이유는 날씬한 신체를 만들기 위함인 것으로 나타났으며, 이러한 방식이 몸에 해로울 것이라고 생각하는 사람은 매우 드물게 나타났다. 그러나 여기에서 문제가 되는 것은 ( )는 점이다.

음식 섭취 행위는 소화기관과 중추신경의 복합적 과정을 통해 이루어진다. 식욕 촉진 호르몬인 그렐린(Ghrelin)과 식욕 억제 호르몬인 렙틴(Leptin) 등이 분비되어 인체에의 영양소 공급과 배부르게 먹고 느끼는 포만감 사이의 조절을 통해 항상성을 유지하게 해 주며, 이와 동시에 음식 섭취를 일종의 쾌감으로 인식하는 뇌의 보상회로도 작용하게 된다. 정상인의 경우에는 배가 고프면 위에서 분비된 그렐린이 뇌의 시상하부에 도달 · 작용하여 음식을 섭취하게 하고, 반대로 배가 부를 경우 지방 조직의 세포에서 분비된 렙틴이 뇌에 도달 · 작용하여 음식 섭취를 멈추게 한다.

그러나 굶는 다이어트를 통해 식욕을 강제적으로 심하게 억제할 경우에는 음식 섭취에 대한 이러한 조절 회로에 문제가 발생한다. 뇌가 지속적으로 배고픔의 신호를 보냄에도 이를 무시하고 음식을 섭취하지 않음으로써 뇌의 포만감 계통에 이상이 유발되는 것이다. 뇌에는 '쾌감 회로'가 있어 음식 섭취에 따른 만족감 · 즐거움을 인지하는데, 굶는 다이어트를 자주 하게 되면 심리적 보상의 작용으로 오히려 쾌감 회로가 더욱 강하게 발달하게 된다. 같은 음식을 먹더라도 더 큰 만족감을 느끼며, 그 쾌감을 계속 유지하기 위해 허기진 상태가 아님에도 계속해서 음식을 섭취하게 되는 것이다. 포만감을 느끼지 못하므로 음식에 대한 일종의 내성이 생긴 것처럼 점점 더 많은 양의 음식을 섭취하게 되며, 음식 섭취를 중단하게 되면 불안함 · 초조함과 같은 금단 증상도 나타나게 된다. 또한 심한 경우 폭식을 하는 등의 중독 증상을 보이기도 하며, 무리한 식욕 억제가 계속적으로 반복되다 보면 뇌는 음식을 섭취하여도 포만감을 바로 느끼지 못하고 계속해서 식욕을 느끼게 된다.

① 진정한 다이어트를 위해서는 정신을 먼저 다스려야 한다

② 굶는 다이어트를 하면 신경이 예민해져 폭식을 하게 된다

③ 다이어트는 호르몬의 분비가 가장 큰 영향을 미친다

④ 굶는 다이어트는 결국 음식 중독으로 연결될 수 있다

[08 ~ 10] 다음 글을 읽고 이어지는 질문에 답하시오.

국악(國樂)이란 예부터 오늘날까지 전해지고 있는 우리나라 고유의 음악을 일컫는다. 즉 독특한 음 조직에 따라 한국인의 사상과 감정을 표현한 음악 예술을 가리킨다. 이는 서양 음악인 양악에 대비하여 부르는 명칭이지만 정확하게는 한국 음악이라고 해야 할 것이다. 그러나 역사적으로는 국악을 두고 속악이나 향악이라고 일러 왔고 한국 음악을 두고 국악이라는 이름을 사용한 것은 해방 이후부터였다. 구한말 순종 때 악원(樂院)의 직명으로 '국악사(國樂師)', '국악사장(國樂師長)'이라는 명칭으로 쓰이기도 하였으나 한국 음악을 표방한다는 의미로 뚜렷하게 정착하지는 못했던 것이다. 국악이 우리의 음악을 일컫는 것은 분명하지만 무엇을 가리켜 국악이라고 규정할 수 있는가는 좀 더 살펴보아야 한다.

국악에는 중국에서 유래한 음악이나 중국을 통하여 들어온 다른 나라의 음악도 상당히 많이 포함되어 있다. 이를 두고 우리가 국악이라고 부르고 있는 대부분의 음악이 우리 음악이 아니라고 주장하는 이들이 있다. 그러나 외국에서 건너온 음악이라고 하더라도 오늘날 우리의 전통 음악에 동화되어 풍부한 자산이 되었으므로 우리 음악이라 해도 무리가 없을 것이다. 따라서 국악이란 지난날 우리 겨레에 의해 지어진 음악뿐만 아니라 중국 등의 다른 나라에서 전래되어 우리 음악으로 동화된 음악까지도 일컫는 이름이라고 할 수 있다.

오늘날 국악이라고 하면 새로운 음악은 고려하지 않고 과거의 음악만을 생각하는데 이는 매우 유감스러운 일이다. 국악을 옛 음악만으로 연상하는 까닭은 새로운 국악이 활발히 창작되지 않은 데 있다. 이것은 참으로 통탄할 사실이지만 그동안 지속된 국악의 공백기를 지금 바로 메울 도리는 없다. 그러나 해방 이후 창작된 새로운 국악이 수백 편에 이르고 지속적으로 창작되고 있다는 것을 고려할 때 국악을 과거의 것으로만 치부하는 생각은 마땅히 고쳐야 할 것이다. 이처럼 국악은 과거에서 전승된 음악이기도 하지만 겨레에 의해 현재와 미래에 새로이 지어지는 풍성한 우리 음악의 이름이 될 것이다.

앞서 말했듯이 국악에는 우리나라의 고유한 음악 외에도 중국이나 중국을 통하여 전래하여 동화된 음악이 있지만 진정한 의미의 국악은 이전에 속악이나 향악으로 불려 온 우리 고유의 가락을 말할 것이다. 이는 국문학 안에서의 한국 문학과 한문 문학의 관계를 보면 알 수 있듯 순수하고 엄정한 의미의 국악은 우리의 선인에 의하여 창조된 음악이 될 것이고 그 밖의 것은 넓은 의미의 국악이라고 할 수 있을 것이다.

그러나 정악만을 국악으로 인정하는 사람들은 응당 정대한 정악만을 국악으로 지칭하여야 한다고 하고 마찬가지로 (　A　)만 국악으로 인정하는 사람들은 국악이라고 하면 민속에서 발생한 (　A　)만이 국악의 이름을 누릴 수 있다고 주장한다. 그러나 이것은 모두 편견에 불과하다. 정대한 음악만으로는 우리 음악이 풍부해질 수 없으며 반대로 통속적인 음악만 있으면 우리 음악이 천박해질 염려가 있다. 국악이라는 이름 속에는 (　B　)도 속악도 다 내포되어 있는 것이다. 이처럼 국악은 궁중에서 연주하고 보유하여 온 이른바 정대한 가락인 정악과 민간에서 자생적으로 발생하여 전승되어 온 속악, 이 두 가지를 모두 아우르는 개념으로 보는 것이 타당할 것이다.

08. 제시된 글의 빈칸 (A)와 (B)에 들어갈 단어를 바르게 짝지은 것은?

	(A)	(B)		(A)	(B)
①	정악	민속악	②	정악	속악
③	속악	정악	④	민속악	속악

09. 제시된 글의 글쓴이가 자신의 주장을 강화하기 위해 사용한 서술 방식은?

① 가능한 반론을 예상하고 이에 대해 적절한 반박을 하였다.
② 다른 대상과의 공통점과 차이점을 파악하였다.
③ 다양한 견해에 담겨 있는 장단점을 분석하였다.
④ 기존의 그릇된 생각에 대해 비판적인 검토를 하였다.

10. 제시된 글을 참고할 때 '국악'에 대한 글쓴이의 생각과 거리가 먼 것은?

① 국악은 한국사람의 사상과 감정이 담겨 있는 음악이다.
② 통속성보다는 예술성을 지향해야 국악이 발전할 수 있다.
③ 국악에는 정대한 정악과 통속적인 속악 모두가 포함되어 있다.
④ 국악은 과거 음악일 뿐 아니라 현재와 미래의 음악이기도 하다.

[11 ~ 12] 다음 글을 읽고 이어지는 질문에 답하시오.

한때 미국 코닥과 함께 ㉠ 사진 필름 시장에서 우위를 점하던 후지필름은 디지털 카메라의 등장으로 최대 위기를 맞았다. 필름의 수요가 급감하면서 시장 변화에 맞설 새로운 아이디어가 필요했다. 이에 후지필름은 전혀 연관성이 없을 것 같은 화장품을 대안으로 내놓았다. 얼핏 보면 엉뚱한 사업 확장 같지만 사실 이는 내부 역량인 필름 제조 기술을 십분 활용한 아이디어였다. 사진 필름의 주원료는 콜라겐이고 후지필름은 콜라겐 변성 방지 기술과 나노 관련 기술을 가지고 있었던 것이다. 콜라겐은 피부의 주성분이기도 하므로 이 기술을 노화방지에 응용할 수 있었다. 그 결과 ㉡ 노화방지 화장품은 매출의 상당 부분을 차지할 만큼 성공을 거두게 되었다. 그 후 후지필름은 제약분야에도 두각을 나타내었다. 필름 개발 과정에서 얻은 화학 합성 물질 데이터베이스와 노하우를 활용하여 독감 치료제인 ㉢ '아비간' 등을 만들어냈다. 아비간은 이후 에볼라 치료에도 특효를 보이며 미 당국이 승인한 최초의 에볼라 치료제로 주목받았다. 그 밖에도 의료 화상정보 네트워크 시스템이나 전자 내시경 등 고성능 렌즈가 필요한 의료기기의 개발에 박차를 가했다. 이렇게 발굴한 사업들은 다소 생소한 감이 있었지만 기존의 주력 사업과 밀접한 연관성을 갖고 있었기 때문에 경쟁력을 발휘할 수 있었다.

포스트잇, 스카치테이프 등 사무용품으로 우리에게 유명한 3M이라는 회사가 있다. 회사명 '3M'은 미네소타광산 · 제조업회사 Minnesota Mining and Manufacturing Company의 약자이다. 이 회사의 시초는 광산업이었으며 주로 ㉣ 사금 채굴을 하는 회사였다. 그러나 채굴에 실패를 겪으면서 사포와 연마석을 만드는 제조사로 전환하게 되었다. 뛰어난 유연성과 금속 연마력을 지닌 방수 샌드페이퍼와 자동차 도색용 마스킹 테이프는 그 자체로도 주력 상품이 되었다. 3M은 이에 안주하지 않고 당시 꽤 혁신적인 제품이었던 셀로판지의 단점을 보완할 테이프를 연구하였다. 셀로판지는 열 부근에서는 말리고, 기계 코팅 시에는 찢어지며, 평평하게 부착되지 않는 등의 문제가 있었기 때문이다. 얇고 투명한 셀로판에 접착제를 붙이는 수많은 실험을 한 결과, 마침내 3M의 대표 상품으로도 유명한 '스카치테이프'가 출시될 수 있었다. 그 후 접착제에 대한 연구를 바탕으로 그 유명한 ㉤ 포스트잇이 개발됐다. 이러한 과정을 통해 광산회사에서 시작한 3M은 점진적인 사업다각화 전략을 통해 지금의 거대 기업으로 성장할 수 있었다.

11. 제시된 글의 내용 중 '후지필름'과 '3M'에 대한 이해로 적절한 것은?

① 두 회사의 경쟁력은 실패한 분야는 빠르게 포기하고 새로운 사업 분야에 도전하는 자세에 있다.
② 두 회사는 각각 다른 분야와의 기술융합을 시도하여 미래가치사업 분야의 주역이 되었다.
③ 두 회사는 고유역량의 잠재적 가능성을 재해석하여 사업다각화로 혁신에 성공했다.
④ 3M은 회사의 위기 때마다 다른 분야 회사와의 합병을 통해 위기를 극복한다.

12. 밑줄 친 ㉠~㉤ 중 성격이 같은 소재끼리 나열한 것은?

① ㉠, ㉡, ㉢
② ㉠, ㉢, ㉤
③ ㉡, ㉢, ㉣
④ ㉡, ㉢, ㉤

13. 다음 글의 ㉠ ~ ㉣ 중 〈보기〉의 문단이 들어가기에 적절한 곳은?

(㉠) 어떤 물체가 물이나 공기와 같은 유체 속에서 자유 낙하할 때 물체에는 중력, 부력, 항력이 작용한다. 중력은 물체의 질량에 중력 가속도를 곱한 값으로 물체가 낙하하는 동안 일정하다. 부력은 어떤 물체에 의해서 배제된 부피만큼의 유체의 무게에 해당하는 힘으로, 항상 중력의 반대 방향으로 작용한다.

(㉡) 빗방울에 작용하는 부력의 크기는 빗방울의 부피에 해당하는 공기의 무게이다. 공기의 밀도는 물의 밀도의 1,000분의 1 수준이므로, 빗방울이 공기 중에서 떨어질 때 부력이 빗방울의 낙하 운동에 영향을 주는 정도는 미미하다. 그러나 스티로폼 입자와 같이 밀도가 매우 작은 물체가 낙하할 경우에는 부력이 물체의 낙하 속도에 큰 영향을 미친다.

(㉢) 물체가 유체 내에 정지해 있을 때와는 달리 유체 속에서 운동하는 경우에는 물체의 운동에 저항하는 힘인 항력이 발생하는데, 이 힘은 물체의 운동 방향과 반대로 작용한다. 항력은 유체 속에서 운동하는 물체의 속도가 커질수록 이에 상응하여 커진다. 항력은 마찰 항력과 압력 항력의 합이다.

(㉣) 안개비의 빗방울이나 미세 먼지와 같이 작은 물체가 낙하하는 경우에는 물체의 전후방에 생기는 압력 차가 매우 작아 마찰 항력이 전체 항력의 대부분을 차지한다. 빗방울의 크기가 커지면 전체 항력 중 압력 항력이 차지하는 비율이 점점 커진다. 반면 스카이다이버와 같이 큰 물체가 빠른 속도로 떨어질 때에는 물체의 전후방에 생기는 압력 차에 의한 압력 항력이 매우 크므로 마찰 항력이 전체 항력에 기여하는 비중은 무시할 만하다.

보기

마찰 항력은 유체의 점성 때문에 물체의 표면에 가해지는 항력으로, 유체의 점성이 크거나 물체의 표면적이 클수록 커진다. 압력 항력은 물체가 이동할 때 물체의 전후방에 생기는 압력 차에 의해 생기는 항력으로, 물체의 운동 방향에서 바라본 물체의 단면적이 클수록 커진다.

① ㉠　　② ㉡

③ ㉢　　④ ㉣

14. 다음 글의 내용에 대해 제시한 견해로 적절하지 않은 것은?

> 한국 사회는 이미 '초저출산 사회'로 접어들었고, 최근에는 초저출산 현상이 심화되는 양상이다. 일선 지방자치단체들이 인구 증가시책의 하나로 출산 · 양육지원금을 경쟁적으로 늘리고 있으나 출생아는 물론 인구가 오히려 줄고 있다.
>
> 전북 진안군은 파격적인 출산장려금 지원에도 좀처럼 인구가 늘지 않아 고민이다. 2013년 2만 7천6명이던 진안군 인구는 지난해는 2만 6천14명으로 줄었다. 해마다 감소하는 출산율을 높이기 위해 지난해 출산장려금을 대폭 늘렸는데도 효과를 보지 못했다. 진안군은 2007년부터 첫째 · 둘째 120만 원, 셋째 이상 450만 원씩 지원하던 출산장려금을 지난해 각 360만 원과 1천만 원으로 늘렸다. 열악한 군의 재정 상황에도 인구를 늘리기 위한 고육지책이었다.
>
> 경북 영덕군은 첫째 출산 때 30만 원, 둘째 50만 원, 셋째 이상 100만 원을 주고 첫돌에 30만 원, 초등학교 입학 때는 40만 원을 준다. 하지만 2013년 말, 인구가 4만 142명에서 2014년 3만 9천586명으로 4만 명 선이 무너졌다. 이후에도 2015년 3만 9천191명, 2016년 3만 9천52명에서 2017년 6월 3만 8천703명으로 계속 감소하고 있다.

① 일회적이고 단편적인 지원책으로는 출산율을 늘리는 데 한계가 있다.

② 일선 지방자치단체들이 인구 증가시책의 하나로 출산 · 양육지원금제도를 시행하고 있으나 오히려 인구가 줄고 있다.

③ 국가 차원의 보육체계 강화나 인식의 전환 없는 대책은 효과가 제한적일 수밖에 없다.

④ 지방자치단체들은 출산율을 높일 수 있는 실효성 있는 지원금 액수가 어느 정도인지 제대로 파악하지 못하고 있다.

[15 ~ 16] 다음 글을 읽고 이어지는 질문에 답하시오.

2018년 10월 125년 전통의 미국 백화점 시어스가 파산신청을 했다. 미국 중산층에게 쇼핑의 즐거움을 제공했던 백화점이 역사 속으로 사라진 것이다. 시어스는 지난 2010년 이후 단 한 차례도 흑자를 내지 못했다. 월마트 등 대형 유통업체에 주도권을 내준 까닭도 있지만 아마존 같은 온라인 쇼핑몰의 성장이 시어스의 운명을 재촉했다. 지난 8월엔 100년 역사의 최고급 백화점 바니스뉴욕도 영업을 중단했다. 소비 패턴이 온라인 중심으로 바뀐 데다 뉴욕 맨해튼 등 고급 상권의 임대료가 크게 오르면서 결국 백기를 들었다는 분석이다.

온라인 공세에 밀려 폐업한 ㉠ <u>오프라인 매장</u>은 이들뿐만이 아니다. 미국 최대 완구점인 토이저러스가 파산했고, 저가 신발 유통업체인 페이리스 슈소스, 생활용품 판매점 샵코, 아동의류 전문점 짐보리 등이 잇따라 문을 닫았다. 재미동포 장도원 · 장진숙 부부가 창업해 미국 전역으로 매장을 늘려가던 중저가 의류업체 포에버21도 늘어나는 적자를 견디지 못하고 결국 공중분해됐다. '리테일 아포칼립스(Retail Apocalypse, 소매 종말)'라는 서슬 퍼런 진단을 고스란히 보여 주는 살풍경이다.

○○미래전략연구소가 최근 내놓은 '유통 중장기 전략보고서'도 이런 사정을 여실히 보여 준다. 보고서에 따르면 현재 100개인 국내 백화점은 2028년까지 34% 줄어들어 66개 정도만 유지될 것으로 전망됐다. 이 밖에도 대형마트는 494개에서 328개로, 슈퍼마켓은 4,780개에서 3,993개로, 편의점은 3만 8,014개에서 3만 5,403개로 축소될 것으로 예측됐다. 온라인으로 소비자들이 빠져나간 만큼 오프라인 매장이 줄어들 수밖에 없다는 얘기다.

하지만 연구소는 이 외에도 인구 구조 변화가 오프라인 매장의 미래를 좌우할 것으로 내다봤다. 특히 인구절벽에 가까운 지역인구 감소가 백화점의 구조조정을 부채질할 가능성이 높다고 봤다. 오는 2028년까지 전체 시 · 군 · 구(247곳)의 절반이 넘는 129곳의 인구가 10% 이상 줄어드는 만큼 이들 지역의 일부 점포는 폐점이 불가피하다는 분석이다.

15. 제시된 글에 나타난 ㉠의 실패 요인으로 적절하지 않은 것은?

① 소비자들의 소비 패턴이 온라인 중심으로 변화하였다.
② 아마존과 같은 온라인 쇼핑몰이 크게 성장하며 시장에서 도태되었다.
③ 고급 상권의 임대료가 크게 상승하면 타격을 받는다.
④ 인구 비율이 변화하면 경영에 어려움을 겪을 수 있다.

16. 다음 중 유통 시장에 대한 이해로 잘못된 것은?

① 온라인 유통업체들이 계속 성장하는 한 기존의 오프라인 유통사업은 앞으로도 전망이 어두울 거야.
② '리테일 아포칼립스'라는 신조어가 회자되는 만큼 현재 유통산업 구조는 극심한 구조조정을 통해 변화하고 있어.
③ 한국은 향후 백화점뿐만 아니라 대형마트 등 각종 오프라인 매장이 전반적으로 줄어들 거야.
④ 지역인구가 감소하게 되면 오프라인 유통시장뿐만 아니라 온라인 쇼핑몰에게도 큰 타격이 될 거야.

[17 ~ 18] 다음 글을 읽고 이어지는 질문에 답하시오.

(가) 전문 세탁소의 세탁이 가정에서 하는 세탁과 가장 다른 점은 물빨래가 아니라 대개 드라이클리닝으로 세탁을 한다는 것이다. '드라이'는 물을 사용하지 않는다는 뜻으로 물빨래에 대비되는 말이다. 물빨래가 물과 세제를 사용한다면, 드라이클리닝은 드라이클리닝 용제와 드라이클리닝 세제를 사용한 세탁 방식이다.

(나) 드라이클리닝은 물 대신 드라이클리닝 용제를, 일반 세제 대신 드라이클리닝 세제를 이용해서 세탁한다. 드라이클리닝 세제가 섞여 있는 드라이클리닝 용제가 세탁조 안에 들어가 의류와 함께 회전하면서 세탁이 이루어진다. 극성이 없는 드라이클리닝 용제를 사용함으로 기름 성분의 오염 물질을 녹여 없앨 수 있고, 물을 사용하지 않으므로 물로 세탁할 경우 쉽게 손상되는 모나 견섬유의 세탁에 유리하다. 또한 같은 부피의 물과 드라이클리닝 용제의 무게를 비교하면 물이 훨씬 무거우므로 드라이클리닝의 경우, 드럼이 돌 때 세탁물이 떨어지면서 가해지는 힘이 물에 비해 매우 작기 때문에 의류의 변형이 적다.

(다) 드라이클리닝은 19세기 중반에 한 프랑스인이 등유가 떨어진 테이블보가 깨끗하게 되는 것을 관찰한 것이 그 출발이 되었다. 초기에 드라이클리닝 용제로 사용한 것은 테레빈유, 벤젠, 나프타 등이었다. 이러한 용제는 인화성이 커 화재 또는 폭발의 위험성이 높아 사고가 빈번했기 때문에 1928년에 이보다 인화성과 악취가 적은 스토다드 용제가 개발되었다. 1930년대 중반에는 퍼크로라고 불리는 퍼클로로에틸렌을 드라이클리닝 용제로 사용하기 시작했다. 퍼크로는 안전하고 불에 타지 않으며 동시에 강한 세척력을 가지고 있어 뛰어난 용제로 인정받고 있다. 그러나 퍼크로는 국제암연구소(IARC)에 의해 인체 발암 추정물질로 구분되어 있어 퍼클로로에틸렌을 사용하는 작업장의 노동자가 증기에 노출되어 중독된 사례가 보고된 바 있다. 또한 드라이클리닝에 한번 사용한 용제는 비교적 고가이므로 용제가 오염되지 않도록 청결하게 관리하며 재사용해야 한다.

(라) 드라이클리닝 용제는 무극성이므로 땀이나 악취 등 물과 친화력이 높은 수용성 오염 물질과 친화력이 매우 낮아 쉽게 제거할 수 없다. 수용성 오염을 없애고 세탁 효율을 높이기 위해서 사용하는 첨가제는 '드라이소프'라고 하는 드라이클리닝 세제이다. 드라이클리닝 세제는 물에서 친수성 부분이 섬유와 오염 물질을 향하고 소수성 부분이 드라이클리닝 용제방향으로 향하게 되어 용제와 오염 물질이 반응할 수 있도록 섞어 주는 역할을 함으로써 보다 효과적으로 오염 물질을 제거하게 해 준다. 물빨래에서 사용하는 비누와 역할이 같다. 드라이클리닝의 세척 후 탈용제 단계에서는 빠른 속도로 세탁조를 회전시켜 빨랫감에 남아있는 용제를 제거한 후 건조를 시킨다. 가끔 세탁소에서 받았을 때 특유의 냄새가 나는 경우가 있는데 이는 미량의 드라이클리닝 용제가 섬유 내부에 남아서일 수 있으므로 며칠간 통풍이 잘되는 곳에 걸어 놓아 냄새가 없어진 후 입는 것이 좋다.

17. 다음 중 (가)～(라) 문단의 중심내용으로 적절하지 않은 것은?

① (가) 드라이클리닝의 정의
② (나) 드라이클리닝의 특징과 장점
③ (다) 드라이클리닝의 기원과 용제의 변천
④ (라) 드라이클리닝 세탁 시 유의사항과 한계

18. 제시된 글에 따라 드라이클리닝에 대해 이해한 내용으로 적절하지 않은 것은?

① 수용성 오염은 드라이클리닝만으로는 완전히 제거하기 어렵다.
② 드라이클리닝에 사용한 용제는 재사용을 위해 청결하게 관리해야 한다.
③ 기름 성분의 오염 물질을 녹여 없애는 것이 드라이클리닝의 원리이다.
④ 드라이클리닝은 물을 사용하지 않으므로 모나 견의 세탁에 유리하다.

19. 다음 글의 주제에 대해 제기할 수 있는 반론으로 적절한 것은?

인류가 생존하기 위해 꼭 필요한 것이 있다면 숨 쉴 공기, 마실 물 그리고 먹을 음식이다. 그 누구도 숨 쉴 공기가 없으면 5분을 버틸 수 없으며, 마실 물이 없으면 5일을 넘기기가 어렵고, 먹을 음식이 없으면 5주를 넘기기 어렵다. 이 세 가지는 생존을 위한 필요조건이고, 이것이 충족되면 '생존'의 차원을 넘어서 '삶'을 위한 조건, 즉 쾌적한 환경과 편리한 문명의 혜택 및 마음의 풍요를 위한 문화생활을 찾게 된다.

18세기 말 영국에서 시작된 산업 혁명 이후, 인류는 눈부신 과학 기술의 발전과 산업화의 결과로 풍요로운 물질문명의 혜택을 누리게 되었다. 하지만 산업화로 말미암아 도시가 비대해지고, 화석 에너지 및 공업용수의 사용이 급속히 늘어나, 대기 오염, 식수원 오염 및 토양 오염을 유발하여 삶의 질을 저하시키는 결과를 낳게 되었다. 급기야는 1940 ~ 50년대를 전후하여 공업 선진국의 몇몇 도시에서는 이미 대기 오염에 의한 인명 사고가 발생하기 시작하였다. 대표적인 것은 1952년 12월, 영국에서 발생했던 '런던 스모그 사건'이다. 당시 대기 오염으로 4,000여 명이 사망한 이 사건은 환경 오염이 삶의 질 차원을 넘어서 인류 생존의 문제로 악화되고 있음을 시사해 주는 대표적인 사건으로 기록되어 있다.

미생물을 실험실에서 배양할 때, 초반에는 잘 자라다가 일정 시간이 지나면 먹이 고갈과 노폐물의 축적으로 성장을 멈추고, 끝내 사멸한다는 것은 익히 알려진 바이다. 인류라고 예외일 수는 없다. 만약 인류의 생산 활동의 부산물인 대기 · 수질 · 토양 오염을 그대로 방치할 경우, '환경 문제'는 '환경 오염'의 차원을 넘어 '환경 파괴'로까지 치닫게 될 것이다.

20세기 후반에 와서는 측정 기술의 발달에 힘입어, 지구 생태계의 보호막인 대기의 오존층이 인류가 발명한 염화플루오린화탄소(CFC ; Chloro Fluoro Carbon, 일명 프레온)에 의하여 파괴된다는 것과 대기 중에 탄산가스와 메탄 등의 온실 기체가 꾸준히 증가하고 있다는 사실이 밝혀졌다. 그리고 슈퍼컴퓨터를 이용한 기후 예측 모델에 따르면, 대기 중의 탄산가스 농도가 현재와 같은 추세로 증가할 경우, 2030년 경에는 지구의 평균 기온이 2 ~ 5도 상승되게 되고, 그 결과로 해수면이 50 ~ 60센티미터 상승할 것으로 예측되고 있다.

이러한 지구 환경의 위기에 대비하여 1992년 6월, 브라질 리우에서 개최된 환경과 개발에 관한 유엔 회의에서는 '환경적으로 건전하고 지속 가능한 발달(ESSD ; Environmentally Sound and Sustainable Development)'만이 인류가 나아가야 할 방향임을 천명했다. 앞으로 성장 위주의 개발 정책은 국제 사회에서 용납되지 않을 것이며, '환경 보전과 조화를 이루는 개발', 즉 환경적으로 건전하고 지속 가능한 발달의 실현이 21세기에 인류가 추구해야 할 과제가 된 것이다.

① 미래의 환경 보전과 개발은 양립할 수 없다. 환경을 보전하는 개발이 어떻게 가능하겠는가?

② 측정 기술의 발달로 지구의 환경 변화를 예측할 수 있다고 하였지만 그것은 불가능하다. 미래의 일은 신만이 아는 것이다.

③ 산업화와 환경 오염의 관계를 추리해 낸 것은 잘못이다. 공업 선진국보다는 개발도상국의 예를 들어 설명해야 논지의 보편성을 인정받을 수 있다.

④ 편리한 문명의 혜택이 삶을 위한 필요조건이 된다는 주장은 지나치게 일반화된 생각이다. 문명의 혜택을 못 받은 미개인들이 생존만을 하고 있다고 그 누가 단언할 수 있겠는가?

20. 다음 글의 논지 전개 방식으로 옳은 것은?

> 글의 구조적 특징(特徵)들은 이야기를 이해하고 기억하는 데에도 영향을 준다. 이야기의 구조는 상위 구조와 하위 구조로 이루어지는데 상위 구조에 속한 요소들, 즉 주제, 배경, 인물 등의 중요한 골자는 더 잘 그리고 더 오래 기억된다. 우리가 옛날에 읽었거나 들었던 심청전을 기억할 때, 심청이 효녀라는 점 또는 뺑덕 어멈의 품성이 좋지 못하다는 점이 이를 뒷받침해 주는 하나하나의 구체적인 행동보다 더 잘 기억나는 것처럼 말이다.

① 전제 – 주지 – 예시

② 주지 – 부연 – 예시

③ 전제 – 종합 – 첨가

④ 주지 – 상술 – 첨가

수리력

20문항 / 15분

01. A와 B가 가위바위보를 하고 있다. 이기면 사탕 a개를 얻고, 지면 사탕 b개를 잃는다. 가위바위보를 시작하기 전 A와 B의 사탕 개수는 동일하였고, 10회 실시 후 A가 처음보다 15개의 사탕을 더 갖고 있었다면 A가 이긴 횟수는? (단, 비기는 경우는 없다고 가정한다)

① $\frac{10a-15}{a+b}$회 ② $\frac{10a-15}{a-b}$회

③ $\frac{15+10b}{a+b}$회 ④ $\frac{15+10b}{a-b}$회

02. A사 신입사원 채용시험의 기술직 지원자와 사무직 지원자의 비는 7 : 4였다. 합격자 중 기술직과 사무직의 비는 11 : 3, 불합격자 중 기술직과 사무직의 비는 3 : 5였을 때, 기술직의 합격률은?

① $\frac{6}{7}$ ② $\frac{3}{8}$

③ $\frac{5}{8}$ ④ $\frac{11}{14}$

03. 8%의 설탕물 700g을 노란색 컵과 초록색 컵에 각각 300g, 400g씩 나눠서 담은 후 노란색 컵에는 설탕을 더 넣고 초록색 컵에는 물을 증발시켜 설탕의 양을 같게 만들려고 한다. 이때 노란색 컵에 더 넣어야 할 설탕의 양은?

① 6g ② 8g

③ 10g ④ 12g

04. A는 12명의 친구들에게 선물할 탁상용 달력과 벽걸이 달력을 인터넷으로 구매했다. 탁상용 달력은 7,500원, 벽걸이 달력은 9,000원이고, 총 지출 금액은 105,000원이라고 할 때 A가 주문한 벽걸이 달력의 수는? (단, 배송비는 3,000원이고 달력은 인당 1개씩 선물한다)

① 5개　② 6개
③ 7개　④ 8개

05. 같은 종류의 연필 7자루를 같은 종류의 필통 3개에 나누어 담으려고 한다. 모든 필통에는 적어도 1자루의 연필을 넣는다고 할 때, 가능한 경우의 수는 몇 가지인가?

① 4가지　② 12가지
③ 24가지　④ 35가지

06. 어떤 두 자리 자연수를 4, 5, 6 중 어느 것으로 나누어도 나머지는 3이라고 한다. 이 두 자리 자연수의 각 자릿수를 합한 값은?

① 6　② 7
③ 8　④ 9

07. ○○공사는 56명의 직원을 대상으로 관람을 희망하는 경기종목에 대한 설문조사를 실시했다. 농구 경기를 관람하겠다고 답한 직원은 32명, 축구 경기를 관람하겠다고 답한 직원은 41명, 두 경기 모두를 관람하겠다고 답한 직원은 28명이었을 때, 어느 경기도 관람하지 않겠다고 답한 직원은 몇 명인가?

① 7명　② 9명
③ 11명　④ 13명

08. 어떤 일을 하는 데 민지는 6일, 민수는 12일이 걸린다고 한다. 이 일을 민지와 민수가 함께 한다면 총 며칠이 걸리겠는가?

① 1일 ② 2일

③ 3일 ④ 4일

09. 다음 자료를 바탕으로 작성한 그래프로 옳지 않은 것은?

〈상용근로자의 월평균 근로일수와 임금〉

(단위 : 일, 시간, 천 원)

구분	2018년	2019년	2020년	2021년
근로일수	21.5	21.3	21.1	20.8
주당 근로시간	41.9	41.4	41.0	40.8
임금	3,019	3,178	3,299	3,378

① 〈연도별 연평균 근로일수〉

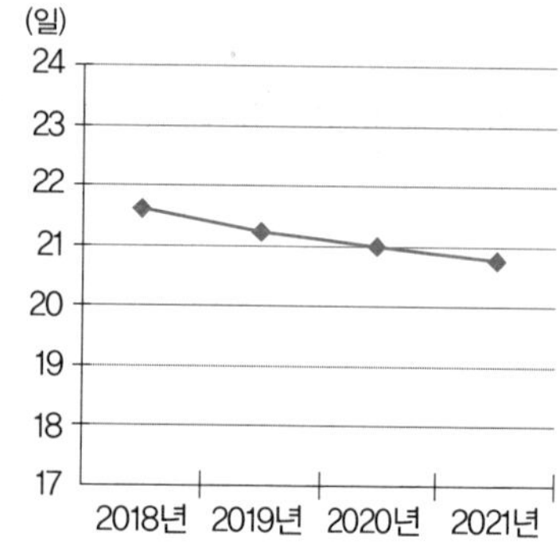

② 〈연도별 월평균 주당 근로시간〉

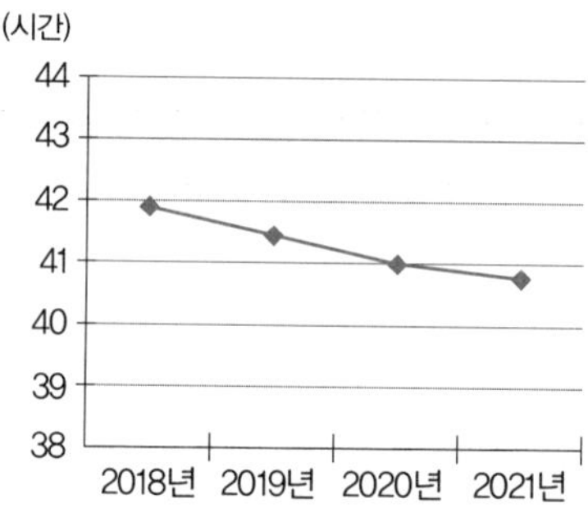

③ 〈연도별 월평균 임금〉

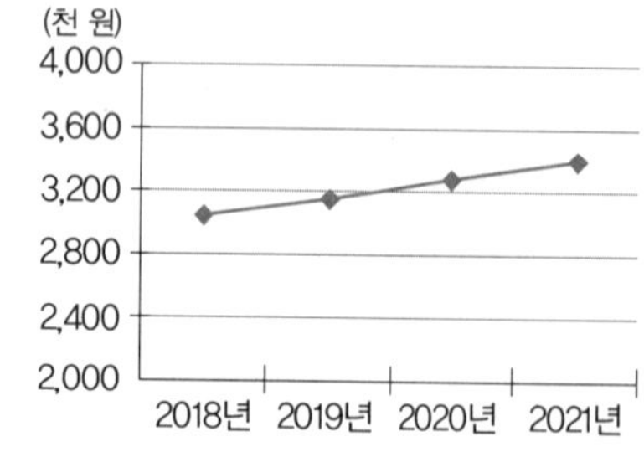

④ 〈전년 대비 임금 변화〉

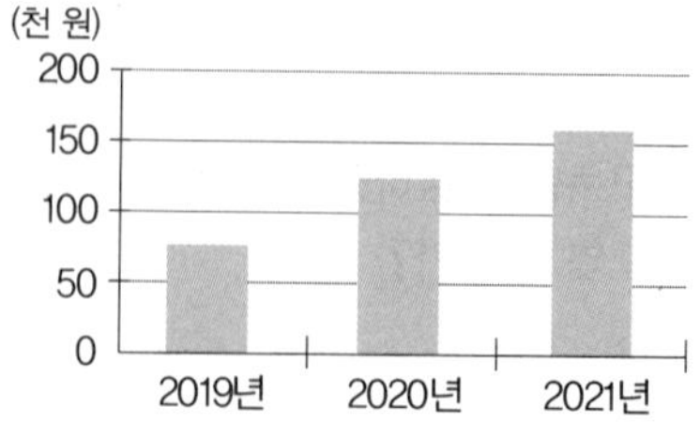

10. 다음은 워라밸(일과 삶의 균형)에 대한 조사 자료이다. 이에 대한 설명으로 옳은 것을 〈보기〉에서 모두 고르면?

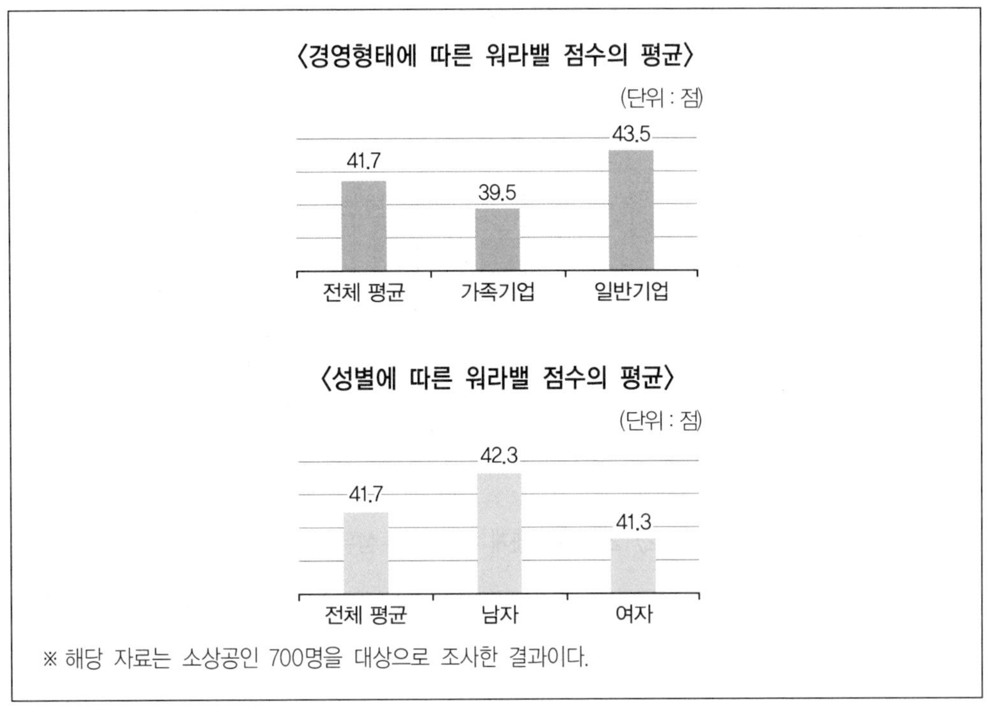

※ 해당 자료는 소상공인 700명을 대상으로 조사한 결과이다.

보기

㉠ 조사대상 중 남자는 420명이다.
㉡ 조사대상 중 여자는 60%를 차지한다.
㉢ 조사대상 중 일반기업을 경영하는 사람은 455명이다.
㉣ 조사대상 중 가족기업을 경영하는 사람은 315명이다.

① ㉠, ㉢　　② ㉠, ㉣
③ ㉡, ㉢　　④ ㉡, ㉣

[11 ~ 12] 다음 자료를 보고 이어지는 질문에 답하시오.

〈자료 1〉 한국 섬유산업 동향

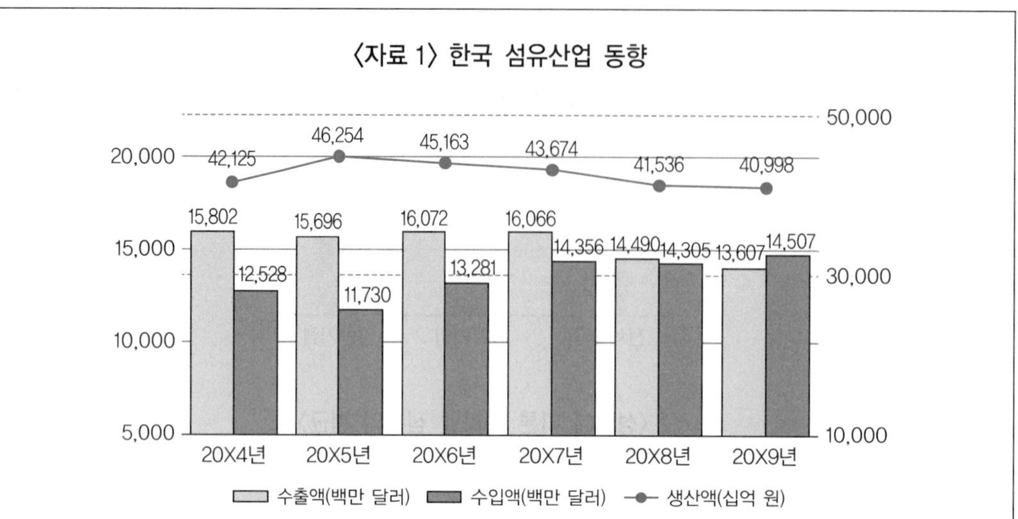

〈자료 2〉 20X9년 세계 주요국별 섬유 수출 현황

(단위 : 억 달러)

순위	국가	금액	순위	국가	금액
	세계	7,263	8	홍콩	236
1	중국	2,629	9	미국	186
2	인도	342	10	스페인	170
3	이탈리아	334	11	프랑스	150
4	베트남	308	12	벨기에	144
5	독일	307	13	대한민국	136
6	방글라데시	304	14	네덜란드	132
7	터키	260	15	파키스탄	128

※ 기타 국가는 위 목록에서 제외함.

11. 다음 중 제시된 자료에 대한 설명으로 옳지 않은 것은?

① 20X6년부터 20X9년까지 한국 섬유산업의 생산액은 지속적으로 감소하고 있다.
② 20X5년 한국 섬유산업 수출액은 전년 대비 236백만 달러 감소했다.
③ 20X8년 한국 섬유산업 수입액은 20X5년 대비 2,575백만 달러 증가했다.
④ 20X9년 이탈리아 섬유 수출액은 한국 섬유 수출액보다 약 145% 더 많다.

12. 제시된 자료를 바탕으로 만든 그래프 중 바르게 작성된 것을 모두 고르면? (단, 모든 계산은 소수점 아래 둘째 자리에서 반올림한다)

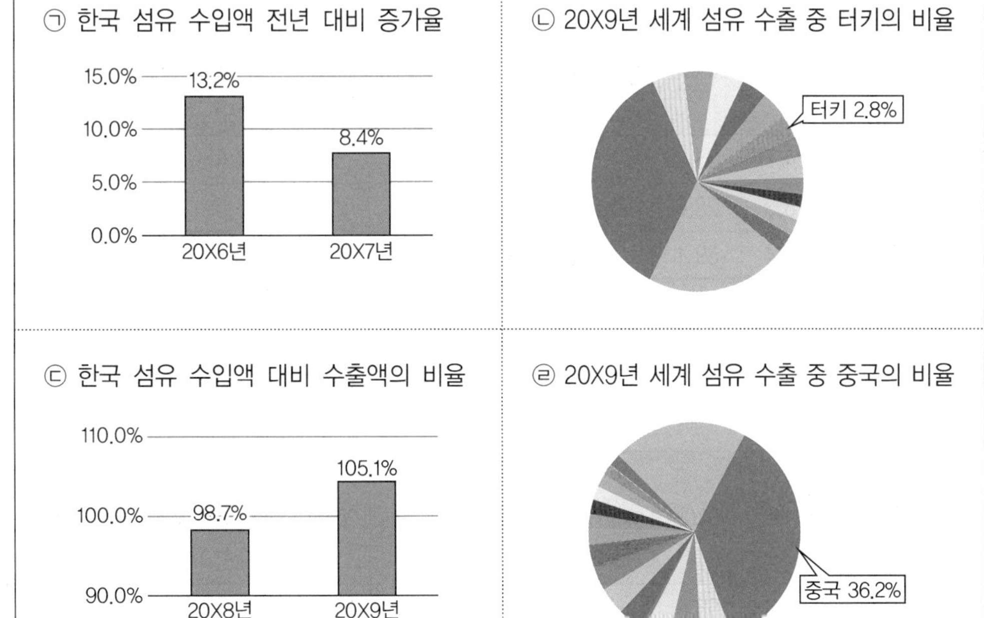

① ㉢ ② ㉣
③ ㉠, ㉡ ④ ㉠, ㉣

[13 ~ 14] 다음은 학생 사교육비와 관련된 자료이다. 이어지는 질문에 답하시오.

〈학생 1인당 월평균 사교육비〉

(단위 : 만 원, %)

구분	20X5년	20X6년	전년 대비 증감률	20X7년	전년 대비 증감률	20X8년	전년 대비 증감률	20X9년	전년 대비 증감률
전체	23.9	24.2	1.1	24.4	1.0	25.6	4.8	27.1	5.9
초등학교	23.2	23.2	0.0	23.1	-0.4	24.1	4.5	25.3	4.8
중학교	26.7	27.0	1.2	27.5	1.9	27.4	-0.1	29.1	5.7
고등학교	22.3	23.0	2.9	23.6	2.9	26.2	10.9	28.4	8.4

〈사교육 참여 학생 1인당 월평균 사교육비〉

(단위 : 만 원, %)

구분	20X5년	20X6년	전년 대비 증감률	20X7년	전년 대비 증감률	20X8년	전년 대비 증감률	20X9년	전년 대비 증감률
전체	34.7	35.2	1.5	35.5	0.7	37.8	6.4	38.4	1.8
초등학교	28.3	28.6	1.0	28.7	0.1	30.2	5.5	30.7	1.8
중학교	38.4	39.1	1.8	39.7	1.6	43.1	8.6	43.8	1.7
고등학교	45.4	46.4	2.2	47.1	1.4	49.9	6.1	51.5	3.2

〈사교육 참여율〉

(단위 : %, %p)

구분	20X5년	20X6년	전년 대비 증감	20X7년	전년 대비 증감	20X8년	전년 대비 증감	20X9년	전년 대비 증감
전체	68.8	68.6	-0.2	68.8	0.2	67.8	-1.0	70.5	2.7
초등학교	81.8	81.1	-0.7	80.7	-0.4	80.0	-0.8	82.3	2.4
중학교	69.5	69.1	-0.4	69.4	0.2	63.8	-5.5	66.4	2.5
고등학교	49.2	49.5	0.3	50.2	0.7	52.4	2.3	55.0	2.6

13. 다음 중 제시된 자료에 대한 설명으로 적절하지 않은 것은?

① 사교육 참여율이 초 · 중 · 고 모두 전년 대비 증가한 해는 20X9년이 유일하다.

② 20X9년 학생 1인당 월평균 사교육비는 고학년일수록 전년 대비 증가율이 높다.

③ 20X5 ~ 20X9년 동안 사교육 참여율의 변동폭은 중학교가 가장 작다.

④ 사교육 참여 학생 1인당 월평균 사교육비는 초 · 중 · 고 모두 지속적으로 증가하였다.

14. 제시된 자료에서 20X5 ~ 20X9년 동안의 증감 추이가 나머지와 다른 항목은?

① 고등학교의 사교육 참여율

② 중학교의 학생 1인당 월평균 사교육비

③ 중학교의 사교육 참여 학생 1인당 월평균 사교육비

④ 초등학교의 사교육 참여 학생 1인당 월평균 사교육비

[15 ~ 17] 다음은 현재일 기준 우리나라의 환율 정보이다. 이어지는 질문에 답하시오(단, 거래는 현재일 시점으로 이루어지며 거래 시 원단위 절사 및 수수료 등은 무시한다).

통화명	매매기준율(원)	전일 대비(원)	등락률(%)	현찰(원)		송금(원)	
				살 때	팔 때	보낼 때	받을 때
미국 USD	1,227	0	0	1,248.47	1,205.53	1,239	1,215
일본 JPY 100	1,388.03	▲ 5.53	+0.40	1,418.72	1,369.92	1,407.98	1,380.66
유럽연합 EUR	1,534.61	▲ 26.63	+1.77	1,565.14	1,504.08	1,549.95	1,519.27
중국 CNY	181.18	▲ 0.24	㉠	193.86	172.13	0	0
호주 AUD	1,039.88	▲ 11.41	+1.11	1,060.57	1,019.19	1,050.27	1,029.49
캐나다 CAD	1,157.55	▲ 6.52	+0.57	1,180.58	1,134.52	1,169.12	1,145.98
뉴질랜드 NZD	850.07	11.65	+1.39	866.98	833.16	858.57	841.57

※ 등락률(%) $= \frac{\text{변동 매매기준율} - \text{기준 매매기준율}}{\text{기준 매매기준율}} \times 100$

15. A가 미국에 있는 B에게 500달러를 송금하려고 할 때 필요한 금액은 얼마인가?

① 597,850원　② 619,500원
③ 653,300원　④ 706,430원

16. ㉠에 들어갈 값으로 알맞은 것은? (단, 소수점 아래 넷째 자리에서 반올림한다)

① +0.131　② −0.132
③ +0.132　④ +0.133

17. A는 캐나다를 여행하고 남은 350달러를 원화로 환전해서 절반의 금액을 호주에 있는 C에게 송금하고자 한다. C가 받게 될 금액은 약 얼마인가?

① AUD183　② AUD187
③ AUD189　④ AUD192

18. 다음은 기업부설 연구소와 연구원에 대한 자료이다. 이에 대한 설명으로 옳지 않은 것은? (단, 소수점 아래 첫째 자리에서 반올림한다)

〈표 1〉 기업부설 연구소 · 연구원 추이

(단위 : 개소, 명)

구분	20X0년	20X1년	20X2년	20X3년	20X4년	20X5년	20X6년	20X7년
대기업 부설 연구소	10,270	11,810	13,324	14,975	16,719	18,772	21,785	24,291
중소기업 부설 연구소	9,387	10,894	12,398	14,014	15,696	17,703	20,659	22,876
대기업 연구원	145,490	163,646	179,709	193,340	209,137	219,975	235,596	257,510
중소기업 연구원	79,209	90,601	100,595	111,348	122,944	131,031	141,080	147,406

〈표 2〉 20X7년 기업부설 연구소 학위별 연구원 현황

(단위 : 명)

구분	박사	석사	학사	전문학사	기타	합계
대기업 연구원	13,351	69,328	148,910	23,745	2,176	257,510
중소기업 연구원	4,230	27,908	89,657	23,738	1,873	147,406

① 기업부설 연구소와 연구원은 대기업과 중소기업 모두 지속적으로 증가하였다.

② 20X7년의 대기업 부설 연구소 1개당 평균 연구원 수는 20X0년보다 약 3명이 적다.

③ 20X2년 중소기업 부설 연구소는 전년 대비 약 11% 가량 증가하였다.

④ 20X7년 중소기업 연구원 가운데 학사 학위를 가진 연구원의 비중은 60% 이상이다.

[19 ~ 20] 다음은 ○○공사 실적 관련 자료이다. 이어지는 질문에 답하시오.

주요 재무 정보	최근 연간 실적				최근 분기 실적					
	20X6년	20X7년	20X8년	20X9년	20X8년		20X9년			
					3/4	4/4	1/4	2/4	3/4	4/4
매출액 (억 원)	10,855	11,797	12,231	12,747	2,771	3,704	2,726	3,418	2,798	3,756
영업이익 (억 원)	2,158	1,752	1,058	1,659	299	10	362	591	321	364
당기순이익 (억 원)	1,683	1,699	883	1,359	244	18	294	485	275	297
영업이익률 (%)	19.88	14.85	(　　)	(　　)	10.79	0.27	13.28	17.29	11.47	(　　)
순이익률 (%)	15.50	14.40	(　　)	(　　)	8.81	0.49	10.79	14.19	9.83	7.91

※ 1. 분기 실적 : 해당 분기까지의 누적 실적에서 직전 분기까지의 누적 실적을 차감하는 방식으로 계산되므로, ○○공사에서 공시한 분기 실적과 차이가 있을 수 있습니다.

2. 영업이익률(%) = $\frac{\text{영업이익}}{\text{매출액}} \times 100$

3. 순이익률(%) = $\frac{\text{당기순이익}}{\text{매출액}} \times 100$

19. 최근 연간 실적에서 20X9년의 영업이익률과 순이익률은? (단, 모든 계산은 소수점 아래 셋째 자리에서 반올림한다)

	영업이익률	순이익률		영업이익률	순이익률
①	13.01%	10.66%	②	13.14%	10.88%
③	13.55%	11.02%	④	13.98%	11.71%

20. 제시된 자료에 대한 설명으로 옳은 것은?

① 최근 연간 실적에서 20X6년 이후 매년 순이익률은 감소하였다.
② 최근 연간 실적에서 20X6년 이후 매년 영업이익률은 감소하였다.
③ 20X9년 4/4분기 실적의 매출액은 20X9년 연간 실적 매출액의 30% 이하이다.
④ 최근 분기 실적에서 20X9년 4/4분기의 매출액과 영업이익률은 모두 전 분기 대비 증가하였다.

공간지각력

↳ 20문항 / 15분

[01 ~ 04] 〈보기〉의 도형과 동일한 것을 고르시오.

01.

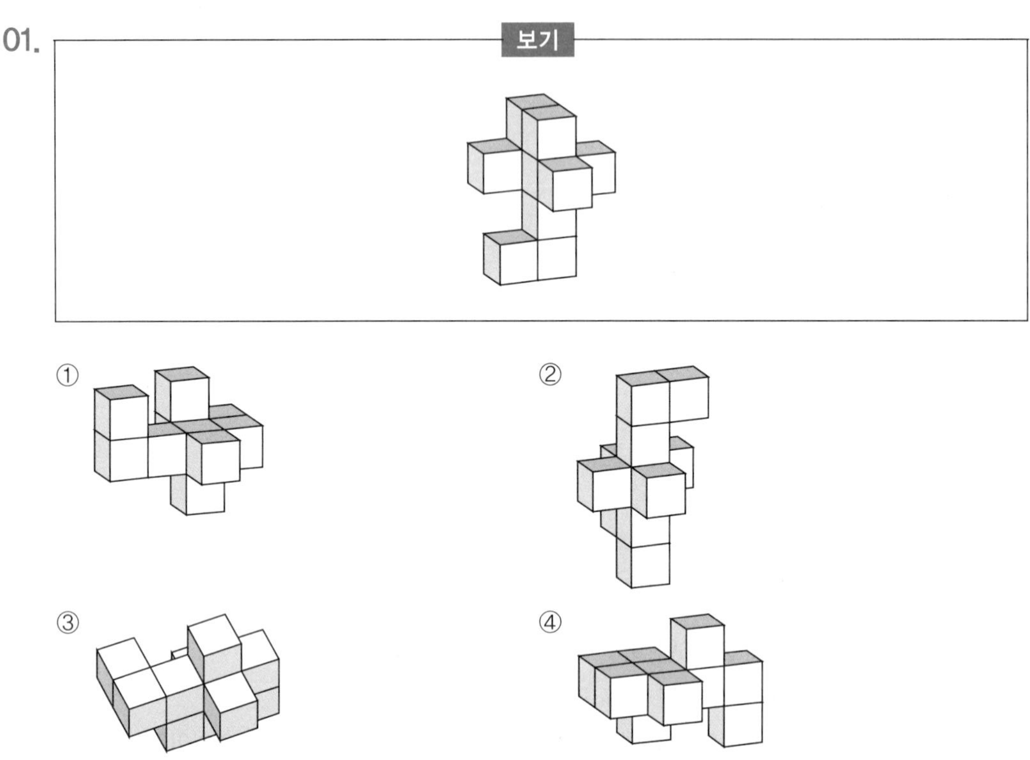

02.

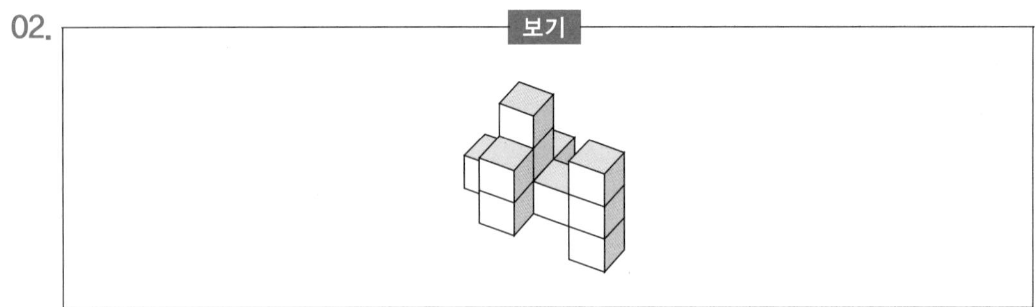

①
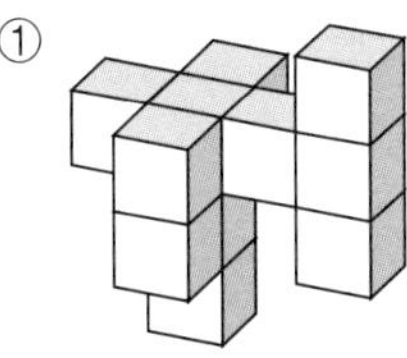

②
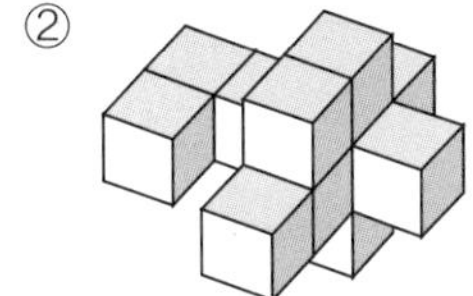

③
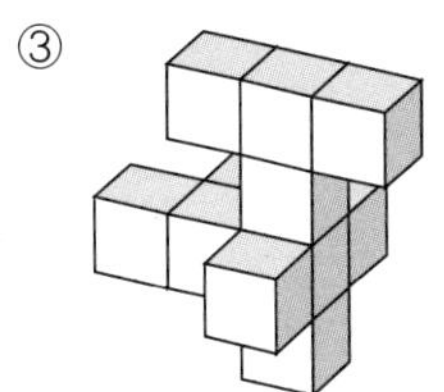

④
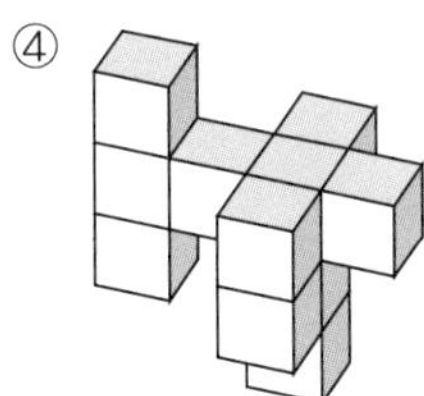

03.

보기

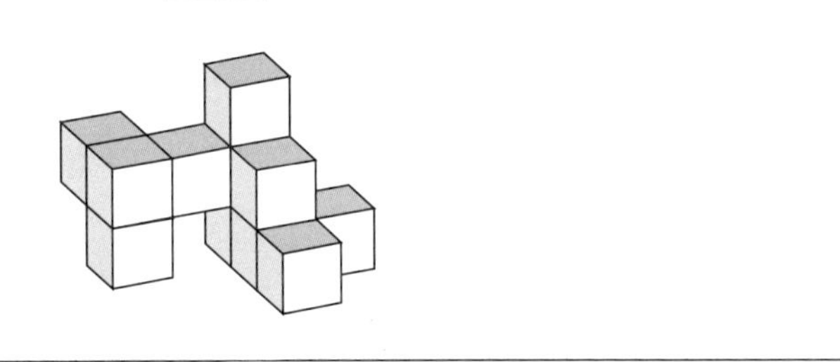

①
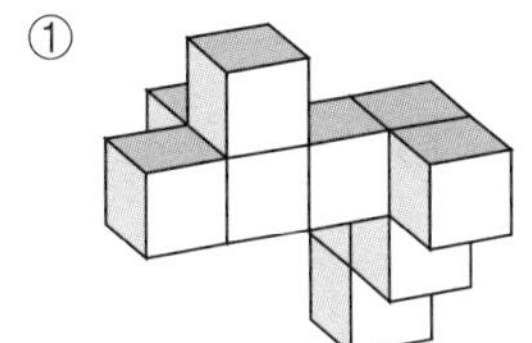

②
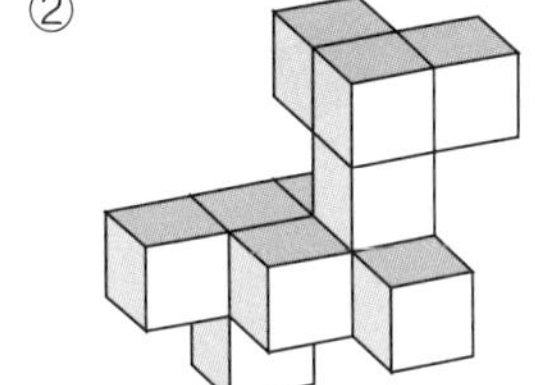

③
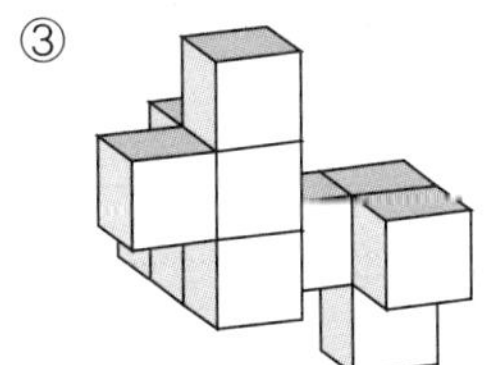

④
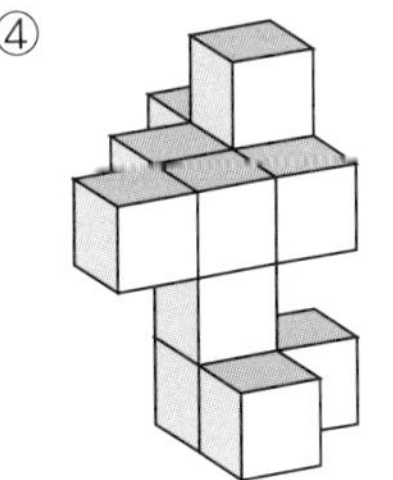

04.

보기

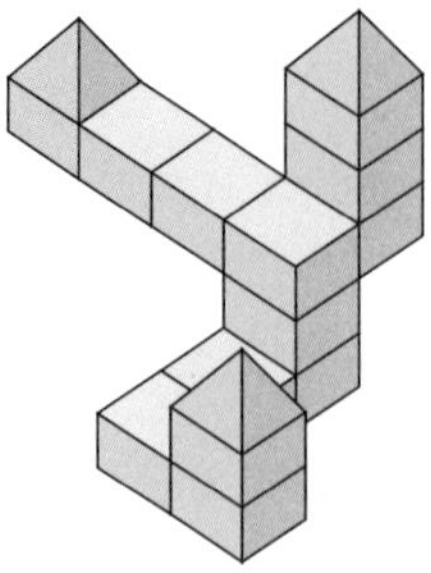

①

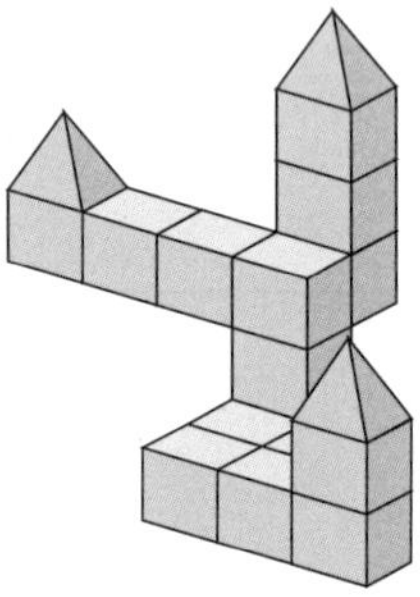

②

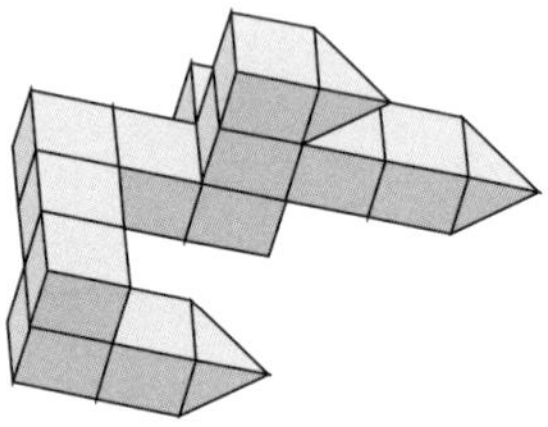

③

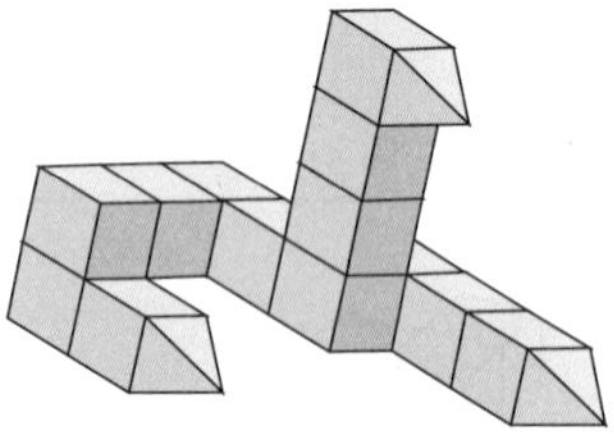

④

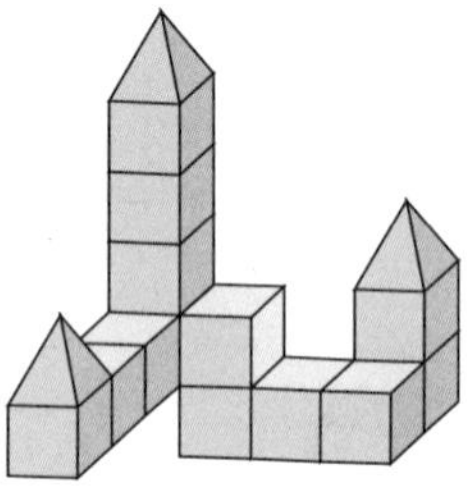

[05 ~ 06] 다음 주어진 블록을 정육면체로 만들기 위해 합해야 할 블록의 모양을 고르시오.

05.

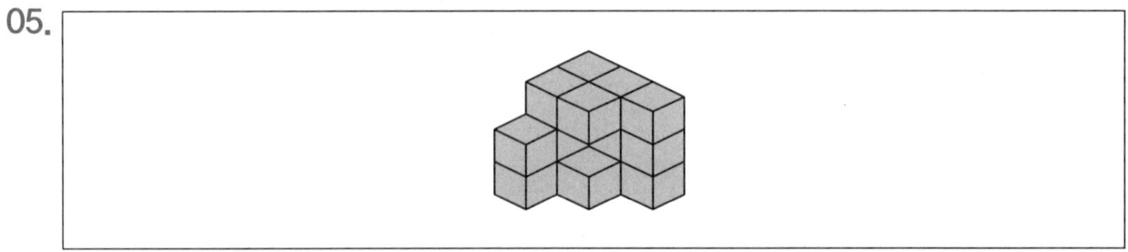

① 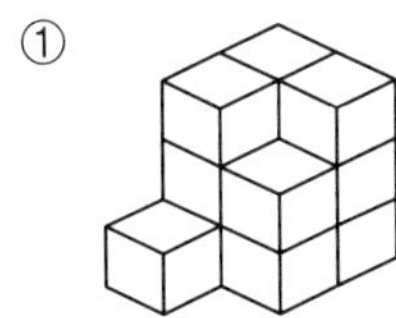
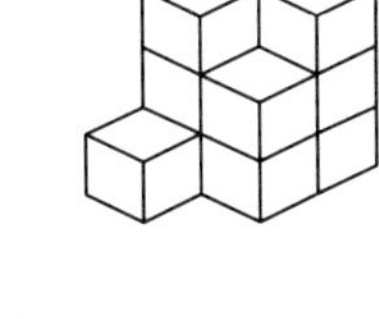

② 

③ 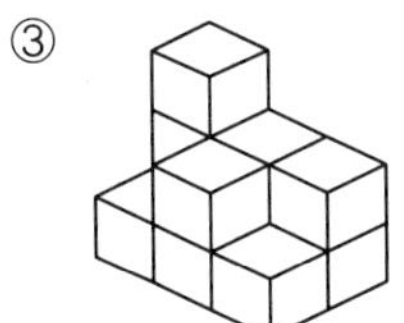

④ 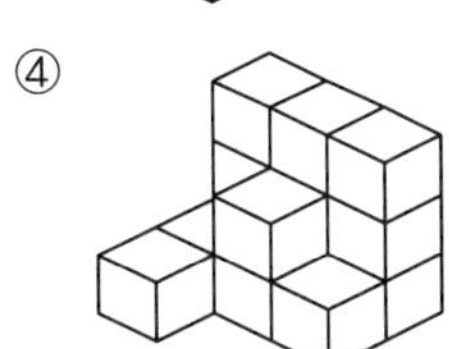

06.

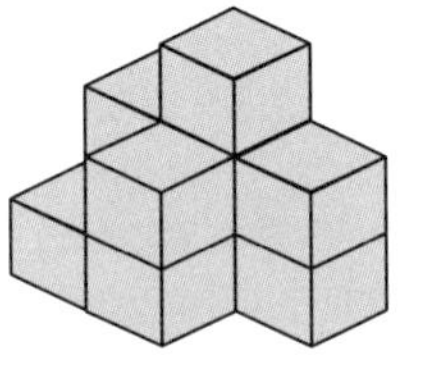

① 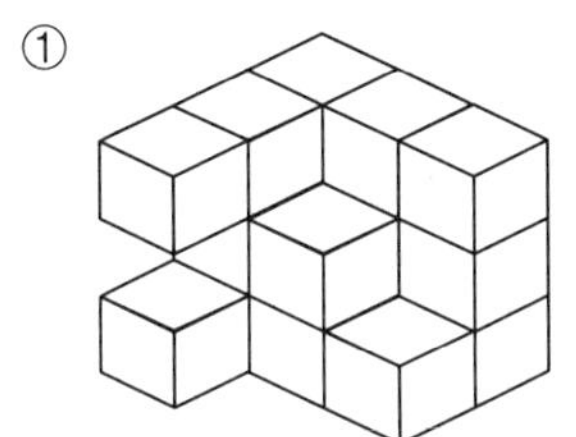

② 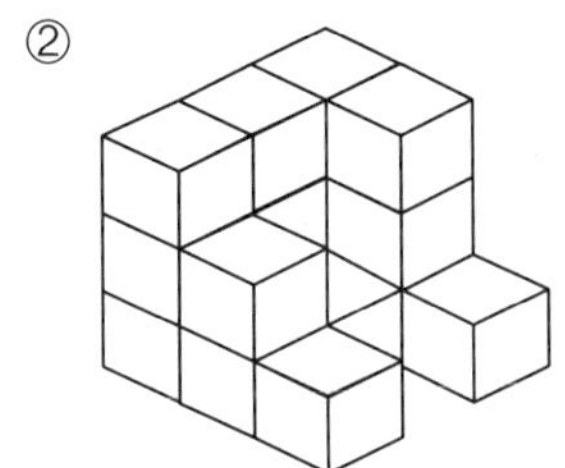

③ 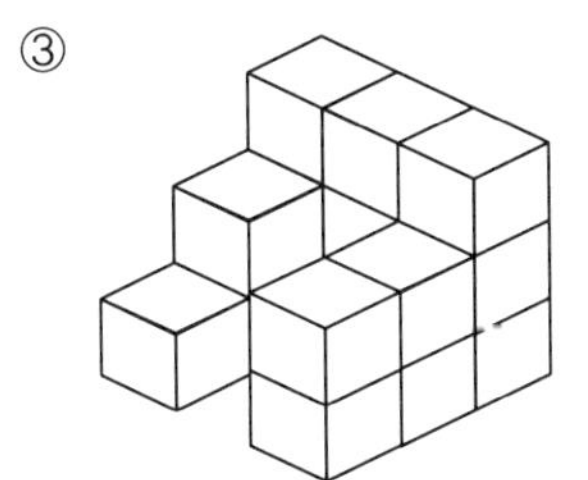

④ 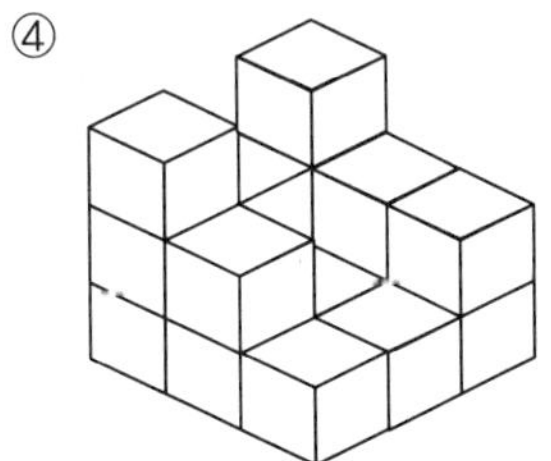

[07 ~ 08] 제시된 두 블록을 결합했을 때 나올 수 있는 모양을 고르시오.

07.

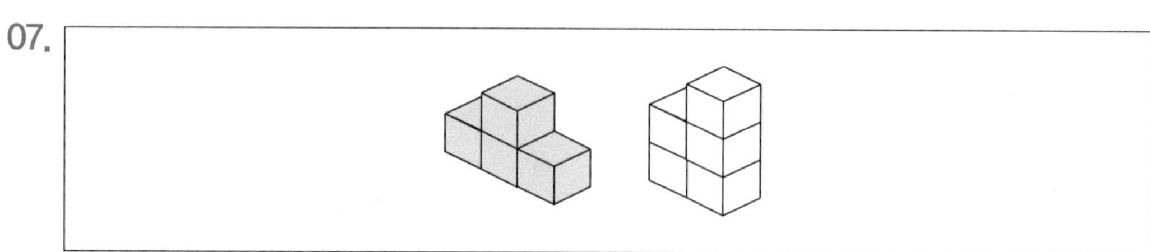

①

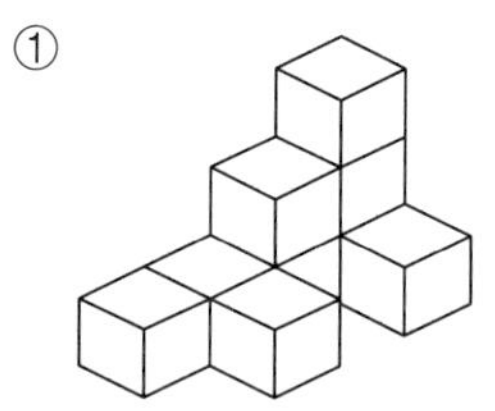

②

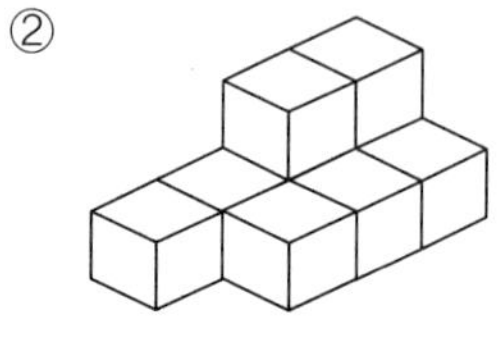

③

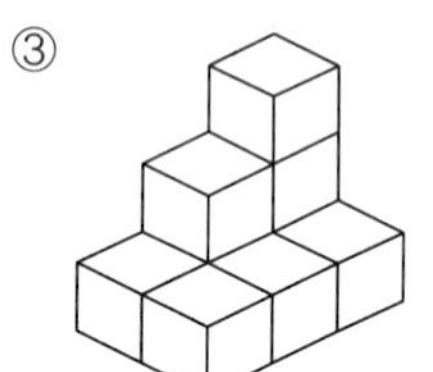

④

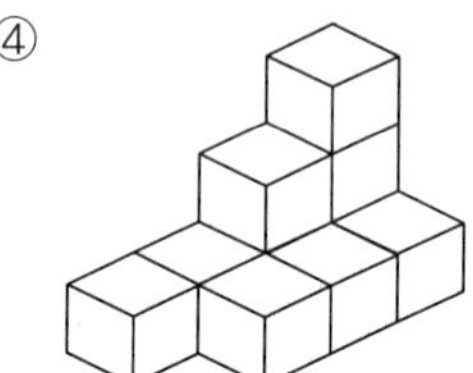

08.

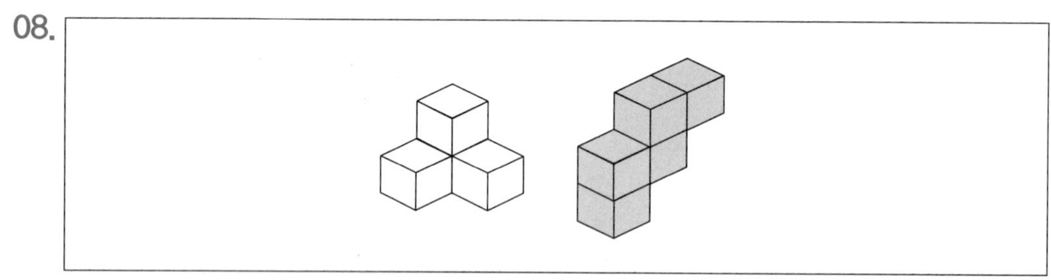

①

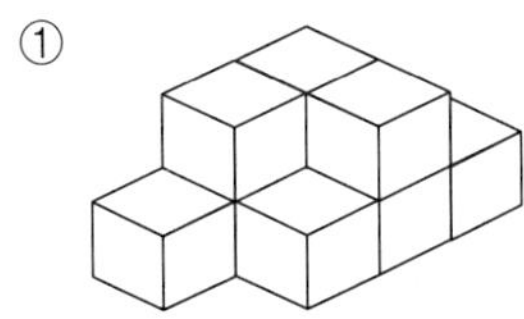

②

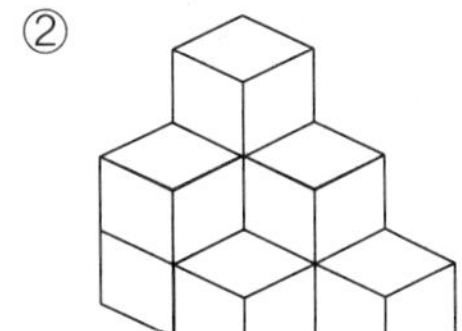

③

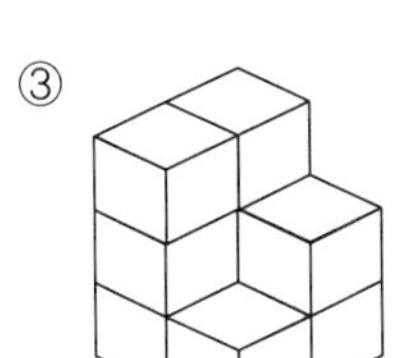

④

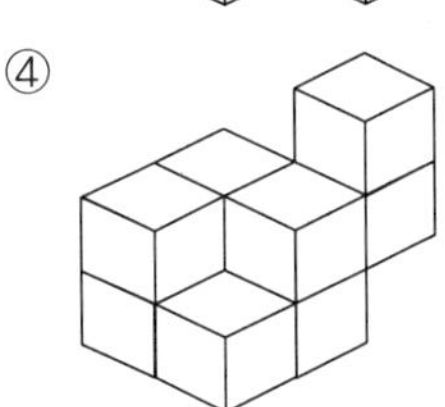

09. 다음 블록을 합쳤을 때 나올 수 없는 형태는? (단, 회전은 자유롭다)

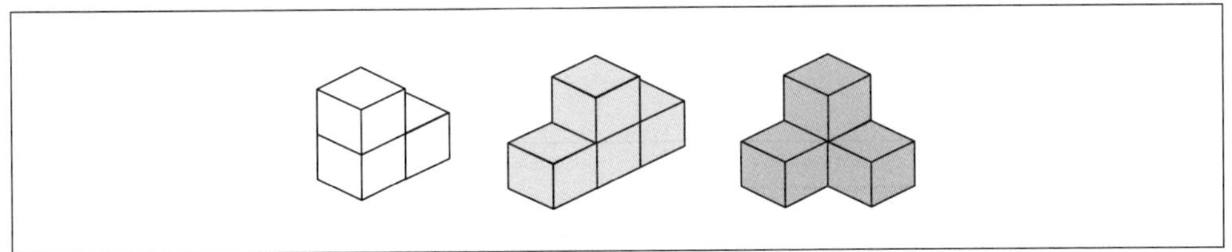

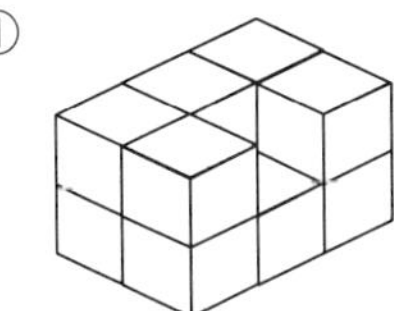

②

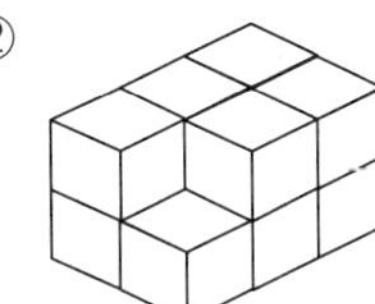

③

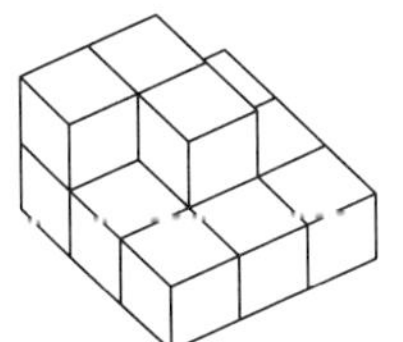

④

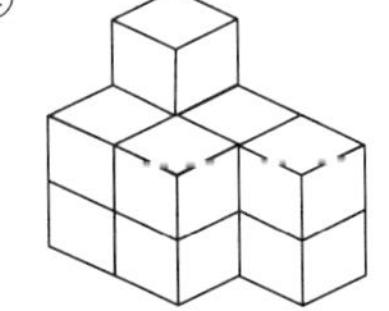

[10 ~ 11] 화살표 방향으로 종이를 접은 후, 마지막 그림과 같이 펀치로 구멍을 뚫고 다시 펼쳤을 때의 모양으로 옳은 것을 고르시오.

10.

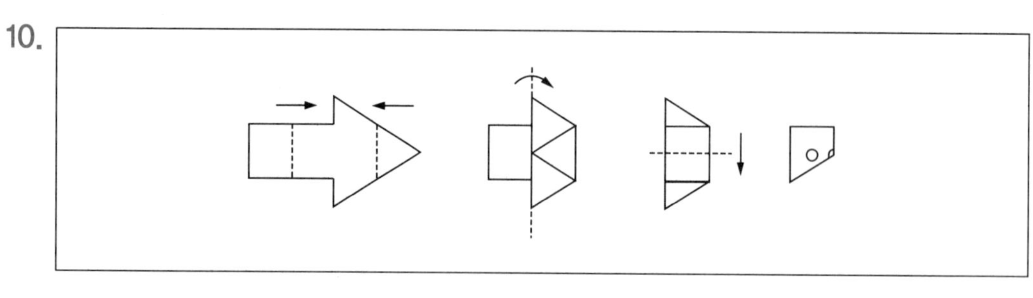

①

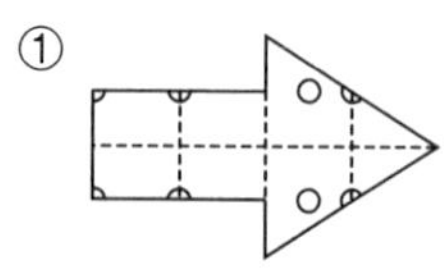

②

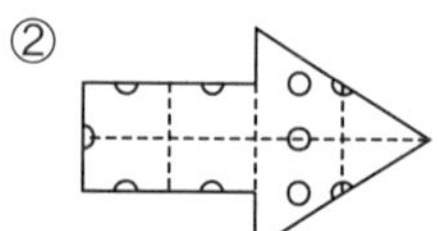

③

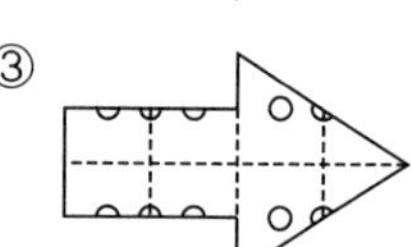

④

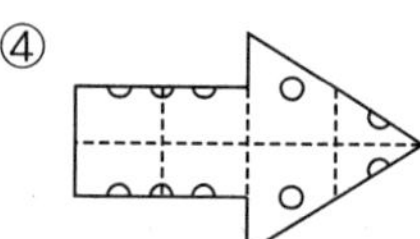

11.

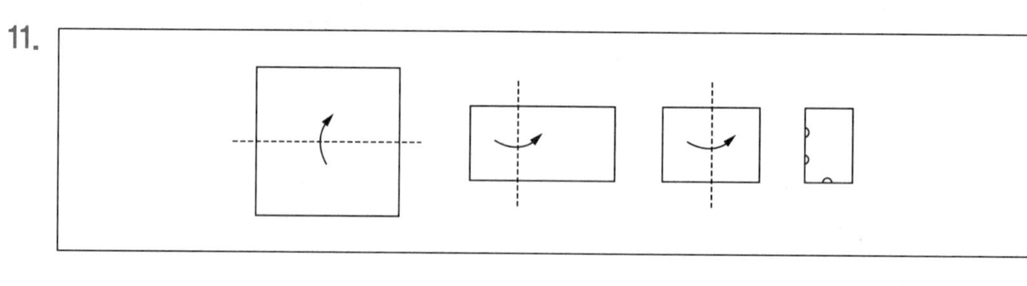

①

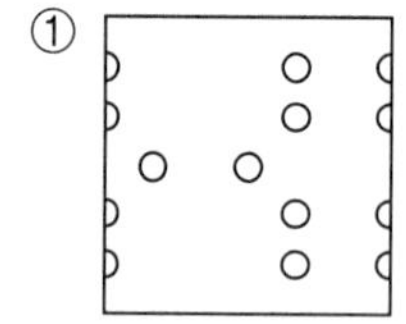

②

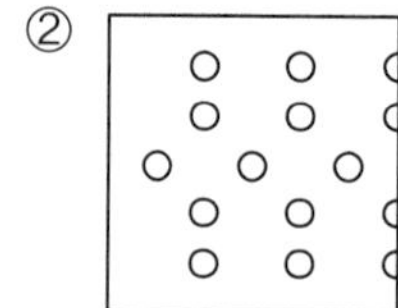

③

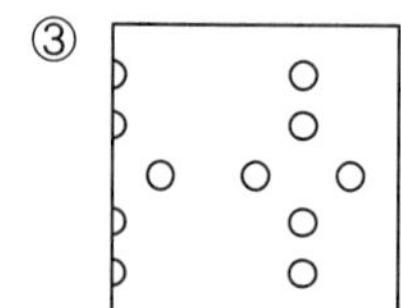

④

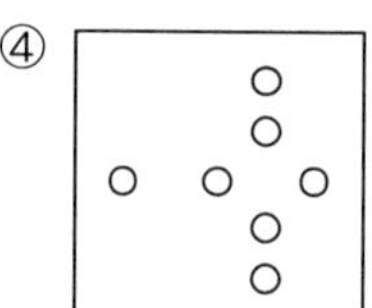

12. 다음과 같이 종이를 접은 후 펀치로 구멍을 뚫고 다시 펼쳤다. 〈보기〉에서 구멍이 뚫린 위치에 해당되는 좌표를 모두 고르면?

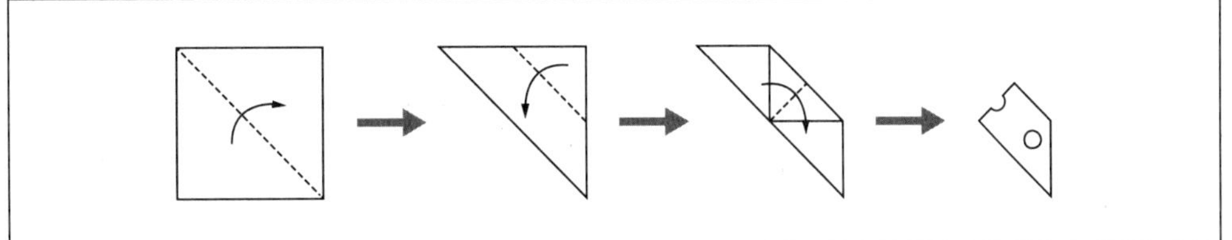

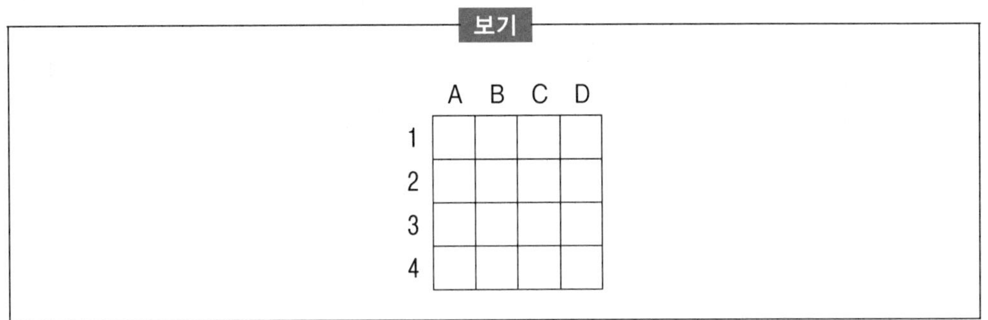

① A−2, B−1, C−2, C−4, D−3

② A−4, B−3, C−2, D−1, D−3

③ A−2, A−4, B−1, B−3, C−2, C−4, D−1, D−3

④ A−2, A−4, B−1, B−3, C−1, C−3, D−1, D−3

[13 ~ 14] 다음 전개도를 접었을 때 나올 수 있는 도형을 고르시오.

13.

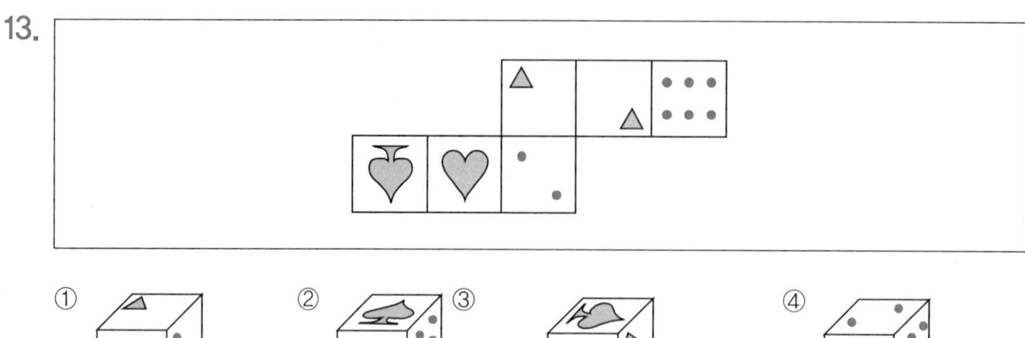

① ② ③ ④

14.

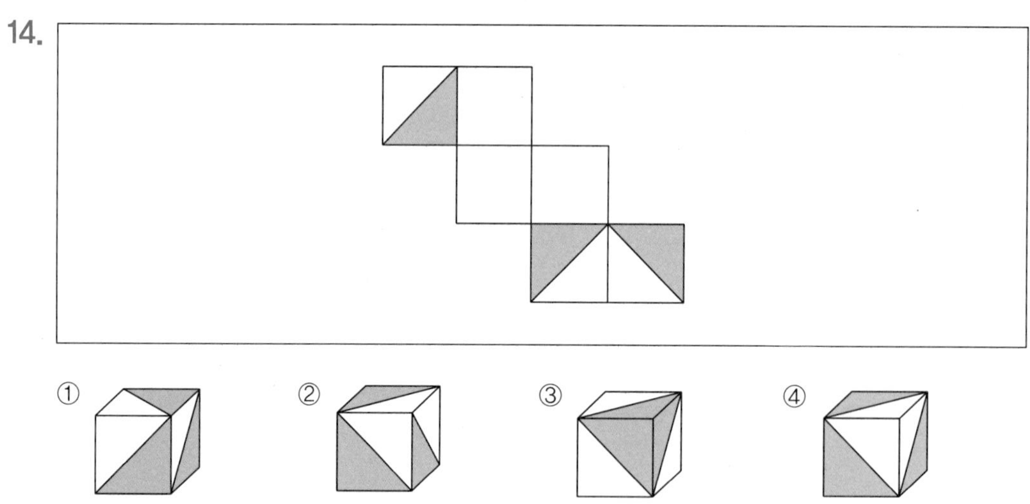

① ② ③ ④

15. 다음 전개도를 그림이 바깥쪽으로 나오도록 접었을 때, 나타날 수 있는 도형은?

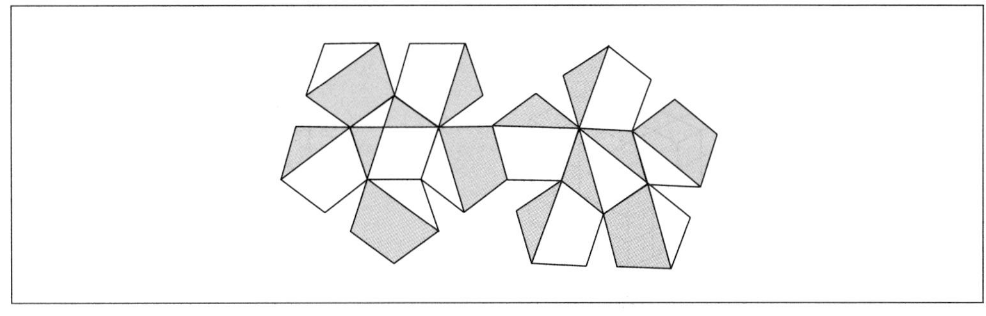

①

② 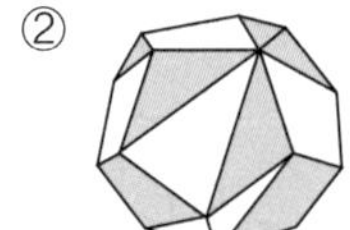

③ 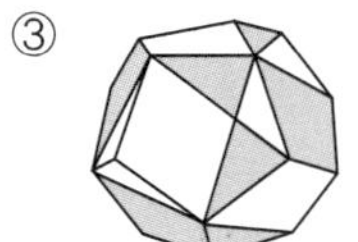

④ 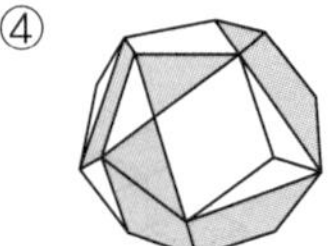

16. 다음 전개도를 접었을 때, 나올 수 없는 도형은?

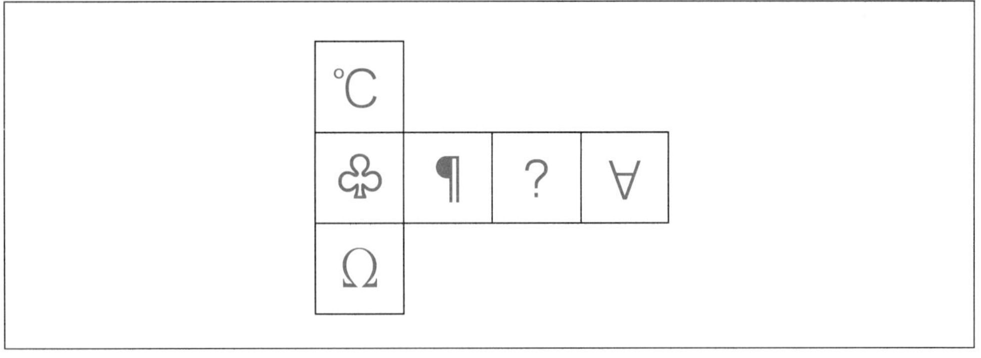

① 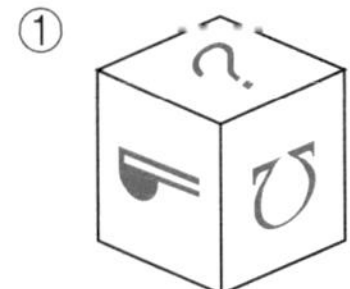

② 

③ 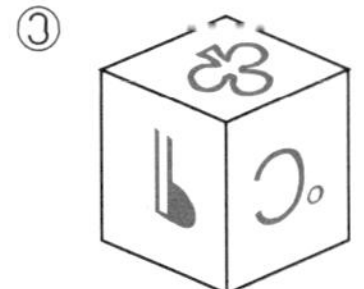

④ 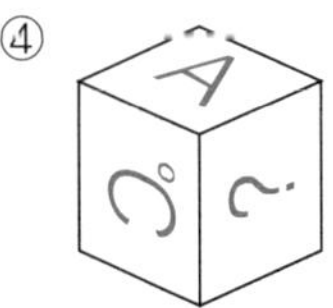

[17 ~ 18] 정육면체 (A)에서 (B)의 블록을 제거하고 남은 형태의 블록을 고르면?

17.

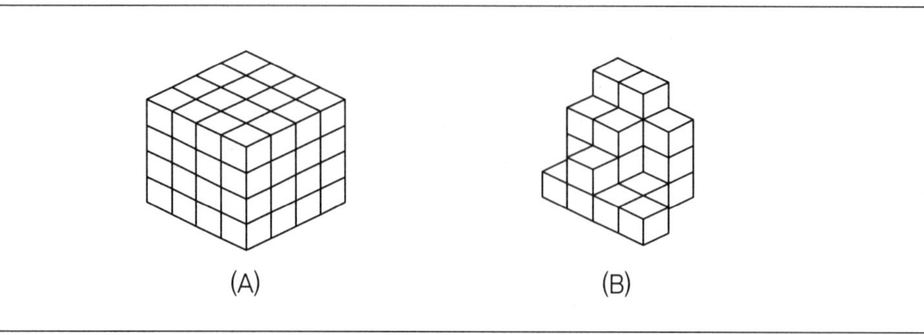

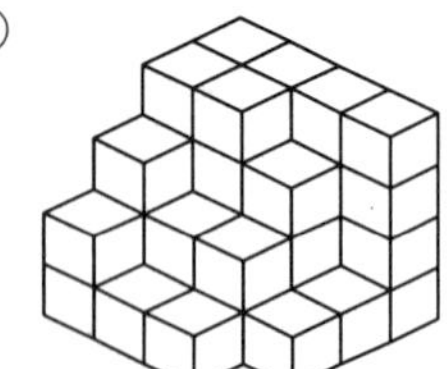

② 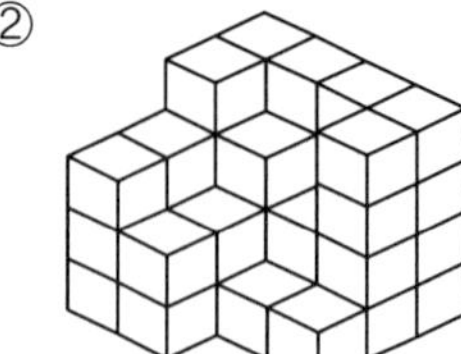

③ 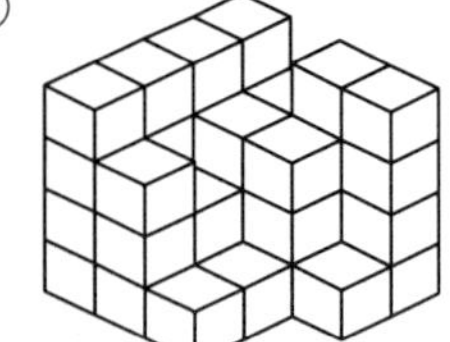

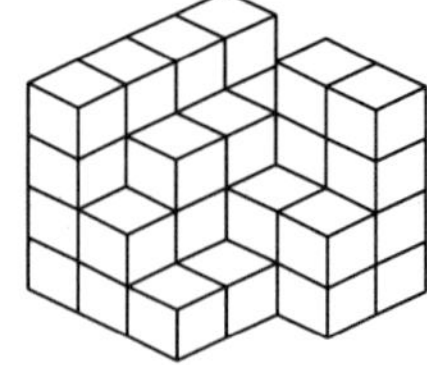

18.

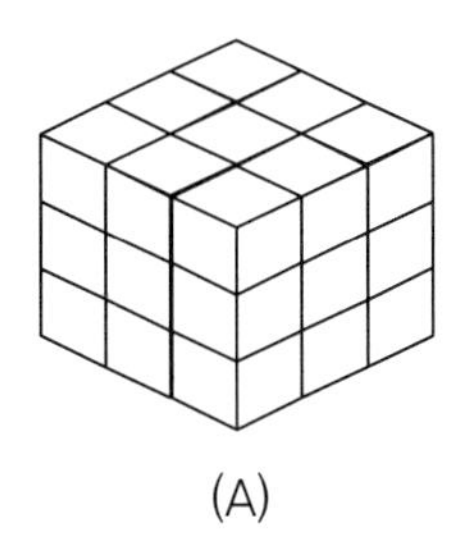

(A)

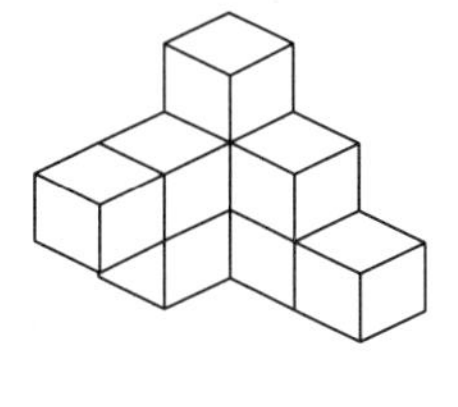

(B)

①

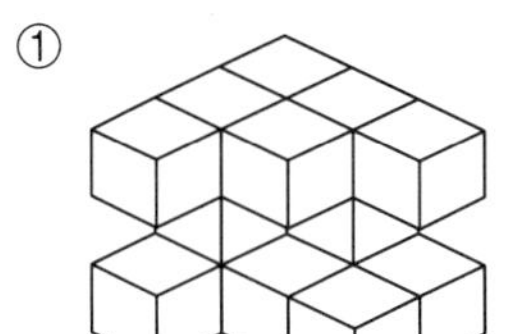

②

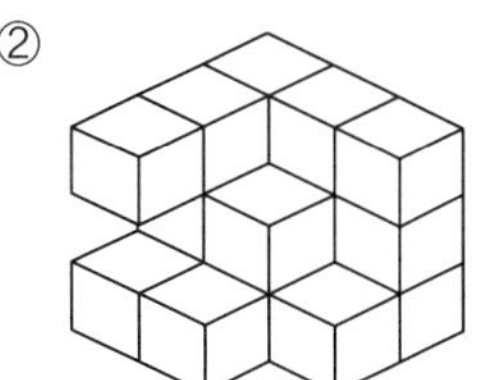

③

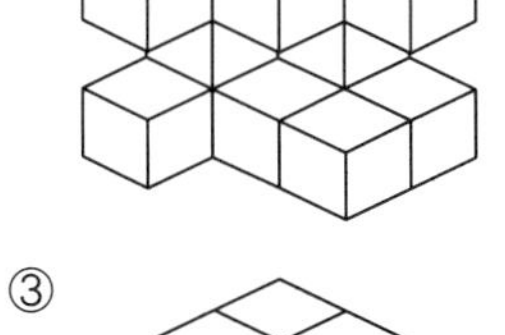

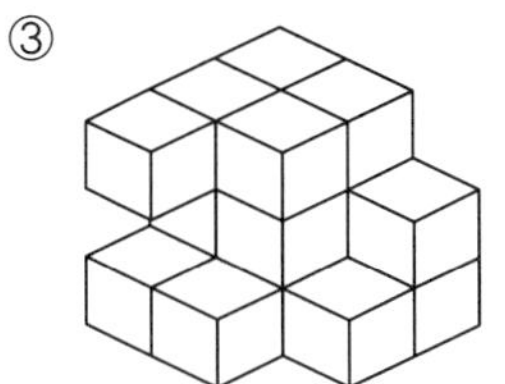

④

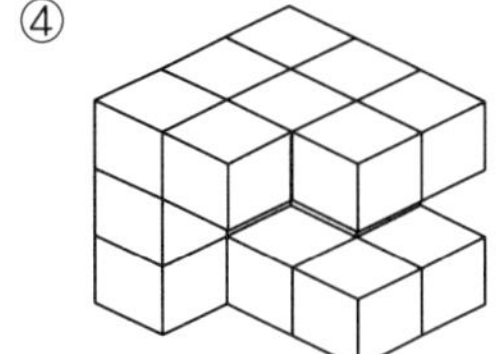

[19 ~ 20] 다음 그림과 같이 화살표 방향으로 종이를 접은 후, 마지막 그림과 같이 점선을 자르고 다시 펼쳤을 때의 모양으로 옳은 것을 고르시오.

19.

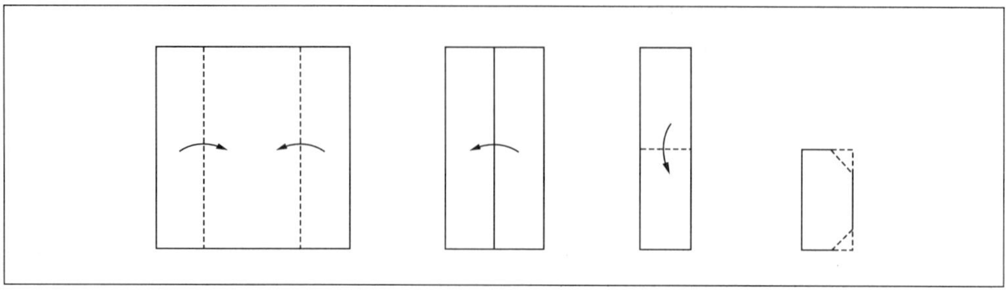

①

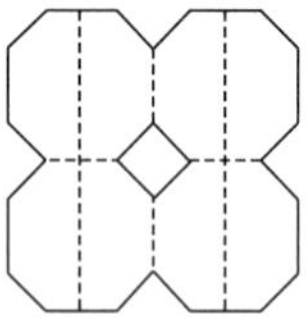

②

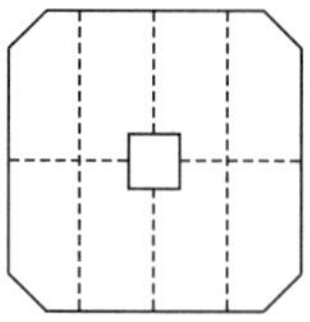

③

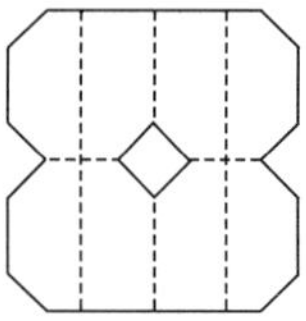

④

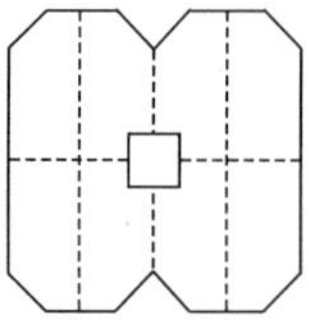

20.

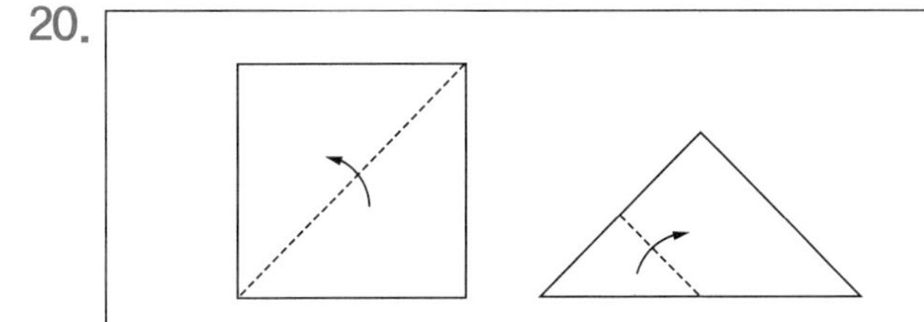
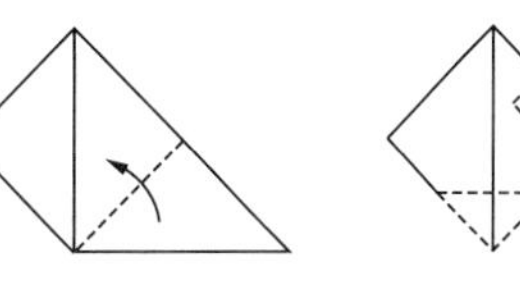

①
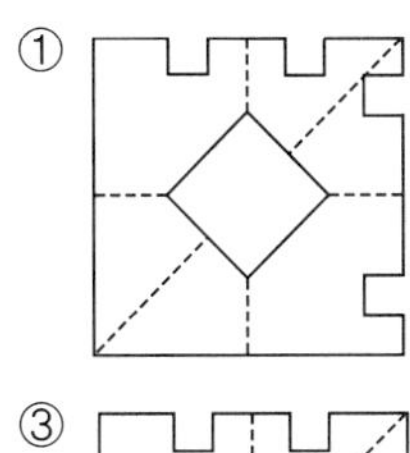

②
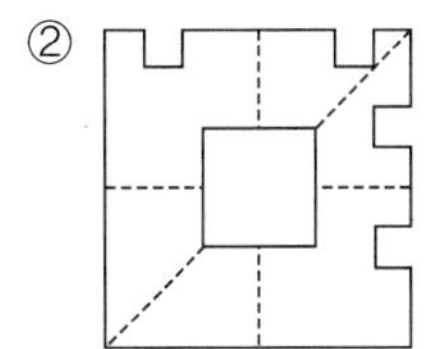

③
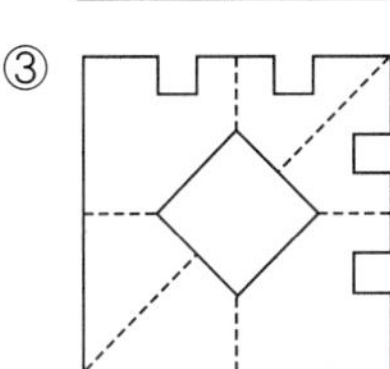

④
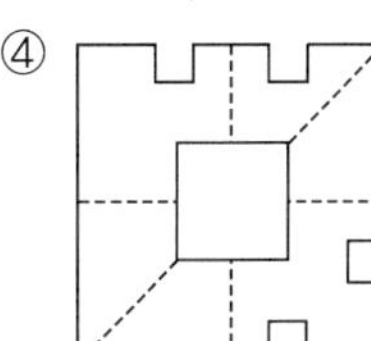

문제해결력

20문항 / 15분

01. 다음은 국가 정상 A, B, C, D, E의 정상회담 일정이다. 모든 일정을 최대한 빠르게 마무리하는 데 걸리는 시간은?

- 국가 정상 A, E는 1시간 동안 정상회담을 한다.
- 국가 정상 B, C, D는 1시간 동안 3자 회담을 한다.
- 국가 정상 B, D, E는 FTA 체결 문제로 인해 2시간 동안 3자 회담을 한다.
- 국가 정상 A, C는 3시간 동안 정상회담을 한다.
- 국가 정상 B, E는 1시간 동안 정상회담을 한다.

① 4시간　　② 5시간
③ 6시간　　④ 7시간

02. 원형 테이블에 A ~ F 6명이 같은 간격으로 앉아 커피, 홍차, 콜라 중 하나를 각각 주문하였다. 좌석과 주문한 음료 상태가 다음과 같을 때, 확실하게 알 수 있는 사실은?

(가) A의 한 좌석 건너 앉은 E는 콜라를 주문하였다.
(나) B의 맞은편에 앉은 사람은 D이다.
(다) C의 양 옆에 앉은 사람은 모두 커피를 주문하였다.

① A는 커피를 주문했다.　　② B는 A 옆에 앉지 않았다.
③ E의 양 옆은 D와 F였다.　　④ F는 홍차를 주문했다.

03. 총무팀 사원 중 사내 운동 동호회 활동을 하는 사람은 총 13명이다. 다음 운동 동호회 활동에 대한 〈정보〉가 모두 참일 때, 항상 참인 진술이 아닌 것을 〈보기〉에서 모두 고르면?

정보

- 총무팀 사원이 활동하는 운동 동호회는 마라톤부, 산악회, 축구부 총 세 개다.
- 모든 총무팀 사원은 1개의 운동 동호회 활동만 해야 한다.
- 마라톤부 활동을 하는 총무팀 사원 수는 산악회 활동을 하는 총무팀 사원 수보다 많다.
- 축구부 활동을 하는 총무팀 사원 수는 마라톤부 활동을 하는 총무팀 사원 수보다 많다.
- 각 운동 동호회에는 최소 1명 이상의 사람이 활동하고 있다.

A : 마라톤부 활동을 하는 총무팀 사원이 4명이라면, 축구부 활동을 하는 총무팀 사원은 7명이다.

B : 산악회 활동을 하는 총무팀 사원이 3명이라면, 축구부 활동을 하는 총무팀 사원은 6명이다.

C : 축구부 활동을 하는 총무팀 사원이 9명이라면, 산악회 활동을 하는 총무팀 사원은 1명이다.

① A　　② B　　③ A, C　　④ B, C

04. 다음 〈조건〉을 바탕으로 추론할 때 참인 것은?

조건

- 경영지원팀은 총무팀과 다른 층을 사용한다.
- 개발팀은 총무팀과 다른 층을 사용한다.
- 회계팀은 다른 세 팀과 다른 층을 사용한다.

① 회계팀과 경영지원팀은 같은 층을 사용한다.
② 경영지원팀은 회계팀과 다른 층을 사용한다.
③ 개발팀은 경영지원팀과 같은 층을 사용한다.
④ 총무팀은 회계팀과 같은 층을 사용한다.

05. 사내식당 배식대 앞에서 A ~ F가 〈조건〉에 따라 한 줄로 서 있을 때, 다음 중 옳지 않은 것은?

조건

- A는 맨 뒤에서 두 번째에 서 있다.
- C와 D는 앞뒤로 붙어서 서 있다.
- B, E는 한 사람을 사이에 두고 서 있다.
- F는 맨 앞이나 맨 뒤에 설 수 없다.

① A와 F는 항상 한 사람을 사이에 두고 서 있다.
② F의 위치는 항상 같다.
③ B는 항상 A의 앞 또는 뒤이다.
④ C가 맨 앞에 오면 E가 맨 뒤이다.

06. A, B, C, D, E 사원 5명의 출퇴근 방법에 관한 설문조사를 실시하였다. 설문에 대해 사원들이 다음과 같이 말했는데 5명 중 2명이 거짓을 말하고 있다면, 각각의 사원과 그 사원이 이용하는 교통수단을 바르게 짝지은 것은?

5명의 사원이 이용한다고 대답한 교통수단은 자가용(2명), 택시(2명), 버스(3명), 지하철(3명)이고, 5명의 사원은 각각 두 가지 교통수단을 이용한다고 대답하였다.

A 사원 : 저는 자가용을 이용한다고 대답했고, E는 거짓말을 하고 있습니다.
B 사원 : 저는 버스를 이용하지 않는다고 대답했고, D는 진실을 말하고 있습니다.
C 사원 : 저는 버스를 이용하지 않는다고 대답했고, E는 진실을 말하고 있습니다.
D 사원 : 저는 자가용과 지하철을 이용한다고 대답했습니다.
E 사원 : 저는 택시를 이용한다고 대답했고, B와 D는 거짓말을 하고 있습니다.

① A－버스
② C－자가용
③ C－지하철
④ E－자가용

07. 다음 전제를 바탕으로 참이 되는 결론은?

[전제] • 케이크가 설탕이면 박하사탕은 소금이 아니다.
• 박하사탕은 소금이다.
[결론] • ______________________

① 케이크는 설탕이다.
② 설탕은 박하사탕이다.
③ 케이크는 설탕이 아니다.
④ 소금은 케이크이다.

08. 다음 〈조건〉이 모두 성립할 때, 반드시 참인 명제는?

조건

• 모든 사람은 피자 또는 리소토를 먹었다.
• 피자를 먹은 사람은 샐러드를 먹었다.
• 리소토를 먹은 사람은 스파게티를 먹지 않았다.
• 피자를 먹은 사람은 김밥을 먹지 않았다.
• 리소토를 먹은 사람은 피자를 먹지 않았다.

① 샐러드를 먹은 사람은 피자를 먹었다.
② 스파게티를 먹지 않은 사람은 리소토를 먹은 사람이다.
③ 김밥을 먹지 않은 사람은 피자를 먹은 사람이다.
④ 샐러드를 먹지 않은 사람은 피자를 먹지 않은 사람이다.

09. 다음 전제를 바탕으로 참이 되는 결론은?

[전제] • 미국의 물가는 스위스보다 비싸다.
• 홍콩의 물가는 프랑스보다 싸다.
• 프랑스의 물가는 미국보다 비싸다.
[결론] • ____________________

① 스위스의 물가는 프랑스보다 싸다.
② 홍콩의 물가는 스위스보다 비싸다.
③ 홍콩의 물가는 미국보다 싸다.
④ 미국과 홍콩의 물가는 같다.

10. 최 사원은 졸업하는 후배 12명에게 다음과 같이 장미꽃 한 송이씩을 전달하였다. 〈보기〉 중 옳은 것을 모두 고르면?

• 꽃은 붉은색, 노란색, 하얀색, 하늘색 4종류로 각각 한 송이 이상 있고 총 12송이이다.
• 하얀 장미를 받은 사람은 노란 장미를 받은 사람보다 적다.
• 붉은 장미를 받은 사람은 하얀 장미를 받은 사람보다 적다.
• 하늘색 장미는 붉은 장미보다 많고, 하얀 장미보다는 적다.

보기

㉠ 노란 장미를 받은 사람은 5명 이상이다.
㉡ 붉은 장미를 받은 사람이 1명이면, 하얀 장미를 받은 사람은 4명이다.
㉢ 노란 장미를 받은 사람이 6명이라면, 하늘색 장미를 받은 사람은 2명이다.

① ㉠
② ㉢
③ ㉠, ㉡
④ ㉠, ㉢

11. 다음은 각 기호가 의미하는 변환 조건을 나타낸 것이다. 〈보기〉의 도형이 몇 개의 기호를 거쳐 화살표 이후의 도형으로 바뀌었을 때, 어떤 과정을 거쳤는지 그 기호를 고르면?

기호	변환조건
□	1번과 2번 도형을 시계방향으로 90° 회전함.
■	1번과 4번 도형을 시계방향으로 90° 회전함.
◇	2번과 3번 도형을 시계방향으로 90° 회전함.
◆	2번과 4번 도형을 시계방향으로 90° 회전함.
○	3번과 4번 도형을 시계방향으로 90° 회전함.

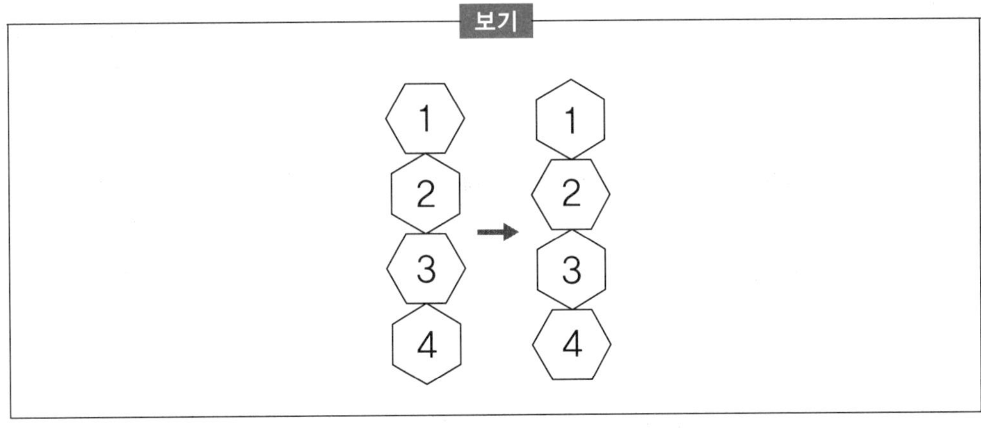

① 
② ■◇
③ ○◆
④ □◆

[12 ~ 13] 다음은 출장을 위한 숙소에 대한 자료이다. 이어지는 질문에 답하시오.

〈숙소 대여비〉

• A 숙소

구분	개수	대여비(원/개)
4인실	2	80,000
2인실	3	50,000

• B 숙소

구분	개수	대여비(원/개)
4인실	1	90,000
3인실	2	60,000
2인실	3	40,000

• C 숙소

구분	개수	대여비(원/개)
4인실	3	85,000
2인실	2	45,000

〈숙소별 특징〉

구분	위치	편의시설	청결도	인테리어
A 숙소	★★	★★★	★★★★	★★★★
B 숙소	★★★	★★	★★★	★★★★
C 숙소	★★★★	★★★★★	★★★	★★

※ 별이 많을수록 높은 점수이다.

12. 다음 중 숙소 대여비만을 고려하여 8명의 출장을 계획할 때, 가장 저렴하게 숙박할 수 있는 것은? (단, 출장자의 성별은 고려하지 않는다)

	객실	숙소
①	A	4인실 1개, 2인실 2개
②	B	3인실 2개, 2인실 1개
③	C	4인실 2개
④	C	4인실 1개, 2인실 2개

13. 다음 출장 예정자들의 숙소에 대한 의견을 모두 고려하였을 때, 가장 적합한 숙소는?

- 남 부장 : 숙소는 2인실 3개면 적당하겠어.
- 정 과장 : 인테리어에 정성을 들인 숙소였으면 좋겠군.
- 황 과장 : 위치보다는 편의시설이 잘 갖추어진 점이 더 중요하다고 생각해.

① A 숙소　② B 숙소
③ C 숙소　④ 추가 자료 조사가 필요하다.

14. 최 씨는 휴대폰을 바꾸려고 대리점을 방문했다. 휴대폰의 종류에는 A사, B사, L사, S사의 제품이 있다. 각 제품의 평점은 다음 표와 같고, 최 씨는 디자인을 가장 중요시하며 그 다음으로 카메라 해상도, 가격, A/S 편리성, 방수 순으로 고려한다. 최 씨가 선택하게 될 제품은?

구분	A사	B사	L사	S사
가격	★★★☆☆	★★★★☆	★★★☆☆	★★★☆☆
디자인	★★★★☆	★★★☆☆	★★★★☆	★★★★☆
방수	★★★☆☆	★★★☆☆	★★★★★	★★★☆☆
카메라 해상도	★★★★☆	★★☆☆☆	★★★★☆	★★★★☆
케이스 디자인	★★★★★	★★☆☆☆	★★★☆☆	★★★☆☆
A/S 편리성	★★☆☆☆	★★☆☆☆	★★★★☆	★★★★☆

※ 검은색 별의 개수가 많을수록 평점이 높음.
※ 가격의 경우는 별의 개수가 많을수록 저렴함.

① A사 제품　② B사 제품
③ L사 제품　④ S사 제품

[15 ~ 16] 다음은 스마트폰 가격 및 요금제에 관한 내용이다. 이어지는 질문에 답하시오.

〈스마트폰 출고가격 및 공시지원금〉

스마트폰 종류	출고가격	공시지원금
A	950,000원	190,000원
B	838,000원	170,000원
C	915,000원	210,000원
D	860,000원	180,000원
E	790,000원	120,000원

〈스마트폰 요금제〉

구분	Data	기본제공 서비스	사용요금
스몰	1.2GB	음성 / 문자 기본제공 영상통화 100분 제공	33,000원
미디엄	4.0GB	음성 / 문자 기본제공 영상통화 300분 제공	50,000원
라지	100GB	음성 / 문자 기본제공 영상통화 300분 제공	69,000원
패밀리	150GB	음성 / 문자 기본제공 영상통화 300분 제공	79,000원
인피니티	무제한	음성 / 문자 기본제공 영상통화 300분 제공	100,000원

- 스마트폰 구매 시 소비자는 '공시지원금' 또는 '선택약정 할인' 중 하나를 선택해야 한다.
- '공시지원금'을 선택하는 경우 월 납부액은 출고가에서 공시지원금과 대리점 지원금(공시지원금의 15%)을 뺀 금액을 24개월로 나눈 월 기기 값에 사용 요금을 합한 금액이다.
- '선택약정 할인'을 선택하는 경우 월 납부액은 사용 요금제의 75%에 출고가를 24개월로 나눈 월 기기 값을 합친 금액이다.
- 월 기기 값과 선택한 요금제 이외에 다른 비용은 없으며, 1원 단위 이하는 버린다.

15. **다음 중 스마트폰 가격과 요금제에 대한 설명으로 옳지 않은 것은?**

① 출고가격이 가장 비싼 제품과 가장 싼 제품의 대리점 지원금의 차이는 10,000원 이상이다.

② 한 달에 데이터를 약 3GB, 영상통화를 약 250분 사용할 경우 미디엄 요금제를 사용하는 것이 경제적이다.

③ 미디엄 요금제를 사용하는 사람이 선택약정 할인을 통해 B를 구매하는 경우 월 납부액은 72,410원이다.

④ D를 공시지원금을 받아 24개월 할부로 구매하고 스몰 요금제로 1년 동안 사용한다면 총 납부액(전화 요금, 할부요금 포함)은 출고가격보다 높다.

16. **공시지원금을 받아 스마트폰을 구매하고 라지 요금제를 사용할 경우, 월 납부액이 가장 저렴한 스마트폰은?**

① B　　② C

③ D　　④ E

17. 다음은 B사의 컴퓨터 성능 개발 프로젝트에 투자된 예산 내역이다. 2023년 예산을 책정하기 위해 소비자 리포트를 분석한 결과를 반영한다고 할 때, 다음 중 옳지 않은 것은?

〈연도별, 부문별 투자금액〉

(단위 : 억 원)

구분	디자인	CPU 속도	그래픽 성능	소프트웨어	총액
2020년	1.36	1.05	1.08	1.53	5.02
2021년	1.22	1.32	0.97	2.05	5.56
2022년	1.23	1.45	0.95	2.35	5.98

〈소비자 리포트 – 컴퓨터 선택 시 중요 고려 사항(복수응답)〉

(단위 : %)

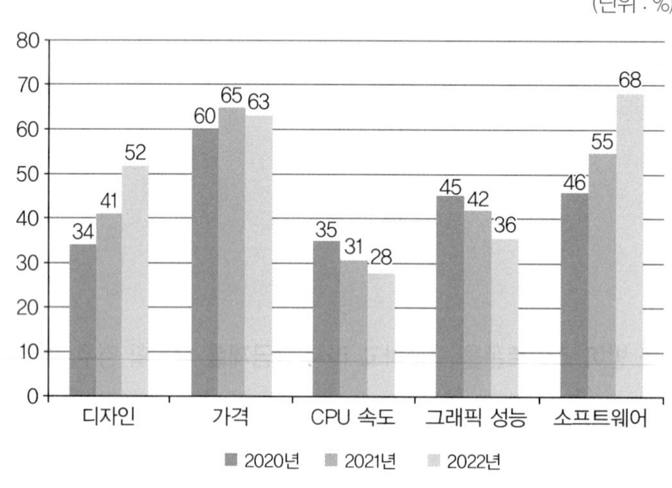

① 디자인과 소프트웨어에 대한 중요도가 증가하고 있으므로 이 부분에 대한 예산 배정을 더욱 늘려야 한다.

② CPU 속도에 대한 중요도는 감소하고 있으므로 예산 비율을 현재보다 감축하는 것이 필요하다.

③ 가격의 중요도는 높은 수준에서 유지되고 있으므로 보급형 중저가 브랜드를 개발할 필요가 있다.

④ 그래픽 성능에 대한 예산 추이는 중요도 변화 추세와 부합하지 않는다.

18. P 대리는 제품 생산 공장과 계약하기 위하여 후보군을 다음과 같이 정리하였다. 주어진 조건을 토대로 판단하였을 때, 최종 선정될 공장은?

〈제품 생산 공장 후보〉

구분	1일 생산개수(개)	비용(원/개)	운송거리(km)	소비자 만족도(10점 만점)
A	300	1,200	120	8
B	250	900	50	7
C	310	1,300	150	6
D	280	1,400	220	9

- 조건에 따라 공장별 순위를 매기고 순위 점수 환산표에 따라 점수를 부여하여 합산함.
- 1일 생산개수가 많을수록, 총 생산비용이 낮을수록, 운송거리가 가까울수록, 소비자 만족도가 높을수록 높은 순위를 부여하며 동점일 경우 총 생산비용이 더 낮은 공장을 선정함.
- 총 생산비용=1일 생산개수×개당 비용

〈순위 점수 환산표〉

순위	1	2	3	4
점수	10	7	5	3

① A　② B
③ C　④ D

[19 ~ 20] 다음 자료를 보고 이어지는 질문에 답하시오.

○○기업의 자재팀에서는 업무용으로 차량을 한 대 구입하기로 결정하였다. 비교해 본 차량의 사양은 다음과 같다.

차량	가격 (만 원)	배기량 (cc)	최대출력 (ps)	이산화탄소 배출량 (g/km)	승차인원 (명)	연비 (km/L)
A	3,000	3,200	230	200	5	10.8
B	2,800	3,800	190	250	7	10.2
C	3,300	4,000	215	150	4	11.0
D	2,200	3,500	210	330	4	12.0
E	2,000	3,600	200	220	6	10.2

〈차량 선택 기준〉

- 자재팀의 차량 구입 예산은 5,000만 원이다.
- 자재팀 10명의 직원이 모두 탈 수 있도록 차량을 2대 구입한다.
- 배기량은 적어도 3,500cc 이상은 되어야 한다.
- 최대출력의 평균이 큰 차량의 조합을 선택한다.
- 위의 조건을 모두 만족하는 조합이 2종류 이상일 경우 평균 연비가 좋은 것으로 최종결정한다.

19. 위 자료를 참고하여 업무용 차량을 구입한다면 자재팀에서 구입하게 될 차량은?

① A 차량, E 차량　　② B 차량, D 차량

③ D 차량 2대　　④ E 차량 2대

20. 대기 오염 문제가 심각해짐에 따라 시설팀에서는 업무용 차량 선택 기준을 다음과 같이 변경하였다. 변경된 차량 선택 기준을 적용할 때, 구입하게 될 업무용 차량은?

- 시설팀의 차량 구입 예산은 3,000만 원이다.
- 환경보호를 위해서 이산화탄소 배출량에 따라 차량 등급을 책정한다.

(단위 : g/km)

이산화탄소 배출량	200 이하	201 ~ 300	301 이상
차량 등급	★★★	★★	★

- 연비에 따라서도 차량 등급을 책정한다.

(단위 : km/L)

연비	10 이상 ~ 11 미만	11 이상 ~ 12 미만	12 이상
차량 등급	★	★★	★★★

- 이산화탄소 배출량과 연비에 따른 등급이 좋은 차량을 선택한다.
- 위의 조건을 만족하는 차량이 두 대 이상일 경우에는 승차인원이 가장 많은 차량을 우선한다.

① A 차량　② B 차량
③ C 차량　④ E 차량

집중력

20문항 / 10분

[01 ~ 02] 다음과 같이 문자 · 숫자 · 도형이 서로 대응될 때 연결이 올바른 것을 고르시오.

01.

⑥ ⑨ ⓪ – ξ Ω ψ

① ⑥ ⓪ ⑨ – ξ ψ Ω
② ⓪ ⑨ ⓪ – ξ Ω ξ
③ ⓪ ⑨ ⑥ – Ω ψ ξ
④ ⑨ ⑥ ⓪ – ψ ξ Ω

02.

△ ▷ ◁ – ന ക ല

① △ ◁ △ – ല ന ല
② ◁ △ ▷ – ല ക ന
③ ◁ ▷ △ – ന ക ല
④ ▷ ◁ △ – ക ല ന

03. 다음 〈보기〉와 같이 알파벳들이 각각 짝지어진 숫자를 의미할 때, 알파벳과 숫자의 연결이 올바르지 않은 것의 개수는?

보기

A	B	C	D	E	F	G	H	I	J	K	L	M
3	8	0	2	3	6	8	9	4	5	2	1	4

N	O	P	Q	R	S	T	U	V	W	X	Y	Z
1	5	7	4	2	8	7	4	8	6	0	9	5

QTLFB : 47238

① 1개　② 2개　③ 3개　④ 4개

[04 ~ 08] 다음 문자 · 기호 · 숫자군 중에서 찾을 수 없는 문자, 기호, 숫자를 고르시오.

04.

50397248302154121547269 57894102546320864157495 58743025456315791432018

① 589　　② 743
③ 632　　④ 121

05.

ぺぁしぃねぅぉずかきくびぷぴぽけべえげこさ ござじいすばせうどがでぜぞぇたぢってぱとな あぼちぐづだにぬほのはひふそぶへまみぎおつ

① ぉ　　② に
③ ぜ　　④ わ

06.

gho xuh vie zim oer znb ydv nbd ons etr bhz oey iyq hbu mxe gfz eht vcx jfs edp guy sgf mte uwo wgf ryv cjs wru bmn fuh bzo ytg plw gie one tbq pbg acu ghf auf egl rwi uds lkf blk dhr wqa eoi hrl uga ski rhe

① oms　　② wqa
③ mte　　④ zim

07.

콹 솙 휡 챩 겏 튥 댦 봁 굵 젥 훍 즑 뱕 춝 껽 윩 몕 땲 쳵 큵 쪎 핤 퓳 꺎 땕 줅 쌝 끩 뺅 퍩 횱 쌢 숡 맭 쥵 쏣 껅 릾 봛 듋 캵 꼷

① 굵 ② 꺎

③ 듋 ④ 쌝

08.

❈ ✫ ❊ ❁ ✭ ❀ ✳ ✰ ✲ ✢ ✤ ✾ ✘ ✜ ❈ ✶ ❄ ✷ ❋ ✾ ✿ ✺ ❉ ✦ ✷ ✺ ❁ ❖ ✠ ✗ ❀ ✲ ❂ ✹ ❈ ✯ ✱ ✮ ❏ ❂ ❀ ❊ ✾ ✲ ✳

① ✯ ② ❈

③ ❄ ④ ✢

[09 ~ 12] 다음 문자 · 기호 · 숫자군 중에서 왼쪽에 제시된 문자, 기호, 숫자의 개수를 고르시오.

09.

♤	♤◐◉△☆◎♧▷◁♡◎★♣▨▦▩▤※◎ ◇♥▣♧♤▦◐◈□≒▤◐▣∀▩∈∽♣ ▨▲※▦∑£△♤◆◉∋Å∬~◁℉¢¿ ◑♨¢∑☎∵◇▽≡⇔○℉‰▩♨♠￥§

① 2개 ② 3개

③ 4개 ④ 5개

10.

몁

맙 뮴 맽 맥 멤 몀 몹 맞 몝 뮾 몊 멤 먑 먼 멸 망 맵 몹 밉 몁
몉 먭 밈 맨 맢 믑 몡 몝 몁 멉 맥 멒 멎 몇 면 멑 맵 먚 몉 먭
몁 몍 몍 몰 몊 몇 멱 맵 먚 멑 뮬 맙 믐 먹 몁 멸 맬 멀 맹 먚

① 3개
② 4개
③ 5개
④ 6개

11.

Ɛ

℃ Ⱡ ℞ ℏ ℷ ℎ ℳ Ɛ Ⅎ ℱ ב ℉ ℊ ℟ Ω Ʒ ℨ
ℸ ℳ ℱ ℔ ℚ Ж Φ ℔ № ℐ ℏ И Я Ю У Ⅎ ℰ
℧ ℨ K N ℵ Ɛ ℓ ℣ ℤ ℎ ℝ ℒ ℑ ℍ ℐ ℕ ℐ
ב Ɛ Э Å Ⅎ X ℙ ℵ ℔ ℞ ℏ Ɛ ℧ ℒ ℑ ℂ э

① 2개
② 3개
③ 4개
④ 5개

12.

385

386 305 085 385 935 853 358 385 386 385 306 396
385 395 378 583 358 396 365 368 380 388 305 355
364 391 382 380 368 349 335 345 385 398 356 385

① 4개
② 5개
③ 6개
④ 7개

[13 ~ 14] 다음 A와 B를 비교하여 서로 일치하는 문자의 개수를 고르시오.

13.

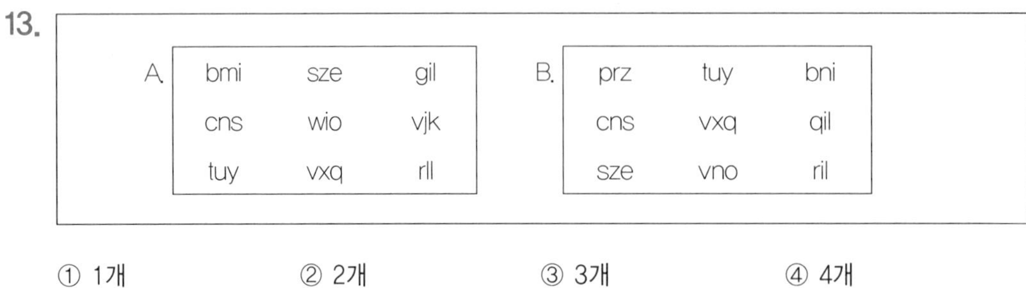

A.

bmi	sze	gil
cns	wio	vjk
tuy	vxq	rll

B.

prz	tuy	bni
cns	vxq	qil
sze	vno	ril

① 1개 ② 2개 ③ 3개 ④ 4개

14.

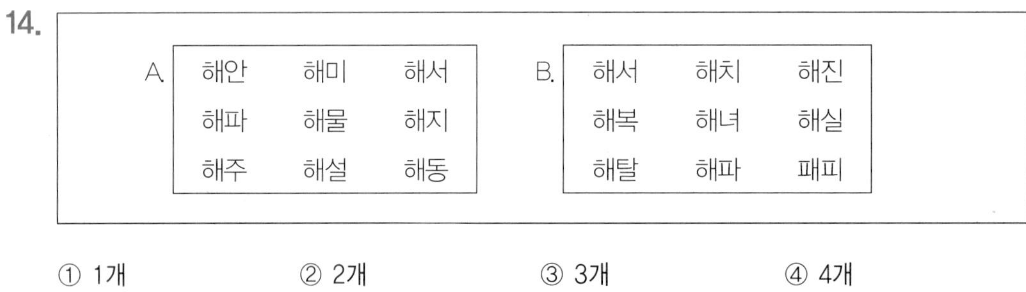

A.

해안	해미	해서
해파	해물	해지
해주	해설	해동

B.

해서	해치	해진
해복	해녀	해실
해탈	해파	패피

① 1개 ② 2개 ③ 3개 ④ 4개

15. 다음 글에서 '20'이라는 숫자가 나오는 횟수는?

다양한 세대론을 규정짓는 신조어는 대부분 언론에 의해 만들어졌다. 신조어가 언론에서 지속적으로 생겨나는 이유에 대해 문화평론가인 경희대학교 영미문화전공 이택광 교수는 20대를 상대화함으로써 기성세대가 자기 세대의 정체성을 더욱 선명하게 부각시킬 수 있으며 '우리 때는 이러지 않았다'는 식으로 발화함으로써 도덕적 우위를 점할 수 있는 이점이 있기 때문이라고 말했다. 또한 20대를 특징짓는 시도를 '20대에 대한 이데올로기적 포섭 전략'으로 보고 자신의 규정에 해당되지 못하는 20대를 정상적 범주가 아닌 것으로 생각하게 만드는 역할을 하기도 한다고 밝혔다.

또, 20대 세대론이 지속되는 이유를 '언론의 정치적 필요'로 보는 시각도 있다. 즉, 언론사의 세대론을 20대에 대해 자기들끼리 갑론을박한 다음 마지못해 그들의 가치관을 들어주는 척하는 것과 비슷하다는 것이다. 다른 관점으로는 세대를 규정하는 일을 맡아야 하는 것이 언론의 숙명이라고 보는 견해도 있다. 즉, 언론이 새로운 세대의 특징을 짚어 내는 안목이 필요하다는 것이다.

① 4회 ② 5회 ③ 6회 ④ 7회

16. 다음 글에서 오 · 탈자의 개수는?

국제사법재판소(International Court of Justice)는 국가에게만 소송당사자의 지위를 인정하고 있다. 따라서 투자자의 본국이 정치적인 이유에서 투자유치국을 상대로 국제사법재판소에 소를 제기하지 않는다면 투자자의 권리가 구재되지 못한다. 이러한 문제를 해결하기 위해 '국가와 타방국가 국민 간의 투자분쟁의 해결에 관한 협약(이하 '1965년 협약')'에 따라 투자유치국의 법원보다 공정하고 중립적이며 사건을 신속하게 해결해 주는 중재기관으로 국제투자분쟁해결센터(International Centre for Settlement of Investment Disputes ; ICSID)가 설립되었다. ICSID는 투자자와 투자유치국 사이의 투자분쟁 중재절차 진행을 위한 시설을 제공하고 중재절차 규칙을 두고 있다. ICSID의 소재지는 미국의 워싱턴 D.C.이다.

한편 투자유치국이 '1965년 협약'에 가입했다고 해서 투자자가 곧바로 그 국가를 상대로 ICSID 중재를 신청할 수는 없다. 투자자와 투자유치국이 ICSID 중재를 통해 투자 분쟁을 해결한다고 합이를 해야 ICSID 중재가 개시될 수 있다. 이처럼 분쟁당사자들이 ICSID에서 중재하기로 합의한 경우에는 원칙적으로 당사자들은 자국법원에 제소할 수 없다. 다만 당사자들이 ICSID 중재나 법원에의 제소 중 하나를 선택할 수 있다고 합의한 때에는 당사자가 후자를 선택하여 자국법원에 제소할 수 있다. 그리고 ICSID 중재에 관해 일단 당사자들이 동의하면, 당사자들은 해당 동의를 일방적으로 철회할 수 없다. 따라서 투자유치국이 자국 법율을 통해 사전에 체결한 중재합의를 철회하는 것은 무효이다.

ICSID 중재판정부는 단독 또는 홀수의 중재인으로 구성되며, 그 수는 당사자들이 합의한다. 당사자들이 중재인의 수에 관해 합의하지 않으면 3인의 중재인으로 구성된다. 당사자들 사이에 중재지에 관한 별도의 합의가 없으면 ICSID 소재지에서 중재절차가 진행된다. 중재판정부가 내린 중재판정은 당사자들에 대해서 구속력과 집행력을 가지며, 이로서 당사자들 사이의 투자분쟁은 최종적으로 해결된다.

① 없음.　　② 2개

③ 3개　　④ 4개

[17 ~ 18] 다음 어구를 비교하여 내용이 서로 다른 것을 고르시오.

17. ① http : //www.knoc.co.kr/ － http : //www.knoc.co.kr/

② http : //www.korcham.net/ － http : //www.korcham.net/

③ http : //www.whitehouse.gov/ － http;//www.whitehouse.gov/

④ http : //www.gscaltex.com/index.aspx － http : //www.gscaltex.com/index.aspx

18. ① ISBN 89KG-001A-5902 － ISBN 89KG-001A-5902

② ISBN 46PV-5330-0GVX － ISBN 46PV-5330-0GVX

③ ISBN 72YK-B5ER-4233 － ISBN 72YK-B5ER-4233

④ ISBN HSCV-361J-R798 － ISBN HSCV-861J-R798

19. **두 글 (A)와 (B)를 비교할 때 서로 다른 부분의 개수는?**

> (A) 독일에서 'Fräulein'은 원래 미혼 여성을 뜻하는 말이었는데 제2차 세계대전 이후 미군과 결혼한 여성을 가리키는 말로 변하면서 부정적인 색채를 띠게 되었다. 그러자 미혼 여성들은 자신들을 'Frau(영어의 'Mrs.'와 같다)'로 불러 달라고 공식적으로 요청하기 시작했다. 이런 요구를 하는 여성들이 갑자기 늘어나자 언론은 '부인으로 불러 달라는 여자들이라니'라는 제목 등으로 여자들의 요구를 희한하다는 듯이 보도했다. 'Fräulein'과 'Frau'는 한동안 함께 사용되다가 점차 'Frau'의 사용이 늘자 1984년에는 공문서상 미혼 여성도 'Frau'로 표기한다고 법으로 규정했는데, 'Fräulein'이라는 말이 여성들의 의식이 달라진 이 시대에 뒤떨어졌다는 이유에서였다.
>
> (B) 독일에서 'Fräulein'은 원래 미혼 여성을 뜻하는 말이었는데 제2차 세계대전 이후 미군과 결혼한 여성을 가리키는 말로 변하면서 부정적인 색채를 띠게 되었다. 그러자 미혼 여성들은 자신들을 'Fräu(영어의 'Mrs.'와 같다)'로 불러 달라고 공식적으로 요청하기 시작했다. 이런 요구를 하는 여성들이 갑자기 늘어나자 언론은 '부인으로 불러 달라는 여자들이라니'라는 제목 등으로 여자들의 요구를 희한하다는 듯이 보도했다. 'Fräulein'과 'Frau'는 한동안 함께 사용되다가 점차 'Frau'의 사용이 늘자 1884년에는 공문서상 기혼 여성도 'Frau'로 표기한다고 법으로 정했는데, 'Fräulein'이라는 말이 여성들의 의식이 달라진 이 시대에 뒤떨어졌다는 이유에서였다.

① 1개 ② 2개

③ 3개 ④ 4개

20. 다음은 택배 물품의 접수기록이다. 〈보기〉의 운송장의 내용 중 사실과 다른 부분의 개수는?

- 접수 일시 : 20X9 / 05 / 30
- 품목 분류 : 잡화 / 서적
- 중량 : 3.5kg
- 보내는 분 : 구소희
  - 연락처 : 010－◇●★☆－◎□▲♤
  - 주소 : 서울시 관악구 신림동 220－3 무궁화아파트 503동 407호
- 받는 분 : 이현정
  - 연락처 : 010－▲□◇●－★◈♡♧
  - 주소 : 경기도 안양시 비산동 110－5 무지개빌라 다동 204호
- 결제방법 : □ 선불 ☑ 착불
- 송장번호 : 840－2235－091

보기

<table>
<tr><td rowspan="3">받는 분</td><td colspan="3">이현정 (연락처 : 010－▲□◇●－★◈♡♧)</td></tr>
<tr><td colspan="3">경기도 안양시 비산동 110-5</td></tr>
<tr><td colspan="3">무지개빌라 마동 204호</td></tr>
<tr><td rowspan="3">보내는 분</td><td colspan="3">구소회 (연락처 : 010－◇●★☆－◎□▲♤)</td></tr>
<tr><td colspan="3">서울시 관악구 신림동 220-3</td></tr>
<tr><td colspan="3">무궁화아파트 503동 407호</td></tr>
<tr><td>품목(중량)</td><td>잡화 / 서적(3.5kg)</td><td rowspan="2">송장번호</td><td rowspan="2">840-2335-091</td></tr>
<tr><td>결제방법</td><td>착불</td></tr>
</table>

① 3개 ② 4개 ③ 5개 ④ 6개

상식

25문항 / 30분

01. 미송리식 토기를 사용하였던 시대의 생활모습으로 적절한 것은?

① 대표적인 도구로 주먹도끼와 슴베찌르개를 제작했다.
② 세형동검과 쟁기나 쇠스랑 같은 철제 농기구를 사용했다.
③ 밭농사 중심의 농경과 목축을 시작하여 식량을 얻었다.
④ 계급사회가 형성되었으며 지배층의 무덤으로 고인돌을 만들었다.

02. 다음 〈보기〉에 나타난 풍습을 가진 나라에 대한 설명으로 적절한 것은?

보기

국읍에 각각 한 사람씩 세워 천신의 제사를 주관하게 하는데, 이를 천군이라 한다. 나라에는 각각 별읍이 있는데, 이를 소도라 하였다. 큰 나무를 세우고 거기에 방울을 매달아 놓고 귀신을 섬겼는데, 사방에서 도망해 온 사람들은 모두 여기에 모여 돌아가지 않았다.

–『삼국지』「위서」 동이전–

① 군장이 통치하였으며 족외혼과 책화의 풍습이 있었다.
② 귀족들이 나라의 정책을 논의하던 제가회의가 있었다.
③ 농업에 관련된 제천행사인 5월제, 10월제가 열렸다.
④ 남의 물건을 훔치면 12배로 배상하게 하는 1책 12법이 있었다.

03. 고구려 말기 중국 세력의 침입을 막기 위해 부여성에서 비사성까지 축조한 것은?

① 대성산성
② 만리장성
③ 산성자산성
④ 천리장성

04. 다음은 조선시대에 일어난 역사적 사건이다. 발생한 순서대로 바르게 나열한 것은?

가. 병자호란	나. 인조반정
다. 임진왜란	라. 정묘호란
마. 정유재란	바. 경신환국

① 가－바－나－다－라－마　② 다－마－나－라－가－바
③ 마－나－라－바－가－다　④ 바－다－마－라－나－가

05. 다음 연보에 해당하는 왕의 업적으로 적절한 것은?

• 514년 즉위	• 520년 율령 반포
• 517년 병부 설치	• 527년 불교 공인

① 불국사, 분황사, 영묘사를 건립하였다.
② 중국의 법률제도를 받아들여 경국대전을 완성하였다.
③ 건원이라는 독자적인 연호를 사용하기 시작했다.
④ 수양단체인 화랑도를 국가적인 조직으로 개편하였다.

06. 다음 중 고려시대의 특수 행정 구역인 향·소·부곡에 대한 설명으로 적절하지 않은 것은?

① 주민의 신분은 양민이었다.
② 향과 부곡의 주민들은 대체로 농업에 종사하였다.
③ 행정 사무는 중앙에서 파견된 지방관이 담당했다.
④ 일반 농민들에 비해 신분적인 차별을 받았으며 세금 부담은 군현민보다 많았다.

07. 다음 (가)에 들어갈 교육기관에 대한 설명으로 옳은 것은?

> 『왕세자입학도첩』 중 『입학도』는 효명세자가 (가)에 입학하는 의식을 그린 것이다. 효명세자는 궁을 나와 (가)에 도착하여 먼저 대성전의 공자신위에 술을 올린 후, 명륜당에 가서 스승에게 교육을 받았다.

① 성리학적이며 도학적인 내용을 중심으로 사서오경을 가르쳤다.

② 전국의 부 · 목 · 군 · 현에 하나씩 설립되었다.

③ 장학기금 마련을 위해 양현고를 설치하였다.

④ 생원시나 진사시의 합격자에게 입학자격이 주어졌다.

08. 다음 지도의 이름은?

① 대동여지도

② 혼일강리역대국도지도

③ 동국지도

④ 곤여만국전도

09. 서재필을 중심으로 창립되어 자주국권, 자유민권, 자강개혁에 의한 근대화 운동을 전개한 단체로, 우리나라 최초의 근대적인 사회정치단체는?

① 독립협회　　② 대한협회
③ 대한자강회　　④ 만민공동회

10. 다음 중 (가) 시기에 있었던 사건으로 옳은 것은?

1953. 07.	1960. 03.	1964. 06.	1971. 08.	1979. 10.
	(가)			
휴전 협정 체결	3 · 15 부정 선거	6 · 3 항쟁	남북 적십자 회담	부 · 마 민주 항쟁

① 5 · 18 민주화 운동　　② 4 · 19 혁명
③ 제1차 남북정상회담　　④ 6 · 10 민주항쟁

11. 다음 중 반도체에 대한 설명으로 옳은 것은?

① 순수한 반도체에 약간의 불순물을 섞는 것을 도펀트라고 한다.
② p형 반도체와 n형 반도체를 접합시켜 양 끝에 전극을 붙인 소자를 도핑이라고 한다.
③ p형 반도체와 n형 반도체가 p-n-p, n-p-n의 순서로 결합된 소자를 다이오드라고 한다.
④ 전류가 흐를 때 에너지 준위가 낮은 양공의 자리로 이동하면서, 에너지가 빛의 형태로 방출되는 다이오드를 발광 다이오드라고 한다.

12. 다음 그래프는 마찰이 없는 직선상에서 정지한 물체가 오른쪽으로 움직이기 시작한 후 물체의 속도와 시간의 관계를 나타낸 것이다. 이 물체의 운동에 대한 설명으로 옳지 않은 것은?

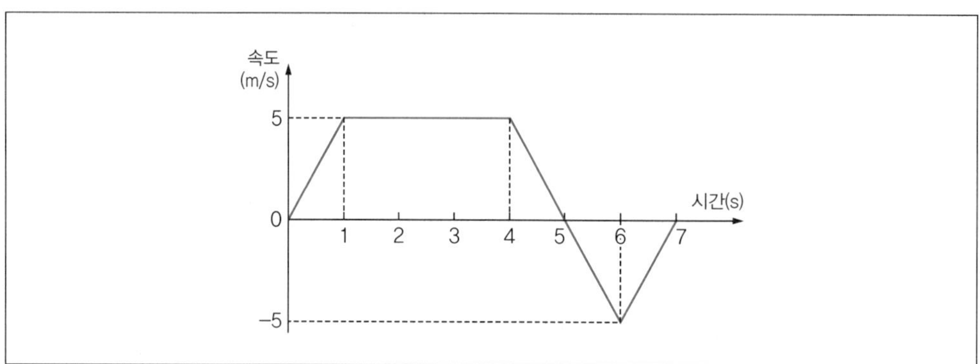

① 1 ~ 4초 사이에 가속도는 0이다.

② 4초일 때 물체의 위치는 출발점에서 가장 멀리 있다.

③ 5초일 때 물체는 순간적으로 정지한다.

④ 6 ~ 7초 사이에 물체의 운동 방향은 왼쪽이다.

13. 다음 중 신 · 재생 에너지에 대한 설명으로 옳지 않은 것은?

① 태양 전지에서 발생하는 전류는 직류이다.

② 연료 전지는 연료의 구입비용이 비싸다.

③ 태양 전지에서 생산되는 전기는 저장할 수 없다.

④ 단결정 실리콘 태양 전지는 에너지 효율이 낮다.

14. 다음 〈보기〉에 나타난 대체 에너지 기술로 가장 관련이 깊은 것은?

보기

최근 화석 연료를 대신할 수 있는 이 대체 에너지를 개발하기 위한 연구가 활발히 이루어지고 있다. 화석 연료의 연소는 급격한 산화 작용에 의해 발생되는 열에너지를 이용하는 반면, 이 기술은 바닷물, 천연 가스, 메탄올 등에 함유되어 있는 수소와 공기 중의 산소를 전기화학적으로 반응시켜 전기와 열을 동시에 생산하는 방법으로, 물이 전기 분해되는 반응의 역반응을 이용한다. 이 과정에서 생성되는 물질은 물이므로 환경오염이 거의 없다는 장점이 있다.

① 조력 발전
② 연료 전지
③ 바이오매스
④ 원자력 발전

15. 다음 〈보기〉에 나타난 물질들을 분자량이 큰 것부터 순서대로 바르게 나열한 것은? (단, 원자량은 H=1, C=12, N=14, O=16이다)

보기

CH_4 CO_2 H_2O NH_3 NO

① $CO_2>NO>H_2O>NH_3>CH_4$
② $CH_4>NO>H_2O>NH_3>CO_2$
③ $CO_2>NO>NH_3>H_2O>CH_4$
④ $CH_4>CO_2>H_2O>NH_3>NO$

16. 다음 빈칸에 들어갈 말을 〈보기〉에서 바르게 연결한 것은?

- (가)는 원자핵이 만들어질 때 원자핵을 안정하게 하는 역할을 하고, (가)와 양성자 사이에는 반발력 없이 강한 핵력이 작용한다.
- (나)와 중성자가 핵융합하여 중수소 원자핵을 만든다.
- 수소 원자핵은 1개의 (다)로 이루어졌다.
- 양성자와 중성자는 기본 입자인 (라)가/이 결합하여 생성되었다.
- 빅뱅 후 우주의 온도가 낮아져 (마)가 원자핵에 붙잡혔다.

보기

전자 양성자 중성자 쿼크 반발력

	(가)	(나)	(다)	(라)	(마)
①	중성자	양성자	중성자	쿼크	전자
②	양성자	중성자	전자	반발력	쿼크
③	중성자	양성자	양성자	쿼크	전자
④	양성자	양성자	전자	쿼크	중성자

17. 다음 중 염화나트륨의 전기적 성질에 대한 설명으로 옳지 않은 것은?

① 고체 상태의 염화나트륨은 전기가 통하지 않는다.

② 액체 상태에서는 이온이 자유롭기 때문에 전기가 잘 통한다.

③ 액체 상태의 염화나트륨을 전기분해하면 (+)극에 고체 나트륨, (−)극에 염소 기체가 생성된다.

④ 물에 황산을 첨가하여 전기분해하면 (+)극에 산소 기체, (−)극에 수소 기체가 생성된다.

18. 묽은 염산(HCl)에 수산화나트륨(NaOH) 수용액을 조금씩 떨어뜨리면서 전류의 세기를 측정하였다. 이 실험에 대한 설명으로 옳지 않은 것은?

① 중화점을 찾을 수 있는 실험이다.
② 전류의 세기가 약해졌다가 다시 커지는 것은 이온의 수가 증가하기 때문이다.
③ 반응이 진행되면서 전류의 세기는 계속 강해지다가 최대 전류 값이 나타난 이후부터 점차 약해진다.
④ 알짜 이온 반응식은 $H^{+} + OH^{-} \rightarrow H_2O$로 나타낼 수 있다.

19. 다음 〈보기〉에서 전자기파에 대한 설명으로 옳은 것을 모두 고르면?

보기

㉠ 감마선의 진동수가 가장 크다.
㉡ 빛은 전자기파이다.
㉢ 가시광선의 파장이 가장 길다.
㉣ 적외선의 진동수가 자외선의 진동수보다 크다.

① ㉠, ㉡
② ㉠, ㉢
③ ㉡, ㉣
④ ㉠, ㉢, ㉣

20. 다음 설명 중 옳지 않은 것은?

① 회전축에서 일정한 거리만큼 떨어진 곳에 힘을 작용하여 물체를 회전시키는 물리량을 돌림힘이라고 한다.

② 지레를 이용하면 힘에서는 이득이 있지만, 일에서는 이득이 없다는 것이 일의 원리라고 한다.

③ 물체가 운동 상태의 변화 없이 안정적으로 정지해 있는 상태를 돌림힘의 평형이라고 한다.

④ 물체가 평형 상태를 유지하려면 힘의 평형과 돌림힘의 평형을 동시에 만족해야 한다.

21. 다음 글에서 설명하고 있는 브랜드는?

> 이것은 2019년 론칭한 포스코의 프리미엄 건설자재 브랜드로 자동차강판 · 가전강판 등에서 쌓아 온 최고의 기술력과 노하우를 활용해 건설 전문가뿐 아니라 일반 소비자들도 건설자재를 직접 알아보고 쉽게 선택할 수 있도록 브랜드화한 것이다.

① 이노빌트　　② 포스맥

③ 포스코 더샵　　④ 아이큐텍

22. 다음 글에서 설명하고 있는 포스코그룹의 기업명은?

> 포스코의 공익기업 문화와 고객 서비스를 통한 기술 경영을 바탕으로 시설물 유지 / 관리, 주택관리, 부동산 임대 및 관리 사업 등을 주요 사업 영역으로 가지고 있다.

① 포스코기술투자　　② 포스코엠텍

③ 포스코인터내셔널　　④ 포스코O&M

23. 다음 중 포스코의 역사에 대한 설명으로 옳지 않은 것은?

① 1968년 포항종합제철주식회사가 창립되었다.
② 2005년 주식회사 포스코로 사명이 변경되었다.
③ 2007년 세계 최초로 파이넥스 상용화 설비가 준공되었다.
④ 2009년 동남아 최대 베트남 냉연공장이 준공되었다.

24. 다음 중 포스코의 철강 제조과정으로 옳은 것은?

① 제선공정 → 제강공정 → 연주공정 → 압연공정
② 제강공정 → 제선공정 → 연주공정 → 압연공정
③ 제선공정 → 연주공정 → 제강공정 → 압연공정
④ 제강공정 → 제선공정 → 압연공정 → 연주공정

25. 다음 포스코의 환경 관련 선언과 관련된 대응전략으로 적절하지 않은 것은?

> 포스코는 2020년 12월 2050 탄소중립 로드맵을 발표했다. 수소환원제철 기반 2050 탄소중립을 목표로 사업장 감축 경로를 2030년 10% 이상, 2040년 50% 이상으로 설정하여 기후변하에 선도적으로 대응하고자 한디. 또한, 사업자 감축과 병행하여 서단소 제품, 부산물 자원화 등을 통해 2030년까지 10% 이상의 사회적 감축 목표를 병행하여 설정하였다.

① 그린프로세스
② 그린네이처
③ 그린프로덕트
④ 그린파트너십

3회 기출예상문제

시험시간 | 100분
문항수 | 125문항

정답과 해설 48 쪽

언어논리력

01. 다음 글의 서술 방식으로 옳은 것은?

「춘향전」에서 이도령과 변학도는 아주 대조적인 사람이다. 흥부와 놀부가 대조적인 것도 물론이다. 한 사람은 하나부터 열까지가 다 좋고, 다른 사람은 모든 면에서 나쁘다. 적어도 이 이야기에 담긴 '권선징악'이라는 의도가 사람들을 하여금 그렇게 믿도록 만든다.

소설만 그런 것이 아니다. 우리의 의식 속에는 은연중 이처럼 모든 사람을 좋은 사람과 나쁜 사람의 두 갈래로 나누고자 하는 버릇이 있다. 그래서인지 흔히 사건을 다루는 신문 보도는 모든 사람이 '경찰' 아니면 '도둑놈'인 것으로 단정한다. 죄를 저지른 사람에 관한 보도를 보면 마치 그 사람이 죄의 화신이고, 그 사람의 이력이 죄만으로 점철되었고, 그 사람의 인격에 바른 사람으로서의 흔적이 하나도 없는 것으로 착각하게 된다.

이처럼 우리는 부분만을 보고, 또 그것도 흔히 잘못 보고 전체를 판단한다. 부분만을 제시하면서도 보는 이가 그것을 전체라고 잘못 믿게 만들 뿐만이 아니라, '말했다'를 '으스댔다', '우겼다', '푸념했다', '넋두리했다', '뇌까렸다', '잡아뗐다', '말해서 빈축을 사고 있다'와 같이 주관적으로 서술해 감정을 부추겨서 상대방으로 하여금 이성적인 사실 판단이 아닌 감정적인 심리 반응으로 얘기를 들을 수밖에 없도록 만든다.

이 세상에서 가장 결백하게 보이는 사람일망정 스스로나 남이 알아차리지 못하는 결함이 있을 수 있고, 이 세상에서 가장 못된 사람으로 낙인이 찍힌 사람일망정 결백한 사람에서도 찾지 못할 아름다운 인간성이 있을지도 모른다.

① 설의법을 적절히 활용하여 내용을 강조하고 있다.
② 열거법을 통해 말하고자 하는 바를 강조하고 있다.
③ 인용을 통해 주장을 뒷받침하고 있다.
④ 두 대상을 비교하여 자세히 설명하고 있다.

02. 다음 글의 내용과 일치하지 않은 것은?

감염에 대한 일반적인 반응은 열(熱)을 내는 것이다. 우리는 발열을 흔한 '질병의 증상'이라고만 생각하며 아무런 기능도 없이 불가피하게 일어나는 수동적인 현상처럼 여긴다. 그러나 우리의 체온은 유전적으로 조절되는 것이며 아무렇게나 변하지 않는다. 병원체 중에는 우리의 몸보다 열에 더 예민한 것들도 있다. 체온을 높이면 그런 병원체들은 우리보다 먼저 죽게 되므로 발열 증상은 우리 몸이 병원체를 죽이기 위한 능동적인 행위인 셈이다.

또 다른 반응은 면역 체계를 가동시키는 것이다. 백혈구를 비롯한 우리의 세포들은 외부에서 침입한 병원체를 능동적으로 찾아내어 죽인다. 우리 몸은 침입한 병원체에 대항하는 항체를 형성하여 일단 치유된 뒤에는 다시 감염될 위험이 적어진다. 인플루엔자나 보통 감기 따위의 질병에 대한 우리의 저항력은 완전한 것이 아니어서 결국 다시 그 병에 걸릴 수도 있지만, 어떤 질병에 대해서는 한 번의 감염으로 자극을 받아 생긴 항체가 평생 동안 그 질병에 대한 면역성을 준다. 바로 이것이 예방접종의 원리로, 죽은 병원체를 접종함으로써 질병을 실제로 경험하지 않고 항체 생성을 자극하는 것이다.

일부 영리한 병원체들은 인간의 면역성에 굴복하지 않는다. 어떤 병원체는 우리의 항체가 인식하는 병원체의 분자구조, 즉 항원을 바꾸어 우리로 하여금 그 병원체를 알아보지 못하게 한다. 가령 인플루엔자는 항원을 변화시키기 때문에 이전에 인플루엔자에 걸렸던 사람이라도 새로이 나타난 다른 균종으로부터 안전할 수 없는 것이다.

인간의 가장 느린 방어 반응은 자연 선택에 의한 반응이다. 어떤 질병이든지 남들보다 유전적으로 저항력이 더 많은 사람들이 있기 마련이다. 어떤 전염병이 한 집단에서 유행할 때 그 특정 병원체에 저항하는 유전자를 가진 사람들은 그렇지 못한 사람들에 비해 생존 가능성이 높다. 따라서 역사적으로 특정 병원체에 자주 노출되었던 인구 집단에는 그 병에 저항하는 유전자를 가진 개체의 비율이 높아질 수밖에 없다. 이 같은 자연 선택의 예로 아프리카 흑인에게서 자주 발견되는 겸상(鎌狀) 적혈구 유전자를 들 수 있다. 겸상 적혈구 유전자는 적혈구의 모양을 정상적인 도넛 모양에서 낫 모양으로 바꾸어서 빈혈을 일으키므로 생존에 불리함을 주지만, 말라리아에 대해서는 저항력을 가지게 한다.

① 예방접종은 질병을 실제로 경험하지 않고도 항체 생성을 자극하게 한다.

② 수동적 현상처럼 보이는 발열 증상은 감염병의 회복에 도움을 주는 능동적 행위이다.

③ 겸상 적혈구 유전자는 적혈구 모양을 도넛 모양으로 변화시켜 말라리아로부터 저항성을 가지게 한다.

④ 병원체의 항원이 바뀌면 이전에 형성된 항체가 존재하는 사람도 그 병원체가 일으키는 병에 걸릴 수 있다.

[03 ~ 04] 다음 글을 읽고 이어지는 질문에 답하시오.

카페인은 주의력을 높이고 피로를 줄이는 역할도 하지만 다량 섭취 시(매일 400mg 이상) 심장과 혈관에 악영향을 미친다. 카페인이 들어 있는 식품으로는 대표적으로 커피를 꼽을 수 있으며, 콜라와 초콜릿에도 포함되어 있다. 하지만 녹차의 경우 1잔(티백 1개 기준)에 15mg 정도의 적은 양이 들어 있으며, 이는 약 70mg이 들어있는 커피의 1/4 수준도 안 되는 분량이다. 일반적으로 카페인은 높은 온도에서 보다 쉽게 용출되는데, 보통 커피는 높은 온도에서 제조하지만 녹차는 이보다 낮은 온도에서 우려내기 때문에 찻잎에 들어 있는 카페인 성분 중 60 ~ 70%만 우러나오게 된다. 이러한 연유로 1일 섭취 기준치 이상의 카페인을 녹차를 통해 섭취하기 위해서는 하루 평균 20잔 이상의 녹차를 마셔야 한다.

더불어 녹차에 들어 있는 카페인은 녹차에 들어 있는 다른 성분인 카테킨에 의해 체내 흡수가 잘되지 않으며, 녹차에만 들어 있는 아미노산의 일종인 테아닌 성분에 의해 뇌에서 작용하는 것 또한 억제가 된다. 이 때문에 사람들은 카페인이 함유되어 있는 녹차를 마시더라도 오히려 흥분을 일으키기보다는 혈압이 낮아지고 마음이 가라앉는 기분을 느낄 수 있게 되는 것이다. 적정량의 카페인은 신체에 도움을 주므로 카페인이 주는 장점만을 취하고자 한다면 커피보다 녹차를 선택하는 것이 훨씬 좋다.

03. 윗글의 주제로 가장 적절한 것은?

① 카페인이 인체에 미치는 악영향
② 커피와 녹차의 최적온도에 대한 연구
③ 카페인 섭취 시 녹차와 커피의 비교우위성
④ 녹차에 들어 있는 카페인에 대한 오해와 진실

04. 윗글의 내용과 일치하지 않은 것은?

① 카페인 다량 섭취의 기준은 매일 400mg 이상이다.
② 녹차는 커피보다 높은 온도에서 우려내야 한다.
③ 녹차의 테아닌 성분은 아미노산의 일종이다.
④ 적정량의 카페인은 주의력을 높여 주는 역할을 한다.

05. 다음 글의 (가) ~ (다)에 들어갈 말로 알맞은 것은?

> 2 ~ 3개의 층을 터서 하나의 주거 공간으로 꾸미는 복층 디자인은 일반 주택에서 종종 만날 수 있었지만 아파트에서는 쉽게 만날 수 있는 구조가 아니었다. 그런데 최근 주택분양시장의 일반 아파트에서 복층 구조가 점점 주목을 받고 있다. 부동산 침체와 불황이 (가) 되면서 건설업체들이 소비자를 유도하기 위해 다양한 아이디어를 내고 있는 것이다. 이런 추세를 반영하여 아파트에도 복층 구조 도입을 서두르는 민간 건설사가 늘고 있으며, 다양한 형태의 복층 세대 평면을 개발하여 특허 등록에 나서고 있다. 이에 소비자들은 기존의 단순했던 주택 디자인에서 벗어나 선택의 폭이 넓어졌다는 점에서 복층 디자인을 긍정적으로 평가하고 있다.
>
> 얼마 전 김포 한강 신도시의 한 타운하우스에 분양을 마친 어느 소비자는 2층까지 시원하게 높아진 층고와 문화공간으로 이용할 수 있는 다락방이 있어 입주할 날을 손꼽아 기다린다고 하였다. 또한 그는 아이들 방을 2층으로 배치하여 독립성을 살릴 것이라고 하였다. 이 타운하우스의 분양소장은 인터뷰에서 "그간 주택 유형이 (나) 구조였다면, 지금은 복합적이고 수직적인 구조로 변화하고 있어서 개개인별로 (다)인 공간 확보가 용이해져 앞으로 더욱 수요가 증가할 것"이라고 말하였다.

	(가)	(나)	(다)		(가)	(나)	(다)
①	가시화	일률적	기능적	②	가속화	평면적	합리적
③	가속화	수평적	창조적	④	가속화	일률적	평면적

06. 다음 글의 흐름에 따라 빈칸에 들어갈 알맞은 접속어는?

> 약 1만 년 전 농업이 시작되기 이전에 지구는 62억 헥타르의 삼림으로 덮여 있었던 것으로 추정된다. 그러나 개간, 벌채, 방목 등에 의하여 현재는 13억 헥타르의 엉성한 소림(疏林)을 포함해 41억 헥타르로 줄어든 상태이다. (　　　) 그 삼림은 몇 번이나 거듭된 노력으로 간신히 재생된 재생림, 연료재료용으로 조성된 상록수림 등 질적인 측면에서도 이전과 비교할 수 없을 정도로 저하되었다.

① 그러므로　② 그런데　③ 게다가　④ 따라서

[07 ~ 08] 다음 글을 읽고 이어지는 질문에 답하시오.

지구를 비추고 있는 태양은 지구에 계속 에너지를 공급하고 있는데도 그 에너지가 줄어들지 않는 것처럼 보인다. 태양이 공급하는 끊임없는 에너지는 어떻게 생성되는 것일까?

(가) 태양의 핵융합은 계속되지만 태양의 온도가 계속 올라가지는 않는다. 태양에는 자체적으로 온도를 제어할 수 있는 메커니즘이 있기 때문이다. 핵융합이 일어나 점점 온도가 올라가서 중심부의 압력이 높아지면 비교적 압력이 높지 않은 주변부로 원자들을 밀어내면서 온도를 떨어트리고 압력을 낮춘다. 그러면 온도가 낮아져 이전보다 활발하게 핵융합이 일어나지 않는다. 그러다가 어느 순간 압력과 온도가 충분히 낮아지면 주변부로 원자들을 밀어내지 않고, 다시 핵융합을 통해 온도를 올린다. 이러한 방식으로 태양은 항상 적절한 온도를 유지해 왔고, 앞으로도 오랫동안 지구에 적절한 에너지를 제공할 것이다.

(나) 시간이 더 지난 후, 과학자들은 태양의 에너지원이 수소와 헬륨이 하나로 결합하면서 생기는 핵융합 에너지라는 것을 알아냈다. 태양은 많은 양의 수소가 강한 중력에 의해 뭉쳐진 존재인데 태양의 중심부로 갈수록 온도가 점점 더 높아지고 수소와 헬륨의 핵융합이 일어난다. 왜냐하면 온도가 높을수록 원자의 운동에너지가 높아지기 때문이다. 즉, 원자들이 자체적으로 가지는 반발력보다 운동에너지가 더 높아져 비교적 낮은 온도일 때보다 더 가까워짐으로 인해 핵융합이 가능해진다. 이때 수소와 헬륨의 핵융합으로 줄어드는 질량은 질량에너지보존법칙에 따라 에너지로 바뀐다.

(다) 마리 퀴리에 의해 방사능의 존재가 발견되면서 과학자들은 태양의 에너지를 핵분열 에너지라고 추측하였다. 하지만 태양의 스펙트럼을 분석해 본 결과 방사능은 태양의 에너지원이 아니라는 사실을 발견하였다. 태양의 스펙트럼에서는 방사능 물질이 아닌 수소와 헬륨이 발견되었기 때문이다.

07. (가) ~ (다)를 글의 흐름에 따라 올바르게 나열한 것은?

① (가) – (나) – (다)
② (가) – (다) – (나)
③ (다) – (가) – (나)
④ (다) – (나) – (가)

08. 윗글을 읽고 추론한 내용으로 적절하지 않은 것은?

① 핵융합 과정에서 만들어지는 방사능 오염 물질은 사라지기까지 많은 시간이 걸린다.
② 광선의 스펙트럼을 분석하면 광선을 발산하는 물체의 구성 성분을 어느 정도 알 수 있다.
③ 원자들 사이에서는 반발력이 작용하지만 어떤 임계점을 넘는 운동에너지는 이를 무력화한다.
④ 태양에서 핵융합 이전 수소, 헬륨 각자의 질량 합계는 핵융합 이후 결과물의 질량보다 크다.

09. 다음 글의 제목과 부제목으로 적절한 것은?

사랑을 일종의 광기로 간주한 철학자들이 너무도 많다. 이때 광기란 부정적인 의미가 아니라 자아가 스스로 자신의 가치를 높이는 독특한 형태의 충만감이다. 〈젊은 베르테르의 슬픔〉에서 베르테르는 사랑에 빠진 후 스스로를 숭배하게 되었다고 말한다. 한편 독일의 철학자 니체가 보기에 사랑을 한다는 행위는 자존감을 높여 주고, 생명에너지를 분출시키는 것이었다. 사랑에 대한 철학적 논의에서 공통적인 것은 사랑을 통해 자아는 열등감에서 벗어나고, 자신의 유일성을 확인하게 된다는 점이다.

동서고금을 막론하고 사랑은 자존감의 고취를 이끈다. 하지만 여기서 주목하고자 하는 것은 현대사회가 사랑에 부여하는 감정이다. 현대의 인간관계에 있어 사랑이 만들어 내는 자존감은 그 어느 때보다 중요한 요소인데, 현대의 개인주의야말로 자존감을 세우는 일로 고군분투하고 있기 때문이다. 자신을 차별화하고 자신감을 가져야 한다는 강박관념이 현대 사회를 지배하고 있다. 과거에는 사랑의 감정이 사회적으로는 아무런 의미를 갖지 않았으며, 사회적 인정을 대신해 주는 것도 아니었다. 그런데 이 구조가 현대의 관계에서 변화했으며, 과거 그 어느 때보다도 심각한 의미를 갖게 되었다.

구애와 관련되어 1897년에 출간된 저서 〈남자를 위한 예절〉은 계급과 성에 맞는 연애예절에 대해 충고한다. 연애에 성공하는 것이 사랑의 가장 중요한 목표라고 할 때 그것은 교육을 잘 받은 교양인의 능력과 관련되어 있었기 때문이다. 남녀는 행동을 통해 자신의 소속 계급과 성정체성을 드러냈고, 동시에 상대방의 것을 확인하고자 했다.

오늘날의 연애 지침서들은 전혀 다른 문제를 다룬다. 현대의 책들은 더 이상 예절이나 성정체성을 강조하지 않으며, 나의 내면과 감정을 통해 정의되는 자아에 집중한다. 현대의 연애에서 가장 중요하게 여겨지는 것은 상대방을 통해 자신의 가치를 가늠하는 일이다. 이에 따라 '불안함'은 19세기의 사랑에서는 발견하기 어려운 어휘였지만 현대의 사랑 관념에서는 매우 핵심적인 개념이 되었는데, 불안하다는 것은 자신의 가치를 확신하지 못한다는 것, 이를 위해 다른 사람에게 의존해야 한다는 것을 뜻한다.

현대에 들어와서 일어난 근본적 변화 가운데 하나는 사회관계 안에서 자신을 나타냄으로써 사회적 자존감과 가치가 획득된다는 사실이다. 이는 곧 자아의 가치가 상호작용에 의존하게 된다는 것을 뜻한다. 과거의 낭만적 관계는 고정된 사회계층에 바탕을 둔 반면, 현대에는 자아가 스스로 자신을 책임지고 자기의 자존감을 획득해 내야 하기 때문이다. 현대의 사랑은 사회라는 테두리가 설정한 조건들로부터 떨어져 나왔다는 점에서 이제 더 이상 낭만적일 수 없다. 현대의 사랑은 불안감을 바탕으로 자존감을 얻기 위해 협상을 벌이는 무대이자 전장이 된 것이다.

① 현대 사회에서 사랑이 지닌 의미와 그 역설 – 낭만적 사랑의 탈각(脫却)과 그 자존감을 위한 고투

② 현대의 인간관계와 개인주의 사회에서의 자존감 – 철학자들이 말하는 사랑의 의미

③ 존재의 유일성과 사랑 – 문학에 나타난 사랑의 열정과 황홀함

④ 연애 지침서에 나타난 사랑의 본질과 의미 – 계급적 사랑과 현대적 사랑의 차이

[10 ~ 12] 다음 글을 읽고 이어지는 질문에 답하시오.

2011년 구글 맵에 전세계에서 발생한 '동물의 떼죽음(Mass Animal Deaths)'을 표시한 지도가 관심을 끌었던 적이 있다. 당시 지도에는 2011년 한 해 동안 약 30곳에서 벌어진 새와 어류, 바다 포유류들의 원인 모를 죽음이 표시되었다. 지도에서는 아시아 지역인 일본, 필리핀, 홍콩에서 한꺼번에 많은 수의 어류가 폐사했다는 기록도 있었다.

우리가 무심히 넘기고 있지만 지난 한 주 동안만 해도 아프리카의 한 해변에서는 돌고래 200마리가 죽은 채 해변으로 밀려왔고, 칠레에서는 60년 만의 큰 가뭄으로 가축 3만 마리가 죽었다는 소식이 보도되었다. 또 돌고래의 우두머리가 방향성을 상실해 돌고래 무리가 해안선으로 밀려왔는데, 대부분이 살아서 돌아가지 못했다. 칠레는 가뭄으로 인해 풀이 자라지 못하고 먹을 물도 구하기 어려워 가축을 먹이기 힘든 상황이 계속되는 중이다.

1940년대 이후 동물의 떼죽음은 점점 늘어나고 있는데, 질병이나 ㉠ 독성 화학물질 또는 여러 복합적인 원인이 작용하는 것으로 보인다. 특히 새와 물고기 그리고 바다 생물의 떼죽음이 더 빈번해지고 있다. 사실 질병이나 지진 · 산불과 같은 재난, ㉡ 기상 이변, 자기장의 변화 그리고 이로 인해 야생동물의 서식지가 사라지거나 먹이가 부족해지는 이차적 피해까지 포함하면 안타깝지만 동물의 떼죽음은 때로는 '자연적'인 일이다. 그러나 아주 많은 상황은 매우 '인간적'일 수도 있다. 돌고래의 죽음만 보더라도 폐수로 인한 담수와 해양 오염, 농약 살포나 각종 플라스틱 쓰레기와 ㉢ 미세플라스틱 오염 같은 원인은 말할 것도 없다. 심지어는 해양생물들이 방향을 잃는 이유로 수중음파탐지기를 사용하는 군사훈련이 원인으로 지적된다. 또한 저인망 어선의 대규모 조업이 시작되면 작은 고래류들이 피하지 못하고 포획되는데, 이들은 포획된 채 죽거나 풀려나더라도 상처로 인해 죽게 된다.

제2차 세계대전 이후 환경에 대한 인간 활동의 영향이 극대화되었다. 학자들은 이 시기를 인류세(Anthropocene)라고 칭한다. 기존의 지질시대 구분과는 다른 차원의 시대이다. 인간이 과거에는 이용하지 않던 땅을 개발하고 가축을 키우면서 생물상이 급격하게 변화하고 있고 인간이 버리는 쓰레기로 인해 종래에 없던 ㉣지질 구조까지 만들어지고 있다. 한편에서는 지금 사람들이 사육하고 먹어치우는 닭의 수가 지구의 역사상 가장 많기 때문에, 후에 현재의 지질시대를 닭뼈로 구분하여 치킨세라고 부를 것이라는 농담이 나오기도 한다. 우리나라에서만 한 해에 10억 마리의 닭이 그리고 1,600만 마리의 돼지가 도살되고 있다.

그런데 우리는 지금 또 하나의 떼죽음을 야기하고 있다. 질병 방역을 위한 가축의 살처분이다. 18세기 이후 인간은 질병으로 죽은 또는 질병에 걸리지는 않았지만 질병 예방을 이유로 죽인 가축들을 위생상의 이유로 매립해 왔다. 매립지에는 생석회가 뿌려지고 가죽을 벗기거나 신체의 일부를 이용하지도 않은 채로 어마어마한 수의 동물의 사체를 한곳에 묻는다. 어쩌면 천 년쯤 후 인류세의 지질학적 특징은 대규모로 매립된 가축 유존체가 될지도 모른다. 2011년 구제역으로 돼지 330만 마리를 땅에 묻은 이후에도 우리는 꾸준히 매년 크고 작은 규모로 가축을 죽여서 묻고 있다.

질병의 원인체도 변이되고 진화하는 생명의 속성을 가지고 있는지라 이들이 세력 범위를 넓혀가는 것은 자연스러운 일일지도 모르겠다. 그러나 현재 지구상에는 지구의 역사가 시작된 이래로 가장 많은 수의 인간과 가축이 살고 있다. 그리고 지구의 기후는 상당히 급격한 변화를 보여 주고 있다. 따라서 가축의 전염병은 새로운 양상으로 더 빈번하게 대규모로 발생할 가능성이 크다. 매 계절마다, 질병마다 우리는 같은 매립을 반복할 것인가. 이제는 우리가 먹고 버리는 음식물과 키우는 가축의 규모와 키우는 방식에 대해, 축산을 위한 토지의 이용에 대해, 즉 지속 가능한 인간과 동물의 삶에 대해 다시 생각해 보아야 할 때이다. 레이철 카슨의 소설 한 구절은 이제 단순히 화학 살충제의 중독 위험을 강조하는 우화에 머무르는 것이 아니라 가까운 미래에 실제 벌어질 일일지도 모른다.

(㉤)

10. 문맥에 따라 ㉤에 들어갈 적절한 인용글은?

① "오늘날의 세계가 발암물질로 가득한 것처럼 당시의 세계는 질병을 일으키는 미생물로 가득했었다. 하지만 인류가 그런 병균을 환경에 풀어 놓지는 않았으며 인간은 어쩌다 보니 병균을 옮기는 역할을 했을 뿐이다."

② "새들은 도대체 어디로 가 버린 것일까? 암탉이 알을 품던 농장에서는 그 알을 깨고 튀어나오는 병아리를 찾을 수 없었다. 농부들은 더 이상 돼지를 키울 수 없게 되었다고 불평했다. 이렇듯 세상은 비탄에 잠겼다. 사람들 스스로 저지른 일이었다."

③ "어쩔 수 없다. 이러한 화학물의 제조와 판매가 우리의 경제의 일부요, 우리 삶의 방식이 되었다."

④ "우리는 자연이 인간보다 특정 생물체의 수를 조절하는 훨씬 더 경제적이고 다양한 방법을 가지고 있음을 인정해야 한다."

11. ㉠~㉣ 중 그 속성이 가장 이질적인 것은?

① ㉠ ② ㉡ ③ ㉢ ④ ㉣

12. 제시된 글을 이해한 내용으로 적절하지 않은 것은?

① 모든 동물의 떼죽음 원인이 자연적인 것은 아니다.

② 인류세는 제2차 세계대전을 기점으로 시작된 시대 분류 개념이다.

③ 질병 방역을 위한 동물의 살처분으로 인해 인류세의 지질학적 특성이 규정되었다.

④ 살처분으로 가축의 전염병이 완전히 근절될 것이라고 예측할 수 없다.

[13 ~ 14] 다음 글을 읽고 이어지는 질문에 답하시오.

복합매체는 인류의 삶을 새롭게 변화시킬 수 있으리라는 꿈을 갖게 하였다. 인류는 매체의 혁명으로 불리는 인쇄술이 등장함으로써 지식을 축적할 수 있었으며 이로 인해 눈부시게 발전한 역사적 경험을 지니고 있다. 그와 마찬가지로 하이퍼텍스트라는 매체 혁명으로 의사소통의 새로운 국면을 연 인류는 삶의 양식과 운영에 또 다른 전기를 마련하게 될 것으로 예견된다. 그러나 세상의 이치는 얻는 것이 있으면 잃는 것도 있는 법이다. 매체 혁명을 통한 가능성은 한편으로는 불안하고 어두운 조짐으로 보이기도 한다. 그것은 복합매체의 초월적 특성이 초래하는 파괴성, 가변적 특성이 낳은 불안의식, 선택적 특성이 빚어내는 가치 붕괴, 통합적 특성으로 인한 주체 상실 등에서 비롯된다.

초월성이 초래하는 파괴성은 채팅의 은어와 선정성에서 가장 뚜렷하게 드러난다. 복합매체에서는 사람을 직접 만나는 대신 시간과 공간을 초월해서 만나기 때문에 자기를 드러내지 않아도 되고, 실제 이름 대신 통신 ID로만 교류한다. 그래서 빚어지는 결과는 언어의 폭력성과 국어 규범의 파괴다. 언어가 사회적 약속이라는 점에 비추어 볼 때 이러한 언어의 무책임한 사용은 심각한 파괴 현상을 낳는다.

가변성이 낳은 불안의식은 이 세상에 확실한 것은 없다는 기준의 부재 현상과 새로운 정보에서 나만 소외되고 있는지도 모른다는 불안감에서 오는 부정적 측면이다. 새로운 것이 좋은 것이라는 점은 인정하지만 어디까지나 정도 문제이다. 컴퓨터를 사용하는 사람이면 흔히 경험하는 것이지만 어제 산 소프트웨어가 오늘 구형이 되는 일이 적지 않다. 어제 알고 있던 정보가 오늘 낡은 것이 되고, 수정된 새 정보를 자신이 놓치고 있는지 모른다고 생각하면 불안에 빠질 수밖에 없게 된다.

선택성이 빚어내는 가치 붕괴는 사회적 삶이 지니고 있는 공동의 질서가 흔들리는 경향에서 생겨난다. 인간은 저 사람이 하는 일과 내가 하는 일이 대체로 비슷하다는 동일성의 기반 위에서 심리적 안정감을 얻고, 그것은 사회를 유지하는 질서로 작용한다. 그런데 자기에게 필요한 정보만을 얻어 내는 선택성이 매체의 세계에 한정되지 않고 직 · 간접적으로 실생활에까지 확대된다면 여러 가지 사회적인 문제가 야기될 것이다.

통합성에서 초래되는 주체 상실의 경향은 (㉠)에서 잘 드러난다. 이러한 정보 활용의 태도가 실생활로 이어지면 그 결과는 주체의 상실로 나타난다. 사람은 누구나 자신의 생을 누리고 스스로 책임지면서 살아가야 한다. 따라서 자기 생각은 없이 남의 생각에 따라 결정하고 행동한다는 것은 위험한 수준을 넘어서 비극적인 것이다. 대중문화나 타인의 생각에 대한 무비판적인 쏠림, 일시적인 유행에 대한 판단 없는 참여 등의 주체 상실 현상은 진정한 민주 사회의 성립과 유지를 어렵게 할 수 있다.

따라서 복합매체의 세계에서 의사소통을 하되 다음과 같은 네 가지 원칙이 필요하다. 첫째, 파괴성에 빠지지 않도록 규칙과 책임의 룰을 지키는 규범성의 원칙, 둘째, 극도의 불안 의식에 사로잡히지 않도록 무한정하게 새로움을 추구하지 않는 절제성의 원칙, 셋째, 가치의 붕괴를 막기 위해서 관행과 질서를 존중하는 기준성의 원칙, 넷째, 주체상실을 초래하지 않기 위해서 자신의 생각과 판단을 바탕으로 참여하는 주체성의 원칙이 그것이다.

13. 제시된 글에서 글쓴이가 제시하고 있는 과제로 적절한 것은?

① 복합매체의 초월성, 가변성, 선택성, 통합성을 정확히 파악하는 일
② 복합매체를 통한 활동에서 준수해야 하는 규칙을 아는 일
③ 복합매체 사용이 파괴성, 불안의식, 가치붕괴, 주체 상실 등의 부작용을 유발할 수 있음을 아는 일
④ 복합매체 사용에 따른 부작용의 원인이 무엇인지 아는 일

14. 문맥상 ㉠에 들어갈 수 있는 적절한 사례를 모두 고른 것은?

A : 자신이 친밀감을 느낄 정도로 자주 방문하는 인터넷 커뮤니티 사이트의 글은 출처를 따지지 않고 우선적으로 받아들이는 경우 B : 신속하게 결정을 내리고자 특정 집단 내에서 유행하는 논리를 판단하기보다는 일단 자신의 의견인 것처럼 응답하는 경우 C : 진짜 이름이 아닌 통신 ID로 글을 쓸 때 타인의 생각을 논리적으로 판단하지 않고 일단 공격적으로 비난하고 보는 경우 D : 주류의 흐름에서 벗어나는 것을 두려워해 인터넷을 통한 정보 습득에 집착하는 경우

① A, B　　② A, C
③ A, D　　④ B, C

[15 ~ 16] 다음 글을 읽고 이어지는 질문에 답하시오.

우리나라 지진 발생 빈도는 갈수록 확연하게 증가하는 추세를 보인다. 특히 규모 3.0 이상의 지진 발생횟수가 2000년대 들어 2배 이상 증가하면서 지진으로 인한 피해 역시 점차 커지고 있다. 이에 따라 내진 설계에 대한 중요성이 부각되고 있지만 우리나라 건축물의 내진 설계 비율은 아직도 35%에 미치지 못하는 실정이다.

특히 많은 사람이 몰려 있는 도심지에서 건물이 붕괴된다면 불특정 다수의 매몰자가 발생할 수 있다. 이러한 상황에서 매몰자를 구조하기 위해서는 골든아워 내에 매몰자의 위치를 신속하게 파악하는 것이 가장 중요하다. 일반적으로 매몰자 탐지에는 내시경 카메라를 이용한 '영상탐지', 진동과 음향을 이용하는 '음향탐지', 손가락이나 흉부(호흡) 등의 움직임을 감지하는 '전파탐지', 구조견을 이용한 '후각탐지'가 있다. 문제는 이와 같은 방식들이 붕괴지 상부를 직접 이동하면서 이뤄진다는 것이다. 이렇게 하면 탐지 범위가 매우 협소할 뿐만 아니라 매몰자 탐지에 많은 시간이 소요된다. 가장 큰 문제는 잔해물이 추가로 붕괴하면 구조자의 안전 또한 보장할 수 없다는 점이다.

'무선신호 기반 매몰자 위치 탐지 기술'은 이러한 탐지 방식이 지닌 문제점을 극복하기 위한 기술로 드론과 스마트폰으로 매몰된 사람의 위치 정보를 취득하고 이를 가시화해 인명을 구조하는 기술이다. 더는 잔해물 위를 위험하게 돌아다닐 필요 없이 신속하고 안전하게 구조하는 방법인 셈이다. (㉠)

우리나라의 스마트폰 보급률은 전 세계에서 가장 높다. 만약 지진 등의 사고로 인해 매몰자가 발생한다면 이들 중 열에 아홉은 스마트폰을 가지고 있을 확률이 높을 것이다. 이러한 사실에 착안한 연구팀은 스마트폰에 기본적으로 내장된 와이파이 신호와 기압 센서를 활용해 매몰자의 위치를 파악할 수 있는 '매몰자 탐지 모듈'을 개발했다. 이렇게 개발된 인명탐지 모듈은 드론에 장착되어 붕괴지역 위를 비행하며 매몰자의 위치를 파악한다. (㉡)

매몰자 탐지 모듈의 외형만을 놓고 봤을 때는 꽤 단순해 보이지만 다양하고 정교한 알고리즘으로 구성되어 있다. 우선 스마트폰의 무선신호를 감지하기 위한 무선신호 스캐닝 기술이 적용됐다. 이를 통해 드론은 와이파이 AP(Access Point, 무선접속장치) 역할을 한다. 즉, 수집된 맥 어드레스(Mac Address) 값을 통해 어느 스마트폰에서 신호가 송출되었는지 확인할 수 있으며, 송출되는 와이파이 신호강도를 감지함과 동시에 기압 센서로부터 매몰된 깊이 값 정보를 취득함으로써 매몰자의 현재 위치를 더욱 정확하게 파악할 수 있다. (㉢)

이와 같이 수집된 정보들은 4G LTE망을 통해 지상부에 있는 데이터 수집 서버로 자동으로 전송된다. 이후 수집된 데이터는 정밀한 위치 정보로 변환되고, 웹서버를 통해 해당 위치 정보가 시각적 정보로 가공되어 구글 맵스나 네이버 지도와 같은 오픈 맵 위에 표출된다. 이를 바탕으로 구조자와 재난컨트롤타워에서는 빠르고 정확한 구조 계획을 수립할 수 있다. (㉣)

이번 기술은 기존 매몰자 탐지 기술 대비 탐지 시간을 50% 이상 단축할 수 있다. 구호 인력의 부상 위험 감소는 물론 인명 피해를 30% 이상 줄이고 구호 비용 역시 20% 이상 절감할 수 있을 것으로 기대된다. 또한 매몰자 수색 외에도 다양한 분야에 활용될 수 있다. 예를 들어 매몰자뿐만 아니라 구조자의 구조 활동을 지원할 수 있으며, 산을 포함한 넓은 지역에서도 활용될 수 있다.

그리고 실종자 · 범죄자 수색과 같은 치안 및 방범, 건설현장의 노무자 안전관리 분야 등에 폭넓게 적용될 수 있다.

연구팀은 후속 연구를 통해 GPS의 정확도를 향상하고자 한다. 오차를 줄이고 좀 더 오랫동안 사용할 수 있도록 배터리 효율 연장에 힘쓸 계획이다. 또한 붕괴 형태에 따라 최적화된 알고리즘이 지능적으로 적용될 수 있도록 머신러닝 기법 등을 적용할 계획이다.

15. ㉠~㉣ 중 다음 문단이 들어갈 위치로 알맞은 곳은?

와이파이가 꺼져 있는 경우를 대비해 특정 코드가 삽입된 문자 메시지를 수신하게 되면 와이파이 신호를 강제로 활성화할 수도 있다. 또한 기압 센서로부터 기압정보를 획득할 수 있도록 백그라운드 애플리케이션도 개발했다.

① ㉠
② ㉡
③ ㉢
④ ㉣

16. 다음 중 윗글의 목적으로 적절한 것은?

① 재난구조 기술의 발전을 독려하기 위해서이다.
② 증가하는 매몰사고의 위험성을 알리기 위해서이다.
③ 재난으로 인한 인명사고와 피해를 줄이기 위해서이다.
④ 구조 활동을 돕는 기술 개발을 소개하기 위해서이다.

17. 다음 글의 내용과 일치하지 않는 것은?

> 조선시대 과거시험에는 소과 · 문과 · 무과 · 잡과의 네 종류가 있었으며, 정기시(定期試)와 부정기시(不定期試)의 구분이 있었다. 정기시는 3년마다 시행되는 식년시 하나밖에 없었으나, 수시로 열린 부정기시는 증광시(增廣試) · 별시(別試) · 알성시(謁聖試) · 정시(庭試) · 춘당대시(春塘臺試) 등이 있었다. 이 중 식년시와 증광시는 소과 · 문과 · 무과 · 잡과가 모두 열렸으나, 별시 · 알성시 · 정시 · 춘당대시는 문과와 무과만이 열렸다.
>
> 시험 시기는 식년시를 예로 들면 처음에는 모든 시험을 식년(子 · 卯 · 午 · 酉) 정월에서 5월 사이에 거행하였다. 이로 인하여 향시인 초시에 합격한 자들이 서울에 올라와 복시에 응시하기에 기간이 촉박하였고, 또 농번기에 수험생들의 왕래가 빈번하여 농사에 방해되는 일이 적지 않았다. 그리하여 1472년(성종 3)에 초시를 식년 전해인 상식년(上式年) 가을에, 복시를 식년 봄에 거행하기로 하였다.
>
> 한편, 1437년(세종 19) 이후부터 과거시험의 장소를 1소(所)와 2소로 나누어 고시한 점이 특이하다. 이는 송대에 시관(試官)의 자제들을 따로 모아 시험한 별두장(別頭場)을 본뜬 것으로서 1소시관의 자제나 친척 등의 상피인(相避人)을 2소로 보내고, 반대로 2소시관의 자제를 1소로 보냄으로써 과거의 공정을 기하는 동시에, 부자가 한 시험장에서 실력을 다투는 비례(非禮)를 피할 수 있는 이점이 있었다. 그러나 이 분소법(分所法)은 불편함도 적지 않았다. 다 같은 시험인데도 시험 장소에 따라 시관이 다르고 시험문제가 달라서 수험생의 우열을 가리기가 어려웠다.
>
> 조선시대의 고시관은 여러 사람으로 구성되어 있는 복수시관제(復數試官制)로서 상시관(上試官) · 참시관(參試官) 수인과 감시관(監試官) 1인이 임명되었고, 전시의 경우 대독관(對讀官) 3 ~ 5인(3품 이하), 독권관(讀卷官) 3인(2품 이상)이 임명되었다. 따라서 조선시대의 고시관은 고려시대의 지공거와 같은 권한을 가진 것이 아니라 상당히 제한된 소임만을 하게 되었다.

① 조선시대에는 네 종류의 과거시험이 있었다.

② 1472년 과거시험은 여름에 실시되었다.

③ 세종 19년에는 과거시험 장소를 두 곳으로 나누어 실시했다.

④ 조선시대 고시관은 고려시대에 비해서 제한적인 권한을 가졌다.

18. 다음 글의 주제로 알맞은 것은?

> 전쟁을 다룬 소설 중에는 실재했던 전쟁을 제재로 한 작품들이 있다. 이런 작품들은 허구를 매개로 실제로 발발했던 전쟁을 새롭게 조명하고 있다. 가령 『박씨전』은 패전했던 병자호란을 있는 그대로 받아들이고 싶지 않았던 조선 사람들의 욕망에 따라, 허구적 인물 박씨가 패전의 고통을 안겨 주었던 실존 인물인 용골대를 물리치는 장면을 중심으로 허구화되었다.
>
> 외적에 휘둘린 무능한 관군 탓에 병자호란 당시 여성은 전쟁의 큰 피해자였다. 『박씨전』에서는 이 비극적 체험을 재구성하여 전화를 피하기 위한 장소인 피화당(避禍堂)에서 여성 인물과 적군이 전투를 벌이는 장면을 설정하고 있다. 이들 간의 대립 구도에서 전개되는 이야기로 조선 사람들은 슬픔을 위로하고 희생자를 추모하며 공동체로서의 연대감을 강화하였다. 한편 『시장과 전장』은 한국 전쟁이 남긴 상흔을 직시하고 이에 좌절하지 않으려던 작가의 의지가 이념 간의 갈등에 노출되고 생존을 위해 몸부림치는 인물을 통해 허구화되었다. 이 소설에서는 전장을 재현하여 전쟁의 폭력에 노출된 개인의 연약함을 강조하고, 무고한 희생을 목도한 인물의 내면이 드러남으로써 개인의 존엄이 탐색되었다.
>
> 우리는 이런 작품들을 통해 전쟁의 성격을 탐색할 수 있다. 두 작품에서는 외적의 침략이나 이념 갈등과 같은 공동체 사이의 갈등이 드러나고 있다. 그런데 전쟁이 폭력적인 것은 이 과정에서 사람들이 죽기 때문만은 아니다. 전쟁의 명분은 폭력을 정당화하여 적의 죽음은 불가피한 것으로, 우리 편의 죽음은 불의한 적에 의한 희생으로 간주해 버린다. 전쟁은 냉혹하게도 아군, 적군 모두가 민간인의 죽음조차 외면하거나 자신의 명분에 따라 이를 이용하게 한다는 점에서 폭력성을 띠는 것이다.
>
> 두 작품 모두에서 사람들이 죽는 장소가 군사들이 대치하는 전선만이 아니라는 점에도 주목할 만하다. 전쟁터란 전장과 후방, 가해자와 피해자가 구분되지 않는 혼돈의 현장이다. 이 혼돈 속에서 사람들은 고통받으면서도 생의 의지를 추구해야 한다는 점에서 전쟁은 비극성을 띤다. 이처럼 전쟁의 허구화를 통해 우리는 전쟁에 대한 인식을 새롭게 할 수 있다.

① 문학에 반영되는 작가의 작품 세계

② 문학작품에 나타난 전쟁의 종류

③ 문학에서 허구화된 전쟁이 갖는 의미

④ 문학에 나타난 역사의 진위 여부 판단의 중요성

[19 ~ 20] 다음 글을 바탕으로 이어지는 질문에 답하시오.

19세기 후기, 눈에 보이는 그대로를 화폭에 옮기고자 했던 사실주의와 자연주의에 대한 반발로 모더니즘이 등장했다. 모더니즘은 인간 이성에 대한 불신을 바탕에 둔 20세기 이후에 일어난 예술 운동으로 기존 미술의 전통에서 탈피한 표현을 추구했다. 즉 눈앞의 대상을 똑같이 재현해야 한다는 기존 미술의 전통적인 의무감에서 벗어나 현실을 모방하지 않는 새로운 형태의 미술로 나아가는 아방가르드 미술을 추구한 것이다.

탈재현성을 가장 우선적인 목표로 둔 모더니즘 예술가들은 원근감이나 명암이 드러나는 사실적이고 실감나는 묘사를 기피했고 이후에는 아예 묘사를 하지 않거나 대상을 부정하고 점, 선, 면 또는 색만 이용하여 작품을 그리기에 이르렀다. 이처럼 작품을 감상하는 사람이 사물을 알아볼 수 있도록 그리는 것을 뒤떨어지고 수준 낮은 미술로 취급하면서 모더니즘 미술은 점점 더 기하학적 형태를 띠며 추상화되었다. 시간이 흐를수록 모더니즘 미술은 난해하고 보수적이고 엘리트적인 성격을 띠며 더욱 대중에게서 멀어졌다. 대중적인 감상과 너무 거리가 벌어진 나머지, 후기 모더니즘에 들어서는 급기야 유명 비평가의 글에 의해 작품의 감상 결과와 성공 여부가 결정되기도 했다. 그 결과, 모더니즘에 대한 반발로 포스트모더니즘이 등장하게 되었다.

포스트모던이라는 용어는 1960년대 미국 건축 비평가에 의해 처음 사용되기 시작했으나 1980년대 이후 들어, 예술의 모든 영역에 걸쳐 널리 사용되었다. 일반적으로 포스트모더니즘은 모더니즘에 대한 의식적 단절 또는 비판적 의미로 해석된다. 모더니즘이 갖는 고급문화와 저급문화의 엄격한 구분, 지나치게 추상화된 양식, 장르 간 폐쇄성 등 특징에서 느낀 한계를 배경으로 '다양성'을 주축으로 한 포스트모더니즘이 대두된 것이다.

포스트모더니즘은 다원성과 상대성에 대한 인식을 바탕으로 기성적 이성의 권위를 해체하고 이와 더불어 인간과 사회 문화를 향한 모든 객관적, 합리적 믿음을 부정하는 것을 특징으로 한다. 또한 포스트모더니즘은 불확실성과 불안을 긍정적으로 포용하며 지배이데올로기에 의해 억압받는 사회에서 저항하려는 움직임을 따른다. 이에 사회적 소수에 속하는 집단의 정체성을 드러내는 미술 작품들이 새롭게 주목받았다.

포스트모더니즘의 양식으로는 자본주의를 비판하고 고급예술의 허상을 고발하고자 했던 팝아트, 이전 시대의 양식 또는 이미지를 차용하여 만든 차용 미술, 그라피티 아트, 사회 및 정치를 향한 작가의 비판적인 메시지를 담은 정치 미술 등이 있다.

19. 제시된 글에 대한 설명으로 적절하지 않은 것은?

① 포스트모더니즘은 사실주의와 자연주의에 대한 반발로 등장했다.
② 차용 미술은 포스트모더니즘의 양식에 속한다.
③ 점, 선, 면만을 이용하여 작품을 구성했던 몬드리안은 모더니즘 미술가라고 볼 수 있다.
④ 아방가르드는 모더니즘의 특징 중 하나이다.

20. 제시된 글에 대한 설명으로 적절한 것은?

① 모더니즘은 원래 건축 분야에서 처음으로 등장한 양식이다.
② 모더니즘은 인간 이성을 신뢰한다.
③ 포스트모더니즘의 특징으로는 다원성과 상대성이 있다.
④ 색만을 이용하여 대상을 묘사한 작품은 자연주의에 해당한다.

수리력

20문항 / 15분

01. 휴대전화 액정에 찍힌 지문을 통해서 휴대전화 비밀번호를 유추하려고 한다. 지문은 다섯 개의 숫자에 찍혀 있었고, 비밀번호는 네 자리이다. 네 자리 비밀번호 중에서 가장 작은 숫자가 맨 처음, 가장 큰 숫자가 맨 마지막 번호라고 할 때, 유추할 수 있는 비밀번호의 개수는? (단, 비밀번호 네 자리는 모두 다른 숫자이다)

① 10개 ② 11개
③ 12개 ④ 13개

02. 가로의 길이가 세로의 길이보다 2m 짧은 직사각형 모양의 회의실이 있다. 이 회의실 둘레의 길이가 32m일 때, 세로의 길이는?

① 6m ② 7m
③ 8m ④ 9m

03. 다음 상황에서 매뉴얼의 전체 분량은?

> A 기업에서 일하는 세 명의 직원이 업무 수행 매뉴얼을 요약하여 정리하고자 한다. 첫 번째 직원이 전체 매뉴얼의 $\frac{1}{3}$ 을 요약하였고, 두 번째 직원이 총 100페이지를 요약하였고, 세 번째 직원이 남은 페이지의 50%를 요약하였을 때, 남은 분량은 30페이지였다.

① 210페이지 ② 220페이지
③ 230페이지 ④ 240페이지

04. 비가 온 다음 날 비가 올 확률은 0.4이고, 비가 오지 않은 다음 날 비가 올 확률은 0.3이다. A가 비가 오는 날 지각할 확률은 0.7이고, 비가 오지 않는 날 지각할 확률은 0.1이다. 월요일에 비가 왔다면 A가 수요일에 지각할 확률은?

① 0.304
② 0.238
③ 0.172
④ 0.066

05. 새마을호의 길이는 150m, KTX의 길이는 320m이고 KTX의 속력은 새마을호 속력의 2배라고 한다. KTX와 새마을호가 같은 터널을 통과하는 데 KTX는 11초, 새마을호는 20초가 걸렸다면 터널의 길이는?

① 1,020m
② 1,180m
③ 1,320m
④ 1,550m

06. 농도가 6%인 설탕물과 13%인 설탕물을 섞었더니 농도가 9%인 설탕물 350g이 되었다고 할 때, 농도가 6%인 설탕물은 몇 g인가?

① 50g
② 100g
③ 150g
④ 200g

07. A 그룹 30명, B 그룹 50명, C 그룹 20명이 영어시험을 봤다. 영어시험 점수의 평균이 B 그룹은 A 그룹보다 25점 높았고, C 그룹은 A 그룹의 3배로 나왔다. A 그룹의 영어시험 점수 총합이 600점일 때 세 그룹의 전체 평균은?

① 40.5점
② 41점
③ 41.5점
④ 42점

[08 ~ 09] 다음은 P 기업의 최우수 직원 선정에 관한 규정과 직원별 평가 내역이다. 이어지는 질문에 답하시오.

〈직원별 점수표〉

(단위 : 점)

구분	업무		비업무		
	매출실적	이익률	근무태도	직원평가	성실성
직원 A	75	80	83	92	88
직원 B	92	94	82	82	90
직원 C	80	82	85	94	96
직원 D	84	90	95	90	82
직원 E	93	88	78	86	94

〈최우수 직원 선정 방법〉

• 각 항목별 점수에 다음의 구간 기준을 적용하여 평점을 부여한다.

점수	96점 이상	90 ~ 95점	85 ~ 89점	80 ~ 84점	79점 이하
평점	5점	4점	3점	2점	1점

• 각 항목별 평점의 합이 큰 직원 순으로 선정하되, 다음과 같은 가중치를 적용한다.
 – 업무 항목 : 평점의 30% 가산
 – 근무태도와 직원평가 항목 : 평점의 20% 가산
 – 성실성 항목 : 평점의 10% 가산
• 평점의 합이 동일한 경우 매출실적이 높은 직원을 우선순위로 선정한다.

08. 직원 A ~ E 중 최우수 직원으로 선정된 직원과 평점 합계가 가장 낮은 직원의 매출실적 평점의 차이는 몇 점인가?

① 2.6점
② 2.8점
③ 3.2점
④ 3.9점

09. 직원 평가에 대한 설명으로 옳지 않은 것은?

① 비업무 항목만 놓고 보면 직원 C의 평점 합계가 가장 높다.
② 성실성보다 근무태도를 더 중요시하는 평가 방식이다.
③ 평점의 합계가 가장 높은 직원은 2명 이상이다.
④ 평점의 합계가 가장 낮은 직원은 모든 평가 항목에서 최소 공동 1위도 기록하지 못하였다.

[10 ~ 11] 다음 자료를 보고 이어지는 질문에 답하시오.

〈자료 1〉 우리나라 연구개발투자비율(GDP 대비)

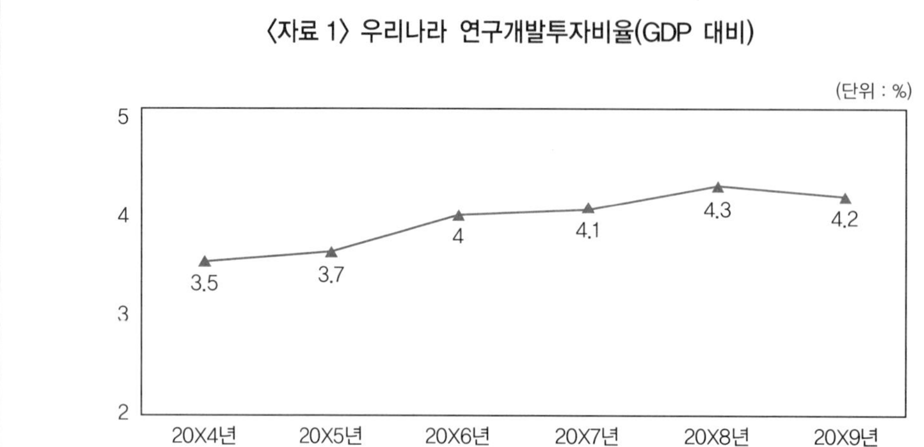

※ GDP 대비 연구개발투자비율(%) = $\frac{\text{총연구개발지출금}}{\text{당해 연도 GDP}} \times 100$

〈자료 2〉 OECD 주요국의 연구개발투자비율(GDP 대비)

구분	20X4년	20X5년	20X6년	20X7년	20X8년	20X9년
멕시코	0.5	0.5	0.5	0.5	0.5	0.5
터키	0.8	0.8	0.8	0.8	0.9	0.9
이탈리아	1.2	1.2	1.3	1.3	1.4	1.3
헝가리	1.1	1.2	1.3	1.4	1.4	1.4
영국	1.7	1.7	1.6	1.7	1.7	1.7
네덜란드	1.7	1.9	1.9	2.0	2.0	2.0
미국	2.7	2.8	2.7	2.7	2.8	2.8
독일	2.7	2.8	2.9	2.8	2.9	2.9
일본	3.1	3.2	3.2	3.3	3.4	3.3

10. 다음 중 자료에 대한 설명으로 옳지 않은 것은?

① 조사기간 동안 우리나라를 제외한 OECD 주요국들의 연구개발투자비율 변화량은 각각 전년 대비 0.2%p 이내에 있다.

② 20X5년 네덜란드와 터키의 GDP가 동일했다면, 네덜란드는 터키보다 2배 이상의 금액을 연구개발에 투자했을 것이다.

③ 20X9년 미국의 GDP가 독일의 4.8배라면 미국은 독일보다 4배 이상 많은 금액을 연구개발에 투자했을 것이다.

④ 20X7년 이탈리아의 GDP가 멕시코의 1.9배라면 이탈리아는 멕시코보다 5배 이상 많은 금액을 연구개발에 투자했을 것이다.

11. 20X9년 우리나라 GDP가 1조 3,778억 달러일 때, 연구개발을 위해 투자한 금액은 얼마인가?

① 5,648,980만 달러 ② 5,786,760만 달러

③ 5,924,540만 달러 ④ 6,062,320만 달러

[12 ~ 13] 다음은 소득 5분위 배율에 대한 자료이다. 이어지는 질문에 답하시오.

〈기준소득별 소득 5분위 배율〉

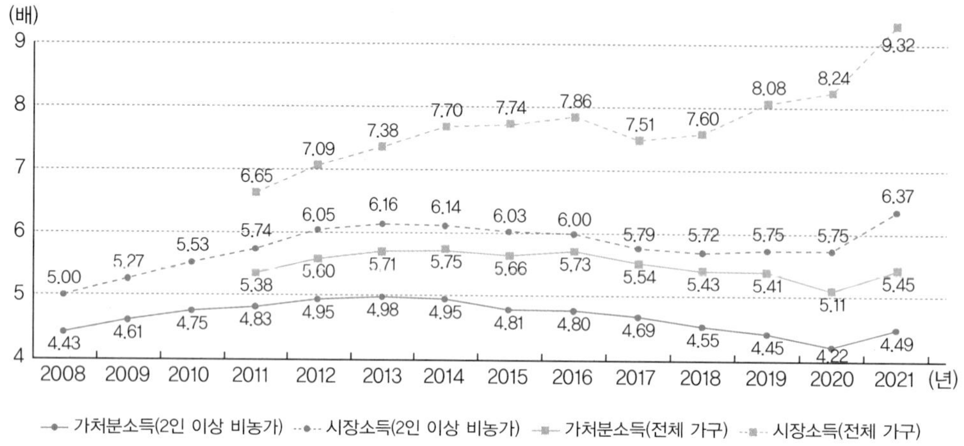

(배)

연도	가처분소득(2인 이상 비농가)	시장소득(2인 이상 비농가)	가처분소득(전체 가구)	시장소득(전체 가구)
2008	4.43	5.00		
2009	4.61	5.27		
2010	4.75	5.53		
2011	4.83	5.74	5.38	6.65
2012	4.95	6.05	5.60	7.09
2013	4.98	6.16	5.71	7.38
2014	4.95	6.14	5.75	7.70
2015	4.81	6.03	5.66	7.74
2016	4.80	6.00	5.73	7.86
2017	4.69	5.79	5.54	7.51
2018	4.55	5.72	5.43	7.60
2019	4.45	5.75	5.41	8.08
2020	4.22	5.75	5.11	8.24
2021	4.49	6.37	5.45	9.32

〈OECD 국가 가처분소득 기준 소득 5분위 배율 비교(2021년)〉

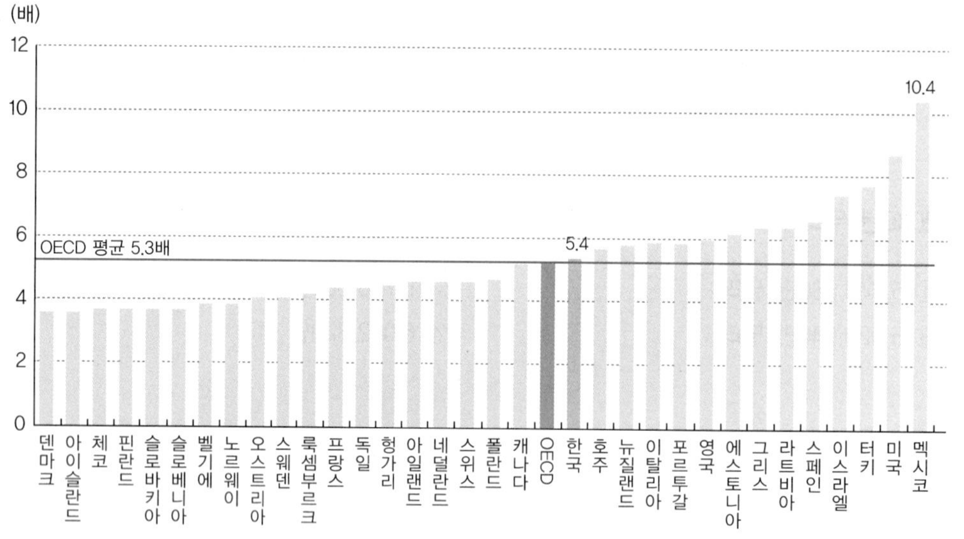

(배)

OECD 평균 5.3배

덴마크, 아이슬란드, 체코, 핀란드, 슬로바키아, 슬로베니아, 벨기에, 노르웨이, 오스트리아, 스웨덴, 룩셈부르크, 프랑스, 독일, 헝가리, 아일랜드, 네덜란드, 스위스, 폴란드, 캐나다, OECD, 한국(5.4), 호주, 뉴질랜드, 이탈리아, 포르투갈, 영국, 에스토니아, 그리스, 라트비아, 스페인, 이스라엘, 터키, 미국, 멕시코(10.4)

※ 소득 5분위 배율 = $\frac{\text{상위 20\% 평균 소득}}{\text{하위 20\% 평균 소득}}$

12. 다음 중 제시된 자료에 대한 설명으로 적절하지 않은 것은?

① 가처분소득 기준 2017 ~ 2020년까지는 빈부격차가 지속적으로 감소하였다.

② 가처분소득 기준 빈부격차는 감소했지만 시장소득 기준 빈부격차는 증가한 해가 있다.

③ 시장소득 기준 2인 이상 비농가와 전체 가구의 소득 5분위 배율 격차는 2018년 이후 지속 증가하고 있다.

④ 2021년 멕시코의 경우, 상위 20%의 가처분소득 평균이 미국보다 더 많다.

13. 2011년 대비 2021년의 우리나라 전체 가구의 가처분소득과 시장소득의 소득 5분위 배율 증가율은 순서대로 각각 몇 %인가? (단, 소수점 아래 둘째 자리에서 반올림한다)

① 0.6%, 38.5%

② 1.3%, 40.2%

③ 1.3%, 41.2%

④ 2.3%, 40.2%

14. 다음 자료에 대한 보고서를 작성하고자 할 때 ㉠에 들어갈 수치로 옳은 것은? (단, 소수점 아래 둘째 자리에서 반올림한다)

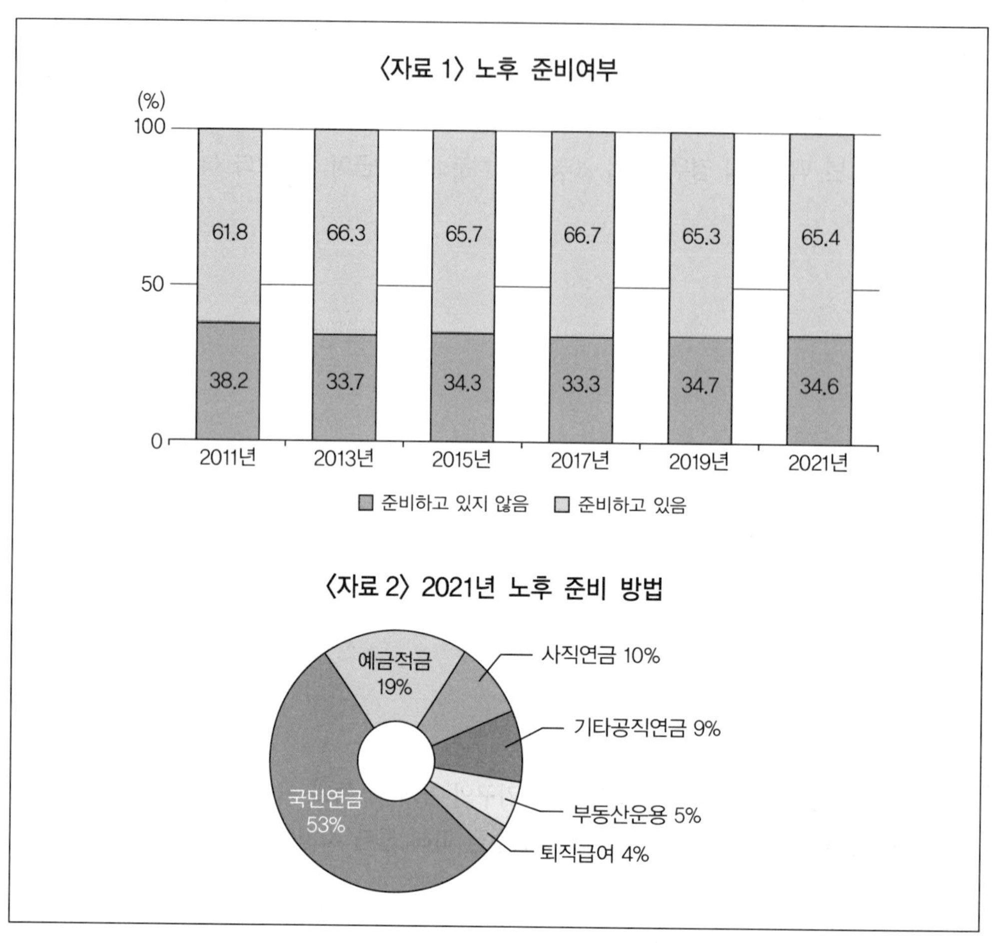

2021년 조사에서 노후를 준비하고 있다고 대답한 사람은 2011년보다 3.6%p 증가했다. 2021년 노후를 준비하는 사람들에게 노후 준비 방법에 대해 질문하였을 때, 국민연금으로 노후 준비를 하는 인원이 가장 많았으며, 이는 2021년 전체 조사대상자 중 약 ___㉠___에 해당하는 수치였다.

① 6.3%
② 9.8%
③ 22.9%
④ 34.7%

15. 다음 〈정보〉를 참고할 때, B, D에 해당하는 국가를 바르게 연결한 것은?

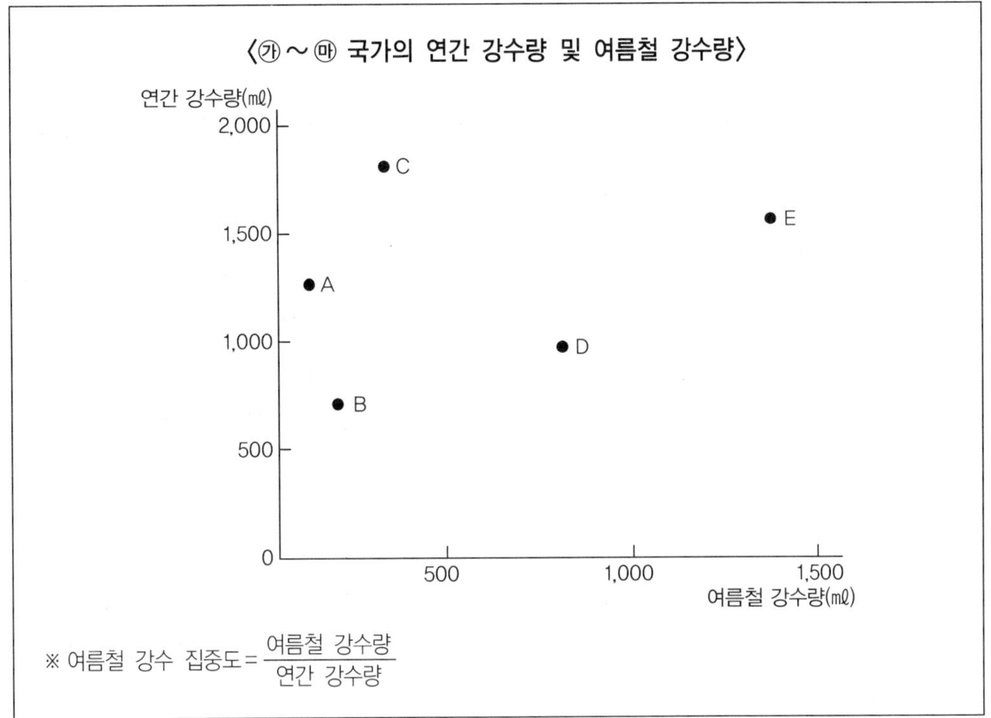

※ 여름철 강수 집중도 = $\frac{\text{여름철 강수량}}{\text{연간 강수량}}$

정보

- 여름철 강수 집중도는 ㉱, ㉲ 국가가 ㉮, ㉯ 국가보다 2배 이상 높다.
- ㉯ 국가는 ㉮ 국가보다 연간 강수량이 적다.
- ㉱ 국가는 ㉲ 국가보다 연간 강수량이 많다.
- ㉯ 국가는 ㉰ 국가에 비해서 연간 강수량은 많지만 여름철 강수량은 적다.

	B	D
①	㉮	㉰
②	㉰	㉲
③	㉯	㉲
④	㉮	㉯

[16 ~ 17] 다음 자료를 보고 이어지는 질문에 답하시오.

〈자료 1〉 연도별 전기차 보급현황

(단위 : 대)

구분	2015년	2016년	2017년	2018년	2019년	합계
전기차 수	338	753	780	1,075	2,821	5,767

〈자료 2〉

2021년 9월 지역별 전기차 등록현황

(단위 : 대)

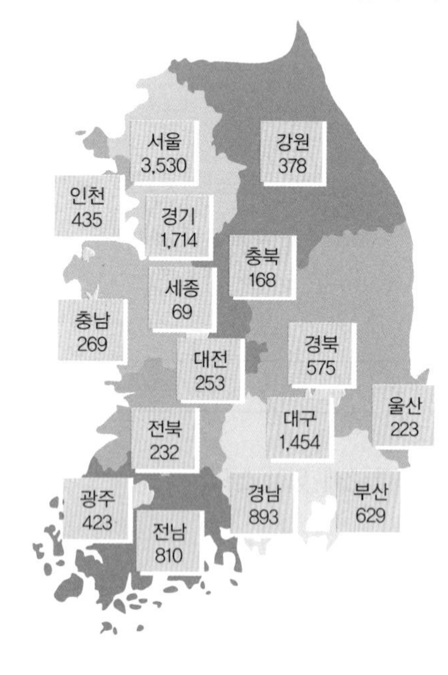

〈자료 3〉

2022년 3월 지역별 전기차 등록현황

(단위 : 대)

지역	등록대수	지역	등록대수
서울	5,036	광주	634
인천	659	강원	571
경기	2,845	경북	1,024
충북	410	경남	1,202
충남	482	대구	2,569
세종	175	울산	404
대전	364	부산	935
전북	422	제주	10,368
전남	1,209	계	29,309

16. 제시된 자료를 바탕으로 작성한 다음 보고서의 내용 중 잘못된 것은?

> 연도별 전기차 보급현황을 살펴보면 2015년부터 2019년까지 매년 보급대수가 증가하는 추세를 보이고 있으며, 5년간 총 보급대수는 5,767대이다. 2021년 9월 지역별 전기차 등록 현황을 살펴보면 ① 제주에 가장 많은 전기차가 등록되어 있는 것을 알 수 있으며, ② 서울에 등록된 전기차 수의 2배 이상이 제주에 등록되어 있다. 2022년 3월 지역별 전기차 등록현황을 살펴보면 ③ 6개월 전 대비 증가율이 가장 큰 지역은 세종으로 그 증가율이 약 154%에 달한다. 그리고 ④ 6개월 전 대비 증가율이 가장 작은 지역은 제주로 약 25%이다.

17. 제시된 자료를 그래프로 나타낼 때, 다음 중 옳지 않은 것은?

① 〈연도별 전기차 보급현황〉

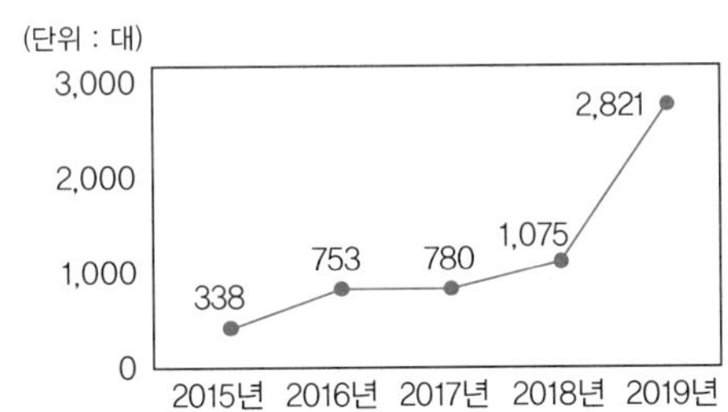

② 〈전년 대비 전기차 보급 증가율〉

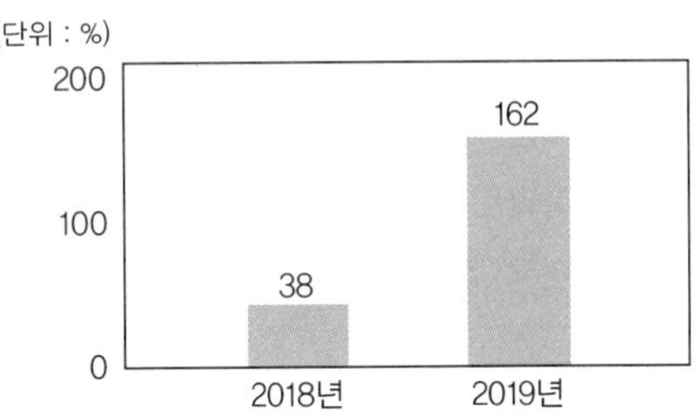

③ 〈2022년 3월 전기차 등록 증가량(6개월 전 대비)〉

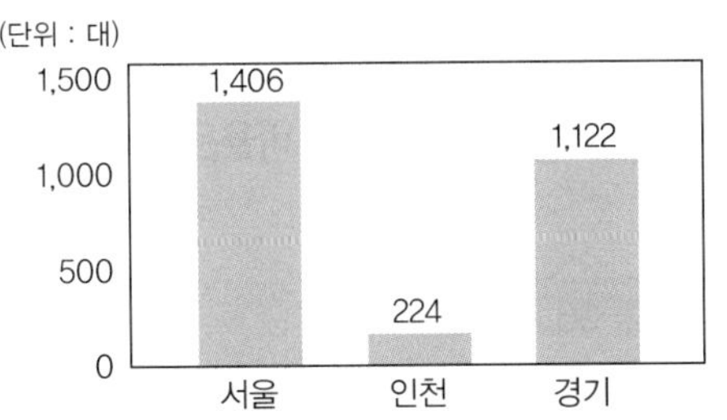

④ 〈2022년 3월 전기차 등록 증가율(6개월 전 대비)〉

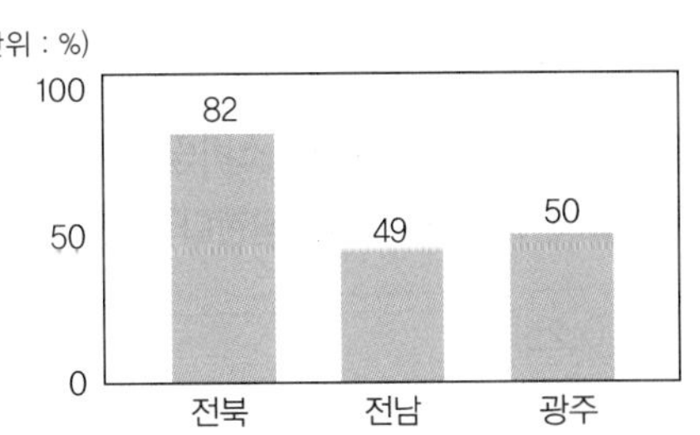

[18 ~ 19] 다음 자료를 보고 이어지는 질문에 답하시오.

〈20X2년 주택형태별 에너지 소비 현황〉

(단위 : 천 TOE)

구분	연탄	석유	도시가스	전력	열에너지	기타	합계
단독주택	411.8	2,051.8	2,662.1	2,118.0	–	110.3	7,354
아파트	–	111.4	5,609.3	2,551.5	1,852.9	–	10,125
연립주택	1.4	33.0	1,024.6	371.7	4.3	–	1,435
다세대주택	–	19.7	1,192.6	432.6	–	–	1,645
상가주택	–	10.2	115.8	77.6	15.0	2.4	221
총합	413.2	2,226.1	10,604.4	5,551.4	1,872.2	112.7	20,780

※ 전력 : 전기에너지와 심야전력에너지 포함.

※ 기타 : 장작 등 임산 연료

18. 위 자료에 대한 해석으로 적절한 것은?

① 단독주택에서 소비한 전력 에너지량은 단독주택 전체 에너지 소비량의 30% 이상을 차지한다.

② 모든 주택형태에서 가장 많이 소비한 에너지 유형은 도시가스 에너지이다.

③ 아파트는 다른 주택형태에 비해 가구당 에너지 소비량이 많다.

④ 모든 주택형태에서 소비되는 에너지 유형은 4가지이다.

19. 아파트 전체 에너지 소비량 중 도시가스 에너지 소비량이 차지하는 비율은? (단, 소수점 아래 둘째 자리에서 반올림한다)

① 25.2%

② 36.2%

③ 52.4%

④ 55.4%

20. ○○교육청에 근무하는 A 주무관은 다음 자료를 바탕으로 중 · 고등학생에 대한 학교 정책을 마련하려고 한다. 자료에 대한 설명으로 적절하지 않은 것을 〈보기〉에서 모두 고르면?

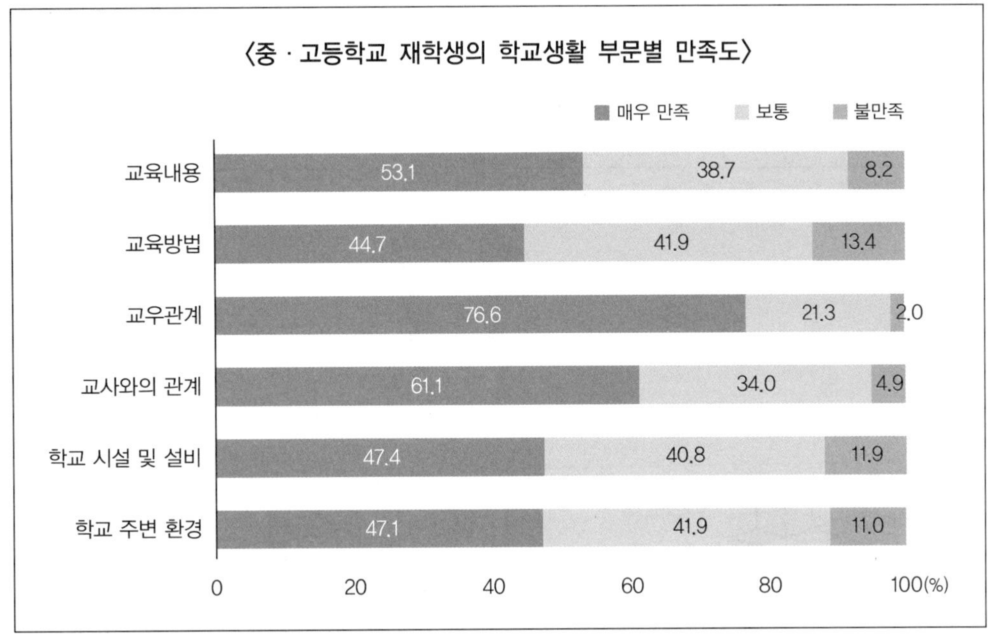

보기

㉠ 학교생활 부문별로는 '교우관계'에 대한 만족도가 76.6%로 가장 높았다.

㉡ 중 · 고등학생들은 학교시설이나 학교 주변 환경에 대해서 매우 불만족스럽다는 반응을 나타냈다.

㉢ 교사의 교육방법에 대한 만족도가 다른 부문에 비하여 가장 낮게 나타났다.

㉣ 교사와의 관계에 있어서 불만족스럽다는 반응은 4.9%로 이는 교사에 대해 매우 만족하고 있음을 나타낸다.

① ㉠, ㉡　　② ㉡, ㉢

③ ㉡, ㉣　　④ ㉢, ㉣

공간지각력

20문항 / 15분

[01 ~ 04] 다음에 제시된 〈보기〉의 도형과 동일한 것을 고르시오.

01.

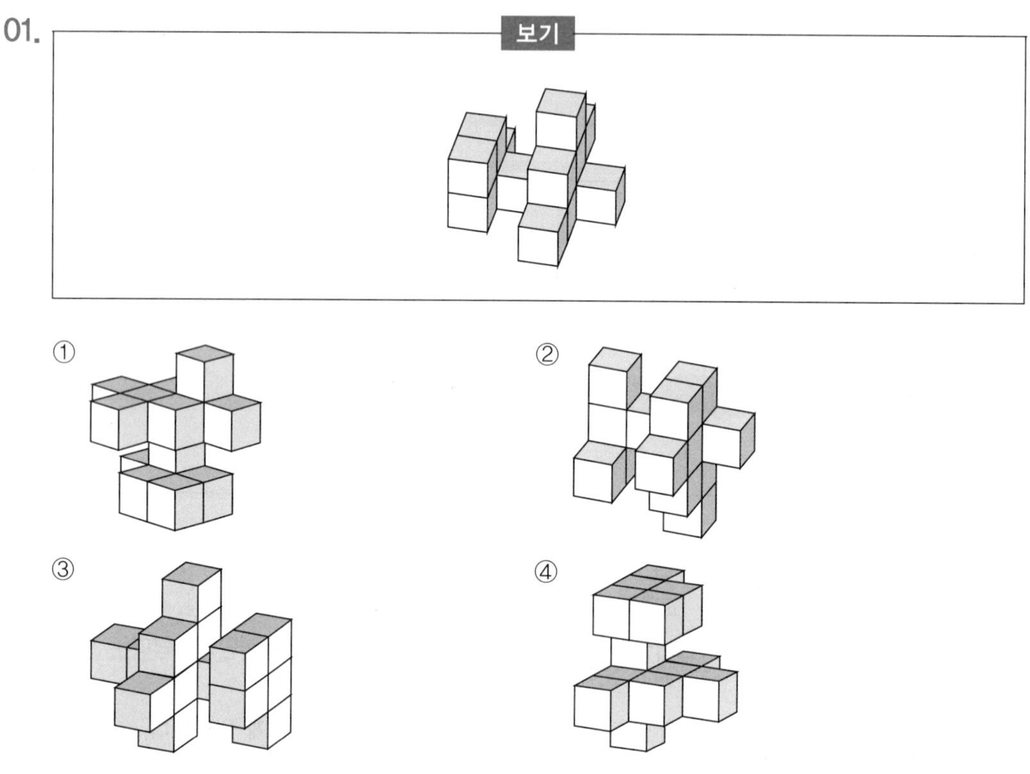

02.

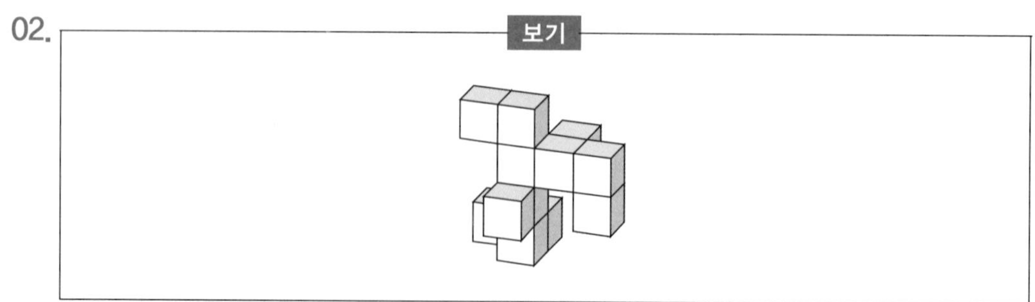

①

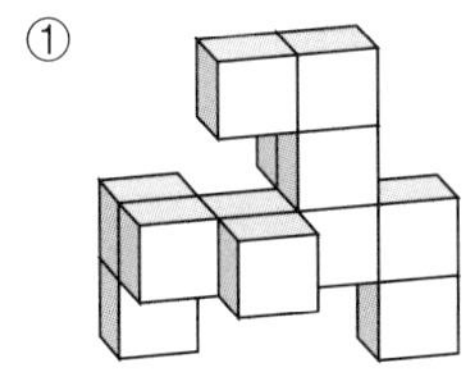

②

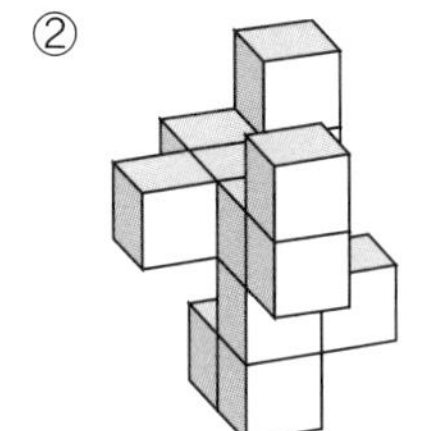

③

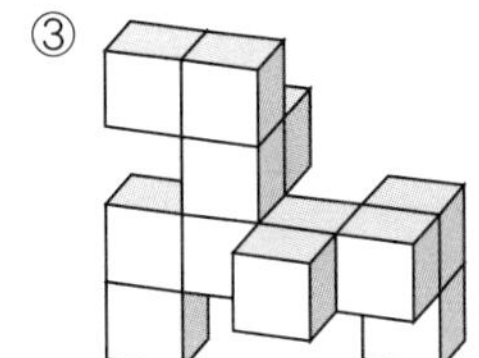

④

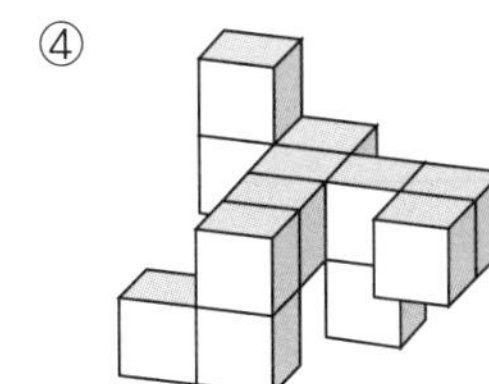

03.

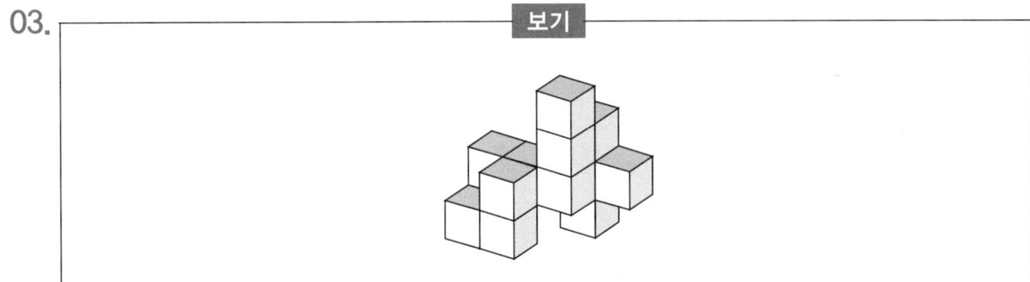

①

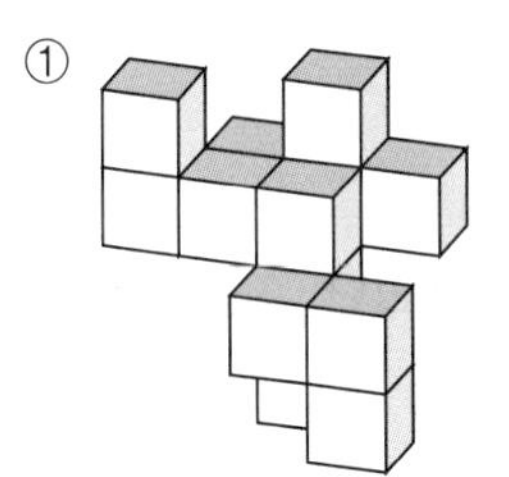

②

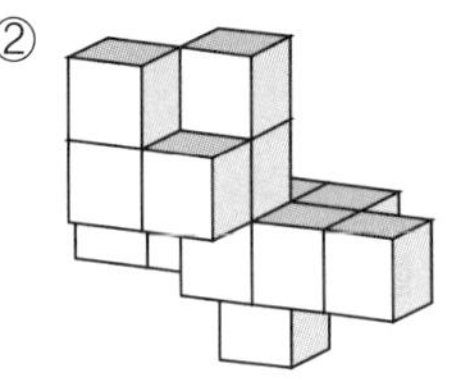

③

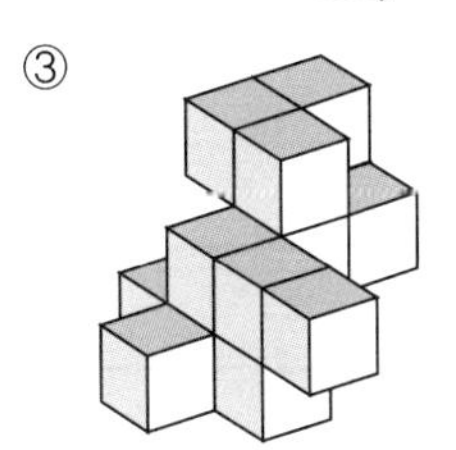

④

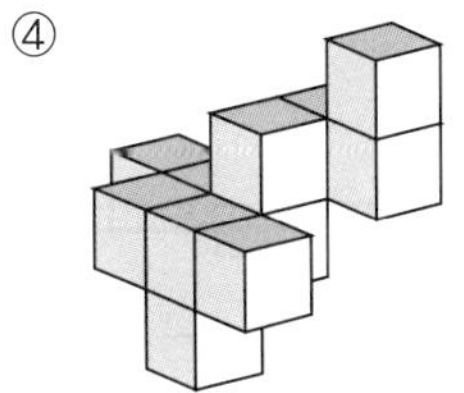

04.

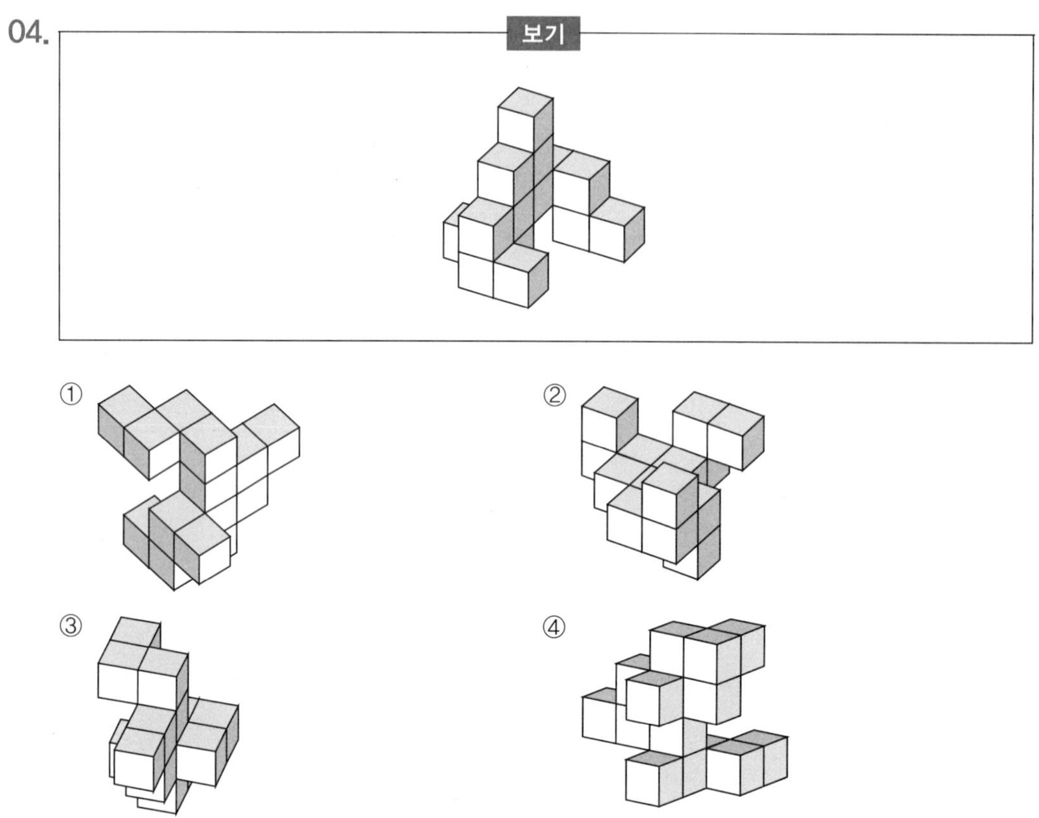

[05 ~ 06] 다음 〈보기〉의 블록을 결합했을 때 나올 수 없는 형태를 고르시오(단, 회전은 자유롭다).

05.

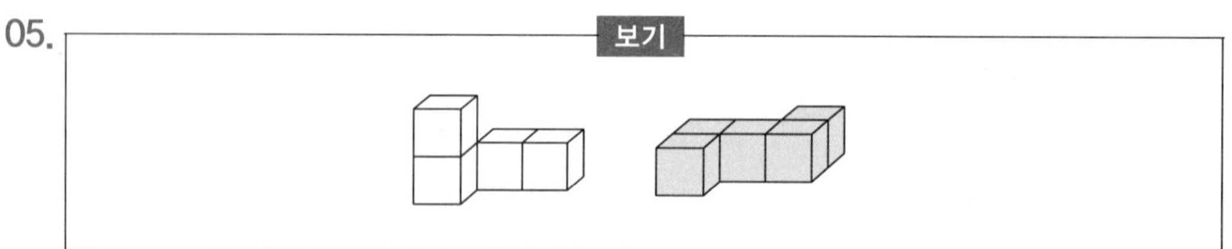

①

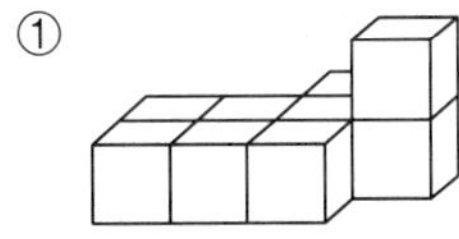

②

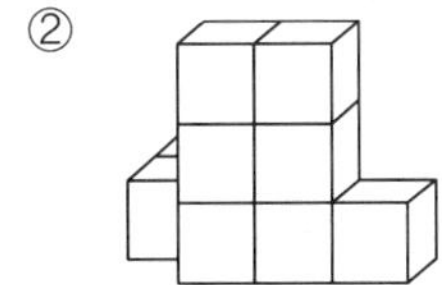

③

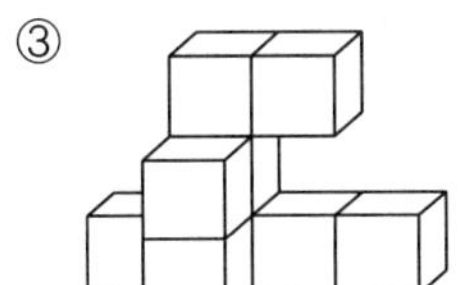

④

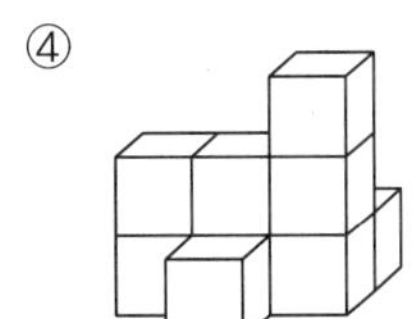

06.

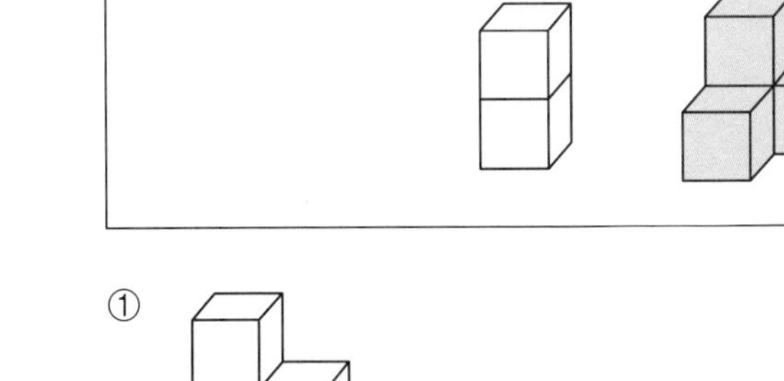

①

②

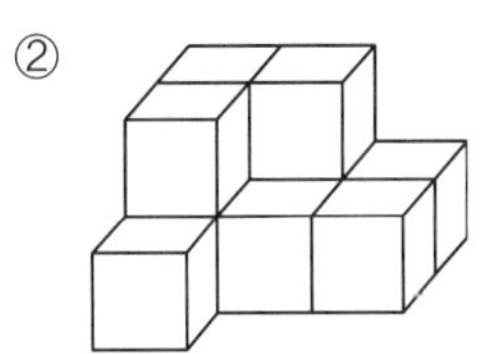

③

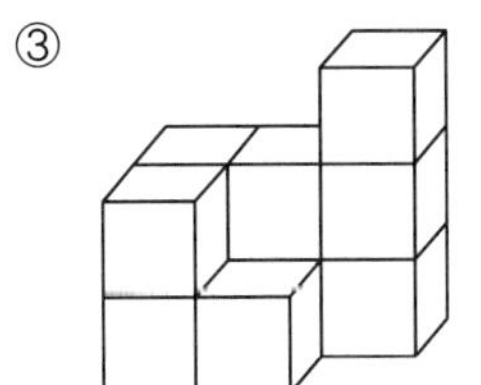

④

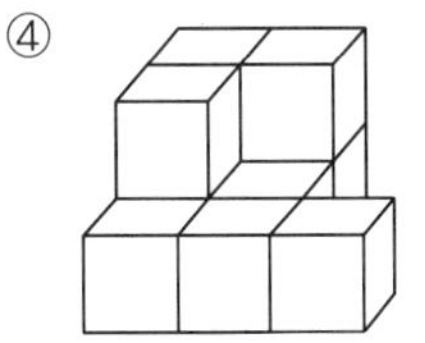

07. 다음 세 개의 블록을 결합했을 때 만들 수 있는 형태는? (단, 회전은 자유롭다)

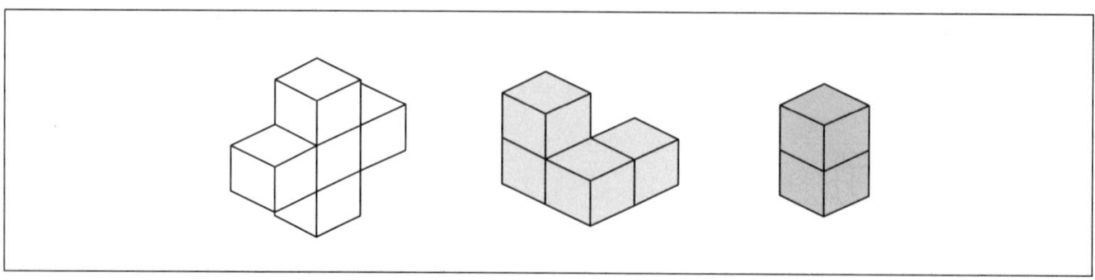

①

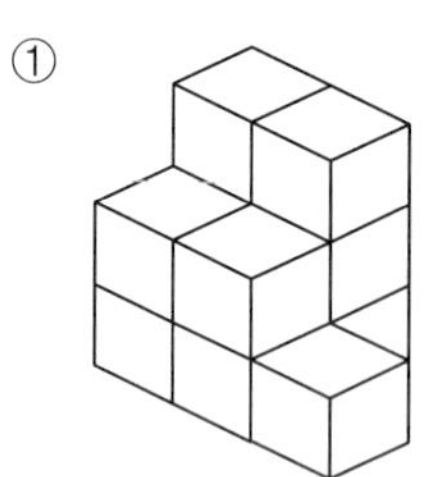

②

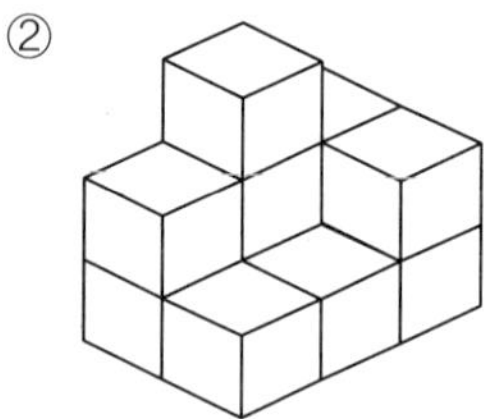

③

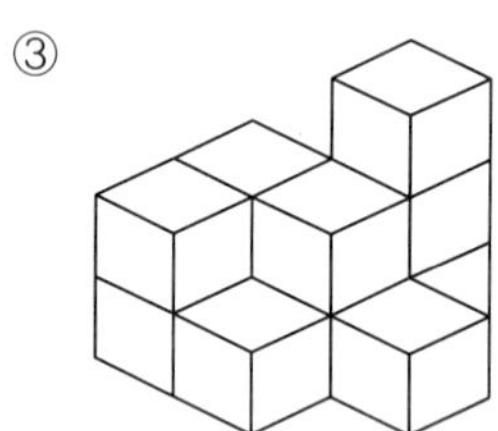

④

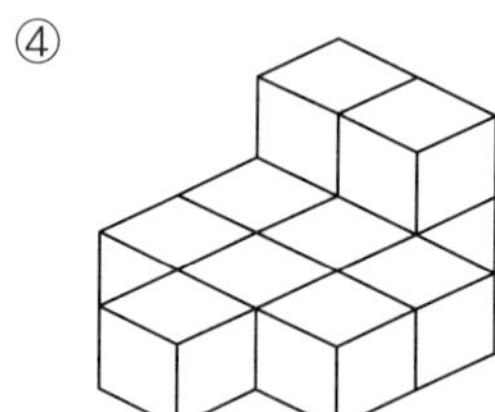

[08 ~ 09] 다음 전개도를 접었을 때 모양이 다른 하나를 고르시오.

08.

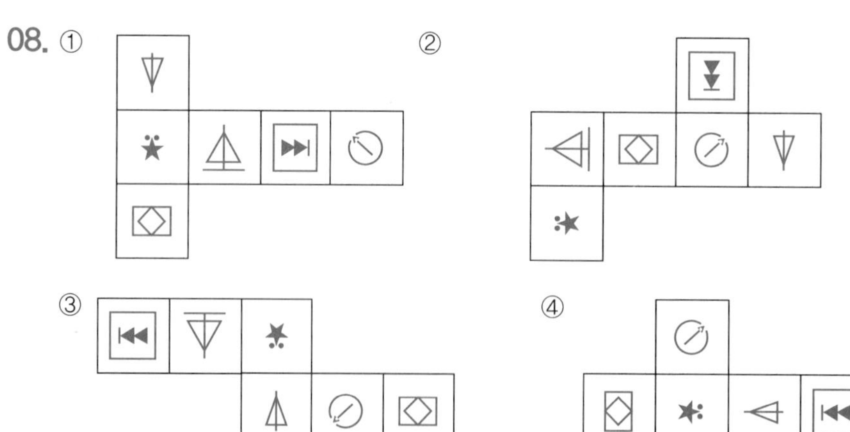

09. ① ②

③ ④

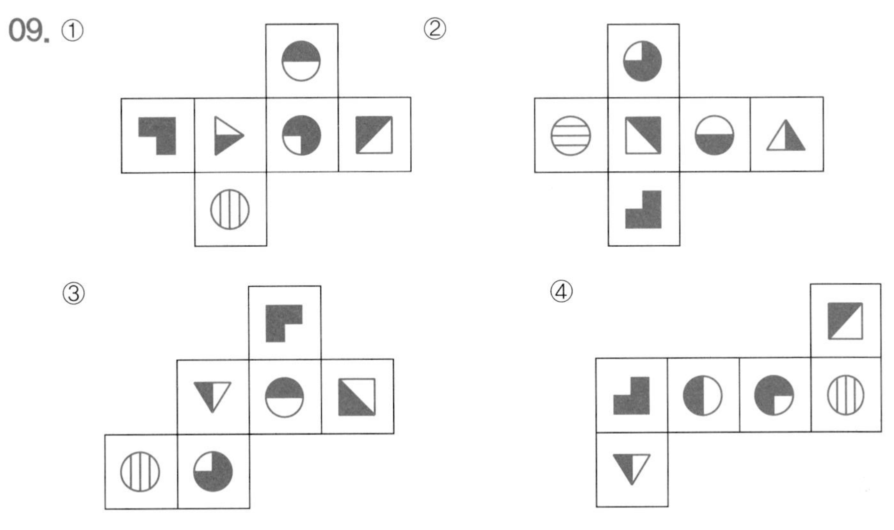

[10 ~ 13] 다음 입체도형의 전개도로 옳은 것을 고르시오.

10.

① ②

③ ④

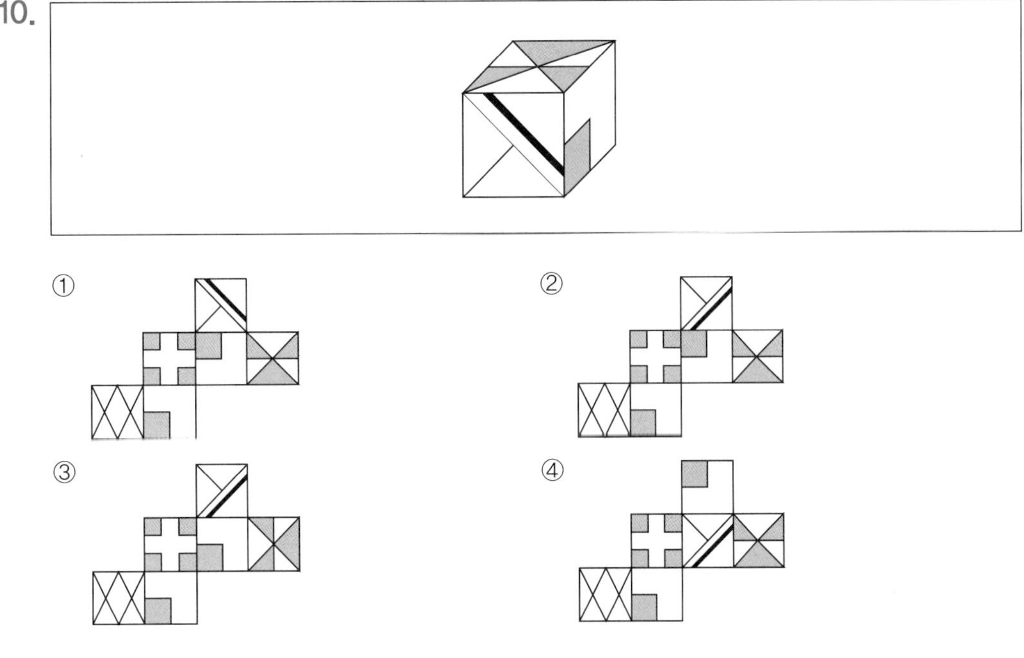

11.

①

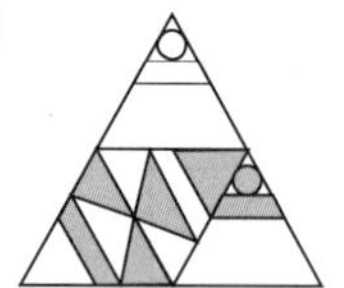

②

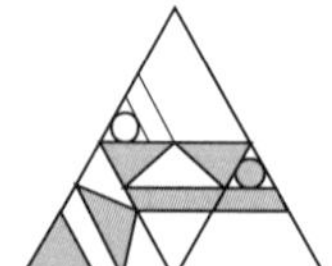

③

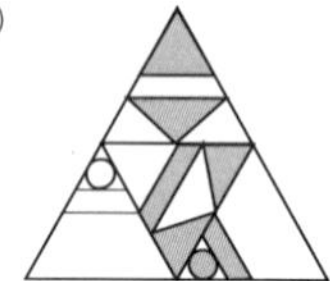

④

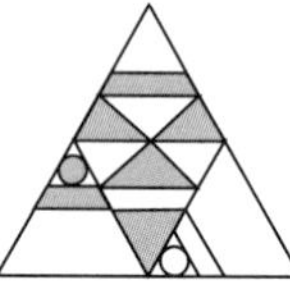

12.

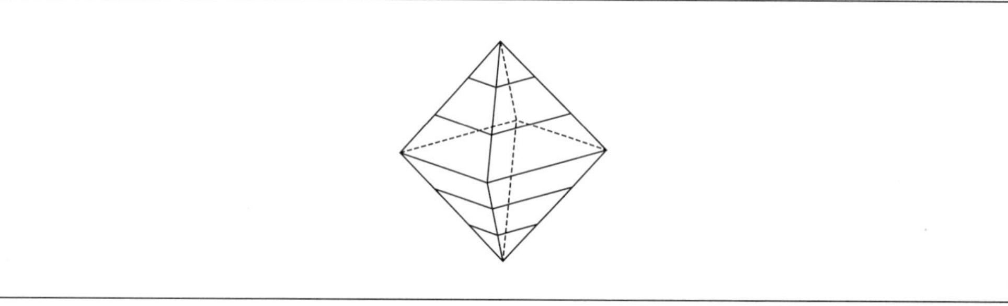

①

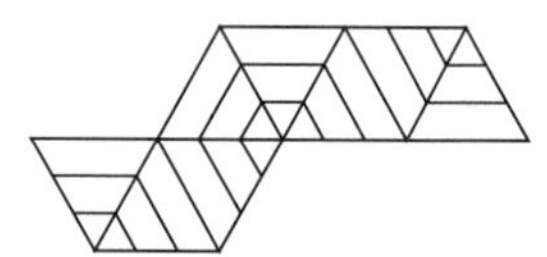

②

③

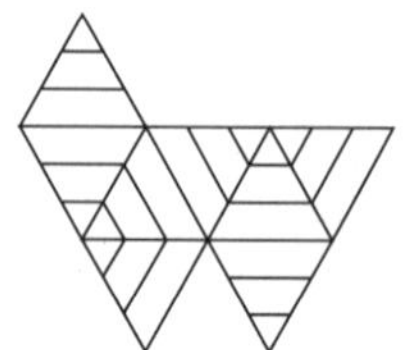

④

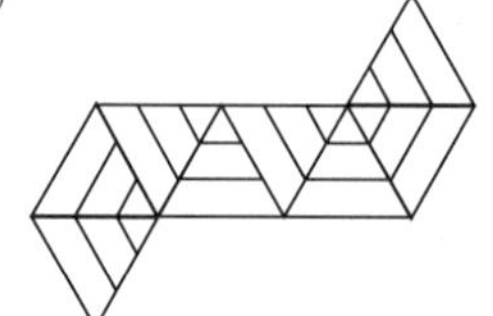

13.

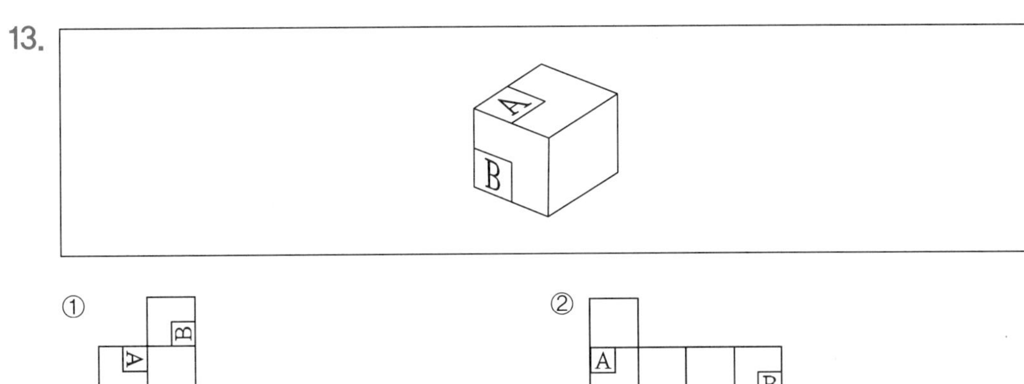

①

②

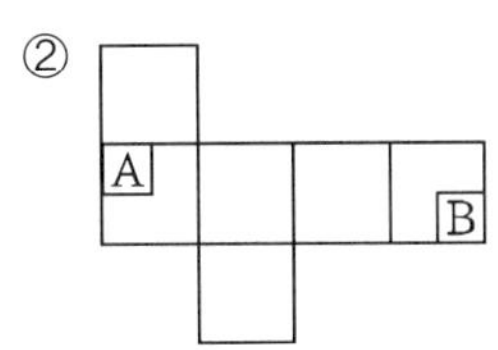

③

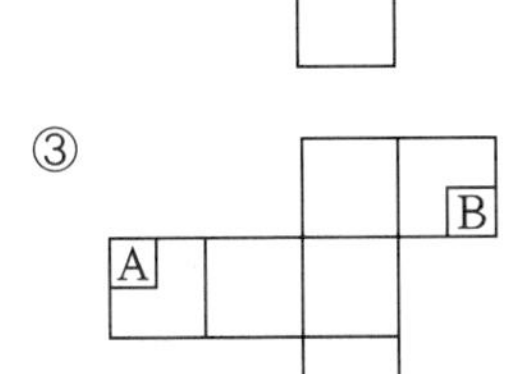

④

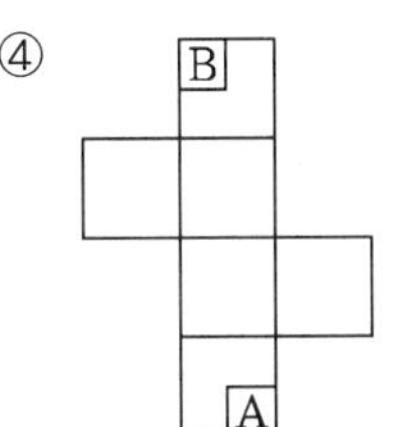

14. 다음 전개도를 접었을 때 나올 수 없는 도형은?

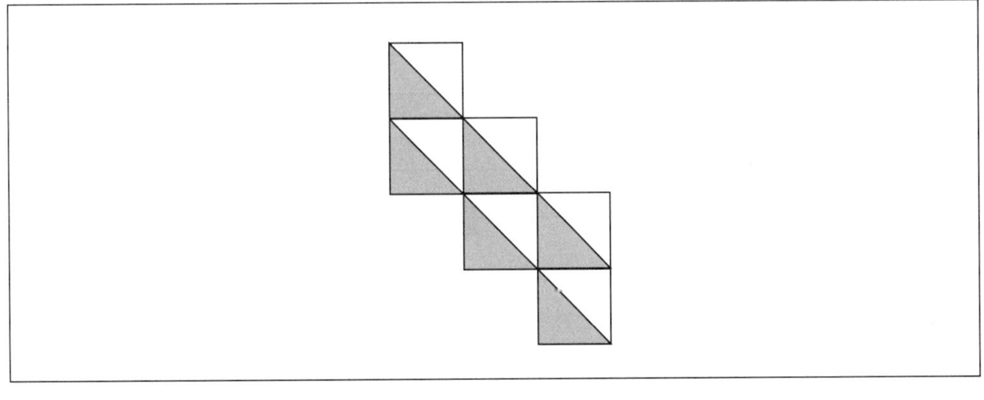

①

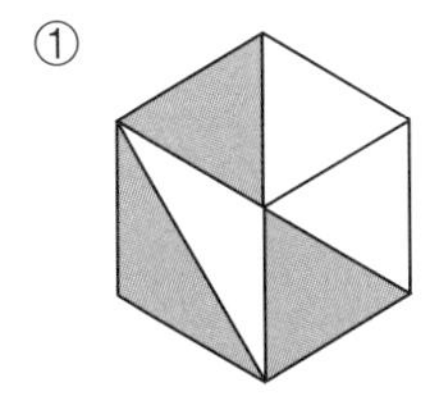

②

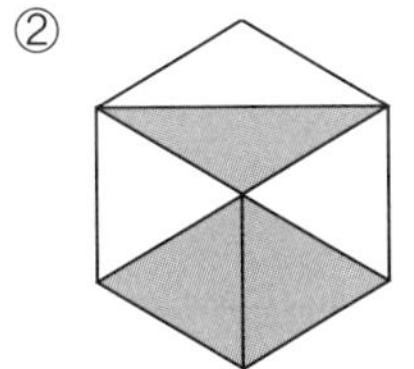

③

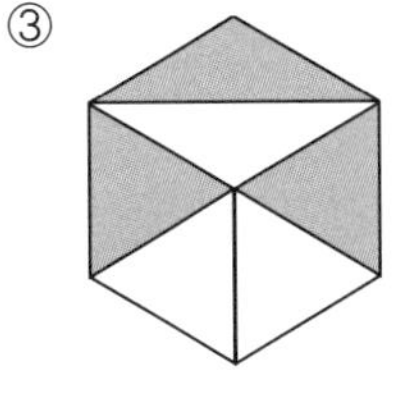

④

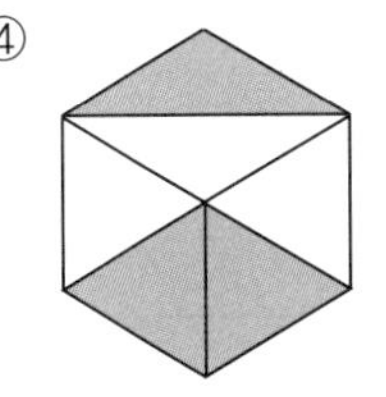

15. 다음과 같이 종이를 접은 후 앞이나 뒤에서 볼 수 있는 모양으로 옳지 않은 것은?

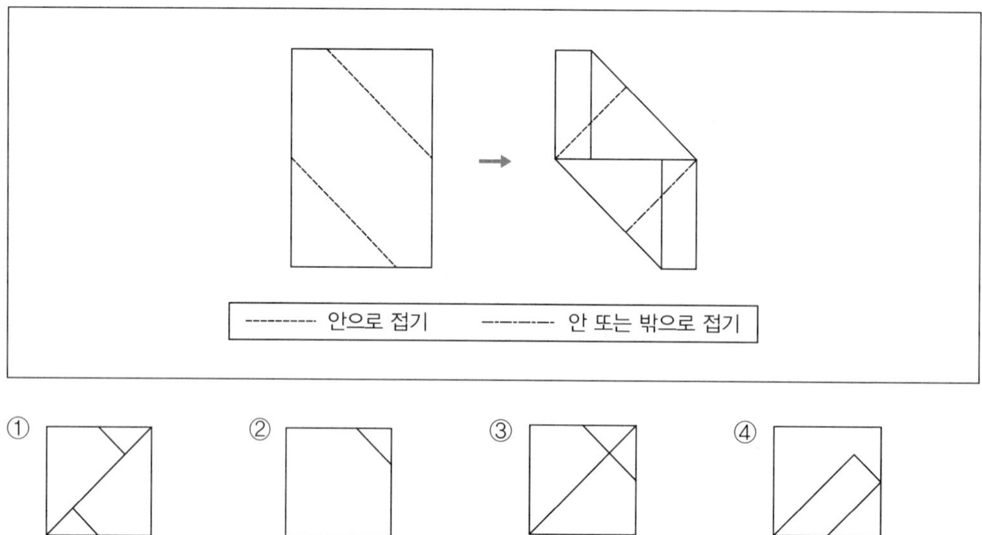

16. 다음과 같이 종이를 접은 후 펀치로 구멍을 뚫고 다시 펼쳤다. 종이의 좌표를 표시한 〈보기〉에서 구멍이 위치한 좌표를 모두 고르면? (단, 종이를 접을 때 종이의 위치는 바뀌지 않는다)

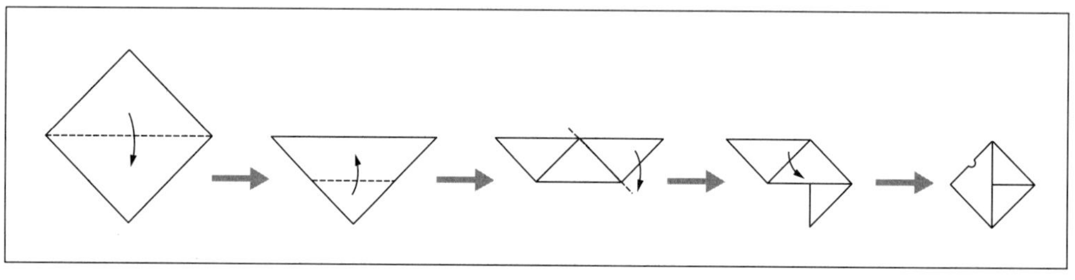

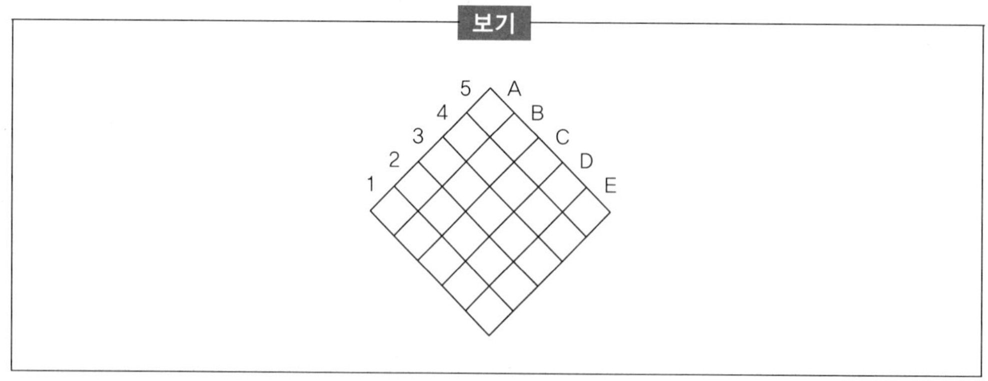

① B－3, C－2
② A－3, B－2, B－3, C－2
③ A－4, B－3, C－2, D－1
④ A－4, B－3, B－4, C－2, C－3, D－1, D－3, E－2

[17 ~ 18] 다음과 같이 종이를 접은 후 색칠된 부분을 자르고 다시 펼쳤을 때의 모양으로 옳은 것을 고르시오.

17.

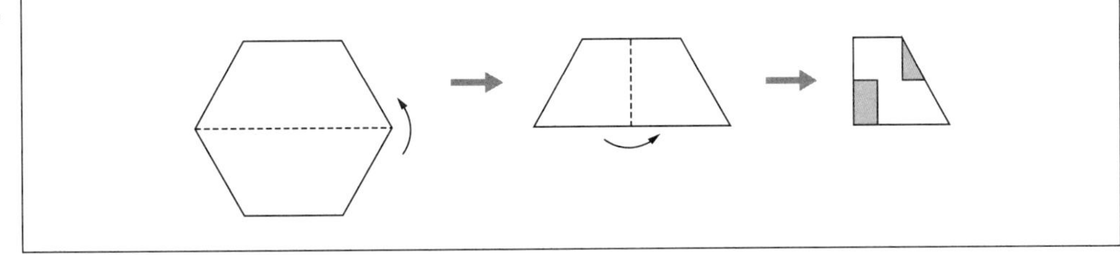

① 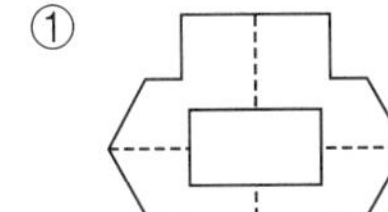
② 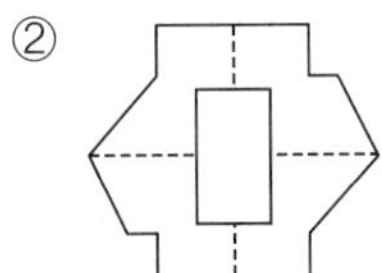
③ 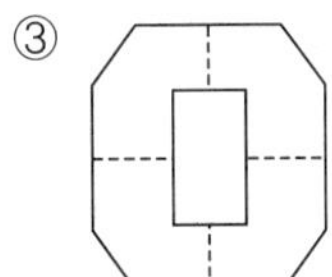
④ 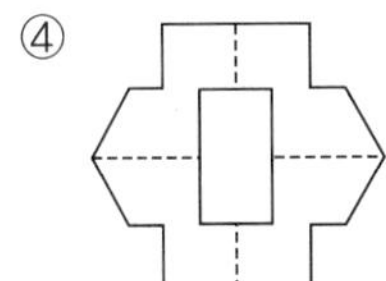

18.

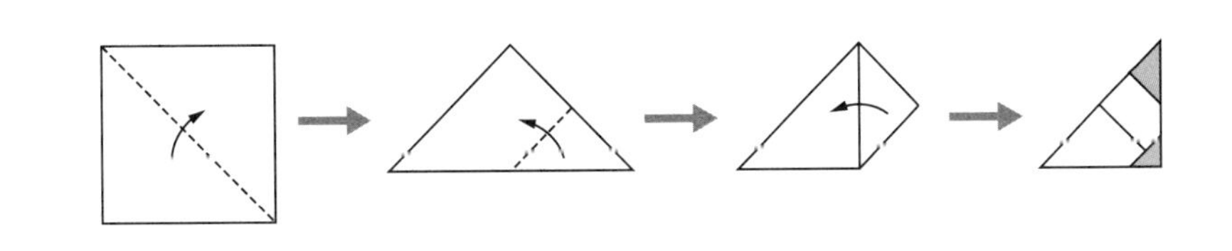

① 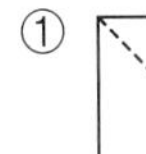
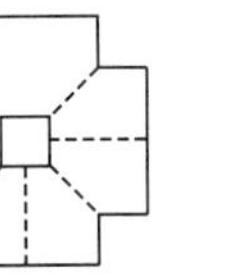
② 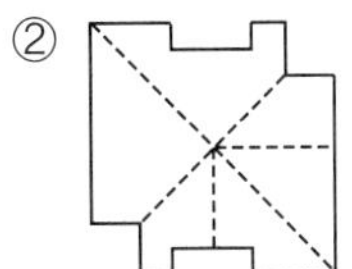
③ 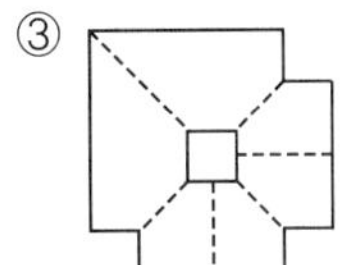
④ 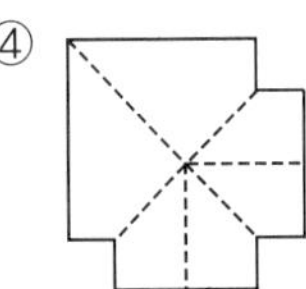

[19 ~ 20] 다음 정육면체 (A)에서 (B)를 제거하고 남은 형태의 블록 모양을 고르시오.

19.

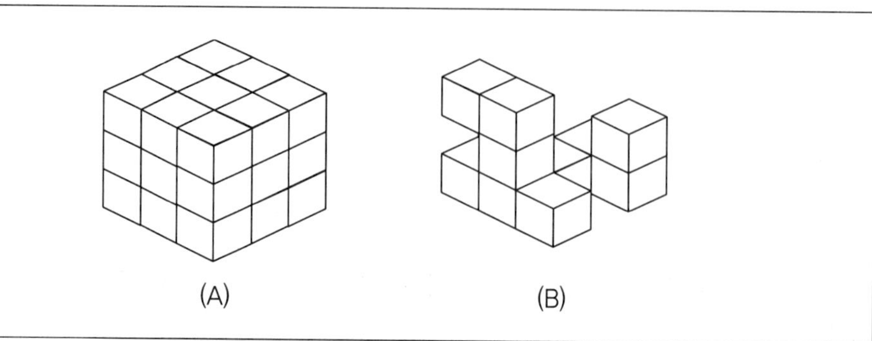

①

②

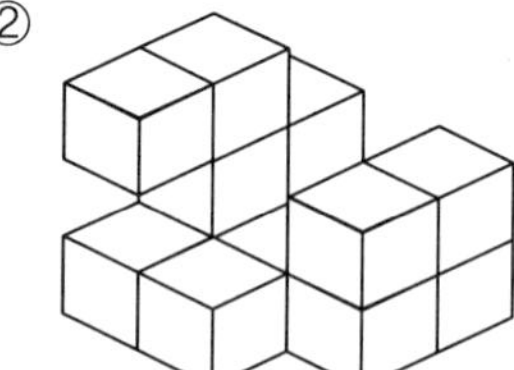

③

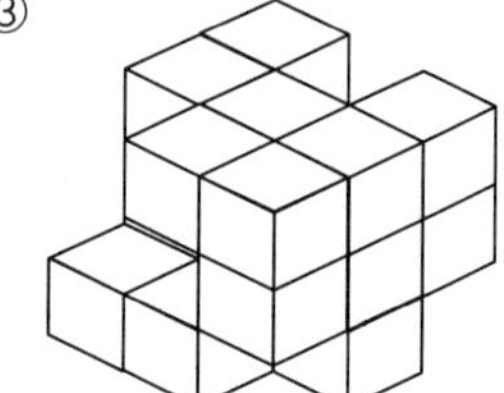

④

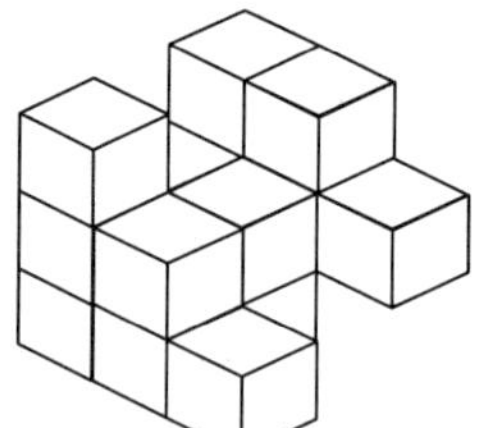

20.

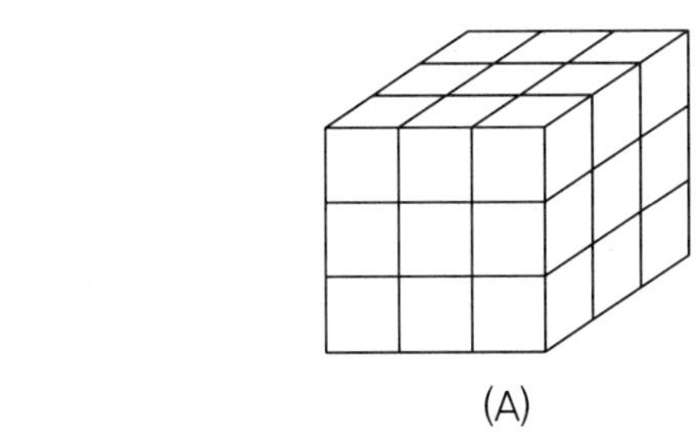

(A)

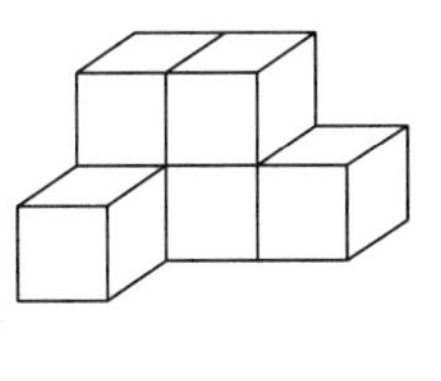

(B)

①

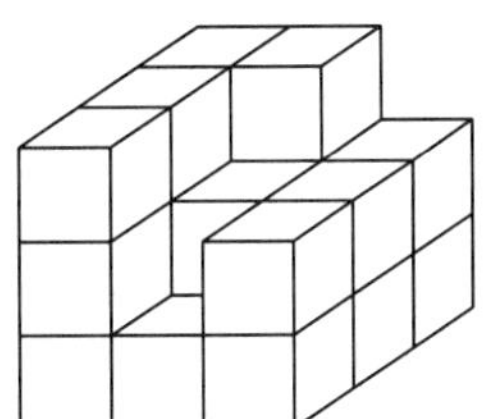

②

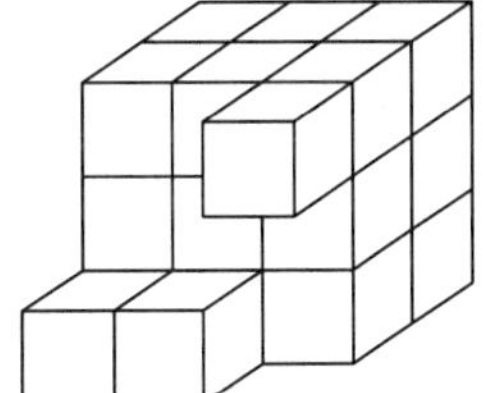

③

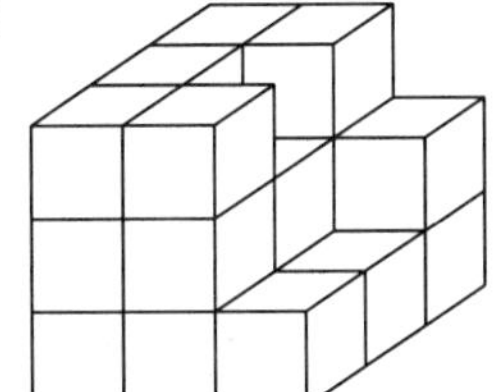

④

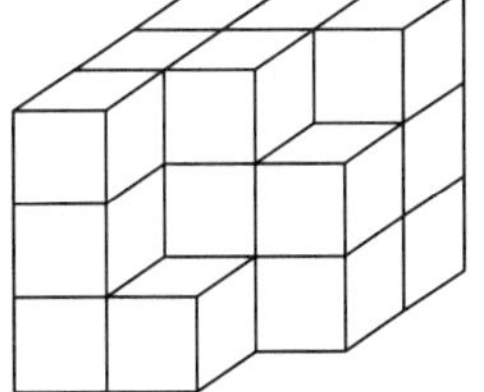

문제해결력

20문항 / 15분

01. A ~ D 4명 중 2명은 독신자, 2명은 기혼자이다. 기혼자 2명은 모두 거짓말을 하고, 독신자 2명은 모두 진실을 말하고 있다. 독신자는 누구인가?

- A : 나도 D도 독신이다.
- B : 나는 결혼하지 않았다.
- C : A는 결혼하지 않았다.
- D : C는 결혼했다.

① A, C ② A, D
③ B, D ④ C, D

02. 재열, 해수, 동민, 수광, 영진, 소녀, 강우가 매점 앞에 일렬로 줄을 서 있다. 자리 배치가 〈조건〉을 따른다고 할 때, 다음 중 반드시 참인 것은?

조건

- 정 가운데에는 동민이가 서 있다.
- 강우와 수광이는 앞뒤로 서 있지 않다.
- 수광이는 맨 앞이나 맨 뒤에 서 있다.
- 재열이와 해수는 바로 앞뒤로 서 있다.
- 소녀의 뒤로 두 번째 사람은 영진이다.

① 소녀의 위치는 반드시 맨 앞이다.
② 동민이의 바로 앞이나 뒤에는 해수가 선다.
③ 강우의 위치는 항상 소녀의 앞이다.
④ 수광이가 맨 앞에 서면 영진이는 맨 뒤에 선다.

03. 사내 체육대회에서 각 부서별 대표 7명(A, B, C, D, E, F, G)이 달리기 시합에 참여하였다. 시합 결과가 다음과 같다면 첫 번째로 결승점에 들어온 직원은 누구인가?

- 네 번째로 들어온 사람은 D이다.
- F보다 나중에 D가 들어왔다.
- G보다 나중에 F가 들어왔다.
- B보다 나중에 E가 들어왔다.
- D보다 나중에 E가 들어왔다.
- G보다 나중에 B가 들어왔다.
- A보다 나중에 F가 들어왔으나 A가 1등은 아니다.

① A
② B
③ E
④ G

04. 식당에 온 A, B, C, D, E, F, G는 그 식당 메뉴의 코스요리 1, 2, 3 중에서 한 가지씩을 고르는데, 세 코스요리 중에서 두 가지는 각각 두 명씩 선택했으며 하나는 세 명이 선택하였다. 〈보기〉를 참고할 때, 다음 중 옳은 것은?

보기

- A와 E는 같은 메뉴를 시켰다.
- B와 G는 같은 메뉴를 시켰다.
- C는 코스 1을 주문했다.
- F는 코스 2를 주문했다.
- F와 G는 다른 메뉴를 주문했다.

① G가 코스 1을 선택했다면, E는 코스 3을 주문했다.
② E가 코스 2를 선택했다면, G는 코스 1을 주문했다.
③ E가 코스 3을 선택했다면, B는 코스 2를 주문했다.
④ A가 코스 2를 선택했다면, D는 코스 2를 주문했다.

05. 다음은 A 애견카페를 이용한 손님에 대한 정보이다. 제시된 정보에 대한 진위여부는 정확하지 않을 때, 〈보기〉의 추론 중 반드시 참인 것은? (단, 반려견을 동반하지 않은 반려인 출입은 불가능하다)

> [정보 1] 총 3명의 손님이 방문했다.
> [정보 2] 손님은 각각 최소 2마리 이상의 반려견과 함께 방문했다.
> [정보 3] 이날 방문한 반려견의 수는 최소 6마리이다.
> [정보 4] 이날 방문한 반려견의 수는 짝수이다.

보기

> (가) [정보 1]과 [정보 2]가 참이면 [정보 3]도 참이다.
> (나) [정보 2]가 참이면 [정보 4]도 참이다.
> (다) [정보 1]과 [정보 3]이 참이면 [정보 2]도 참이다.

① (가) ② (나)
③ (다) ④ (가), (다)

06. 제시된 〈조건〉이 모두 성립할 때, 반드시 참인 명제는?

조건

> • 영화를 좋아하면 감수성이 풍부하다.
> • 꼼꼼한 성격이면 편집을 잘한다.
> • 영화를 좋아하면 꼼꼼한 성격이다.

① 편집을 잘하지 못하면 영화를 좋아하지 않는다.
② 꼼꼼한 성격이면 감수성이 풍부하다.
③ 편집을 잘하면 영화를 좋아한다.
④ 꼼꼼한 성격이면 영화를 좋아한다.

07. 다음 명제에 따라 밑줄 친 부분에 들어갈 알맞은 말을 고르면?

- 진달래를 좋아하는 사람은 감성적이다.
- 백합을 좋아하는 사람은 보라색을 좋아하지 않는다.
- 감성적인 사람은 보라색을 좋아한다.
- 그러므로 ______________________

① 감성적인 사람은 백합을 좋아한다.
② 백합을 좋아하는 사람은 감성적이다.
③ 진달래를 좋아하는 사람은 보라색을 좋아한다.
④ 보라색을 좋아하는 사람은 감성적이다.

08. 어느 온라인 카페에서 회원들이 키우고 있는 동물을 조사하여 얻은 결과인 A, B, C를 통해 내릴 수 있는 결론으로 옳은 것을 〈보기〉에서 모두 고르면?

A : 닭을 키우고 있는 사람은 개와 고양이를 키우고 있다.
B : 개를 키우고 있지만 고양이를 키우지 않는 사람은 닭이나 물고기를 키우고 있다.
C : 물고기를 키우고 있지 않거나 원숭이를 키우고 있는 사람은 고양이를 키우고 있지 않다.

보기

(가) 고양이를 키우고 있는 사람은 원숭이를 키우고 있지 않다.
(나) 원숭이를 키우고 있는 사람은 닭도 키우고 있다.
(다) 닭을 키우는 사람은 물고기도 키우고 있다.

① (가) ② (가), (나)
③ (가), (다) ④ (나), (다)

[09 ~ 10] 다음 흐름도에서 각각의 도형들은 정해진 규칙에 따라 문자를 변환시키는 암호를 나타낸 것이다. 이를 참고하여 '?'에 들어갈 문자나 도형을 고르시오.

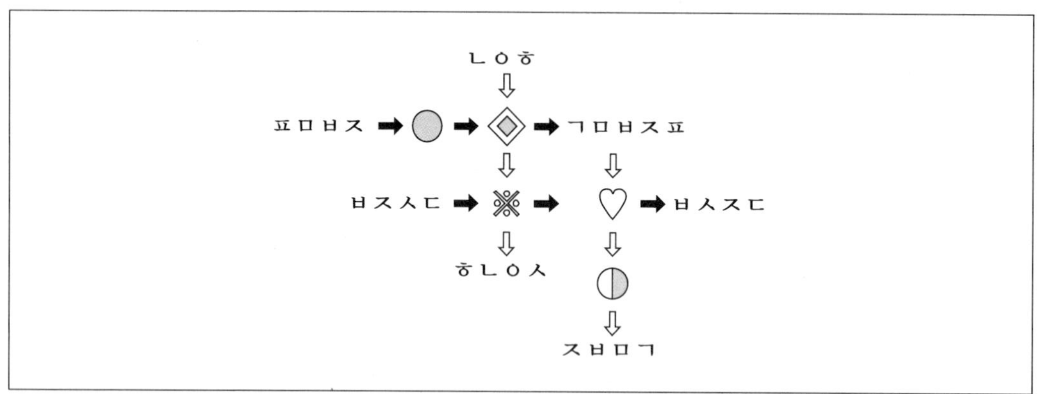

09.

ㄹㅋㅌㅅ ➡ ● ➡ ♡ ➡ ?

① ㅅㅌㅋ ② ㄹㅌㅋ

③ ㄹㅅㅌㅋ ④ ㅅㅌㅋㄹ

10.

ㄱㅅㅊㄹ ➡ ? ➡ ◈ ➡ ※ ➡ ㄱㅅㅊㄹㄷ

① ♡ ② ●

③ ◈ ④ ◑

11. ○○재단 총무팀 K 씨는 다음달 워크숍을 준비하려고 한다. 워크숍이 다음과 같이 진행될 때, K 씨가 대관할 호텔은?

1. 워크숍 진행

일시	20XX. XX. 13. ~ 20XX. XX. 14.
인원	40인
시설	대회의실, 20인 수용시설 2실, 숙박시설, 차량
예산	1,200,000원
비고	• 대회의실에는 40인이 모두 들어가야 함. • 같은 조건일 경우 노래방 기기가 있으면 더 선호함.

2. 숙박시설

구분	A 호텔	B 호텔	C 호텔	D 호텔
시설 현황	대회의실(40인), 소회의실(20인), 2실, 숙박시설(40인), 차량, 노래방 기기	대회의실(40인), 소회의실(20인), 2실, 숙박시설(40인), 차량	대회의실(50인), 소회의실(20인), 2실, 숙박시설(30인), 차량, 노래방 기기	대회의실(60인), 소회의실(30인), 1실, 숙박시설(50인), 차량, 노래방 기기
지불비용	950,000원	950,000원	1,200,000원	1,100,000원

① A 호텔 ② B 호텔 ③ C 호텔 ④ D 호텔

[12 ~ 13] 다음을 보고 이어지는 질문에 답하시오.

원두커피를 판매하는 K사는 신제품 출시에 따라 프로모션용으로 고객에게 제공할 머그컵을 공급받으려 한다. K사가 원하는 머그컵 상품 내역과 원재료별 비용, 다섯 군데의 공급처별 현황은 다음과 같다.

〈상품 내역〉

- 품목 : 머그컵
- 크기 : 500ml 용량
- 구매 수량 : 1,000개
  ※ 세라믹, 유리, 스테인리스 재료 중 선택
- 프로모션 행사일 : 4월 5일
  ※ 행사 전날까지 납품받아야 함.
- 발주일 : 3월 26일

〈원재료별 비용〉

(단위 : 원/개)

원재료	재료비용	포장비용	제조비용
세라믹	200	50	3,000
유리	300	50	2,000
스테인리스	400	25	3,500

〈공급처별 현황〉

구분	A 공장	B 공장	C 공장	D 공장
생산가능품	스테인리스	유리	세라믹	세라믹
운임	10만 원	12만 원	8만 원	14만 원
작업일수	5일	11일	7일	12일

※ 단, 모든 공장은 휴무일 없이 운영한다.

12. 납품가만을 고려할 때, K사에게 가장 낮은 가격으로 납품할 수 있는 공급처는?

① A 공장　② B 공장
③ C 공장　④ D 공장

13. 낮은 납품가와 더불어 K사의 발주일을 고려할 때, K사가 선택해야 하는 가장 경쟁력 있는 공급처는? (단, 3월의 마지막 날은 31일이다)

① A 공장　② B 공장
③ C 공장　④ D 공장

14. ○○기업의 직원들은 일정 기간동안 해외파견을 나가야 한다. 다음은 올해 해외파견 대상자들의 간략한 프로필이다. 프로필을 종합적으로 고려했을 때, 파견지역이 적절하지 않은 사람은?

이름	근무부서	전공	가능 외국어	비고
A	기획팀	경영학	영어, 중국어	파견 경험 없음.
B	유럽경제 연구팀	행정학	영어, 일본어	• 일본 파견(2008 ~ 2012년) • 유럽 지역 파견 희망
C	서아시아팀	경제학	영어, 아랍어	• 사우디아라비아 파견(2010 ~ 2011년) • 사우디아라비아 전문가
D	동아시아팀	경제학	영어	파견 경험 없음.

① A－중국　② B－일본
③ C－사우디아라비아　④ D－홍콩

[15 ~ 16] 남미출장을 다녀온 사원 H는 공항에 도착한 후 회사에 가서 출장 보고를 한 다음 ○○센터에서 열리는 회의에 참석하고자 한다. 이어지는 질문에 답하시오.

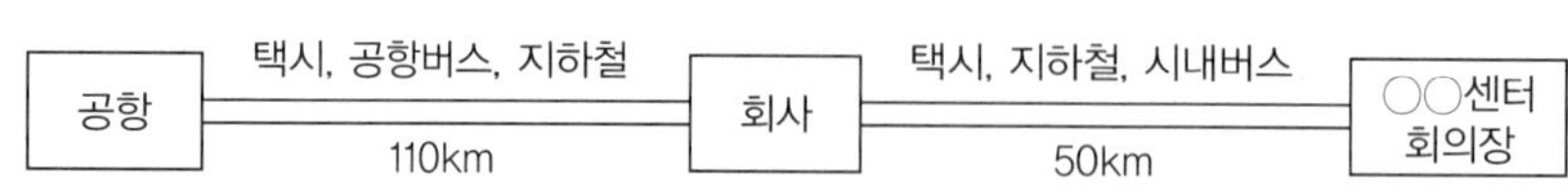

※ 출장 보고에는 1시간이 소요되며 H의 회사는 별도의 점심시간이 없다.
※ 공항에서 회사까지 또는 회사에서 회의장까지 이동할 때, 교통수단 환승은 하지 않는다.

〈교통수단별 이동시간 및 요금〉

교통수단	속력	거리별 요금
택시	80km/h	기본요금 3,800원(단, 2km 초과 이동 시 120m당 100원 초과요금 발생)
공항버스	60km/h	15,000원(정액)
지하철	110km/h	기본요금 1,200원(단, 10km 초과 이동 시 5km당 100원 초과요금 발생)
시내버스	40km/h	기본요금 1,200원(단, 10km 초과 이동 시 이후 5km당 100원 초과요금 발생. 최대 700원까지 부과 가능)

※ 교통수단별 정차시간은 고려하지 않는다.

15. H는 혼잡한 교통수단을 싫어해 시내버스나 지하철 이용 시 정신적 스트레스로 1km 당 100원의 비용이 추가로 발생한다. 이를 포함하여 교통비를 계산할 때, 교통비를 최소화하고자 하는 H가 이동수단1(공항 → 회사)과 이동수단2(회사 → 회의장)로 각각 택하게 되는 것은?

	이동수단1	이동수단2
①	공항버스	택시
②	공항버스	지하철
③	지하철	시내버스
④	지하철	택시

16. ○○센터에서 13시에 열리는 회의는 2시간 동안 진행되며 H는 최소 한 시간 이상 회의에 참석하고자 한다. 공항에 10시에 도착한 H가 회사에 들러 출장 보고를 하는 데 소요되는 시간까지 고려할 때, 이동수단으로 선택하게 되는 것은? (단, 학회에 1시간 이상 참석하는 것을 최우선으로 하고, 가능한 조합이 복수일 경우에는 교통비용이 가장 적은 조합을 택한다)

	이동수단1	이동수단2
①	공항버스	시내버스
②	지하철	택시
③	공항버스	지하철
④	지하철	시내버스

[17 ~ 18] 다음 자료를 보고 이어지는 질문에 답하시오.

〈노트북 PC 사양 비교표〉

제품	A	B	C	D
가격	300만 원 대	200만 원 대	250만 원 대	250만 원 대
제조사	L사	S사	A사	L사
CPU	i7 6790	i7 6790	i7 6750	i7 8750
RAM	16GB	11GB	8GB	16GB
SSD	1TB	500GB	500GB	500GB
무게	0.85kg	0.88kg	0.90kg	0.85kg
최대 대기 시간(배터리)	11시간	10시간	11시간	11시간
완전 충전에 소요되는 시간	3시간	4시간	2시간	2시간

17. 박 사원은 이번에 부임하는 부서장의 업무용 노트북 PC를 준비하게 되었다. 위의 자료를 바탕으로 노트북 PC를 준비할 때 다음 중 부서장의 요구사항을 충족시키는 제품은?

〈부서장의 요구사항〉

1. 무엇보다 최대 대기 시간이 길고 충전이 빠른 제품이었으면 좋겠어요.
2. 트래픽 편집 관련 작업을 하는 경우가 잦으므로 RAM과 SSD의 용량이 최대한 넉넉한 제품이었으면 좋겠고요.
3. 앞에서 제시한 모든 조건이 동일하다면 무게가 가벼운 제품이면 좋겠고, 무게까지 동일하다면 저렴한 제품을 선택하는 것이 좋겠지요.

① A　② B　③ C　④ D

18. 위 부서장이 해당 노트북 PC를 내근용으로 사용하면서 최대 대기 시간 및 충전 소요시간은 요구사항에서 제외하고 성능 좋은 제품으로 변동하였다. 이때 부서장의 요구사항을 가장 잘 충족시키는 제품은?

① A　② B　③ C　④ D

[19 ~ 20] 다음 자료를 보고 이어지는 질문에 답하시오.

○○기업 마케팅팀에서는 향후 신제품 홍보를 위해 여러 홍보 매체의 특성을 비교하고 각 부서별 주요 목표 고객층과 요구사항을 정리한 자료를 다음과 같이 작성하였다.

〈자료1〉 홍보 매체별 특성

구분	동영상 전문 사이트 광고	홈쇼핑	웹페이지 배너 광고	신문 광고
비용	2등급	1등급	3등급	4등급
전파속도	1등급	2등급	1등급	3등급
주요 소비층	20대	40대	30 ~ 40대	50 ~ 60대
홍보 지속 기간	1주일	1개월	3개월	1주일

※ 1등급에 가까울수록 비용이 많이 들거나 전파속도가 빠름을 의미함.

〈자료 2〉 부서별 목표 고객과 요구사항

사업부	주요 대상 고객층	선호하는 홍보 방안
화장품 사업부	젊은 남성용 신제품과 중년층 여성 고객용 신제품을 출시	유행에 민감하므로 전파속도가 빠른 매체를 선호
자전거 사업부	젊고 세련된 고객	홍보 비용보다는 전파속도를 더 중요하게 고려
생명보험 사업부	가족을 부양하는 가장	전파속도가 다소 느려도 오래 지속되는 광고를 선호
건강식품 사업부	건강에 관심이 많은 장년층	저렴한 비용을 우선 고려

19. 제시된 자료를 참고하였을 때 건강식품 사업부에 가장 적합한 홍보 매체는?

① 동영상 전문 사이트 광고
② 홈쇼핑
③ 웹페이지 배너 광고
④ 신문 광고

20. ○○기업 전자기기 사업부에서 새로 개발한 제품 홍보를 의뢰하는 공문을 보냈다. 다음의 공문을 참고했을 때 전자기기 사업부에 추천할 수 있는 가장 적절한 홍보 매체는?

> 안녕하십니까, 전자기기 사업부입니다.
>
> 귀 부서로 홍보 전략을 의뢰하고자 연락을 드립니다. 현재 저희가 새로 개발한 상품은 최신형 스마트폰으로 주로 스마트폰 게임에 적합한 성능을 가지고 있으며 주요 고객층은 30대 이하입니다.
>
> 기존의 제품보다 화면의 선명도가 높고 밝다는 것이 특징이며 방수기능이 특화되어 있어 이를 강조하려고 합니다. 또 바이러스를 스스로 점검하고 예방하는 백신 작업을 자동으로 수행하는 기능도 갖추고 있습니다.
>
> 스마트폰 제품의 경우 제품의 순환주기가 빠르고 경쟁사의 신제품들도 우리 제품 출시일 앞뒤로 출시될 것이 확실하므로 제품 출시 초기에 빠른 시장 장악이 가장 중요한 점이라는 것을 고려해 주시기 바랍니다.

① 동영상 전문 사이트 광고
② 홈쇼핑
③ 웹페이지 배너 광고
④ 신문 광고

집중력

20문항 / 10분

[01 ~ 03] 다음 문자 · 숫자군에서 왼쪽에 제시된 문자 · 숫자의 개수를 고르시오.

01.

勤

動瞳罿重覲動陲動覲覲重瞳陲瞳動
勤重覲動陲動覲覲瞳陲瞳重動動瞳
覲瞳覲重勤動陲瞳陲重重勤動覲瞳

① 3개 ② 4개
③ 5개 ④ 6개

02.

앨

옐앰엡옐엘앨앰얩얠앱열옘얄엘얩
앨옐옙얕엽앱열엘얄얕앨옘얍알옘
압옐엽얕얠엽얠얄얠옐앱얍옐예얠

① 2개 ② 3개
③ 4개 ④ 5개

03.

6

1851344795148764782674814271042274688149536368517218268
2651254163705292068797239311288153813858152324674315783

① 8개 ② 9개
③ 10개 ④ 11개

[04 ~ 07] 다음 문자 · 기호군에서 찾을 수 없는 문자 · 기호를 고르시오.

04.

p a n o q p g w k g u s h d f k b u f r w e j f p w q o d k s h u v
e h r d j s k n j d h e h r f s n a u y n f k s c j f b s k a u t b f h s k

① t　　② v
③ y　　④ l

05.

╡ ╢ ╖ ╕ ╣ ║ ╨ ╤ ╥ ╙ ╘ ╒ ╓ ╫
║ ╝ ╜ ╛ ╞ ╟ ╝ ╜ ╛ ╞ ╟ ╚ ╔ ╘
╒ ╓ ╫ ╠ ═ ╬ ╧ ╚ ╔ ╠ ═ ╬ ╡ ╢
╖ ╕ ╣ ╧ ╨ ╤ ╥ ╙ ╞ ╟ ╝ ╣ ║ ╨

① ╢　　② ╘
③ ╠　　④ ╪

06.

R I O G O G Y K D I V P B M B N I Q U P
N V P R F I E M B K Z B X U E E R P M B
Y U Z B X C W U R Y M A H S G Q K B D

① O M　　② B K
③ M A　　④ L V

07.

伽 儺 多 喇 摩 乍 亞 仔 且 他 坡 下
佳 娜 茶 懶 瑪 事 俄 刺 侘 咤 婆 何
假 懦 癩 痲 些 兒 咨 借 唾 巴 厦 亞
仔 且 他 瑪 事 俄 娜 茶 懶 瑪 些 兒

① 伽　② 侘
③ 假　④ 價

[08 ~ 13] 다음 〈보기〉와 같이 알파벳들이 각각 짝지어진 숫자를 의미할 때, 알파벳과 숫자의 연결이 올바르지 않은 것의 개수를 구하시오.

보기

A	B	C	D	E	F	G	H	I	J	K	L	M
1	6	5	0	2	3	1	5	4	7	0	3	8

N	O	P	Q	R	S	T	U	V	W	X	Y	Z
8	4	2	9	5	4	3	9	6	1	2	7	6

08.

RJDLXH : 510128

① 1개　② 2개
③ 3개　④ 4개

09.

LXIAKMW : 3291781

① 1개　② 2개
③ 3개　④ 4개

10.

ZGOKB : 63476

① 1개 ② 2개
③ 3개 ④ 4개

11.

CWSYP : 53262

① 1개 ② 2개
③ 3개 ④ 4개

12.

UQINE : 99412

① 1개 ② 2개
③ 3개 ④ 4개

13.

MTAVF : 80163

① 1개 ② 2개
③ 3개 ④ 4개

[14 ~ 16] (A)와 (B)를 비교하여 서로 다른 부분의 개수를 구하시오.

14.

(A) 통계에 의하면 1억 명이 넘는 미국 여성 가운데 400만 명이 남편의 가정 폭력에 시달리고 있습니다. 그런데 FBI의 범죄통계에 따르면, 본 살인사건이 일어난 2006년에 살인사건으로 살해된 여성은 모두 3,000명이었습니다. 이 가운데 평소 가정 폭력을 일삼던 남편에게 살해된 여성은 1,200명이었습니다. 저는 피고가 평소에 가정 폭력을 일삼았다는 점을 인정합니다. 하지만 평소에 가정 폭력에 시달렸으면서 누군가에 의해 살해된 여성들 가운데 남편에게 살해된 여성의 비율이 중요하다고 생각합니다. 이와 더불어 남편에게 가정 폭력을 당하고 있는 여성은 무려 400만 명에 이르지만, 가정 폭력을 휘두르는 남편에 의해 살해된 여성의 수는 2006년 한 해 1,200명에 불과합니다. 따라서 검사 측에서 피고가 평소에 가정 폭력을 일삼았다는 것을 유력한 정황 증거로 삼아, 피고가 바로 이 살인사건의 범인이라는 주장에는 근거가 없어 보입니다.

(B) 통계에 의하면 1억 명이 넘는 미국 여성 가운데 400만 명이 남편의 가정 폭력에 시달리고 있습니다. 그런데 FBI의 범죄통계에 따르면, 본 살인사건이 일어난 2006년에 살인사건으로 살해된 여성은 모두 30,000명이었습니다. 이 가운데 평소 가정 폭력을 일삼던 남편에게 살해된 여성은 1,200명이었습니다. 저는 피고가 평소에 가정 폭력을 일삼았다는 점을 인정합니다. 하지만 평소에 가정 폭력에 시달렸으면서 누군가에 의해 살해된 여성들 가운데 남편에게 살해된 여성의 비율이 중요하다고 생각합니다. 이와 더불어 남편에게 가정 폭력을 당하고 있는 여성은 대략 400만 명에 이르지만, 가정 폭력을 휘두르는 남편에 의해 살해된 여성의 수는 2006년 한 해 1,200명에 불과합니다. 따라서 검사 측에서 피고가 평소에 가정 폭력을 일삼았다는 것을 유력한 정황 증거로 삼아, 피고가 바로 이 살인사건의 범인이라는 주장에는 근거가 없어 보입니다.

① 없음.　② 1개
③ 2개　④ 3개

15.

(A)

제○○조(여비의 종류) 여비는 운임 · 일비 · 숙박비 · 식비 · 이전비 · 가족여비 및 준비금 등으로 구분한다.

제○○조(여행일수의 계산) 여행일수는 여행에 실제로 소요되는 일수에 의한다. 국외여행의 경우에는 국내 출발일은 목적지를, 국내 도착일은 출발지를 여행하는 것으로 본다.

제○○조(여비의 구분계산) ① 여비 각 항목은 구분하여 계산한다.

② 같은 날에 여비액을 달리하여야 할 경우에는 많은 액을 기준으로 지급한다. 다만 숙박비는 숙박지를 기준으로 한다.

제○○조(일비 · 숙박비 · 식비의 지급) ① 국외여행자의 경우는 〈국외여비정액표〉에서 정하는 바에 따라 지급한다.

② 일비는 여행일수에 따라 지급한다.

③ 숙박비는 숙박하는 밤의 수에 따라 지급한다. 다만 항공편 이동 중에는 따로 숙박비를 지급하지 아니한다.

④ 식비는 여행일수에 따라 이를 지급한다. 다만 항공편 이동 중 당일의 식사 기준시간이 모두 포함되어 있는 경우는 식비를 제공하지 않는다

⑤ 식사 시간은 현지 시각 08시(조식), 12시(중식), 18시(석식)를 기준으로 한다.

(B)

제○○조(여비의 종류) 여비는 운임 · 일비 · 숙박비 · 식비 · 이전비 · 가족여비 및 준비금 등으로 구분한다.

제○○조(여행일수의 계산) 여행일수는 여행에 실제로 소요되는 일수에 의한다. 국외여행의 경우에는 국내 출발일은 목적지를, 국내 도착일은 출발지를 여행하는 것으로 본다.

제○○조(여비의 구분계산) ① 여비 각 항목은 구분하여 계산한다.

② 같은 날에 여비액을 달리하여야 할 경우에는 많은 액을 기준으로 지급한다. 다만 숙박비는 숙박지를 기준으로 한다.

제○○조(일비 · 숙박비 · 식비의 지급) ① 국외여행자의 경우는 〈국외여비정액표〉에서 정하는 바에 따라 지급한다.

② 일비는 여행일수에 따라 지급한다.

③ 숙박비는 숙박하는 밤의 수에 따라 지급한다. 다만 항공편 이동 중에는 띠로 숙박비를 지급하지 아니한다.

④ 식비는 여행일수에 따라 이를 지급한다. 다만 항공편 이동 중 당일의 식사 기준시간이 모두 포함되어 있는 경우는 식비를 제공하지 않는다.

⑤ 식사 시간은 현지 시각 08시(조식), 12시(중식), 18시(석식)를 기준으로 한다.

① 없음. ② 1개

③ 2개 ④ 3개

16.

(A) 옛날이나 지금이나 치세와 난세가 없을 수 없소. 치세에는 왕도정치와 패도정치가 있소. 군주의 재능과 지혜가 출중하여 뛰어난 영재들을 잘 임용하거나, 비록 군주의 재능과 지혜가 모자라더라도 현자를 임용하여, 인의의 도를 실천하고 백성을 교화하는 것은 왕도(王道)정치입니다. 군주의 지혜와 재능이 출중하더라도 자신의 총명만을 믿고 신하를 불신하며, 인의의 이름만 빌려 권모술수의 정치를 행하여 백성들로 하여금 자신의 사익만 챙기고 도덕적 교화를 이루게 하지 못하는 것은 패도(覇道)정치라오.

나아가 난세에는 세 가지 경우가 있소. 속으로는 욕심 때문에 마음이 흔들리고 밖으로는 유혹에 빠져서 백성들의 힘을 모두 박탈하여 자기 일신만을 받들고 신하의 진실한 충고를 배척하면서 자기만 성스러운 체하다가 자멸하는 자는 폭군(暴君)의 경우이지요. 정치를 잘해 보려는 뜻은 가지고 있으나 간사한 이를 분별하지 못하고 등용한 관리들이 재주가 없어 나라를 망치는 자는 혼군(昏君)의 경우이지요. 심지어 나약하여 뜻이 굳지 못하고 우유부단하며 구습만 고식적으로 따르다가 나날이 쇠퇴하고 미약해지는 자는 용군(庸君)의 경우입니다.

(B) 옛날이나 지금이나 치세와 난세가 없을 수 없소. 치세에는 왕도정치와 패도정치가 있소. 군주의 재능과 지혜가 출중하여 뛰어난 영재들을 잘 임용하거나, 비록 군주의 재능과 지혜가 모자라더라도 현자를 임용하여, 인의의 도를 실천하고 백성을 교화하는 것은 왕도(王道)정치입니다. 군주의 지혜와 재능이 출중하더라도 자신의 총명만을 믿고 신하를 불신하며, 인의의 이름만 빌려 권모술수의 정치를 행하여 백성들로 하여금 자신의 사익만 챙기고 도덕적 교화를 이루게 하지 못하는 것은 패도(覇道)정치라오.

나아가 난세에는 세 가지 경우가 있소. 속으로는 욕심 때문에 마음이 흔들리고 밖으로는 미혹에 빠져서 백성들의 힘을 모두 박탈하여 자기 일신만을 받들고 신하의 진실한 충고를 배척하면서 자기만 성스러운 체하다가 자멸하는 자는 폭군(暴君)의 경우이지요. 정치를 잘해 보려는 뜻은 가지고 있으나 간사한 이를 분별하지 못하고 등용한 관리들이 재주가 없어 나라를 망치는 자는 혼군(昏君)의 경우이지요. 심지어 나약하여 뜻이 굳지 못하고 우유부단하며 구습만 고식적으로 따르다가 나날이 쇠퇴하고 미약해지는 자는 용군(庸君)의 경우입니다.

① 없음.　② 1개

③ 2개　④ 3개

17. 다음 가전제품 매장의 〈제품 현황〉과 〈보기〉를 비교하였을 때, 일치하지 않는 칸의 개수는?

〈제품 현황〉

(단위 : 원, 개)

상품코드	상품명	판매단가	판매수량	입고단가	입고수량	전월재고수량
PB0001	가스레인지	880,000	11	800,000	15	10
PB0057	가습기	27,900	26	18,900	10	30
PB0088	김치냉장고	2,246,000	15	2,000,000	10	10
PB0135	냉장고	3,680,000	9	3,000,000	2	15
PB0257	녹음기	30,000	28	10,000	25	25
PB0272	세탁기	970,000	10	800,000	10	5
PB0334	에어컨	2,458,000	23	2,400,000	15	25
PB0386	전자레인지	143,000	31	100,000	40	20
PB0555	카세트	99,000	13	70,000	20	10
PB0589	텔레비전	2,854,000	8	2,820,000	10	10

보기

(단위 : 원, 개)

상품코드	상품명	판매단가	판매수량	입고단가	입고수량	전월재고수량
PB0088	김치냉장고	2,246,000	15	2,000,000	10	10
PB0135	냉장고	3,880,000	9	3,000,000	5	15
PB0272	세탁기	970,000	10	800,000	10	5
PB0334	에어컨	2,458,000	33	2,400,000	15	25
PB0386	전자레인지	143,000	31	100,000	40	20

① 1개　　② 2개　　③ 3개　　④ 4개

[18 ~ 20] 다음 어느 택배회사 지역영업소의 〈고객 목록〉과 〈보기〉의 내용을 비교하여 일치하지 않는 칸의 개수를 구하시오.

〈고객 목록〉

배송지	우편번호	이름	배송 요일	연락처
서울시 은평구 백련산로 100	122-913	윤병길	화	010-1111-5678
서울시 은평구 백련산로 179	122-906	송삼태	화	010-2245-8999
서울시 은평구 연서로 59	122-900	권상식	수	010-1818-2666
서울시 은평구 연서로20길 24-3	122-838	김지윤	화	02-555-6278
서울시 은평구 연서로27길 31-6	122-814	김미자	화	010-444-1222
서울시 은평구 갈현로17길 10	122-820	이미정	목	010-9111-3333
서울시 은평구 은평로 195	122-702	박준이	화	02-345-6789
서울시 은평구 은평로2길 2	122-882	하병민	수	02-257-2577
서울시 은평구 은평터널로 27	122-874	오다해	화	010-7777-5656
서울시 은평구 진관2로 31	122-200	김지연	목	010-311-3110

18.

보기

배송지	우편번호	이름	배송 요일	연락처
서울시 은평구 은평로2길 2	122-874	하병만	수	02-257-2577
서울시 은평구 은평터널로 27	122-882	오다해	화	010-7777-5656
서울시 은평구 진관로 31	122-200	김지연	목	018-311-3110

① 2개 ② 3개 ③ 4개 ④ 5개

19. 보기

배송지	우편번호	이름	배송 요일	연락처
서울시 은평구 백련산로 100	122-913	윤병길	화	010-1111-5678
서울시 은평구 백련산로 179	122-906	송삼태	화	010-2245-8899
서울시 은평구 연서로 59	122-900	권상식	수	010-1818-2666
서울시 은평구 연서로20길 24-3	122-838	김지연	화	02-555-6278

① 1개　② 2개　③ 3개　④ 4개

20. 보기

배송지	우편번호	이름	배송 요일	연락처
서울시 은평구 연서로27길 316	122-814	김미자	화	010-444-1222
서울시 은평구 갈현로17길 17	122-820	이민정	목	010-9111-3333
서울시 은평구 은평로 195	122-702	박준이	목	02-345-6789

① 1개　② 2개　③ 3개　④ 4개

상식

25문항 / 30분

01. 다음 풍습이 있었던 나라에서 볼 수 있던 모습은?

> 해마다 5월이면 씨뿌리기를 마치고 귀신에게 제사를 지낸다. 떼를 지어 모여서 노래와 춤을 즐기며 술 마시고 노는데 밤낮을 가리지 않는다. …… 10월에 농사일을 마치고 나서도 이렇게 한다.

① 소도에서 제사를 주관하는 천군

② 고구려에 공물을 바치러 가는 사절단

③ 형이 죽은 후 형수를 아내로 삼는 동생

④ 남자 집에 미리 가서 살다 결혼하는 여자

02. 다음 중 근초고왕의 업적이 아닌 것은?

① 평양성을 공격하여 고구려의 고국원왕을 전사시켰다.

② 마한의 잔여 세력을 복속시킴으로써 전라도 지역을 확보하였다.

③ 지방의 거점에 22담로를 설치하고 지방관을 파견하였다.

④ 백제 왕실의 역사를 정리한 『서기』를 편찬하였다.

03. 다음 왕에 대한 설명으로 옳은 것은?

> • 왕 16년, 북한산을 순행하여 국경을 청하였다.
> 18년, 신주를 없애고 북한산주를 설치하였다.
> 29년, 북한산주를 없애고 남천주(南川州)를 설치하였다.
> • 왕이 크게 인민을 얻어 … 이리하여 관경(管境)을 순수(巡狩)하면서 민심을 □□하고 노고를 위로하고자 한다. … 남천군주(南川軍主)는 … 사탁(沙啄) 굴정차(屈丁次) 나(奈) □이다.

① 왕호를 이사금에서 마립간으로 바꾸었다.
② 우산국을 복속시켜 영토로 편입하였다.
③ 율령을 반포하여 통치 질서를 확립하였다.
④ 고령의 대가야를 정복하여 낙동강 유역을 확보하였다.

04. 다음 설명에 해당하는 기구를 (가)～(라)에서 고르면?

> • 건국 초기에는 사헌대라고 하였지만 성종 14년에 그 명칭을 고쳤다.
> • 정치의 잘잘못을 논하고 관리 감찰과 풍기 단속을 실시하였다.
> • 낭사와 함께 대간으로 불렸으며, 간쟁 · 서경 · 봉박 등의 권한을 행사하였다.

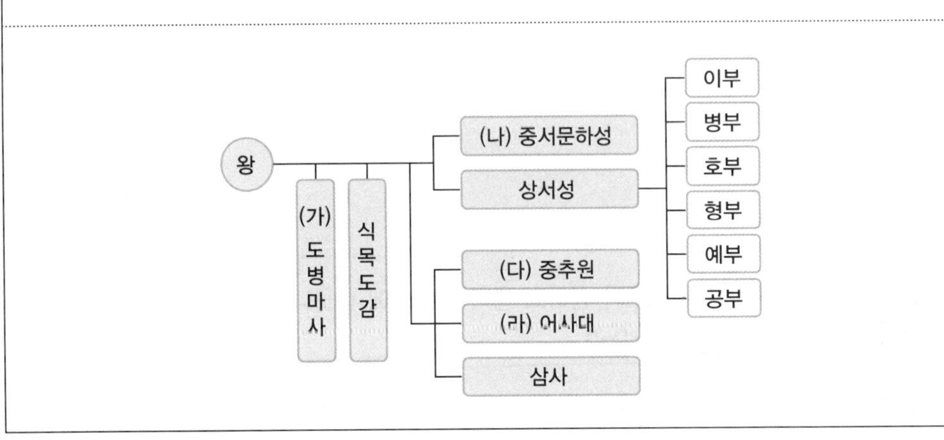

① (가) ② (나) ③ (다) ④ (라)

05. 다음 정책이 실시된 배경으로 옳은 것은?

> 신돈은 왕에게 전민변정도감을 설치할 것을 청원하고 스스로 판사가 되어 각처에 포고문을 붙였다. "근래에 기강이 파괴되어 …… 공전과 사전을 권세가들이 강탈하였다. …… 스스로 토지를 반환하는 자는 과거를 묻지 않는다."라고 공포하였다.

① 금이 고려에 사대 관계를 요구하였다.
② 묘청이 서경 천도 운동을 전개하였다.
③ 급진 개혁파가 이성계를 왕으로 추대하였다.
④ 친원 세력이 불법적으로 농장을 확대하였다.

06. 다음 중 조선의 유향소에 대한 설명으로 옳은 것을 모두 고르면?

> ㉠ 조선 후기 때 경재소로 명칭이 변경되었다.
> ㉡ 고려의 사심관 제도에서 유래하였다.
> ㉢ 지방의 풍기를 단속하는 등 지방자치의 기능을 맡았다.
> ㉣ 직접 세금 납부와 관련된 업무를 맡았다.

① ㉠, ㉡　　② ㉠, ㉢　　③ ㉡, ㉢　　④ ㉡, ㉣

07. 연산군의 생모인 윤씨가 질투가 심하고 왕비의 체모에 어긋나는 행동을 했다는 이유로 사사된 사건을 원인으로 발생한 사화는?

① 무오사화　　② 갑자사화　　③ 기묘사화　　④ 을사사화

08. 다음 중 1910년에 있었던 사건으로 옳은 것은?

① 일본은 한국의 경찰권과 사법권을 강탈하였다.
② 합병조약에 의해 대한제국의 국권이 일본제국에 의해 박탈되었다.
③ 일본의 식민지 지배에 저항하여 전국적으로 만세 운동이 일어났다.
④ 일본통치에 조직적으로 항거하기 위하여 대한민국 임시정부를 수립하였다.

09. 다음 내용을 주장한 인물에 대한 설명으로 옳은 것은?

> 나라는 없어질 수 있으나 역사는 없어질 수 없으니 그것은 나라는 형체이고 역사는 정신이기 때문이다. … 정신이 보존되어 없어지지 않으면 형태는 부활할 때가 있을 것이다.

① 『독사신론』을 연재하여 민족주의 사학의 발판을 마련하였다.
② 『5천 년간 조선의 얼』이라는 글을 동아일보에 연재하여 민족정신을 고취하였다.
③ 대동사상을 수용한 유교구신론을 주장하였다.
④ 『조선사회경제사』를 저술하여 세계사적 보편성 속에서 한국사를 해석하였다.

10. (가) 대통령 재위 시기에 일어난 일로 적절한 것은?

> (가)은/는 여소야대 국회 형성으로 인한 정국 운영의 어려움을 극복하고자 두 야당과의 통합을 통해 민주자유당을 창당하고 14대 대통령 선거에서 대통령으로 당선되었다. 당선 이후에는 세계화를 내세워 경제협력개발기구(OECD)에 가입하고 시장 개방 정책을 추진하였으나, 임기 말 외환 위기를 맞아 국제통화기금(IMF)에 지원을 요청하였다.

① 두발과 교복자율화 조치가 이루어졌다.
② 대통령선거인단에서 대통령을 선출하였다.
③ 전직 대통령이 반란 및 내란죄로 구속되었다.
④ 88 서울올림픽이 성공적으로 개최되었다.

11. 다음 중 이온화 에너지를 설명한 내용으로 옳지 않은 것은?

① Li은 Rb보다 이온화 에너지가 작다.
② Li, Na, K, Rb, Cs은 물과의 반응성이 크다.
③ 주기율에서 왼쪽으로 갈수록, 아래로 내려갈수록 이온화 에너지가 커진다.
④ 이온 간의 거리가 작을수록 이온화 에너지는 커진다.

12. 일정 온도와 부피에서 질소(N_2) 기체 2몰과 수소(H_2) 기체 6g을 완전히 반응시켜 암모니아(NH_3) 기체를 생성하였다. 이 반응에 대한 설명으로 옳은 것은? (단, 원자량은 N : 14, H : 1이다)

① 반응 전 기체의 총 질량은 62g이다.
② 반응물 중 남아 있는 기체는 수소이다.
③ 반응 후 기체의 총 질량은 48g이다.
④ 반응 후 기체의 압력은 반응 전보다 높다.

13. 다음은 검류계가 연결된 코일 근처에서 막대 자석이 화살표 방향으로 움직이는 것을 나타낸 그림이다. 이에 대한 설명으로 옳지 않은 것은?

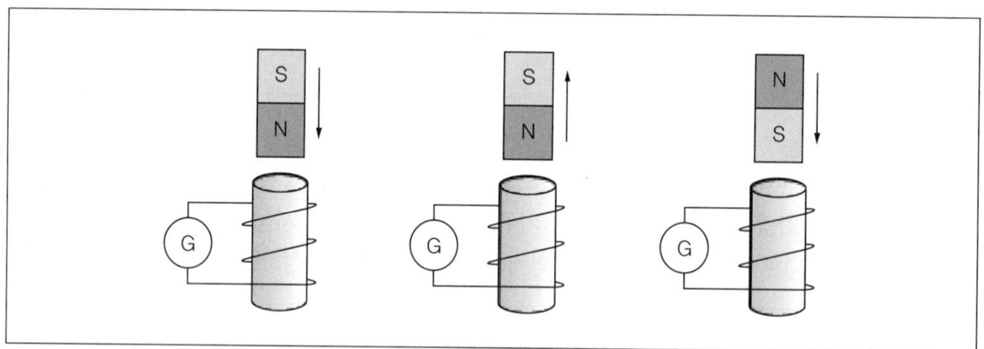

① (가)에서 자석과 코일 사이에는 척력이 작용한다.
② (나)에서 자석과 코일 사이에는 인력이 작용한다.
③ (다)에서 자석과 코일 사이에는 인력이 작용한다.
④ 자석이 빠르게 움직일수록 검류계에 흐르는 전류의 세기가 증가한다.

14. 다음은 탄화수소 (가) ~ (라)의 구조식을 나타낸 것이다. 이에 대한 설명으로 옳지 않은 것은?

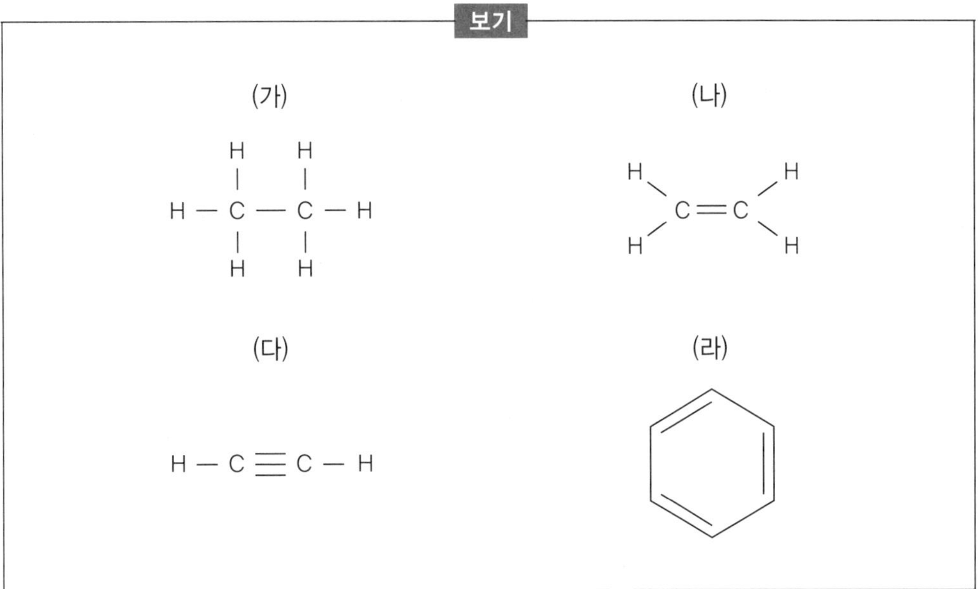

① (가)는 포화 탄화수소이다.
② 사슬 모양 탄화수소는 3가지이다.
③ (라)는 탄소 사이의 결합 길이가 모두 같다.
④ 결합각(∠HCC)은 (가) > (나) > (다) > (라)이다.

15. 지레의 왼쪽 끝에 무게가 300N인 물체 F_1 을 올려 놓고, 오른쪽 끝에 힘 F_2 를 가하자 지레가 수평을 이루었다. 지레의 받침점으로부터 물체 F_1 의 무게 중심, 힘 F_2 의 작용점 사이의 거리는 각각 40cm, 80cm이다. 힘 F_2 의 크기는 얼마인가? (단, 물체의 크기와 지레의 무게는 무시한다)

① 50N
② 100N
③ 150N
④ 300N

16. 다음 〈보기〉에서 물체에 작용하는 합력(알짜힘)이 0인 것을 모두 고르면?

보기

㉠ 일정한 속력으로 원운동하는 장난감 자동차
㉡ 공기 저항에 의해 등속도로 내려오는 빗방울
㉢ 지구의 중력권을 벗어난 후 엔진을 끈 우주 탐사선
㉣ 책상 위에 가만히 놓여 있는 책

① ㉠, ㉡ ② ㉡, ㉢ ③ ㉡, ㉣ ④ ㉡, ㉢, ㉣

17. 삼각 프리즘을 사용하면 무지개와 같은 색깔의 띠를 얻을 수 있다. 이와 같은 현상에 대한 설명으로 옳지 않은 것은?

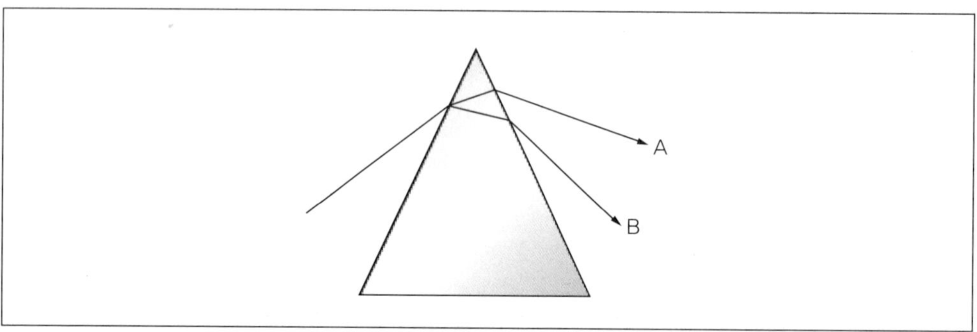

① 빛의 파장에 따라 굴절률이 다르기 때문에 나타나는 현상이다.
② A 빛의 굴절률이 B 빛보다 크다.
③ 빛의 분산을 이용한 것이다.
④ A 빛의 색은 빨강, B 빛의 색은 보라이다.

18. 다음은 산화-환원 반응과 관련된 실험이다. 이에 대한 설명으로 옳은 것은?

(가)실험	(나)실험
• 과정 : 묽은 염산(HCl) 수용액이 든 비커에 금속 A를 담갔다. A HCl 수용액 • 결과 : 수소 기체가 발생하였다.	• 과정 : ASO_4 수용액이 든 비커에 금속 B를 담갔다. B ASO_4 수용액 • 결과 : 금속 A가 석출되었다.

① (가)실험에서 A는 환원된다.

② (가)실험에서 수소 기체 1몰이 생성될 때 이동한 전자는 1몰이다.

③ (나)실험에서 전자는 A이온에서 B로 이동한다.

④ B는 수소보다 산화되기 쉽다.

19. 정지된 엘리베이터의 가속도가 다음 그래프와 같았다면 6s 동안 이동한 거리는?

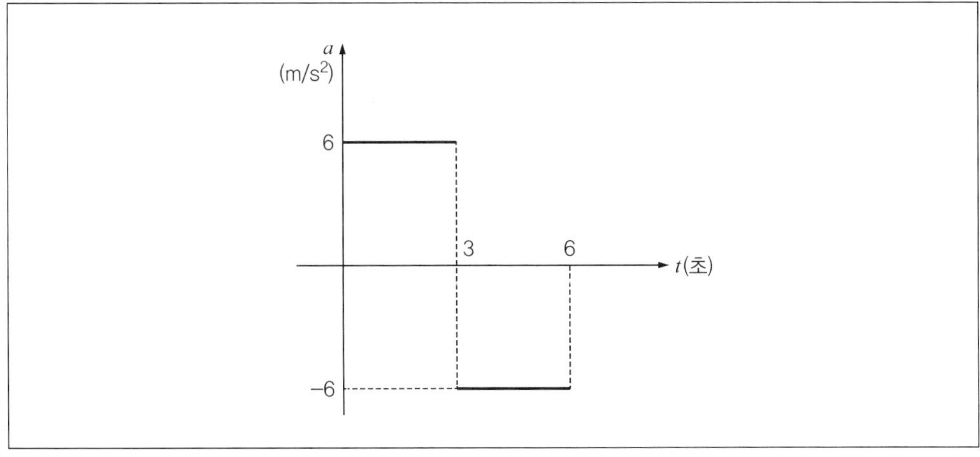

① 12m ② 18m

③ 36m ④ 54m

20. 다음 〈보기〉는 불꽃반응을 통해 알아낸 물질들의 불꽃색이다. 이에 대한 설명으로 옳지 않은 것은?

금속물질	염화리튬	염화나트륨	염화칼륨	질산칼륨	질산리튬	질산나트륨
불꽃색	빨간색	노란색	보라색	보라색	빨간색	노란색

① 리튬의 불꽃색은 빨간색이다.

② 나트륨의 불꽃색은 노란색이다.

③ 불꽃반응으로 질산나트륨과 질산칼륨을 구별할 수 있다.

④ 불꽃반응으로 염화나트륨과 질산나트륨을 구별할 수 있다.

21. 다음 중 포스코그룹의 국내 그룹사 중 철강 부문에 속하지 않는 기업은?

① 포스코스틸리온

② 포스코알텍

③ 피엠씨텍

④ SNNC

22. 포스코의 친환경 브랜드에 대한 설명으로 적절하지 않은 것은?

① INNOVILT는 Innovation(혁신), Value(가치), Built(건설)의 합성어이다.

② e Autopos는 친환경차 개발 및 양산을 통해 '친환경 이동성(Clean Mobility)' 구현을 목표로 한다.

③ Greenable은 바람, 태양, 수소 에너지와 철의 선순환을 통한 친환경에너지용 철강 제품과 솔루션의 통합 브랜드이다.

④ Greenable 수소생태계 분야의 제품으로는 수소연료전지가 있다.

23. 철강 제조 공정에서 산출되는 설비 · 조업 · 품질 데이터를 분석해 제품 결함률 제로에 도달하기 위해 선제적 품질 관리 · 공정 최적화 · 실시간 안전 관리를 지원하는 포스코의 스마트 플랫폼은?

① 포스프레임
② 스마트 X
③ 스틸하우스
④ 파이넥스

24. 다음 중 포스코그룹의 핵심가치로 적절하지 않은 것은?

① 안전 ② 상생 ③ 윤리 ④ 적성

25. '포스코 기업시민 헌장' 중 다음의 지향점과 관련된 실천원칙으로 적절한 것은?

사회문제 해결과 더 나은 사회 구현에 앞장선다.

① 최고의 제품과 서비스를 제공하여 고객성공을 지원한다.
② 지역사회 발전과 환경보호를 위한 공익적 활동을 전개한다.
③ 다양성을 포용하고 일과 삶이 균형을 이루는 행복한 일터를 구현한다.
④ 공정한 인사와 안정적 노사관계로 신뢰와 화합의 조직문화를 선도한다.

인적성검사

4회 기출예상문제

시험시간 | 100분
문항수 | 125문항

정답과 해설 72쪽

언어논리력

20문항 / 15분

01. 다음 밑줄 친 ㉠~㉣에서 알맞은 단어를 각각 골라 순서대로 나열한 것은?

> 조현병의 진단은 주로 환자의 증상을 바탕으로 해 임상적으로 내린다. 미국 정신의학회의 ㉠ 진단/치료 기준을 보면 망상, 환각, 와해된 언어, 와해된 행동이나 긴장증적 행동, 음성증상의 5가지 중 2가지 이상의 증상이 1개월 이상 ㉡ 존재/상존하는 경우를 조현병으로 본다. 그 외에도 혹시 다른 내과, 신경과적 ㉢ 약물/질환 때문에 조현병과 유사한 증상을 보이는지를 확인하기 위해 내과적 검사와 뇌 자기공명영상(MRI) 등의 검사를 이용하기도 한다.
>
> 조현병의 치료에 있어 가장 중요한 것은 항정신병약물을 이용한 약물치료이다. 약물치료는 조현병의 중요한 원인 중 하나로 알려진 신경 전달물질의 불균형을 바로잡아 주고, 이를 통해 증상을 ㉣ 이완/완화시키고 나아가 조현병의 재발을 막아 줄 수도 있다. 그 외에도 인지행동치료, 환자 가족들에 대한 교육, 직업재활 등의 치료가 도움이 될 수 있다.

	㉠	㉡	㉢	㉣
①	치료	상존	질환	완화
②	진단	존재	질환	완화
③	치료	존재	약물	이완
④	진단	상존	약물	완화

02. 다음 중 ㉠~㉢에 들어가기에 적절하지 않은 단어는?

> • D 기업은 자유로운 조직문화의 장점을 살린 교육 프로그램을 개설해 직원들의 (㉠)을/를 독려했다.
> • 그녀는 한국 무용의 새 영역을 (㉡)하는 데 앞장서 왔다.
> • 멕시코 사법당국은 마약공급자의 신변을 미국으로 (㉢)하는 것에 대하여 고민하고 있다.

① 개척 ② 전송
③ 참여 ④ 인도

03. 다음 글의 흐름에 따라 ㉠에 들어갈 문장으로 적절한 것은?

한국 전통춤이 가진 특성 중 하나를 단적으로 일러 주는 것으로서 "손 하나만 들어도 춤이 된다."라는 말이 있다. 겉으로는 동작이 거의 없는 듯하면서도 그 속에 잠겨 흐르는 미묘한 움직임이 있다는 의미인데, 이를 흔히 정중동(靜中動)이라고 한다. (　　　　　　　㉠　　　　　　　) 가장 간소한 형태로 가장 많은 의미를 담아내고, 가장 소극적인 것으로 가장 적극적인 것을 전개한다는 의미이며, 불필요한 것이나 잡다한 에피소드를 없애고 사상(事象)의 본질만을 드러내는 춤이기 때문이다.

① 정중동은 우리나라를 대표하는 가장 고귀한 춤이다.
② 정중동은 화려하고 다양한 동작으로 강렬하게 완성된다.
③ 정중동은 여인의 한을 담고 있는 슬픈 몸짓으로 표현된다.
④ 정중동은 수많은 움직임을 하나의 움직임으로 집중시켜 완결해 낸 경지이다.

04. ○○기업의 신입사원으로 입사한 관리본부 소속 직원들은 신입사원 연수 프로그램에서 다음 글을 읽고 '잘못된 인과 관계'에 대해 토론을 하였다. 사원들이 제시한 관련 사례로 적절하지 않은 것은?

영어 관용어에 '낙타의 등뼈를 부러뜨린 마지막 지푸라기(The last straw that broke the camel's back)'라는 말이 있다. 이 말은 무거운 짐을 지고 있는 낙타의 등에 지푸라기 한 개를 얹자 낙타가 쓰러진 일에서 비롯되었다. 낙타의 주인은 '지푸라기 하나도 제대로 짊어질 수 없는 낙타'라며 비난했는데, 실제로 낙타가 쓰러진 원인은 지속적인 혹사 때문이었다. 주인이 낙타에게 지푸라기 한 개를 얹은 것은 '직전의 원인'이요, 계속된 혹사는 '근본적인 원인'이다.

이처럼 우리는 우연히 마지막에 일어난 사건을 근본적인 원인으로 착각하는 경우가 있다. 이러한 착각은 문제를 해결하는 데 잘못된 방안을 제시하게 만들 수 있다.

① 박 사원 : 게임이 청소년의 폭력성을 유발한다.
② 이 사원 : 아침 식사를 하면 시험 성적이 좋아진다.
③ 김 사원 : 기름진 음식을 먹으면 여드름이 많이 생긴다.
④ 장 사원 : 저출산 현상이 지속되면서 학령인구가 감소하였다.

05. 다음 글의 주제로 적절한 것은?

우리나라는 1990년대 중반부터 극히 제한된 형태의 간접 광고만을 허용하는 협찬 제도를 운영해 왔다. 이 제도는 프로그램 제작자가 협찬 업체로부터 경비, 물품, 인력, 장소 등을 제공받아 활용하고 프로그램이 종료될 때 협찬 업체를 알리는 협찬 고지를 허용했다. 그러나 프로그램의 내용이 전개될 때 상품명이나 상호를 보여 주거나 출연자가 이를 언급해 광고 효과를 주는 것은 법으로 금지했다. 협찬받은 의상의 상표를 보이지 않게 가리는 것도 그 때문이었다.

우리나라는 협찬 제도를 그대로 유지하면서 광고주와 방송사 등의 요구에 따라 방송법에 '간접 광고'라는 조항을 신설하여 2010년부터 시행하였다. 간접 광고 제도가 도입된 취지는 프로그램 내에서 광고를 하는 행위에 대해 법적인 규제를 완화하여 방송 광고 산업을 활성화하겠다는 것이었다. 이로써 프로그램 내에서 상품명이나 상호를 보여 주는 것이 허용되었다. 다만 시청권의 보호를 위해 상품명 또한 상호를 언급하거나 구매와 이용을 권유하는 것은 금지되었다. 또 방송이 대중에게 미치는 영향력이 크기 때문에 객관성과 공정성이 요구되는 보도, 시사, 토론 등의 프로그램에서는 간접 광고가 금지되었다. 그럼에도 불구하고 간접 광고 제도를 비판하는 사람들은 간접 광고로 인해 광고 노출 시간이 길어지고 프로그램의 맥락과 동떨어진 억지스러운 상품 배치가 빈번해 프로그램의 질이 떨어지고 있다고 주장한다.

이처럼 시청자의 인식 속에 은연 중 파고드는 간접 광고에 적절히 대응하기 위해서는 시청자들이 간접 광고에 대한 주체적 해석을 할 수 있어야 한다. 미디어 이론가들에 따르면, 사람들은 외부의 정보를 주체적으로 해석할 수 있는 자기 나름의 프레임을 가지고 있어서 미디어의 콘텐츠를 수동적으로만 받아들이지 않는다고 한다. 이것이 간접 광고를 분석하고 그것을 비판적으로 수용하는 미디어 교육이 필요한 이유이다.

① 간접 광고 제도는 대중에게 미치는 영향력이 막대하므로 폐지해야 한다.

② 간접 광고 제도는 광고주와 방송사의 이득만을 위한 제도이다.

③ 방송이 대중에게 미치는 영향력을 고려할 때, 보다 보수적인 광고 정책인 협찬 제도로 돌아가야 한다.

④ 간접 광고에 대한 시청자들의 주체적인 해석을 위해서 미디어 교육이 필요하다.

06. 다음 글에서 ㉠을 설명한 방식으로 적절한 것은?

1884년 10월 13일 「국제자오선 회의」에서 영국의 그리니치 자오선을 본초 자오선으로 채택하면서 지구상의 모든 지역은 하나의 시간을 공유하게 됐다. 본초 자오선을 정하기 전 인류 대부분은 태양의 위치로 시간을 파악했다. 그림자가 생기지 않는 정오를 시간의 기준점으로 삼았으므로 관측 지점마다 시간이 다를 수밖에 없었다.

지역 간 이동이 활발하지 않던 그 시절에는 수많은 시간이 공존했던 것이다. 그러나 세계가 확장되고 지역과 지역을 넘나들기 시작하면서 문제가 발생했다. 기차의 발명이 그 변화의 시초였다. 기차는 공간을 빠르고 편리하게 이동할 수 있어 산업혁명의 바탕이 됐지만 지역마다 다른 시간의 충돌을 야기했다. 역마다 시계를 다시 맞춰야 했고 시간이 엉킬 경우 충돌 등 대형 사고가 일어날 가능성도 높았다.

이런 문제점을 공식 제기하고 세계 ㉠ 표준시 도입을 주장한 인물이 세계 표준시의 아버지 샌퍼드 플레밍이다. 그는 1876년 아일랜드의 시골 역에서 그 지역의 시각과 자기 손목시계의 시각이 달라 기차를 놓치고 다음 날 런던에서 출발하는 배까지 타지 못했다. 당시의 경험을 바탕으로 기준시의 필요성을 주창하고 경도를 기준으로 시간을 정하는 구체적 방안까지 제안했다. 그의 주장이 받아들여진 결과가 1884년 미국 워싱턴에서 열린 「국제자오선 회의」이다. 시간을 하나로 통일하는 회의 과정에서는 영국이 주장하는 그리니치 표준시와 프랑스가 밀어붙인 파리 표준시가 충돌했다. 자존심을 건 시간 전쟁이었다. 결과는 그리니치 표준시의 일방적인 승리로 끝났다. 이미 30년 이상 영국의 그리니치 표준시를 기준 삼아 기차 시간표를 사용해 왔고 미국의 철도 회사도 이를 따르고 있다는 게 이유였다. 당시 결정한 그리니치

표준시(GMT)는 1972년 원자시계를 도입하면서 협정세계시(UTC)로 대체했지만 여전히 GMT 표기를 사용하는 경우도 많다. 표준시를 도입했다는 건 세상이 완전히 열렸음을 의미한다. 세계의 모든 인구가 하나의 표준시에 맞춰 일상을 살고 국가마다 다른 철도와 선박, 항공 시간을 체계적으로 정리할 수 있게 됐다. 지구 곳곳에 파편처럼 흩어져 살아가던 인류가 비로소 하나의 세계로 통합된 것이다.

① ㉠의 필요성이 대두된 배경과 도입과정을 서술하고 그 의의를 설명하고 있다.
② ㉠에 적용된 과학적 원리를 설명하고 역사적 변천 과정을 서술하였다.
③ ㉠의 한계점을 지적하고 이를 보완할 대안을 설명하고 있다.
④ ㉠을 일정한 기준으로 나누고 각각의 장단점을 열거하였다.

07. 다음 글의 글쓴이가 말하고자 하는 바에 대한 반박으로 적절한 것은?

우리가 기술을 만들지만 기술은 우리 경험과 인간관계 및 사회적 권력관계를 바꿈으로써 우리를 새롭게 만든다. 어떤 기술은 인간 사회를 더 민주적으로 만드는 데 기여하지만 어떤 기술은 독재자의 권력을 강화하는 데 사용된다. 예를 들어 라디오는 누가, 어떻게, 왜 사용하는가에 따라서 다른 결과를 낳는다. 그렇지만 핵무기처럼 아무리 민주적으로 사용하고 싶어도 그렇게 사용할 수 없는 기술도 있다. 인간은 어떤 기술에 대해서는 이를 지배하고 통제하는 주인 노릇을 할 수 있다. 그렇지만 어떤 기술에는 꼼짝달싹 못하게 예속되어 버린다.

기술은 새로운 가능성을 열어 주지만 기존의 가능성 중 일부를 소멸시키기도 한다. 따라서 이렇게 도입된 기술은 우리를 둘러싼 기술 환경을 바꾸고, 결과적으로 사회 세력들과 조직들 사이의 역학 관계를 바꾼다. 새로운 기술 때문에 더 힘을 가지게 된 그룹과 힘을 잃게 된 그룹이 나뉘며 이를 바탕으로 사회 구조의 변화가 수반된다.

기술 중에는 우리가 잘 이해하고 통제할 수 있는 기술도 있지만 대규모 기술 시스템은 한두 사람의 의지만으로는 통제할 수 없다. '기술은 언제나 사람에게 진다'라고 계속해서 믿다가는 기술의 지배와 통제에서 벗어나기 힘들 것이다. 기술에 대한 비판적이면서도 균형 잡힌 철학과 사상이 필요한 이유도 이 때문이다.

① 전문가를 통해 충분히 기술을 통제할 수 있지 않은가?

② 기술의 양면성은 철학과 사상이 아닌 새로운 기술로 보완해야 되는 문제 아닌가?

③ 기술의 순기능만을 더 발전시켜야 하는 일 아닌가?

④ 새로운 기술로 힘을 잃게 된 그룹을 지원해 주는 정책이 필요한 것 아닌가?

08. 다음 글을 쓴 목적으로 적절한 것은?

저는 오늘 시대와 시민의 요구 앞에 엄중한 소명의식과 책임감을 갖고 이 자리에 섰습니다. ○○시민의 삶을 책임지는 시장으로서 대승적 차원에서 힘겨운 결단을 하였습니다.

우리 0 ~ 5세 아이들의 무상보육을 위해 ○○시가 지방채를 발행하겠습니다. 올 한 해 ○○시의 자치구가 부담해야 할 몫까지도 ○○시가 책임지겠습니다. 단, 무상보육을 위한 지방채 발행은 올해가 처음이자 마지막이 돼야만 합니다. 더 이상 이렇게 지방 재정을 뿌리째 흔드는 극단적인 선택을 할 수는 없습니다. 이 결정은 올 여름을 뜨겁게 달군 무상보육 논쟁 속에서 과연 ○○시의 주인인 시민 여러분을 위한 길이 무엇인지, 오로지 시민 여러분만 기준으로 놓고 고민하고 또 고민한 결과입니다. 우리 사회는 그 누구도 부정할 수 없고, 그 누구도 거스를 수 없는 보편적 복지의 길로 나아가고 있습니다.

– 중략 –

무상보육은 대한민국이 복지국가로 나아가는 중요한 시험대가 될 것입니다. 무상보육은 우리의 공동체가, 우리 사회가 나아가야 할 비전과 방향, 원칙과 철학의 문제입니다. 그 핵심은 바로 지속가능성입니다. ○○시가 어렵고 힘든 결단을 내렸습니다. 이것은 오로지 시민을 위한 판단이고 무상보육을 지속적으로 이어가기 위한 절박한 선택입니다.

– 중략 –

지속 가능한 원칙과 기준을 마련하지 않으면 무상보육의 위기는 앞으로도 계속 되풀이될 것입니다. 부디 지금부터라도 중앙 정부와 국회가 결자해지의 자세로 이 문제를 해결하길 바랍니다. 중앙정부와 국회가 국민을 위한 현명한 판단을 한다면, ○○시는 전력을 다해 그 길을 함께하겠습니다. 우리 아이들의 희망과 미래를 위해 이제 정부와 국회가 답해 주시기를 간절히 바랍니다.

감사합니다.

① 새롭게 발견된 사실에 대한 정보를 제공하기 위함이다.
② 자신이 알고 있는 사실을 다른 사람에게 알리기 위함이다.
③ 새로운 정책을 알리고 이에 대한 동의를 구하고 설득하기 위함이다.
④ 중요한 지식을 설명하고 이를 듣는 사람들과 공유하기 위함이다.

[09 ~ 10] 다음 글을 읽고 이어지는 질문에 답하시오.

법정근로시간 단축 효과를 분석한 대부분의 연구는 고용구조, 임금수준에 집중해 왔다. 또한 일자리 창출의 중요성이 확대되면서 거시적인 측면에서 경제성장과 고용창출의 효과를 분석하는 연구가 주를 이루었다. 그러나 근로시간 단축은 근로자의 재량시간과 기업의 노동생산성 향상 유인을 증대시킨다는 측면에서 근로자의 생활과 근로환경에도 영향을 준다.

(가) 근로시간이 단축되면 근로자들은 늘어난 재량시간을 다른 활동에 배분하게 된다. 법정근로시간 단축으로 인한 시간사용의 효과를 분석한 연구를 보면 일본은 개인의 여가시간이 증가하는 반면 한국은 수면 등 개인 관리시간이 증가했다. 근로시간 단축은 일과 생활이 양립할 수 있는 여건이 조성된다는 측면에서 근로자의 삶의 만족도를 높일 수 있다. 근로시간이 감소하면 삶의 질과 가족 관계 등 전반적인 삶의 만족도에 긍정적 영향을 미치기 때문이다. 또한 노동시간이 감소하면 근로만족도와 업무성과가 향상될 뿐만 아니라 근로 유연성이 커져 생산성과 자체 성과평가도 개선된다.

(나) 근로시간은 근로자의 생활습관과 건강에 영향을 미친다. 근로시간이 길면 흡연, 음주, 나쁜 식습관은 늘어나는 반면 운동량은 줄어들게 되고 건강에도 부정적 영향을 준다는 연구가 다수 존재한다. Ruhm은 근로시간이 감소하면 흡연율, 비만율, 육체적 비활동률이 감소한다고 제시하고 있으며, Berniell은 프랑스의 법정근로시간이 단축되면서 근로자의 흡연과 음주, 무기력증 등이 감소했음을 보였다. 반면 Ahn은 한국의 경우 근로시간이 단축되면서 흡연 가능성은 감소했지만 음주 가능성은 증가한 것으로 보고하고 있다.

(다) 근로시간은 근로자의 근로환경에도 영향을 미치는데 이는 고용주(기업)와 근로자의 행동 변화가 복합적으로 작용하면서 나타난다. 기업의 비용최소화 모형에 따르면 고용주는 근로시간을 줄여야 하는 상황이 발생하면 노동비용을 축소하려는 행동을 증대시키게 된다. 이러한 과정에서 근로자들은 작업에 대한 추가적인 압력을 받게 된다. OECD에서는 법정근로시간 단축의 영향은 국가별 경제상황과 기업문화 등에 따라 다양하게 나타나지만 기업측면에서는 실근로시간 감소와 시간당 노동생산성 향상이 일관되게 나타났다고 보고하고 있다.

(라) 이는 노동 강도가 강해져도 근로자가 작업장에 존재하는 절대적인 시간은 축소되어 시간사용의 유연성이 증대되기 때문이다. 또한 근로시간이 적정선을 넘어서면 생산성뿐만 아니라 작업의 안정성도 급격히 감소한다는 측면에서 근로시간 감소는 근로자에게 긍정적인 영향을 미칠 수 있다.

09. 제시된 글의 (가) ~ (라) 중 〈보기〉의 글이 자연스럽게 삽입될 수 있는 곳은?

보기

근로시간 단축으로 인해 근로자에게 주어지는 노동 강도가 강화된다는 연구들이 존재함에도 불구하고 근로자들이 심리적으로 체감하는 전반적인 만족도는 향상될 가능성이 존재한다.

① (가)　② (나)　③ (다)　④ (라)

10. 다음 중 제시된 글의 내용과 일치하지 않는 것은?

① 근로시간과 근로자에게 주어지는 노동 강도는 부의 상관관계를 갖는다.
② OECD의 보고에 따르면 국가와 기업측면에서 실근로시간 감소와 시간당 노동생산성 향상이 일관되게 나타났다.
③ 작업의 안정성 측면에서도 적정한 근로시간으로 단축하는 것이 바람직하다.
④ 한국 근로자의 경우 근로시간이 단축되면 수면시간과 음주 가능성이 증가한다는 연구결과가 있다.

[11 ~ 12] 다음 글을 읽고 이어지는 질문에 답하시오.

기본소득(Basic Income)은 모든 사람에게 개인 단위로 자산심사나 노동 요구 없이 무조건 정기적으로 지급되는 '기본소득 지구네트워크(BIEN ; Basic Income Earth Network)'를 의미한다. 기본소득은 몇 가지 특징을 지니고 있다. 일단 정기성으로 일정한 간격의 기간마다 지급되어야 하며(매달, 매 분기, 반기, 연간 등) 수급자가 용처를 결정할 수 있도록 적절한 교환수단인 현금으로 지급되어야 한다. 또한 가구 단위가 아니라 개인 단위로 지급되어야 하며 자산심사(Means Test) 없이 모두에게 보편적으로 지급되어야 한다. 마지막으로 현금 수급의 대가로 노동 또는 노동의사에 대한 요구 없이 무조건 지급되어야 한다는 점이다.

향후 4차 산업혁명의 발전과정에 따른 기술의 발전과 노동시장에서 소외된 노동계층이 증가할 것으로 예상된다. 그리고 이들을 보호하기 위한 사회복지제도가 필요하지만 기존 사회보험 중심의 복지는 제조업 · 노동자 중심의 복지제도라는 점에서 한계를 지니고 있다. 사회적으로는 노동시장 유연화 확대로 인한 양극화 심화, 저숙련 · 저소득층의 사회이동성 및 사회적 지속가능성 저하, 향후 수요 부족으로 인한 저성장 문제 등에 대처하기 위해 기본소득 도입의 필요성이 대두되고 있다. 하지만 기본소득이 주는 파급효과가 크다는 점에서 도입 필요성과 더불어 기본소득 제도의 대상, 급여 수준, 재원조달 방안 등에 대해서는 사회적 합의가 필요하다. 특히 대상과 급여 수준이 어떻게 결정되느냐에 따라 재원의 크기가 결정된다는 점에서 기본소득 대상 결정은 기본소득 도입에 큰 영향을 미칠 수 있는 요소이다.

기본소득 도입을 위한 우선순위로 분배 정의, 생애주기 사각지대, 미래사회 대비라는 점을 고려하여야 한다. 기본소득의 대상과 관련된 것으로 모든 국민에게 기본소득을 도입할 것인지를 살피고, 만약 재원 문제로 모든 국민에게 도입이 어려울 경우 기본소득의 우선 대상을 선정하게 된다면(수정기본소득 혹은 부분기본소득) 사회적으로 취약하고 우선 도움이 필요한 계층에 기본소득이 도입되어야 할 것이다. 또한 현재 사회복지 제도가 보호하고 있지 못한 복지 사각지대에 놓인 계층을 고려해야 한다. 아울러 기본소득이 미래사회의 불확실성에 기인하여 도입이 필요하다는 점에서 우리 사회의 지속가능성 제고를 위해 아동 · 청년 등과 같은 '생애주기별 특성'을 중심으로 기본소득이 도입되어야 한다. 기본소득이 도입되기 위해서는 무엇보다 기존 사회복지제도와의 관계 정립도 필요하다. 이미 노인을 위한 기초연금 및 공적연금제도 등이 운영되고 있다. 또 빈곤층을 위한 국민기초생활보장제도 · 긴급복지제도, 저소득 근로자를 위한 근로장려금 및 자녀장려금 제도가 운영되고 있다. 만약 기본소득이 도입되면 기존의 소득보장제도와 어떻게 연계되어 제도가 운영될 것인지에 대한 고민과 세밀한 검토가 요구된다.

11. 제시된 글에서 언급된 기본소득의 특징이 아닌 것은?

① 2008년 금융위기 이후 저성장, 양극화 등의 문제가 심화됨에 따라 기본소득의 필요성이 증대되고 있다.

② 기본소득 지급 시, 지급대상자가 어떤 산업에서 종사하고 있는지는 고려대상이 아니다.

③ 노동시장의 고용안정성이 높고 중산층이 많은 비중을 차지하고 있는 국가에서는 그렇지 않은 국가보다 도입 필요성이 낮을 수 있다.

④ 재원의 건전성을 유지하기 위해 기초연금, 국민기초생활보장제도와 같은 기존 사회복지제도의 혜택을 받고 있는 사람들은 일단 지급대상의 후순위로 배정된다.

12. 다음 중 기본소득에 대한 필자의 주장과 일치하지 않는 것은?

① 기본소득제도는 모든 국민에게 도입할 경우 재원 문제가 발생할 수 있으므로 사회적으로 취약하고 우선 도움이 필요한 계층부터 지급되는 방향으로 설정되어야 한다.

② 기초연금, 공적연금제도, 근로장려금제도 등의 혜택을 받지 못하고 있는 소외된 계층을 고려하여 기본소득 제도를 설계해야 한다.

③ 아동과 청년은 우리사회의 미래를 이끌어 갈 주역이라는 점도 고려해서 기본소득 제도를 만들어야 한다.

④ 기본소득을 지급받는다고 해서 일정한 간격의 기간마다 소득, 재산, 근로 여부 등을 심사받을 필요는 없다.

[13 ~ 15] 다음 글을 읽고 이어지는 질문에 답하시오.

(가) 〈에너지혁명 2030〉의 저자인 토니 세바(Tony Seba)는 미래의 에너지 조건으로 '청정에너지'와 '분산형 에너지'를 꼽는다. 청정에너지라는 이름으로 국내 시내버스에도 많이 ㉠ 도입되어 있는 천연가스는 언뜻 전자의 조건에 ㉡ 부합하는 것처럼 보인다. 그러나 천연가스의 '청정'은 어디까지나 다른 화석 연료와 비교했을 때의 의미일 뿐이다. 실제로 천연가스 발전소는 석탄 발전소에 비해 온실가스가 절반밖에 나오지 않는다. 하지만 연소되지 않은 가스는 사정이 다르다. 천연가스의 주성분인 메탄은 이산화탄소보다 72배 더 강한 온실효과를 일으킨다.

(나) 미국 환경보호국(EPA)은 매년 전 세계 천연가스 생산량의 3.2%가 미국에서 누출된다고 발표하였다. 이를 근거로 볼 때 1%의 가스 누출 비율만으로 천연가스를 이용한 화력발전의 이산화탄소 배출량이 석탄을 이용한 화력발전의 이산화탄소 배출량보다 50%나 더 적다는 논리는 ㉢ 성립될 수 없다. 하물며 누출량이 3% 이상이라면 천연가스를 이용한 화력발전이 석탄을 이용한 화력발전보다 나을 것이 전혀 없다.

(다) 미국의 가스관은 대부분 1950년대와 1960년대 이전에 건설되었으며 그중 12%는 1950년대에 건설되었다. 2013년 10월 미국 전기 · 가스 공급 회사인 P 기업은 3년간 20억 달러를 들여 자사가 ㉣ 지참한 6,750마일의 파이프라인 가운데 69마일을 교체했다고 발표했다. 이는 마일당 약 2,900만 달러가 지출되었다는 의미이므로 나머지 99%의 라인을 교체하려면 1,937억 달러가 추가로 소요된다는 뜻이다. 물론 이는 고스란히 고객이 부담해야 할 몫이다.

(라) 그래도 아직까지 천연가스가 가격 면에서는 석유보다 경쟁력이 있다고 생각할 것이다. 하지만 하나 더 고려해야 할 부분이 있다. 바로 '수압파쇄법'이다. 이는 이송 과정에서 가스 누출이 발생한다는 사실 외에도 천연가스가 결코 청정에너지원이 될 수 없는 이유이기도 하다. 천연가스 채취는 수압파쇄법으로 이루어진다. 이 방식은 채취 과정에서 방사성 폐기물인 라듐을 발생시킨다. 라듐은 1,601년의 반감기를 가지고 있다.

하나의 예로, 미국 노스다코타 주의 수압파쇄법 유정(油井)은 매일 27톤이 넘는 방사성 폐기물을 배출한다. 천연가스가 채취된 지역의 대기와 수질, 토양이 최소 1,601년간 회복 불능의 상태에 놓인다는 의미이다. 미국에서 수압파쇄법은 현재 대기오염방지법, 수질보호법, 음용수안전법, 국가환경정책법, 비상계획 및 지역사회의 알 권리에 관한 법 등 모든 환경보호 법률로부터 예외의 특혜를 받고 있다. 하지만 과연 이 특혜가 언제까지 지속될 수 있을까? 특혜가 사라졌을 때 지불해야 할 사회적 비용을 고려하면 우리는 현재 천연가스에 많은 대가를 지불하고 있다. 과연 천연가스는 청정에너지가 맞을까?

13. 제시된 글의 (가) ~ (라) 중 주제와 직접적으로 관련이 없는 것은?

① (가)　　② (나)
③ (다)　　④ (라)

14. 제시된 글에 대한 이해로 적절하지 않은 것은?

① 천연가스 발전소는 석탄 발전소에 비해 이산화탄소 배출량이 적다.
② 천연가스를 채굴하는 과정에서 방사성 폐기물인 라듐이 발생한다.
③ 천연가스는 경제성 측면에서 석유보다 월등한 경쟁력을 갖추고 있다.
④ 천연가스의 주성분인 메탄은 이산화탄소보다 강한 온실효과를 일으킨다.

15. 제시된 글의 ㉠ ~ ㉣ 중 문맥상 쓰임이 적절하지 않은 것은?

① ㉠　　② ㉡
③ ㉢　　④ ㉣

[16 ~ 18] 다음은 △△공단에서 청년실업 문제에 대한 세미나를 열어 학계의 의견을 정리한 자료이다. 이어지는 질문에 답하시오.

우리나라의 청년실업 문제는 외환위기 이후 본격적으로 등장하여 거의 20년간 경제정책 과제의 최상단에 머물러 있다. 그럼에도 불구하고 이 중대한 문제는 해결되지 못하고 있으며 2016년 경기 침체와 더불어 오히려 더욱 악화되고 있다. 지금까지의 청년실업 문제에 대한 대응방향이 적절하였다면 20년이 지난 지금에서는 적어도 문제해결의 실마리는 보였어야 한다. 그러나 거듭된 정책 의지 표명과 엄청난 예산 및 인력의 투입에도 불구하고 청년실업 문제는 완화될 기미조차 보이지 않고 있으며, 문제해결 방향에 대한 컨센서스가 존재하는지조차 불분명하다. 정부뿐만 아니라 학계나 연구기관 등 정책연구 분야도 청년실업 문제에 관한 해결책을 제시하지 못하고 있다는 책임에서 자유롭지 못하다.

청년실업의 원인으로 가장 흔하게 통용되고 있는 설명은 소위 '미스매치' 이론이다. 그러나 이 이론은 매우 단순한 정태적인 관점에서의 설명으로 충분한 정책적 함의를 가지지는 못한다. (㉠) 그 해결책은 '눈높이 조정'에 있다는 매우 단순한 논리이므로 현 상황에서 청년들이 어떻게 대응하여야 하는지를 알려 주는 가이드라인이 될 수는 있지만 청년실업 문제의 해결을 위해서 정부가 무엇을 해야 하는지를 말하는 정책방향에 대한 시사점은 약하다.

실제로는 남자 청년층 25 ~ 29세 고용률은 크게 하락하였지만 30 ~ 34세 고용률은 상대적으로 하락하지 않았으며, 청년일자리는 임금과 안정성 측면에서 고용의 질이 크게 개선되었다. 그럼에도 불구하고 청년일자리 공급은 충분하지 못하다. 그 가운데 지속되는 학력 상승은 노동시장에 배출되는 청년인력의 수를 감소시켜 줄어든 일자리에서 공급과 수요의 균형을 맞추는 기능을 하고 있다. 만약 청년들이 생산직을 기피하여 고용이 하락하였다면 충분한 조정기간이 경과하여 ㉡ <u>의중임금(reservation wage)</u>이 조정되고 난 후에는 생산직에 취업하는 청년들이 증가하여야 한다. 그러나 청년 생산직 취업자는 증가하지 않고 있다.

청년실업 문제를 개인 차원의 적응에 맡기는 접근방법이 과연 국가경제의 관점에서 바람직한가를 검토해 볼 필요가 있다. 경제위기 상황에서는 위기극복이 가장 중요한 정책목표이므로 청년일자리는 부수적인 문제가 되고 고통분담의 차원에서 청년들의 적응을 요구할 수 있다. 그러나 그 상태가 20년간 지속되면 청년인력의 비효율적인 배분은 경제구조의 일부분이 되고 미래의 지속적인 성장을 제약하는 조건이 된다. 이 제약은 현재에서도 이미 작용하고 있는지도 모른다. 청년일자리에서 드러나는 문제들에 비추어 우리나라의 인력양성, 기업성장에 관련된 제도들의 개선 방향이 무엇인지를 검토하여야 할 시점이다.

16. 다음 중 제시된 글에 나타난 의견을 바르게 정리한 것은?

① 청년실업 문제는 인력양성, 기업성장 관련 제도들과 밀접한 관련이 있다.
② 실질적인 청년일자리의 내용은 20년 전과 비교할 때 크게 달라진 것이 없다.
③ 청년실업 문제는 미스매치 이론으로 충분한 설명이 될 수 있다.
④ 청년들이 생산직을 기피하는 이유는 의중임금이 충족되지 않기 때문이다.

17. 제시된 글의 ㉠에 들어갈 문장으로 적절한 것은?

① 졸업 후 바로 취업을 원하는 청년들의 수는 지속 감소하고 있으며
② 대졸자를 원하는 사업장은 증가하는 반면 구직을 원하는 대졸자는 감소하며
③ 대졸자가 적정 수준보다 많고 이에 비하여 대졸 일자리 공급은 부족하며
④ 대졸자가 감소하는 상황에 정부의 일자리 대책은 매우 미약하며

18. 제시된 글의 문맥상 밑줄 친 ㉡이 의미하는 것은?

① 생산직 노동시장에서 청년들에게 지급될 수 있는 최저임금
② 특정 근로자로 하여금 노동을 공급하게 하기 위해 지불해야 할 최소한의 임금
③ 대졸자가 받아야 하는 당시의 최저 평균임금
④ 노동시장에서 필요한 청년들을 확보하기 위해 지불할 수 있는 최소한의 임금

[19 ~ 20] 다음 글을 읽고 이어지는 질문에 답하시오.

(가) 영화 〈비바리움〉은 완벽한 삶의 공간을 찾던 한 커플이 미스터리한 마을의 9호 집에 갇히게 되는 상황을 소재로 한다. 로칸 피네건 감독과 각본가 가렛 샌리는 2008년 글로벌 금융위기로 시작된 부동산 시장 침체가 야기한 아일랜드의 유령 부동산과 그곳에서 집을 팔지 못해 떠나지 못하는 사람들을 주목했다. 그 결과 주택 단지에 갇힌 젊은 커플을 주인공으로 한 단편 영화 〈여우들(2011)〉을 만들었다. 그 이후에 개봉한 장편 영화 〈비바리움〉은 〈여우들〉의 설정을 바탕으로 정치, 사회, 문화 문제들에 공상과학적인 상상력을 덧붙인 일종의 '확장판'이다. 로칸 피네건 감독은 "딜레마에 직면했을 때 인간은 어떻게 행동하는지, 극단적 상황에 처한 인간의 본능을 보고 싶었다."라고 연출 의도를 설명했다.

(나) 비바리움은 관찰이나 연구를 목적으로 동물, 식물을 사육하는 공간을 뜻한다. 욘더 마을의 수많은 집은 모두 같은 모양을 하고 있다. 거리도 규격화된 모습이다. 흡사 공장의 생산라인처럼 꾸며진 욘더 마을은 대량 생산을 중요시하는 자본주의 시스템을 풍자한다. 이 속에서 톰과 젬마는 노동, 육아, 즉 생산을 하면 대량으로 만든 식료품, 생활용품을 배달받는다. 즉, 소비한다. 욘더 마을은 저항과 변화를 거부한 채로 전통적인 가족상과 남녀 역할을 강요하는 사회 시스템이기도 하다. 욘더 마을에서 톰과 젬마는 매일 똑같은 하루를 보낸다. 톰은 아침이면 마당에 나가 종일 구멍을 판다. 직장에서 일하는 남편처럼 말이다. 젬마는 요리, 빨래 같은 집안일을 하고 아이를 보살핀다. '욘더의 집들은 정말 이상적'이라는 마틴의 말은 곧 남자가 돈을 벌고 여자가 집안일을 하는 성 역할에 충실한 삶이 이상적이라는 주장이다. 두 사람은 매일 똑같이 반복되는 일상의 공포를 경험한다. 탈출구는 없다. 아기를 기르면 탈출할 수 있게 해 준다고 했지만, '기른다'의 정의는 모호할 따름이다. 하루 이틀 시간이 흐를수록 둘의 관계엔 균열이 점차 커진다. 그렇게 집은 스스로 판 무덤처럼 변한다. 영화는 자신의 목소리와 선택의 자유를 상실한 채로 누군가 정한 기준에 맞춰 욕망하며 순응하는 상황에 '(㉠)' 갇혔다고 본 것이다.

(다) 톰은 여자친구 젬마와 함께 지낼 안락한 집을 알아보다가 부동산 중개인 마틴으로부터 욘더 마을을 소개받는다. 두 사람은 똑같은 모양의 주택들이 세워진 욘더 마을의 9호 집을 둘러보다가 기묘함에 사로잡힌다. 그런데 마틴이 사라지고 둘은 어떤 방향으로 가도 다시 9호 집에 통하며 마을에 갇히게 된다. 며칠 후 9호 집 앞에 아기가 담긴 박스가 도착한다. 박스엔 '아기를 기르면 풀려난다.'고 적혀있다. 욘더 마을에서 벗어날 수 없음을 알게 된 톰은 두려움과 공포에 사로잡혀 나가는 길을 찾기 위해 마당을 파기 시작한다. 반면에 젬마는 아이를 키우며 희망을 잃지 않으려 애쓴다.

(라) 〈비바리움〉에서 이야기만큼이나 강력한 힘을 가진 것은 시각이다. 〈비바리움〉의 미술 콘셉트는 단순함과 반복적임이다. 영화는 르네 마그리트의 〈빛과 제국〉과 같이 구름을 반복적으로 배치하고 마치 그림을 그린 것처럼 마을의 하늘을 꾸몄다. 화면의 주된 톤으로 사용된 녹색은 원래 생명력을 상징하는 색깔이다. 하지만 욘더 마을에 위치한 집에 과장스럽게 칠해져 있는 녹색은 인공적인 분위기를 자아내며 관객의 불안감을 유발한다.

19. 제시된 (가)～(라)의 순서를 문맥에 따라 바르게 나열한 것은?

① (나)－(가)－(다)－(라)
② (다)－(가)－(나)－(라)
③ (다)－(나)－(가)－(라)
④ (다)－(나)－(라)－(가)

20. 다음 중 ㉠에 들어갈 말로 적절한 것은?

① 과거에서 현재까지
② 요람에서 무덤까지
③ 천국에서 지옥까지
④ 시련에서 희망까지

수리력

↬ 20문항 / 15분

01. G 노트북에 들어가는 부품을 생산하는 업체로 A사와 B사가 있다. 이들의 제품 생산량 비율은 3 : 7이며, A사의 제품 불량률은 2%이고 B사의 제품 불량률은 3%이다. 임의로 부품 하나를 선택하였을 때 그것이 불량품이었다면, B사의 불량품일 확률은?

① $\frac{7}{9}$　② $\frac{7}{12}$

③ $\frac{13}{27}$　④ $\frac{13}{38}$

02. 진영이와 성은이가 함께 만두를 빚기로 하였다. 진영이는 한 시간에 만두 20개를 빚을 수 있고, 성은이는 한 시간에 15개를 빚을 수 있다고 할 때, 만두 210개를 함께 빚는 데 걸리는 시간은?

① 2시간　② 4시간

③ 6시간　④ 8시간

03. 2,000원 하던 물건의 가격이 50% 인상되었다가, 얼마 후 50% 인하되었다. 이 물건의 가격은 처음과 비교할 때 얼마나 변하였는가?

① 500원 감소　② 750원 감소

③ 500원 증가　④ 750원 증가

04. 6명의 사원이 4인승 승용차 두 대를 이용해 이동하려고 한다. 두 대의 승용차가 동일한 차종이라면 사원들이 나누어 탈 수 있는 경우의 수는? (단, 좌석배치는 고려하지 않는다)

① 25가지 ② 26가지
③ 27가지 ④ 28가지

05. 현재까지 A 기업의 누적 생산량은 800개, B 기업의 누적 생산량은 600개이다. 한 달에 A 기업은 80개, B 기업은 100개의 제품을 생산한다면 B 기업이 A 기업의 누적 생산량을 추월하는 데 몇 개월이 걸리는가?

① 8개월 ② 9개월
③ 10개월 ④ 11개월

06. A 비커의 소금물 160g과 B 비커의 소금물 240g을 섞으면 7%의 소금물이 만들어지고, A 비커의 소금물 240g과 B 비커의 소금물 160g을 섞으면 8%의 소금물이 만들어진다. A 비커 소금물과 B 비커 소금물의 농도는 순서대로 각각 몇 %인가?

① 5%, 10% ② 5%, 12%
③ 10%, 5% ④ 10%, 16%

07. 지금 시각이 1시 25분이고, 영화는 15분 전 시작하였다. 2시간 20분 동안 영화가 상영된다면 종료 시각에 시침과 분침 사이의 각도는? (단, 작은 각도를 구한다)

① 45° ② 60°
③ 75° ④ 90°

[08 ~ 09] 다음 자료를 보고 이어지는 질문에 답하시오.

- ○○기업 홍보팀 A는 박람회에 가져갈 회사 홍보 팸플릿과 배너 준비를 담당하고 있다.
- 팸플릿(16페이지)과 배너 시안이 완성되어 팀장의 승인을 받아 인쇄 업체에 의뢰하려고 한다.
- 배너 출력 시에는 배너 거치대도 반드시 함께 구비해야 한다.

〈팸플릿 인쇄단가〉

(단위 : 원)

구분	500부 이하	500부 초과 ~ 1,000부 이하	1,000부 초과 ~ 2,000부 이하	2,000부 초과 ~ 3,000부 이하
8페이지	249,000	277,000	335,000	461,000
12페이지	322,000	378,000	495,000	649,000
16페이지	332,000	388,000	588,000	767,000
20페이지	450,000	520,000	745,000	955,000
24페이지	511,000	595,000	858,000	1,153,000
28페이지	584,000	696,000	1,018,000	1,341,000
32페이지	594,000	705,000	1,110,000	1,458,000

※ 제작기간 2 ~ 3일 소요, 부가세 10% 별도

※ 팸플릿 부수 범위 내에서는 비용 일괄 책정

〈배너 단가〉

– 배너 출력 : 단면 15,000원, 양면 20,000원

– 배너 거치대 : 실내용 10,000원, 실외용 15,000원

– 제작기간 : 평균 2일 이내, 부가세 10% 별도

08. A는 팸플릿 1,500부와 배너 5개(실외용 양면 배너 1개, 실내용 단면 배너 4개)를 인쇄 업체에 의뢰하려고 한다. 팸플릿과 배너 준비를 위해 필요한 최소 비용은 총 얼마인가?

① 795,300원
② 868,500원
③ 927,000원
④ 930,500원

09. A는 팀장의 지시에 따라 8페이지로 된 요약 팸플릿을 제작하기 위해 인쇄단가를 비교하고 있다. 해당 팸플릿을 1,000부와 500부 인쇄했을 때, 가격 차이는 얼마인가?

① 24,800원
② 28,000원
③ 30,800원
④ 32,400원

[10 ~ 11] 다음 자료를 보고 이어지는 질문에 답하시오.

〈자료 1〉 우리나라 학력별 임금 격차(임금지수)

(단위 : %)

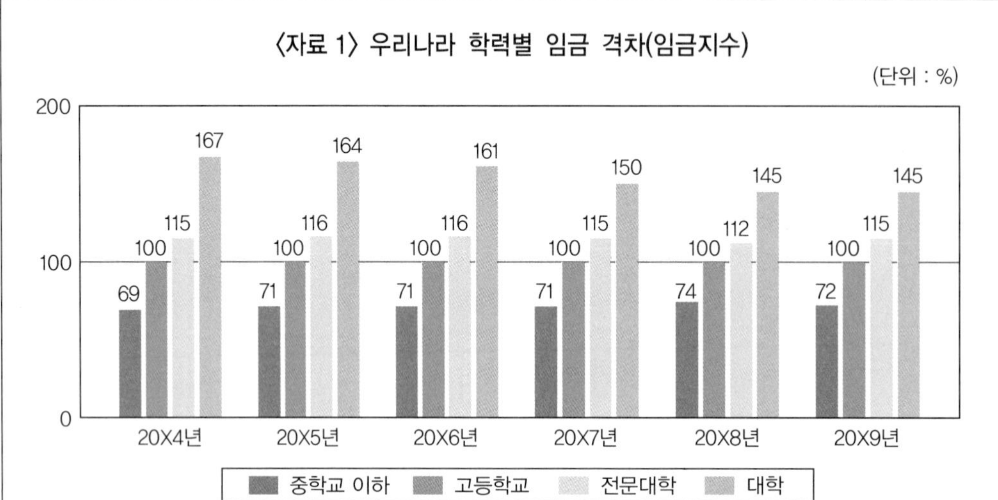

※ 임금지수는 고등학교 졸업자의 평균 임금을 100으로 하여 환산(25 ~ 64세 성인인구)

※ 수치 간 차이가 클수록 학력별 임금 격차가 심한 것으로 볼 수 있음.

〈자료 2〉 20X9년 주요국 학력별 임금 격차(임금지수)

(단위 : %)

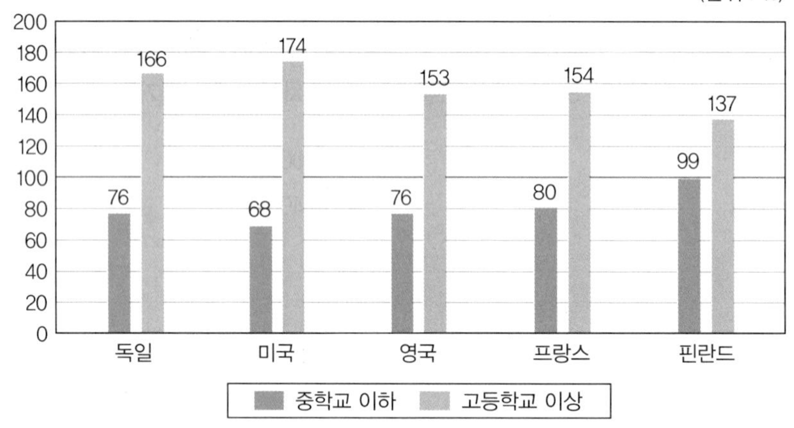

〈자료 3〉 주요국 고등교육 이상 졸업자의 임금수준 변화 추이(임금지수)

(단위 : %)

구분	한국	미국	영국	뉴질랜드	스위스
20X5년	147	177	157	118	155
20X6년	147	174	156	123	158
20X7년	145	176	151	139	156
20X8년	138	168	148	146	143
20X9년	141	174	153	154	151

※ 고등교육 이상은 전문대학, 대학을 포함한 전체 고등교육기관을 의미함.

10. 위 자료에 대한 해석으로 옳은 것은?

① 20X9년 한국, 미국, 영국, 뉴질랜드의 고등교육 이상 졸업자 임금지수는 20X5년보다 감소하였다.

② 20X9년 한국의 중학교 이하 졸업자와 고등교육 이상 졸업자의 임금지수 차이는 68이다.

③ 20X4년부터 20X9년까지 한국의 중학교 이하 졸업자와 대학 졸업자의 임금 격차는 지속적으로 감소하고 있다.

④ 20X9년 독일과 프랑스의 고등학교 졸업자 평균 임금이 동일하다고 가정했을 때, 두 나라 간 고등교육 이상 졸업자의 임금지수 차이는 10 이상이다.

11. 20X8년 한국의 전문대학 졸업자 평균 임금이 180만 원이라면 20X8년 한국의 대학 졸업자 평균 임금은? (단, 소수점 아래 첫째 자리에서 반올림한다)

① 225만 원 ② 233만 원

③ 238만 원 ④ 241만 원

[12 ~ 14] 다음 자료를 보고 이어지는 질문에 답하시오.

〈자료 1〉 가족의 형태별 분포

(단위 : 천 가구, %)

구분		1985년	1995년	2005년	2015년	2020년
혈연가구 수		6,367	8,751	11,133	12,490	13,694
핵가족	부부	5.0	7.8	12.6	18.0	21.8
	부부와 미혼자녀	55.6	57.8	58.6	53.7	44.9
	편부모와 미혼자녀	10.1	9.7	8.6	11.0	15.0
직계 가족	부부와 양(편)친	0.5	0.8	1.1	1.2	1.1
	부부와 양(편)친과 자녀	10.9	9.9	8.0	5.7	4.2
기타혈연가족		17.9	14.0	11.2	10.4	13.0

〈자료 2〉 가구원 수별 가구구성

(단위 : 천 가구, %)

구분	가구 수	가구원 수별 가구구성					
		1인	2인	3인	4인	5인	6인 이상
1985년	6,648	4.2	8.3	12.3	16.1	18.3	40.7
1995년	9,571	6.9	12.3	16.5	25.3	19.5	19.5
2005년	12,958	12.7	16.9	20.3	31.7	12.9	5.5
2015년	15,887	20.0	22.2	20.9	27.0	7.7	2.3
2020년	19,111	27.2	26.1	21.5	18.8	4.9	1.5

※ 가구 수=혈연가구 수+비혈연가구 수

12. 제시된 자료에 대한 설명으로 옳지 않은 것은?

① 2015년 3대가 함께 사는 가족의 수는 1985년보다 증가했다.
② 2020년 1인 가구는 5,000천 가구 이상으로 35년 전에 비해 20배 이상 증가하였다.
③ 2005년 조사부터 자녀 없이 부부만 사는 가족의 수가 직계가족과 함께 사는 가구의 수보다 많아졌다.
④ 가족의 형태별 분포 중 부부와 미혼자녀가 함께 사는 형태의 가족이 가장 큰 비율을 차지한다.

13. 2020년 비혈연가구는 전체 가구의 몇 %인가? (단, 소수점 아래 둘째 자리에서 반올림한다)

① 21.4%
② 26.1%
③ 28.3%
④ 29.6%

14. 제시된 〈자료 2〉를 참고했을 때 다음 중 가구 수가 가장 많은 가구구성은? (단, 백의 자리에서 반올림한다)

① 1985년 4인 가구
② 2005년 5인 가구
③ 2005년 2인 가구
④ 2015년 5인 가구

[15 ~ 16] 다음 자료를 보고 이어지는 질문에 답하시오.

〈제조업 주요업종별 국내공급동향〉

(2010년=100, %)

구분		2019년 전체	2020년 전체	2021년					
				2/4분기	3/4분기	4/4분기	1/4분기	2/4분기	3/4분기
지수	기계장비	98.1	96.8	97.6	96.6	107.4	111.8	133.2	121.4
	국산	92.8	90.7	92.0	87.1	103.5	97.1	113.2	100.8
	수입	108.3	108.8	108.6	115.3	115.2	140.6	172.3	161.7
	자동차	125.9	126.6	134.6	111.9	137.6	124.5	130.9	122.6
	국산	120.3	120.5	126.7	105.1	132.9	119.6	124.5	117.3
	수입	169.8	175.3	198.0	165.4	175.0	163.6	182.0	165.2
	의료정밀광학	121.2	119.1	113.1	120.2	131.1	130.6	148.5	158.5
	국산	107.0	105.5	102.3	108.1	111.6	110.8	121.2	124.0
	수입	136.6	133.8	124.7	133.3	152.1	152.0	177.9	195.6
전년 동기 대비 증감률	기계장비	-0.4	-1.3	-5.7	1.8	13.3	30.7	36.4	25.7
	국산	1.0	-2.3	-6.6	-2.5	12.0	21.3	23.0	15.8
	수입	-2.5	0.5	-4.0	8.8	15.6	45.9	58.7	40.3
	자동차	6.3	0.6	5.0	-6.3	-0.2	1.7	-2.8	9.6
	국산	4.0	0.1	3.2	-7.0	0.7	1.9	-1.7	11.5
	수입	21.4	3.2	15.0	-2.4	-4.9	0.5	-8.1	-0.2
	의료정밀광학	2.1	-1.7	-4.3	0.0	8.6	16.4	31.3	31.9
	국산	-5.3	-1.4	-4.2	4.1	4.4	10.7	18.4	14.8
	수입	9.4	-2.0	-4.3	-3.3	12.2	21.3	42.7	46.8

15. 다음 중 제시된 자료에 대한 설명으로 옳지 않은 것은?

① 2019년 2/4분기 기계장비 지수는 100 이상이다.
② 2019년 의료정밀광학 지수는 전년 대비 증가하였다.
③ 2019년 기계장비 국산 공급량은 전년 대비 감소하였다.
④ 2021년 2/4분기 자동차 공급량은 2021년 1/4분기 대비 증가하였다.

16. 제시된 자료를 참고할 때, 2020년 1/4분기 그래프로 옳은 것은? (단, 소수점 아래 둘째 자리에서 반올림한다)

① 

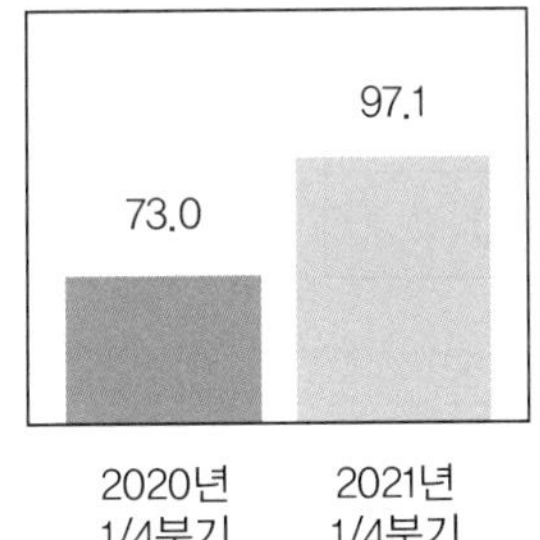

② 〈기계장비 국산〉

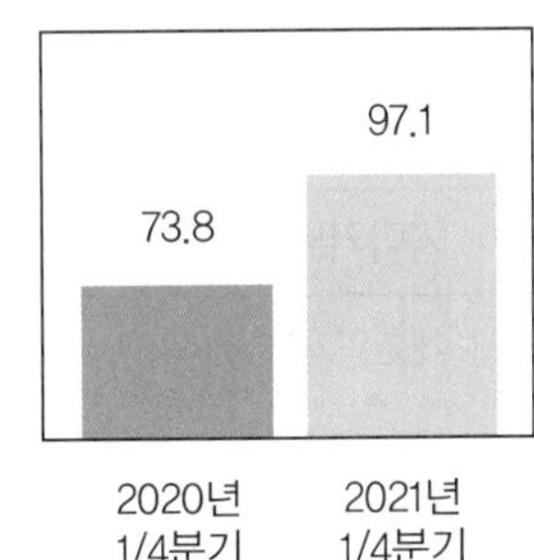

③ 〈기계장비 국산〉

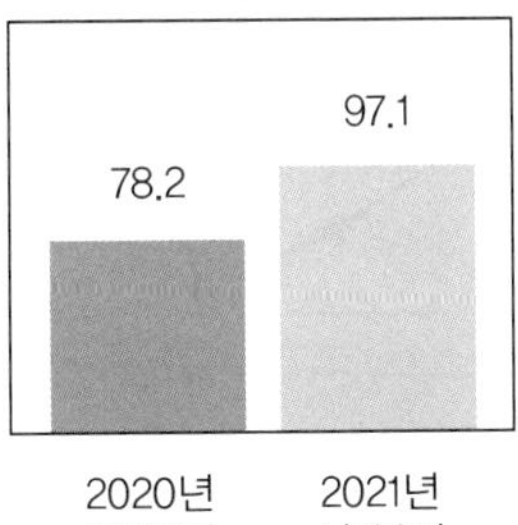

④ 〈의료정밀광학 국산〉

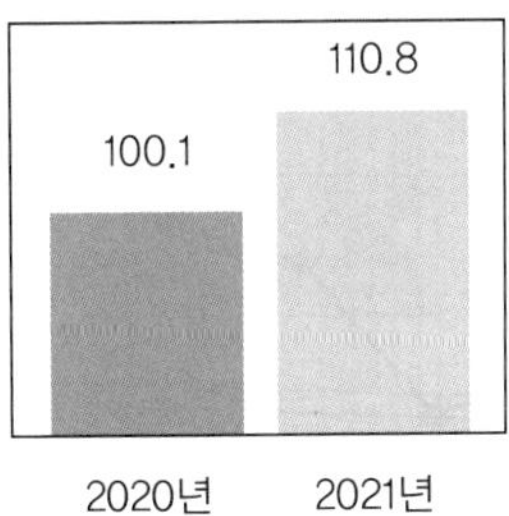

[17 ~ 18] 다음 상황을 보고 이어지는 질문에 답하시오.

생활용품을 판매하는 B 기업 영업기획팀에서 근무하는 A는 매출 활성화를 위한 프로모션 개발 업무를 담당하고 있다.

다음은 B 기업 프랜차이즈 인터넷 쇼핑몰에서 판매하고 있는 용품 현황이다.

구분	용품명	판매가(원)	제조원가(원)	전월 판매량(개)
욕실용품	규조토 발매트	12,500	7,500	2,850
	욕실화	4,900	2,800	6,700
	수납걸이	5,800	2,700	3,245
문구용품	다이어리	11,900	8,000	7,000
	투명필통	4,500	2,500	2,100
	스톱워치	5,500	3,300	1,850
리빙용품	수납박스	10,500	8,000	6,050
	무드등	15,000	10,500	1,200
	캐릭터 쿠션	7,800	2,500	5,550
	암막커튼	9,900	6,700	1,750

※ 순이익은 판매가에서 제조원가를 뺀 금액이다.

〈월별 판매액 현황〉

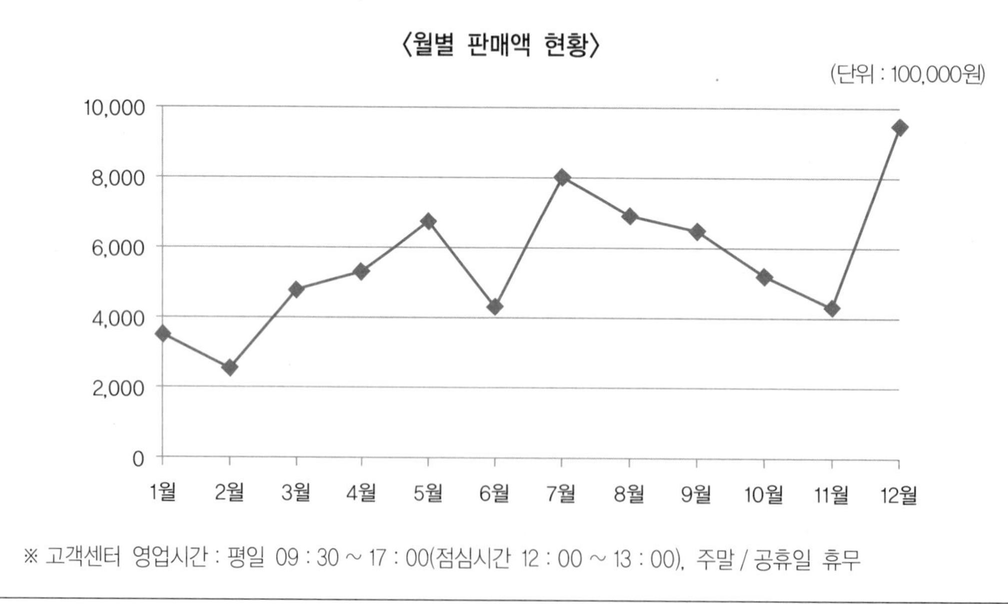

※ 고객센터 영업시간 : 평일 09 : 30 ~ 17 : 00(점심시간 12 : 00 ~ 13 : 00), 주말 / 공휴일 휴무

17. A는 순이익이 3,500원을 넘지 않는 용품 중 전월 판매량이 가장 많은 용품을 20% 할인하여 판매하려고 한다. 해당 용품의 할인 판매가는?

① 3,920원
② 6,240원
③ 8,400원
④ 9,520원

18. A는 상사의 지시에 따라 할인 이벤트를 기획하려고 한다. 다음 중 A가 고객들에게 보낼 행사 안내 광고 문자의 내용으로 옳은 것은?

> 상사 : 각 용품 대분류마다 전월 판매량이 가장 많은 용품과 순이익이 가장 높은 용품을 묶어 파는 상품을 만드세요. 그래프에서 월별 판매액이 전월 대비 200,000,000원 이상 증가하는 달 직전에 하락 구간이 존재하는 경우, 하락 구간을 포함한 기간 동안 묶음 상품을 30% 할인하여 판매하세요. 단, 월별 판매액이 전월 대비 200,000,000원 이상 증가하는 달은 할인 기간에서 제외하고, 전월 판매량이 가장 많은 용품과 순이익이 가장 높은 용품이 동일한 경우에는 50% 할인 가격에 판매하세요.

① B 기업몰 특가 행사! 4월 내내 규조토 발매트와 욕실화를 13,000원에 동시 구매할 수 있습니다.

② 새해맞이 다이어리 행사! 1 ~ 3월 세 달간 B몰에서는 다이어리를 하나 가격에 두 개 구매할 수 있습니다.

③ [행복한 11월] 우리 집을 깔끔하게! 수납박스와 캐릭터 쿠션 세트를 구매하시면 단품 구매 시에 비해 5,490원을 절약하실 수 있습니다.

④ [뽀송데이] 5월, 6월 두 달간 욕실용품 단독 세일 품목인 욕실화를 30% 할인 가격에 만나 보세요!

[19 ~ 20] 다음 자료를 보고 이어지는 질문에 답하시오.

〈근로자 1인당 월평균 임금총액〉

(단위 : 천 원, 전년 동월 대비 %)

구분	2020년 1월		2020년 12월		2021년 1월	
전 산업	4,118	15.6	3,997	1.0	4,024	-2.3
숙박 및 음식점업	2,144	15.1	2,054	5.9	2,181	1.7
사업시설관리 및 사업지원 서비스업	2,244	8.5	2,247	0.1	2,206	-1.7
예술, 스포츠 및 여가관련 서비스업	2,908	13.0	3,449	10.9	2,919	0.4

〈근로자 1인당 월평균 총근로시간〉

(단위 : 시간, 전년 동월 대비 %)

구분	2020년 1월		2020년 12월		2021년 1월	
전 산업	166.2	-1.5	164.8	-8.1	176.7	6.3
숙박 및 음식점업	170.4	-1.0	169.2	-5.8	178.1	4.5
사업시설관리 및 사업지원 서비스업	167.0	-2.6	167.3	-7.7	174.5	4.5
예술, 스포츠 및 여가관련 서비스업	153.0	-2.0	158.3	-4.5	163.2	6.7

19. 다음 중 '전 산업'과 '숙박 및 음식점업'의 2019년 1월 근로자 1인당 월평균 임금총액을 순서대로 짝지은 것은? (단, 백의 자리에서 반올림한다)

① 3,562천 원, 1,863천 원
② 2,068천 원, 2,573천 원
③ 1,863천 원, 3,562천 원
④ 2,573천 원, 2,068천 원

20. 다음 중 2021년 1월의 전월 대비 근로자 1인의 월평균 근로시간 변화와 임금의 변화에 대한 설명으로 옳지 않은 것은?

① 제시된 3개 분야의 월평균 근로시간은 모두 '전 산업'의 월평균 근로시간보다 적게 증가하였다.
② '숙박 및 음식점업'은 '전 산업'보다 월평균 임금 증가분이 더 많이 증가하였다.
③ 2020년 12월의 근로시간당 평균 임금은 '숙박 및 음식점업'보다 '사업시설관리 및 사업지원 서비스업'이 더 많다.
④ 월평균 임금은 월평균 근로시간의 증가에 비례하여 증가하였다.

공간지각력

20문항 / 15분

[01 ~ 03] 다음 〈보기〉의 도형과 동일한 것을 고르시오.

01.

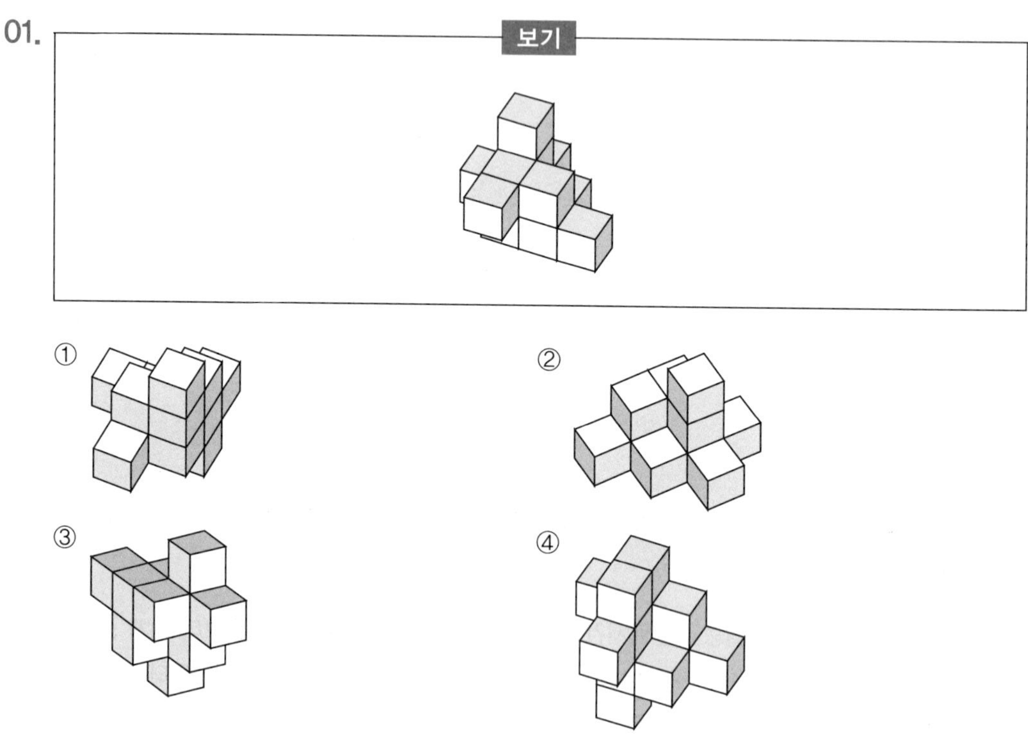

02.

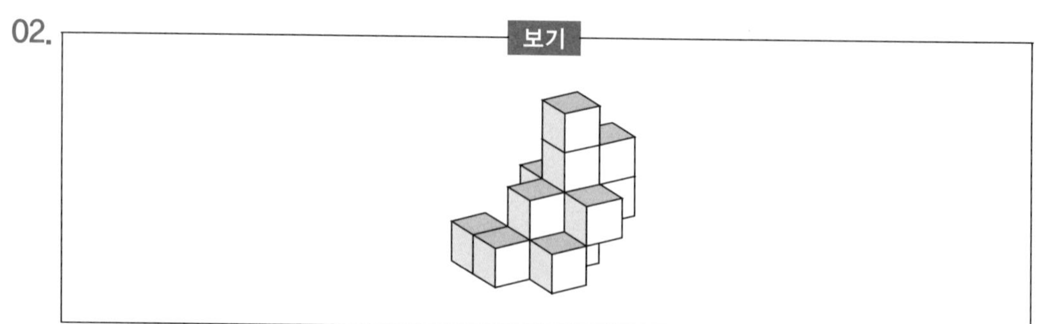

① 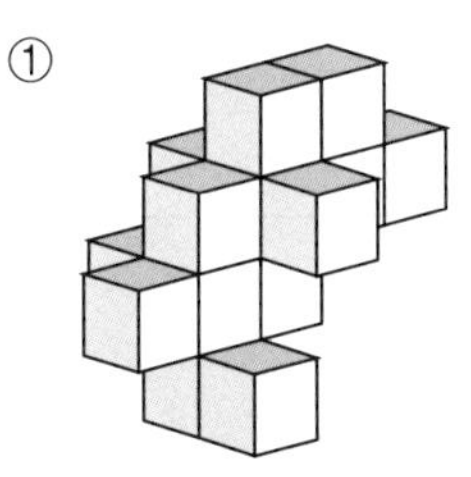

② 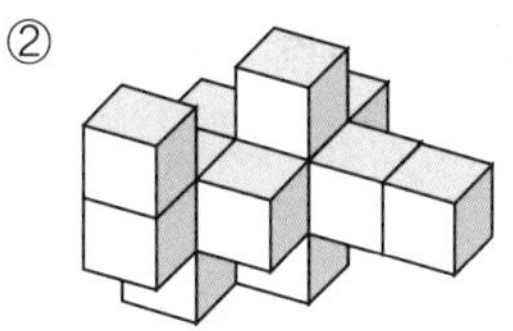

③ 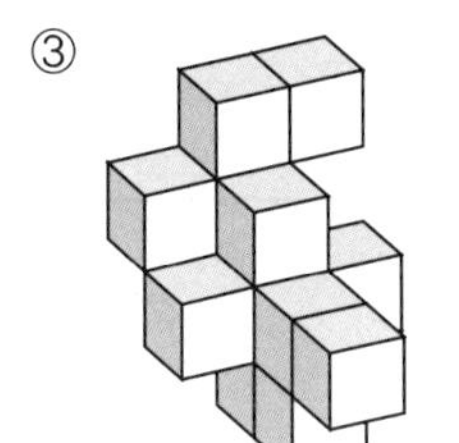

④ 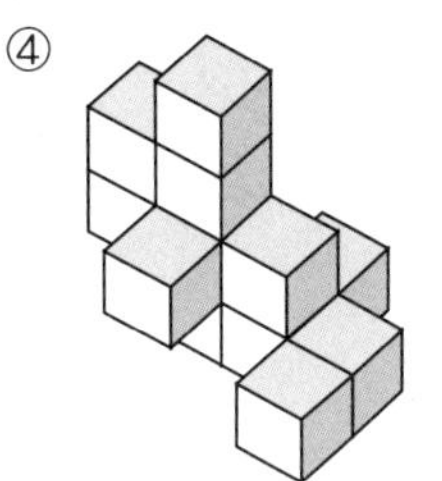

03.

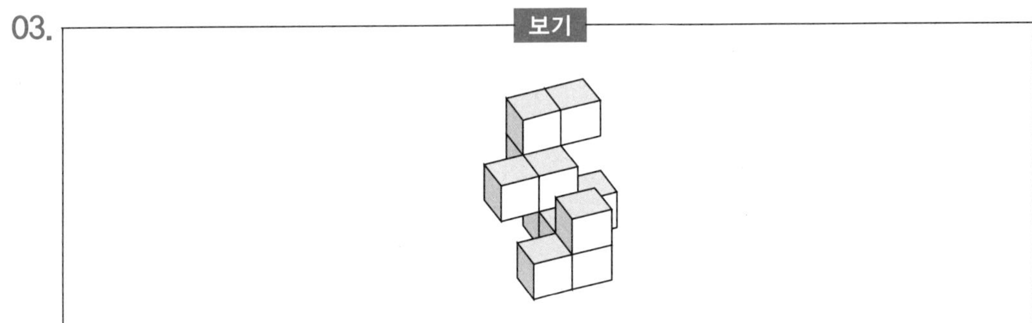

① 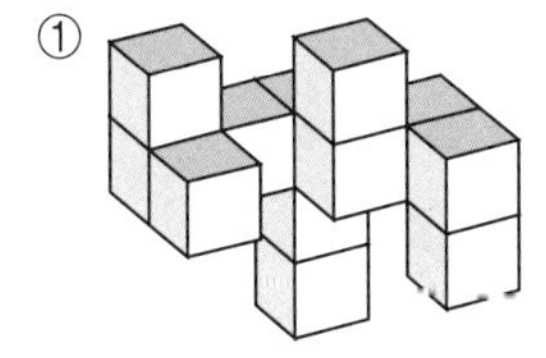

② 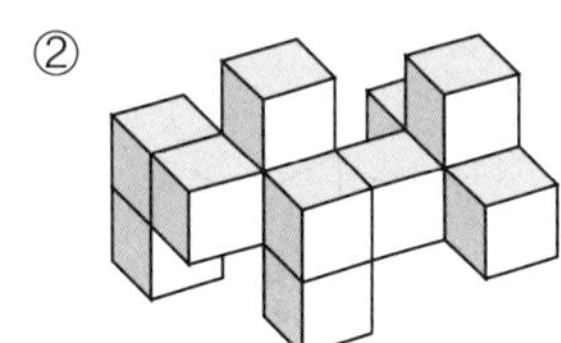

③ 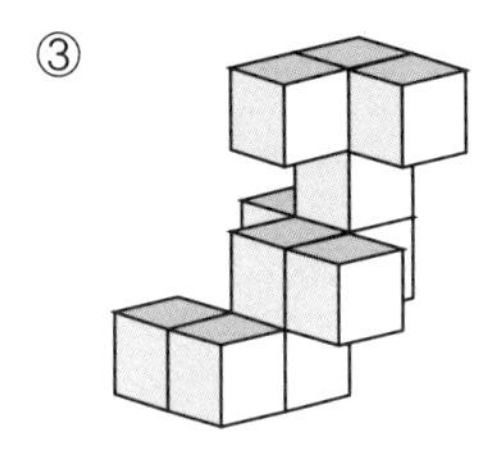

④ 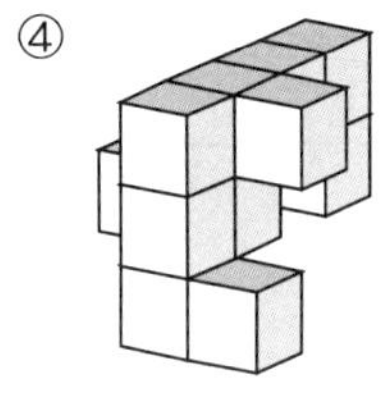

[04 ~ 06] 다음 블록을 조합하여 나올 수 없는 형태를 고르시오.

04.

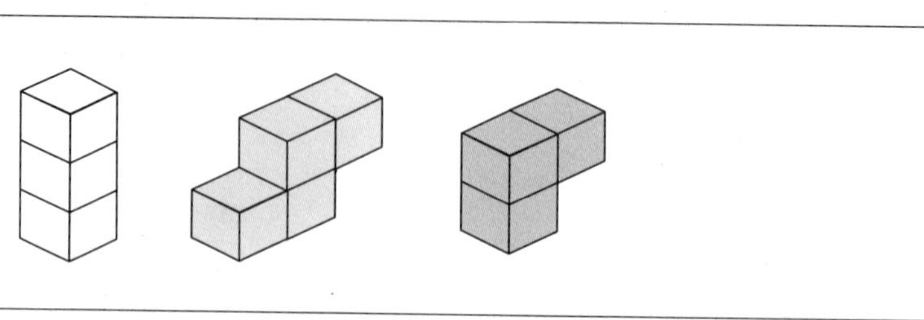

①

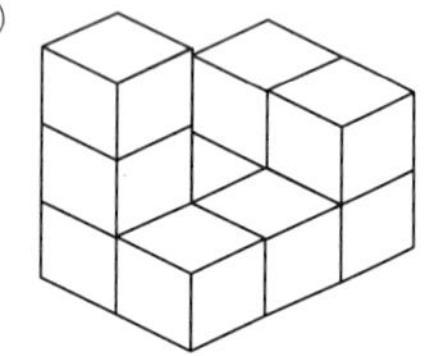

②

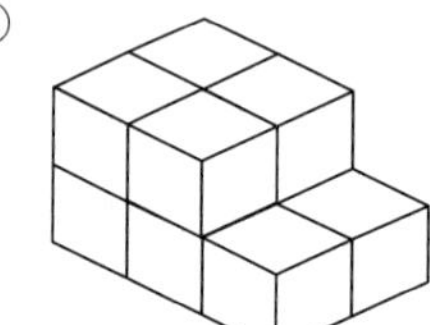

③

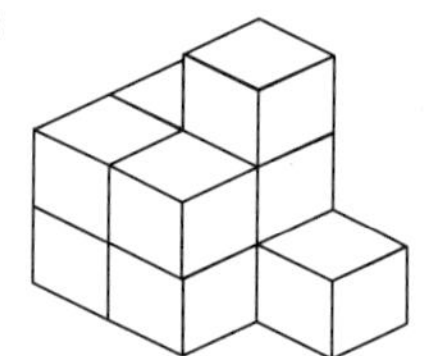

④

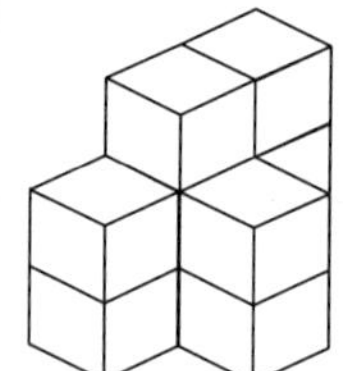

05.

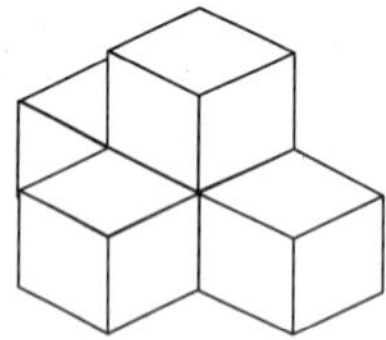

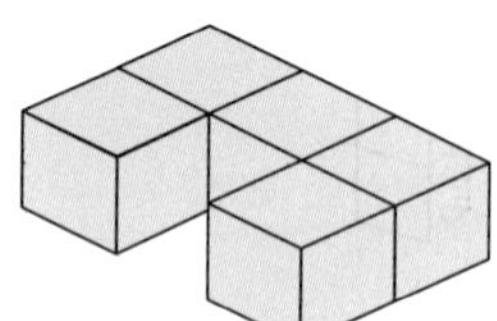

① 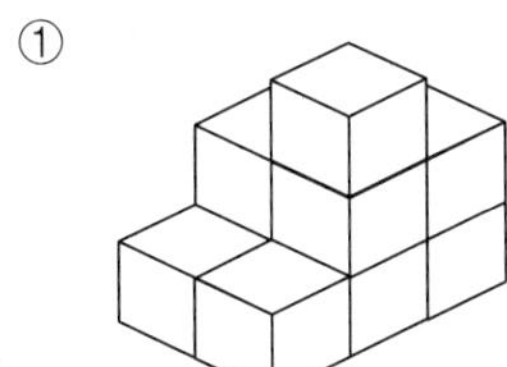

②

③

④ 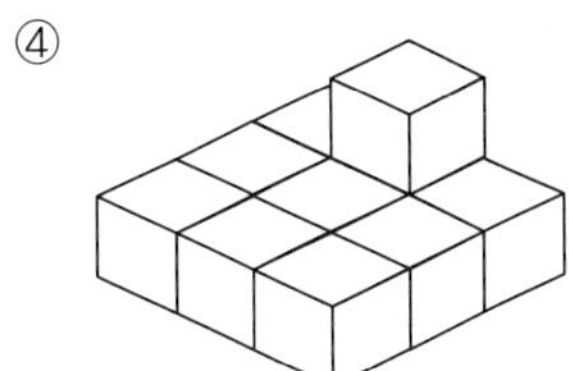

06.

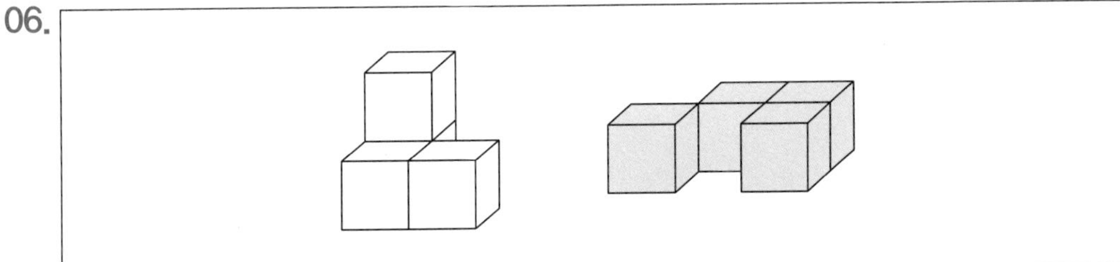

① 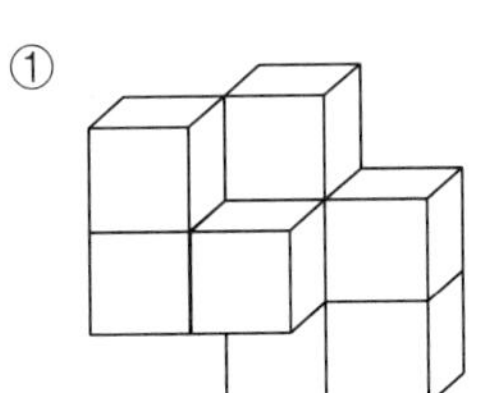

② 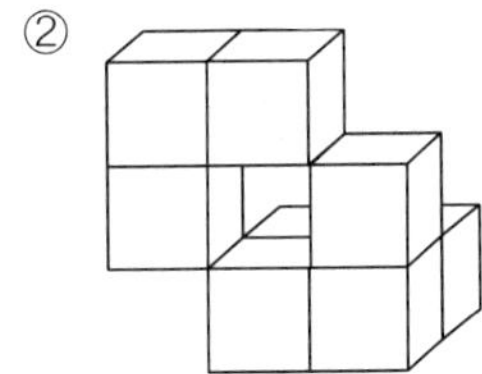

③ 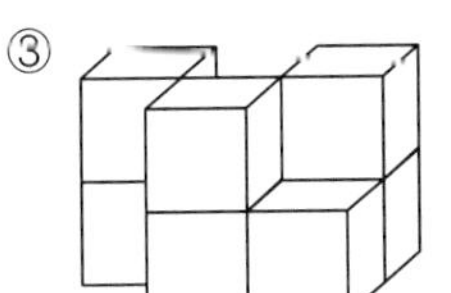

④ 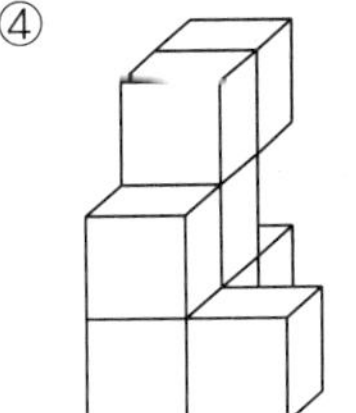

07. 입체도형 A, B, C를 조합하여 〈보기〉와 같은 입체도형을 완성한다고 할 때, C에 들어갈 입체도형은?

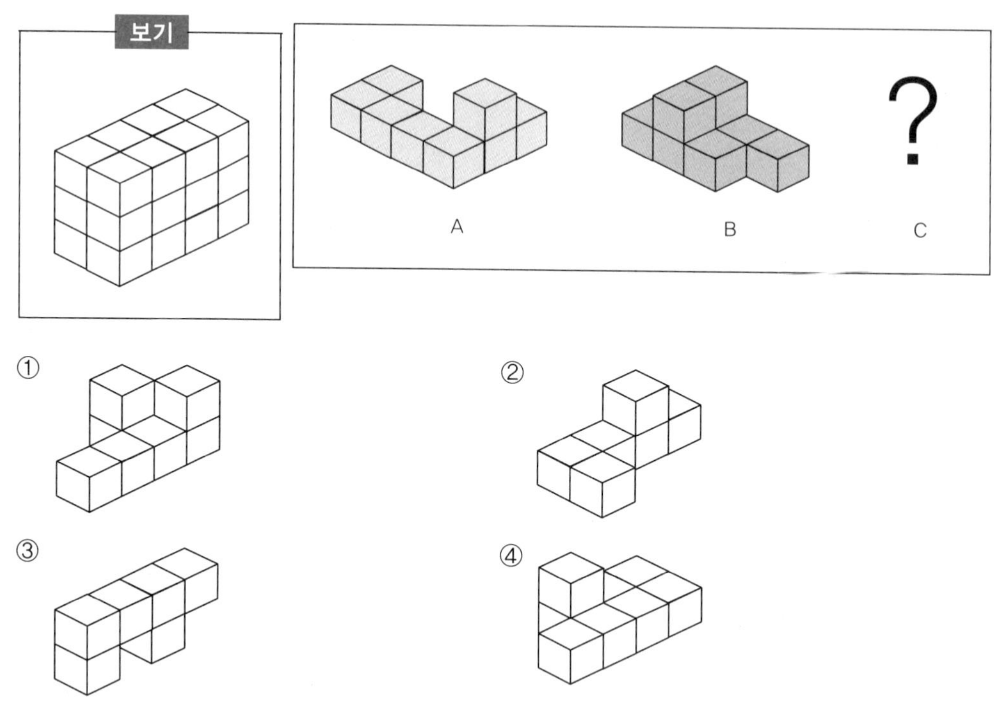

[08 ~ 09] 다음 블록을 합쳤을 때 나올 수 있는 형태를 고르시오.

08.

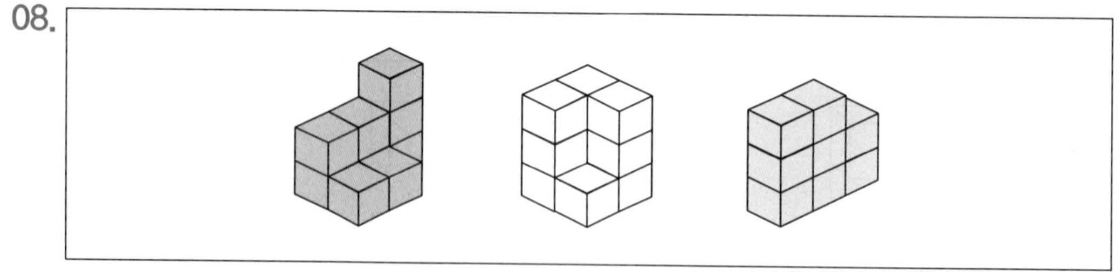

①

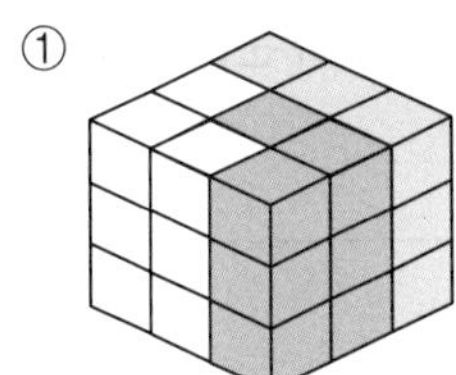

②

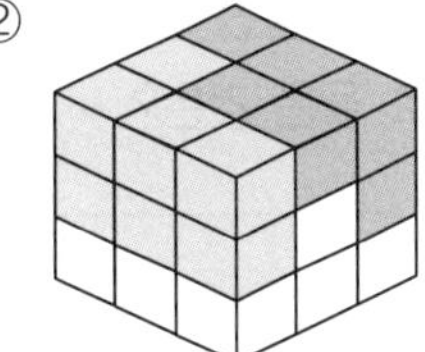

③

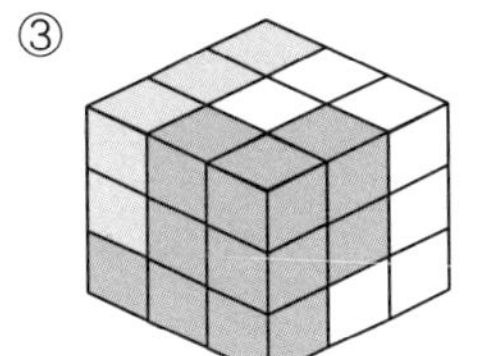

④

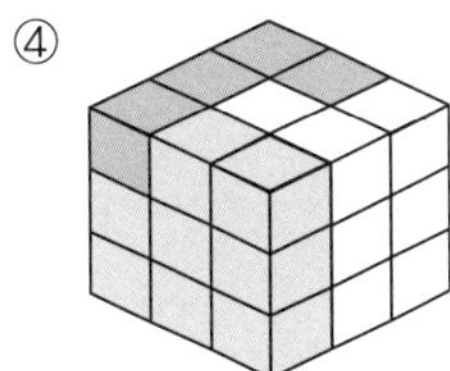

09.

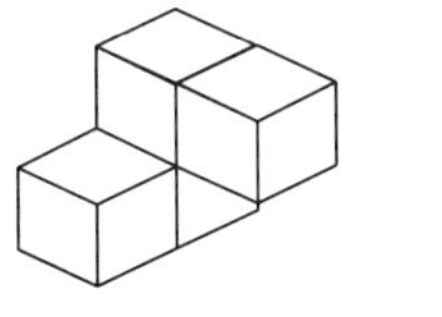

①

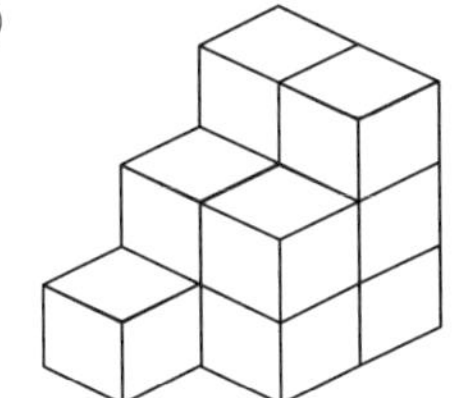

②

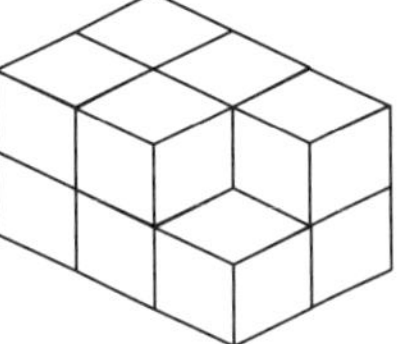

③

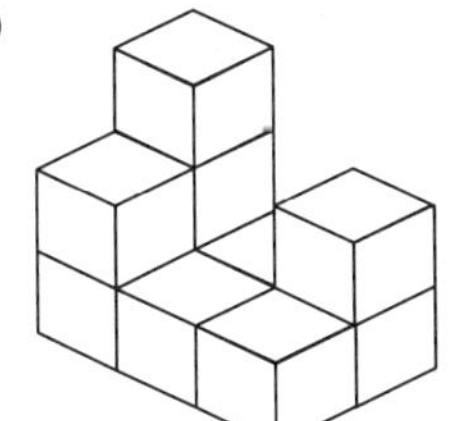

④

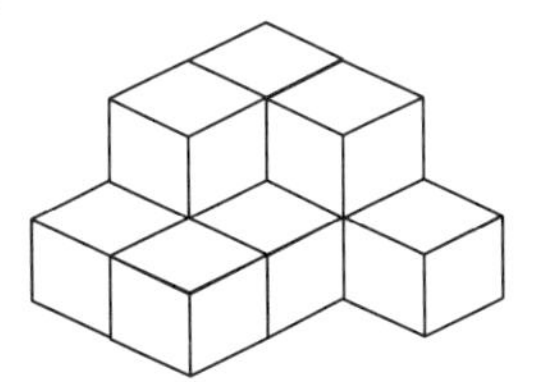

10. 다음 정육면체의 굵은 선(실선 및 점선) AB, BC, CD, BF, FG, DH, AE 부분을 가위로 잘라 펼쳤을 때의 전개도로 옳은 것은?

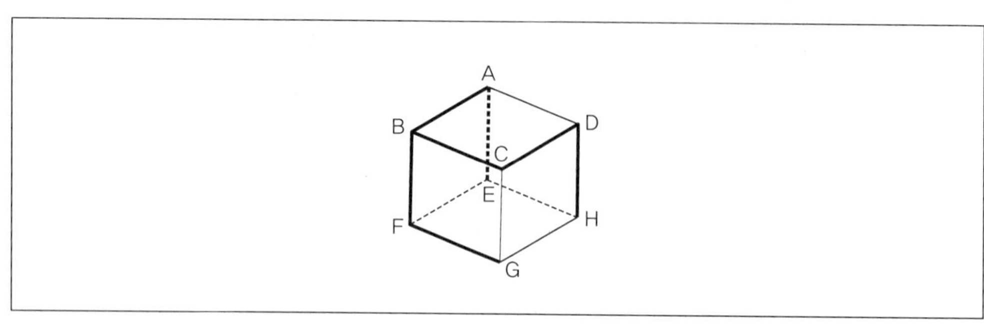

①
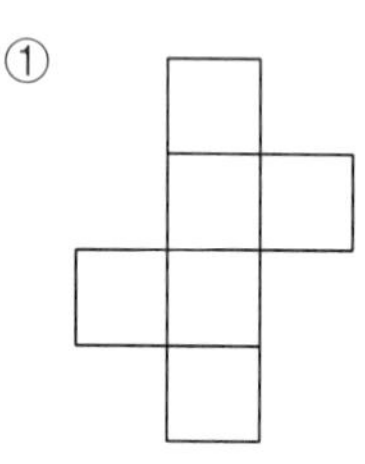

②
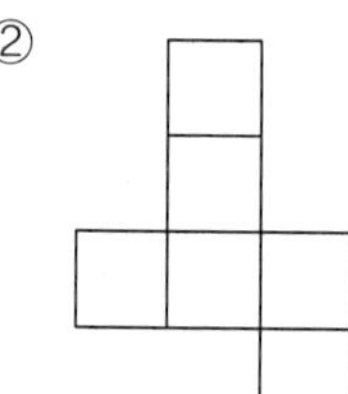

③
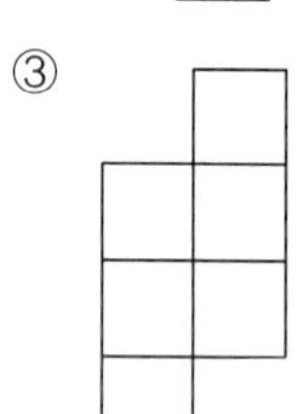

④
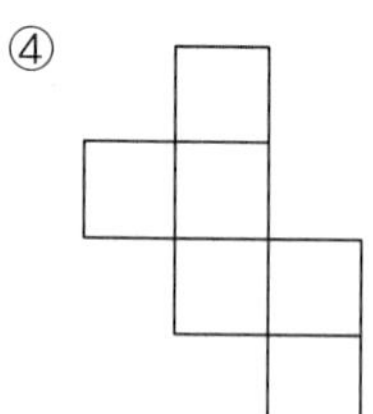

[11 ~ 12] 다음 전개도를 접었을 때 나타나는 도형을 고르시오.

11.

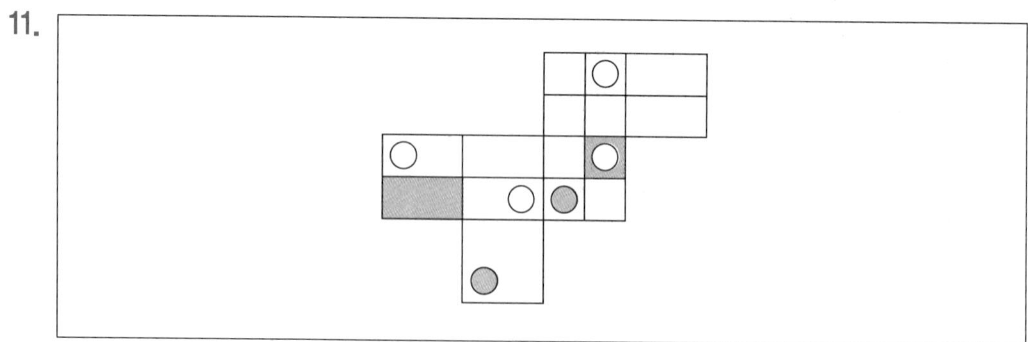

① 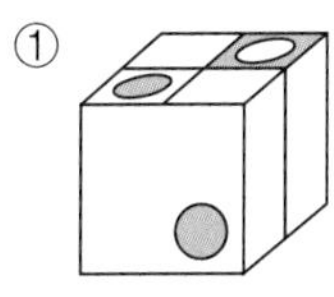

② 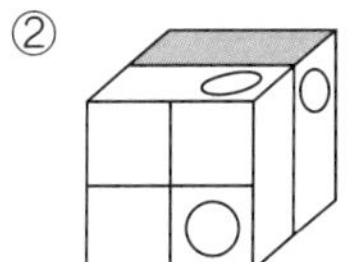

③ 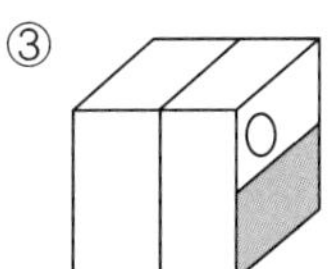

④ 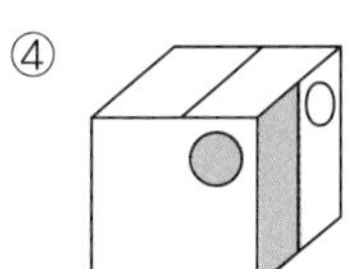

12.

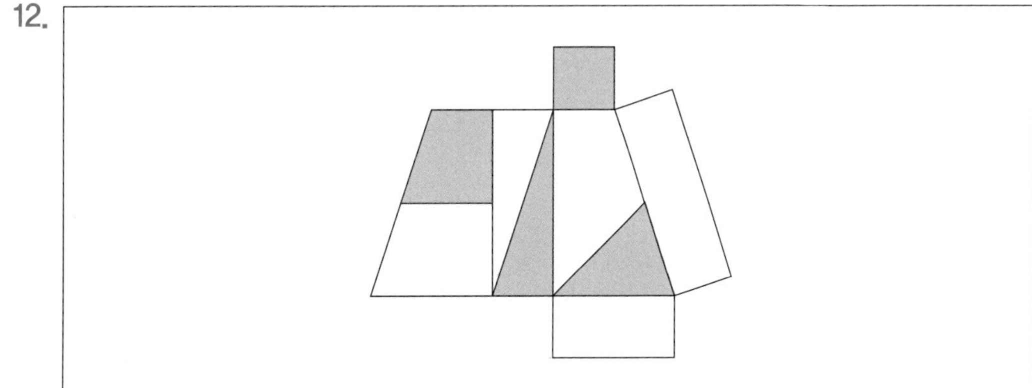

① 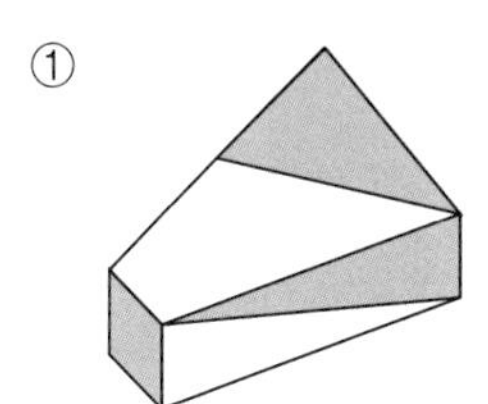

② 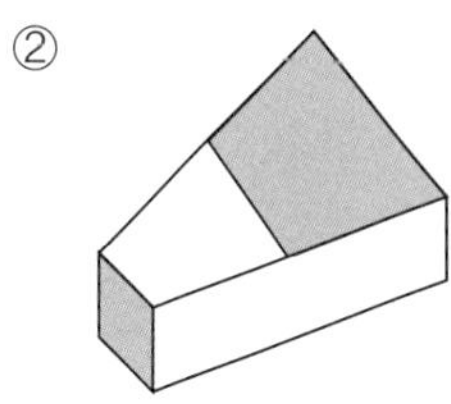

③ 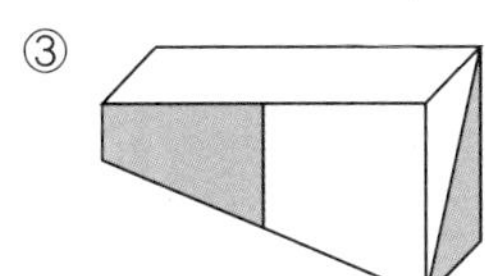

④ 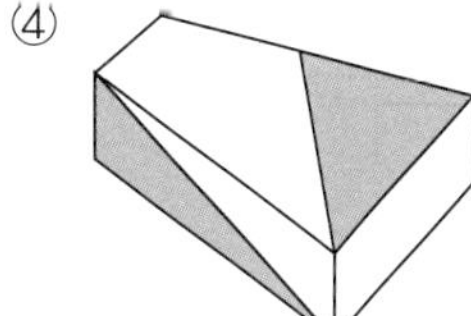

[13 ~ 15] 다음 입체도형의 전개도로 옳은 것을 고르시오.

13.

①

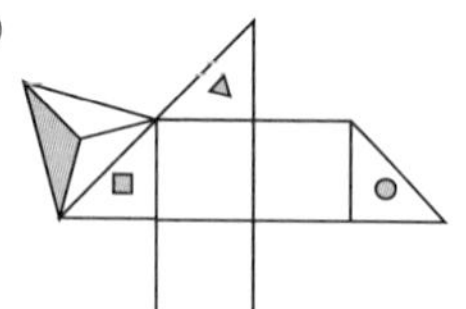

②

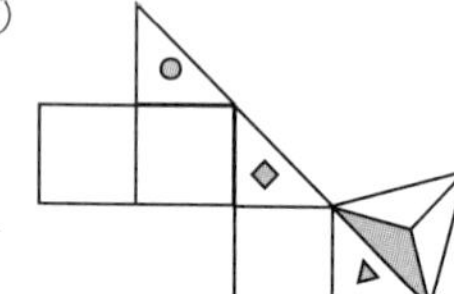

③

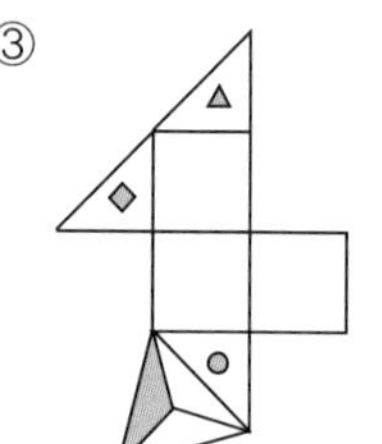

④

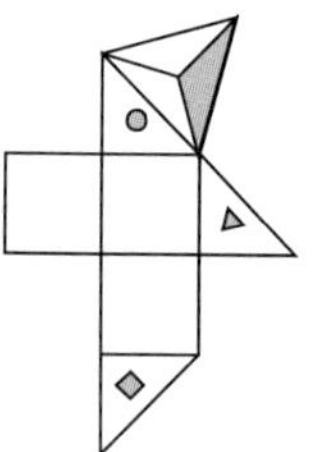

14.

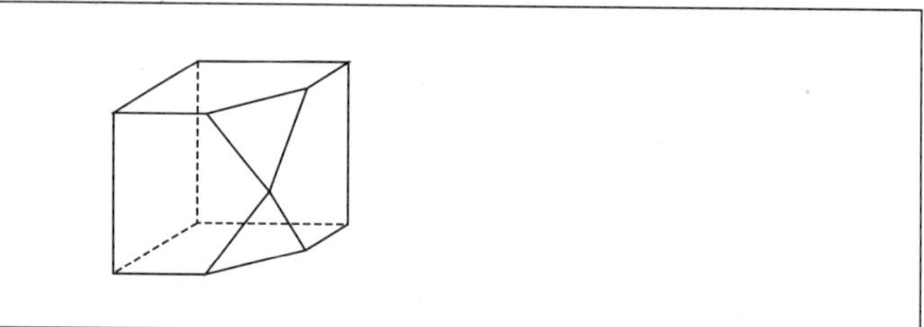

①

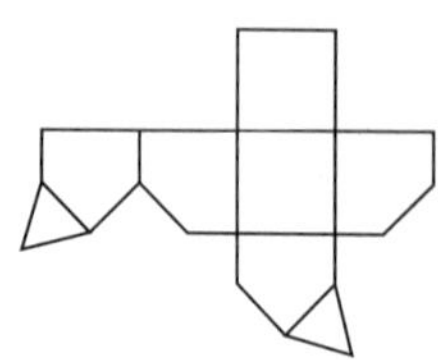

②

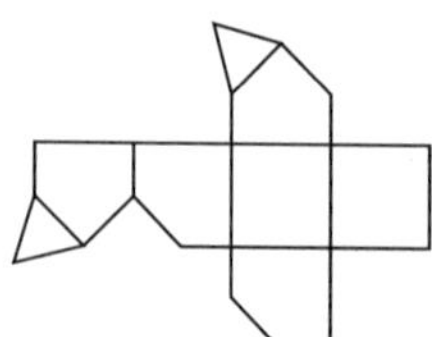

③

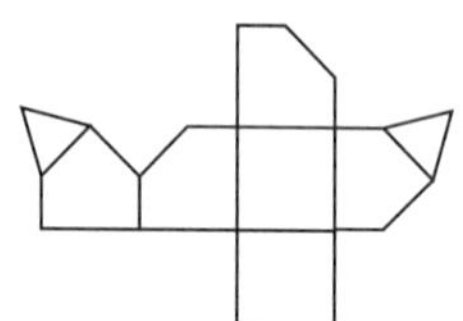

④

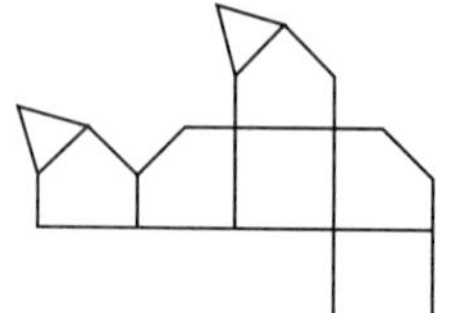

15.

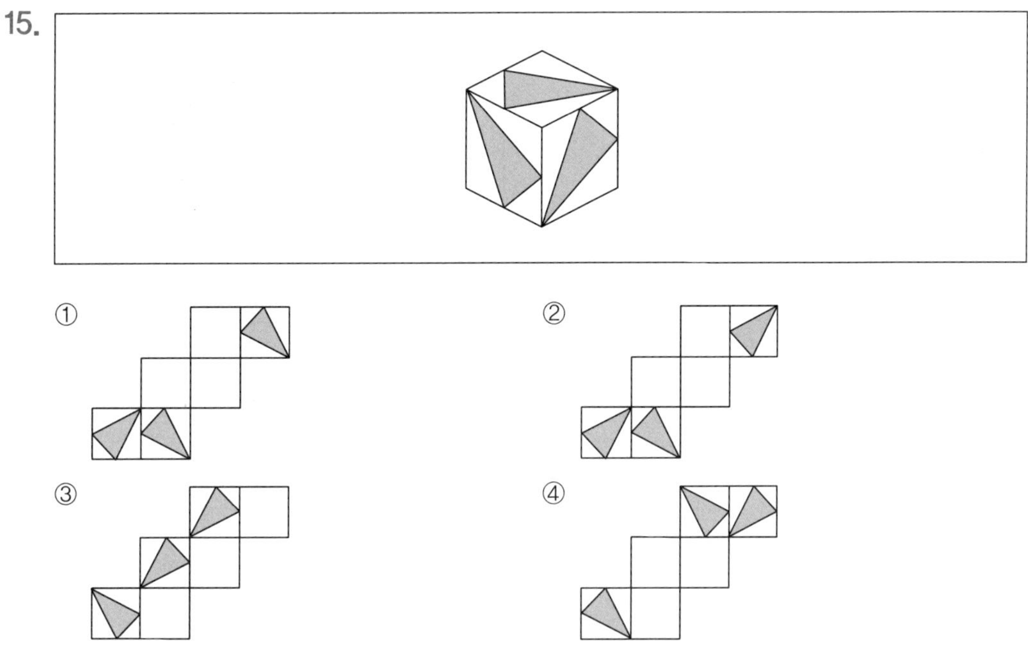

[16 ~ 18] 다음과 같이 종이를 접은 후 앞이나 뒤에서 볼 수 없는 모양을 고르시오.

16.

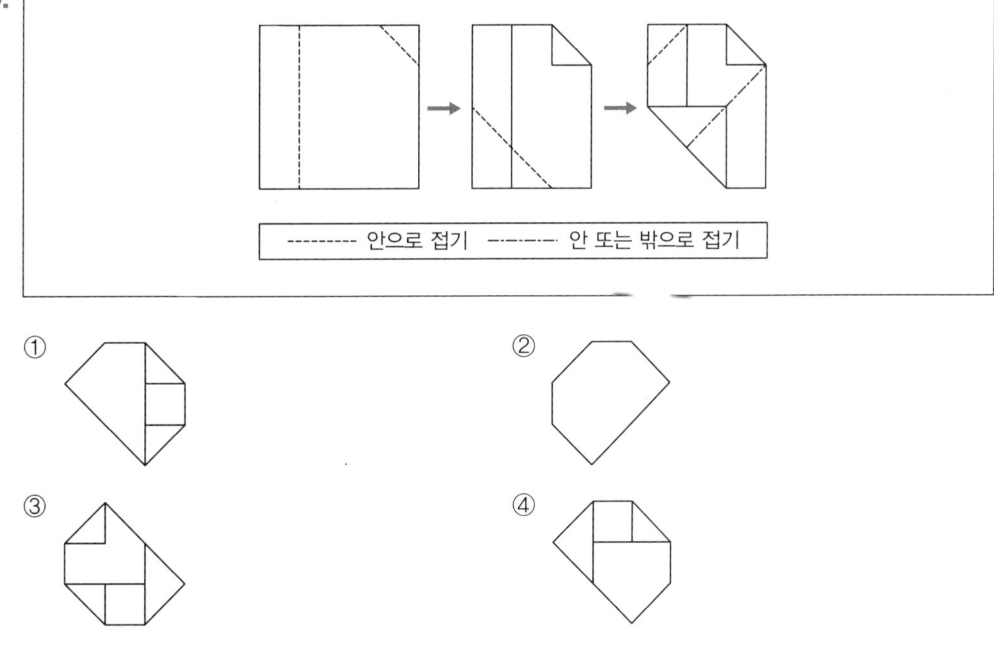

17.

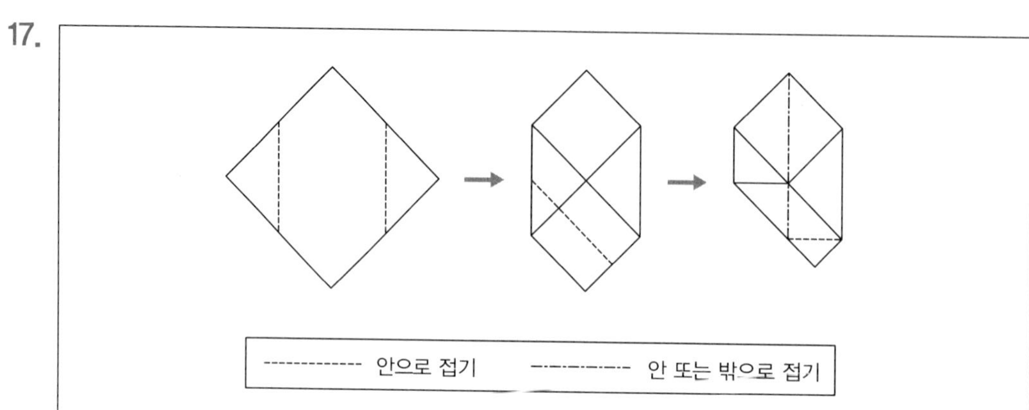

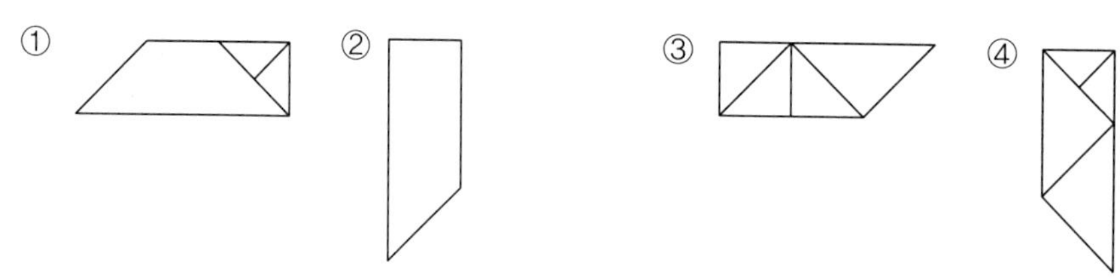

18.

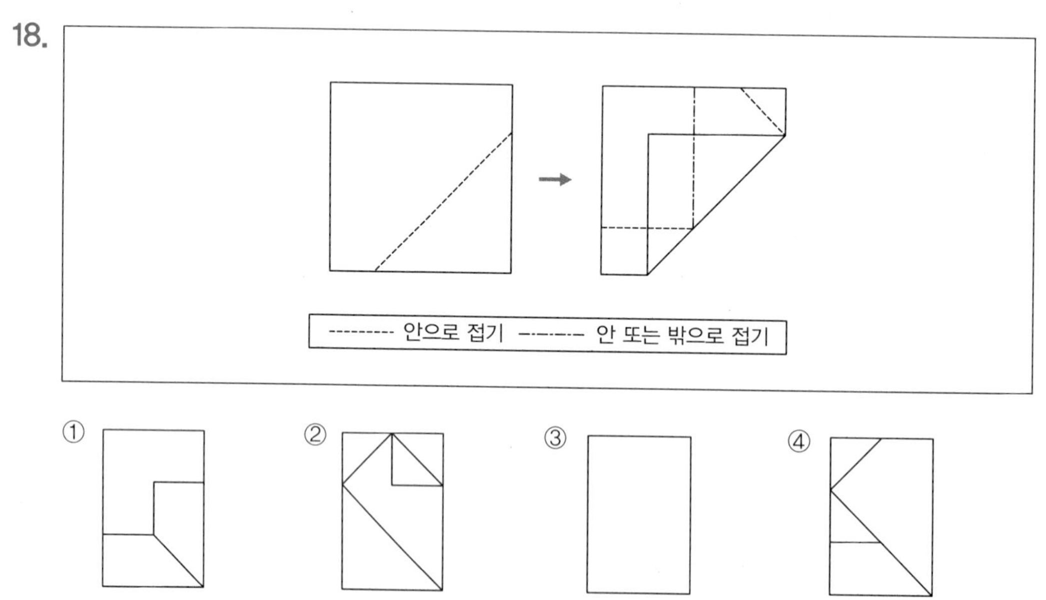

[19 ~ 20] 다음과 같이 종이를 접은 후 펀치로 구멍을 뚫고 다시 펼쳤을 때의 모양으로 옳은 것을 고르시오.

19.

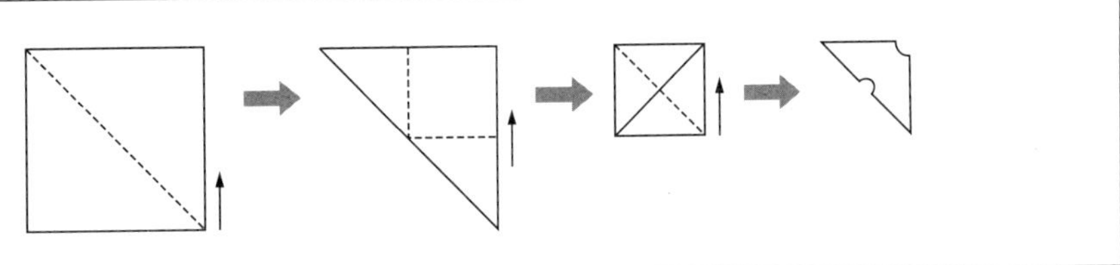

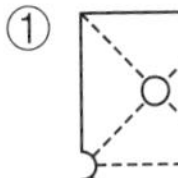

① 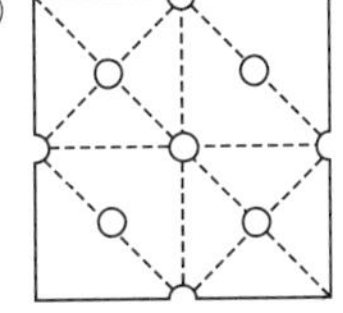

② 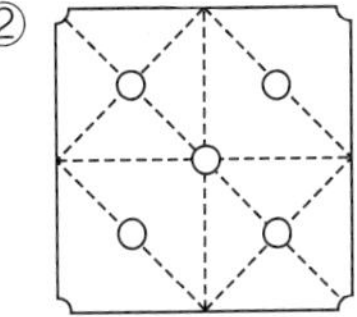

③ 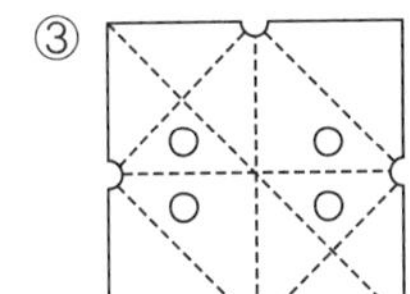

④ 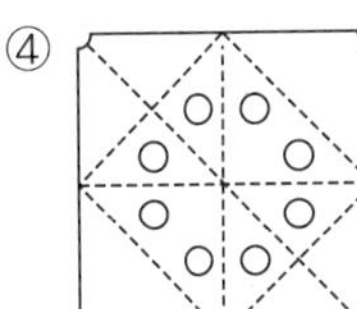

20.

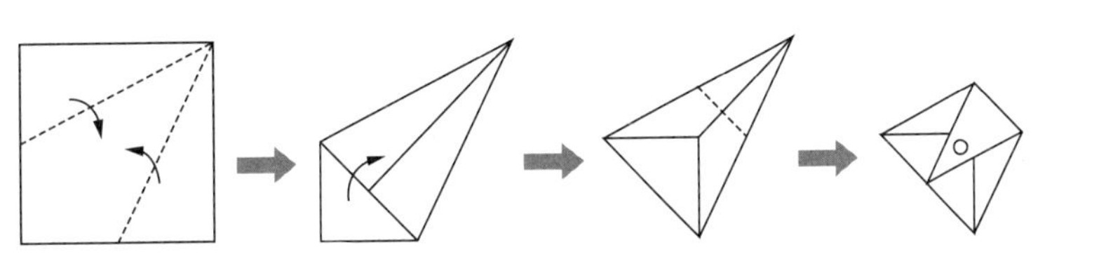

① 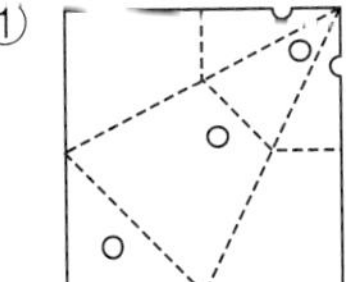

② 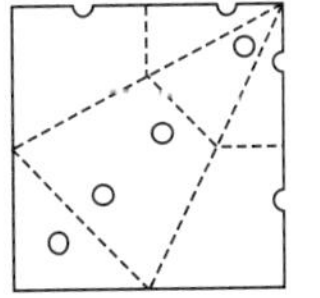

③ 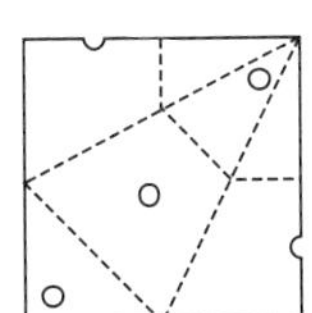

④ 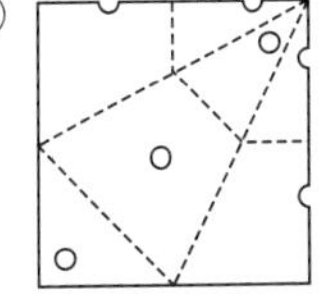

문제해결력

20문항 / 15분

01. 여학생이 1 ~ 5번까지 순서대로 앉아 있고 여학생 사이에 남학생 A ~ E가 앉기로 하였다. 다음 〈조건〉에 따라 자리 배치를 할 때 3번 여학생의 옆자리에 앉은 남학생은? (단, 남학생이 가장 왼쪽에 있다)

조건

- A는 짝수 번호 옆에 앉아야 한다.
- B는 짝수 번호 옆에 앉을 수 없다.
- C는 4의 옆에 앉을 수 없다.
- E는 반드시 1번 옆에 앉아야 한다.

① A, B 또는 C, D ② C, A 또는 C, D
③ C, A 또는 C, E ④ C, E 또는 A, D

02. ○○기업 윤리감사팀은 영업팀원 A, B, C, D 네 명 중 한 명이 거래처로부터 금품을 제공받았다는 신고가 들어와 네 명의 직원을 불러 조사한 결과, 다음과 같은 사실이 확인되었다. 네 명 중 금품을 반드시 수수한 사람은?

- A는 어떠한 금품도 받지 않았다.
- B가 금품을 받았다면 또 다른 한 명도 금품을 받았다.
- C가 금품을 받았다면 또 다른 두 명도 금품을 받았다.
- A, B, C, D 중 최소 한 명은 금품을 수수했다.

① A ② B
③ C ④ D

03. **A는 친구들을 집에 초대하여 함께 식사를 하고 있다. 다음을 참고할 때, A와 친구들의 자리에 대한 설명으로 옳은 것은?**

- A가 초대한 친구는 B, C, D, E, F 5명이다.
- A는 4번 자리에 앉아 있다.
- C는 F의 바로 맞은편에 앉아 있다.
- E는 C의 왼쪽 바로 옆에 앉아 있다.
- B의 왼쪽 바로 옆에는 D가 앉아 있다.
- B의 오른쪽 바로 옆에는 F가 앉아 있다.

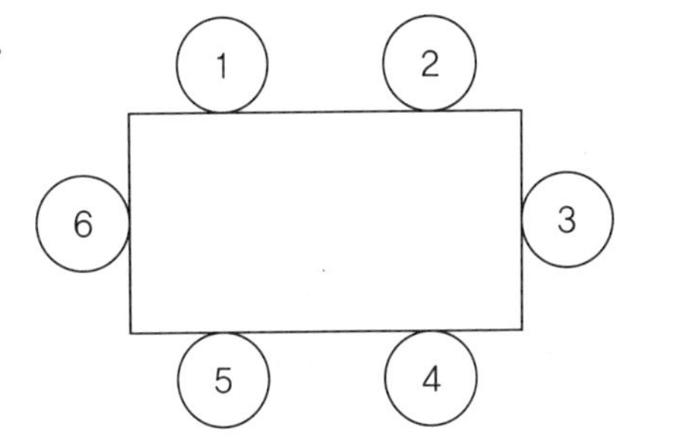

① 1번 자리에 앉아 있는 사람은 E이다.
② A의 왼쪽 바로 옆에 앉은 사람은 F이다.
③ F는 A와 B 사이에 앉아 있다.
④ D와 E는 마주 보고 앉아 있다.

04. **한 층에 2개의 사무실을 배치할 수 있는 5층 건물에는 A ~ E 5개의 회사가 입주해 있다. 회사의 위치가 다음과 같을 때, 이에 대한 설명으로 적절하지 않은 것은?**

(가) A ~ E사는 사무실이 모두 2개씩 있다.
(나) B사와 D사 사무실은 1층과 꼭대기 층에 있다.
(다) B사의 모든 사무실은 D사보다 아래층에 있다.
(라) C사의 모든 사무실 바로 위층에는 A사와 B사의 사무실이 있다.
(마) 3층에는 A사 사무실이 있다.
(바) E사와 A사의 한 사무실은 같은 층을 쓰고 있다.
(사) 각 회사의 사무실은 모두 같은 층일 수도, 다른 층일 수도 있다.

① A사와 B사의 사무실이 한 층에 있는 경우가 있다.
② D사의 두 사무실은 한 층에 있지 않다.
③ 2층에는 C사의 사무실만 있다.
④ A사 사무실 위층에 E사 사무실이 있는 경우가 있다.

05. 다음 글을 바탕으로 추론할 때 밑줄 친 부분에 들어갈 문장으로 적절한 것은?

> • 의류를 판매하지 않으면 핸드백을 팔 수 있다.
> • 핸드백을 팔 경우에는 구두를 판매할 수 없다.
> • ______________________________
> • 그러므로 의류를 판매하려고 한다.

① 핸드백을 팔기로 했다.

② 구두를 팔지 않고 핸드백을 판매한다.

③ 핸드백과 구두를 팔지 않기로 했다.

④ 구두를 판매하기로 했다.

[06 ~ 08] 다음 〈조건〉이 모두 성립할 때, 반드시 참인 명제를 고르시오.

06.

> **조건**
>
> • 팀장이 출장을 가면 업무처리가 늦어진다.
> • 고객의 항의 전화가 오면 실적평가에서 불이익을 받는다.
> • 업무처리가 늦어지면 고객의 항의 전화가 온다.

① 고객의 항의 전화가 오면 팀장이 출장을 간 것이다.

② 업무처리가 늦어지면 팀장이 출장을 간 것이다.

③ 실적평가에서 불이익을 받지 않으면 팀장이 출장을 가지 않은 것이다.

④ 실적평가에서 불이익을 받으면 팀장이 출장을 가지 않은 것이다.

07.

조건

- 안경을 쓴 사람은 가방을 들지 않았다.
- 안경을 쓰지 않은 사람은 키가 크지 않다.
- 스카프를 맨 사람은 가방을 들었다.

① 가방을 들지 않은 사람은 안경을 썼다.

② 안경을 쓰지 않은 사람은 스카프를 맸다.

③ 안경을 쓴 사람은 키가 크다.

④ 키가 큰 사람은 스카프를 매지 않았다.

08.

조건

- 나무를 좋아하는 사람은 새를 좋아한다.
- 하늘을 좋아하는 사람은 꽃을 좋아하며 숲을 좋아한다.
- 숲을 좋아하는 사람은 나무를 좋아한다.

① 숲을 좋아하는 사람은 꽃을 좋아한다.

② 꽃을 좋아하는 사람은 자연을 좋아한다.

③ 새를 좋아하는 사람은 하늘을 좋아한다.

④ 하늘을 좋아하는 사람은 새를 좋아한다.

[09 ~ 10] 다음 흐름도에서 각각의 기호들은 일정한 규칙에 따라 문자를 변화시킨다. 기호의 규칙에 따라 '?'에 들어갈 알맞은 문자를 고르시오.

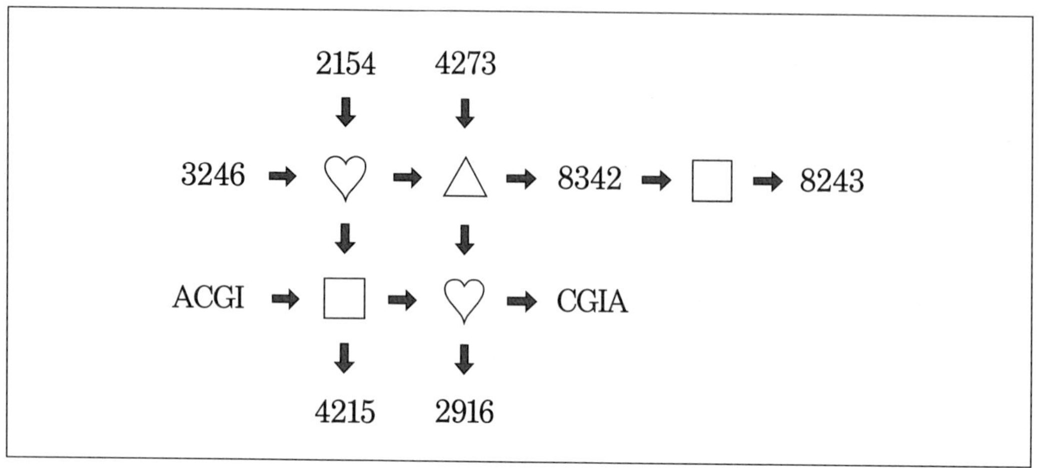

09.

5372 ➡ □ ➡ △ ➡ ?

① 2791
② 2917
③ 7192
④ 7219

10.

BJKM ➡ □ ➡ ♡ ➡ ?

① JBMK
② JKMB
③ KMBJ
④ MKJB

11. 호텔 연회부에서 근무하는 E는 연회장 예약 일정 관리를 담당하고 있다. 다음 〈상황〉과 같이 고객의 전화를 받았을 때, E의 판단으로 옳지 않은 것은?

〈12월 예약 일정〉

MON	TUE	WED	THU	FRI	SAT	SUN
1 실버(13) 블루(14)	2 레드(16)	3 블루(13) 골드(14)	4 골드(13) 블루(17)	5 골드(14) 실버(17)	6 실버(13) 골드(15)	7 레드(10) 블루(16)
8	9 실버(13) 블루(16)	10 레드(16)	11 골드(14) 블루(17)	12 블루(13) 골드(17)	13 골드(12)	14 실버(10) 레드(15)

※ 예약 : 연회장 이름(시작 시간)

〈호텔 연회장 현황〉

연회장 구분	수용 가능 인원	최소 투입인력	연회장 이용시간
레드	200명	25명	3시간
블루	300명	30명	2시간
실버	200명	30명	3시간
골드	300명	40명	3시간

※ 오후 9시에 모든 업무를 종료함.
※ 연회부의 동 시간대 투입 인력은 총 70명을 넘을 수 없음.
※ 연회 시작 전, 후 1시간씩 연회장 세팅 및 정리
※ 연회장별로 하루에 1건만 예약 가능

상황

12월 첫째 주 또는 둘째 주에 회사 송년의 밤 행사를 위해서 연회장을 예약하려 합니다. 총 인원은 250명이고 월, 화, 수요일은 피하고 싶습니다. 예약이 가능할까요?

① 인원을 고려했을 때 블루 연회장과 골드 연회장이 적합하겠군.
② 송년의 밤 행사이니 저녁 시간대 중 가능한 일자를 확인해야 해.
③ 목요일부터 일요일까지 일정을 확인했을 때 평일은 예약이 불가능해.
④ 모든 조건을 고려했을 때 가능한 연회장은 13일 블루 연회장뿐이구나.

12. 다음 자료를 참고해 휴가지를 정할 때, 최종적으로 선택되는 장소는?

〈팀원들의 요구사항〉

K 이사 : 팀 프로젝트를 성공적으로 마친 것을 축하하는 뜻에서 포상휴가를 가고자 하네. 오랜만의 휴가인데 분위기가 좋은 곳에 가 보자고!

S 팀장 : 감사합니다. 이왕이면 자주 방문했던 곳 말고 익숙하지 않은 곳으로 한번 가 보는 것이 어떨까요?

C 주임 : 교통비가 저렴한 곳으로 가고, 대신 숙소를 업그레이드했으면 좋겠어요.

J 주임 : 저는 음식이 맛있는 곳으로 가고 싶어요.

O 사원 : 저는 동남아시아 지역에 한번 가 보고 싶어요.

〈휴가지 특징〉

구분	맛	1인 교통비	분위기	거리	방문횟수
베트남 다낭	★★★★★	400,000	★★	★★★★	3
태국 푸켓	★★★	300,000	★★★★★	★★	5
제주도	★★★★	200,000	★	★★★★★	8
미국령 괌	★★	800,000	★★★★	★	1

※ 각 항목에 ★이 많을수록 높은 점수를 얻는다.

〈의사결정 기준〉

• 총점이 가장 높은 휴가지로 정한다.
• ★ 1개당 1점으로 계산한다.
• 1인당 교통비는 기본 점수를 10점으로 하되 100,000원당 0.1의 점수를 차감한다.
• 단, 각 팀원의 요구사항 관련 항목에서 가장 점수가 높거나 요구사항과 가장 관련 있는 휴가지에 가산점을 부여한다.
• 방문횟수는 적은 순서대로 4 ~ 1점을 부여한다.
• 직급별 가산점은 이사 5점, 팀장 3점, 주임 2점, 사원 1점이다.

① 베트남 다낭 ② 태국 푸켓
③ 제주도 ④ 미국령 괌

[13 ~ 14] 다음은 B 기업에서 사용되는 소모품에 대해 조사한 결과를 정리한 표이다. 이어지는 질문에 답하시오.

〈기관 소모품 목록〉

(단위 : 5점 척도)

구분	가격	기능	디자인	사용기간
제품 A	5점	2점	3점	3점
제품 B	1점	2점	4점	5점
제품 C	3점	4점	2점	5점
제품 D	3점	4점	3점	4점

13. 기관 소모품 목록에서 사용기간이 길며, 기능이 뛰어난 소모품을 구매한다면 어떤 것을 고르겠는가?

① 제품 A
② 제품 B
③ 제품 C
④ 제품 D

14. 김 사원은 기업의 소모품을 구매하려는 중 장 과장이 디자인과 기능을 중요시한다는 것을 알게 되었다. 장 과장이 만족할 만한 제품은 무엇인가?

① 제품 A
② 제품 B
③ 제품 C
④ 제품 D

[15 ~ 16] 다음은 공모전에 대한 자료이다. 이어지는 질문에 답하시오.

• (공모주제) 미래를 변화시킬 인공지능(AI)
 – 국민들이 인공지능에 대한 궁금증을 해소할 수 있는 인공지능 서비스 아이디어
 – 인공지능 관련 데이터와 다른 분야의 데이터를 함께 분석하여 새로운 서비스를 도출하거나 미래사회의 모습을 구상
 – 인공지능 관련 신규 비즈니스(사업) 모델을 제시하는 자유 분석과제
 ※ 위에 제시된 공모주제 설명을 참고하여 인공지능과 관련된 어느 주제나 가능함.
• (응모자격) 인공지능에 관심 있는 국민 누구나 참여 가능하며 "일반국민"과 "인공지능 및 코딩 전문가" 전형으로 나누어 응모
 – (일반국민) 학생, 일반국민 등 개인 또는 팀 형태로 참가
 – (전문가) 중소기업 · 스타트업 형태로 참가
• (접수기간) ~ 20X9. 9. 19. (목)
• (접수방법) 이메일을 통한 개별접수(이메일주소 : aichallenge@company.com)
 ※ 접수기간까지 도착분에 한함.
• (제출서류) 과제 수행계획서 및 개인정보 수집 · 활용 동의서
• (주요일정) 분석 참가신청(~ 9. 19.) → 과제수행 및 결과보고서 제출(~ 10. 15.) → 콘테스트 행사(10월 말)
 ※ 일정은 내부 상황에 따라 변동 가능함.
• (분석내용) 과제 제안, 데이터 처리, 결과해석 및 시사점 도출

〈결과물 제출〉

• (제출기한) ~ 20X9. 10. 15. (화) 18 : 00
• (제출방법) 이메일을 통한 개인 제출
 ※ 향후 별도 공지 예정
• (제출내용) 분석보고서 및 발표자료
 – (보고서) 한글문서(hwp) 또는 pdf 변환파일 제출
 – (발표자료) 파워포인트(ppt, pptx) 또는 pdf 변환파일 제출
 ※ 상기 제출물 중 어느 하나라도 제출하지 않은 경우 심사대상에서 제외함.

15. 다음 중 제시된 자료를 토대로 작성한 FAQ로 적절하지 않은 것은?

① Q : 저는 관련 전공자가 아닌데 이 공모전에 참가할 수 있나요?
A : 학생이나 일반 국민도 개인 또는 팀 형태로 참가 가능합니다. "일반국민" 전형을 참고 바랍니다.

② Q : 과제 수행 시간은 얼마나 주어지나요?
A : 과제 수행계획서는 9월 19일까지, 최종 결과물은 10월 15일까지 제출입니다.

③ Q : 최종 결과물은 언제까지, 어디에 제출해야 하나요?
A : 10월 15일 화요일 18시까지 aichallenge@company.com으로 제출해 주시면 됩니다.

④ Q : 과제 수행 계획에는 어떠한 것들이 포함되어야 하나요?
A : 과제 제안, 데이터 처리 계획, 시사점을 제시하여야 합니다.

16. 다음은 최종 결과물의 평가 방법에 대한 자료이다. 평가 결과 원점수가 다음과 같을 때, A ~ C 세 팀 중 총점이 가장 높은 팀과 낮은 팀을 순서대로 올바르게 나열한 것은?

〈평가 및 시상〉

- 1차 서면심사 및 2차 발표심사로 진행되며, 1차 서면심사는 내 · 외부 전문가로 구성된 심사위원단을 통한 서면심사
- 1차 심사 결과, 발표평가 대상과제로 선정된 팀에 한하여 2차 발표평가를 진행하여 최종 수상작 선정
- (1차 심사) 분석결과물 제출과제 대상 서면심사

심사지표	창의성	실현가능성	적합성	파급성	완성도
배점	25	25	20	10	20

- (2차 심사) 1차 심사결과, 상위팀 대상으로 발표평가
  - 1차 심사점수(40%)와 2차 발표 심사점수(60%) 합산

심사지표	심사내용	반영 비율
1차 심사점수	1차 심사점수 환산	40%
2차 심사점수(발표평가)	현장평가단 점수(30%)	60%
	심사위원 평가점수(70%)	

구분	1차 심사(100)					2차 심사(100)	
	창의성(25)	실현가능성(25)	적합성(20)	파급성(10)	완성도(20)	현장평가단(50)	심사위원(50)
A	20	15	16	6	17	36	42
B	18	20	18	8	18	35	40
C	22	16	18	9	16	40	38

① A, B ② B, A ③ B, C ④ C, A

[17 ~ 18] ○○기업은 신입사원채용 필기시험 합격자를 대상으로 면접일정을 잡으려고 한다. 이어지는 질문에 답하시오.

일	월	화	수	목	금	토
						1
2	3 ●	4 ● ◉	5 ▶	6 ◉ ◆	7 ◆	8
9	10 ▲	11 ◀	12	13 ▲	14 ▶	15
16	17 ◉	18	19	20	21	22
23	24	25	26	27	28	29
30						

※ 22 ~ 26일은 창사 기념행사 관계로 진행 불가

- 면접 후 합격자 발표는 결과 정리 후 결재까지 2일이 소요되고 결재를 받은 다음 날부터 진행 가능하다(단, 주말은 제외).
- 합격자에게는 발표 후 하루의 준비시간이 주어지고 3일 간의 입소교육에 참여해야 한다(단, 입소교육 일정은 토요일 포함 가능하다).
- 면접은 4명의 지원자와 2명의 면접관으로 진행한다.
  - 한 그룹당 면접 시간은 25분이다.
  - 면접관은 과장 이상의 직급자로 구성된다.
  - 면접관은 선정 후 변경이 불가능하다.
- 이번 면접대상자는 64명이므로 면접장은 2개를 준비해야 한다.
- 개인 업무 일정으로 면접 진행이 불가능한 면접관은 위 달력에 다음과 같이 표시한다.
  - 김 과장 : ◆/ 최 차장 : ▲/ 장 과장 : ◀/ 이 대리 : ▶/ 황 부장 : ●/ 유 과장 : ◉

17. 처음 계획은 14일에 면접을 실시한 후 19일부터 입소교육을 진행할 예정이었으나 상사로부터 다음과 같은 지시가 있었다. 면접일자를 언제로 변경해야 하는가?

이번 창사 기념행사는 매우 중요하기 때문에 늦어도 창사 기념행사 시작 5일 전까지 입소교육이 완료될 수 있도록 면접 일정을 변경해 주세요.

① 7일
② 10일
③ 11일
④ 12일

18. 다음 〈조건〉을 바탕으로 면접 세부 일정을 잡았을 때, 면접이 모두 끝나는 시간은? (단, 면접 결시인원은 없다)

조건

- 1그룹 면접 시작은 9시 30분에 진행한다.
- 면접관의 점심식사 시간은 12시부터 13시 30분이다.
- 그룹면접이 끝날 때마다 결과를 정리할 시간 10분을 배정해야 한다.

① 15시 20분
② 15시 30분
③ 15시 40분
④ 15시 50분

19. 다음은 산업안전 · 보건 관련 교육과정별 교육내용 및 교육시간에 대한 자료의 일부이다. 각 직원이 받아야 하는 교육이 올바르게 짝지어진 것은?

1. 교육과정별 교육내용

교육과정	교육내용
근로자 정기교육	• 산업안전 및 사고 예방에 관한 사항 • 산업보건 및 직업병 예방에 관한 사항 • 건강증진 및 질병 예방에 관한 사항 • 유해 · 위험 작업환경 관리에 관한 사항 • 「산업안전보건법」 및 일반관리에 관한 사항 • 산업재해보상보험 제도에 관한 사항
관리감독자 정기교육	• 작업공정의 유해 · 위험과 재해 예방대책에 관한 사항 • 표준안전작업방법 및 지도 요령에 관한 사항 • 관리감독자의 역할과 임무에 관한 사항 • 산업보건 및 직업병 예방에 관한 사항 • 유해 · 위험 작업환경 관리에 관한 사항 • 「산업안전보건법」 및 일반관리에 관한 사항
채용 시 및 작업내용 변경 시 교육	• 기계 · 기구의 위험성과 작업의 순서 및 동선에 관한 사항 • 작업 개시 전 점검에 관한 사항 • 정리정돈 및 청소에 관한 사항 • 사고 발생 시 긴급조치에 관한 사항 • 산업보건 및 직업병 예방에 관한 사항 • 물질안전보건자료에 관한 사항 • 「산업안전보건법」 및 일반관리에 관한 사항

2. 교육과정별 교육시간

교육과정	교육내용	교육시간
가. 정기교육	사무직 종사 근로자	매분기 3시간 이상
	사무직 종사 근로자 외의 근로자	매분기 6시간 이상
	관리감독자의 지위에 있는 사람	연간 16시간 이상
나. 채용 시의 교육	일용근로자	1시간 이상
	일용근로자를 제외한 근로자	8시간 이상
다. 작업내용 변경 시의 교육	일용근로자	1시간 이상
	일용근로자를 제외한 근로자	2시간 이상

※ 단, 분기별 교육은 매 3월, 6월, 9월, 12월에 실시된다.

※ 일용근로자는 정기교육 대상자에서 제외된다.

(가) 2020년 4월 사무직으로 입사한 A는 2022년 10월 현재 최소 38시간의 안전교육을 받았을 것이다.
(나) 2022년 8월 일용근로자로 채용된 B는 유해 · 위험 작업환경 관리와 정리정돈 및 청소에 관한 사항에 대한 교육을 받았을 것이다.
(다) 2019년 2월 안전관리자로 부임한 C는 2022년 10월 현재 누적 58시간의 관리감독자 정기교육을 받았으며, 남은 기간 동안 최소한 8시간 이상의 추가 교육을 받아야 한다.
(라) 2018년 4월 입사하여 현장에서 근무 중인 D는 최근 작업 프로토콜이 변경되어 산업보건 및 직업병 예방에 관한 사항, 사고 발생 시 긴급조치에 관한 사항, 「산업안전보건법」 및 일반관리에 관한 사항 등에 대한 교육을 받았을 것이다.

① (가), (다)
② (가), (라)
③ (나), (다)
④ (나), (라)

20. 신기술개발팀 김 대리는 최근 인공지능강화시스템(AI Foundation) 관련 기술을 개발하는 데 성공하여 세계적인 이목을 끌고 있다. 덕분에 미국 올랜도에서 열리는 한 IT엑스포의 초청을 받게 되어 비행기 표를 알아보고 있다. 상황이 다음과 같을 때, 김 대리가 엑스포 장소에 도착할 때 올랜도의 현지 시각은?

김 대리는 4월 6일 오전 8시 30분에 출발하는 비행기표를 예약하였다. 항공편은 경유시간 없이 비행시간은 총 12시간이다. 자세한 소요시간을 알아보았더니, 현지 공항에 도착하여 입국 수속을 하는 데 30분, 공항에서 숙소인 호텔까지 이동하여 체크인하는 데 1시간 30분, 호텔에서 출발하여 엑스포 장소에 도착하는 데 30분이 소요된다고 한다. 서울 시각이 현재 4월 5일 오후 7시 30분이고, 올랜도 현지 시각은 같은 날 새벽 5시 30분이다.

① 4월 6일 오전 9시
② 4월 6일 오전 9시 30분
③ 4월 6일 오전 10시
④ 4월 7일 오전 9시

집중력

20문항 / 10분

[01 ~ 03] 다음 문자 · 기호군 중에서 찾을 수 없는 문자 · 기호를 고르시오.

01.

⠄ ⠕ ⠠ ⡚ ⠸ ⠵ ⡅ ⡃ ⠖ ⠻ ⠶
⡪ ⡦ ⡄ ⡂ ⠧ ⠺ ⠵ ⡘ ⢃ ⠲ ⡖
⢁ ⢨ ⡳ ⠥ ⠐ ⠀ ⠸ ⡙ ⡖ ⠴ ⡖

① ⠕　② ⡃　③ ⠐　④ ⣾

02.

WE IU FE GE SG YK QD JC NJ KG KM GM
VO EI KL LO OW IE UN KJ MQ LP DN FJ
RO IL EN MH DS KM KO FK FJ SL HG NC
MF CE CA HI EK UF YF GF KJ CB NJ HE

① EK　② SD　③ HG　④ KL

03.

ず け ぢ だ し ぢ ゆ び ぜ く い つ ね ぬ め ぺ ぼ ど づ さ ゃ わ る め で づ
け つ で げ き ぷ ぽ を ろ ぜ に べ す じ け ぉ ぞ ひ ぎ ぢ も を し よ ぢ ぎ
へ ど く ぱ ら せ ぐ け ぉ ゐ ゎ し ぁ な て そ ど も ふ す け ゅ む び れ た

① ぜ　② ゐ　③ を　④ ち

[04 ~ 07] 다음 문자 · 기호 · 숫자군에서 왼쪽에 제시된 문자 · 기호 · 숫자의 개수를 구하시오.

04.

L

n B Z a Q W D R U O E F L F I R B K U n O L G V H J I C W G C Y H a C E P J Z C E P I T Y C Q K m S X m V D S B m U W n V m S

① 1개 ② 2개 ③ 3개 ④ 4개

05.

217

211 231 212 210 275 276 257 297 291 217 227 214 247 279 216 211 217 231 271 251 237 291 277 237 255 218 274 267 211 217 285 216 271

① 1개 ② 2개 ③ 3개 ④ 4개

06.

東

海 技 術 火 庚 申 壬 癸 水 今 土 日 方 畜 儀 民 畜 東 西 韓 南 北 甲 美 丁 木 伍 月 西 仔 印 東 苗 士 伍 申 諭 今 乙 技 仔 韓 社 媩 海 美 妙 川 地 運 楝 進 相 念 快 親 文 現 太 産

① 1개 ② 2개 ③ 3개 ④ 4개

07.

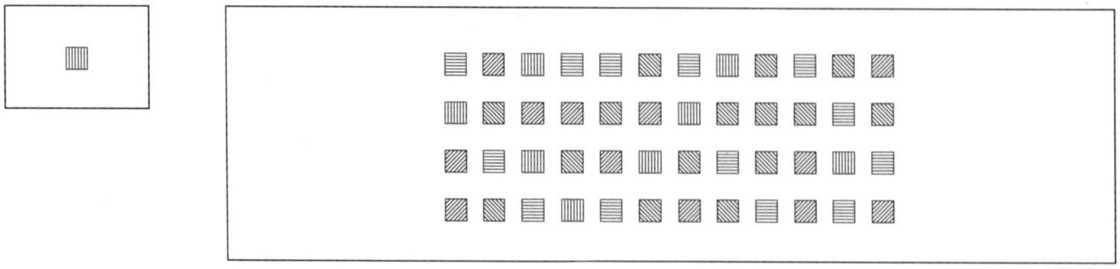

① 5개 ② 6개 ③ 7개 ④ 8개

[08 ~ 11] 다음 〈보기〉와 같이 알파벳들이 각각 짝지어진 숫자를 의미할 때, 알파벳과 숫자의 연결이 올바르지 않은 것을 고르시오.

보기

A	B	C	D	E	F	G	H	I	J	K	L	M
7	4	6	2	1	9	4	2	3	5	1	8	5

N	O	P	Q	R	S	T	U	V	W	X	Y	Z
6	0	2	3	6	8	1	5	9	3	7	4	0

08. ① MQ－53 ② SC－86 ③ WA－37 ④ HP－23

09. ① DXG－274 ② LET－811 ③ VJB－964 ④ FOY－904

10. ① INZ－360 ② CBK－641 ③ STR－186 ④ UEX－517

11. ① HOT－201 ② ZQB－304 ③ EWV－139 ④ DAL－278

[12 ~ 14] 다음 중 좌우가 서로 같은 쌍은 몇 개인지 고르시오.

12.

㉠ OARVNH－OAPVNH	㉡ 동백꽃－동맥꽃
㉢ 963518197－963518197	㉣ 12131141－12131411
㉤ 교퍄휴져뮨챠－교파휴져뮨챠	

① 1개 ② 2개
③ 3개 ④ 4개

13.

㉠ TZSWKBOYI－TZCWKBOYI	㉡ 2605842－2065842
㉢ 9789543－9798543	㉣ 가라하타나가파－가라하타나가파
㉤ BFGAWQM－BFGAWQM	

① 1개 ② 2개
③ 3개 ④ 4개

14.

㉠ ABHUU－ABHVU	㉡ 훈빈정음－훈민정음
㉢ 1928811－1928811	㉣ 교리마스트로－교리마스투로
㉤ QWOASC－QWOASD	

① 1개 ② 2개
③ 3개 ④ 4개

[15 ~ 16] (A)와 (B)를 비교하여 서로 다른 부분의 개수를 구하시오.

15.

(A) 사회와 격리된 인간을 상상할 수 없듯이 언어와 격리된 인간도 상상하기 어렵다. 인간이 사회적인 그물망으로 엮여 있는 동물이고 그 사회적 그물망을 연결시켜 주는 역할을 하는 것이 언어이기 때문이다. 이는 사회를 떠난 인간이 존재할 수 없듯이 사회와 유리된 언어가 존재할 수 없다는 것을 의미하는 동시에, 사회가 달라지면 언어 사용 양상도 달라진다는 것을 의미한다.

(B) 사회와 격리된 인간을 상싱할 수 없듯이 언어와 걱리된 인간도 상상하기 어렵다. 인간이 사회적인 그물망으로 엮여 있는 동물이고 그 사회적 그물망을 연결시켜 주는 역할을 하는 것이 언어이기 때문이다. 이는 사회를 떠난 인간이 존재할 수 없듯이 사회와 우리된 언어가 존재할 수 없다는 것을 의미하는 동시에, 사회가 달라지면 언어 사용 양상도 달라진다는 것을 의미한다.

① 1개　② 2개　③ 3개　④ 4개

16.

(A) 속도는 기술 혁명이 인간에게 선사한 엑스터시(ecstasy)의 형태이다. 오토바이 운전자와는 달리, 뛰어가는 사람은 언제나 자신의 육체 속에 있으며, 뛰면서 생기는 미묘한 신체적 변화와 가쁜 호흡을 생각할 수밖에 없다. 뛰고 있을 때 그는 자신의 체중, 자신의 나이를 느끼며, 그 어느 때보다도 더 자신과 자기 인생의 시간을 의식한다. 인간이 기계에게 속도의 능력을 위임하고 나자 모든 게 변했다. 이때부터, 그의 고유한 육체는 관심 밖으로 밀려나고 그는 비신체적 속도, 비물질적 속도, 순수한 속도, 속도 그 자체, 속도 엑스터시에 몰입하게 된다. 기묘한 결합테크닉의 싸늘한 몰개인성과 엑스터시 불꽃. 어찌하여 느림의 즐거움은 사라져 버렸는가?

(B) 속도는 기술 혁명이 인간에게 선사한 엑스터시(ecstasy)의 형태이다. 오토바이 운전자와는 달리, 뛰어가는 사람은 언제나 자신의 육체 속에 있으며, 뛰면서 생기는 미묘한 신체적 변화와 가쁜 호흡을 생각할 수밖에 없다. 뛰고 있을 때 그는 자신의 체중, 자신의 나이를 느끼며, 그 어느 때보다도 더 자신과 자신 인생의 시간을 의식한다. 인간이 기계에게 속도의 능력을 위엄하고 나자 모든 게 변했다. 이때부터, 그의 고유한 육체는 관심 밖으로 밀려나고 그는 비신체적 속도, 비물질적 속도, 순수한 속도, 속도 그 자체, 속도 엑스티시에 몰입하게 된다. 기묘한 결합테크닉의 싸늘한 몰개인성과 엑스터시 불꽃. 어찌하여 느림의 즐거움은 사라져 버렸는가?

① 1개　② 2개　③ 3개　④ 4개

17. 다음은 어느 택배회사의 운송장 정보이다. 〈보기〉의 내용과 비교하여 일치하지 않는 것은?

보기

운송장 번호	5684159723		
상품명	고급 칫솔 살균기 YD4198Z	수량	
송화주	하하 시스템	주소	서울시 마포구 마포동
수화주	강지효	주소	대구광역시 달서구 호림동

날짜	상태	배송처	연락처
2019-10-08 18 : 07	마포구 지점에서 물품을 접수함.	마포구 지점	-
2019-10-09 01 : 49	수도권 터미널에서 물품이 출발함.	소분류 센터	1566-9999
2019-10-09 06 : 45	대구 센터에서 출발함.	대구 센터	1566-9999

① 송화주 : 하하 시스템

② 운송장 번호 : 5684159723

③ 대구 센터 연락처 : 1566-9999

④ 수화주 주소 : 서울시 마포구 마포동

18. 다음 (A)와 (B)를 비교할 때 서로 다른 부분의 개수는?

(A)

헌혈보류기간 (치료종료 후)	질병명
영구배제	리슈만편모충증, 바베스열원충증, 샤가스병, 큐열(Q열), 크로이츠펠트야콥병(CJD) 및 변종크로이츠펠트야콥병(vCJD), 한센병, 후천성면역결핍증(AIDS), C형간염
3년	말라리아
2년	브루셀라증
1년	성병(매독, 성기 단순포진, 연성하감, 임질, 첨규콘딜롬, 클라미디아)
6개월	웨스트나일열(증상 발현 또는 진단 후 6개월), 톡소포자충증(급성 : 6개, 만성 : 영구), B형간염(확인검사 필요, 만성 : 영구)
5개월	포충증
4개월	사상충증
3개월	악구충증, 중증급성호흡기증후군(SARS)
2개월	광동주혈선충증
1개월	결핵, 공수병, 뎅기열, 두창, 디프테리아, 라싸열, 라임병, 레지오넬라증, 렙토스피라증, 마버그열, 바이러스성 출혈열, 발진열, 발진티푸스, 백일해, 보툴리눔독소증, 비브리오패혈증, 성홍열, 세균성이질, 수두, 수막구균성수막염, 수족구병, 신종인플루엔자, 신증후군출혈열(유행성 출혈열), 아프리카수면병, 에볼라열, 엔테로바이러스 감염증, 야토병(툴라레미아), 유비저, 유행성이하선염(볼거리), 인플루엔자, 일본뇌염, 장출혈성 대장균감염증, 장티푸스, 조류인플루엔자 인체감염증, 주혈흡충증, 진드기매개뇌염, 쯔쯔가무시병, 치쿤구니야열, 콜레라, 탄저, 파라티푸스, 파상풍, 페스트, 폴리오, 풍진, 홍역, 황열, A형간염
치료종료 시까지	간흡충증, 급성호흡기감염증, 다제내성녹농균(MRPA) 감염증, 다제내성아시네토박터바우마니균(MRAB) 감염증, 메디나선충증, 메티실린내성황색포도알균(MRSA) 감염증, 반코마이신내성장알균(VRE) 감염증, 반코마이신내성황색포도알균(VRSA) 감염증, 요충증, 장관감염증, 장흡충증, 카바페넴내성장내세균속균종(CRE) 감염증, 편충증, 폐흡충증, 회충증

(B)

헌혈보류기간 (치료종료 후)	질병명
영구배제	리슈만편모충증, 바베스열원충증, 샤가스병, 큐열(Q열), 크로이츠펠트야콥병(CJD) 및 변종크로이츠펠트야콥병(vCJD), 한센병, 후천성면역결핍증(AIDS), C형간염
3년	말라리아
2년	브루셀라증
1년	성병(매독, 성기 단순포진, 연성하감, 임질, 첨규콘딜롬, 클라미디아)
6개월	웨스트나일열(증상 발현 또는 진단 후 6개월), 톡소포자충증(급성 : 6개, 만성 : 영구), B형간염(확인검사 필요, 만성 : 영구)
5개월	포충증
4개월	사상충증
3개월	악구충증, 중증급성호흡기증후군(SARS)
2개월	광동주혈선충증
1개월	결핵, 공수병, 뎅기열, 두창, 디프테리아, 라싸열, 라임병, 레지오넬라증, 렙토스피라증, 마버그열, 바이러스성 출혈열, 발진열, 발진티푸스, 백일해, 보툴리눔독소증, 비브리오패혈증, 성홍열, 세균성이질, 수두, 수막구균성수막염, 수족구병, 신종인플루엔자, 신증후군출혈렬(유행성 출혈열), 아프리카수면병, 에볼라열, 엔테로바이러스 감염증, 야토병(툴라레미아), 유비저, 유행성이하선염(볼거리), 인플루엔자, 일본뇌염, 장출혈성 대장균감염증, 장티푸스, 조류인플루엔자 인체감염증, 주혈흡충증, 진드기매개뇌염, 쯔쯔가무시병, 치쿤구니야열, 콜레라, 탄저, 파라티푸스, 파상풍, 페스트, 폴리오, 풍진, 홍역, 황열, A형간염
치료종료 시까지	간흡충증, 급성호흡기감염증, 다제내성녹농균(MRPA) 감염증, 다제내성아시네토박터바우마니균(MRAB) 감염증, 메디나선충증, 메타실린내성황색포도알균(MRSA) 감염증, 반코마이신내성장알균(VRE) 감염증, 반코마이신내성황색포도알균(VRSA) 감염증, 요충증, 장관감염증, 장흡충증, 카바페넴내성장내세균속균종(CRE) 감염증, 편충증, 폐흡충증, 회충증

① 4개 ② 5개

③ 6개 ④ 7개

[19 ~ 20] 다음은 어느 회사 마케팅부서의 사원번호와 이름의 목록이다. 〈보기〉의 내용과 비교하여 일치하지 않는 칸의 개수를 고르시오.

마케팅부서 사원 목록				
구분	A	B	C	D
1	사번	이름	직급	입사일
2	H2003001	김정인	부장	2003-02-26
3	D2005001	한태주	차장	2005-05-15
4	S2007001	차현석	과장	2007-03-15
5	2009001	최현용	대리	2009-07-08
6	2010001	오설아	대리	2010-07-08
7	2010002	박그태	사원	2010-07-27
8	2010003	김귀주	사원	2010-07-27
9	2010004	이은혜	〃	2010-11-27
10	2010005	박사랑	〃	2010-11-27
11	2011001	최선이	〃	2011-12-05
12	2011002	하진만	〃	2011-12-05
13	2011003	백선진	〃	2011-12-05
14	2011004	강호준	〃	2011-12-05
15	2011005	이슬기	〃	2011-12-05
	총인원수(명)	14		

19.

보기

구분	A	B	C	D
1	사번	이름	직급	입사일
2	G2003001	김정인	부장	2003-02-26
3	D2005001	한태주	차장	2005-05-15
4	S2007001	차현석	과장	2007-03-15
5	2009001	최현용	대리	2010-07-08
6	2010001	오설아	사원	2010-07-08

① 1개　② 2개　③ 3개　④ 4개

20.

보기

구분	A	B	C	D
1	사번	이름	직급	입사일
7	2010002	박그태	사원	2010-07-27
8	2010003	김귀주	사원	2010-11-27
9	2010004	이은혜	〃	2010-11-27
10	2010005	김자람	〃	2010-11-27
11	2011001	최선이	〃	2011-12-05
12	2011002	하진만	〃	2011-12-05
13	2011003	백신진	〃	2011-12-05
14	2011004	강호준	〃	2011-12-05
15	2011005	이슬기	〃	2011-12-05

① 1개　② 2개　③ 3개　④ 4개

상식

25문항 / 30분

01. 다음 도구가 제작되기 시작했던 시기의 사회 모습으로 옳은 것은?

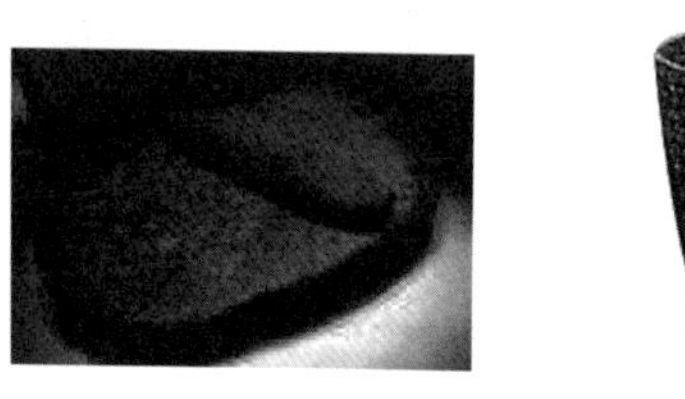

① 율령이 반포되었다.
② 농경 생활을 하였다.
③ 고인돌이 만들어졌다.
④ 비파형 동검이 사용되었다.

02. 다음 자료를 통해 파악할 수 있는 역사적 사실로 옳지 않은 것은?

옛날에 환인과 그의 아들 환웅이 있었는데, 아버지가 삼위 태백을 내려다보니 가히 널리 인간을 이롭게 할 만하므로 …… 환웅은 …… 풍백, 우사, 운사를 거느리고 …… 이때 곰과 호랑이가 사람이 되기를 원하므로 …… 그중에서 곰은 삼칠일 동안 금기를 지켜 여자의 몸을 얻었다. …… 이에 환웅이 웅녀와 혼인하여 아이를 낳았으니 이름을 단군왕검이라 하였다.

① 제정일치의 지배자가 출현하였다.
② 홍익인간 사상을 통치 이념으로 삼았다.
③ 동물을 숭배하는 토테미즘 사상이 있었다.
④ 경제 활동에서 농경의 비중이 아직 높지 않았다.

03. 삼국 문화의 일본 전파에 대한 설명으로 옳은 것은?

① 백제는 조선술과 축제술을 전파하였다.
② 고구려의 승려 담징은 일본 쇼토쿠 태자의 스승이 되었다.
③ 신라의 아직기는 천자문과 논어를 전파하였고, 왕인은 문학의 필요성을 일깨워 주었다.
④ 삼국 문화는 일본의 고대 아스카 문화 형성에 영향을 미쳤다.

04. 다음 지도와 같이 중심지가 이동하게 된 사건의 원인으로 적절한 것은?

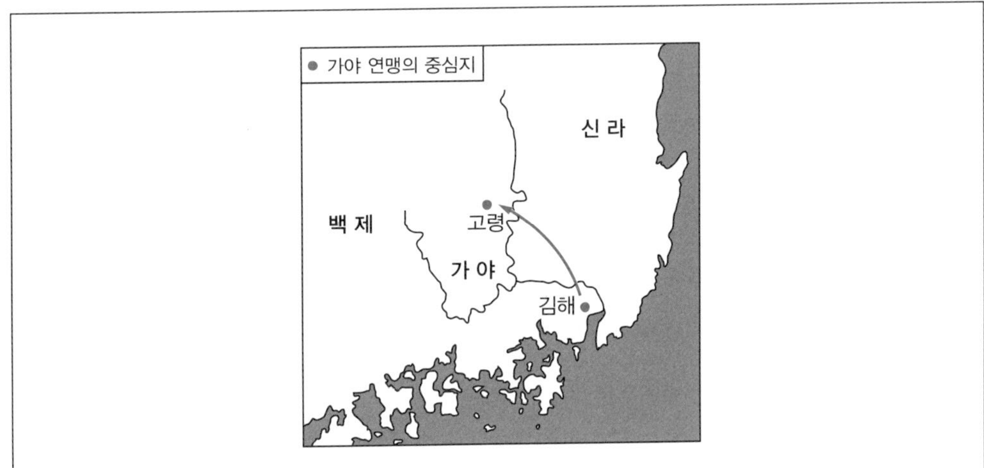

① 진흥왕이 대가야를 정복하였다.
② 백제와 신라의 동맹이 체결되었다.
③ 장수왕이 한강 유역까지 진출하였다.
④ 광개토대왕이 신라에 지원군을 파견하였다.

05. 다음 중 (가) 시기에 있었던 사실로 옳은 것은?

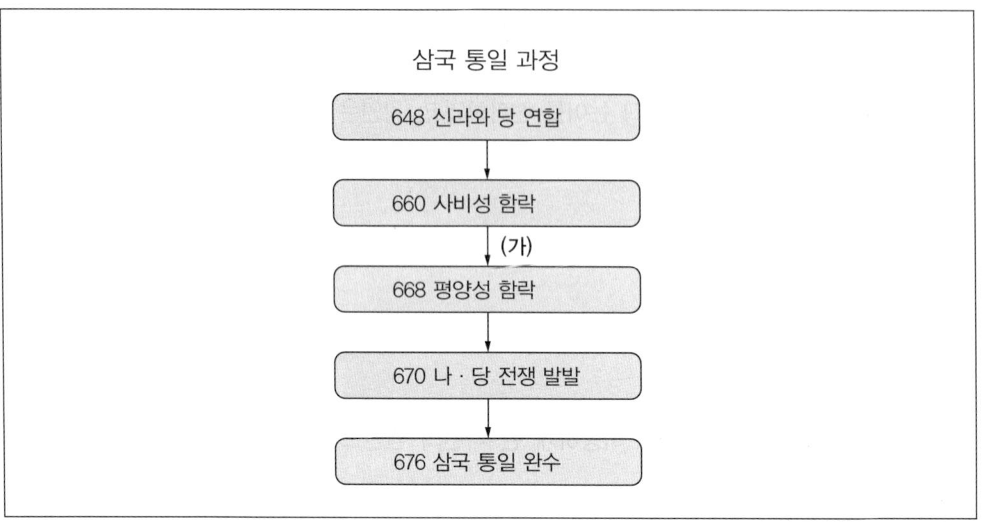

① 왜가 백제 부흥군을 지원하였다.

② 당나라가 안시성에 쳐들어갔다.

③ 고구려는 천리장성을 축조하였다.

④ 계백의 결사대가 황산벌에서 패배하였다.

06. 다음 사건에 대한 탐구 활동으로 옳은 것은?

> 대장군 이소응은 무인이기는 하나 얼굴이 수척하고 힘도 약하여 어떤 사람과 수박희(手搏戱)를 하다가 이기지 못하고 달아났다. 문신 한뢰가 갑자기 앞으로 나서며 이소응의 뺨을 때리자 이소응이 섬돌 아래로 떨어졌다. 왕과 모든 신하가 손뼉을 치면서 크게 웃었으며 임종식과 이복기도 이소응을 모욕하였다. 이에 정중부가 큰소리로 한뢰를 꾸짖기를, "이소응은 무관이나 벼슬이 3품인데 어찌 이처럼 심하게 모욕하는가!"라고 하였다.

① 거란, 여진과의 대외 관계를 파악한다.

② 개경 환도 이후 삼별초의 행적을 찾아본다.

③ 원이 고려에 요구한 공물의 목록과 양을 조사한다.

④ 무신들이 문신에 비해 차별받았던 사례를 살펴본다.

07. 조선 정조에 관한 설명으로 옳지 않은 것은?

① 준론 탕평을 추진하였다.
② 규장각을 설치하였다.
③ 대전통편을 편찬하였다.
④ 가혹한 형벌 제도를 폐지하였다.

08. 다음 일제의 식민지 정책 중 소작농 몰락의 원인이 된 것을 모두 고르면?

㉠ 산미 증식 계획	㉡ 회사령
㉢ 토지 조사 사업	㉣ 남면 북양 정책

① ㉠, ㉡
② ㉠, ㉢
③ ㉡, ㉢
④ ㉡, ㉣

09. 다음 중 비타협적 민족주의 계열과 사회주의 계열의 합작으로 결성하여 민족 유일당 운동을 펼친 독립운동 단체는?

① 신민회
② 신간회
③ 보안회
④ 근우회

10. 1945년 12월에 열린 모스크바 3국 외상 회의에 관한 설명으로 옳지 않은 것은?

① 한국에 임시 민주 정부를 수립하기 위하여 미 · 소 공동위원회를 설치하기로 결정하였다.
② 미 · 영 · 중 · 소 4개국에 의해 최대 5년간 한반도를 신탁통치하에 두기로 결정하였다.
③ 남한에서는 찬탁운동과 반탁운동으로 나뉘어 대립이 있었다.
④ 좌익 진영에서는 신탁에 반대하였다.

11. 다음 중 인류 역사에 큰 영향을 미친 화학 반응에 대한 설명으로 옳은 것은?

① 불로 음식을 익혀 먹음으로써 단백질 섭취 효율이 높아졌다.
② 화석 연료 중에서 석탄은 바다, 석유는 육지에서 주로 생성되었다.
③ 암모니아는 수소, 질소, 산소로 이루어져 있다.
④ 대기 중의 질소는 불안정한 상태이기 때문에 쉽게 반응이 일어난다.

12. 다음 표는 중성 원자 A ~ D의 양성자 수와 중성자 수를 나타낸 것이다. 이에 대한 설명으로 옳은 것은? (단, A ~ D는 임의의 원소 기호이다)

원자	양성자 수	중성자 수
A	6	7
B	7	7
C	8	8
D	8	9

① A의 원자가 전자는 2개이다.
② A의 질량 수는 B보다 크다.
③ B의 전자 수는 C보다 많다.
④ C와 D는 동위 원소이다.

13. 그림 (가)는 용광로에서 철광석으로부터 철을 얻는 과정이고, (나)는 용광로에서 일어나는 몇 가지 화학 반응을 나타낸 것이다. 이에 대한 설명으로 옳은 것은?

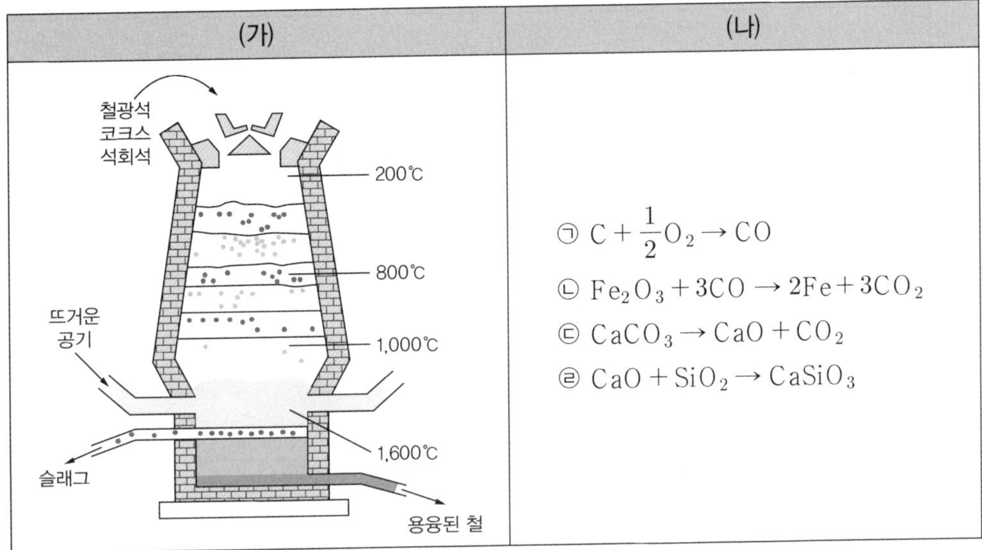

① 반응 ㉠은 코크스(C)의 불완전 연소 반응이다.

② 반응 ㉡에서 CO는 산화제로 작용한다.

③ 슬래그($CaSiO_3$)의 밀도가 용융된 철의 밀도보다 크다.

④ 반응 ㉠ ~ ㉣은 모두 산화-환원 반응이다.

14. 다음 그림은 주기가 1초인 파동의 한순간 모습을 나타낸 것이다. 이 파동에 대한 설명으로 옳지 않은 것은? (단, 파동은 화살표 방향으로 진행한다)

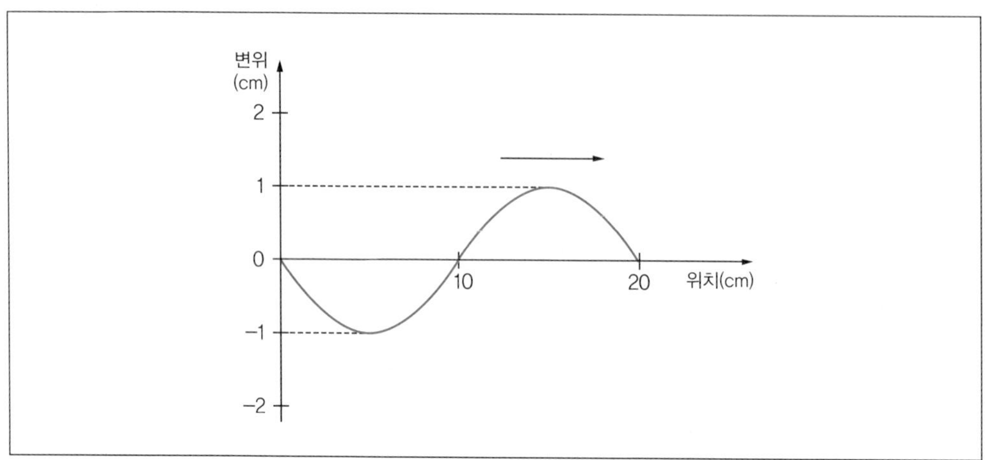

① 파장은 20cm이다.
② 진동수는 1Hz이다.
③ 전파 속력은 20cm/s이다.
④ 진폭은 2cm이다.

15. 다음은 NH_3와 BF_3가 반응하여 NH_3BF_3를 생성하는 반응식이다. 이에 대한 설명으로 옳지 않은 것은?

보기

$$NH_3 + BF_3 \rightarrow NH_3BF_3$$

① NH3는 삼각뿔 모양의 분자이다.
② NH3BF3에서 B는 옥텟 규칙을 만족한다.
③ NH3BF3에는 B와 N 간의 공유 결합이 존재한다.
④ NH3BF3에서 결합각 ∠(F−B−F)는 120°이다.

16. 질량이 10kg인 정지한 물체에 0.5초 동안 힘을 가하여 속도가 20m/s가 되었다. 이때 가해 준 힘의 크기는?

① 100N
② 200N
③ 300N
④ 400N

17. 다음 그림과 같이 단열된 실린더 내에 이상 기체가 들어 있다. 이 기체가 단열 팽창할 때, 이에 대한 설명으로 옳은 것은?

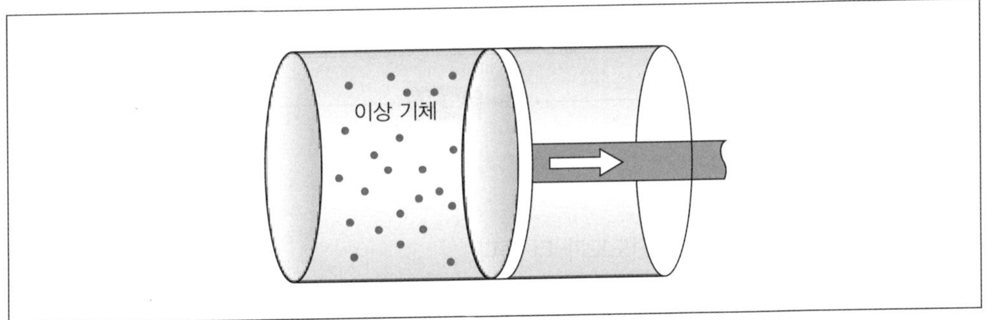

① 이상 기체의 온도는 감소한다.
② 이상 기체의 압력은 증가한다.
③ 이상 기체가 외부에 한 일은 0이다.
④ 이상 기체의 내부 에너지 변화는 없다.

18. 주기율표에서 왼쪽 아래로 갈 때 증가되는 항목으로 옳은 것은?

보기

㉠ 이온화 에너지
㉡ 전기 음성도
㉢ 원자 반지름
㉣ 금속성
㉤ 이온화 경향

① ㉠, ㉡, ㉢
② ㉠, ㉢, ㉣
③ ㉡, ㉢, ㉣
④ ㉢, ㉣, ㉤

19. 다음 그림 (가)와 (나)는 각각 고체의 에너지띠 구조를 나타낸 것으로, 음영 부분은 전자가 채워진 부분을, 흰색 부분은 전자가 채워져 있지 않은 부분을 나타낸 것이다. 이에 대한 설명으로 옳은 것을 〈보기〉에서 모두 고르면?

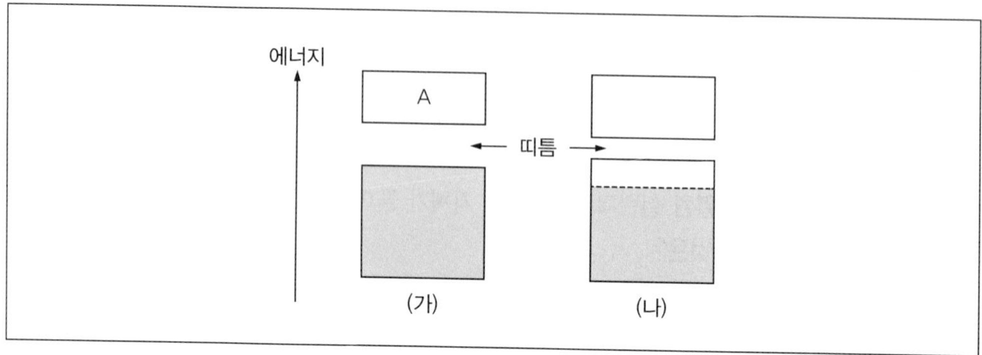

보기

㉠ A는 전도띠이다.
㉡ 반도체는 (나)에 속한다.
㉢ (가)보다 (나)의 전기 전도도가 더 높다.

① ㉠
② ㉠, ㉢
③ ㉡, ㉢
④ ㉠, ㉡, ㉢

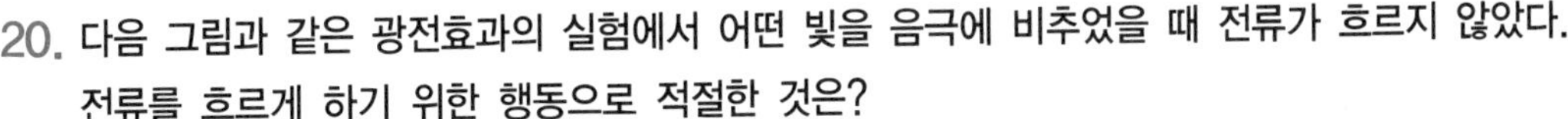

20. 다음 그림과 같은 광전효과의 실험에서 어떤 빛을 음극에 비추었을 때 전류가 흐르지 않았다. 전류를 흐르게 하기 위한 행동으로 적절한 것은?

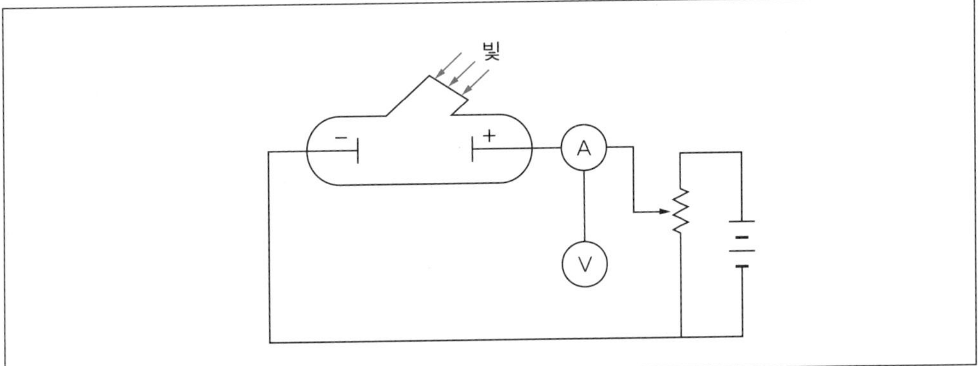

① 그 빛의 강도를 세게 한다.
② 더 짧은 파장의 빛을 비추어 준다.
③ 진공관의 양극 사이의 전압을 높여 준다.
④ 진공도를 높여 준다.

21. 포스코의 철강 사업 중 스마트팩토리의 인공지능 스마트 제철소에 관한 설명으로 적절하지 않은 것은?

① 빅데이터로 수집한 정보를 사물인터넷으로 분석한 후 인공지능으로 모든 공정 과정을 제어하여 공정의 효율성과 안정성을 향상할 수 있다.
② 제선공정 단계에서 인공지능 기반의 용광로로 쇳물 생산을 증대할 수 있다.
③ 단위공정 및 설비에 있어 전체 벨류체인의 스마트화를 확대 적용하는 것을 목표로 한다.
④ 철강 제품 출하 단계에서는 데이터 기반의 재고 예측을 통해 고객에게 적기에 제품을 제공할 수 있다.

22. 다음 빈칸에 들어갈 포스코의 인재육성 정책으로 적절한 것은?

> ( )은/는 데이터 분석과 데이터 활용 수준을 Beginner, Semi-Expert, Expert, Master의 4가지 단계로 나누어 수준별 온 · 오프라인 교육과정을 제공하고 인증하는 제도이다. 이와 더불어 전 직원은 필수적으로 디지털리터러시 마인드셋 e러닝을 수강해야 한다.

① 듀얼 래더
② TL
③ 뉴칼라 레벨 인증제
④ 포스코 명장 제도

23. 다음 글에서 설명하고 있는 포스코그룹의 기업명은?

> 1988년 설립된 포항도금강판을 모체로 하여 1999년 컬러강판 제조사인 포항강재공업과 합병하여 현재의 도금/컬러강판 제조 기업으로 성장하였다. 아연도금강판, 알루미늄도금강판과 다양한 디자인과 색상의 컬러강판인 인피넬리(INFINeLI)를 생산하는 표면처리 전문기업으로 발돋움하고 있다.

① 포스코휴먼스
② 포스코스틸리온
③ PNR
④ 포스코알텍

24. 다음 중 포스코에서 생산하는 선재 제품의 종류가 아닌 것은?

① 스프링용 선재
② 쾌삭강
③ 고강도강
④ 고장력강

25. 기업시민 포스코의 5대 브랜드와 관련하여 다음의 빈칸에 들어갈 수 없는 것은?

> ( ) with POSCO

① Green ② Challenge ③ Life ④ Creativity

Memo

미래를 창조하기에 꿈만큼 좋은 것은 없다.
오늘의 유토피아가 내일 현실이 될 수 있다.

There is nothing like dream to create the future.
Utopia today, flesh and blood tomorrow.
빅토르 위고 Victor Hugo

포스코그룹 PAT [생산기술직] 인적성검사

인성검사란? 개개인이 가지고 있는 사고와 태도 및 행동 특성을 정형화된 검사를 통해 측정하여 해당 직무에 적합한 인재인지를 파악하는 검사를 말한다.

파트 2 포스코그룹 PAT [생산기술직]

인성검사

인성검사의 이해

1 인성검사, 왜 필요한가?

채용기업은 지원자가 '직무적합성'을 지닌 사람인지에 대해 인성검사와 필기시험을 통해 판단한다. 인성검사에서 말하는 인성(人性)이란 그 사람의 성품, 즉 각 개인이 가지고 있는 사고와 태도 및 행동 특성을 의미한다. 인성은 사람의 생김새처럼 사람마다 다르기 때문에 몇 가지 유형으로 분류하고 이에 맞추어 판단한다는 것 자체가 억지스럽고 어불성설일지 모른다. 그럼에도 불구하고 기업들의 입장에서는 입사를 희망하는 사람이 어떤 성품을 가졌는지에 대한 정보가 필요하다. 그래야 해당 기업의 인재상에 적합하고 담당할 업무에 적격한 인재를 채용할 수 있기 때문이다.

지원자의 성격이 외향적인지 아니면 내향적인지, 어떤 직무와 어울리는지, 조직에서 다른 사람과 원만하게 생활할 수 있는지, 업무 수행 중 문제가 생겼을 때 어떻게 대처하고 해결할 수 있는지에 대한 전반적인 개성은 자기소개서나 면접을 통해서도 어느 정도 파악할 수 있다. 그러나 이것들만으로는 인성을 충분히 파악할 수 없기 때문에, 객관화되고 정형화된 인성검사로 지원자의 성격을 판단하고 있다.

채용기업은 직무적성검사를 높은 점수로 통과한 지원자라 하더라도 해당 기업과 거리가 있는 성품을 가졌다면 탈락시키게 된다. 일반적으로 직무적성검사 통과자 중 인성검사로 탈락하는 비율은 10% 내외라고 알려져 있다. 물론 인성검사에서 탈락하였다 하더라도 특별히 인성에 문제가 있는 사람이 아니라면 절망할 필요는 없다. 자신을 되돌아보고 다음 기회를 대비하면 되기 때문이다. 탈락한 기업이 원하는 인재상이 아니었다면 맞는 기업을 찾으면 되고, 적합한 경쟁자가 많았기 때문이라면 자신을 다듬어 경쟁력을 높이면 될 것이다.

2 인성검사의 특징

우리나라 대다수의 채용기업은 인재개발 및 인적자원을 연구하는 한국행동과학연구소(KIRBS), 에스에이치알(SHR), 한국사회적성개발원(KSAD), 한국인재개발진흥원(KPDI) 등 전문기관에 인성검사를 의뢰하고 있다.

이 기관들의 인성검사 개발 목적은 비슷하지만 기관마다 검사 유형이나 평가 척도는 약간의 차이가 있다. 또 지원하는 기업이 어느 기관에서 개발한 검사지로 인성검사를 시행하는지는 사전에 알 수 없다. 그렇지만 공통으로 적용하는 척도와 기준에 따라 구성된 여러 형태의 인성검사지로 사전 테스트를 해 보고 자신의 인성이 어떻게 평가되는가를 미리 알아보는 것은 가능하다.

인성검사는 필기시험 당일 직무능력평가와 함께 실시하는 경우와 직무능력평가 합격자에 한하여 면접과 함께 실시하는 경우가 있다. 인성검사의 문항은 100문항 내외에서부터 최대 500문항까지 다양하다. 인성검사에 주어지는 시간은 문항 수에 비례하여 30 ~ 100분 정도가 된다.

문항 자체는 단순한 질문으로 어려울 것은 없지만, 제시된 상황에서 본인의 행동을 정하는 것이 쉽지만은 않다. 문항 수가 많을 경우 이에 비례하여 시간도 길게 주어지지만, 단순하고 유사하며 반복되는 질문에 방심하여 집중하지 못하고 실수하는 경우가 있으므로 컨디션 관리와 집중력 유지에 노력하여야 한다. 특히 같거나 유사한 물음에 다른 답을 하는 경우가 가장 위험하니 주의해야 한다.

3 인성검사 척도 및 구성

1 미네소타 다면적 인성검사(MMPI)

MMPI(Minnesota Multiphasic Personality Inventory)는 1943년 미국 미네소타 대학교수인 해서웨이와 매킨리가 개발한 대표적인 자기 보고형 성향 검사로서, 오늘날 가장 대표적으로 사용되는 객관적 심리검사 중 하나이다. MMPI는 약 550여 개의 문항으로 구성되며, 각 문항을 읽고 '예(YES)' 또는 '아니오(NO)'로 대답하게 되어 있다.

MMPI는 4개의 타당도 척도와 10개의 임상척도로 구분된다. 500개가 넘는 문항들 중 중복되는 문항들이 포함되어 있는데 내용이 똑같은 문항도 10문항 이상 포함되어 있다. 이 반복 문항들은 응시자가 얼마나 일관성 있게 검사에 임했는지를 판단하는 지표로 사용된다.

구분	척도명	약자	주요 내용
타당도 척도 (바른 태도로 임했는지, 신뢰할 수 있는 결론인지 등을 판단)	무응답 척도 (Can not say)	?	응답하지 않은 문제와 복수로 답한 문제들의 총합으로 빠진 문제를 최소한으로 줄이는 것이 중요하다.
	허구 척도 (Lie)	L	자신을 좋은 사람으로 보이게 하려고 고의적으로 정직하지 못한 답을 판단하는 척도이다. 허구 척도가 높으면 장점까지 인정받지 못하는 결과가 발생한다.
	신뢰 척도 (Frequency)	F	검사 문제에 빗나간 답을 한 경향을 평가하는 척도로 정상적인 집단의 10% 이하의 응답을 기준으로 일반적인 경향과 다른 정도를 측정한다.
	교정 척도 (Defensiveness)	K	정신적 장애가 있음에도 다른 척도에서 정상적인 면을 보이는 사람을 구별하는 척도로 허구 척도보다 높은 고차원으로 거짓 응답을 하는 경향이 나타난다.
임상척도 (정상적 행동과 그렇지 않은 행동의 종류를 구분하는 척도로, 척도마다 다른 기준으로 점수가 매겨짐)	건강염려증 (Hypochondriasis)	Hs	신체에 대한 지나친 집착이나 신경질적 혹은 병적 불안을 측정하는 척도로 이러한 건강염려증이 타인에게 어떤 영향을 미치는지도 측정한다.
	우울증 (Depression)	D	슬픔·비관 정도를 측정하는 척도로 타인과의 관계 또는 본인 상태에 대한 주관적 감정을 나타낸다.
	히스테리 (Hysteria)	Hy	갈등을 부정하는 정도를 측정하는 척도로 신체 증상을 호소하는 경우와 적대감을 부인하며 우회적인 방식으로 드러내는 경우 등이 있다.
	반사회성 (Psychopathic Deviate)	Pd	가정 및 사회에 대한 불신과 불만을 측정하는 척도로 비도덕적 혹은 반사회적 성향 등을 판단한다.
	남성-여성특성 (Masculinity-Feminity)	Mf	남녀가 보이는 흥미와 취향, 적극성과 수동성 등을 측정하는 척도로 성에 따른 유연한 사고와 융통성 등을 평가한다.

	편집증 (Paranoia)	Pa	과대망상, 피해망상, 의심 등 편집증에 대한 정도를 측정하는 척도로 열등감, 비사교적 행동, 타인에 대한 불만과 같은 내용을 질문한다.
	강박증 (Psychasthenia)	Pt	과대 근심, 강박관념, 죄책감, 공포, 불안감, 정리정돈 등을 측정하는 척도로 만성 불안 등을 측정한다.
	정신분열증 (Schizophrenia)	Sc	정신적 혼란을 측정하는 척도로 자폐적 성향이나 타인과의 감정 교류, 충동 억제불능, 성적 관심, 사회적 고립 등을 평가한다.
	경조증 (Hypomania)	Ma	정신적 에너지를 측정하는 척도로 생각의 다양성 및 과장성, 행동의 불안정성, 흥분성 등을 나타낸다.
	사회적 내향성 (Social introversion)	Si	대인관계 기피, 사회적 접촉 회피, 비사회성 등의 요인을 측정하는 척도로 외향성 및 내향성을 구분한다.

2 캘리포니아 성격검사(CPI)

CPI(California Psychological Inventory)는 캘리포니아 대학의 연구팀이 개발한 인성검사로 MMPI와 함께 세계에서 가장 널리 사용되고 있는 인성검사 툴이다. CPI는 다양한 인성 요인을 통해 지원자가 답변한 응답 왜곡 가능성, 조직 역량 등을 측정한다. MMPI가 주로 정서적 측면을 진단하는 특징을 보인다면, CPI는 정상적인 사람의 심리적 특성을 주로 진단한다.

CPI는 약 480개 문항으로 구성되어 있으며 다음과 같은 18개의 척도로 구분된다.

구분	척도명	주요 내용
제1군 척도 (대인관계 적절성 측정)	지배성(Do)	리더십, 통솔력, 대인관계에서의 주도권을 측정한다.
	지위능력성(Cs)	내부에 잠재되어 있는 내적 포부, 자기 확신 등을 측정한다.
	사교성(Sy)	참여 기질이 활달한 사람과 그렇지 않은 사람을 구분한다.
	사회적 자발성(Sp)	사회 안에서의 안정감, 자발성, 사교성 등을 측정한다.
	자기 수용성(Sa)	개인적 가치관, 자기 확신, 자기 수용력 등을 측정한다.
	행복감(Wb)	생활의 만족감, 행복감을 측정하며 긍정적인 사람으로 보이고자 거짓 응답하는 사람을 구분하는 용도로도 사용된다.
제2군 척도 (성격과 사회화, 책임감 측정)	책임감(Re)	법과 질서에 대한 양심, 책임감, 신뢰성 등을 측정한다.
	사회성(So)	가치 내면화 정도, 사회 이탈 행동 가능성 등을 측정한다.
	자기 통제성(Sc)	자기조절, 자기통제의 적절성, 충동 억제력 등을 측정한다.
	관용성(To)	사회적 신념, 편견과 고정관념 등에 대한 태도를 측정한다.
	호감성(Gi)	타인이 자신을 어떻게 보는지에 대한 민감도를 측정하며, 좋은 사람으로 보이고자 거짓 응답하는 사람을 구분한다.
	임의성(Cm)	사회에 보수적 태도를 보이고 생각 없이 적당히 응답한 사람을 판단하는 타당성 척도로도 사용된다.

제3군 척도 (인지적, 학업적 특성 측정)	순응적 성취(Ac)	성취동기, 내면의 인식, 조직 내 성취 욕구 등을 측정한다.
	독립적 성취(Ai)	독립적 사고, 창의성, 자기실현을 위한 능력 등을 측정한다.
	지적 효율성(Le)	지적 능률, 지능과 연관이 있는 성격 특성 등을 측정한다.
제4군 척도 (제1~3군과 무관한 척도의 혼합)	심리적 예민성(Py)	타인의 감정 및 경험에 대해 공감하는 정도를 측정한다.
	융통성(Fx)	개인적 사고와 사회적 행동에 대한 유연성을 측정한다.
	여향성(Fe)	남녀 비교에 따른 흥미의 남향성 및 여향성을 측정한다.

3 SHL 직업성격검사(OPQ)

OPQ(Occupational Personality Questionnaire)는 세계적으로 많은 외국 기업에서 널리 사용하는 CEB 사의 SHL 직무능력검사에 포함된 직업성격검사이다. 4개의 질문이 한 세트로 되어 있고 총 68세트 정도 출제되고 있다. 4개의 질문 안에서 '자기에게 가장 잘 맞는 것'과 '자기에게 가장 맞지 않는 것'을 1개씩 골라 '예', '아니오'로 체크하는 방식이다. 단순하게 모든 척도가 높다고 좋은 것은 아니며, 척도가 낮은 편이 좋은 경우도 있다.

기업에 따라 척도의 평가 기준은 다르다. 희망하는 기업의 특성을 연구하고, 채용 기준을 예측하는 것이 중요하다.

척도	내용	질문 예
설득력	사람을 설득하는 것을 좋아하는 경향	– 새로운 것을 사람에게 권하는 것을 잘한다. – 교섭하는 것에 걱정이 없다. – 기획하고 판매하는 것에 자신이 있다.
지도력	사람을 지도하는 것을 좋아하는 경향	– 사람을 다루는 것을 잘한다. – 팀을 아우르는 것을 잘한다. – 사람에게 지시하는 것을 잘한다.
독자성	다른 사람의 영향을 받지 않고, 스스로 생각해서 행동하는 것을 좋아하는 경향	– 모든 것을 자신의 생각대로 하는 편이다. – 주변의 평가는 신경 쓰지 않는다. – 유혹에 강한 편이다.
외향성	외향적이고 사교적인 것을 좋아하는 경향	– 다른 사람의 주목을 끄는 것을 좋아한다. – 사람들이 모인 곳에서 중심이 되는 편이다 – 담소를 나눌 때 주변을 즐겁게 해 준다.
우호성	친구가 많고 대세의 사람이 되는 것을 좋아하는 경향	– 친구와 함께 있는 것을 좋아한다. – 무엇이라도 얘기할 수 있는 친구가 많다. – 친구와 함께 무언가를 하는 것이 많다.
사회성	세상 물정에 밝고 사람 앞에서도 낯을 가리지 않는 성격	– 자신감이 있고 유쾌하게 발표할 수 있다. – 공적인 곳에서 인사하는 것을 잘한다. – 사람들 앞에서 발표하는 것이 어렵지 않다.

겸손성	사람에 대해서 겸손하게 행동하고 누구라도 똑같이 사귀는 경향	– 자신의 성과를 그다지 내세우지 않는다. – 절제를 잘하는 편이다. – 사회적인 지위에 무관심하다.
협의성	사람들에게 의견을 물으면서 일을 진행하는 경향	– 사람들의 의견을 구하며 일하는 편이다. – 타인의 의견을 묻고 일을 진행시킨다. – 친구와 상담해서 계획을 세운다.
돌봄	측은해 하는 마음이 있고, 사람을 돌봐 주는 것을 좋아하는 경향	– 개인적인 상담에 친절하게 답해 준다. – 다른 사람의 상담을 진행하는 경우가 많다. – 후배의 어려움을 돌보는 것을 좋아한다.
구체적인 사물에 대한 관심	물건을 고치거나 만드는 것을 좋아하는 경향	– 고장 난 물건을 수리하는 것이 재미있다. – 상태가 안 좋은 기계도 잘 사용한다. – 말하기보다는 행동하기를 좋아한다.
데이터에 대한 관심	데이터를 정리해서 생각하는 것을 좋아하는 경향	– 통계 등의 데이터를 분석하는 것을 좋아한다. – 표를 만들거나 정리하는 것을 좋아한다. – 숫자를 다루는 것을 좋아한다.
미적가치에 대한 관심	미적인 것이나 예술적인 것을 좋아하는 경향	– 디자인 감각이 뛰어나다. – 미술이나 음악을 좋아한다. – 미적인 감각에 자신이 있다.
인간에 대한 관심	사람의 행동에 대한 동기나 배경을 분석하는 것을 좋아하는 경향	– 다른 사람을 분석하는 편이다. – 타인의 행동을 보면 동기를 알 수 있다. – 다른 사람의 행동을 잘 관찰한다.
정통성	이미 있는 가치관을 소중히 하고, 익숙한 방법으로 사물을 대하는 것을 좋아하는 경향	– 실적이 보장되는 확실한 방법을 취한다. – 낡은 가치관을 존중하는 편이다. – 보수적인 편이다.
변화 지향	변화를 추구하고 변화를 받아들이는 것을 좋아하는 경향	– 새로운 일을 하는 것을 좋아한다. – 해외여행을 좋아한다. – 경험이 없는 일이라도 시도해 보는 것을 좋아한다.
개념성	지식욕이 있고 논리적으로 생각하는 것을 좋아하는 경향	– 개념적인 사고가 가능하다. – 분석적인 사고를 좋아한다. – 순서를 만들고 단계에 따라 생각한다.
창조성	새로운 분야에 대해 공부를 하는 것을 좋아하는 경향	– 새로운 것을 추구한다. – 독창성이 있다. – 신선한 아이디어를 낸다.
계획성	앞을 생각해서 사물을 예상하고, 계획적으로 실행하는 것을 좋아하는 경향	– 과거를 돌이켜보며 계획을 세운다. – 앞날을 예상하며 행동한다. – 실수를 돌아보며 대책을 강구하는 편이다.

치밀함	정확한 순서를 세워서 진행하는 것을 좋아하는 경향	– 사소한 실수는 거의 하지 않는다. – 정확하게 요구되는 것을 좋아한다. – 사소한 것에도 주의하는 편이다.
꼼꼼함	어떤 일이든 마지막까지 꼼꼼하게 마무리 짓는 경향	– 맡은 일을 마지막까지 해결한다. – 마감 시한은 반드시 지킨다. – 시작한 일은 중간에 그만두지 않는다.
여유	평소에 침착하고 스트레스에 강한 경향	– 감정의 회복이 빠르다. – 분별없이 함부로 행동하지 않는다. – 스트레스에 잘 대처한다.
근심 · 걱정	어떤 일이 잘 진행되지 않으면 불안을 느끼고, 중요한 약속이나 일의 앞에는 긴장하는 경향	– 계획대로 되지 않으면 근심 · 걱정이 많다. – 신경 쓰이는 일이 있으면 불안하다. – 중요한 만남 전에는 기분이 편하지 않다.
호방함	사람들이 자신을 어떻게 생각하는지를 신경 쓰지 않는 경향	– 사람들이 자신을 어떻게 생각하는지 그다지 신경 쓰지 않는다. – 상처받아도 동요하지 않고 아무렇지 않은 태도를 취한다. – 사람들의 비판을 신경 쓰지 않는다.
억제	감정을 표현하지 않는 경향	– 쉽게 감정적으로 되지 않는다. – 분노를 억누른다. – 격분하지 않는다.
낙관적	사물을 낙관적으로 보는 경향	– 낙관적으로 생각하고 일을 진행시킨다. – 문제가 일어나도 낙관적으로 생각한다.
비판적	비판적으로 사물을 생각하고, 이론 · 문장 등의 오류에 신경 쓰는 경향	– 이론의 모순을 찾아낸다. – 계획이 갖춰지지 않은 것이 신경 쓰인다. – 누구도 신경 쓰지 않는 오류를 찾아낸다.
행동력	운동을 좋아하고 민첩하게 행동하는 경향	– 동작이 날렵하다. – 여가를 활동적으로 보낸다. – 몸을 움직이는 것을 좋아한다.
경쟁성	지는 것을 싫어하는 경향	– 승부를 겨루게 되면 지는 것을 싫어한다. – 상대를 이기는 것을 좋아한다. – 싸워 보지 않고 포기하는 것을 싫어한다.
출세 지향	출세하는 것을 중요하게 생각하고, 야심적인 목표를 향해 노력하는 경향	– 출세 지향적인 성격이다. – 어려운 목표도 달성할 수 있다. – 실력으로 평가받는 사회가 좋다.
결단력	빠르게 판단하는 경향	– 답을 빠르게 찾아낸다. – 문제에 대한 상황 파악이 빠르다. – 위험을 감수하고도 결단을 내리는 편이다.

4 인성검사 합격 전략

1 포장하지 않은 솔직한 답변

'다른 사람을 험담한 적이 한 번도 없다', '물건을 훔치고 싶다고 생각해 본 적이 없다'

이 질문에 당신은 '그렇다', '아니다' 중 무엇을 선택할 것인가? 채용기업이 인성검사를 실시하는 가장 큰 이유는 '이 사람이 어떤 성향을 가진 사람인가'를 효율적으로 파악하기 위해서이다.

인성검사는 도덕적 가치가 빼어나게 높은 사람을 판별하려는 것도 아니고, 성인군자를 가려내기 위함도 아니다. 인간의 보편적 성향과 상식적 사고를 고려할 때, 도덕적 질문에 지나치게 겸손한 답변을 체크하면 오히려 솔직하지 못한 것으로 간주되거나 인성을 제대로 판단하지 못해 무효 처리가 되기도 한다. 자신의 성격을 포장하여 작위적인 답변을 하지 않도록 솔직하게 임하는 것이 예기치 않은 결과를 피하는 첫 번째 전략이 된다.

2 필터링 함정을 피하고 일관성 유지

앞서 강조한 솔직함은 일관성과 연결된다. 인성검사를 구성하는 많은 척도는 여러 형태의 문장 속에 동일한 요소를 적용해 반복되기도 한다. 예컨대 '나는 매우 활동적인 사람이다'와 '나는 운동을 매우 좋아한다'라는 질문에 '그렇다'고 체크한 사람이 '휴일에는 집에서 조용히 쉬며 독서하는 것이 좋다'에도 '그렇다'고 체크한다면 일관성이 없다고 평가될 수 있다.

그러나 일관성 있는 답변에만 매달리면 '이 사람이 같은 답변만 체크하기 위해 이 부분만 신경 썼구나'하는 필터링 함정에 빠질 수도 있다. 비슷하게 보이는 문장이 무조건 같은 내용이라고 판단하여 똑같이 답하는 것도 주의해야 한다. 일관성보다 중요한 것은 솔직함이다. 솔직함이 전제되지 않은 일관성은 허위 척도 필터링에서 드러나게 되어 있다. 유사한 질문의 응답이 터무니없이 다르거나 양극단에 치우치지 않는 정도라면 약간의 차이는 크게 문제되지 않는다. 중요한 것은 솔직함과 일관성이 하나의 연장선에 있다는 점을 명심하자.

3 지원한 직무와 연관성을 고려

다양한 분야의 많은 계열사와 큰 조직을 통솔하는 대기업은 여러 사람이 조직적으로 움직이는 만큼 각 직무에 걸맞은 능력을 갖춘 인재가 필요하다. 그래서 기업은 매년 신규채용으로 입사한 신입사원들의 젊은 패기와 참신한 능력을 성장 동력으로 활용한다.

기업은 사교성 있고 활달한 사람만을 원하지 않는다. 해당 직군과 직무에 따라 필요로 하는 사원의 능력과 개성이 다르기 때문에, 지원자가 희망하는 계열사나 부서의 직무가 무엇인지 제대로 파악하여 자신의 성향과 맞는지에 대한 고민은 반드시 필요하다. 같은 질문이라도 기업이 원하는 인재상이나 부서의 직무에 따라 판단 척도가 달라질 수 있다.

4 평상심 유지와 컨디션 관리

역시 솔직함과 연결된 내용이다. 한 질문에 대해 오래 고민하고 신경 쓰면 불필요한 생각이 개입될 소지가 크다. 이는 직관을 떠나 이성적 판단에 따라 포장할 위험이 높아진다는 뜻이기도 하다. 오래 생각하지 말고 자신의 평상시 생각과 감정대로 답하는 것이 중요하며, 가능한 한 건너뛰지 말고 모든 질문에 답하도록 한다. 300 ~ 400개 정도의 문항을 출제하는 기업이 많기 때문에 끝까지 집중하여 임하는 것이 중요하다.

특히 적성검사와 같은 날 실시하는 경우, 적성검사를 마친 후 연이어 보기 때문에 신체적 · 정신적으로 피로한 상태에서 자세가 흐트러질 수도 있다. 따라서 컨디션을 유지하면서 문항당 7~10초 이상 쓰지 않도록 하고 문항 수가 많을 때는 답안지에 바로 바로 표기하도록 한다.

02 인성검사 유형 연습

인성검사 Tip

1. 응시 전 스스로를 돌아보며 나는 어떤 사람인가를 생각하는 시간을 가진다.
2. 지원한 분야의 직무에 적합한 요소에 대해 생각해 본다.
3. 많이 고민하기보다는 직관적으로 풀어 나간다.
4. 일관성을 유지하기 위해 노력한다.
5. 누가 보아도 비상식적인 답안을 선택하지 않도록 주의한다.

1 예 / 아니오 선택 유형

PAT 인성검사는 450문항에 40분이 배정된다. 제시된 질문을 읽고 'Yes' 또는 'No'에 자신의 성향에 더 가까운 것을 고르는 유형이다.

경우에 따라 적성검사에서 평균보다 높은 점수를 얻었음에도 불구하고 인성검사에서 불합격 처리되어 탈락한 지원자도 있으므로 성실하게 임하도록 한다. Yes/No 선택형이기 때문에 5점 척도 혹은 6점 척도 유형으로 실시하는 기업에 비해 시간이 오래 걸리지는 않지만 같은 문항이 여러 번 반복된다는 평이 있었던 만큼 일관성을 유지할 수 있도록 유의한다. 다만 회사 인재상에만 초점을 맞추면 자칫 신뢰도가 하락할 수 있으므로 솔직하게 답할 수 있도록 한다.

[01~100] 질문에 해당된다고 생각하면 Yes, 해당되지 않는다면 No를 고르시오.

번호	질문	예/아니오	
		YES	NO
1	어두운 곳을 무서워하는 편이다. 2010. PAT		
2	국회의원이 되고 싶다. 2019. PAT		
3	작은 일에는 별로 관심을 갖지 않는다.		
4	규칙이나 환경이 바뀌는 것을 싫어한다.		
5	수리영역보다 언어영역이 더 좋다.		
6	상대가 약속을 어겨도 이해하는 편이다.		
7	지나간 일을 쉽게 잊어버리지 못한다.		

8	주변 사람들에게 배려심이 많다는 말을 자주 듣는다.		
9	모든 상황을 긍정적으로 인식한다.		
10	분위기에 쉽게 동화된다.		
11	남의 의견에 좌우되어서 쉽게 의견이 바뀐다.		
12	허세를 부린 적이 한 번도 없다.		
13	모든 일을 계획적으로 처리한다.		
14	질서보다는 자유를 존중한다.		
15	스포츠를 매우 좋아한다.		
16	사람들과 만나면 이야기를 주도하는 편이다.		
17	화가 나면 마음에 오래 담아 두는 편이다.		
18	주변 사람들의 생일이나 경조사를 잘 챙긴다.		
19	한 번도 법을 위반한 적이 없다.		
20	법도 사회의 변화에 따라 달라져야 한다고 생각한다.		
21	가끔 색다른 음식을 의도적으로 먹는다.		
22	복잡한 곳보다 조용한 곳이 좋다.		
23	친구가 많지 않다.		
24	다른 사람을 가르치는 일을 좋아한다.		
25	술을 자주 마시는 편이다.		
26	자신감이 없는 편이다.		
27	창의성을 발휘하는 업무가 적성에 맞는다.		
28	어떤 일을 결심하기까지 시간이 걸리는 편이다.		
29	쉬운 문제보다 어려운 문제를 더 좋아한다.		
30	쉽게 좌절하거나 의기소침해지지 않는다.		
31	짜여진 틀에 얽매이는 것을 싫어한다.		
32	일을 주도하는 것보다 따르는 것이 좋다.		
33	다른 사람의 마음을 잘 읽는 편이다.		

34	신중하다는 말을 자주 듣는다.		
35	맡은 일은 무슨 일이 생겨도 끝까지 완수한다.		
36	계산 문제를 다루는 것이 좋다.		
37	우리 가족은 항상 화목하다.		
38	아침에 일어났을 때가 하루 중 가장 기분이 좋다.		
39	어떤 문제가 생기면 그 원인부터 따져 보는 편이다.		
40	상상력이 풍부한 편이다.		
41	다른 사람에게 명령이나 지시하는 것을 좋아한다.		
42	끈기가 있고 성실하다.		
43	새로운 학문을 배우는 것을 좋아한다.		
44	여러 가지 일을 동시에 하지 못한다.		
45	가끔 지저분한 농담을 듣고 웃는다.		
46	긴박한 상황에서도 차분함을 잃지 않으며 상황 판단이 빠르다.		
47	어떤 상황에서든 빠르게 결정하고 과감하게 행동한다.		
48	성공하고 싶은 욕망이 매우 강하다.		
49	가끔 사물을 때려 부수고 싶은 충동을 느낄 때가 있다.		
50	무슨 일이든 도전하는 편이다.		
51	사람들과 어울릴 수 있는 모임을 좋아한다.		
52	다른 사람이 한 행동의 이유를 잘 파악하는 편이다.		
53	조직적으로 행동하는 것을 좋아한다.		
54	실질도 중요하지만 형식을 갖추는 사람이 더 좋다.		
55	나도 모르게 끙끙 앓고 고민하는 편이다.		
56	지진이 일어날까 봐 불안해서 안절부절못한다.		
57	나의 가치관은 확고부동하여 잘 변하지 않는다.		
58	다른 사람들의 행동을 주의 깊게 관찰하는 경향이 있다.		
59	주변 사람들에게 독특한 사람으로 통한다.		

60	다른 사람들의 이야기를 귀담아듣는다.		
61	동창 모임이나 동기 모임에 자주 참석한다.		
62	다소 무리를 해도 쉽게 지치지 않는 편이다.		
63	논리가 뛰어나다는 말을 듣는 편이다.		
64	현실적인 사람보다 이상적인 사람을 더 좋아한다.		
65	비교적 금방 마음이 바뀌는 편이다.		
66	쓸데없는 고생을 하는 타입이다.		
67	아무리 힘들더라도 힘든 내색을 하지 않는다.		
68	주어진 시간 내에 맡겨진 과제를 마칠 수 있다.		
69	임기응변으로 대응하는 것에 능숙하다.		
70	항상 일에 대한 결과를 얻고자 한다.		
71	가끔 의지가 약하다는 말을 듣는다.		
72	처음 보는 사람에게도 내 의견을 자신 있게 말할 수 있다.		
73	내향적이며 조용한 편이다.		
74	남이 나를 어떻게 생각하는지 신경이 쓰인다.		
75	나도 모르게 충동구매를 하는 경우가 많다.		
76	비교적 상처받기 쉬운 타입이다.		
77	낯선 사람과 대화하는 데 어려움이 있다.		
78	사람들의 부탁을 잘 거절하지 못한다.		
79	융통성이 없는 편이다.		
80	세상에는 바보 같은 사람이 너무 많다고 생각한다.		
81	스포츠 경기를 관람하다가 금방 흥분한다.		
82	약속을 어긴 적이 한 번도 없다.		
83	신경과민적인 면이 있다고 생각한다.		
84	새로운 분야에 도전하는 것을 좋아한다.		
85	다른 사람의 실수를 용납하지 않는다.		

86	마감시간을 매우 잘 지킨다.		
87	나와 다른 의견을 가진 사람을 설득할 수 있다.		
88	모든 일에 대해 분석적으로 생각하는 편이다.		
89	문화생활을 좋아한다.		
90	무슨 일이 있더라도 상대방을 이겨야 직성이 풀린다.		
91	다른 사람의 말에 쉽게 흔들린다.		
92	감정을 쉽게 드러내지 않는다.		
93	어떤 일에든 적극적으로 임하는 편이다.		
94	팀을 위해 희생하는 편이다.		
95	타인의 잘못을 잘 지적한다.		
96	수업시간에 발표하는 것을 즐기는 편이다.		
97	내가 모르는 분야라도 금세 배울 자신이 있다.		
98	내 전공 분야와 상관없는 분야의 지식에도 관심이 많다.		
99	통계적으로 분석된 자료를 좋아한다.		
100	낙천적인 편이다.		

포스코그룹 PAT [생산기술직] 인적성검사

면접이란? 지원자가 보유한 직무 관련 능력 및 직무적합도와 더불어 인품, 언행 등을 직접 만나 평가하는 것을 말한다.

파트 3 포스코그룹 PAT [생산기술직]

면접가이드

면접의 이해

※ 능력중심 채용에서는 타당도가 높은 구조화 면접을 적용한다.

1 면접이란?

일을 하는 데 필요한 능력(직무역량, 직무지식, 인재상 등)을 지원자가 보유하고 있는지에 대해 다양한 면접 기법을 활용하여 확인하는 절차이다. 자신의 환경, 성취, 관심사, 경험 등에 대해 이야기하여 본인이 적합하다는 것을 보여 줄 기회를 제공하고, 면접관은 평가에 필요한 정보를 수집하고 평가하는 것이다.

- 지원자의 태도, 적성, 능력에 대한 정보를 심층적으로 파악하기 위한 방법
- 선발의 최종 의사결정에 주로 사용되는 방법
- 전 세계적으로 선발에서 가장 많이 사용되는 핵심적이고 중요한 방법

2 면접의 특징

서류전형이나 인적성검사에서 드러나지 않는 것들을 볼 수 있는 기회를 제공한다.

- 직무수행과 관련된 다양한 지원자 행동에 대한 관찰이 가능하다.
- 면접관이 알고자 하는 정보를 심층적으로 파악할 수 있다.
- 서류상의 미비한 사항과 의심스러운 부분을 확인할 수 있다.
- 커뮤니케이션, 대인관계행동 등 행동 · 언어적 정보도 얻을 수 있다.

3 면접의 평가요소

1 인재적합도

해당 기관이나 기업별 인재상에 대한 인성 평가

2 조직적합도

조직에 대한 이해와 관련 상황에 대한 평가

3 직무적합도

직무에 대한 지식과 기술, 태도에 대한 평가

4 면접의 유형

구조화된 정도에 따른 분류

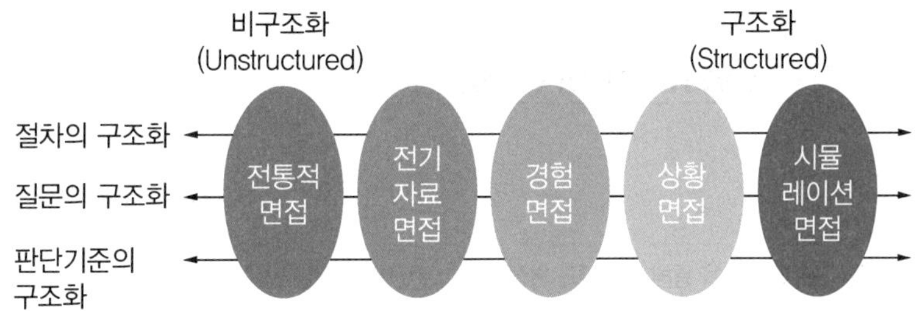

1 구조화 면접(Structured Interview)

사전에 계획을 세워 질문의 내용과 방법, 지원자의 답변 유형에 따른 추가 질문과 그에 대한 평가역량이 정해져 있는 면접 방식(표준화 면접)

- 표준화된 질문이나 평가요소가 면접 전 확정되며, 지원자는 편성된 조나 면접관에 영향을 받지 않고 동일한 질문과 시간을 부여받을 수 있음.
- 조직 또는 직무별로 주요하게 도출된 역량을 기반으로 평가요소가 구성되어, 조직 또는 직무에서 필요한 역량을 가진 지원자를 선발할 수 있음.
- 표준화된 형식을 사용하는 특성 때문에 비구조화 면접에 비해 신뢰성과 타당성, 객관성이 높음.

2 비구조화 면접(Unstructured Interview)

면접 계획을 세울 때 면접 목적만 명시하고 내용이나 방법은 면접관에게 전적으로 일임하는 방식(비표준화 면접)

- 표준화된 질문이나 평가요소 없이 면접이 진행되며, 편성된 조나 면접관에 따라 지원자에게 주어지는 질문이나 시간이 다름.
- 면접관의 주관적인 판단에 따라 평가가 이루어져 평가 오류가 빈번히 일어남.
- 상황 대처나 언변이 뛰어난 지원자에게 유리한 면접이 될 수 있음.

구조화 면접 기법

※ 능력중심 채용에서는 타당도가 높은 구조화 면접을 적용한다.

1 경험면접(Behavioral Event Interview)

면접 프로세스

안내	지원자는 입실 후, 면접관을 통해 인사말과 면접에 대한 간단한 안내를 받음.
질문	지원자는 면접관에게 평가요소(직업기초능력, 직무수행능력 등)와 관련된 주요 질문을 받게 되며, 질문에서 의도하는 평가요소를 고려하여 응답할 수 있도록 함.
세부질문	•지원자가 응답한 내용을 토대로 해당 평가기준들을 충족시키는지 파악하기 위한 세부질문이 이루어짐. •구체적인 행동·생각 등에 대해 응답할수록 높은 점수를 얻을 수 있음.

• 방식

해당 역량의 발휘가 요구되는 일반적인 상황을 제시하고, 그러한 상황에서 어떻게 행동했었는지(과거 경험)를 이야기하도록 함.

• 판단기준

해당 역량의 수준, 경험자체의 구체성, 진실성 등

• 특징

추상적인 생각이나 의견 제시가 아닌 과거 경험 및 행동 중심의 질의가 이루어지므로 지원자는 사전에 본인의 과거 경험 및 사례를 정리하여 면접에 대비할 수 있음.

• 예시

지원분야		지원자		면접관	(인)
경영자원관리 조직이 보유한 인적자원을 효율적으로 활용하여, 조직 내 유·무형 자산 및 재무자원을 효율적으로 관리한다.					
주질문					
A. 어떤 과제를 처리할 때 기존에 팀이 사용했던 방식의 문제점을 찾아내 이를 보완하여 과제를 더욱 효율적으로 처리했던 경험에 대해 이야기해 주시기 바랍니다.					
세부질문					
[상황 및 과제] 사례와 관련해 당시 상황에 대해 이야기해 주시기 바랍니다. [역할] 당시 지원자께서 맡았던 역할은 무엇이었습니까? [행동] 사례와 관련해 구성원들의 설득을 이끌어 내기 위해 어떤 노력을 하였습니까? [결과] 결과는 어땠습니까?					

기대행동	평점
업무진행에 있어 한정된 자원을 효율적으로 활용한다.	① - ② - ③ - ④ - ⑤
구성원들의 능력과 성향을 파악해 효율적으로 업무를 배분한다.	① - ② - ③ - ④ - ⑤
효과적 인적/물적 자원관리를 통해 맡은 일을 무리 없이 잘 마무리한다.	① - ② - ③ - ④ - ⑤

척도해설

1 : 행동증거가 거의 드러나지 않음	2 : 행동증거가 미약하게 드러남	3 : 행동증거가 어느 정도 드러남	4 : 행동증거가 명확하게 드러남	5 : 뛰어난 수준의 행동증거가 드러남
관찰기록 : 총평 :				

※ 실제 적용되는 평가지는 기업/기관마다 다름.

2 상황면접(Situational Interview)

면접 프로세스

- **안내**: 지원자는 입실 후, 면접관을 통해 인사말과 면접에 대한 간단한 안내를 받음.
- **질문**:
  - 지원자는 상황질문지를 검토하거나 면접관을 통해 상황 및 질문을 제공받음.
  - 면접관의 질문이나 질문지의 의도를 파악하여 응답할 수 있도록 함.
- **세부질문**:
  - 지원자가 응답한 내용을 토대로 해당 평가기준들을 충족시키는지 파악하기 위한 세부질문이 이루어짐.
  - 구체적인 행동·생각 등에 대해 응답할수록 높은 점수를 얻을 수 있음.

• 방식
직무 수행 시 접할 수 있는 상황들을 제시하고, 그러한 상황에서 어떻게 행동할 것인지(행동의도)를 이야기하도록 함.

• 판단기준
해당 상황에 맞는 역량의 구체적 행동지표

• 특징
지원자의 가치관, 태도, 사고방식 등의 요소를 평가하는 데 용이함.

1회 기출예상 2회 기출예상 3회 기출예상 4회 기출예상 인성검사 면접가이드

• 예시

지원분야		지원자		면접관	(인)
유관부서협업 타 부서의 업무협조요청 등에 적극적으로 협력하고 갈등 상황이 발생하지 않도록 이해관계를 조율하며 관련 부서의 협업을 효과적으로 이끌어 낸다.					
주질문					
당신은 생산관리팀의 팀원으로, 2개월 뒤에 제품 A를 출시하기 위해 생산팀의 생산 계획을 수립한 상황입니다. 그러나 원가가 곧 실적으로 이어지는 구매팀에서는 최대한 원가를 줄여 전반적 단가를 낮추려고 원가절감을 위한 제안을 하였으나, 연구개발팀에서는 구매팀이 제안한 방식으로 제품을 생산할 경우 대부분이 구매팀의 실적으로 산정될 것이므로 제대로 확인도 해 보지 않은 채 적합하지 않은 방식이라고 판단하고 있습니다. 당신은 어떻게 하겠습니까?					
세부질문					
[상황 및 과제] 이 상황의 핵심적인 이슈는 무엇이라고 생각합니까? [역할] 당신의 역할을 더 잘 수행하기 위해서는 어떤 점을 고려해야 하겠습니까? 왜 그렇게 생각합니까? [행동] 당면한 과제를 해결하기 위해서 구체적으로 어떤 조치를 취하겠습니까? 그 이유는 무엇입니까? [결과] 그 결과는 어떻게 될 것이라고 생각합니까? 그 이유는 무엇입니까?					

척도해설

1 : 행동증거가 거의 드러나지 않음	2 : 행동증거가 미약하게 드러남	3 : 행동증거가 어느 정도 드러남	4 : 행동증거가 명확하게 드러남	5 : 뛰어난 수준의 행동증거가 드러남
관찰기록 : 총평 :				

※ 실제 적용되는 평가지는 기업/기관마다 다름.

3 분석발표면접(AP : Analysis & Presentation)

면접 프로세스

안내
- 입실 후 지원자는 면접관으로부터 인사말과 발표면접에 대해 간략히 안내받음.
- 면접 전 지원자는 과제 검토 및 발표 준비시간을 가짐.

발표
- 지원자들이 과제 주제와 관련하여 정해진 시간 동안 발표를 실시함.
- 면접관은 발표내용 중 평가요소와 관련해 나타난 가점 및 감점요소들을 평가하게 됨.

질문응답
- 발표 종료 후 면접관은 정해진 시간 동안 지원자의 발표내용과 관련해 구체적인 내용을 확인하기 위한 질문을 함.
- 지원자는 면접관의 질문의도를 정확히 파악하여 적절히 응답할 수 있도록 함.
- 응답 시 명확하고 자신있게 전달할 수 있도록 함.

- 방식
  지원자가 특정 주제와 관련된 자료(신문기사, 그래프 등)를 검토하고, 그에 대한 자신의 생각을 면접관 앞에서 발표하며 추가 질의응답이 이루어짐.
- 판단기준
  지원자의 사고력, 논리력, 문제해결능력 등
- 특징
  과제를 부여한 후, 지원자들이 과제를 수행하는 과정과 결과를 관찰 · 평가함. 과제수행의 결과뿐 아니라 과제수행 과정에서의 행동을 모두 평가함.

4 토론면접(Group Discussion)

면접 프로세스

안내	• 입실 후, 지원자들은 면접관으로부터 토론 면접의 전반적인 과정에 대해 안내받음. • 지원자는 정해진 자리에 착석함.
토론	• 지원자들이 과제 주제와 관련하여 정해진 시간 동안 토론을 실시함(시간은 기관별 상이). • 지원자들은 면접 전 과제 검토 및 토론 준비시간을 가짐. • 토론이 진행되는 동안, 지원자들은 다른 토론자들의 발언을 경청하여 적절히 본인의 의사를 전달할 수 있도록 함. 더불어 적극적인 태도로 토론면접에 임하는 것도 중요함.
마무리 (5분 이내)	• 면접 종료 전, 지원자들은 토론을 통해 도출한 결론에 대해 첨언하고 적절히 마무리 지음. • 본인의 의견을 전달하는 것과 동시에 다른 토론자를 배려하는 모습도 중요함.

• 방식
상호갈등적 요소를 가진 과제 또는 공통의 과제를 해결하는 내용의 토론 과제(신문기사, 그래프 등)를 제시하고, 그 과정에서의 개인 간의 상호작용 행동을 관찰함.

• 판단기준
팀워크, 갈등 조정, 의사소통능력 등

• 특징
면접에서 최종안을 도출하는 것도 중요하나 주장의 옳고 그름이 아닌 결론을 도출하는 과정과 말하는 자세 등도 중요함.

5 역할연기면접(Role Play Interview)

- 방식
  기업 내 발생 가능한 상황에서 부딪히게 되는 문제와 역할을 가상적으로 설정하여 특정 역할을 맡은 사람과 상호작용하고 문제를 해결해 나가도록 함.
- 판단기준
  대처능력, 대인관계능력, 의사소통능력 등
- 특징
  실제 상황과 유사한 가상 상황에서 지원자의 성격이나 대처 행동 등을 관찰할 수 있음.

6 조별활동(GA : Group Activity)

- 방식
  지원자들이 팀(집단)으로 협력하여 정해진 시간 안에 활동 또는 게임을 하며 면접관들은 지원자들의 행동을 관찰함.
- 판단기준
  대인관계능력, 팀워크, 창의성 등
- 특징
  기존 면접보다 오랜 시간 관찰을 하여 지원자들의 평소 습관이나 행동들을 관찰하려는 데 목적이 있음.

7 역사에세이

역사에세이 대책

1 논점에 대한 정확한 이해

에세이를 대비하는 많은 사람들이 일반적으로 범하는 실수 중 하나는 에세이를 단순히 글쓰기로 생각하고 글의 구성이나 수식 또는 개요짜기를 우선시한다는 점이다. 그러나 가장 중요한 것은 논점에서 벗어나는 잘못을 범하지 않기 위해서 문제를 올바르게 이해하고 그 핵심을 정확하게 파악해서 논점을 파악하는 것이다. 이를 위해서는 주어진 문제의 의도와 과제의 성격을 정확히 파악할 수 있는 능력이 필요하다.

2 논지 전개와 글감의 배열

먼저 논점에 따른 글감을 나열한다. 그리고 글감 자체의 모순이나 통일성을 해치는 것은 없는지, 중복된 내용이나 같은 범주에 든 것을 부연한 것은 없는지를 점검한 후 가치가 높고 효용성이 높은 것부터 배열하도록 한다.

3 개략적인 개요짜기

개요짜기가 글의 뼈대를 세우는 작업이기는 하나 2,500자 이하의 글에서는 크게 중요하지 않을뿐더러 시간만 낭비되는 경우가 될 수도 있다. 포스코그룹에서 요구하는 역사에세이는 700자 내외의 비교적 짧은 글이므로 개요짜기에 너무 많은 시간을 쓰기보다는 글을 어떻게 전개해 가며 어떤 논거를 들고 어떻게 결론을 내려야 하겠다는 개략적인 개요만 생각해 놓는 연습이 필요하다.

만일 생각해 놓은 개요대로 글이 잘 써지지 않는다면 개략적인 개요를 문제지나 연습지에 기록해 놓고 그에 따라 구상한 뒤 글을 쓰는 연습을 하는 것도 한 방법이다.

4 서술하기

서론은 크게 직접적인 방법과 우회적인 방법 두 가지가 있는데 1,500자 이하의 짧은 글에서는 직접적인 방법으로 작성하는 것이 효율적이다.

본론은 서론에서 든 논점을 심화시켜서 문제의 해결을 모색하는 과정으로, 서론에서 든 논점을 전개하면서 논지의 방향을 정립하고 그에 따른 논거를 제시하며 그 과정을 통해 해결방안을 모색하도록 한다.

결론에서는 본론에 따른 대안이나 해결책을 제시하며 글을 마무리한다.

TiP

1. 올바른 역사 인식이 핵심이므로 평소 한국사 학습이 선행되어야 함은 물론 역사와 관련된 사회적 이슈들을 읽고 자신의 생각과 논거들을 정리하는 습관이 필요하다. 즉, 역사 지식을 평가하는 것이 아닌 사실에 대한 각자의 견해와 역사관을 평가하는 것임에 유의한다.
2. 사고능력을 기르기 위해서는 글쓰기 연습이 필요하다. 설득력 있는 글을 위해서는 주장이 명쾌해야 하고 그것을 뒷받침해 주는 타당한 논증이 필요한데, 이때 글쓰기를 통해 논증에 문제가 없는지 서술 과정을 확인하고 개선하는 능력이 길러진다. 역사에세이는 역사적 사실을 통해 추론하여 쓰는 글이므로, 주장과 논거를 치밀하게 설계하는 훈련의 반복을 통해 글쓰기에 대한 부담감을 경감해야 한다.
3. 답안을 지루하지 않게 써야 한다. 이는 논술형 답안의 채점 기준에서 높은 배점을 차지하고 있는 창의성 항목을 강조하는 것이기도 하지만 한편으로는 이해력이나 분석력 항목과 직결되는 것이기도 하다. 글을 지루하지 않게 하는 데는 두 가지 방법이 있는데, 하나는 상대방이 모르는 것을 이야기하거나 알고 있는 것이더라도 새롭게 이야기하여 신선하게 보이는 것이며, 다른 하나는 상대방이 알고 있는 것을 잘 이야기하여 노련함을 드러내는 것이다. 고득점을 받기 위해서는 이러한 요소들도 세심하게 파악해야 한다.

포스코그룹의 면접

포스코그룹의 면접은 1차 면접과 2차 면접으로 진행된다. 1차 면접인 인성 · 직무면접은 지원자의 가치관 및 직무역량 수준 등을 종합적으로 검증하기 위한 단계로 다음과 같이 이루어진다.

- 직무면접 : 전공분야, 보유 자격증과 관련된 직무지식 등을 심사한다.
- 인성면접 : 회사정착성, 적응력, 성장 잠재력과 지원자의 인성, 가치관, 성격 등을 확인한다.

2차 면접인 조직가치적합성면접은 포스코가 추구하는 인재상에 얼마나 적합한지를 확인하는 단계로 다음과 같이 이루어진다.

- 조직가치적합성면접 : 지원자의 가치관, 직업관 등에 대해 질의응답하며 조직적응력, 회사정착성 등을 심사한다.
- GA(Group Activity)평가 : 조별과제를 부여하여 문제해결능력을 심사한다.
- Essay평가 : 주요 쟁점에 대한 지원자의 기초지식, 가치관 등에 대해 평가한다.

면접 최신 기출 주제

1 포스코그룹 면접 기출 질문

1 조별활동(GA)

〈기출문제〉

1. 주어진 사진들을 모두 활용하여 사진의 주제에 맞는 건축적 이야기를 만들어 보시오.
2. 주어진 지료들을 참고하여 6개의 기업 중 어떤 기업과 계약을 할 것인지 결정하시오.
3. 노후 대책으로 커피숍을 차린다고 할 때, 다음 자료를 참고하여 개업 위치 1, 2, 3순위를 결정하고 인테리어, 가격 등 영업 전략을 세우시오.
4. 경영, 사회, 사람이라는 주제 중 하나를 선택하여 포스코그룹이 기업시민의 정신을 수행할 수 있는 방안을 제시해 보시오.
5. 쇳물을 옮기는 트럭(토페도카)을 수수깡, 나무젓가락, 종이컵, 테이프, 빨대 등의 재료로 만들어 주어진 시간 동안 최대한 많은 물을 옮겨보시오.

〈예상문제〉

1. 주어진 레고 블록을 사용하여 고객의 요청에 맞는 제품을 만들어 보시오.
2. 주어진 자료에 해당하는 섬이 있다고 할 때, 그 섬의 개발 방안에 대하여 토론하시오.
3. 고객들의 요청을 고려하여 인터넷 웹 사이트 제작 방안을 수립하시오.
4. 신약을 개발한 제약사의 입장에서 경제 상황과 약제청의 권고 등을 고려하여 신약의 출시 가격을 정하시오.
5. 사막에서 비행기가 추락하여 조난을 당하였을 때 가지고 나갈 수 있는 물건의 개수가 정해져 있다면 어떤 물건을 먼저 챙길 것인지 우선순위를 결정하시오.
6. 주어진 자료를 활용하여 제한 시간 내에 포스코 제품의 TV 광고 콘티를 완성하시오.
7. 공장을 건립한 지역사회에 기업이익을 환원하기 위한 사회공헌 방안에 대하여 토론하시오.
8. 부품별 원가와 기능을 참고하여 이미 존재하는 제품에 독창적인 기능이 첨가된 제품을 만들어 보시오.

2 그 외 면접 기출 질문

포스코에 지원한 이유는 무엇인가?
자신이 꿈꾸는 10년 뒤 모습에 대하여 말해 보시오.
남들보다 뛰어나게 잘할 수 있다고 생각하는 것은 무엇인가?
현재 서울에 살고 있는데 채용된 후 지방으로 발령이 난다면 어떻게 하겠는가?
받고 싶은 연봉은 얼마 정도인가? 그렇게 생각하는 이유는 무엇인가?
제선, 제강 공정의 흐름에 대해 설명해 보시오.
철을 사용하지 않은 물건 가운데 철로 대체할 수 있는 것을 두 가지 말해 보시오.

독도 문제와 관련하여 일본과 바람직한 관계를 유지할 수 있는 방법에 대해 말해 보시오.

파이넥스 공정은 무엇인가?

물, 태양, 석유, 바람 등 여러 자원 가운데 가장 소중한 것은 무엇이라고 하는가?

실질 GDP와 명목 GDP의 차이점에 대해 설명해 보시오.

영업인에게 가장 중요한 덕목은 무엇이라고 생각하는가?

IRR(내부수익률)은 무엇의 약자이며, 어떻게 계산하는지 설명해 보시오.

헤일로 효과(halo effect)에 대해 설명해 보시오.

간단하게 자기소개를 해 보시오.

정의와 의리의 차이점이 무엇인지 말해 보시오.

행복이란 무엇이라고 생각하는가?

전에 있던 회사에서 이직을 결심하게 된 계기는 무엇인가?

포스코에 관심을 가지게 된 계기는 무엇인가?

휴학을 한 번도 하지 않고 바로 졸업했는데 특별한 이유가 있는가?

디자인이 세상을 바꾼다는 말에 대하여 어떻게 생각하는가?

일상생활을 하다가 바꾸고 싶었던 것이 있었는가?

자신의 강점은 무엇인가?

포스코에 대해 아는 대로 말해 보시오.

포스코에 입사하여 하고 싶은 일이 무엇인가?

대학생활 가운데 가장 기억에 남는 경험에 대해 말해 보시오.

팀워크를 유지하기 위한 본인만의 방법이 있는가?

조직생활을 할 때 자신은 주로 어떠한 역할을 하는 편인가?

본인의 성격을 한마디로 표현해 보시오.

자신의 인생에 가장 큰 영향을 끼친 사람은 누구인가?

성격 좋고 일 못하는 상사와 성격 안 좋고 일 잘 하는 상사 중 누구와 일하고 싶은가?

자신이 해 온 프로젝트 하나를 설명하시오.

AI 기술 트렌드가 빠르게 변화하는데 이에 어떻게 대처해야 하는가?

디지털 트윈과 관련하여 포스코가 업무에 적용할 만한 방안을 말해 보시오.

AI가 다시 주목받은 이유에 대해 설명해 보시오.

타인이 평가하는 성격의 장단점은 무엇인가?

직무 순환에 대하여 어떻게 생각하는가?

자신의 좌우명이 무엇인지 말해 보시오.
노사갈등을 줄이기 위해 회사가 나아가야 하는 방향에 대해 말해 보시오.
인턴 경험을 통해 향상한 능력은 무엇인가?
AI와 관련하여 어떠한 경험을 해 보았는가?
자신과 포스코가 잘 맞는다고 생각하는 이유를 말해 보시오.
포스코 입사를 위해 어떠한 역량을 강화해 왔는가?
해외 경험이 있는가?
취미와 특기는 무엇인가?
좋아하는 영화는 무엇인가?
하청업체 등에서 상생을 외치며 단가 인상을 요구한다면 어떻게 대처하겠는가?
전공과 직무가 연관이 없는데 지원한 이유가 무엇인가?
상사가 비윤리적인 일을 시킨다면 어떻게 대응할 것인가?

2 면접 예상질문

1 인성

포스코에 지원한 이유는 무엇인가?
주변 사람들과 트러블이 생기면 어떻게 해결하는가?
본인 성격의 장단점에 대해 말해 보시오.
포스코에 입사하기 위해 어떠한 노력을 하였는가?
지금까지 살면서 가장 힘들었던 경험은 무엇인가?
포스코에 입사한 후 어떠한 자기계발을 할 생각인가?
자신이 취업할 기업을 선정함에 있어 기준이 되는 것은 무엇인가?
자신의 창의적인 아이디어가 조직에 도움이 되었던 경험이 있는가?
기존의 방식과는 다른 새로운 방식으로 일을 해 본 경험이 있는가?
다른 사람에게 도움을 주고, 도움을 받았던 경험에 대해 말해 보시오.
회사에서 부당한 업무를 시킨다면 어떻게 하겠는가?
리더십을 발휘했던 경험을 말해 보시오.
가장 최근에 읽은 책은 무엇인가?

10년 후 자신의 모습을 상상하여 말해 보시오.

어학연수 경험을 통해 무엇을 배웠는가?

자신이 지휘관과 참모 가운데 어떤 역할에 더 어울리는지 말하고, 그 이유에 대해 설명해 보시오.

자신이 성공했던 경험과 이를 통해 깨달은 점을 말해 보시오.

공동의 목표를 위해 내가 희생한 경험을 말해 보시오.

개인 휴식 시간에는 주로 무엇을 하는가?

직장 동료가 들어주기 난감한 부탁을 한다면 어떻게 대처하겠는가?

2 학업

영어 성적이 좋지 않은데 글로벌 시대에 뒤떨어진다고 생각하지 않는가?

학창시절 가장 좋아했던 과목은 무엇인가?

학교 성적이 매우 좋은데 특별한 비결이 있는가?

동아리 활동을 통해 가장 크게 얻은 점은 무엇인가?

가장 기억에 남는 선생님은 누구인가?

검정고시 출신인데, 자퇴를 한 이유가 무엇인가?

편입을 한 이유는 무엇인가?

전공공부는 어떠한 방식으로 하였는가?

관련 전공을 선택한 이유는 무엇인가?

공부하기 가장 힘들었던 전공 과목과 그에 대한 대처 방법은 무엇인가?

3 포스코 관련

포스코를 생각하면 떠오르는 이미지는 무엇인가?

포스코의 장단점을 말해 보시오.

포스코에서 생산하고 있는 제품에 대해 말해 보시오.

포스코의 사업 분야에 대해 얼마나 알고 있는가?

포스코에서 자신을 채용해야 하는 이유는 무엇인가?

포스코에서 요구하는 인재의 조건은 무엇이라고 생각하는가?

최근 읽은 신문기사 중에서 포스코와 관련된 것을 말해 보시오.

1회 기출예상
2회 기출예상
3회 기출예상
4회 기출예상
인성검사
면접가이드

포스코의 발전을 위해 자신이 기여할 수 있는 방안을 말해 보시오.
생소할 수 있는 철강산업에 지원한 이유는 무엇인가?
다른 회사에 지원한 곳이 있는가?
포스코의 사업 중 맡아 진행해 보고 싶은 것은 무엇인가?
포스코에 대하여 SWOT 분석을 해 보시오.
포스코의 주요 제품과 그 성과에 대해 말해 보시오.
남북이 통일된다면 포스코는 어떠한 일을 할 수 있겠는가?

4 시사 및 전공

북한의 핵문제에 대한 자신의 생각을 말해 보시오.
철강 제조 공정을 순서대로 설명해 보시오.
관성모멘트란 무엇이며, 원통에서 관성모멘트를 줄일 수 있는 방법을 설명해 보시오.
서징(surging), 캐비테이션(cavitation, 공동현상), 워터 해머(water hammer, 수격작용) 현상에 대해 간단히 설명해 보시오.
현재 국방부에서 진행하고 있는 사업에 대해 아는 대로 말해 보시오.
가상 화폐에 대한 자신의 생각을 말해 보시오.
신재생에너지의 종류에는 어떠한 것들이 있는가?
우리나라가 향후 FTA를 체결해야 할 국가나 지역은 어디이며, 그 이유는 무엇인가?
최근에 가장 관심 있었던 사회 이슈는 무엇인가?
베르누이의 법칙에 대해 설명해 보시오.
금속이 갖는 결함의 종류에 대해 말해 보시오.
깁스 프리에너지(Gibb's free energy)란 무엇인가?
대기업의 사회 공헌에 대한 자신의 생각을 말해 보시오.
진정한 남녀평등이란 무엇이라고 생각하는가?
우리나라 청년실업자 문제의 원인은 무엇이고, 정부는 이를 해결하기 위해 어떻게 해야 하는지 말해 보시오.
제대군인 가산점 제도에 대해 어떻게 생각하는가?
저출산 문제의 근본적인 원인은 무엇이라고 생각하는가?
액티브하우스와 패시브하우스의 차이를 설명해 보시오.
비행기의 원리에 대해 설명해 보시오.

Overfitting이 무엇인지 설명해 보시오.
Supervised와 Unsupervised의 차이를 설명해 보시오.
재결정온도의 정의에 대해 말해 보시오.
강의 열처리방법에 대해 설명해 보시오.
재료공학이란 무엇인지 설명해 보시오.
BCC와 FCC의 구조의 차이점을 설명해 보시오.
포스코 관련 산업과 연관된 최근의 사회 이슈와 그에 대한 생각을 말해 보시오.
응력집중계수에 대해 설명해 보시오.
열전달의 세 가지 방법에 대해 말해 보시오.
설비관리기법을 아는 대로 말해 보시오.
후크의 법칙에 대해 설명해 보시오.

3 에세이 출제예상문제

01 최근 90년대 생들의 회사 퇴사율이 높다고 한다. 왜 그들이 빠르게 퇴사하는지에 대한 이유를 서술하시오.

02 4차 산업 혁명으로 인한 가장 큰 변화는 무엇이며, 그 변화가 기업과 개인에게 어떠한 영향을 미치는지를 서술하시오.

03 기업들은 불확실성이 높은 현 시대에서의 생존을 위해 새로운 성공 전략으로 ESG경영을 추구하고 있다. ESG 경영이란 무엇인지 쓰고, 효과적인 ESG 경영을 위해 자사가 어떠한 방향으로 나아가야 하는지에 대해 견해를 서술하시오.

04 러시아의 우크라이나 침공은 우리나라의 사회, 경제, 정치적으로 다양한 영역에 영향을 끼치고 있다. 이로 인해 발생하는 여러 위기 중 하나를 골라 사건의 진행 과정과 극복 방안을 모색하여 서술하시오.

05 나이 기준을 만 나이로 통일하는 것을 내용으로 하는 행정기본법과 민법 개정안이 발의되었다. 이에 대한 자신의 견해를 근거와 함께 서술하시오.

gosinet (주)고시넷

포스코그룹 PAT [생산기술직]

감독관 확인란	

1회 기출예상문제

성명표기란

수험번호

(주민등록 앞자리 생년제외) 월일

수험생 유의사항

※ 답안은 반드시 컴퓨터용 사인펜으로 보기와 같이 바르게 표기해야 합니다.
〈보기〉 ① ② ③ ❹ ⑤

※ 성명표기란 위 칸에는 성명을 한글로 쓰고 아래 칸에는 성명을 정확하게 표기하십시오. (맨 왼쪽 칸부터 성과 이름은 붙여 씁니다)

※ 수험번호/월일 위 칸에는 아라비아 숫자로 쓰고 아래 칸에는 숫자와 일치하게 표기하십시오.

※ 월일은 반드시 본인 주민등록번호의 생년을 제외한 월 두 자리, 일 두 자리를 표기하십시오.
〈예〉 1994년 1월 12일 → 0112

인적성검사

	문번	답란		문번	답란		문번	답란		문번	답란
언어논리력	1	① ② ③ ④	수리력	1	① ② ③ ④	공간지각력	1	① ② ③ ④	문제해결력	1	① ② ③ ④
	2	① ② ③ ④		2	① ② ③ ④		2	① ② ③ ④		2	① ② ③ ④
	3	① ② ③ ④		3	① ② ③ ④		3	① ② ③ ④		3	① ② ③ ④
	4	① ② ③ ④		4	① ② ③ ④		4	① ② ③ ④		4	① ② ③ ④
	5	① ② ③ ④		5	① ② ③ ④		5	① ② ③ ④		5	① ② ③ ④
	6	① ② ③ ④		6	① ② ③ ④		6	① ② ③ ④		6	① ② ③ ④
	7	① ② ③ ④		7	① ② ③ ④		7	① ② ③ ④		7	① ② ③ ④
	8	① ② ③ ④		8	① ② ③ ④		8	① ② ③ ④		8	① ② ③ ④
	9	① ② ③ ④		9	① ② ③ ④		9	① ② ③ ④		9	① ② ③ ④
	10	① ② ③ ④		10	① ② ③ ④		10	① ② ③ ④		10	① ② ③ ④
	11	① ② ③ ④		11	① ② ③ ④		11	① ② ③ ④		11	① ② ③ ④
	12	① ② ③ ④		12	① ② ③ ④		12	① ② ③ ④		12	① ② ③ ④
	13	① ② ③ ④		13	① ② ③ ④		13	① ② ③ ④		13	① ② ③ ④
	14	① ② ③ ④		14	① ② ③ ④		14	① ② ③ ④		14	① ② ③ ④
	15	① ② ③ ④		15	① ② ③ ④		15	① ② ③ ④		15	① ② ③ ④
	16	① ② ③ ④		16	① ② ③ ④		16	① ② ③ ④		16	① ② ③ ④
	17	① ② ③ ④		17	① ② ③ ④		17	① ② ③ ④		17	① ② ③ ④
	18	① ② ③ ④		18	① ② ③ ④		18	① ② ③ ④		18	① ② ③ ④
	19	① ② ③ ④		19	① ② ③ ④		19	① ② ③ ④		19	① ② ③ ④
	20	① ② ③ ④		20	① ② ③ ④		20	① ② ③ ④		20	① ② ③ ④

영역	문번	답란	영역	문번	답란	영역	문번	답란
집중력	1	① ② ③ ④	상식	1	① ② ③ ④	상식	21	① ② ③ ④
	2	① ② ③ ④		2	① ② ③ ④		22	① ② ③ ④
	3	① ② ③ ④		3	① ② ③ ④		23	① ② ③ ④
	4	① ② ③ ④		4	① ② ③ ④		24	① ② ③ ④
	5	① ② ③ ④		5	① ② ③ ④		25	① ② ③ ④
	6	① ② ③ ④		6	① ② ③ ④			
	7	① ② ③ ④		7	① ② ③ ④			
	8	① ② ③ ④		8	① ② ③ ④			
	9	① ② ③ ④		9	① ② ③ ④			
	10	① ② ③ ④		10	① ② ③ ④			
	11	① ② ③ ④		11	① ② ③ ④			
	12	① ② ③ ④		12	① ② ③ ④			
	13	① ② ③ ④		13	① ② ③ ④			
	14	① ② ③ ④		14	① ② ③ ④			
	15	① ② ③ ④		15	① ② ③ ④			
	16	① ② ③ ④		16	① ② ③ ④			
	17	① ② ③ ④		17	① ② ③ ④			
	18	① ② ③ ④		18	① ② ③ ④			
	19	① ② ③ ④		19	① ② ③ ④			
	20	① ② ③ ④		20	① ② ③ ④			

포스코그룹 PAT [생산기술직]

감독관 확인란	

2회 기출예상문제

성명표기란

초성: ㄱ ㄴ ㄷ ㄹ ㅁ ㅂ ㅅ ㅇ ㅈ ㅊ ㅋ ㅌ ㅍ ㅎ

중성: ㅏ ㅑ ㅓ ㅕ ㅗ ㅛ ㅜ ㅠ ㅡ ㅣ ㅐ ㅒ ㅔ ㅖ ㅘ ㅙ ㅚ ㅝ ㅞ ㅟ ㅢ

종성: ㄱ ㄴ ㄷ ㄹ ㅁ ㅂ ㅅ ㅇ ㅈ ㅊ ㅋ ㅌ ㅍ ㅎ ㄲ ㄸ ㅃ ㅆ ㅉ ㄺ ㄻ

수험번호

⓪ ① ② ③ ④ ⑤ ⑥ ⑦ ⑧ ⑨ (6자리)

(주민등록 앞자리 생년제외) 월일

⓪ ① ② ③ ④ ⑤ ⑥ ⑦ ⑧ ⑨ (4자리)

수험생 유의사항

※ 답안은 반드시 컴퓨터용 사인펜으로 보기와 같이 바르게 표기해야 합니다.
〈보기〉 ① ② ③ ❹ ⑤

※ 성명표기란 위 칸에는 성명을 한글로 쓰고 아래 칸에는 성명을 정확하게 표기하십시오. (맨 왼쪽 칸부터 성과 이름은 붙여 씁니다)

※ 수험번호/월일 위 칸에는 아라비아 숫자로 쓰고 아래 칸에는 숫자와 일치하게 표기하십시오.

※ 월일은 반드시 본인 주민등록번호의 생년을 제외한 월 두 자리, 일 두 자리를 표기하십시오.
〈예〉 1994년 1월 12일 → 0112

인적성검사

영역	문번	답란	영역	문번	답란	영역	문번	답란	영역	문번	답란
언어논리력	1	① ② ③ ④	수리력	1	① ② ③ ④	공간지각력	1	① ② ③ ④	문제해결력	1	① ② ③ ④
	2	① ② ③ ④		2	① ② ③ ④		2	① ② ③ ④		2	① ② ③ ④
	3	① ② ③ ④		3	① ② ③ ④		3	① ② ③ ④		3	① ② ③ ④
	4	① ② ③ ④		4	① ② ③ ④		4	① ② ③ ④		4	① ② ③ ④
	5	① ② ③ ④		5	① ② ③ ④		5	① ② ③ ④		5	① ② ③ ④
	6	① ② ③ ④		6	① ② ③ ④		6	① ② ③ ④		6	① ② ③ ④
	7	① ② ③ ④		7	① ② ③ ④		7	① ② ③ ④		7	① ② ③ ④
	8	① ② ③ ④		8	① ② ③ ④		8	① ② ③ ④		8	① ② ③ ④
	9	① ② ③ ④		9	① ② ③ ④		9	① ② ③ ④		9	① ② ③ ④
	10	① ② ③ ④		10	① ② ③ ④		10	① ② ③ ④		10	① ② ③ ④
	11	① ② ③ ④		11	① ② ③ ④		11	① ② ③ ④		11	① ② ③ ④
	12	① ② ③ ④		12	① ② ③ ④		12	① ② ③ ④		12	① ② ③ ④
	13	① ② ③ ④		13	① ② ③ ④		13	① ② ③ ④		13	① ② ③ ④
	14	① ② ③ ④		14	① ② ③ ④		14	① ② ③ ④		14	① ② ③ ④
	15	① ② ③ ④		15	① ② ③ ④		15	① ② ③ ④		15	① ② ③ ④
	16	① ② ③ ④		16	① ② ③ ④		16	① ② ③ ④		16	① ② ③ ④
	17	① ② ③ ④		17	① ② ③ ④		17	① ② ③ ④		17	① ② ③ ④
	18	① ② ③ ④		18	① ② ③ ④		18	① ② ③ ④		18	① ② ③ ④
	19	① ② ③ ④		19	① ② ③ ④		19	① ② ③ ④		19	① ② ③ ④
	20	① ② ③ ④		20	① ② ③ ④		20	① ② ③ ④		20	① ② ③ ④

문번		답란				문번		답란				문번		답란			
집중력	1	①	②	③	④	상식	1	①	②	③	④	상식	21	①	②	③	④
	2	①	②	③	④		2	①	②	③	④		22	①	②	③	④
	3	①	②	③	④		3	①	②	③	④		23	①	②	③	④
	4	①	②	③	④		4	①	②	③	④		24	①	②	③	④
	5	①	②	③	④		5	①	②	③	④		25	①	②	③	④
	6	①	②	③	④		6	①	②	③	④						
	7	①	②	③	④		7	①	②	③	④						
	8	①	②	③	④		8	①	②	③	④						
	9	①	②	③	④		9	①	②	③	④						
	10	①	②	③	④		10	①	②	③	④						
	11	①	②	③	④		11	①	②	③	④						
	12	①	②	③	④		12	①	②	③	④						
	13	①	②	③	④		13	①	②	③	④						
	14	①	②	③	④		14	①	②	③	④						
	15	①	②	③	④		15	①	②	③	④						
	16	①	②	③	④		16	①	②	③	④						
	17	①	②	③	④		17	①	②	③	④						
	18	①	②	③	④		18	①	②	③	④						
	19	①	②	③	④		19	①	②	③	④						
	20	①	②	③	④		20	①	②	③	④						

포스코그룹 PAT [생산기술직]

감독관 확인란	

3회 기출예상문제

성명표기란

ㄱ ㄴ ㄷ ㄹ ㅁ ㅂ ㅅ ㅇ ㅈ ㅊ ㅋ ㅌ ㅍ ㅎ

ㅏ ㅑ ㅓ ㅕ ㅗ ㅛ ㅜ ㅠ ㅡ ㅣ ㅐ ㅒ ㅔ ㅖ ㅘ ㅙ ㅚ ㅝ ㅞ ㅟ ㅢ

ㄱ ㄴ ㄷ ㄹ ㅁ ㅂ ㅅ ㅇ ㅈ ㅊ ㅋ ㅌ ㅍ ㅎ ㄲ ㄸ ㅃ ㅆ ㅉ ㄳ ㄺ ㄻ

수험번호

⓪ ① ② ③ ④ ⑤ ⑥ ⑦ ⑧ ⑨ (6 columns)

(주민등록 앞자리 생년제외) 월일

⓪ ① ② ③ ④ ⑤ ⑥ ⑦ ⑧ ⑨ (4 columns)

수험생 유의사항

※ 답안은 반드시 컴퓨터용 사인펜으로 보기와 같이 바르게 표기해야 합니다.
〈보기〉 ① ② ③ ❹ ⑤

※ 성명표기란 위 칸에는 성명을 한글로 쓰고 아래 칸에는 성명을 정확하게 표기하십시오. (맨 왼쪽 칸부터 성과 이름은 붙여 씁니다)

※ 수험번호/월일 위 칸에는 아라비아 숫자로 쓰고 아래 칸에는 숫자와 일치하게 표기하십시오.

※ 월일은 반드시 본인 주민등록번호의 생년을 제외한 월 두 자리, 일 두 자리를 표기하십시오.
〈예〉 1994년 1월 12일 → 0112

인적성검사

	문번	답란		문번	답란		문번	답란		문번	답란
언어논리력	1	① ② ③ ④	수리력	1	① ② ③ ④	공간지각력	1	① ② ③ ④	문제해결력	1	① ② ③ ④
	2	① ② ③ ④		2	① ② ③ ④		2	① ② ③ ④		2	① ② ③ ④
	3	① ② ③ ④		3	① ② ③ ④		3	① ② ③ ④		3	① ② ③ ④
	4	① ② ③ ④		4	① ② ③ ④		4	① ② ③ ④		4	① ② ③ ④
	5	① ② ③ ④		5	① ② ③ ④		5	① ② ③ ④		5	① ② ③ ④
	6	① ② ③ ④		6	① ② ③ ④		6	① ② ③ ④		6	① ② ③ ④
	7	① ② ③ ④		7	① ② ③ ④		7	① ② ③ ④		7	① ② ③ ④
	8	① ② ③ ④		8	① ② ③ ④		8	① ② ③ ④		8	① ② ③ ④
	9	① ② ③ ④		9	① ② ③ ④		9	① ② ③ ④		9	① ② ③ ④
	10	① ② ③ ④		10	① ② ③ ④		10	① ② ③ ④		10	① ② ③ ④
	11	① ② ③ ④		11	① ② ③ ④		11	① ② ③ ④		11	① ② ③ ④
	12	① ② ③ ④		12	① ② ③ ④		12	① ② ③ ④		12	① ② ③ ④
	13	① ② ③ ④		13	① ② ③ ④		13	① ② ③ ④		13	① ② ③ ④
	14	① ② ③ ④		14	① ② ③ ④		14	① ② ③ ④		14	① ② ③ ④
	15	① ② ③ ④		15	① ② ③ ④		15	① ② ③ ④		15	① ② ③ ④
	16	① ② ③ ④		16	① ② ③ ④		16	① ② ③ ④		16	① ② ③ ④
	17	① ② ③ ④		17	① ② ③ ④		17	① ② ③ ④		17	① ② ③ ④
	18	① ② ③ ④		18	① ② ③ ④		18	① ② ③ ④		18	① ② ③ ④
	19	① ② ③ ④		19	① ② ③ ④		19	① ② ③ ④		19	① ② ③ ④
	20	① ② ③ ④		20	① ② ③ ④		20	① ② ③ ④		20	① ② ③ ④

문번		답란				문번		답란				문번		답란			
집중력	1	①	②	③	④	상식	1	①	②	③	④	상식	21	①	②	③	④
	2	①	②	③	④		2	①	②	③	④		22	①	②	③	④
	3	①	②	③	④		3	①	②	③	④		23	①	②	③	④
	4	①	②	③	④		4	①	②	③	④		24	①	②	③	④
	5	①	②	③	④		5	①	②	③	④		25	①	②	③	④
	6	①	②	③	④		6	①	②	③	④						
	7	①	②	③	④		7	①	②	③	④						
	8	①	②	③	④		8	①	②	③	④						
	9	①	②	③	④		9	①	②	③	④						
	10	①	②	③	④		10	①	②	③	④						
	11	①	②	③	④		11	①	②	③	④						
	12	①	②	③	④		12	①	②	③	④						
	13	①	②	③	④		13	①	②	③	④						
	14	①	②	③	④		14	①	②	③	④						
	15	①	②	③	④		15	①	②	③	④						
	16	①	②	③	④		16	①	②	③	④						
	17	①	②	③	④		17	①	②	③	④						
	18	①	②	③	④		18	①	②	③	④						
	19	①	②	③	④		19	①	②	③	④						
	20	①	②	③	④		20	①	②	③	④						

포스코그룹 PAT [생산기술직]

감독관 확인란	

4회 기출예상문제

성명표기란

수험번호

⓪	⓪	⓪	⓪	⓪	⓪
①	①	①	①	①	①
②	②	②	②	②	②
③	③	③	③	③	③
④	④	④	④	④	④
⑤	⑤	⑤	⑤	⑤	⑤
⑥	⑥	⑥	⑥	⑥	⑥
⑦	⑦	⑦	⑦	⑦	⑦
⑧	⑧	⑧	⑧	⑧	⑧
⑨	⑨	⑨	⑨	⑨	⑨

(주민등록 앞자리 생년제외) 월일

⓪	⓪	⓪	⓪
①	①	①	①
②	②	②	②
③	③	③	③
④	④	④	④
⑤	⑤	⑤	⑤
⑥	⑥	⑥	⑥
⑦	⑦	⑦	⑦
⑧	⑧	⑧	⑧
⑨	⑨	⑨	⑨

수험생 유의사항

※ 답안은 반드시 컴퓨터용 사인펜으로 보기와 같이 바르게 표기해야 합니다.
〈보기〉 ① ② ③ ❹ ⑤

※ 성명표기란 위 칸에는 성명을 한글로 쓰고 아래 칸에는 성명을 정확하게 표기하십시오. (맨 왼쪽 칸부터 성과 이름은 붙여 씁니다)

※ 수험번호/월일 위 칸에는 아라비아 숫자로 쓰고 아래 칸에는 숫자와 일치하게 표기하십시오.

※ 월일은 반드시 본인 주민등록번호의 생년을 제외한 월 두 자리, 일 두 자리를 표기하십시오.
〈예〉 1994년 1월 12일 → 0112

인적성검사

	문번	답란		문번	답란		문번	답란		문번	답란
언어논리력	1	① ② ③ ④	수리력	1	① ② ③ ④	공간지각력	1	① ② ③ ④	문제해결력	1	① ② ③ ④
	2	① ② ③ ④		2	① ② ③ ④		2	① ② ③ ④		2	① ② ③ ④
	3	① ② ③ ④		3	① ② ③ ④		3	① ② ③ ④		3	① ② ③ ④
	4	① ② ③ ④		4	① ② ③ ④		4	① ② ③ ④		4	① ② ③ ④
	5	① ② ③ ④		5	① ② ③ ④		5	① ② ③ ④		5	① ② ③ ④
	6	① ② ③ ④		6	① ② ③ ④		6	① ② ③ ④		6	① ② ③ ④
	7	① ② ③ ④		7	① ② ③ ④		7	① ② ③ ④		7	① ② ③ ④
	8	① ② ③ ④		8	① ② ③ ④		8	① ② ③ ④		8	① ② ③ ④
	9	① ② ③ ④		9	① ② ③ ④		9	① ② ③ ④		9	① ② ③ ④
	10	① ② ③ ④		10	① ② ③ ④		10	① ② ③ ④		10	① ② ③ ④
	11	① ② ③ ④		11	① ② ③ ④		11	① ② ③ ④		11	① ② ③ ④
	12	① ② ③ ④		12	① ② ③ ④		12	① ② ③ ④		12	① ② ③ ④
	13	① ② ③ ④		13	① ② ③ ④		13	① ② ③ ④		13	① ② ③ ④
	14	① ② ③ ④		14	① ② ③ ④		14	① ② ③ ④		14	① ② ③ ④
	15	① ② ③ ④		15	① ② ③ ④		15	① ② ③ ④		15	① ② ③ ④
	16	① ② ③ ④		16	① ② ③ ④		16	① ② ③ ④		16	① ② ③ ④
	17	① ② ③ ④		17	① ② ③ ④		17	① ② ③ ④		17	① ② ③ ④
	18	① ② ③ ④		18	① ② ③ ④		18	① ② ③ ④		18	① ② ③ ④
	19	① ② ③ ④		19	① ② ③ ④		19	① ② ③ ④		19	① ② ③ ④
	20	① ② ③ ④		20	① ② ③ ④		20	① ② ③ ④		20	① ② ③ ④

문번		답란	문번		답란	문번		답란
집중력	1	① ② ③ ④	상식	1	① ② ③ ④	상식	21	① ② ③ ④
	2	① ② ③ ④		2	① ② ③ ④		22	① ② ③ ④
	3	① ② ③ ④		3	① ② ③ ④		23	① ② ③ ④
	4	① ② ③ ④		4	① ② ③ ④		24	① ② ③ ④
	5	① ② ③ ④		5	① ② ③ ④		25	① ② ③ ④
	6	① ② ③ ④		6	① ② ③ ④			
	7	① ② ③ ④		7	① ② ③ ④			
	8	① ② ③ ④		8	① ② ③ ④			
	9	① ② ③ ④		9	① ② ③ ④			
	10	① ② ③ ④		10	① ② ③ ④			
	11	① ② ③ ④		11	① ② ③ ④			
	12	① ② ③ ④		12	① ② ③ ④			
	13	① ② ③ ④		13	① ② ③ ④			
	14	① ② ③ ④		14	① ② ③ ④			
	15	① ② ③ ④		15	① ② ③ ④			
	16	① ② ③ ④		16	① ② ③ ④			
	17	① ② ③ ④		17	① ② ③ ④			
	18	① ② ③ ④		18	① ② ③ ④			
	19	① ② ③ ④		19	① ② ③ ④			
	20	① ② ③ ④		20	① ② ③ ④			

고용보건복지_NCS

SOC_NCS

금융_NCS

저마다의 일생에는,

특히 그 일생이 동터 오르는 여명기에는

모든 것을 결정짓는 한 순간이 있다.

그 순간을 다시 찾아내는 것은 어렵다.

그것은 다른 수많은 순간들의 퇴적 속에

깊이 묻혀있다.

- 장 그르니에, 섬 LES ILES

고시넷

2023

포스코 그룹 PAT

생산기술직 인적성검사

기출예상모의고사

[적성검사 + 한국사 + 인성검사]

4회분

정답과 해설

gosinet
(주)고시넷

고시넷

2023

포스코 그룹 PAT

생산기술직 인적성검사

기출예상모의고사

[적성검사 + 한국사 + 인성검사]

4회분

정답과 해설

gosinet
(주)고시넷

1회 기출예상문제

1회 언어논리력

문제 22쪽

01	①	02	①	03	③	04	②	05	④
06	②	07	①	08	②	09	③	10	④
11	④	12	④	13	③	14	②	15	③
16	③	17	③	18	②	19	④	20	④

01

| 정답 | ①

| 해설 | 제시된 글에서는 어떤 일에 실패하게 되었을 때, 자존심이 상하지 않는 방향에서 원인을 찾다보니 그 원인을 나 아닌 다른 곳에서 찾아내게 된다고 언급하고 있다. 따라서 빈칸에는 앞의 내용이 뒤의 내용의 원인이 되게끔 하는 접속 부사 '그리하여'가 들어가는 것이 적절하다.

02

| 정답 | ①

| 해설 | 세 번째 문단에서 소비자가 기업이 제공하는 정보에 의존하던 과거와 달리 오늘날에는 간접적인 경험을 통해 구매를 결정하는 방향으로 변화했기 때문에 기업은 진정성을 보여 주는 것이 중요한 과제가 되었다고 설명하고 있다.

| 오답풀이 |

② 마지막 문단에서 광고로는 진정성을 효과적으로 전달할 수 없음을 알 수 있다.

③ 세 번째 문단의 '오늘날의 소비는 기업이 지닌 철학과 기업의 이미지를 고려하여 비록 가격이 조금 더 비싸더라도 사회적으로 긍정적인 효과를 주는 제품을 구매하기도 한다'라는 문장을 통해 진정성을 보여 주는 것이 단순한 이미지 개선뿐만 아니라 실질적인 매출 증대에도 영향을 준다는 것을 알 수 있다.

④ 마지막 문단의 '기업은 제품 자체에 대해 진정성을 나타낼 수 있고 때로는 고객에 대해, 때로는 사회적 가치에 대해 진정성을 나타낼 수도 있다'라는 문장을 참고하면 저소득층에게 옷을 기부하는 것은 사회적 가치에 대해 진정성을 나타내는 방법이다.

03

| 정답 | ③

| 해설 | 제시된 글의 '번지던'은 새마을 운동이 퍼지는 것을 나타내므로, '풍습, 풍조, 불만, 의구심 따위가 어떤 사회 전반에 차차 퍼지다.'의 의미이다. 그러므로 ③의 '번지다'와 같은 의미라고 볼 수 있다.

| 오답풀이 |

① 책장 따위를 한 장씩 넘기다.

② 병이나 불, 전쟁 따위가 차차 넓게 옮아가다.

④ 빛, 기미, 냄새 따위가 바탕에서 차차 넓게 나타나거나 퍼지다.

04

| 정답 | ②

| 해설 | ㉣ '주민들에게' 자금을 '지원하기로 하였다'라고 적어야 어법상 올바르다.

| 오답풀이 |

㉠ '효력이 실효된 전과'는 실제로 형이 집행된 전과를 의미한다.

05

| 정답 | ④

| 해설 | 두 번째 문단에서 정치세계라고 요구되는 리더십이 다 같은 것도 아니며, 그 나라의 상황에 따라 필요한 리더십이 달라진다고 하였으므로 ④는 글쓴이의 견해와 일치하지 않는다.

06

| 정답 | ②

| 해설 | 다양성이 사라진 자연 생태계인 양계장의 예를 통해 우리 사회집단에도 다양성 확보가 필요하다는 점을 서술하고 있다. 따라서 예시를 통해 논리를 전개하는 방식임을 알 수 있다.

07

| 정답 | ①

| 해설 | (가)는 농산물의 수급 안정 사업의 필요성과 문제점에 대해 언급하고 있으므로 농산물의 가격 인상이나 농산물 정책의 부작용은 (가)의 중심내용으로 적절하지 않다.

08

| 정답 | ②

| 해설 | 빈칸은 '왜냐하면'으로 이어지는 내용이므로, 영혼이 몸을 떠나면 몸은 더 이상 감각을 소유하지 않는다는 앞 문장에 대한 이유를 설명하는 내용이 들어가야 한다. 이와 관련하여 글을 살펴보면 영혼과 몸의 관계에 대해 몸은 영혼에 감각의 원인을 제공하고, 영혼으로부터 감각 속성의 몫을 얻는다고 하였다. 즉, 몸은 스스로 감각 능력을 가지는 것이 아니라 영혼을 통해 감각 능력을 얻게 되는 것이므로 이러한 내용이 담긴 ②가 가장 적절하다.

09

| 정답 | ③

| 해설 | 타인의 의도를 전혀 파악하지 못하는 자폐환자는 거울뉴런 자체가 거의 활동하지 않는다.

10

| 정답 | ④

| 해설 | '넘치지도 모자라지도 않는 수'는 십(十)을 가리키고 있으며, 나머지 것들은 모두 구(九)를 가리킨다.

11

| 정답 | ④

| 해설 | 전체적인 글의 내용을 고려할 때, '이미 완전한 것보다는 완전해질 수 있는 가능성의 가치가 중요하다'가 주제임을 파악할 수 있다. 따라서 주제와 (가)의 뒤에서 이어지는 '기네스북을 매년 새로 찍는 이유'에 따라 ④가 들어가는 것이 가장 적절하다.

12

| 정답 | ④

| 해설 | 제시된 글은 열보다 부족한 아홉이라는 수의 불완전하지만 무한한 가능성에 대하여 설명하고 있다. 따라서 논지와 무관하게 10층 석탑의 존재여부를 반박하는 ④는 적절하지 않다.

13

| 정답 | ③

| 해설 | 외부경제는 소비의 측면에서 볼 때 사적 비용이 사회적 비용보다 적고, 생산의 측면에서 볼 때 외부경제는 사적 비용이 사회적 비용보다 크다.

| 오답풀이 |

① 긍정적 외부효과는 외부경제, 부정적 외부효과는 외부불경제와 개념을 같이한다.

② 생산의 측면에서 볼 때, 외부불경제는 사적비용이 사회적 비용보다 적다.

④ 외부효과는 금전적 거래 없이 개인이나 기업과 같은 경제주체의 행위가 다른 경제주체에게 예상치 못한 혜택이나 손해를 발생시키는 효과를 의미한다.

14

| 정답 | ②

| 해설 | 금전적 거래 없이, 한 경제주체가 다른 경제주체에게 손해를 입히는 부정적 외부효과의 사례로는 흡연자와 비흡연자의 관계가 적절하다.

| 오답풀이 |

① 양봉업자는 과수원의 꽃으로부터 꿀을 얻을 수 있고, 과수농가는 양봉자의 벌이 꽃의 수정을 도와주므로 긍정적 외부효과 관계를 가진다.

③ 금전적 거래가 오가므로 외부효과에 해당하지 않는다.

④ 대학 동아리가 기술을 활용하였을 때 특허를 등록하지 않은 업체에게 생기는 경제효과가 없으므로 외부효과에 해당하지 않는다.

15

| 정답 | ③

| 해설 | 두 번째 문단의 서두에서 '소득, 지역 등 계층 간의 비만율 격차도 눈에 띄었다'고 언급한 뒤 두 번째, 세 번째 문단에서 소득 차이에 따른 비만율 격차에 대한 자료를 제시하였다. 따라서 지역 차이에 따른 비만율 격차에 대한 자료는 ㉢에 제시되는 것이 가장 자연스럽다.

16

| 정답 | ③

| 해설 | 소득 분위별 비만율은 영유아의 경우 고소득층은 2.5%, 저소득층은 3.7%로 1.2%p의 격차를 보이고 있는 반면, 성인의 경우 2.3%와 4.8%로 2.5%p 차이를 보이고 있다. 따라서 성인이 영유아보다 더 큰 격차를 보이고 있음을 알 수 있다.

| 오답풀이 |

④ 여성 비만율의 최대 증가폭은 21.4%에서 23%로 1.6%p 증가이나 남성의 비만율은 34.1%에서 40.1%로 6%p 증가했으므로 여성의 비만율 증가폭보다 2배 이상 많다.

17

| 정답 | ③

| 해설 | 공동체주의는 공동선이 옳기 때문에 정의의 자격이 부여되는 것이 아니라, 사람들이 좋아하고 그로 인해 행복할 수 있기 때문에 정의로서 자격을 갖춘다고 보므로 공동체가 공유하는 가치가 변한다면 공동선 또한 변할 수 있다. 따라서 절대적으로 정의로운 공동선을 설정한다고 보는 것은 옳지 않다.

| 오답풀이 |

① 자유주의 윤리학과 공동체주의 윤리학은 동시에 대립하면서 발전한 것이 아니라 자유주의적 윤리학의 이론과 그 적용에 대한 반론을 제기하면서 공동체주의 윤리학의 발전이 이루어진 것이다. 이를 통해 자유주의 윤리학이 공동체주의 윤리학을 선행해 발생하였으며, 공동체주의 윤리학은 자유주의 윤리학을 반박하는 입장임을 추론할 수 있다.

② 현대 바이오테크놀로지가 내놓은 많은 생명윤리적 쟁점과 질문들을 해결하기 위해 공동체주의 관점의 생명윤리학이 출현하였다는 것에서 기존의 자유주의 윤리학적 관점만으로는 해결이 어려웠음을 추론할 수 있다.

④ 공동체주의 접근방법이 자유주의적 관점에 대하여 개인이 현실적으로 속해 있는 공동체와 대화할 수 있는 길을 열어 주었다는 점에서 자유주의적 관점은 인간을 추상화된 개념의 이상(理想) 속에 고립되고 한정된 존재로 보고 있음을 추론할 수 있다.

18

| 정답 | ②

| 해설 | 공동체주의적 생명윤리 사상은 환자 개인의 결정뿐 아니라 그로 인해 파생될 사회적인 영향까지 고려하므로 사회적 악용에 대해 고려하고 있는 ②가 적절하다.

| 오답풀이 |

①, ③, ④ 개인의 결정에 초점을 두고 있다.

19

| 정답 | ④

| 해설 | 상상력은 막연한 느낌 이상의 것으로 어떤 것을 주목하고 의식하는 행위이며 느낌과 사고를 초월하는 것이 아니라 그 두 개념 사이에 위치하는 것이다.

20

| 정답 | ④

| 해설 | 우선 문단의 첫 문장에서 상상력은 '느낌'도 '사고'도 아님을 제시했으므로, 그 뒤로 '상상력은 느낌과 사고 사이

에 위치한다'는 ㉢이 이어져야 한다. 다음으로는 느낌과 사고가 형성하고 있는 관계에 대해 설명하는 ㉠과 ㉣이 와야 하는데, ㉣이 주된 설명을 제시하고 ㉠은 이를 부연해 설명하고 있으므로 '㉢-㉣-㉠' 순이 적절하다. 이어서는 ㉡, ㉤이 배치되어야 하는데, ㉤에서 상상력이 유발되는 계기 혹은 동기에 대한 의문을 제기하고 있으므로 '상상력의 작용'이라는 전제를 제시하고 있는 ㉡이 앞에 와야 한다. 따라서 ㉢-㉣-㉠-㉡-㉤ 순이 적절하다.

1회 수리력

문제 40쪽

01	④	02	④	03	④	04	④	05	③
06	③	07	③	08	④	09	④	10	③
11	③	12	③	13	①	14	④	15	①
16	②	17	③	18	③	19	④	20	③

01

| 정답 | ④

| 해설 | 김 과장은 4일에 한 번씩, 박 과장은 6일에 한 번씩 공장을 다녀오는데 수요일에 함께 공장을 가는 날을 묻고 있으므로 4, 6, 7의 최소공배수를 구하면 된다. 4, 6, 7의 최소공배수는 84이므로 84일 후가 된다.

| 오답풀이 |

①, ②, ③ 7의 배수가 아니다.

02

| 정답 | ④

| 해설 | 2021년 지수 나이를 x세라 하면 어머니 나이는 $3x$세이다. 2016년에 어머니 나이는 지수 나이의 4배보다 2세가 많다고 했으므로 다음과 같은 식이 성립한다.

$3x-5=4(x-5)+2$

$3x-5=4x-18$

$x=13$

따라서 2021년에 어머니와 지수 나이의 차이는 $3x-x=2x=2\times13=26$(세)이다.

03

| 정답 | ④

| 해설 | 동일 회사의 직원끼리 붙어 앉는다고 하였으므로 G 회사, A 회사, B 회사 직원들을 각각 하나로 묶어 생각하면 3개의 묶음(회사)이 원형 테이블에 둘러앉는 경우의 수는 (3−1)!가지이고 각 회사별로 순서를 생각하여 앉는 경우의 수는 G 회사가 4!가지, A 회사가 3!가지, B 회사가 3!가지이다. 또한, G 회사와 외국회사 사이에 통역사 1명씩을 배치해야 하므로 이들의 위치는 다음 그림과 같으며 이 둘이 서로 바꾸어 앉는 경우의 수는 2!가지가 된다.

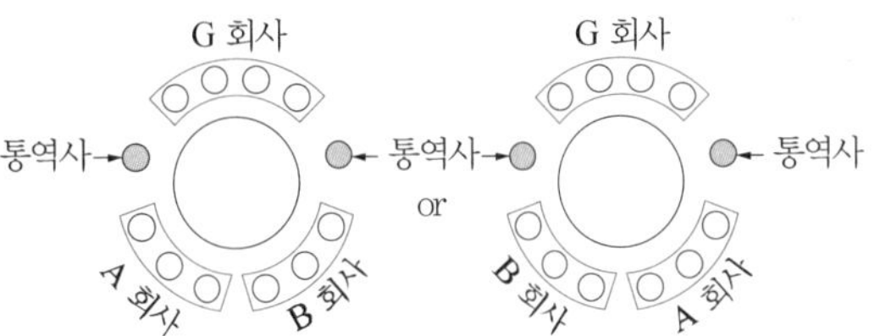

$\therefore$ (3−1)!×4!×3!×3!×2!=3,456(가지)

04

| 정답 | ④

| 해설 | 두 사람이 이동한 거리의 합이 A, B 사이의 거리와 같으므로 두 사람이 만나기까지의 시간을 t시간이라 하면 다음과 같은 식이 성립한다.

$36t+4t=120$

$\therefore\ t=3$(시간)

05

| 정답 | ③

| 해설 | 가방의 원가가 80만 원이므로 정가는 80×1.6=128(만 원), 할인가는 128×0.8=102.4(만 원)이다. 따라서 가방 1개를 판매할 때 이 브랜드에서 얻는 이윤은 102.4−80=22.4(만 원), 즉 224,000원이다.

06

| 정답 | ③

| 해설 | • 10%의 소금물 250g에 녹아 있는 소금의 양 :

$250 \times \frac{10}{100} = 25(g)$

• 8%의 소금물 200g에 녹아 있는 소금의 양 :

$200 \times \frac{8}{100} = 16(g)$

추가로 넣은 소금의 양을 xg이라 하면 다음과 같은 식이 성립한다.

$\frac{25+16+x}{250+200+x} \times 100 = 12$

$\frac{41+x}{450+x} \times 100 = 12$

$4,100+100x = 5,400+12x$

$88x = 1,300$

$x \fallingdotseq 15(g)$

따라서 추가로 넣은 소금의 양은 15g이다.

07

| 정답 | ③

| 해설 | 텐트의 개수를 x개, 인원수를 y명이라고 하면 다음과 같다.

$y = 4x+11$ ………………………………… ㉠

$7(x-2) < y \leq 7(x-1)$ ……………………… ㉡

㉠과 ㉡을 연립하여 계산하면 다음과 같다.

$4x+11 > 7x-14$

$4x+11 \leq 7x-7$

$x < \frac{25}{3}$, $x \geq 6$

$\therefore 6 \leq x \leq \frac{25}{3}$

이때 x와 y는 정수이고 야유회에 참석한 최대 인원을 물었으므로, 텐트가 8개일 때 인원수는 43명으로 최대이다.

08

| 정답 | ④

| 해설 | 수요일에 매진되고 그 다음 날인 목요일에 또다시 매진될 확률은 $\frac{3}{5}$이고 목요일에 매진되고 그 다음 날인 금요일에 또다시 매진될 확률도 $\frac{3}{5}$이므로 금요일까지 연속하여 매진될 확률은 $\frac{3}{5} \times \frac{3}{5} = \frac{9}{25}$이다.

09

| 정답 | ④

| 해설 | 2021년의 교통비는 전체의 24%이므로 3,000×0.24=720(만 원)이다.

10

| 정답 | ③

| 해설 | 2020년의 식비는 2,500×0.28=700(만 원), 2021년의 저축비는 3,000×0.1=300(만 원)이므로 700−300=400(만 원)이다.

11

| 정답 | ③

| 해설 | 2020년 생활비는 전체의 40%이므로 2,800×0.4=1,120(만 원), 2021년 생활비는 전체의 34%이므로 3,200×0.34=1,088(만 원)이다. 따라서 32만 원 감소하였다.

12

| 정답 | ③

| 해설 | 중소기업 CEO 400명 중 경공업 분야의 해외경기가 부진하다고 응답한 CEO는 37%이므로 $400 \times \frac{37}{100} = 148$(명)이다.

13

| 정답 | ①

| 해설 | 먼저 농수산물 분야의 해외경기가 부진하다고 응답한 CEO의 수를 구하면 $400 \times \frac{31}{100} = 124$(명)이다. 이 중에서 7%가 중남미 지역이라고 응답하였으므로 $124 \times \frac{7}{100} ≒ 9$(명)이다.

14

| 정답 | ④

| 해설 | 2019년은 전년에 비해 인구 수 대비 범죄 발생 건수는 늘었지만 경찰관 수는 줄었다.

| 오답풀이 |

① 남녀 모두 10대에서 30대로 갈수록 범죄 두려움의 정도를 '느낌'이나 '약간 느낌'이라고 응답한 사람의 비율이 높아진다.

② 범죄에 대한 두려움을 '느낌'이나 '약간 느낌'이라고 응답한 사람의 비율은 남성의 경우 10대에서 14.3+42.9=57.2(%), 20대에서 14.9+43.4=58.3(%), 30대에서 17.1+45.2=62.3(%), 40대에서 16.4+42.9=59.3(%), 50대 이상에서 12.7+38.1=50.8(%), 여성의 경우 10대에서 16.9+45.1=62(%), 20대에서 17.9+46.1=64(%), 30대에서 21.0+46.8=67.8(%), 40대에서 18.4+45.0=63.4(%), 50대 이상에서 14.9+36.1=51(%)로 모든 성별과 연령대에서 50%를 넘는다.

③ 연도별 경찰관 1인당 범죄 발생 건수를 구하면 다음과 같다.

- 2018년 : $\frac{2,000}{206} ≒ 9.7$(건)
- 2019년 : $\frac{2,080}{205} ≒ 10.1$(건)
- 2020년 : $\frac{2,110}{210} ≒ 10.0$(건)
- 2021년 : $\frac{2,110}{217} ≒ 9.7$(건)

따라서 경찰관 1인당 범죄 발생 건수는 10건 정도로 매해 큰 변화가 없다.

15

| 정답 | ①

| 해설 | '범죄 발생 건수 증감률= $\frac{\text{해당 연도의 범죄 발생 건수} - \text{전년도의 범죄 발생 건수}}{\text{전년도의 범죄 발생 건수}}$ ×100'이므로 각 해의 증감률은 다음과 같다.

- 2019년 : $\frac{208-200}{200} \times 100 = 4$(%)
- 2020년 : $\frac{211-208}{208} \times 100 ≒ 1.4$(%)
- 2021년 : $\frac{211-211}{211} \times 100 = 0$(%)

이를 그래프로 나타내면 ①의 모양이 된다.

16

| 정답 | ②

| 해설 | 먼저 빈칸에 들어갈 숫자를 구하면, 2017년의 고령인구 구성비는 100−(13.5+72.7)=13.8(%), 2050년의 고령인구 구성비는 100−(9.9+52.7)=37.4(%)이다. 각주의 분류 기준에 따라 분류해 보면 2017년에는 13.8%로 아직 고령사회에 진입하지 않았고 2020년에 14%를 초과하였으므로 고령사회는 2020년에 진입했다.

17

| 정답 | ③

| 해설 | 노인부양비율을 계산하면 다음과 같다.

(단위 : 천 명, %)

구분	생산가능인구	고령인구	노인부양비율
1990년	29,701	2,195	약 7%
2000년	33,702	3,395	약 10%
2010년	35,973	5,452	약 15%
2014년	36,809	6,386	약 17%
2017년	37,068	7,019	약 19%
2020년	36,563	8,084	약 22%
2026년	34,506	10,840	약 31%

2030년	32,893	12,691	약 39%
2040년	28,873	16,501	약 57%
2050년	25,347	17,991	약 71%

2050년 노인부양비율은 약 71%이다.

| 오답풀이 |

① 2010년 노인부양비율은 약 15%로 1990년의 약 7%의 $\frac{15}{7} \fallingdotseq 2.14$(배)이다.

④ 2040년 노인부양비율은 약 57%로 2030년의 약 39%보다 약 18%p 증가할 전망이다.

18

| 정답 | ③

| 해설 | 각 도시에서 차종별로 이용차량 수에 따른 순위를 부여했을 때 순위는 '소형차－화물차－버스'로 모든 도시에서 동일하다.

| 오답풀이 |

① 20◇8년 일일 이용차량 대수 총합이 전년 대비 20% 증가한 49,039,200대이므로 20◇7년의 일일 이용차량 대수 총합을 x대라 하면 $x \times 1.2 = 49,039,200$이다. 따라서 $x = 40,866,000$(대)이다.

② 대전의 경우 화물차 이용차량 대수가 버스보다 많지만 주행거리는 화물차가 더 길다.

④ 서울의 일일 이용차량 대수는 5개 도시 총 이용차량의 $\frac{16,375,553 + 1,061,017 + 2,300,198}{40,866,000} \times 100 \fallingdotseq 48$(%)이다.

19

| 정답 | ④

| 해설 | 20◇8년 도시별 이용차량 대수 증가율은 서울 20%, 대전 10%, 대구 30%, 부산 15%, 광주 25%라고 했으며, 이 증가율이 버스 대수 증가율과 같으므로 각 지역의 20◇8년 버스 대수는 다음과 같다.

- 서울 : 1,061,017×1.2≒1,273,220(대)
- 대전 : 346,493×1.1≒381,142(대)
- 대구 : 153,433×1.3≒199,463(대)
- 부산 : 458,734×1.15≒527,544(대)
- 광주 : 376,828×1.25=471,035(대)

따라서 20◇8년 버스 대수가 두 번째로 많은 도시와 세 번째로 많은 도시는 부산과 광주이다.

20

| 정답 | ③

| 해설 | 연령대별 2021년 2/4분기 대비 3/4분기 증감률을 계산해 보면 다음과 같다.

구분	증감률
20대 이하	$\frac{37,549 - 38,597}{38,597} \times 100 \fallingdotseq -2.7(\%)$
30대	$\frac{49,613 - 51,589}{51,589} \times 100 \fallingdotseq -3.8(\%)$
40대	$\frac{47,005 - 47,181}{47,181} \times 100 \fallingdotseq -0.4(\%)$
50대	$\frac{49,770 - 48,787}{48,787} \times 100 \fallingdotseq 2.0(\%)$
60대 이상	$\frac{35,423 - 32,513}{32,513} \times 100 \fallingdotseq 9.0(\%)$

따라서 구직급여 신청 증가율은 60대 이상이 가장 높다.

1회 공간지각력 문제 50쪽

01	④	02	②	03	②	04	④	05	④
06	③	07	③	08	④	09	④	10	②
11	①	12	②	13	③	14	④	15	④
16	①	17	①	18	④	19	④	20	①

01

| 정답 | ④

| 해설 | ④는 제시된 입체도형을 앞에서 바라본 상태에서 다음과 같이 시계방향으로 90° 회전시킨 것이다.

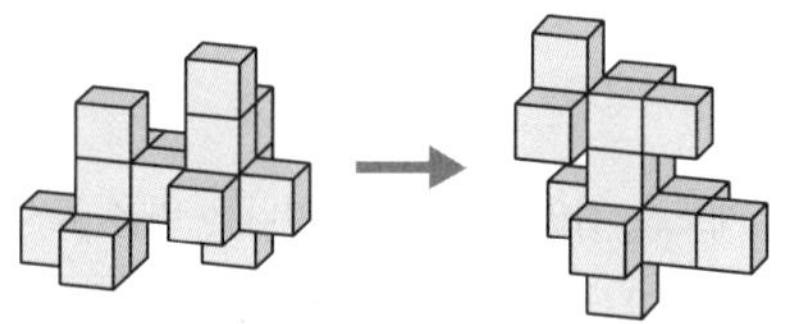

| 오답풀이 |

다른 입체도형은 점선으로 표시된 블록이 추가되고 동그라미 친 블록이 제거되어야 일치한다.

①

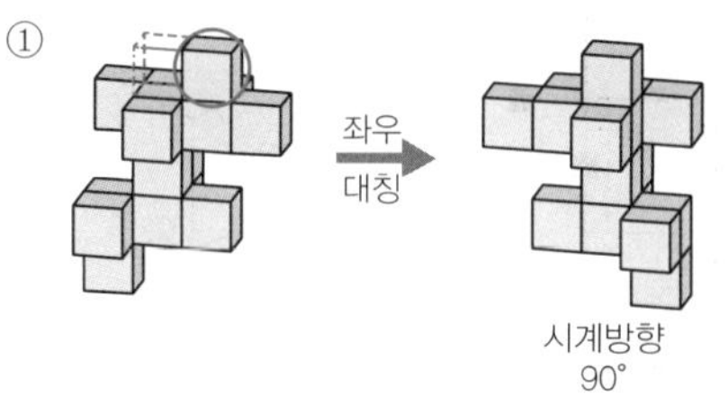

②

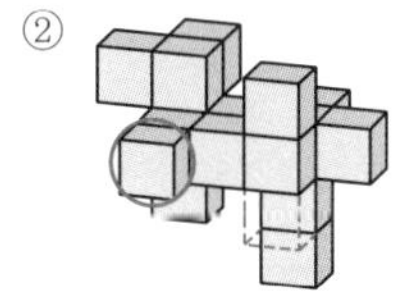

③

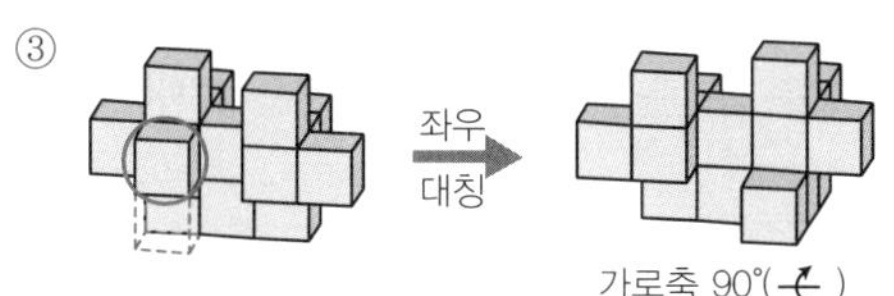

02

| 정답 | ②

| 해설 | ②는 제시된 입체도형을 앞에서 바라본 상태에서 반시계방향으로 90° 회전시킨 것이다.

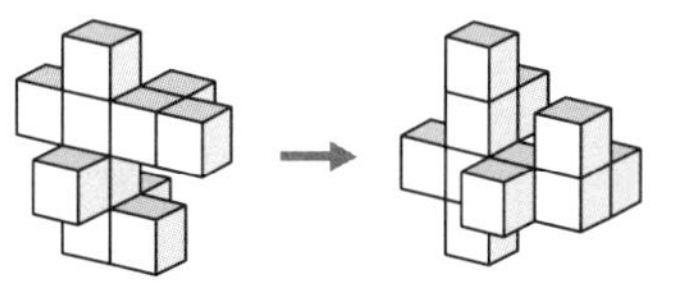

| 오답풀이 |

다른 입체도형은 점선 표시된 블록이 추가되고 동그라미 친 블록이 제거되어야 일치한다.

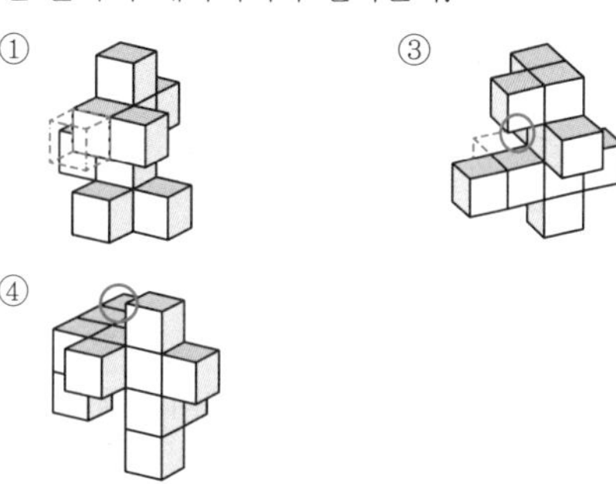

03

| 정답 | ②

| 해설 | ②는 제시된 입체 도형을 가로축으로 180° 회전시킨 것이다.

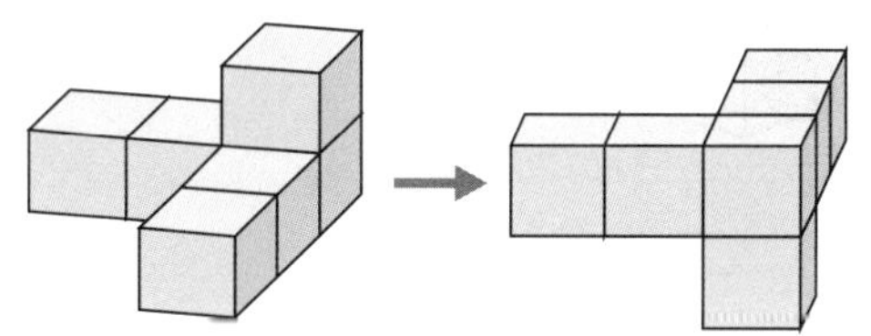

| 오답풀이 |

다른 입체 도형은 점선 표시된 블록이 추가되고 동그라미 친 블록이 제거되어야 일치한다.

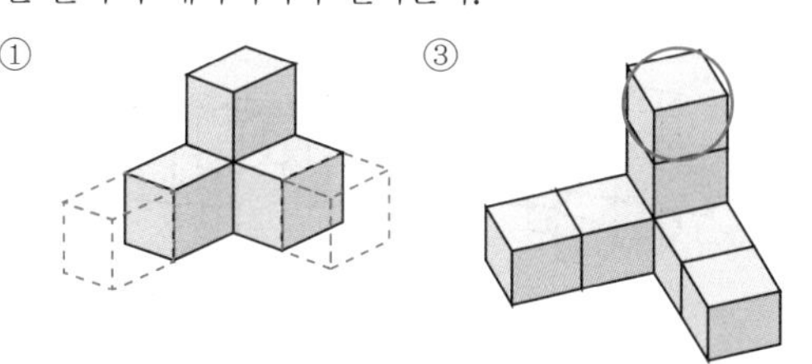

④

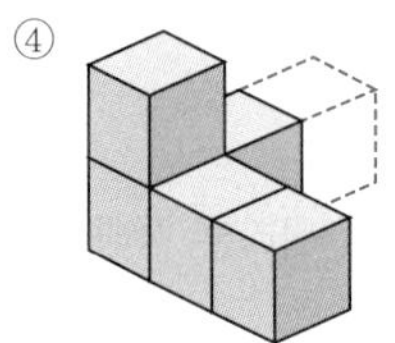

04

| 정답 | ④

| 해설 | ④는 제시된 입체도형을 세로축으로 180°(↶) 회전시킨 것이다.

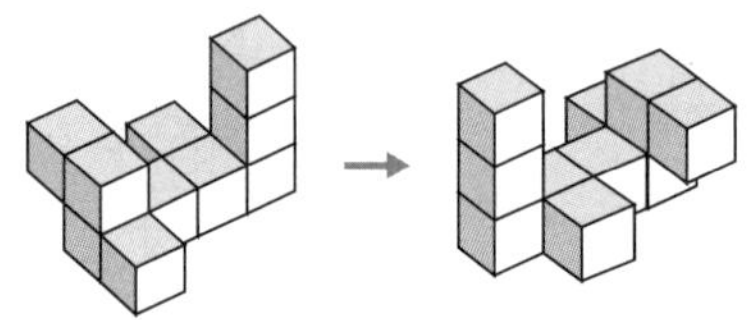

| 오답풀이 |

다른 입체도형은 점선 표시된 블록이 추가되고 동그라미 친 블록이 제거되어야 일치한다.

①

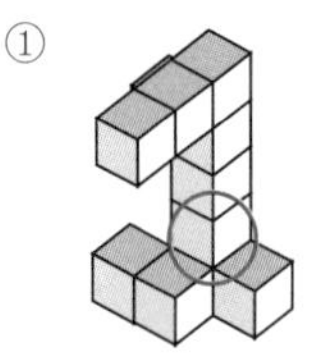

②

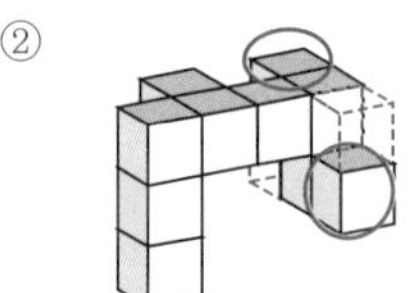

③

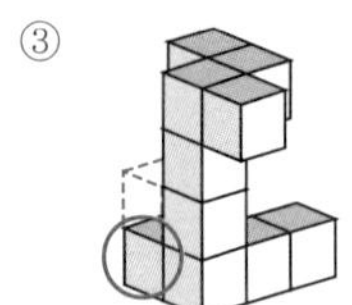

05

| 정답 | ④

| 해설 | ④는 제시된 입체도형을 앞에서 바라본 상태에서 180° 회전시킨 것이다.

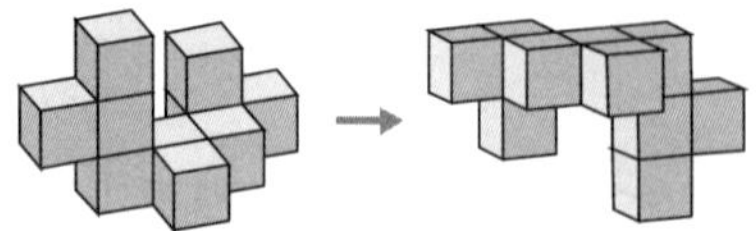

| 오답풀이 |

다른 입체도형은 점선 표시된 블록이 추가되고 동그라미 친 블록이 제거되어야 일치한다.

①

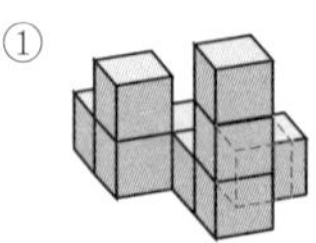

②

③

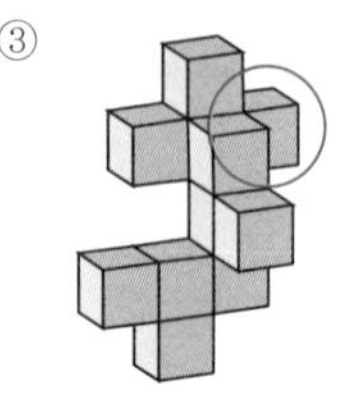

06

| 정답 | ③

| 해설 | 전개도를 접었을 때 서로 만나는 변을 표시하면 아래와 같다. 따라서 ③의 윗면은 ◇가 와야 한다.

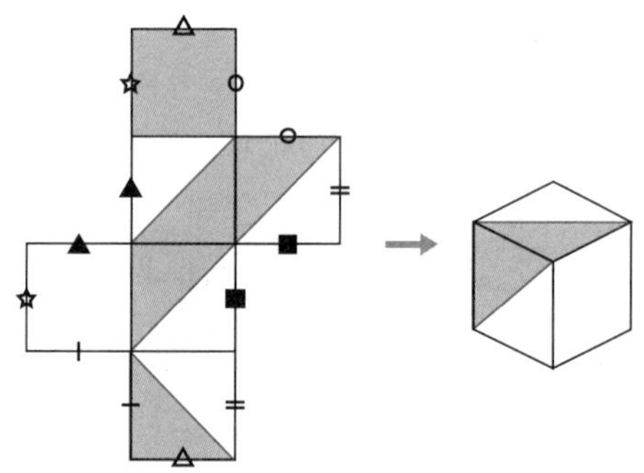

07

| 정답 | ③

| 해설 | 전개도를 접었을 때 서로 만나는 변을 표시하면 다음과 같다.

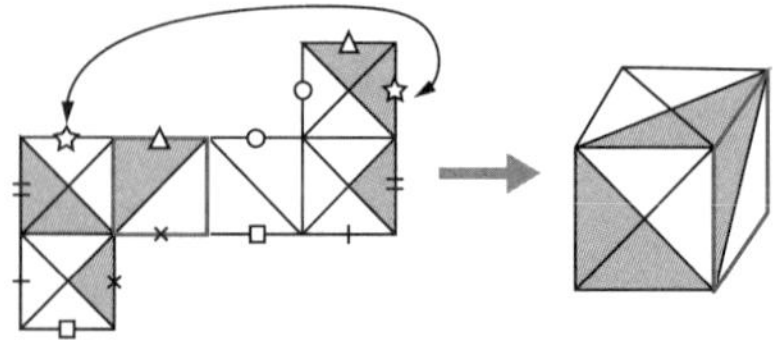

| 오답풀이 |

①, ② 윗면과 앞면이 각각 [X], [X]로 되어야 한다.

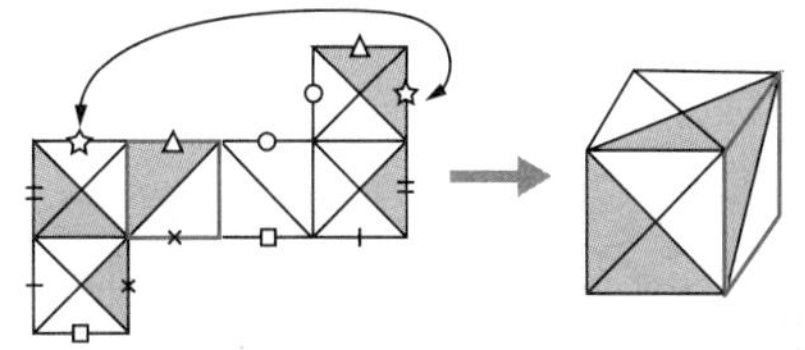

④ 앞면이 [\]로 되어야 한다.

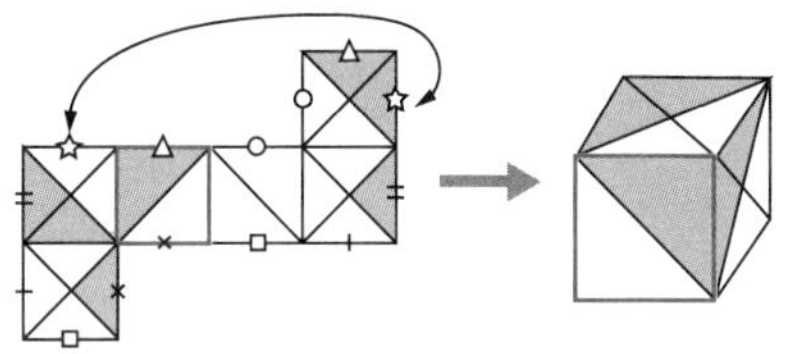

08

| 정답 | ④

| 해설 | 전개도를 접었을 때 서로 만나는 면을 표시하면 다음과 같다.

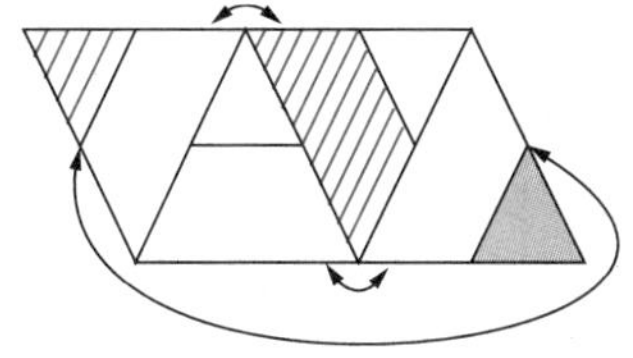

따라서 일치하는 도형은 ④이다.

| 오답풀이 |

넓은 면을 기준으로 볼 때 왼쪽에 ①의 경우 [도형]이 와야 하고, ②는 [도형], ③은 [도형]이 와야 한다.

09

| 정답 | ④

| 해설 | 도형을 다음과 같은 전개도 모양으로 펼쳤을 때 맞닿는 변을 표시하면 다음과 같다. 입체도형의 앞면과 옆면은 전개도상으로 연결되어 있고 윗면이 연결되는 형태이다.

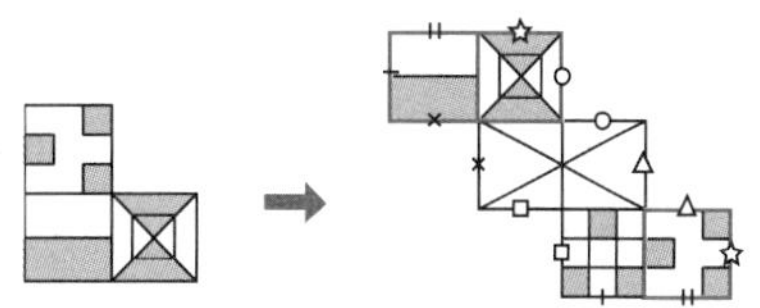

10

| 정답 | ②

| 해설 | 사각뿔의 밑면이 되는 정사각형의 모든 꼭짓점에는 2개의 정삼각형이 모이게 된다. 하지만 다음의 그림과 같이 b.의 꼭짓점 Y에는 3개의 정삼각형이 모이므로 사각뿔의 전개도로 적절하지 않다.

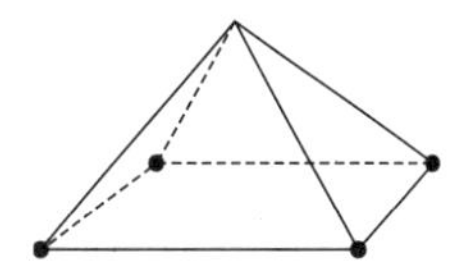

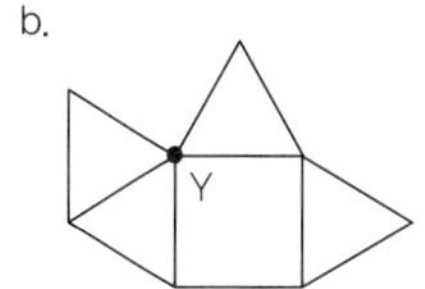

11

| 정답 | ①

| 해설 | 역순으로 펼치면 다음과 같다.

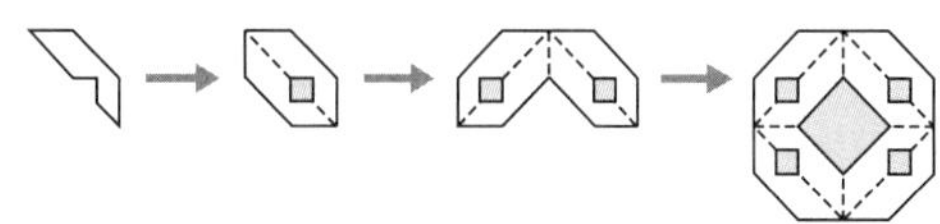

12

| 정답 | ②

| 해설 | 역순으로 펼치면 다음과 같다.

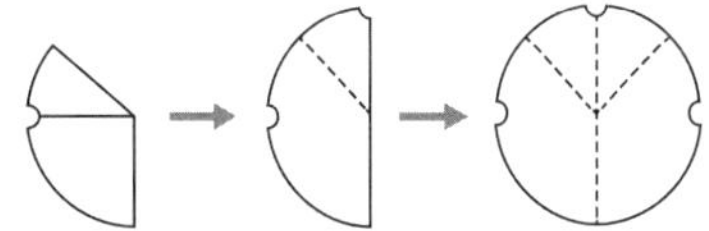

13

| 정답 | ③

| 해설 | 역순으로 펼치면 다음과 같다.

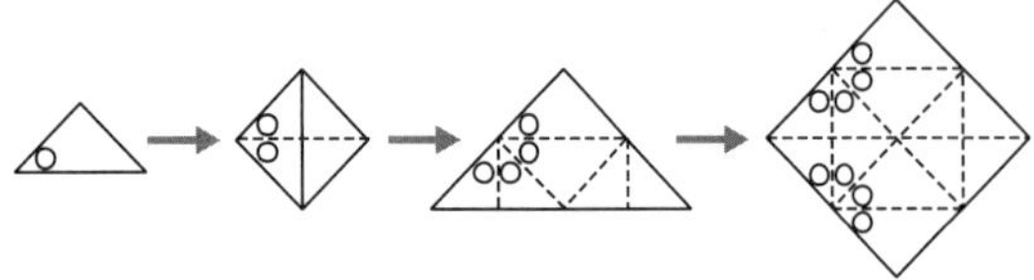

14

| 정답 | ④

| 해설 | 역순으로 펼치면 다음과 같다.

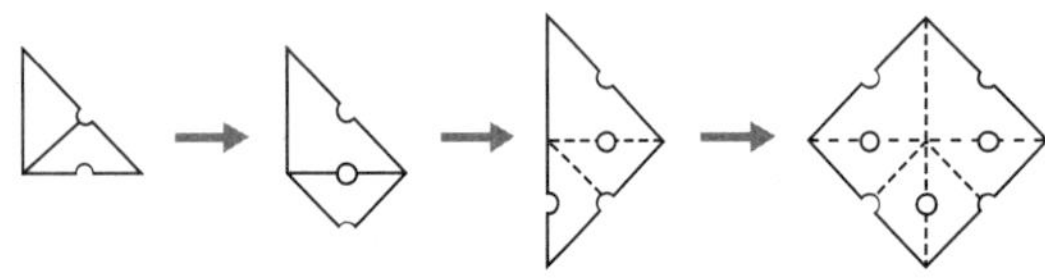

15

| 정답 | ④

| 해설 | 역순으로 펼치면 다음과 같다.

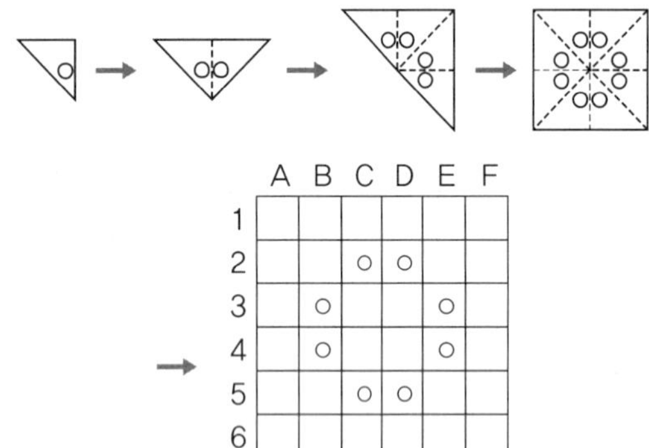

따라서 구멍이 뚫리는 좌표는 B-3, B-4, C-2, C-5, D-2, D-5, E-3, E-4이다.

16

| 정답 | ①

| 해설 | 제시된 도형을 각 단별로 나누어 보면 다음과 같다.

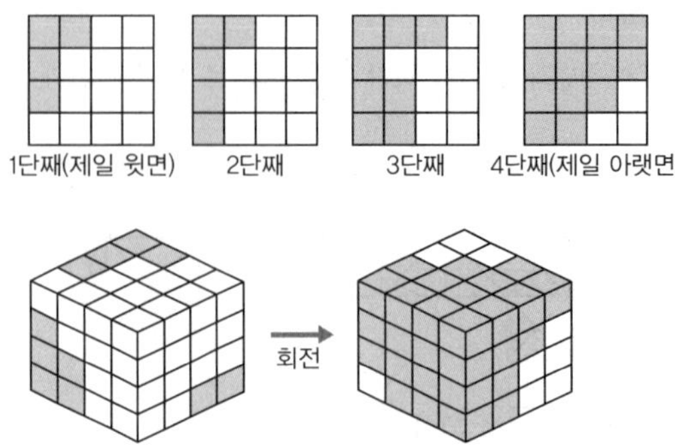

17

| 정답 | ①

| 해설 | (A)에서 (B)를 제거하고 남은 형태를 각 단별로 나누어 보면 다음과 같다.

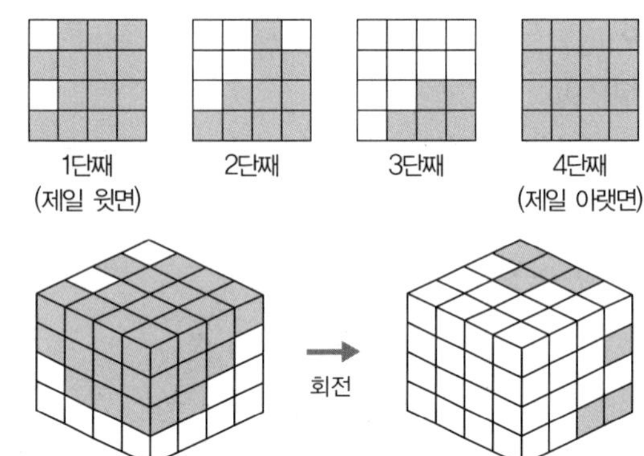

18

| 정답 | ④

| 해설 | ④는 동그라미 친 부분이 제거되어야 한다.

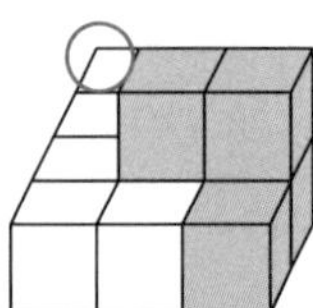

| 오답풀이 |

나머지 선택지의 결합 형태는 다음과 같다.

①

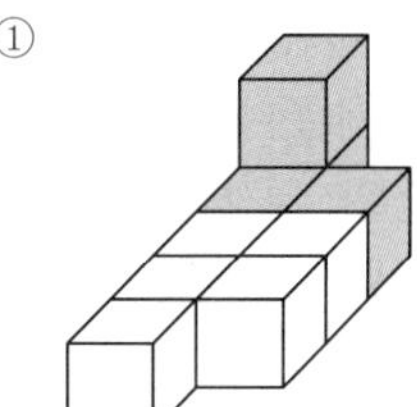

②

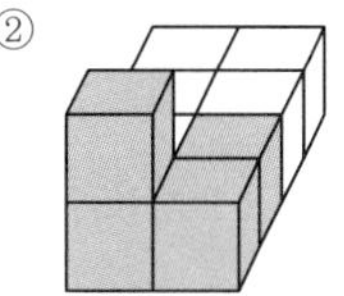

③

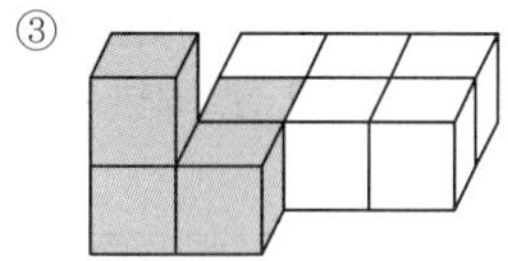

19

| 정답 | ④

| 해설 | 세 개의 블록을 결합했을 때 나타나는 정육면체의 모양을 알기 위해서 선택지의 정육면체를 각 단별로 분할하여 주어진 블록과 비교한다. ④를 분할하면 다음과 같다.

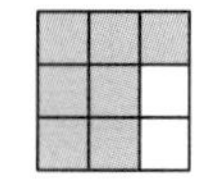

1단째(제일 윗면)

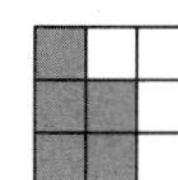

2단째

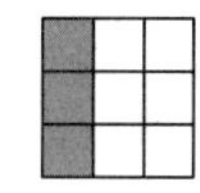

3단째

따라서 세 개의 블록을 결합했을 때 만들 수 있는 형태는 ④이다.

20

| 정답 | ①

| 해설 | ①과 A, B를 조합해 각 단별로 나누어 보면 다음과 같다.

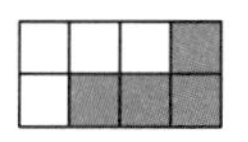

1단째(제일 윗면)

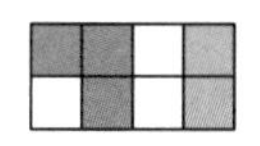

2단째

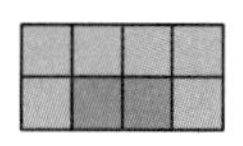

3단째(제일 밑면)

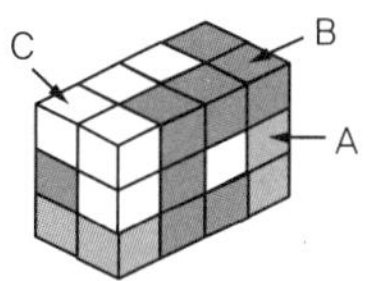

따라서 C에 들어갈 입체도형은 ①이다.

1회 문제해결력

문제 62쪽

01	④	02	④	03	③	04	①	05	①
06	③	07	④	08	④	09	②	10	②
11	④	12	④	13	④	14	③	15	③
16	③	17	②	18	③	19	②	20	④

01

| 정답 | ④

| 해설 | 두 번째 조건에서 A 옆에 C가 앉아 있다고 했으므로 A가 C의 왼쪽에 앉는 경우와 오른쪽에 앉는 경우로 나눠 생각할 수 있다. A가 C의 왼쪽에 앉을 경우, 세 번째 조건에 의해 E는 A의 왼쪽에 앉게 되고, 네 번째 조건에 의해 D는 C의 오른쪽, B는 D의 오른쪽에 앉게 된다.

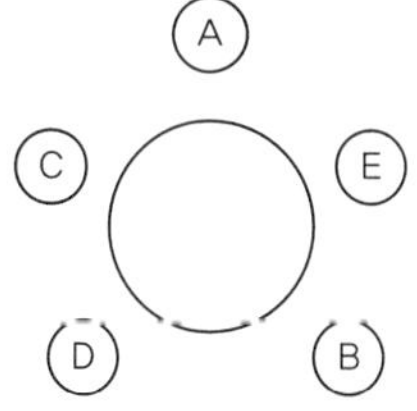

A가 C의 오른쪽에 앉을 경우, 세 번째 조건에 의해 E는 다음의 위치에 앉게 된다.

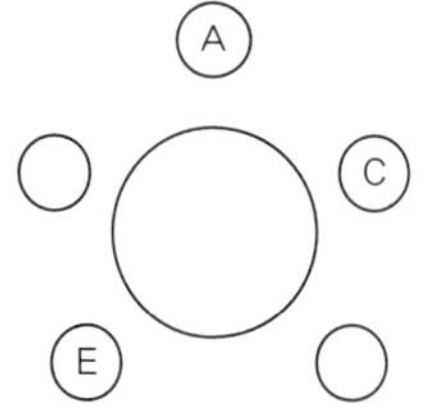

하지만 네 번째 조건에서 D 바로 오른편에는 B가 앉아 있다고 했으므로 이와 같은 배치는 적절하지 않다. 따라서 A부터 시작하여 시계 방향 순으로 앉은 사람을 나열하면 A, E, B, D, C이다.

02

| 정답 | ④

| 해설 | 각 조건에 기호를 붙여 정리하면 다음과 같다.

- a : 다이빙을 좋아한다.
- b : 서핑을 좋아한다.
- c : 요트를 좋아한다.
- d : 낚시를 좋아한다.
- e : 카누를 좋아한다.

기호에 따라 주어진 명제와 그 대우 명제를 정리하면 다음과 같다.

- a → b(~b → ~a)
- c → d(~d → ~c)
- ~b → ~d(d → b)
- ~e → ~b(b → e)

따라서 'a → b'와 'b → e' 두 명제의 삼단논법에 의해 'a → e'는 반드시 참이 된다. 따라서 다이빙을 좋아하는 사람은 카누도 좋아한다.

| 오답풀이 |

①, ③ 주어진 명제로는 알 수 없다.

② 'c → d'와 'd → b' 두 명제의 삼단논법에 의해 'c → b'는 반드시 참이 된다. 따라서 요트를 좋아하는 사람은 서핑도 좋아한다.

03

| 정답 | ③

| 해설 | 동일이 가위를 낼 경우 보라는 보를 내게 되며, 은혁은 항상 보라에게 지므로 바위를 내게 된다.

| 오답풀이 |

① 동일이 주먹을 낼 경우 보라는 가위를 내게 된다. 보라와 태현은 항상 서로 다른 모양을 내므로 태현은 바위 혹은 보만을 낼 수 있다.

② 태현이 가위를 낼 경우 민정이는 바위를 내며, 은혁은 항상 민정에게 지므로 가위를 내게 된다.

④ 민정이는 바위와 보만을 내고 은혁은 항상 민정에게 지므로 은혁이 민정과의 내기에서 낼 수 있는 모양은 가위와 바위뿐이다.

04

| 정답 | ①

| 해설 | 2월 10일 주번은 A, 보조는 B, C이므로 2월 11일 주번은 D 또는 E이다. 경우의 수를 하나씩 살펴보면 다음과 같다.

구분	2월 11일		2월 12일		2월 13일		2월 14일		2월 15일	
	주번	보조	주번	보조	주번	보조	주번	보조	주번	보조
1	D	A, E	B	C, D	E	A, B	C	D, E	A	B, C
2			C	B, D	E	A, C	B	D, E		
3	E	A, D	B	C, E	D	A, B	C	D, E	A	B, C
4			C	B, E	D	A, C	B	D, E		

이때 1, 2, 3의 경우 B와 E가 연속으로 주번을 할 수 없다는 조건에 어긋난다. 따라서 A-E-C-D-B의 순서대로 주번이 돌아간다는 것을 알 수 있다. 2월은 28일까지 있다고 하였으므로 10일인 오늘을 포함해 19일, 3월은 31일, 4월은 30일, 5월은 10일로 총 90일이다. 이를 5로 나누면 나머지가 0이므로 5월 10일의 주번은 마지막 순서인 B이다.

05

| 정답 | ①

| 해설 | 첫 번째, 세 번째 조건에 따르면 팀원들 중 순위가 높은 순서는 B-F-A이고, 그중 B-F는 연이은 순위임을 알 수 있다. 또한 두 번째 조건에 의하여 C보다 E, E보다 B의 순서가 낮음을 알 수 있다. 이를 따라 가능한 조합을 모두 구해서 정리하면 다음과 같다.

1	C	C	C	C	D
2	E	E	D	E	C
3	B	B	E	D	E
4	F	F	B	B	B
5	A	D	F	F	F
6	D	A	A	A	A
D+F	10	9	7	8	7

이 중 D와 F의 순위 합이 9 미만인 것은 3 ~ 5번째 조합에 해당하며 이 경우 6위는 항상 A가 된다. 따라서 성과급을 받지 못할 팀원은 A이다.

06

| 정답 | ③

| 해설 | 먼저 알 수 있는 것들을 정리하면 다음과 같다.

- G 부서의 예산은 F 부서 예산의 3배이다. → F<G
- A 부서의 예산과 C 부서의 예산은 같다. → A=C
- B 부서의 예산은 F 부서의 예산과 G 부서의 예산을 합한 것과 같다. → (B=F+G)F<B, G<B
- D 부서의 예산은 A 부서의 예산과 B 부서의 예산을 합한 것과 같다. → (D=A+B)A<D, B<D
- E 부서의 예산은 B 부서, C 부서, F 부서의 예산을 모두 합한 것과 같다. → (E=B+C+F)B<E, C<E, F<E
- A 부서의 예산은 B 부서 예산과 G 부서 예산을 합한 것과 같다. → (A=B+G)B<A, G<A

또한, A=C이므로 E=B+C+F가 E=B+A+F가 될 수 있고 이것은 다시 E=D+F가 되므로 E는 D보다 크다는 것을 알 수 있다. 따라서 최종 대소 관계는 F<G<B<A=C<D<E이다.

07

| 정답 | ④

| 해설 | B의 대우는 '야채를 좋아하거나 마른 사람은 건강관리를 잘한다'이다. 삼단논법에 따라 '달리기를 좋아하는 사람 → 말랐거나 야채를 좋아함 → 건강관리를 잘함'이 된다. 따라서 '달리기를 좋아하는 사람은 건강관리를 잘한다'가 되므로 ④는 틀린 설명이다.

08

| 정답 | ④

| 해설 | 주어진 명제와 각각의 대우를 정리하면 다음과 같다.

• 소설책 ○ → 국어↑	⇔	• 국어↓ → 소설책 X
• 이과 ○ → 국어↓	⇔	• 국어↑ → 이과 X(→문과)
• 문과 ○ → 수다 ○	⇔	• 수다 X → 문과 X(→이과)
• 수다 X → 소설책 X	⇔	• 소설책 ○ → 수다 ○

(가) 네 번째 명제의 대우는 '수다 떠는 것을 좋아하지 않는 학생은 문과에 가지 않는다'인데, 모든 학생들은 문과 또는 이과에 간다고 하였으므로 문과에 가지 않은 학생은 이과에 간 학생들이 된다. 따라서 수다 떠는 것을 좋아하지 않는 학생은 이과에 간다.

(나) 두 번째 명제와 세 번째 명제의 대우 '국어 시험 성적이 높으면 이과에 가지 않은 학생이다'에 의해 '소설책 읽는 것을 좋아하는 학생은 이과에 가지 않는다'가 되는데 이과에 가지 않으면 문과에 간 것이므로, '소설책 읽는 것을 좋아하는 학생은 문과에 간다'가 성립한다. 그러나 (나)는 '소설책 읽는 것을 좋아하는 학생은 문과에 간다'의 역에 해당되는 것으로 참 · 거짓의 여부를 알 수 없다.

(다) 세 번째 명제의 대우에 의해 국어 성적이 높은 학생은 이과에 가지 않으므로 모두 문과에 간 학생들이다. 여기에 네 번째 명제를 연결하면, 국어 시험 성적이 높은 학생은 수다 떠는 것을 좋아함을 알 수 있다.

따라서 (가), (다) 모두 항상 옳다.

09

| 정답 | ②

| 해설 | 오른쪽 그림으로 바뀌기 위해서는 1, 2열과 3, 4행이 바뀌어야 한다. 이를 실행하는 버튼은 B 버튼이다.

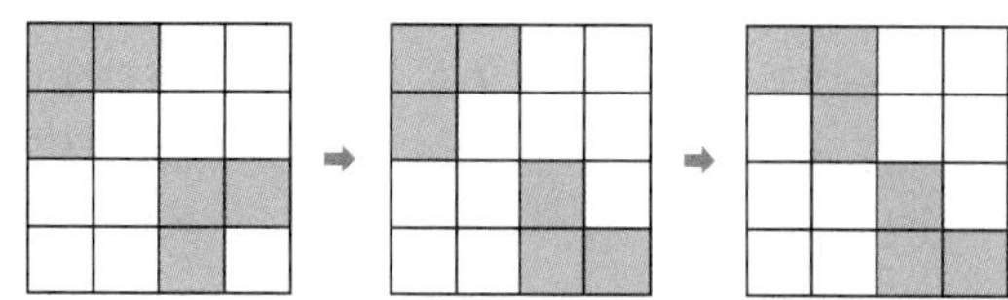

10

| 정답 | ②

| 해설 | 처음 그림이 결과 그림으로 바뀐 것을 확인하기 위해서는 선택지의 순서를 대입해 보아야 한다. 먼저 ①을 적용해 보면 다음과 같다.

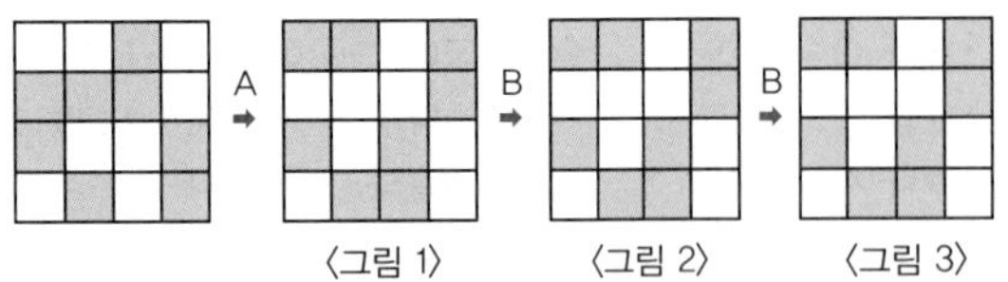

〈그림 1〉 〈그림 2〉 〈그림 3〉

최종 그림이 다르므로 ①과 유사한 순서인 ②를 알아보면, 〈그림 2〉에서 D 버튼을 눌러야 한다. 그렇게 되면 〈그림 4〉의 결과가 나타난다. 주어진 결과와 같으므로 ②가 적절하다.

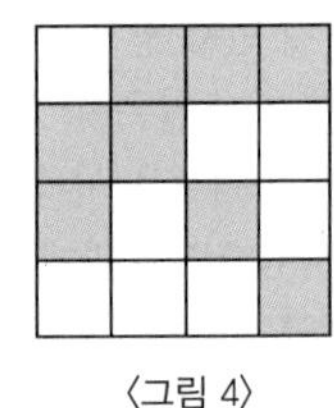
〈그림 4〉

| 오답풀이 |

③

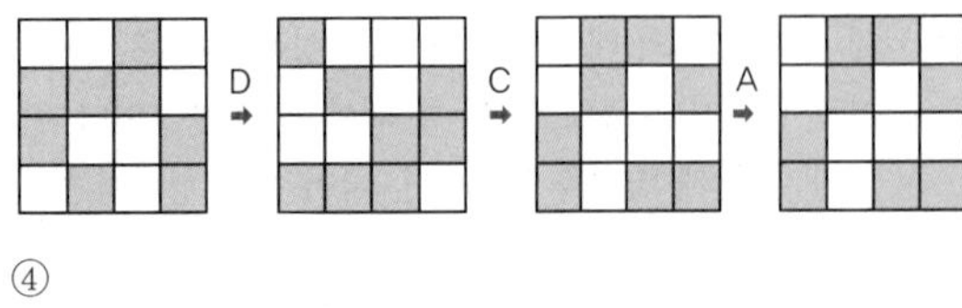

④

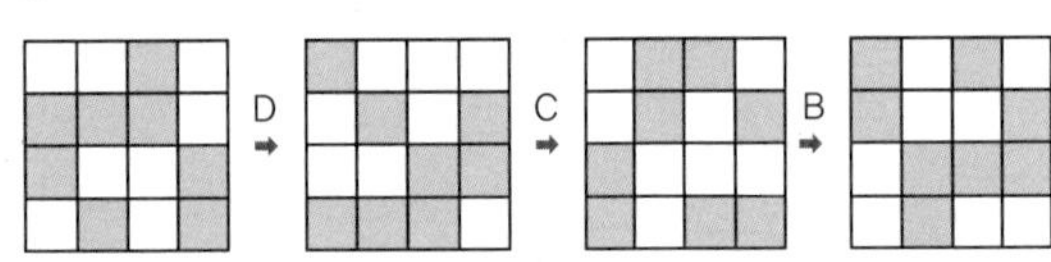

11

| 정답 | ④

| 해설 | 5-1.과 5-3. 항목에 기후 협상에 관한 효과적 대응과 개도국 협력 확대 및 내실 제고가 중점 과제로 명시되어 있다.

| 오답풀이 |

① 친환경적인 국토공간을 조성하는 것은 '라. 지속가능한 녹색사회를 구현'을 위한 과제다.

② 에너지 분산형 시스템 구축은 '나. 지속가능한 에너지체계 구축'을 위한 과제다.

③ 녹색창조기술 개발은 '다. 녹색창조산업을 통한 생태계 조성'을 위한 과제다.

12

| 정답 | ④

| 해설 | 4-4.는 녹색복지 및 거버넌스 기반 확충이다. '바우처 운영관리시스템'을 구축하는 제도는 저소득가구의 에너지 비용을 보조하기 위한 정책이므로 녹색복지 및 거버넌스와는 관련이 없다.

13

| 정답 | ④

| 해설 | 5 ~ 6월에 문법반 중급 강좌가 개설되었으므로 7 ~ 8월에는 고급 강좌를 개설하여야 한다.

| 오답풀이 |

① 청취반은 화, 목요일, 작문반은 월, 수, 금요일에 배정되는 것이 옳다.

② 비즈니스반 강좌는 밤 8시 이후에 개설될 수 있으므로, 문법반 강좌와 시간대를 바꿀 필요가 없다.

③ 회화반 A는 5 ~ 6월에 중급 강좌가 개설되었으므로 7 ~ 8월에는 고급 강좌를 개설하는 것이 옳다.

14

| 정답 | ③

| 해설 | 김△△ 강사는 화, 수, 금 20 : 00 이후에 가능하므로 월, 목 문법 강의를 할 수 없다. 이때 박○○ 강사는 월, 화, 목 17 : 00 ~ 22 : 00에 강의가 가능하므로 수, 금요일의 회화반 A 강좌 시간을 바꾸어 줄 수 있다.

| 오답풀이 |

① 해당 시간대는 변경할 필요 없다.

② 이□□ 강사는 매일 19 : 00 이후 강의가 가능하므로 월, 목 문법 강의 시간대에 강의를 할 수 있으나, 김△△ 강사는 수, 금요일 작문반 강좌 시간대에 강의를 할 수 없다.

15

| 정답 | ③

| 해설 | 점검을 실시한 후 감독 및 운전책임자에게 보고하여야 한다. 이후 감독이나 운전책임자의 입회 또는 승인을 받은 후에 시운전을 실시한다.

16

| 정답 | ③

| 해설 | A, B, C, D 펌프의 사용연수, 경과연수, 누적가동시간, 분해점검을 보면 다음과 같다.

구분	경과연수(년)	누적가동시간(시간)	사용연수(년)
A 펌프	5	9,000	5
B 펌프	5	7,000	8
C 펌프	2	5,000	13
D 펌프	2	5,000	18

〈펌프 분해점검 기준〉을 보면 사용연수가 11 ~ 15년일 때 가동시간이 6,000시간 또는 4년의 경과연수가 지난 경우에 펌프 분해점검을 해야 한다. 가동을 시작한 지 13년이 된 C 펌프의 누적가동시간은 5,000시간이며, 2019년에 분해점검을 실시했으므로 경과연수는 2년이 된다. 따라서 C 펌프는 2021년에 분해점검을 실시할 필요가 없다.

| 오답풀이 |

① 사용연수가 5년인 A 펌프는 경과연수가 5년이므로 2021년에 분해점검을 받아야 한다.

② 사용연수가 8년인 B 펌프는 2016년에 분해점검을 받아 경과연수가 5년이 되므로 2021년에 분해점검을 받아야 한다.

④ 사용연수가 18년인 D 펌프의 누적가동시간은 5,000시간이므로 2021년에 분해점검을 받아야 한다.

17

| 정답 | ②

| 해설 | 심사평가 단계에서는 아직 사업비가 지원되지 않았으므로 지원된 사업비의 기여도를 평가할 수 없다.

18

| 정답 | ③

| 해설 | 현행 평가기준과 개정된 평가기준을 각각 적용한 기업 평가 점수는 다음 표와 같다.

	현행	개정안
A	50+30×0.8+20×0.6 =86(점)	40+50×0.8+10×0.6 =86(점)
B	50×0.8+30+20×0.8 =86(점)	40×0.8+50+10×0.8 =90(점)
C	50+30+20×0.6 =92(점)	40+50+10×0.6 =96(점)
D	50×0.6+30+20 =80(점)	40×0.6+50+10 =84(점)

따라서 두 경우 모두 C가 최고점으로 고용친화기업에 선정된다.

19

| 정답 | ②

| 해설 | K 기사가 각각의 집에 방문하고 에어컨 설치를 끝내는 시각은 다음과 같다.

방문 순서	방문 시각	설치 완료 시각
첫 번째 집	오전 9시 30분	오전 11시
두 번째 집	오전 11시 15분	오후 12시 45분
세 번째 집	오후 1시	오후 2시 30분
네 번째 집	오후 2시 45분	오후 4시 15분
다섯 번째 집	오후 4시 30분	6시

오전 9시 30분에 방문할 수 있는 고객은 D와 E다. 오전 11시 15분에 방문할 수 있는 고객은 E 한 명이기 때문에 첫 번째로 D 고객의 집을 방문하고 두 번째로 E 고객의 집을 방문한다. 오후 1시에 방문을 희망하는 고객은 A와 C이고,

오후 2시 45분에 방문을 희망하는 고객도 A와 C지만 C는 오후 4시 이전에 설치가 완료되기를 요청했기 때문에 K 기사는 세 번째로 C 고객의 집을 방문하고 네 번째로 A 고객의 집을 방문한다.

따라서 K 기사는 D → E → C → A → B의 순서대로 고객의 집을 방문한다.

20

| 정답 | ④

| 해설 | **19** 해설을 참고하면 세 번째 방문 고객은 C 고객이며 도착 시간은 오후 1시이므로 2시간 전에 문자를 발송하기 위해서는 오전 11시에 발송해야 한다.

1회 집중력

문제 76쪽

01	③	02	④	03	③	04	②	05	①
06	③	07	②	08	④	09	④	10	③
11	②	12	②	13	①	14	③	15	①
16	②	17	④	18	②	19	①	20	③

01

| 정답 | ③

| 해설 |

545 258 844 169 847 561 432 184 864 730

158 132 564 583 454 235 655 445 256 397

542 341 889 478 468 897 899 156 651 138

498 784 184 279 920 384 713 398 520 473

02

| 정답 | ④

| 해설 |

끗 끝 끞 끕 끌 끗 끅 끝 끚 끔 끈 끙 끌 끓 끅 끓 끞 끘 끔

끈 끙 끌 끓 끅 끚 끞 끓 끙 끕 끚 끋 끅 끗 끔 끈 끙 끌 끓

끅 끝 끘 끞 끓 끕 끚 끅 끘 뀨 끝 끔 끈 끙 끌 끓 끅 끝 끚

끔 끈 끕 끚 끋 끅 끓 끅 끚 끅 끘 뀨 끓 끔 끈 끙 끌 끓 끅

끓 끞 끘 끔 끈 끙 끌 끓 끝 끅 끚 끓 끙 끕 끚 끋 끅 끗 끔

03

| 정답 | ③

| 해설 |

♧ ☆ ◐ Σ ∮ ▥ £ ♡ ▣ ▦ £ ¥ ◈ ♥ ▧ ℃ ☎ ♣

♤ ◑ ▩ ▶ ⊠ ☸ ◁ ♀ ▨ ▶ ♬ ▤ ♭ ◉ ⇒ Ⅷ ◍ ₵

☍ ✪ ∮ ◱ ⊛ ◭ ☊ ☮ ☈ ◓ ◪ Ⓚ ㉠ ⊃ 〶 ⇔ !? @

04

| 정답 | ②

| 해설 |

단 댱 닥 닯 담 댐 닥 달 댱 닽 답 닷 닻 단 닾 닯 딤

닿 닻 답 달 닻 닾 닥 닸 닦 닿 닥 단 답 닯 댬 닽 단

닶 닥 딤 딥 당 답 닷 닥 답 닻 닷 단 닽 닷 담 닯 당

05

| 정답 | ①

| 해설 |

$x+y+z$ $x+y^2-z$ $x\div y-z$ $x^2\times y-z$

$x-y^2\div z$ $x\times y^4\div z$ $x+y+z^4$ $x\times y\times z$

$x+y^2-z$ $x\div y-z$ $x-y^2-z^3$ $x^5\div y+z$

06

| 정답 | ③

| 해설 | 자연과 인간에 대한 아시아의 깊은 지혜를 바탕으로, 누구도 밟아 보지 못한 혁신적인 미(美)의 영역에 도전한다.

07

| 정답 | ②

| 해설 | 영화에 제시되는 시각적 정보는 이미지 트랙에, 청각적 정보는 사운드 트랙에 실려 있다. 이 중 사운드 트랙에 담긴 영화 속 소리를 통틀어 영화 음향이라고 한다. 음향은 다양한 유형으로 존재하면서 영화의 장면을 적절히 표현하는 효과를 발휘한다.

음향은 소리의 출처가 어디에 있는지에 따라 몇 가지 유형으로 나뉜다. 화면 안에 음원이 있는 소리로서 주로 현장감을 높이는 소리를 '동시 음향', 화면 밖에서 발생하여 보이지 않는 장면을 표현하는 소리를 '비동시 음향'이라고 한다. 한편 영화 속 현실에서는 발생할 수 없는 소리, 즉 배경 음악처럼 영화 밖에서 조작되어 들어온 소리를 '외재 음향'이라고 한다. 이와 달리 영화 속 현실에서 발생한 소리는 모두 '내재 음향'이다. 이러한 음향들은 감독의 표현 의도에 맞게 단독으로, 혹은 적절히 합쳐져 활용된다.

08

| 정답 | ④

| 해설 | 하지만 기술 혁신을 통한 생산성 향상 시도가 곧바로 수익성 증가로 이어지는 것은 아니다. 기술 혁신 과정에서 비용이 급격히 증가하거나 생각지도 못한 위험이 수반되는 경우가 종종 있기 때문이다. 만약 필킹턴 사 경영진이 플로트 공정의 총개발비를 사전에 알았더라면 기술 혁신을 시도하지 못했을 것이라는 필킹턴 경(卿)의 회고는 이를 잘 보여 준다. 필킹턴 사는 플로트 공정의 즉각적인 활용에도 불구하고 그동안의 엄청난 투자 때문에 무려 12년 동안 손익 분기점에 도달하지 못했다고 한다.

이와 같이 기술 혁신의 과정은 과다한 비용 지출이나 실패의 위험이 도사리고 있는 험난한 길이기도 하다. 그렇지만 그러한 위험을 감수하면서 기술 혁신에 도전했던 기업가와 기술자의 노력 덕분에 산업의 생산성은 지속적으로 향상되었고, 지금 우리는 그 혜택을 누리고 있다. 우리가 기술 혁신의 역사를 돌아보고 그 의미를 되짚는 이유는, 그러한 위험 요인들을 예측하고 적절히 통제할 수 있는 능력을 갖춘 자만이 앞으로 다가올 기술 혁신을 주도할 수 있으리라는 믿음 때문이다.

09

| 정답 | ④

| 해설 | • 첫 번째 문단 1번째 줄 : 유명 산업 → 유망 산업
• 첫 번째 문단 3번째 줄 : 획대하려는 것은 → 확대하려는 것은
• 첫 번째 문단 6번째 줄 : 통징해 → 통칭해
• 두 번째 문단 3번째 줄 : 배기물 연료 → 폐기물 연료
• 두 번째 문단 5번째 줄 : 구제정책 → 규제정책

10

| 정답 | ③

| 해설 | (가) 1월 1월부터 → 1월 1일부터
(다) 사옹내역을 함께 → 사용내역을 함께
(라) 위탁밭은 → 위탁받은
(마) 증빙서루를 → 증빙서류를

11

| 정답 | ②

| 해설 | ① 刀 刀 哀 － へ へ か
③ 哀 忘 刀 － か の へ
④ 忘 刀 忘 － の へ の

12

| 정답 | ②

| 해설 | SGFIU : 54198

13

| 정답 | ①

| 해설 | CTEKS : 70835

14

| 정답 | ③

| 해설 | XAYBMO : 620597

15

| 정답 | ①

| 해설 | PVORG : 91734

16

| 정답 | ②

| 해설 | WDLKQ : 73632

17

| 정답 | ④

| 해설 | NHZJET : 454080

18

| 정답 | ②

| 해설 | • 2번 학번 : 201214562 → 201124562

• 5번 이름 : 송우원 → 송두원

19

| 정답 | ①

| 해설 | 10번 학번 : 201215862 → 201215362

20

| 정답 | ③

| 해설 | • 12번 이름 : 박현민 → 박현빈

• 13번 학번 : 201042315 → 201042316

• 14번 성적 : B+ → B

1회 상식

문제 84쪽

01	①	02	②	03	②	04	④	05	④
06	③	07	②	08	①	09	②	10	④
11	③	12	①	13	②	14	④	15	④
16	③	17	③	18	④	19	①	20	④
21	①	22	③	23	④	24	②	25	④

01

| 정답 | ①

| 해설 | (가)는 687년 신문왕에 의해 실시된 관료전 지급과 녹읍 폐지, (나)는 그로부터 70년 뒤인 757년 경덕왕 대의 녹읍 부활에 대한 내용이다. 한편 국가가 백성들에게 나누어 준 토지인 정전(丁田)은 722년 성덕왕 대에 지급되었다는 기록이 남아있다.

| 오답풀이 |

② 김흠돌의 난은 681년 신문왕의 장인인 김흠돌이 반란을 모의하다 발각되어 처형된 사건으로, 신문왕은 이를 계기로 진골 귀족세력을 숙청하고 전제왕권을 강화하는 수단으로 관료전 지급과 녹읍 폐지를 추진하였다.

③ 수도의 시장을 관리하는 관서인 동시전은 509년 지증왕에 의해 설치되었다.

④ 통일 신라의 독서삼품과는 788년에 처음으로 실시되었다.

02

| 정답 | ②

| 해설 | 발해의 중앙통치기구는 당의 제도를 수용하여 정당성 · 중대성 · 선조성의 3성과 인부 · 의부 · 예부 · 지부 · 신부 · 충부의 6부로 구성되었다.

| 오답풀이 |

① 화백회의는 신라의 국사를 결정하는 귀족 회의이다.

③ 영고는 부여의 제천 행사이다.

④ 안시성 전투는 645년 당의 침략을 당시 안시성의 성주이던 고구려의 장군 양만춘이 방어한 전투이다.

03

| 정답 | ②

| 해설 | 고려 시대의 승려인 지눌에 대한 설명이다. 지눌은 불교의 선종과 교종의 조화를 내용으로 하는 돈오점수와 정혜쌍수를 주장하고 순천 송광사(길상사)를 중심으로 설법을 전하여 조계종을 확산시켰다.

| 오답풀이 |

① 백련결사는 고려 후기 천태종의 요세에 의해 개창된 실천주의적 불교관이다.

③ 〈속장경〉은 고려 초 의천에 의해 제작된 불교의 서적이다.

④ 〈대승기신론소〉는 통일 신라대 원효가 저술한 불교 서적이다.

04

| 정답 | ④

| 해설 | 제시되어 있는 현량과(賢良科)는 조선 중종 때 조광조의 건의로 시행된 제도로, 과거와 별도로 인재를 천거할 수 있도록 하는 인재 선발 제도이다.

한편 중종 5년(1510년) 왜구가 습격한 삼포왜란으로 인해 변방의 수비를 담당하는 임시 시구인 비변사가 처음으로 설치되었다. 이후 1555년 명종 대에 일어난 을묘왜변 이후에는 상설기구로 자리잡은 이후, 임진왜란 이후로는 국내의 모든 행정을 총괄하는 최고기구가 되었다.

| 오답풀이 |

① 혼일강리역대국도지도는 조선 태종 2년에 제작된 세계지도이다.

② 진관 체제는 지방관이 각 지역의 군대를 통솔하는 구조의 지역방위체제로 조선 세조 이후에 실시되었다.

③ 훈민정음은 조선 세종 대에 창시된 한글 문자 체계이다.

05

| 정답 | ④

| 해설 | 제시된 내용은 이이에 대한 설명이다.

- 성학집요는 국왕의 통치법에 관한 제왕학에 대한 서적으로 1575년 선조를 위해 이이가 바친 책이다.
- 동호문답은 왕도정치에 대한 경륜을 내용으로 문답의 형식으로 저술한 서적으로 공납을 지역의 특산물이 아닌 쌀로 내게 하는 수미법의 주장이 포함되어 있다.
- 이이는 임진왜란 전 일본의 침략에 대비하기 위해 장병을 양성해야 한다는 십만양병실을 주장하였다.
- 성리학의 이론체계인 이기론(理氣論)에 대해 이황이 이(理)와 기(氣)의 차별성을 강조하는 주리론(主理論)을 주장하자 이이는 이와 반대로 이와 기는 통일성을 갖는다는 주기론(主氣論)을 주장하였다.

06

| 정답 | ③

| 해설 | 1894년 갑오개혁 이후 천민 신분으로 분류되어 관리되던 백정의 법적 신분은 폐지되었으나, 사회 내부의 신분차별은 이후 일제 강점기까지 계속 이어졌다.

| 오답풀이 |

①, ② 고려 시대의 백정은 일반 농민을 지칭하는 용어로, 농업과 잡역에 종사하며 군역의 의무를 지지 않는 평민들로, 과거시험 중에서 명경과와 잡과에 응시할 자격이 주어졌다.

④ 1923년 백정 출신 자산가들을 중심으로 조직된 사회단체인 형평사를 중심으로 백정 용어의 폐지 등을 주장하는 형평 운동이 일어났다.

07

| 정답 | ②

| 해설 | 김옥균은 근대화 정책의 추진을 위해 일본의 차관을 끌어들이는 시도를 하는 등의 근대화 정책을 시도하였으나, 임오군란 직후 강화된 청의 방해로 실패하자 1884년 박영효, 서광범, 서재필 등과 함께 갑신정변을 일으켜 개화당 정부 수립을 시도하였다. 그러나 갑신정변은 그 직후 청의 무력개입으로 실패하였고 김옥균은 일본으로 망명하였다.

| 오답풀이 |

① 최익현은 구한말 위정척사파의 중심으로 개항 반대와 위정척사운동을 전개하고, 1905년 을사늑약에 반대하는 의병운동의 의병장으로 활동하였다.

③ 김홍집은 1880년 일본의 수신사로 활동한 개화당의 인물로 황쭌셴의 〈조선책략〉을 소개하고 갑신정변을 일으킨 이후 1894년부터 갑오개혁을 주도하는 내각을 구성하여 근대화 개혁을 진행했다.

④ 전봉준은 고부 군수 조병갑의 횡포에 저항하여 1894년 동학농민군을 결성하여 고부 농민 봉기와과 동학농민운동을 주도하였다.

08

| 정답 | ①

| 해설 | 청산리 전투는 1920년 김좌진 등이 지휘하는 북로군정서군과 홍범도가 지휘하는 대한독립군, 국민회군 등으로 구성된 만주 독립군 연합 부대가 훈춘 사건으로 만주에 투입된 일본군을 청산리에서 공격한 전투이다. 일본군은 청산리 전투에서의 패배 이후 같은 해 만주에 있는 독립군을 토벌한다는 명목으로 만주에 거주 중인 한국인들을 학살한 간도 참변을 일으켰다.

09

| 정답 | ②

| 해설 | 6 · 25전쟁(1950 ~ 1953)의 전개과정은 다음과 같다.

북한의 남침 → 인천상륙작전 → 서울 수복 → 평양 탈환 → 국군과 유엔군 압록강 진격 → 중공군 개입 → 1 · 4 후퇴 → 서울 재수복 → 휴전협정

| 오답풀이 |

④ 1950년 1월 12일 당시 미 국무 장관 애치슨은 미국의 태평양 방위선을 알래스카－일본－오키나와－필리핀선으로 정한다고 선언하였다. 이는 미국의 극동 방위선에서 한반도를 제외시킴으로써 6 · 25전쟁 발발의 원인이 되었다는 비판을 받고 철회되었다.

10

| 정답 | ④

| 해설 | (라) 브라운 각서는 1966년 미국과 체결한 각서로 베트남 전쟁 파병을 조건으로 한국의 국가 안보 보장과 경제 지원을 협상한 각서이다.

(가) 새마을 운동은 1970년부터 정부의 주도하에 진행된 지역사회 개발운동이다.

(다) 7 · 4 남북 공동 성명은 1972년 7월 4일 남한과 북한이 분단 이후 최초로 통일에 관한 합의에 따라 발표한 공동성명이다.

(나) 유신 헌법은 1972년 12월 27일에 진행된 제7차 개헌으로 개정된 헌법으로, 대통령에게 긴급조치권과 국회해산 등의 강력한 권한을 부여하도록 개정되었다.

11

| 정답 | ③

| 해설 | $v_{차비} = v_{비} - v_{차}$

$\tan 30^{\circ} = \dfrac{v_{차}}{v_{비}} = \dfrac{10}{v_{비}}$

$\therefore v_{비} = \dfrac{10}{\tan 30^{\circ}} = 10\sqrt{3}\,(\text{m/s})$

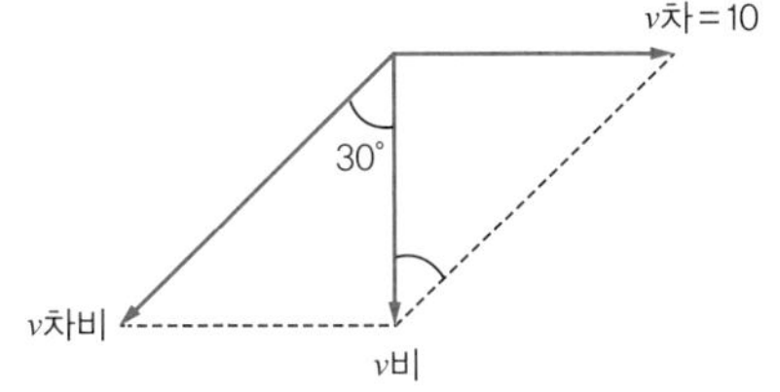

12

| 정답 | ①

| 해설 | 광전자의 운동 에너지 $E_k = \dfrac{1}{2}mv^2 = hf - W = \dfrac{hc}{\lambda} W$이므로 파장 λ가 짧을수록 광전자의 운동 에너지는 커진다. 진동수 f는 클수록, 일함수 W는 작을수록 운동 에너지는 증가하고, 빛의 세기와는 관계가 없다.

13

| 정답 | ②

| 해설 | 연료 감응 태양 전지는 빛에 반응하여 전자를 방출하는 염료를 원료로 만든 태양 전지로서 투명하고 다양한 색을 낼 수 있고 유연성이 뛰어나 건물, 자동차, 장식품 등 다양한 분야에서 사용되지만 에너지 효율이 낮은 단점이 있다.

| 오답풀이 |

①, ③, ④ 실리콘 태양 전지의 일종으로, 하나의 균일한 결정으로 된 고체인 단결정 태양 전지, 부분적으로는 결정이지만 전체적으로는 단일 결정이 아닌 고체인 다결정 태양 전지, 분자가 무작위로 배열되어 규칙이 없는 고체인 박막형 태양 전지가 있다.

14

| 정답 | ④

| 해설 | 지각에 매장된 양은 철이 구리보다 많다.

| 오답풀이 |

① 자연에서 산출되는 철은 주로 산화물 형태로 존재한다.

③ 철은 강도가 높아 각종 생활용품, 교통수단, 건축물, 우주 산업 등 다양한 분야에서 이용된다. 또한 철은 수천 년 전부터 현재까지 인류 문명의 모든 분야의 발전에 크게 기여하고 있다.

15

| 정답 | ④

| 해설 | ㉠ 같은 원자 내에서는 음이온 > 원자 > 양이온 순의 반지름 크기를 가진다.

㉡ 같은 족 원소들은 주기율표에서 아래로 갈수록 이온 반지름이 증가한다.

㉢ 세 이온의 전자 수가 모두 같으면, 그 크기는 원자 번호가 증가할수록 작아진다.

16

| 정답 | ③

| 해설 | ㉠ 전기력은 전하 사이에 작용하는 힘으로, 그 단위는 뉴턴(N)을 사용한다.

㉡ 같은 종류끼리의 전하 사이에서 서로 밀어내는 힘을 척력이라 하고, 다른 종류의 전하 사이에서 서로 잡아당기는 힘을 인력이라 한다.

㉢, ㉣ 전기력은 전하량의 곱에 비례하고, 두 전하 사이의 거리의 제곱에 반비례한다. 이것을 쿨롱 법칙이라고 한다.

17

| 정답 | ③

| 해설 | 음극화 보호는 철로 만들어진 구조물에 철보다 반응성이 큰 마그네슘이나 아연 등의 금속을 도금하거나 연결

하여 철보다 먼저 산화되도록 함으로써 철에 전자를 보충해 주어 철의 부식을 막는 방법이다. 음극화 보호는 주로 땅 속에 매장된 철제 수도관, 송유관, 주유소의 기름 탱크, 선박 등에 이용되고 있다.

18

| 정답 | ④

| 해설 | 일반적으로 이온 결합물의 녹는점은 결합금속의 원자가 전자가 많을수록 높다.

19

| 정답 | ①

| 해설 | ㉠ 작용, 반작용의 법칙에 의해 A와 B가 충돌 시 받는 충격량의 크기는 서로 같다.

㉡ A의 속도 변화는 −1m/s, B의 속도 변화는 4m/s이다. 충돌 후 충격량(운동량)이 같으므로 속도 차이의 비가 1 : 4가 된다면, 질량은 4 : 1이 된다.

| 오답풀이 |

㉢ A와 B의 운동 에너지의 총합은 충돌 전에 비하여 손실되었다.

- 충돌 전 :

$$E_k=\left(\frac{1}{2}\times 4m\times 2^2\right)+\left(\frac{1}{2}+m\times 1^2\right)=\frac{17}{2}m$$

- 충돌 후 :

$$E_k=\left(\frac{1}{2}\times 4m\times 1^2\right)+\left(\frac{1}{2}+m\times 3^2\right)=\frac{13}{2}m$$

20

| 정답 | ④

| 해설 | 보어의 모형은 수소 원자는 설명이 잘 되나 다전자 원자는 설명이 불가능하여, 현대에는 오비탈 모형(전자 구름 모형)을 사용하고 있다.

21

| 정답 | ①

| 해설 | 포스코그룹의 인재상은 '실천의식과 배려의 마인드를 갖춘 창의적 인재'이다.

'실천'의식을 바탕으로 협업하여 시너지를 창출하고, 겸손과 존중의 마인드로 '배려'할 줄 알며, 유연한 사고와 지속적 학습으로 도전적 아이디어를 제시하는 '창의'적 인재를 지향하는 것이다.

22

| 정답 | ③

| 해설 | 2002년 말레이시아에는 코일센터가 출범하였다.

23

| 정답 | ④

| 해설 | 해외출장 시 해외법인으로부터 선물을 요구하거나 받아서는 안 된다.

24

| 정답 | ②

| 해설 | 파이넥스(FINEX) 공법은 가루 형태의 철광석과 유연탄을 굵은 덩어리로 만들어 주는 소결 · 코크스 공정을 거쳐 고로에서 쇳물로 녹여 내는 기존의 고로(용광로) 공법과 코렉스(COREX) 공법의 단점을 보완하여 개발된 공법으로, 값이 싼 지름 8mm 이하의 가루 형태의 철광석과 석탄(일반탄)을 사전 가공 처리 없이 사용하여 쇳물을 생산하기 때문에 예비처리 설비가 필요 없어 생산원가를 절감할 수 있다. 또한 유통 환원로의 탈황 작용과 용융로에서의 순산소 사용으로 인해 예비처리 과정에서 발생하는 황산화물(SOx), 질소 산화물(NOx), 이산화탄소의 배출량을 현저하게 낮출 수 있는 환경 친화적인 공정이다.

| 오답풀이 |

① 코렉스(COREX) 공법 : 기존 고로 공법의 단점을 보완하여 예비처리 설비인 소결 · 코크스 공정을 없애고 덩어리 상태의 철광석(괴철광)과 석탄을 미세가루로 부수어 코렉스로에서 태우는 방식으로 쇳물을 생산하는 공정이다. 값이 비싼 원료를 사용해야 하고 공정 중 발생하는 석탄 가루를 처리해야 하는 단점이 있다.

③ 스트립캐스팅 공법(Strip Casting) : 기존의 연속 주조 공정과 달리 레이들(Ladle)과 턴디쉬(Tundish)에서 공급하는 쇳물을 두 개의 원통형 주조롤 사이에 주입하여 회전 · 냉각시키고 압연기에 의한 두께 감소, 냉각과 코일을 감는 과정을 연속적으로 처리하여 얇은 강판을 제조하는 혁신 제철 기술이다. 슬래브(Slab)를 다시 가열하여 압연하는 가열 공정과 열간 압연 공정을 생략할 수 있어 에너지 사용량을 절감할 수 있다.

④ 연연속압연 기술 : 열연제품의 소재인 슬래브를 1차 압연하여 두께 25 ~ 35mm의 바(bar) 상태로 만든 후에 최대 25개까지 접합하여 연속 압연하는 기술이다. 바 끝부분을 겹치게 두고 나이프로 비스듬하게 고속으로 잘라 절단면 사이의 전단열을 이용하여 접합하는 방식(고상 접합 방식)을 사용하므로 기존의 압연공정에 비해 작업 시간을 대폭 줄일 수 있어 생산성이 향상되고 품질 향상과 스크랩 손실이 줄어든다.

25

| 정답 | ④

| 해설 | 포스코에서는 아연을 이용한 전기 및 용융아연도금 제품, 자동차 배관 · 주방용품 · 전자제품 등에 쓰이는 스테인리스와 조선, 발전, 의료기기에 쓰이는 티타늄, 마그네슘 잉곳과 마그네슘 판재로 쓰이는 미그네슘 등을 생산 · 취급한다.

2회 기출예상문제

2회 언어논리력

문제 92쪽

01	④	02	③	03	②	04	④	05	④
06	②	07	④	08	③	09	④	10	②
11	③	12	④	13	④	14	④	15	③
16	④	17	④	18	①	19	①	20	②

01

| 정답 | ④

| 해설 | 두 번째 문단을 보면 전체 내용의 약 65%는 세계 최고의 학습백과사전에서 최신 연구 자료 위주로 골라 실었다고 하였다. 즉, 전체 분량의 약 $\frac{2}{3}$는 기존 자료를 활용하였음을 알 수 있다.

| 오답풀이 |

① 두 번째 문단을 통해 〈XX세기 △△학습백과사전〉은 새롭고 효율적인 방법을 개발하여 만들었다고 하였으며, 그중 하나의 예로 기존 백과사전의 전통을 깨고 익힘문제를 두어 복습할 수 있게 하였음을 알 수 있다.

② 두 번째 문단을 통해 동영상, 사진, 음향 등의 시각 자료는 별도의 CD-ROM을 활용함을 알 수 있다.

③ 마지막 문단을 통해 알 수 있다.

02

| 정답 | ③

| 해설 | 양자 역학은 예측을 '정확'하게 함으로써 현대 물리학의 근간을 이루었다고 했는데, 그 예측하는 현상들 중에는 '매우 불가사의한 것'이 있다고 하였으므로 빈칸의 전후 맥락을 살펴볼 때 역접의 접속사인 '그럼에도 불구하고'가 들어가는 것이 가장 적절하다.

03

| 정답 | ②

| 해설 | 첫 번째 괄호에는 '재배', 두 번째 괄호에는 '저장', 세 번째 괄호에는 '방문'이 들어가야 한다. '소비'는 돈이나 물자, 시간, 노력 따위를 들이거나 써서 없앤다는 의미이므로 빈칸에 들어가지 않는다.

04

| 정답 | ④

| 해설 | 제시된 글의 논지는 기후 변화의 원인이 인간이 발생시키는 온실가스 때문이 아니라 태양의 활동 때문이라는 것이며, 온실가스 배출을 낮추기 위한 인간의 노력은 사실상 도움이 되지 않는 낭비라는 주장이다. 따라서 이러한 논지를 반박하기 위한 근거로는 대기오염을 줄이기 위한 인간의 노력이 지구 온난화를 막는 데 효과가 있었다는 내용인 ④가 가장 적절하다.

05

| 정답 | ④

| 해설 | 제시된 글의 중심 소재는 '공포증'으로, 우선 (나)에서 공포증의 개념과 그 유발 대상에 대해 설명하고 있는데, 첫 문장의 '위의 경우에서 보듯이 ~'를 통해 어떤 상황이 앞에서 제시되었음을 알 수 있다. (마)가 공포증에 대한 사례를 제시하고 있으므로 (나)의 '위의 경우'가 (마)의 내용을 가리킴을 알 수 있다. 또한 (가)의 '이러한 공포증'이 (나)를 가리키고 있으므로 (나)의 뒤로 이어지면 된다. 다음으로 (다)는 부정적 상황을 겪었음에도 공포증으로 이어지지 않은 사람들의 상황 해석 방식을, (라)는 '반면에'로 시작하면서 그 반대인 공포증을 겪는 사람들의 상황 해석 방식을 기술하고 있으므로, (가) 다음에 순서대로 오는 것이 자연스럽다. 따라서 (마)－(나)－(가)－(다)－(라) 순이 적절하다.

06

| 정답 | ②

| 해설 | 제시된 글은 제3자에게 의도하지 않게 이익이나 손해를 주는 '외부성'에 대해 설명하면서 이러한 '외부성'은 사회 전체로 볼 때 이익이 극대화되지 않는 비효율성을 초래할 수 있다고 언급하고 있다. 또한 이러한 비효율성에 대한 해결책으로 보조금이나 벌금과 같은 정부의 개입이 있다고 설명하고 있다. 따라서 ②가 주제로 적절하다.

| 오답풀이 |

① 외부성이 초래하는 문제를 해결하기 위해 정부의 개입이 있을 수 있다고 설명하고 있지만 주제문으로는 적절하지 않다.

③ 비효율성을 초래할 수 있는 이유로 개별 경제 주체가 제3자의 이익이나 손해까지 고려하여 행동하지 않는 점을 들고 있지만 주제문으로는 적절하지 않다.

④ 비효율성 해결을 위한 정부의 개입이 초래하는 해악에 관해서는 언급되지 않았다.

07

| 정답 | ④

| 해설 | 빈칸 앞의 '그러나'를 통해, 청소년들은 굶는 다이어트의 부정적 영향에 대해 거의 인지하지 못했으나 실제로는 매우 큰 부정적 영향을 미친다는 내용이 전개될 것임을 짐작할 수 있다. 또한 두 번째 단락에서 음식 섭취 행위를 유발하는 회로에 대해 설명하고 있으며 세 번째 단락에서 식욕을 극단적으로 억제하는 굶는 다이어트로 인한 이상 발생으로 과식, 폭식, 금단 증상과 같은 음식 중독 현상이 발생될 수 있음을 설명하고 있다. 따라서 빈칸에는 굶는 다이어트가 음식 중독으로 연결될 수 있다는 내용이 들어가야 한다.

08

| 정답 | ③

| 해설 | (A)의 앞에서 '반면'이라는 접속사가 나와 있으므로 앞부분과 반대되는 내용이 제시되어야 한다. 앞부분에서 정악만을 국악으로 인정하는 내용이 제시되어 있으므로 이와는 반대되는 의견인 속악만 인정하는 내용이 나와야 한다. 따라서 (A)에는 '속악'이 들어가고 (B)에는 '정악'이 들어가는 것이 적절하다.

09

| 정답 | ④

| 해설 | 두 번째 문단에서 국악을 우리 음악이 아니라고 주장하는 이들에게 외국에서 건너온 음악이라고 하더라도 그것이 우리의 전통음악에 동화되었다면 국악으로 부를 수 있다고 하며 기존의 그릇된 생각에 대해 비판적인 검토를 하고 있다. 또한 세 번째 문단에서 '국악을 과거의 것으로만 치부하는 생각은 마땅히 고쳐져야 할 것이다'라고 하였고, 다섯 번째 문단에서 정악이나 속악만을 국악으로 부르는 사람들에게 정악과 속악의 두 가지 개념을 아우르는 것이 국악이라고 설명하고 있으므로 기존의 그릇된 생각에 대해 비판적인 검토를 하고 있다고 볼 수 있다.

10

| 정답 | ②

| 해설 | 마지막 문단을 보면 '정대한 음악만으로는 우리 음악이 풍부해질 수 없으며 반대로 통속적인 음악만 있으면 우리 음악이 천박해질 염려가 있다'라고 하였으며 '이 두 가지를 모두 아우르는 개념'으로 국악을 정의하여야 한다고 하였으므로 글쓴이는 '국악'에 대해 통속성과 예술성을 모두 아울러야 한다는 생각을 가지고 있음을 알 수 있다.

| 오답풀이 |

① 국악은 한국 사람의 사상과 감정을 독특한 음 조직에 따라 표현한 음악 예술이다.

③ 정악만으로는 우리 음악이 풍부해질 수 없고 통속적인 음악만으로는 천박해질 염려가 있으므로 두 가지 모두가 포함된다.

11

| 정답 | ③

| 해설 | 후지필름은 필름을 만들던 기술을 활용하여 노화방지 화장품을 만들었고, 필름 개발 과정에서 얻은 화학 합성 물질 데이터베이스와 노하우를 활용하여 '아비간'을 만들어 냈다. 또한 3M은 광산업에서 익힌 고유 역량을 활용하여 스카치테이프와 포스트잇을 개발함으로써 사업다각화를 이루었다. 따라서 제시된 두 회사는 고유역량의 잠재적 가능성을 재해석하여 사업다각화로 혁신에 성공하였음을 알 수 있다.

| 오답풀이 |

② 두 회사는 기존 주력 사업을 통해 얻은 기술과 경험을 활용할 수 있는 분야로 진출한 것이지, 각기 다른 분야의 기술융합을 시도한 것이 아니다.

④ 3M이 다른 회사와의 합병을 통해 위기를 극복했다는 내용은 제시되어 있지 않다.

12

| 정답 | ④

| 해설 | ㉡ 노화방지 화장품, ㉢ 아비간은 후지필름이 필름을 만들던 기술과 노하우를 활용하여 새롭게 개발한 제품이며, ㉤ 포스트잇은 3M이 광산업에서 쌓은 기술을 바탕으로 스카치테이프를 만들고 그 후 접착제에 대한 연구를 바탕으로 개발한 것이다. 따라서 ㉡, ㉢, ㉤은 모두 기존의 기술을 바탕으로 새롭게 개발된 제품을 나타내는 것이므로 성격이 같다고 볼 수 있다.

13

| 정답 | ④

| 해설 | 〈보기〉의 문단에서는 마찰 항력과 압력 항력의 개념에 대해 간략하게 설명하고 있다. 두 항력에 대한 설명은 둘을 아우르는 개념인 '항력'에 대한 내용이 언급된 후 제시되고, 그 뒤에는 두 항력에 대한 구체적 설명이 나오는 것이 자연스럽다. 따라서 〈보기〉의 문단이 들어가기에 적합한 곳은 전체 항력의 개념에 대한 설명이 언급된 세 번째 문단과 마찰 · 압력 항력의 구체적 개념 설명이 제시된 네 번째 문단의 사이인 ㉣이다.

14

| 정답 | ④

| 해설 | 출산율을 높이기 위한 지원금 액수의 많고 적음을 문제화하고 있는 글은 아니다. 지원금 액수가 증가하였음에도 불구하고 출산율이 오르지 않았다는 것을 강조하는 내용이므로, 단순한 지원금 증액보다 출산을 유도하기 위한 근본적인 대책이 필요하다는 문제 제기를 엿볼 수 있는 내용이다.

15

| 정답 | ③

| 해설 | 첫 번째 ~ 세 번째 문단에서는 온라인 쇼핑몰이 성장하면서 미국의 백화점이나 완구점, 중저가 의류업체들이 문을 닫게 되었다고 설명하고 있으며 이는 비단 미국에서뿐만 아니라 우리나라에서도 일어날 수 있음을 언급하고 있다. 또한 마지막 문단에서는 인구 구조의 변화와 지역인구 감소로 인해 일부 점포들이 문을 닫게 되었다고 설명하고 있다. 따라서 오프라인 매장의 실패요인으로 적절하지 않은 것은 ③이다.

16

| 정답 | ④

| 해설 | 지역인구 감소는 해당 지역을 근거지로 하는 오프라인 매장에 타격을 주는 요인으로 언급되었으며 온라인 쇼핑몰은 지역인구 감소와 연관성이 없다.

17

| 정답 | ④

| 해설 | (라)는 드라이클리닝 용제와 더불어 물빨래에서의 비누 역할을 하는 '드라이클리닝 세제'의 역할을 소개하는 문단이다. 드라이클리닝 세탁의 한계에 대한 내용은 언급되어 있지 않다.

18

| 정답 | ①

| 해설 | 물과 친화력 강한 수용성 오염을 효율성으로 없애기 위해 '드라이소프'라는 드라이클리닝 세제를 사용한다고 언급하고 있다.

19

| 정답 | ①

| 해설 | 제시된 글의 주제는 쾌적한 환경과 편리한 문명의 혜택 등을 누리기 위해 시작된 인간의 발전과 개발은 환경적인 문제를 초래했고, 이를 더 악화시키지 않기 위해 환경 보전과 조화를 이루는 개발을 해야 한다는 것이다. 따라서 이에 대해 제기할 수 있는 반론으로는 '환경 보전과 조화를 이루는 개발'의 가능성 자체를 비판하는 ①이 적절하다.

20

| 정답 | ②

| 해설 | 제시된 글의 처음에서 '이야기를 이해하고 기억하는 데에는 글의 구조가 큰 영향을 미친다'는 주지를 제시하고, 이어 '상위 구조와 하위 구조가 있는데, 상위 구조에 속한 요소들이 더 잘 기억된다'라는 설명을 부연해 붙이고 있다. 마지막으로 심청전을 예로 들어 상위 구조를 더 잘 기억한다는 사실을 설명하고 있다.

2회 수리력

문제 110쪽

01	③	02	④	03	②	04	④	05	①
06	④	07	③	08	④	09	④	10	④
11	②	12	②	13	③	14	②	15	②
16	④	17	③	18	③	19	①	20	③

01

| 정답 | ③

| 해설 | 가위바위보 10회 중 A가 이긴 횟수를 x회라고 하면 A가 진 횟수는 $(10-x)$회이고 다음과 같은 식이 성립한다.

$ax-b(10-x)=15$

$(a+b)x-10b=15$

따라서 A가 이긴 횟수 $x=\dfrac{15+10b}{a+b}$이다.

02

| 정답 | ④

| 해설 | 기술직 지원자와 사무직 지원자의 비는 7 : 4이므로 각각 $7x$명, $4x$명, 합격자 중 기술직과 사무직의 비는 11 : 3이므로 각각 $11y$명, $3y$명, 불합격자 중 기술직과 사무직의 비는 3 : 5이므로 각각 $3z$명, $5z$명으로 둔다. 기술직의 합격률은 $\frac{11y}{7x}$이므로 x와 y의 관계식을 구하기 위해 다음과 같이 식을 정리한다.

$$\begin{cases} 7x = 11y + 3z \rightarrow 35x = 55y + 15z \cdots\cdots ㉠ \\ 4x = 3y + 5z \rightarrow 12x = 9y + 15z \cdots\cdots ㉡ \end{cases}$$

㉠－㉡을 하면, $23x = 46y$이다.

따라서 $x = 2y$이고 기술직의 합격률은 $\frac{11y}{7x} = \frac{11y}{14y} = \frac{11}{14}$이다.

03

| 정답 | ②

| 해설 | 우선 초록색 컵의 물을 증발시켜도 설탕의 양은 변하지 않음에 유념한다. 노란색 컵에 더 넣을 설탕의 양을 xg이라 하면 다음과 같은 식이 성립한다.

$$\frac{8}{100} \times 300 + x = \frac{8}{100} \times 400$$

$$24 + x = 32$$

$$\therefore x = 8(\text{g})$$

따라서 노란색 컵에 8g의 설탕을 더 넣어야 한다.

04

| 정답 | ④

| 해설 | 벽걸이 달력의 수를 x개라 하면, 탁상용 달력의 수는 $(12-x)$개이므로 다음과 같은 식이 성립한다.

$$7{,}500(12-x) + 9{,}000x + 3{,}000 = 105{,}000$$

$$(9{,}000 - 7{,}500)x + 90{,}000 + 3{,}000 = 105{,}000$$

$$1{,}500x = 12{,}000$$

$$\therefore x = 8(\text{개})$$

따라서 주문한 벽걸이 달력은 8개이다.

05

| 정답 | ①

| 해설 | 모든 필통에는 적어도 1자루의 연필을 넣어야 한다고 했으므로 먼저 연필 7자루 중 3자루를 필통에 한 자루씩 넣는다. 남은 4자루를 나누는 방법은 (4, 0, 0), (3, 1, 0), (2, 2, 0), (2, 1, 1)로 총 4가지이다. 필통의 종류가 같으므로 (4, 0, 0), (0, 4, 0), (0, 0, 4)는 모두 같은 경우임에 유의한다.

06

| 정답 | ④

| 해설 | 어떤 두 자리의 자연수를 A라고 한다면 A는 4, 5, 6의 공배수에 3을 더한 값이라는 것을 알 수 있다. 4, 5, 6의 공배수 중 두 자리의 자연수에 해당하는 것은 60뿐이므로, A는 63이다. 따라서 각 자릿수를 합한 값은 9이다.

07

| 정답 | ③

| 해설 | n(농구)=32, n(축구)=41, n(농구∩축구)=28이므로 어느 경기도 관람하지 않겠다고 답한 직원의 수는 다음과 같이 구할 수 있다.

56－n(농구∪축구)

=56－{n(농구)+n(축구)－n(농구∩축구)}

=56－(32+41－28)=11

따라서 어느 경기도 관람하지 않겠다고 답한 직원은 11명이다.

08

| 정답 | ④

| 해설 | 전체 일의 양을 1이라 하면 하루 동안 민지와 민수가 하는 일의 양은 각각 $\frac{1}{6}$, $\frac{1}{12}$이므로 민지와 민수가 함께 일을 하면 하루에 $\frac{1}{6} + \frac{1}{12} = \frac{1}{4}$만큼의 일을 할 수 있다. 따라서 총 4일이 걸린다.

09

| 정답 | ④

| 해설 | 전년 대비 임금 상승 금액은 해가 갈수록 줄어들었다. 전년도에 비해 2019년은 3,178−3,019=159(천 원), 2020년은 3,299−3,178=121(천 원), 2021년은 3,378−3,299=79(천 원) 증가하였다.

10

| 정답 | ④

| 해설 | ㉡ 남자 수를 a, 여자 수를 b라고 가정하면 $42.3a+41.3b=41.7(a+b)$가 되며, 이를 정리하면 $3a=2b$ 즉, $a:b=2:3$이다. 따라서 여자는 $\frac{3}{5}$, 즉 60%를 차지한다.

㉣ 가족기업 수를 c, 일반기업 수를 d라고 가정하면 $39.5c+43.5d=41.7(c+d)$가 되며, 이를 정리하면 $9d=11c$ 즉, $c:d=9:11$이다. 따라서 조사대상 중 가족기업의 비중은 $\frac{9}{20}$이므로 그 숫자는 $700\times\frac{9}{20}=315$(명)이다.

| 오답풀이 |

㉠ 남자의 수는 $700\times\frac{2}{5}=280$(명)이다.

㉢ 일반기업을 경영하는 사람은 $700\times\frac{11}{20}=385$(명)이다.

11

| 정답 | ②

| 해설 | 20X5년 한국 섬유산업 수출액은 전년 대비 15,802−15,696=106(백만 달러) 감소하였다.

12

| 정답 | ②

| 해설 | ㉣ $\frac{2,629}{7,263}\times 100 \fallingdotseq 36.2(\%)$

| 오답풀이 |

㉠ • 20X6년 : $\frac{13,281-11,730}{11,730}\times 100 \fallingdotseq 13.2(\%)$,

• 20X7년 : $\frac{14,356-13,281}{13,281}\times 100 \fallingdotseq 8.1(\%)$

㉡ $\frac{260}{7,263}\times 100 \fallingdotseq 3.6(\%)$

㉢ • 20X8년 : $\frac{14,490}{14,305}\times 100 \fallingdotseq 101.3(\%)$,

• 20X9년 : $\frac{13,607}{14,507}\times 100 \fallingdotseq 93.8(\%)$

13

| 정답 | ③

| 해설 | 20X5 ~ 20X9년 동안 사교육 참여율의 변동폭은 중학교가 20X8년 63.8%, 20X5년 69.5%로 5.7%p이고, 초등학교가 20X8년 80.0%, 20X9년 82.3%로 2.3%p로 초등학교가 가장 작다.

14

| 정답 | ②

| 해설 | 중학교의 학생 1인당 월평균 사교육비는 20X8년에 전년보다 감소한 반면, 나머지 항목들은 모두 20X9년까지 지속적으로 증가하고 있다.

15

| 정답 | ②

| 해설 | 미국으로 송금할 때 1USD=1,239KRW이므로, 500×1,239=619,500(원)이 필요하다.

16

| 정답 | ④

| 해설 | 매매기준율이 전일 대비 0.24원 올랐으므로 전일 매매기준율은 181.18−0.24=180.94(원)이 된다. '등락률

$= \frac{\text{변동 매매기준율} - \text{기준 매매기준율}}{\text{기준 매매기준율}} \times 100$'이므로 ㉠에 들어갈 값은 $\frac{181.18-180.94}{180.94} \times 100 ≒ 0.133(\%)$이다.

17

| 정답 | ③

| 해설 | 우선 캐나다 달러를 원화로 환전하면 350×1,134.52 =397,082(원)이다. 이 금액의 절반을 호주로 송금한다고 하였으므로, A로부터 C가 받게 될 금액은 198,541÷1,050.27≒189(AUD)이다.

18

| 정답 | ③

| 해설 | 20X2년 중소기업 부설 연구소의 전년 대비 증가율은 $\frac{12,398-10,894}{10,894} \times 100 ≒ 14(\%)$이다.

| 오답풀이 |

② • 20X7년 대기업 부설 연구소 1개당 평균 연구원 수 : $\frac{257,510}{24,291} ≒ 11$(명)

• 20X0년 대기업 부설 연구소 1개당 평균 연구원 수 : $\frac{145,490}{10,270} ≒ 14$(명)

따라서 20X7년이 20X0년보다 약 3명이 적다.

④ 20X7년 중소기업 연구원 가운데 학사 학위를 가진 연구원의 비중은 $\frac{89,657}{147,406} \times 100 ≒ 61(\%)$로 60% 이상이다.

19

| 정답 | ①

| 해설 | 주어진 계산식에 따라 모든 빈칸을 계산해서 정리하면 다음과 같다.

〈최근 연간 실적〉

주요 재무 정보	20X6년	20X7년	20X8년	20X9년
매출액(억 원)	10,855	11,797	12,231	12,747
영업이익(억 원)	2,158	1,752	1,058	1,659
당기순이익(억 원)	1,683	1,699	883	1,359
영업이익률(%)	19.88	14.85	(8.65)	(13.01)
순이익률(%)	15.50	14.40	(7.22)	(10.66)

〈최근 분기 실적〉

주요 재무정보	20X8년		20X9년			
	3/4	4/4	1/4	2/4	3/4	4/4
매출액(억 원)	2,771	3,704	2,726	3,418	2,798	3,756
영업이익(억 원)	299	10	362	591	321	364
당기순이익(억 원)	244	18	294	485	275	297
영업이익률(%)	10.79	0.27	13.28	17.29	11.47	(9.69)
순이익률(%)	8.81	0.49	10.79	14.19	9.83	7.91

20X9년의 영업이익율은 $\frac{1,659}{12,747} \times 100 ≒ 13.01(\%)$이고, 20X9년의 순이익률은 $\frac{1,359}{12,747} \times 100 ≒ 10.66(\%)$이다.

20

| 정답 | ③

| 해설 | 20X9년 4/4분기 실적의 매출액은 20X9년 연간 실적의 $\frac{3,756}{12,747} \times 100 ≒ 29.47(\%)$이다.

| 오답풀이 |

① 최근 연간 실적에서 20X6년 이후 순이익률은 감소하다가 20X9년에 10.66%로 전년 대비 증가하였다.

② 최근 연간 실적에서 20X6년 이후 영업이익률은 감소하다가 20X9년에 13.01%로 전년 대비 증가하였다.

④ 최근 분기 실적에서 20X9년 4/4분기 매출액은 전 분기 대비 증가하였지만, 영업이익률은 감소하였다.

2회 공간지각력

문제 122쪽

01	①	02	④	03	②	04	③	05	③
06	②	07	③	08	②	09	③	10	③
11	③	12	③	13	④	14	④	15	②
16	③	17	③	18	③	19	①	20	③

01

| 정답 | ①

| 해설 | ①은 제시된 입체도형을 시계방향으로 90° 회전시킨 것이다.

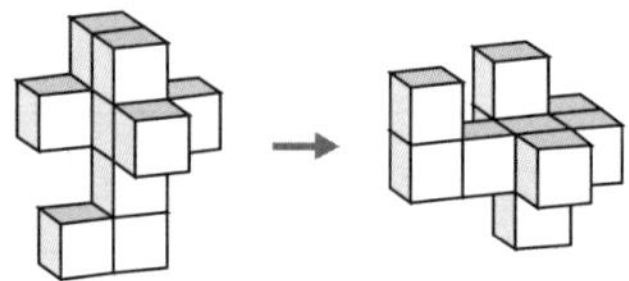

| 오답풀이 |

다른 입체도형은 점선 표시된 블록이 추가되고 동그라미 친 블록이 제거되어야 일치한다.

②

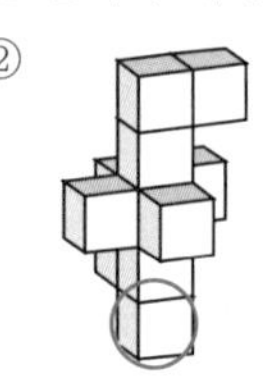

③

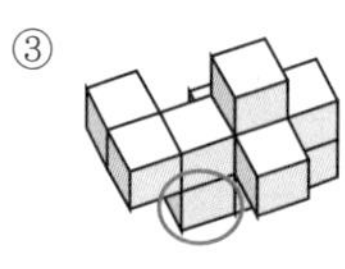

④

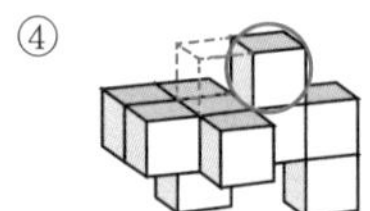

02

| 정답 | ④

| 해설 | ④는 제시된 입체도형을 180° 회전시킨 것이다.

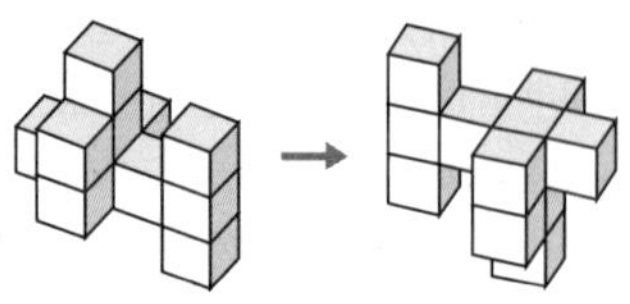

| 오답풀이 |

다른 입체도형은 점선 표시된 블록이 추가되고 동그라미 친 블록이 제거되어야 일치한다.

①

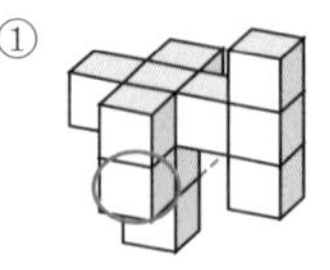

②

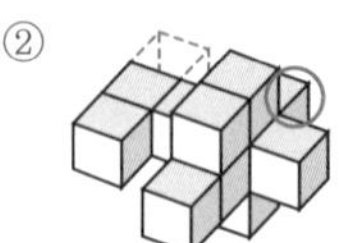

③

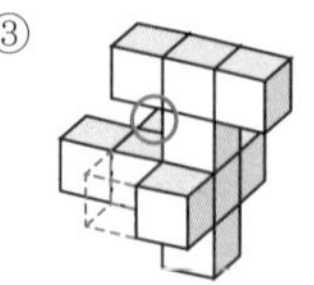

03

| 정답 | ②

| 해설 | ②는 제시된 입체도형을 시계방향으로 90° 회전한 후 세로축 기준 시계방향으로 90°(⏀) 회전시킨 것이다.

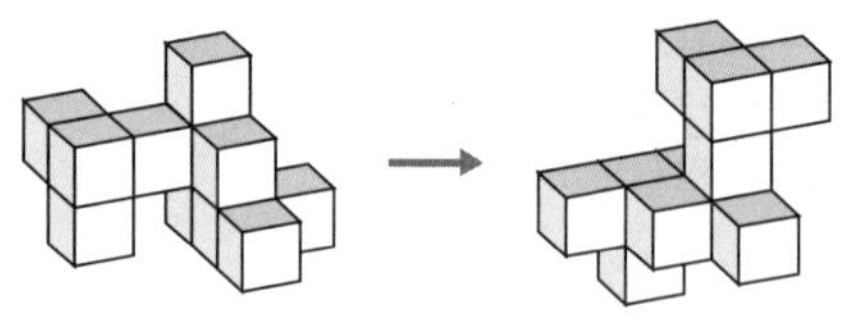

| 오답풀이 |

다른 입체도형은 점선 표시된 블록이 추가되고 동그라미 친 블록이 제거되어야 일치한다.

①

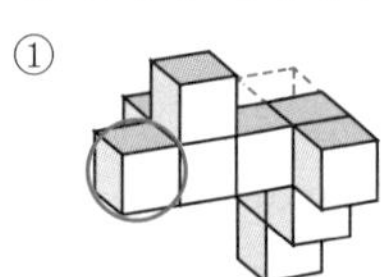

③

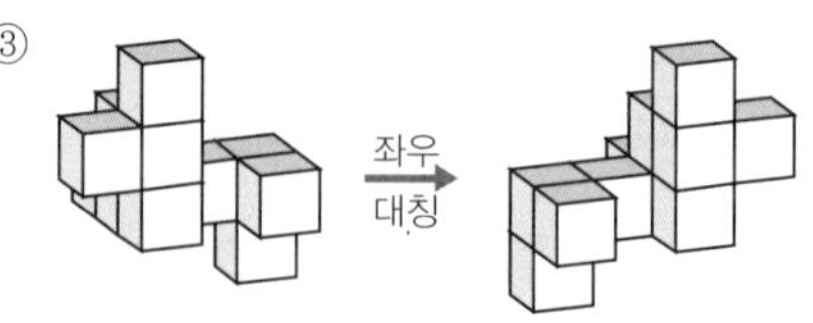

④

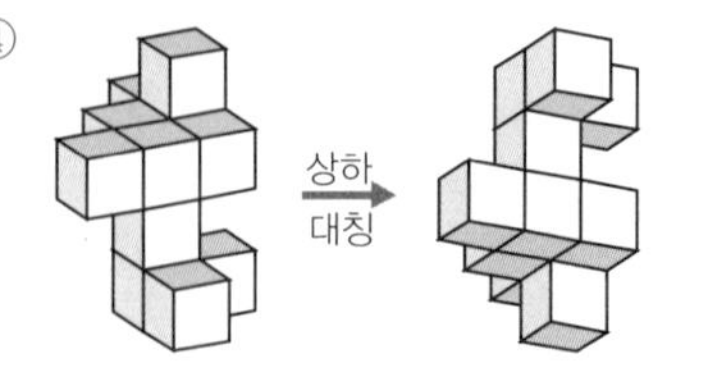

04

| 정답 | ③

| 해설 | ③은 제시된 입체도형을 시계방향으로 90° 회전한 모습이다.

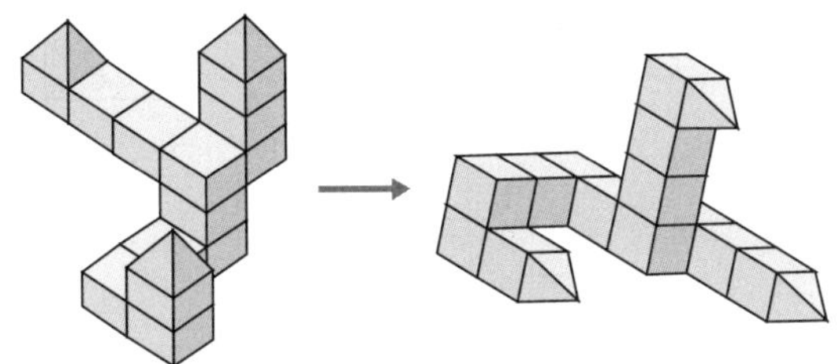

| 오답풀이 |

다른 입체도형은 점선 표시된 블록이 추가되고 동그라미 친 블록이 제거되어야 일치한다.

①

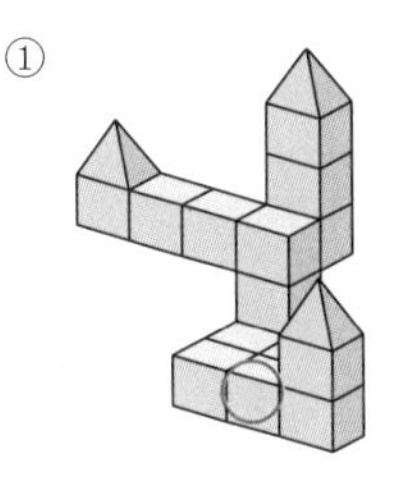

②

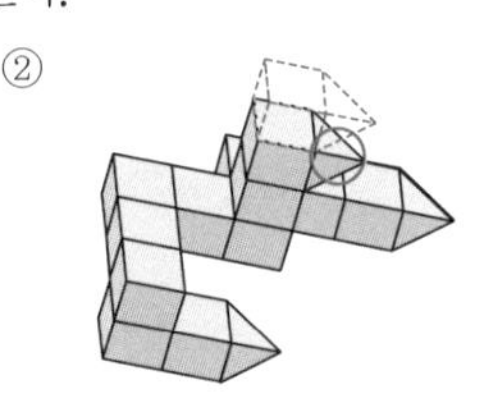

④

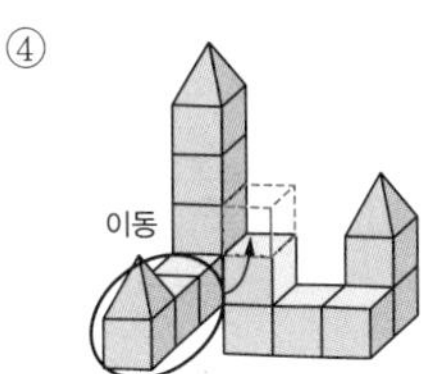

05

| 정답 | ③

| 해설 | 제시된 도형을 각 단별로 나누어 보면 다음과 같다.

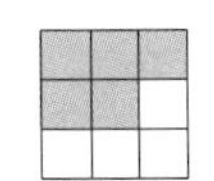

1단째(제일 윗면)

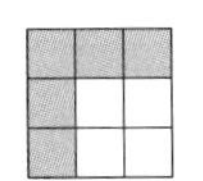

2단째

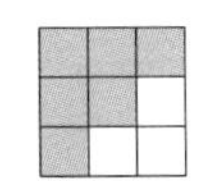

3단째(제일 아랫면)

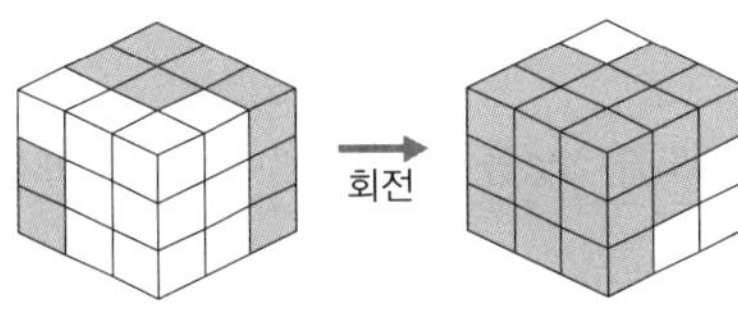

06

| 정답 | ②

| 해설 | 주어진 블록을 뒤집은 상태에서 생각해야 한다. 주어진 블록과 합쳐지게 되는 정육면체와 그것을 각 단별로 분할한 모양은 다음과 같다.

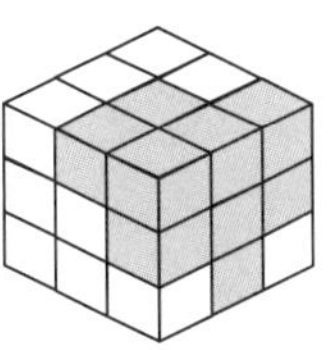

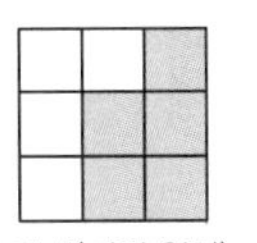

1단째(제일 윗면)

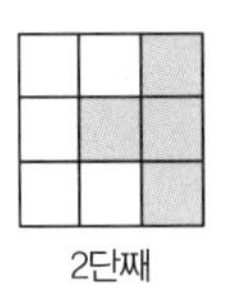

2단째

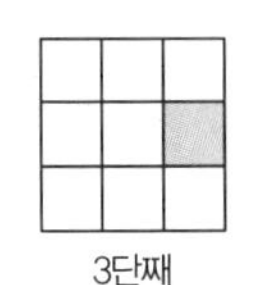

3단째

보충 플러스+

- 블록들이 자유롭게 회전할 수 있다는 점을 고려해야 하고, 우선적으로는 보이는 면을 기준으로 하여 선택지 일부를 소거해 나가는 방법을 활용하면 시간을 단축할 수 있다.
- 선택지의 블록과 문제의 블록이 합쳐졌을 때, 가로×세로×높이의 개수를 확인하면 된다. 문제의 블록이 정육면체가 되려면 3×3×3의 조건이 충족되어야 하는데, ①·③은 이 문제의 블록을 끼워 넣었을 때, 가로나 세로 또는 높이의 개수가 넘치거나 모자라다.

07

| 정답 | ③

| 해설 | 두 블록을 합치면 다음과 같은 모양이 나온다.

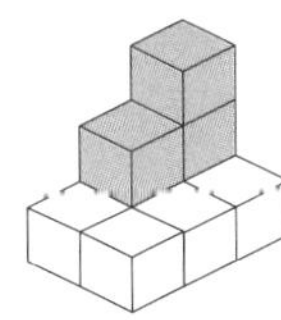

08

| 정답 | ②

| 해설 | 두 블록을 합치면 다음과 같은 모양이 나온다.

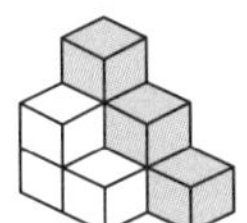

09

| 정답 | ③

| 해설 | ③은 동그라미 친 부분이 제거되어야 한다.

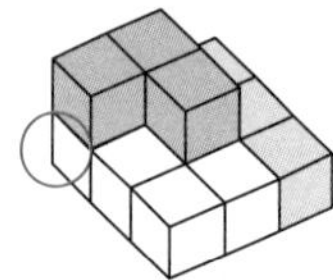

| 오답풀이 |

나머지 선택지의 결합 형태는 다음과 같다.

①

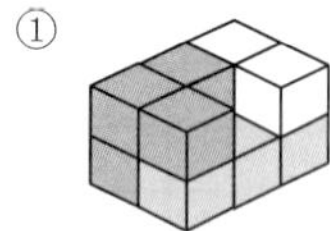

②

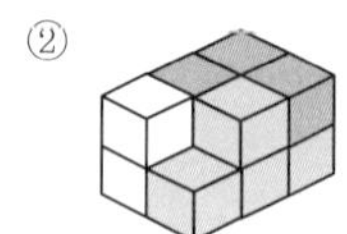

④

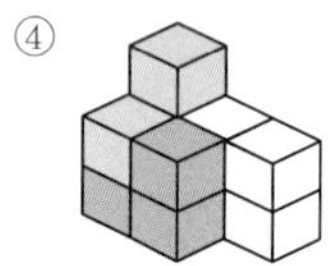

10

| 정답 | ③

| 해설 | 역순으로 펼치면 다음과 같다.

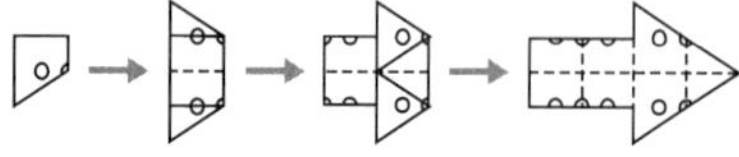

11

| 정답 | ③

| 해설 | 역순으로 펼치면 다음과 같다.

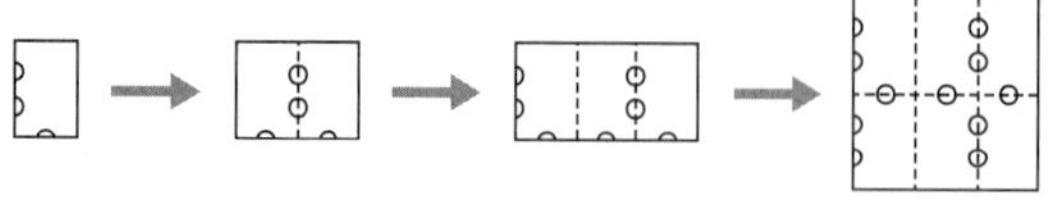

12

| 정답 | ③

| 해설 | 역순으로 펼치면 다음과 같다.

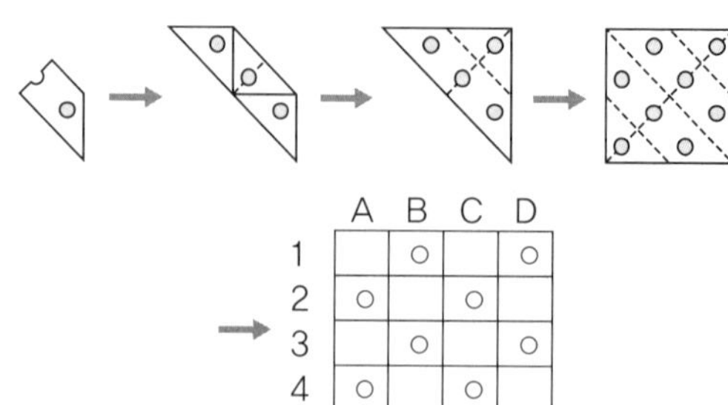

	A	B	C	D
1		○		○
2	○		○	
3		○		○
4	○		○	

따라서 좌표는 A-2, A-4, B-1, B-3, C-2, C-4, D-1, D-3이다.

13

| 정답 | ④

| 해설 | 전개도를 접었을 때 서로 만나는 변을 표시하면 다음과 같다.

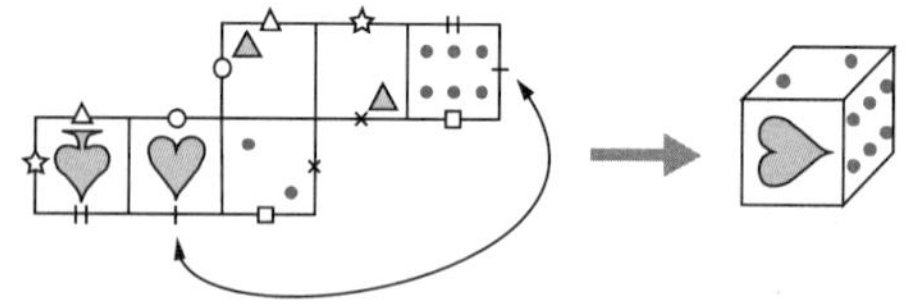

| 오답풀이 |

① 윗면의 모양이 [그림]로 되어야 한다.

② 윗면이 [그림]로, 옆면이 [그림]로 되어야 한다.

③ 윗면이 [그림]로 되어야 한다.

14

| 정답 | ④

| 해설 | 전개도를 접었을 때 서로 만나는 변을 표시하면 다음과 같다.

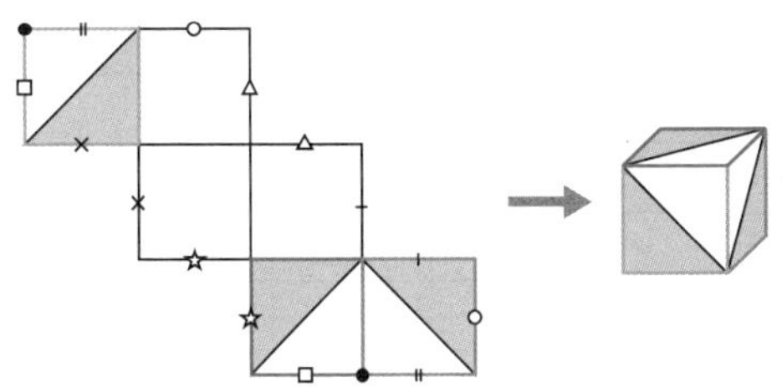

15

| 정답 | ②

| 해설 | 전개도를 접어 입체도형을 만들 때, 도형의 가운데 면(1면)을 중심으로 주변에 오는 도형을 잘 살펴본다.

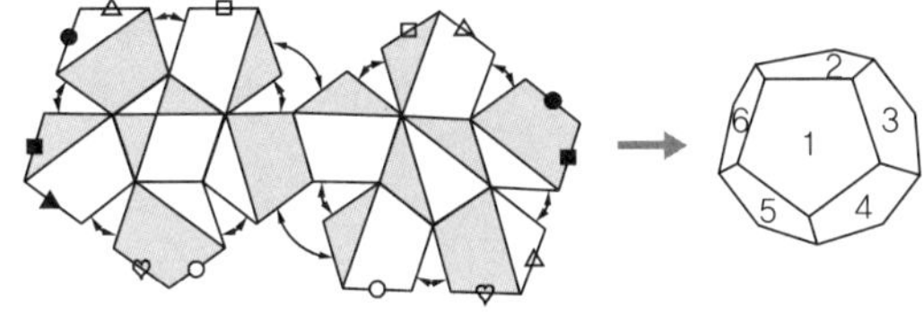

| 오답풀이 |

① 3면과 5면이 각각 ⬠와 ⬠이 되어야 한다.

③ 3면이 ⬠이 되어야 한다.

④ 5면이 ⬠이 되어야 한다.

16

| 정답 | ③

| 해설 | 전개도를 접었을 때 서로 만나는 변을 표시하면 다음과 같다.

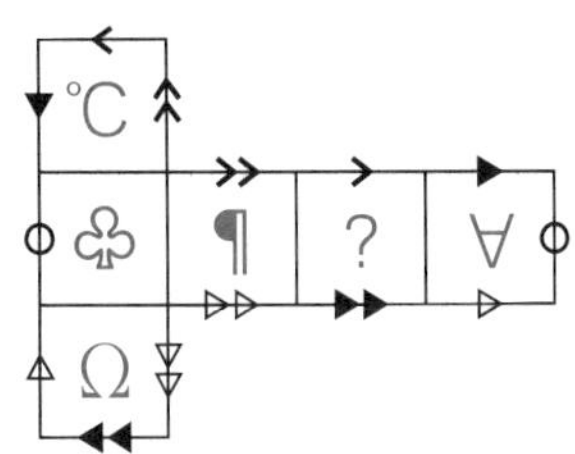

따라서 ③은 다음과 같이 바뀌어야 적절한 도형이 된다.

17

| 정답 | ③

| 해설 | (A)에서 (B)를 제거하고 남은 형태를 각 단별로 나누어 보면 다음과 같다.

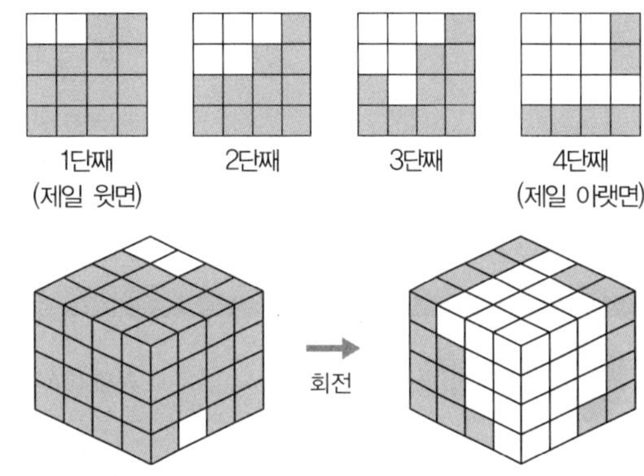

18

| 정답 | ③

| 해설 |

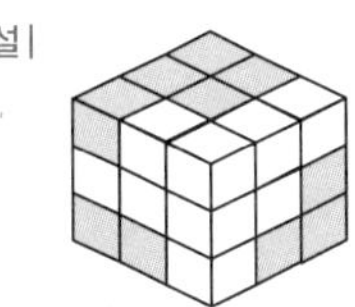

19

| 정답 | ①

| 해설 | 종이를 접은 것의 역순으로 펼치면서 그림의 모양을 확인한다. 이때, 펼칠 때마다 접혔던 부분을 점선으로 표시하면 자른 모양을 확인하기 쉽다.

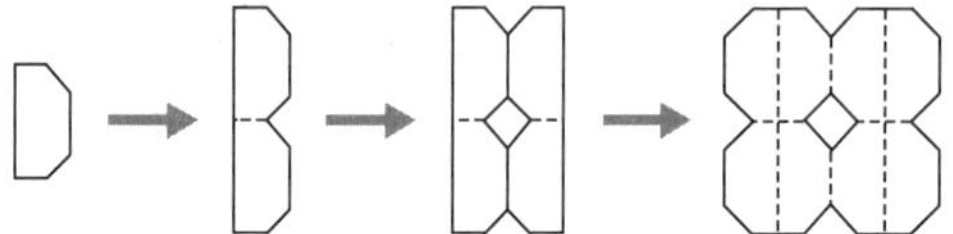

20

| 정답 | ③

| 해설 | 종이를 접은 역순으로 다시 펼치면 다음과 같다.

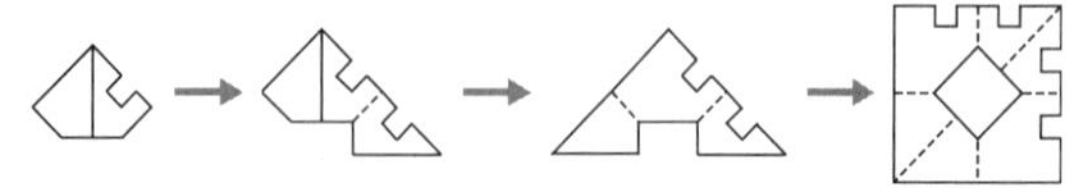

2회 문제해결력

문제 136쪽

01	①	02	①	03	①	04	②	05	④
06	①	07	③	08	④	09	①	10	④
11	②	12	②	13	①	14	③	15	④
16	①	17	④	18	②	19	②	20	①

01

| 정답 | ①

| 해설 | 먼저 A, E의 정상회담(1시간)과 B, C, D의 3자 회담(1시간)이 서로 중복되지 않으므로 같은 시간대에 1시간 동안 회의를 진행한다. B, D, E의 3자 회담(2시간)과 B, E의 정상회담(1시간)은 국가 정상이 중복되므로 다른 시간대에 진행되어야 하는데, A, C의 정상회담(3시간)이 B, D, E의 3자 회담 그리고 B, E의 정상회담과 국가 정상이 중복되지 않으며 총 소요 시간도 3시간으로 동일하므로 같은 시간대에 회의를 진행한다.

이를 정리하면 다음과 같다.

구분	A	B	C	D	E
1시간	○	△	△	△	○
1시간	✔	□	✔	□	□
1시간	✔	□	✔	□	□
1시간	✔	☆	✔		☆

○ : A, E 정상회담　□ : B, D, E 3자 회담　☆ : B, E 정상회담
△ : B, C, D 3자 회담　✔ : A, C 정상회담

따라서 일정을 마무리하는 데 걸리는 최소 시간은 4시간이다.

02

| 정답 | ①

| 해설 | A의 자리를 고정시키고 다음과 같이 자리에 기호를 붙이면 E가 앉은 자리는 ㉡ 혹은 ㉣이 된다.

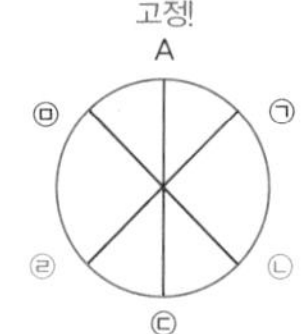

1. E가 ㉡에 앉은 경우

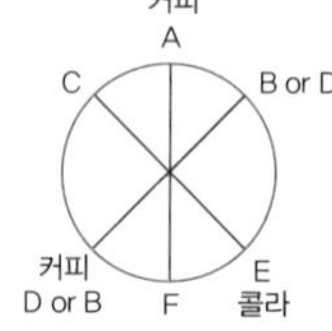

B와 D는 (나)에 따라 마주 보고 앉아야 하므로 ㉠과 ㉣이 되고, C의 양 옆은 모두 커피를 주문했으므로 C는 콜라를 주문한 E 옆에는 올 수 없다. 따라서 C의 자리는 ㉤이 되고 그 양 옆은 커피를 주문하게 된다.

2. E가 ㉣에 앉은 경우

B와 D는 ㉡과 ㉤으로 마주 보고 1.의 경우와 동일하게 C는 E 옆에 올 수 없으므로 C는 ㉠에 앉게 되고 그 양옆이 커피를 주문하게 된다.

두 경우 모두 C의 옆에 앉는 사람은 A이고, C의 양 옆은 커피를 주문했으므로 A는 커피를 주문한 것이 된다. 따라서 확실하게 알 수 있는 사실은 'A는 커피를 주문했다'이다.

03

| 정답 | ①

| 해설 | 총무팀 사원은 2개 이상의 동호회 활동을 할 수 없으므로, 마라톤부원과 산악회부원, 축구부원 수의 총합은 13명이다. 또한 〈정보〉에 따르면 각 동호회의 활동 인원 수는 축구부>마라톤부>산악회 순으로 많으며, 활동 인원 수가 각각 모두 다름을 알 수 있다. 이 조건을 만족하는 경우의 수는 축구부, 마라톤부, 산악회 순으로 (10, 2, 1), (9, 3, 1), (8, 4, 1), (8, 3, 2), (7, 5, 1), (7, 4, 2), (6, 5, 2), (6, 4, 3)으로 총 8가지이다. 따라서 마라톤부원이 4명이라면 축구부원은 8명일 수도 또는 7명일 수도 있다.

04

| 정답 | ②

| 해설 | 존재하는 팀은 회계팀, 경영지원팀, 개발팀, 총무팀으로 총 네 개다. 세 번째 문장을 보면 회계팀은 다른 세 팀과 다른 층을 사용한다고 했으므로 ②는 항상 참이다.

| 오답풀이 |

①, ④ 회계팀은 다른 세 팀과 다른 층을 사용한다고 했으므로 항상 거짓이다.

③ 개발팀이 경영지원팀과 같은 층을 사용하는지 아닌지에 대해서는 알 수 없다.

05

| 정답 | ④

| 해설 | A가 뒤에서 2번째 즉, 앞에서 다섯 번째에 서 있으므로 앞뒤로 서 있는 C와 D는 첫 번째와 두 번째, 두 번째와 세 번째, 세 번째와 네 번째 중에 서야 한다. 그런데 C와 D가 두 번째와 세 번째에 서게 되면 B와 E는 네 번째와 여섯 번째 자리를 차지하고 F가 맨 앞에 오게 되므로 성립할 수 없다. 또한 C와 D가 세 번째와 네 번째에 서는 경우에는 B와 E가 한 사람을 사이에 두고 설 수 없으므로 성립할 수 없다. 그러므로 C와 D가 첫 번째와 두 번째일 때 C−D−F−B−A−E, C−D−F−E−A−B, D−C−F−B−A−E, D−C−F−E−A−B의 4가지 경우의 수가 발생한다. 따라서 C가 맨 앞에 오면 맨 뒤는 B일 수도, E일 수도 있으므로 ④는 옳지 않은 진술이다.

06

| 정답 | ①

| 해설 | A가 거짓을 말했다고 가정하면 E는 진실을 말한 것이 된다. E의 말에 따르면 B와 D는 거짓을 말했는데, 이 경우 거짓을 말한 사람이 3명 이상이 되므로 불가능하다.

따라서 A의 말은 진실이고 E의 말은 거짓임을 알 수 있다. 또한 E의 말이 진실이라고 한 C도 거짓을 말하고 있으므로 5명 중 거짓을 말하는 사람은 C와 E뿐이다. 이를 바탕으로 5명의 발언을 정리하면 다음과 같다.

구분	A	B	C	D	E
자가용	○	×	×	○	×
택시	×	○	○	×	×
버스	○	×	○	×	○
지하철	×	○	×	○	○

따라서 A는 버스를 이용한다.

07

| 정답 | ③

| 해설 | 혼합가언 삼단논법에 따라 다음과 같이 정리한다.

- 케이크가 설탕이다 : p
- 박하사탕은 소금이다 : q

제시된 명제 'p → ~q'가 참이므로 이 명제의 대우 명제인 'q → ~p' 역시 참이 된다. 즉, '박하사탕이 소금이면 케이크는 설탕이 아니다'가 성립된다.

08

| 정답 | ④

| 해설 | 각 조건에 기호를 붙여 정리하면 다음과 같다.

- a : 피자를 먹었다.
- b : 샐러드를 먹었다.
- c : 리소토를 먹었다.
- d : 스파게티를 먹었다.
- e : 김밥을 먹었다.

기호에 따라 주어진 명제와 그 대우 명제를 정리하면 다음과 같다.

• a → b(～b → ～a)
• c → ～d(d → ～c)
• a → ～e(e → ～a)
• c → ～a(a → ～c)

참인 명제의 대우 명제는 참이므로 '～b → ～a' 명제는 참이다. 따라서 샐러드를 먹지 않은 사람은 피자를 먹지 않은 사람이다.

| 오답풀이 |

①, ②, ③ 주어진 명제로는 알 수 없다.

09

| 정답 | ①

| 해설 | 첫 번째 명제에 의해 스위스의 물가는 미국보다 싸고, 세 번째 명제에 의해 프랑스의 물가는 미국보다 비싸므로 확실히 알 수 있는 것은 스위스의 물가가 프랑스보다 싸다는 것이다.

10

| 정답 | ④

| 해설 | 조건에 의하면 장미의 수는 '붉은색<하늘색<하얀색<노란색' 순이며 장미는 총 12송이다.

㉠ 노란 장미가 4송이 이하면 전체 장미는 4+3+2+1=10(송이)이다. 따라서 노란 장미를 받은 사람은 5명 이상이다.

㉢ 노란 장미가 6송이이면 나머지 장미들의 합은 6송이이다. 따라서 붉은 장미는 1송이, 하늘색 장미는 2송이, 하얀 장미는 3송이이다.

| 오답풀이 |

㉡ 주어진 조건으로 하얀 장미가 4송이인지는 알 수 없다.

11

| 정답 | ②

| 해설 | 〈보기〉의 화살표 왼쪽 도형을 변환 조건에 따라 각 선택지 ①～⑤에 맞춰 변환시키면 다음과 같다.

①

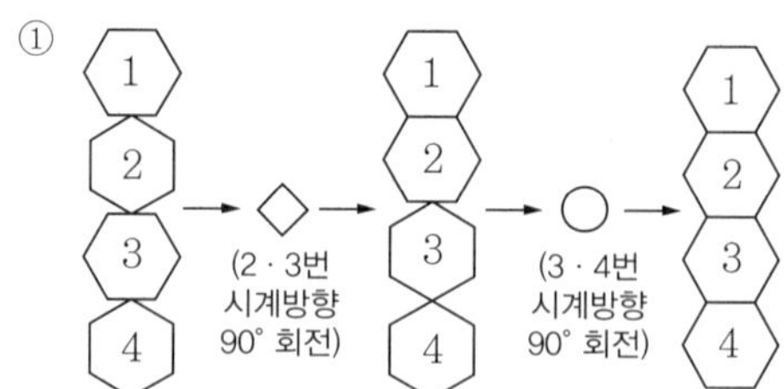

②

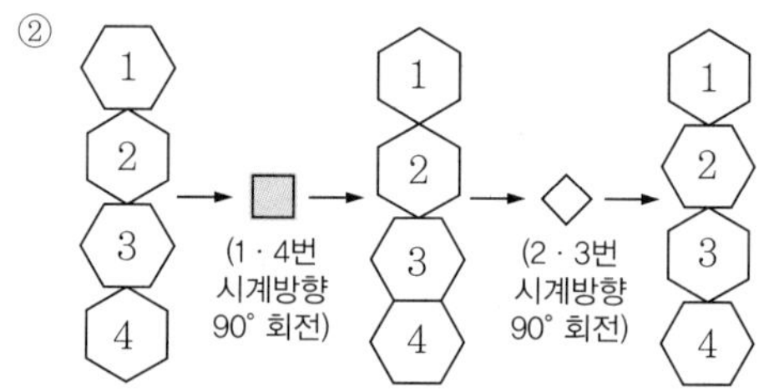

③

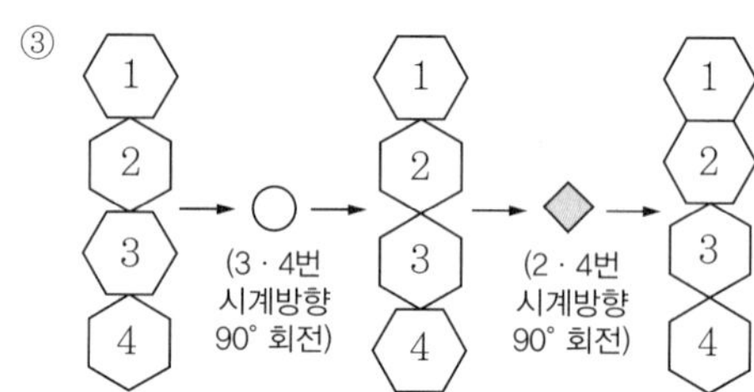

④

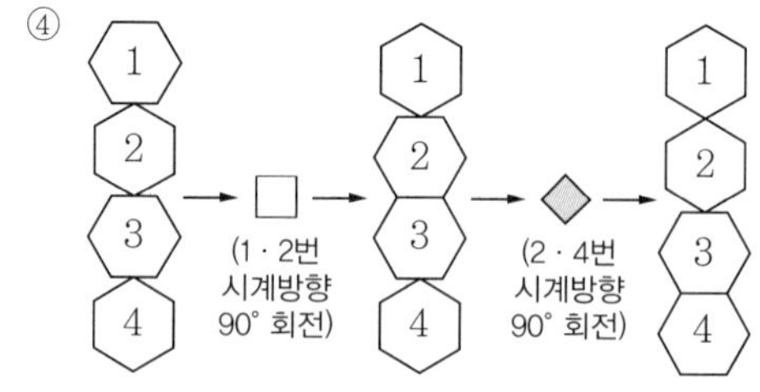

12

| 정답 | ②

| 해설 | 각 선택지별 숙소 대여비를 계산하면 다음과 같다.

① $80,000+50,000\times2=180,000$(원)

② $60,000\times2+40,000=160,000$(원)

③ $85,000\times2=170,000$(원)

④ $85,000+45,000\times2=175,000$(원)

따라서 가장 저렴한 것은 ②이다.

13

| 정답 | ①

| 해설 | 우선 숙소는 2인실 3개가 있어야 하므로 C 숙소는 제외한다. 이때 A 숙소와 B 숙소의 인테리어 점수가 같으므로 둘 중 편의시설 점수가 더 높은 A 숙소를 최종적으로 선택하게 된다.

14

| 정답 | ③

| 해설 | 디자인의 경우 A, L, S사가 동률이며 B사가 최하이므로 B사를 제외한다. 카메라 해상도와 가격의 경우 A, L, S사가 동률이므로 어떠한 회사도 제외되지 않는다. A/S의 편리성의 경우 최하인 A사가 제외된다. L사와 S사 중 L사의 방수 평점이 더 높으므로 최종적으로 L사 제품을 선택하게 된다.

15

| 정답 | ④

| 해설 | D를 공시지원금을 받아 24개월 할부로 구매하고 스몰 요금제를 사용한다면 월 납부액은 다음과 같다.

$$\frac{(860,000-180,000-180,000\times0.15)}{24}+33,000$$

$\fallingdotseq 60,200$(원)

이를 1년 동안 납부한다면 총 납부액은 $60,200\times12=722,400$(원)으로 출고가격인 860,000원보다 낮다.

| 오답풀이 |

① 출고가격이 가장 비싼 A 제품의 대리점 지원금은 $190,000\times0.15=28,500$(원), 가장 싼 E 제품의 대리점 지원금은 $120,000\times0.15=18,000$(원)이므로 이 둘의 차이는 10,500원이다.

② 한 달에 데이터를 약 3GB, 영상통화를 약 250분 사용할 경우 데이터 4GB와 영상통화 300분을 제공하는 미디엄 요금제를 사용하는 것이 경제적이다.

③ B를 선택약정 할인을 통해 구입하여 미디엄 요금제를 사용한다면 월 납부액은 다음과 같다.

$$50,000\times0.75+\frac{838,000}{24}\fallingdotseq72,410\text{(원)}$$

16

| 정답 | ①

| 해설 | 공시지원금을 받아 스마트폰을 구매하고 라지 요금제를 사용할 경우 스마트폰별 월 납부액은 다음과 같다.

- A : $\frac{950,000-190,000-190,000\times0.15}{24}+69,000$

  $\fallingdotseq 99,470$(원)

- B : $\frac{838,000-170,000-170,000\times0.15}{24}+69,000$

  $\fallingdotseq 95,770$(원)

- C : $\frac{915,000-210,000-210,000\times0.15}{24}+69,000$

  $\fallingdotseq 97,060$(원)

- D : $\frac{860,000-180,000-180,000\times0.15}{24}+69,000$

  $\fallingdotseq 96,200$(원)

- E : $\frac{790,000-120,000-120,000\times0.15}{24}+69,000$

  $\fallingdotseq 96,160$(원)

따라서 B 제품을 샀을 때 월 납부액이 가장 저렴하다.

17

| 정답 | ④

| 해설 | 그래픽 성능 투자금액 규모와 소비자의 중요도 모두 점차 감소하고 있다.

18

| 정답 | ②

| 해설 | 주어진 조건에 따라 각 공장별 순위를 매기면 다음과 같다.

구분	1일 생산개수(개)		총 생산비용 (원)		운송거리 (km)		소비자 만족도 (10점 만점)	
	개수	순위	비용	순위	거리	순위	만족도	순위
A	300	2	360,000	2	120	2	8	2
B	250	4	225,000	1	50	1	7	3
C	310	1	403,000	4	150	3	6	4
D	280	3	392,000	3	220	4	9	1

순위 점수 환산표에 따라 점수를 계산하면 다음과 같다.

- A : 7+7+7+7=28(점)
- B : 3+10+10+5=28(점)
- C : 10+3+5+3=21(점)
- D : 5+5+3+10=23(점)

따라서 총점이 높은 A와 B 중 생산비용이 낮은 B가 최종 선정된다.

19

| 정답 | ②

| 해설 | 첫 번째 기준에 의해 C 차량은 가격이 비싸 그 어떤 차량과도 함께 구입할 수 없으므로 조합에서 탈락한다. 배기량이 3,500cc 이상이어야 한다는 조건에 따라 A 차량도 탈락한다. D 차량을 2대 사는 것은 10명을 태워야 한다는 두 번째 조건을 만족하지 못하므로 남은 조합은 B와 D, B와 E, E 2대, D와 E 네 가지인데 이 중에서 최대출력의 평균이 큰 조합은 B와 D, E 2대가 평균 200으로 같다. 따라서 평균연비가 더 높은 B와 D를 구매하게 된다.

20

| 정답 | ①

| 해설 | 이산화탄소 배출량과 연비에 따른 차량 등급을 표로 정리하면 다음과 같다.

차량	이산화탄소 배출등급	연비 등급	합계
A	★★★	★	★★★★
B	★★	★	★★★
C	★★★	★★	★★★★★
D	★	★★★	★★★★
E	★★	★	★★★

등급이 가장 높은 C 차량은 구입예산 3,000만 원을 초과하므로 구입하지 못한다. 따라서 그 다음으로 높은 4등급을 받은 A 차량과 D 차량 중에서 승차 인원이 더 많은 A 차량을 선택한다.

2회 집중력									문제 150쪽
01	①	02	④	03	②	04	①	05	④
06	①	07	③	08	②	09	②	10	②
11	③	12	③	13	④	14	②	15	③
16	④	17	③	18	④	19	④	20	①

01

| 정답 | ①

| 해설 | ② ⓪ ⑨ ⓪ − ψ Ω ψ

③ ⓪ ⑨ ⑥ − ψ Ω ξ

④ ⑨ ⑥ ⓪ − Ω ξ ψ

02

| 정답 | ④

| 해설 | ① △ ◁ △ − ග ල ග

② ◁△▷−ල ග ශ

③ ◁▷△−ල ශ ග

03

| 정답 | ②

| 해설 | QTLFB : 47168

04

| 정답 | ①

| 해설 |

503972483021541215547269

578941025463208641157495

587430254563157914320l8

05

| 정답 | ④

| 해설 |

ぺぁしぃねぅぉずかきくびぷぴぽけべえげこさ

ござじいすばせうどがでぜぞぇたぢってぱとな

あぼちぐづだにぬほのはひふそぶへまみぎおつ

06

| 정답 | ①

| 해설 |

gho xuh vie zim oer znb ydv nbd ons etr bhz oey iyq

hbu mxe gfz eht vcx jfs edp guy sgf mte uwo wgf ryv

cjs wru bmn fuh bzo ytg plw gie one tbq pbg acu ghf

auf egl rwi uds lkf blk dhr wqa eoi hrl uga ski rhe

07

| 정답 | ③

| 해설 |

콹 숲 휡 챩 겠 튥 댥 봁 긁 젥 흙 즑 뱱 춖

겱 윩 멹 땗 쳵 큵 쬚 핤 폷 꺏 땩 줅 쌲 뀖

뺽 퍩 흵 쌟 숚 먥 쥵 쓟 꺾 맚 볿 둛 캵 꿃

08

| 정답 | ②

| 해설 |

❊ ✫ ❊ ❁ ✯ ❃ ✳ ✰ ✼ ✣ ✤ ❦ ✘ ✜ ❊

✶ ❄ ✷ ✼ ❃ ✿ ✺ ❉ ✦ ✷ ✺ ❁ ❖ ✠ ✗

❀ ✼ ✪ ✹ ❊ ✯ ✱ ✯ ❏ ✪ ❀ ✼ ❃ ✼ ✳

09

| 정답 | ②

| 해설 |

♤◐◉△☆◎♧▷◁♡◎★♣▨■▩▤※◎

◇♥▣♧♤▦◐◈ㅁ≒▤◐▣∀▩∈∽♣

▨▲※■∑£△♤◆◉∋Å∬˜◁℉¢¿

◑♨¢∑☎∵◇▽≡⇔○℉‰▩♨♠¥ §

10

| 정답 | ②

| 해설 |

맙 뭅 맽 맥 멤 몀 몹 맞 멥 뮾 몊 멤 먑 먼 멸 망 맵 몹 밉 몁

멭 맵 밈 맨 뫂 믑 뼁 멥 몁 멉 맥 멒 몇 몇 면 몉 맵 맾 멭 맵

몁 멱 멕 몰 몊 몇 몍 맵 맾 멑 뮬 맙 믐 먹 몁 멸 맬 멀 맹 맾

11

| 정답 | ③

| 해설 |

℃ ℄ ℟ ℏ ℷ h ℳ Ɛ Ⅎ ℱ ℶ ℉ ℊ ℞ Ω Ʒ ℨ
ℸ ℳ ℱ ℔ ℚ Ж Ф ℔ № ℐ ℏ И Я Ю У Ⅎ ℰ
℧ ℨ K N ℵ Ɛ ℓ ℣ ℤ h ℝ ℒ ℑ ℍ ℐ ℕ ℐ
ℶ Ɛ Э Å Ⅎ X ℙ ℵ ℔ ℟ ℏ Ɛ ℧ ℒ ℑ ℂ Э

12

| 정답 | ③

| 해설 |

386 305 085 385 935 853 358 385 386 385 306 396
385 395 378 583 358 396 365 368 380 388 305 355
364 391 382 380 368 349 335 345 385 398 356 385

13

| 정답 | ④

| 해설 | sze, cns, tuy, vxq가 일치한다.

A.

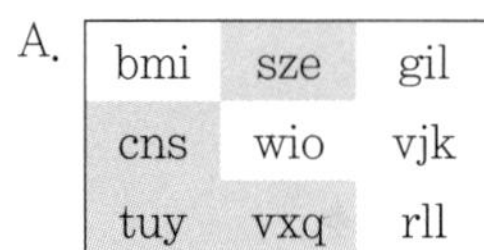

bmi	sze	gil
cns	wio	vjk
tuy	vxq	rll

B.

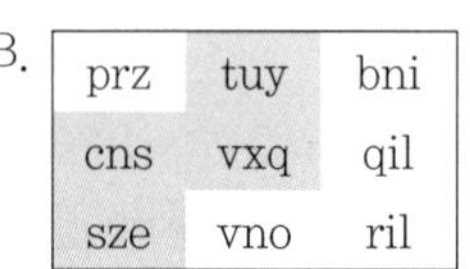

prz	tuy	bni
cns	vxq	qil
sze	vno	ril

14

| 정답 | ②

| 해설 | 해서, 해파가 일치한다.

A.

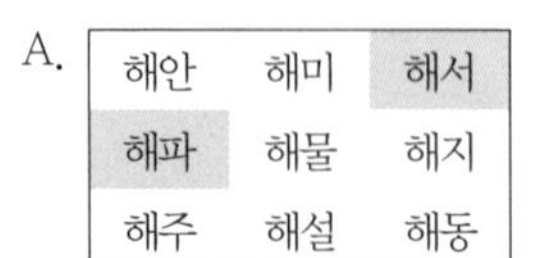

해안	해미	해서
해파	해물	해지
해주	해설	해동

B.

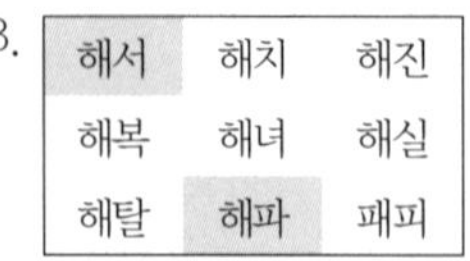

해서	해치	해진
해복	해녀	해실
해탈	해파	패피

보충 플러스+

앞 글자가 모두 '해'로 시작하므로 뒷글자만 확인하면 더 빨리 찾을 수 있다.

15

| 정답 | ③

| 해설 | 다양한 세대론을 규정짓는 신조어는 대부분 언론에 의해 만들어졌다. 신조어가 언론에서 지속적으로 생겨나는 이유에 대해 문화평론가인 경희대학교 영미문화전공 이택광 교수는 20대를 상대화함으로써 기성세대가 자기 세대의 정체성을 더욱 선명하게 부각시킬 수 있으며, '우리 때는 이러지 않았다'는 식으로 발화함으로써 도덕적 우위를 점할 수 있는 이점이 있기 때문이라고 말했다. 또한 20대를 특징짓는 시도를 '20대에 대한 이데올로기적 포섭 전략'으로 보고 자신의 규정에 해당되지 못하는 20대를 정상적 범주가 아닌 것으로 생각하게 만드는 역할을 하기도 한다고 밝혔다.

또, 20대 세대론이 지속되는 이유를 '언론의 정치적 필요'로 보는 시각도 있다. 즉, 언론사의 세대론을 20대에 대해 자기들끼리 갑론을박한 다음 마지못해 그들의 가치관을 들어주는 척하는 것과 비슷하다는 것이다. 다른 관점으로는 세대를 규정하는 일을 맡아야 하는 것이 언론의 숙명이라고 보는 견해도 있다. 즉, 언론이 새로운 세대의 특징을 짚어 내는 안목이 필요하다는 것이다.

16

| 정답 | ④

| 해설 | • 첫 번째 문단 3번째 줄 : 구재되지 → 구제되지

• 두 번째 문단 3번째 줄 : 합이를 해야 → 합의를 해야

• 두 번째 문단 7번째 줄 : 자국 법율을 통해 → 자국 법률을 통해

• 세 번째 문단 4번째 줄 : 이로서 → 이로써

17

| 정답 | ③

| 해설 | http://www.whitehouse.gov/ – http;//www.whitehouse.gov/

18

| 정답 | ④

| 해설 | ISBN HSCV－361J－R798 －
ISBN HSCV－861J－R798

19

| 정답 | ④

| 해설 | 독일에서 'Fräulein'은 원래 미혼 여성을 뜻하는 말이었는데 제2차 세계대전 이후 미군과 결혼한 여성을 가리키는 말로 변하면서 부정적인 색채를 띠게 되었다. 그러자 미혼 여성들은 자신들을 'Frau(영어의 'Mrs.'와 같다)'로 불러 달라고 공식적으로 요청하기 시작했다. 이런 요구를 하는 여성들이 갑자기 늘어나자 언론은 '부인으로 불러달라는 여자들이라니'라는 제목 등으로 여자들의 요구를 희한하다는 듯이 보도했다. 'Fräulein'과 'Frau'는 한동안 함께 사용되다가 점차 'Frau'의 사용이 늘자 1984년에는 공문서상 미혼 여성도 'Frau'로 표기한다고 법으로 규정했는데, 'Fräulein'이라는 말이 여성들의 의식이 달라진 이 시대에 뒤떨어졌다는 이유에서였다.

20

| 정답 | ①

| 해설 | • '받는 분' 항목의 주소 : 마동 → 다동
• '보내는 분' 항목의 성명 : 구소회 → 구소희
• '송장번호' : 840－2335－091 → 840－2235－091

2회 상식

문제 158쪽

01	④	02	③	03	④	04	②	05	③
06	③	07	④	08	②	09	①	10	②
11	④	12	②	13	④	14	②	15	①
16	③	17	③	18	③	19	①	20	③
21	①	22	④	23	②	24	①	25	②

01

| 정답 | ④

| 해설 | 미송리식 토기는 청동기 시대에 쓰인 대표적인 유물이다. 청동기 시대에는 잉여 생산물과 사유재산 제도의 발생에 따라 계급사회가 형성되었으며, 지배층의 무덤으로 고인돌을 만들었다.

| 오답풀이 |

① 주먹도끼와 슴베찌르개는 구석기시대의 대표적 유물이다.

② 세형동검과 철제 농기구는 철기시대의 대표적 유물이다.

③ 밭농사 중심의 농경과 목축을 시작한 시대는 신석기시대이다.

02

| 정답 | ③

| 해설 | 〈보기〉에 나타난 풍습을 가지고 있는 나라는 삼한이다. 삼한은 마한, 진한, 변한의 소국 연맹으로 농업에 관련된 제천행사인 5월제, 10월제가 열렸다.

| 오답풀이 |

① 동예와 관련된 내용이다.

② 고구려와 관련된 내용이다.

④ 부여와 관련된 내용이다.

03

| 정답 | ④

| 해설 | 천리장성은 고구려 말기 서부 국경의 방어를 위해 축조한 성으로, 당나라 태종이 즉위한 후 당나라와 고구려의 관계가 점차 악화되기 시작하자 당나라의 침략을 막기 위해 부여성부터 비사성까지 축조한 약 1,000리에 걸친 장성이다.

04

| 정답 | ②

| 해설 | 병자호란(가)은 1636년 12월부터 이듬해 1월에 청나라가 조선에 대한 제2차 침입으로 일어난 전쟁이며, 인조반정(나)은 1623년 서인 일파가 정변을 일으켜 광해군을 폐위시키고 인조를 왕위에 앉힌 사건이다. 임진왜란(다)은 조선 선조 25년(1592년)에 우리나라를 침입한 일본과의 싸움이며, 정묘호란(라)은 1627년에 일어난 조선과 후금 사이의 싸움이다. 정유재란(마)은 임진왜란 직후 1597년에 일본이 우리나라에 재침입한 전쟁이며, 경신환국(바)은 1680년에 남인(南人)이 대거 실각하여 정권에서 물러난 사건이다. 따라서 발생한 순서는 다－마－나－라－가－바이다.

05

| 정답 | ③

| 해설 | 신라 법흥왕의 업적에 해당한다. 법흥왕은 536년에 연호를 건원(建元)이라 정하였는데 이는 신라 최초의 연호였으며 신라가 중국의 여러 나라와 대등하다는 의미를 내포한다는 점에서 그 의의가 있다.

| 오답풀이 |

① 영묘사는 선덕여왕 대에 건립되었다.

② 경국대전은 조선시대 성종 대에 완성되었다.

④ 진흥왕의 업적이다.

06

| 정답 | ③

| 해설 | 고려시대의 특수 행정 구역인 향 · 소 · 부곡은 지방관이 파견되지 않고 주 · 현을 통하여 간접적으로 중앙 정부의 통제를 받았다.

07

| 정답 | ④

| 해설 | 『왕세자입학도첩』은 효명세자의 성균관 입학례를 그린 6폭의 그림으로 (가) 교육기관은 성균관이다. 성균관은 생원시나 진사시에 합격해야 입학할 수 있었으며, 성균관 유생들은 학문과 정치 현실에 민감하여 여러 사안에 대해 집단 상소를 올리기도 하였다.

| 오답풀이 |

① 조선 중기 이후 사림에 의해 설립된 서원에 대한 설명이다.

② 조선시대 지방교육기관인 향교에 대한 설명이다.

③ 고려시대 국립교육기관인 국자감에 대한 설명이다.

08

| 정답 | ②

| 해설 | 혼일강리역대국도지도로 조선 태종 때 좌정승 김사형, 우정승 이무와 이회가 만든 세계 지도이다.

| 오답풀이 |

① 조선 후기 철종 때 김정호가 제작한 것으로 산맥, 하천, 포구, 도로망 등을 표시하였다.

③ 조선 세조 때 양성지, 정척 등이 만든 지도로 현존하지는 않는다.

④ 이탈리아 선교사인 마테오 리치가 1602년에 제작한 지도로 숙종 때 조선에서 모사한 서양식 세계 지도이다.

09

| 정답 | ①

| 해설 | 서재필은 자유주의와 민주주의적 개혁 사상으로 민중을 계발하고자 1896년 우리나라 최초의 근대적인 사회

정치단체인 독립협회를 창립하였다. 독립협회는 자주국권, 자유민권, 자강개혁이라는 3대 사상을 가지고 1898년 만민공동회에서 국권수호운동 등을 결의하기도 하였다.

10

| 정답 | ②

| 해설 | 3 · 15 부정선거를 규탄하는 시위에 참여했다가 행방불명된 마산상고 학생 김주열의 시체가 눈에 최루탄이 박힌 채 바다에서 발견되자, 이에 분노한 시민들에 의해 1960년 4월 19일 시위가 전국으로 확산되었다.

| 오답풀이 |

① 1980년 5월 18일부터 27일까지 광주 시민들과 전라도 민들이 중심이 되어 계엄령 철퇴와 전두환 퇴진 등을 요구하며 일어난 운동이다.

③ 2000년 6월 13일부터 15일까지 2박 3일간 평양에서 열린 김대중 전 대통령과 김정일 위원장 간 정상회담으로, 6 · 15 남북정상회담으로도 불린다.

④ 1987년 6월 10일부터 29일까지 전국에서 일어난 반독재 · 민주화 시위를 말한다. 6월 9일 이한열 군이 시위 과정에서 부상을 입고 사경을 헤매게 되면서 산발적이던 민주화 투쟁이 전국적으로 확산되었다.

11

| 정답 | ④

| 해설 | 발광 다이오드(LCD)는 순방향 전압에 의해 전류가 흐를 때, n형 반도체에서 p형 반도체에 도달한 전자들이 에너지 준위가 낮은 양공의 자리로 이동하면서 띠틈에 해당하는 만큼의 에너지가 빛의 형태로 방출되는 다이오드를 말한다.

| 오답풀이 |

① 도핑에 대한 설명이다. 도펀트란 반도체 도핑을 하는 과정에서 고유 반도체에 섞는 불순물을 의미한다.

② 다이오드에 대한 설명이다.

③ 트랜지스터에 대한 설명이다.

12

| 정답 | ②

| 해설 | 물체의 위치는 5초일 때 출발점에서 가장 멀리 있다.

13

| 정답 | ④

| 해설 | 단결정 실리콘 태양 전지는 에너지 효율이 높아 대규모 발전에 사용된다.

| 오답풀이 |

② 연료 전지의 연료는 수소로, 그 생산 비용이 비싸다.

14

| 정답 | ②

| 해설 | 연료 전지는 화학적인 방법으로 전기를 얻는 장치로, 보통 수소와 산소의 화학 반응을 이용하여 전기와 열을 생산하며, 발생되는 생성물이 물밖에 없고 공해 물질이 전혀 배출되지 않아 환경 친화적 대체 에너지로 환영받고 있다.

15

| 정답 | ①

| 해설 | 원자량의 합으로 분자량을 확인해 보면 CO_2는 44, NO는 30, H_2O는 18, NH_3는 17, CH_4는 16이다.

16

| 정답 | ③

| 해설 | (가) 중성자는 원자핵이 만들어질 때 원자핵을 안정하게 하는 역할을 하고, 핵에서 같은 전하를 가진 양성자들끼리는 반발력이 작용하지만, 중성자와 양성자 사이에는 반발력 없이 강한 핵력이 작용한다.

(나) 양성자와 중성자의 핵융합으로 중수소 원자핵이 만들어진다.

(다) 수소 원자핵은 1개의 양성자로 이루어지고, 수소는 빅뱅 우주로부터 최초로 만들어졌다.

(라) 쿼크는 소입자 복합모델에서의 기본 구성자로, 양성자와 중성자를 구성한다.

(마) 빅뱅 후 우주의 온도가 3,000℃ 정도까지 낮아지면서, 전자가 원자핵에 붙잡혀 중성 원자가 생성되었다.

17

| 정답 | ③

| 해설 | (+)극에 염소 기체가, (−)극에 고체 나트륨이 생성된다.

| 오답풀이 |

① 고체 상태의 염화나트륨(NaCl)은 Na+과 Cl−이 정전기적 인력으로 단단히 결합하고 있어 전기가 통하지 않는다.

② 액체 상태나 수용액 상태에서는 이온이 자유롭게 움직일 수 있기 때문에 전기가 통한다.

④ 물에 전류가 흐를 수 있게 하면서 자신이 물보다 먼저 분해되지 않는 황산나트륨이나 수산화나트륨 등의 전해질을 넣어 전기분해시키면 (+)극에서는 산소 기체 (−)극에서는 수소 기체가 생성된다.

18

| 정답 | ③

| 해설 | 용액 속 이온의 농도가 변화하면 전기 전도도도 변하므로, 용액에 흐르는 전류의 세기를 측정하면 중화 반응의 진행 여부를 알 수 있다. 산과 염기가 만나 중화 반응하여 생성된 염이 물에 녹지 않고 앙금을 만드는 경우, 중화점에 이를 때까지 이온의 수가 줄어들고 용액의 부피는 늘어나므로 전류의 세기가 급격하게 약해진다. 중화점에서는 이온이 존재하지 않으므로 전류가 거의 흐르지 않다가 중화점을 지나면 다시 전류의 세기가 증가한다.

19

| 정답 | ①

| 해설 | ㉠ 파장은 진동수의 반비례이다. 따라서 전자기파 중 파장이 가장 짧은 감마선의 진동수가 가장 크다.

㉡ 빛은 전자의 움직임에 영향을 주고, 거친 매질일수록 속도가 감소하는 등의 특성을 지닌 전자기파이다.

| 오답풀이 |

㉢ 긴 마이크로파나 적외선 등의 전자기파는 가시광선보다 파장이 길다.

㉣ 적외선의 진동수가 자외선의 진동수보다 작다.

20

| 정답 | ③

| 해설 | 물체가 운동 상태의 변화 없이 안정적으로 정지해 있는 상태를 역학적 평형이라고 한다.

| 오답풀이 |

① 돌림힘에서 회전 운동의 중심을 회전축이라 하고, 회전축으로부터 힘이 작용하는 점까지의 거리를 지레의 팔이라 한다.

② 지레와 같은 도구를 사용하여 일을 할 때 작용해야 하는 힘의 크기가 줄어드는 대신 힘을 작용해야 하는 거리가 늘어나므로 일에서는 이득이 없게 된다. 이것을 일의 원리라고 한다.

21

| 정답 | ①

| 해설 | 이노빌트는 자원순환이 가능한 친환경소재의 철로 삶의 터전을 더 친환경적으로 만들며, 고객사와 공생발전으로 함께 지속 성장하고자 하는 포스코의 목표를 담고 있다. 이노빌트는 혁신을 뜻하는 Innovation, 가치의 Value, 건설의 Built를 결합시킨 것으로, 포스코 프리미엄 스틸을 통해 건설의 가치를 혁신하겠다는 의지를 담았다.

| 오답풀이 |

② 포스맥(PosMac) : 포스코가 개발 · 생산하고 있는 강철로, 잘 녹슬지 않는 내식강이다. 2009년부터 개발을 시작해 탄생한 프리미엄 제품이며 아연, 마그네슘, 알루미늄 등이

도금되어 기존 용융아연도금강판(GI)보다 내식성이 다섯 배가량 높다. 탄소강에 비해 내식성이 강한 스테인리스보다도 더 내식성이 뛰어나 수영장, 세탁기 등 고온다습한 환경과 건축외장재, 에어컨 실외기, 각종 펜스 등 미세먼지가 많은 지역에 적합하다.

③ 포스코 더샵(The Sharp) : 포스코그룹의 건설사로, 주요 사업은 제철소 건설 경험을 토대로 한 토목, 플랜트, 건축, 에너지, 도시개발사업이며, 도로 · 철도 · 교량터널 · 항만 등 다양한 SOC 사업에 참여하고 있다.

④ 아이큐텍(AiQ TECH) : 인공지능을 나타내는 AI와 지능지수 IQ, 감성지수 EQ를 더해 고객을 위해 스스로 학습하는 지능적이고 감성적인 포스코건설의 스마트 기술이다. 아파트 출입 시에 보다 높은 보안을 위한 안면인식 기술을 적용하고, 스마트미러를 통해 날마다 뉴스와 날씨 정보, 주요 일정 등을 체크할 수 있다.

22

| 정답 | ④

| 해설 | 포스코 제철소의 운영관리 노하우를 적용하여 종합부동산서비스, 인프라 · 플랜트, 인테리어, 골프 · 레저 분야에서 종합관리서비스를 제공하는 '포스코O&M'에 대한 소개이다.

| 오답풀이 |

① 포스코기술투자 : 포스코와 포항공대 기반의 투자기관으로, 주요 사업은 신기술사업자 및 벤처기업을 발굴 · 육성하는 지원서비스이다. 신기술사업자, 벤처기업에 대한 투자 · 융자, 경영 및 기술지도, 신기술사업투자조합의 결성 및 업무집행 그리고 각 사업에 부수되는 사업도 지원한다.

② 포스코엠텍 : 1973년 삼정강업주식회사로 설립된 철강포장사업 전문업체로, 2005년 포스코 계열사에 편입되면서 철강부원료사업 확대와 함께 소재사업의 기반을 다지기 시작했다.

③ 포스코인터내셔널 : 수출입업, 중개업, 자원개발 등의 사업을 영위하고 있으며 무역의 수출입으로 다루는 품목은 철강, 금속 등의 원자재를 비롯, 자동차부품 등의 기계류가 있다.

23

| 정답 | ②

| 해설 | 주식회사 포스코로 사명이 변경된 것은 2002년이다.

24

| 정답 | ①

| 해설 | 철강 제조과정은 쇳물을 제조하는 제선공정(1), 쇳물에서 불순물을 제거하여 강철로 만드는 공정인 제강공정(2), 액체상태의 철이 고체가 되는 공정인 연주공정(3), 철을 강판이나 선재로 만드는 공정인 압연공정(4) 순으로 이루어진다.

25

| 정답 | ②

| 해설 | 포스코의 저탄소 대응전략은 다음과 같다.

- 그린프로세스(Green Process) : 수소환원제철 HyREX 기술을 상용화하고 에너지 효율을 향상하며, 저탄소 연원료로 대체
- 그린프로덕트(Green Product) : 저탄소 철강 제품과 이차전지소재 자원화
- 그린파트너십(Green Partnership) : 탄소정보 공개와 기후변화 파트너십 설정

3회 기출예상문제

3회 언어논리력

문제 168쪽

01	②	02	③	03	③	04	②	05	③
06	③	07	④	08	①	09	①	10	②
11	④	12	③	13	②	14	①	15	③
16	④	17	②	18	③	19	①	20	③

01

| 정답 | ②

| 해설 | 제시된 글은 이분법적 사고와 부분만을 보고 전체를 판단하는 것이 가지는 위험성을 설명하기 위해 예시를 열거하고 있다. 특히 세 번째 문단에서는 '으스댔다', '우겼다', '푸념했다', '넋두리했다', '뇌까렸다', '잡아뗐다', '말해서 빈축을 사고 있다' 등의 서술어를 열거해 주관적 서술로 감정적 심리 반응을 유발하는 것이 극단적인 이분법적 사고로 이어질 수 있음을 경계하고 있다.

02

| 정답 | ③

| 해설 | 네 번째 문단에서 겸상 적혈구 유전자는 적혈구의 모양을 정상적인 도넛 모양에서 낫 모양으로 변화시켜 빈혈을 유발하긴 하지만 말라리아에 대한 저항력을 가지게 한다고 하였다.

| 오답풀이 |

① 두 번째 문단에서 어떤 질병에 대해서는 한 번의 감염으로 자극을 받아 생긴 항체가 평생 동안 그 질병에 대한 면역성을 주고, 그것이 바로 예방접종의 원리라고 하였다.

② 첫 번째 문단에서 체온을 높이면 어떤 병원체들은 우리보다 먼저 죽게 되므로 발열 증상은 우리 몸이 병원체를 죽이는 능동적인 행위라고 하였다.

④ 세 번째 문단에서 인플루엔자는 항원을 변화시키기 때문에 이전에 인플루엔자에 걸렸던 사람이라도 새로이 나타난 다른 균종으로부터 안전할 수 없다고 하였다.

03

| 정답 | ③

| 해설 | 제시된 글은 음료를 통해 카페인을 섭취하고자 할 때 커피보다 녹차가 더 나은 선택임을 설명하는 글이다. 녹차에 들어 있는 성분들에 대해 설명하면서 녹차에 함유된 카페인이 커피에 함유된 카페인보다 신체에 유익한 이유를 여러 근거를 들어 입증하고 있다. 따라서 주제로는 ③이 적절하다.

04

| 정답 | ②

| 해설 | 첫 번째 문단의 다섯 번째 줄에서 녹차는 커피에 비해 낮은 온도의 물에서 우려내므로 카페인 성분이 60 ~ 70%만 용출된다고 설명하고 있다.

| 오답풀이 |

①, ④ 첫 번째 문단 첫 번째 줄에 나와 있다.

③ 두 번째 문단 두 번째 줄에 나와 있다.

05

| 정답 | ③

| 해설 | 제시된 글은 과거의 아파트에서는 복층 구조를 보기 힘들었지만 최근 부동산 시장이 점점 침체됨에 따라 소비자의 수요를 유도할 목적으로 아파트에서도 복층 구조의 바람이 일고 있다는 내용이다. 따라서 (가)에는 부동산 침체와 불황에 점점 더 속도가 붙고 있다는 의미의 '가속화', (나)에는 현재의 수직적인 구조로 변화되기 이전에는 한 층으로만 구성되어 있었다는 의미의 '수평적', (다)에는 단층 구조에서는 이용할 수 없었던 공간 활용으로서 '창조적'이 들어가는 것이 가장 적절하다.

06

| 정답 | ③

| 해설 | 빈칸의 앞에서 삼림면적이 줄어들었음을 설명하고 이에 더하여 빈칸의 뒤에서는 삼림의 질까지 저하되었음을 기술하고 있으므로, 빈칸에는 첨가의 접속어인 '게다가'가 들어가는 것이 적절하다.

07

| 정답 | ④

| 해설 | 먼저 (다)에서는 예전의 과학자들이 태양 에너지를 무엇이라 생각했는지에 대해 소개한 뒤, 시간이 흐르며 밝혀진 정설에 대해 설명한다. 그리고 (나)에서는 어떤 현상을 거치며 태양의 에너지를 생성하는지에 대해 정설대로 설명한다. 마지막으로 화두에 제시했던 태양이 공급하는 에너지가 어떻게 끊임없이 생산될 수 있는지에 대한 결론을 (가)에서 제시한다.

각각의 글이 담고 있는 내용의 맥락 외에도 각 문단의 처음과 끝을 통해 순서를 유추해 볼 수 있다. (나)는 '시간이 더 지난 후'로 시작되므로 시간이 더 지나기 전에 관한 내용 다음으로 이어지는 것이 자연스럽다. (가)의 '이러한 방식으로 태양은 항상 적절한 온도를 유지해 왔고, 앞으로도 오랫동안 지구에 적절한 에너지를 제공할 것이다'라는 마지막 문장은 글의 주제에 대한 답을 제시하고 있기 때문에 마지막 순서에 놓이는 것이 자연스럽다.

따라서 (다)-(나)-(가) 순이 적절하다.

08

| 정답 | ①

| 해설 | (다) 문단을 살펴보면 방사능 물질은 핵융합이 아닌 핵분열 과정에서 생겨나는 것임을 알 수 있다. 또한 태양의 스펙트럼에서는 방사능 물질이 아닌 수소와 헬륨이 발견되었다고 하였으므로 핵융합 과정에서는 방사능 물질이 나오지 않음을 추론할 수 있다.

| 오답풀이 |

② (다) 문단의 '하지만 태양의 스펙트럼을 분석해 본 결과 방사능은 태양의 에너지원이 아니라는 사실을 발견하였다'라는 문장을 통해 광선의 스펙트럼을 분석하면 광선을 발산하는 물체의 구성 성분을 어느 정도 알 수 있음을 추론할 수 있다.

③ (나) 문단의 '즉, 원자들이 자체적으로 가지는 반발력보다 운동에너지가 더 높아져 비교적 낮은 온도일 때보다 더 가까워짐으로 인해 핵융합이 가능해진다'라는 문장을 통해 원자들이 자체적으로 반발력을 가지고는 있지만 높은 운동에너지가 반발력을 무력화시킬 수 있음을 추론할 수 있다.

④ (나) 문단의 '이때 수소와 헬륨의 핵융합으로 줄어드는 질량은 질량에너지보존법칙에 따라 에너지로 바뀐다'라는 문장을 통해 핵융합이 일어나면서 수소와 헬륨의 질량이 줄어든다는 것을 추론할 수 있다.

09

| 정답 | ①

| 해설 | 과거에는 고정된 사회계층을 기반으로 낭만적 관계가 형성됐으며 사랑은 사회적 의미를 띠거나 사회적 인정을 대신해 주는 감정이 아니었다. 하지만 자신의 가치를 확신하지 못해 불안함을 느끼는 현대인들은 사회관계 안에서 자신을 나타냄으로써 사회적 자존감과 가치를 획득하므로 본인의 가치를 확신하기 위해 타인에게 의존하고 상대방을 통해 자신의 가치를 가늠한다고 하며, 저자는 이것을 사랑이라 정의한다. 따라서 제목과 부제목으로는 ①이 적절하다.

| 오답풀이 |

② 과거의 사랑과 현대의 사랑을 대비하며 개념이 변화한 배경을 분석하는 글이므로 좀더 포괄적인 제목이 필요하다. 또한 철학자들의 발언은 글의 서문을 열지만 글 전체의 주제는 아니다.

③ 존재의 유일성에 대한 언급은 매우 적으며 〈젊은 베르테르의 슬픔〉이 잠시 언급되기는 하나 문학작품 분석이 글의 목적은 아니다.

④ 주장을 뒷받침하기 위해 과거와 현대의 연애지침서의 차이를 비교한 대목이 있으나 이는 근거로 활용된 소재일 뿐 글의 중심소재는 아니다.

10

| 정답 | ②

| 해설 | 제시된 글은 인간의 활동으로 인해 '인간적'인 이유로 죽은 동물들에 대한 이야기를 다루고 있다. 따라서 독자들에게 환경을 파괴하는 인간에 대한 경고의 의미를 전달하고 있는 ②가 적절한 인용글이다.

11

| 정답 | ④

| 해설 | '지질 구조'는 다른 3가지와 달리 동물의 떼죽음의 원인으로 작용하는 것이 아니다.

12

| 정답 | ③

| 해설 | 다섯 번째 문단의 '어쩌면 천 년쯤 후 인류세의 지질학적 특징은 대규모로 매립된 가축 유존체가 될지도 모른다.'라는 문장의 내용은 추측일 뿐 규정하는 내용이 아니다.

| 오답풀이 |

① '그러나 아주 많은 상황은 '매우 인간적'일 수도 있다'를 통해 알 수 있다.

② '세계 2차 대전 이후 환경에 대한 인간 활동의 영향이 극대화되었다. 학자들은 이 시기를 인류세(Anthropocene)라고 칭한다'를 통해 알 수 있다.

④ '2011년 구제역으로 돼지 330만 마리를 땅에 묻은 이후에도 우리는 꾸준히 매년 크고 작은 규모로 가축을 죽여서 묻고 있다'를 통해 추론할 수 있다.

13

| 정답 | ②

| 해설 | 글쓴이는 복합매체의 특성과 그로 인한 부정적 측면을 제시하였다. 그리고 마지막 문단에서 복합매체를 통한 국어 활동에서 유념해야 할 원칙으로 규범성, 절제성, 기준성, 주체성의 원칙을 제시하면서 이러한 규칙들을 준수하는 것의 중요성을 강조하고 있다.

14

| 정답 | ①

| 해설 | ㉠은 통합성에서 초래되는 주체 상실의 내용을 나타내야 한다. A와 B는 각각 타인의 생각에 대한 무비판적인 쏠림, 유행에 대한 판단 없는 참여에 관한 사례이다.

| 오답풀이 |

- C : 복합 매체의 초월성에 따른 언어의 무책임한 사용에 해당한다.
- D : 가변성이 낳은 불안의식에 따른 문제이다.

15

| 정답 | ③

| 해설 | 와이파이 신호 강제 활성화 및 기압센서를 통한 정보 획득 백그라운드 애플리케이션에 대한 내용은 매몰자의 위치 파악을 위해 와이파이 신호를 감지하고 기압센서를 활용한다는 내용으로 끝나는 다섯 번째 문단과 그렇게 수집된 정보를 활용한 구조 진행에 대한 여섯 번째 문단 사이(㉢)에 오는 것이 적절하다.

16

| 정답 | ④

| 해설 | 제시된 글은 현 재난구조 기술의 한계와 이를 극복하기 위한 연구의 분야 및 개발 과정 등에 대해 설명하고 있다. 글쓴이는 개발되었거나 개발 중인 기술들을 상세하게 소개하고 향후 개발될 기술을 전망하며 글을 구성했으므로 ④가 적절하다.

17

| 정답 | ②

| 해설 | 1472년 과거시험은 초시를 식년 전해인 가을에, 복시를 식년 봄에 실시하였다. 따라서 여름에 실시되었다는 설명은 옳지 않다.

| 오답풀이 |

① 조선시대 과거시험에는 소과, 문과, 무과, 잡과의 네 종류가 있었다.

③ 1437년(세종 19) 이후부터 과거시험의 장소를 1소와 2소로 나누어 실시하는 분소법이 시행되었다.

④ 조선시대 고시관은 고려시대의 지공거와는 달리 상당히 제한된 소임만을 하였다.

18

| 정답 | ③

| 해설 | 첫 번째 문단에서는 『박씨전』과 『시장과 전장』을 예로 들며 실재했던 전쟁을 배경으로 한 소설들의 허구화에 관해 이야기하고 있다. 『박씨전』에서는 병자호란 당시의 슬픔을 위로하기 위해, 『시장과 전장』에서는 한국 전쟁에 좌절하지 않기 위해 각각 허구적 인물과 이야기를 다루었다고 설명하고 있다. 두 번째 문단에서는 이러한 소설 작품에 나타난 전쟁을 새롭게 조명함으로써 폭력성 · 비극성과 같은 전쟁의 성격을 탐색하는 등 전쟁에 대한 새로운 인식을 제공한다는 내용이 제시되어 있다. 따라서 '허구화'와 '문학 속 전쟁의 의미'가 들어간 ③이 적절하다.

19

| 정답 | ①

| 해설 | 포스트모더니즘은 모더니즘에 대한 반발로 등장했다. 사실주의와 자연주의에 대한 반발로 등장한 것은 모더니즘이다.

| 오답풀이 |

② 이전 시대의 양식 또는 이미지를 차용하여 만든 차용 미술은 포스트모더니즘 양식에 속한다.

③ 모더니즘 예술가들은 점, 선, 면 또는 색만을 이용하여 작품을 그리기도 했다.

④ 모더니즘은 기존 미술의 전통적인 의무감에서 벗어나 현실을 모방하지 않는 새로운 형태의 미술로 나아가는 아방가르드를 추구하였다.

20

| 정답 | ③

| 해설 | 포스트모더니즘의 가장 큰 특징은 다원성과 상대성이다.

| 오답풀이 |

① 미국 건축 비평가가 처음으로 사용한 용어라는 언급은 되어 있지만, 건축 분야에서 처음으로 등장한 양식인가에 대해서는 제시되어 있지 않다.

② 모더니즘은 인간 이성에 대한 불신을 바탕으로 생겨난 양식이다.

④ 점, 선, 면 또는 색만을 이용하여 작품을 그린 것은 모더니즘 양식의 특징이다.

3회 수리력

문제 184쪽

01	①	02	④	03	④	04	①	05	④
06	④	07	①	08	④	09	④	10	④
11	②	12	④	13	②	14	④	15	②
16	④	17	③	18	②	19	④	20	③

01

| 정답 | ①

| 해설 | 지문이 찍힌 다섯 개의 숫자 중에서 한 개의 숫자가 빠지는 경우 즉, 네 개의 숫자를 고르는 경우는 5가지이다. 그리고 맨 처음과 마지막 숫자는 정해져 있으므로 가운데 두 숫자만 자리가 바뀌는 경우는 2가지이다. 따라서 유추할 수 있는 비밀번호의 개수는 $5\times2=10$(개)이다.

02

| 정답 | ④

| 해설 | 가로의 길이를 $(x-2)$m, 세로의 길이를 xm라고 한다면 총 둘레가 32m이므로,

$2(x-2)+2x=32$

$\therefore\ x=9$(m)

따라서 세로는 9m이다.

03

| 정답 | ④

| 해설 | 매뉴얼의 전체 분량을 x라 하면 다음과 같은 식이 성립한다.

$$\left(x\times\frac{2}{3}-100\right)\times 0.5=30$$

$$\frac{2}{3}x-100=60$$

$$x=240$$

따라서 전체 매뉴얼 분량은 240페이지이다.

04

| 정답 | ①

| 해설 | 수요일에 비가 올 확률을 계산하면 다음과 같다.

- 월요일 비○－화요일 비○－수요일 비○ : 0.4×0.4=0.16
- 월요일 비○－화요일 비×－수요일 비○ : 0.6×0.3=0.18

수요일에 비가 올 확률은 0.16+0.18=0.34이고, 비가 오지 않을 확률은 1－0.34=0.66이다. 따라서 수요일에 A가 지각할 확률은 0.34×0.7+0.66×0.1=0.238+0.066=0.304이다.

05

| 정답 | ④

| 해설 | 터널의 길이를 xm, 새마을호의 속력을 ym/s라 할 때, 열차가 터널을 통과하는 데 걸리는 시간은 열차의 시작부터 끝까지 터널을 모두 빠져나오는 시간이므로 다음과 같은 식이 성립한다.

$x+150=y\times 20$ ……………… ㉠

$x+320=2y\times 11$ ……………… ㉡

㉠, ㉡을 연립하여 풀면 x=1,550(m), y=85(m/s)이므로 터널의 길이는 1,550m이다.

06

| 정답 | ④

| 해설 | 6% 설탕물의 양을 xg으로 두면, 13% 설탕물의 양은 (350－x)g이므로 다음 식이 성립한다.

$$\frac{6}{100}x+\frac{13}{100}(350-x)=\frac{9}{100}\times 350$$

$$6x+13(350-x)=9\times 350$$

$$6x+13\times 350-13x=9\times 350$$

$$7x=1,400 \qquad \therefore x=200(\text{g})$$

07

| 정답 | ①

| 해설 | A 그룹의 점수 총합이 600점이므로 평균은 $\frac{600}{30}=20$(점)이 된다. 그러므로 B 그룹 평균은 45점, C 그룹 평균은 60점이 된다.

따라서 세 그룹의 전체 평균은 $\frac{(20\times 30)+(45\times 50)+(60\times 20)}{100}=40.5$(점)이다.

08

| 정답 | ④

| 해설 | 기준에 따라 가중치를 부여하여 각 직원의 평점을 계산해 보면 다음과 같다.

(단위 : 점)

구분	직원 A	직원 B	직원 C	직원 D	직원 E
매출 실적	1×1.3 =1.3	4×1.3 =5.2	2×1.3 =2.6	2×1.3 =2.6	4×1.3 =5.2
이익률	2×1.3 =2.6	4×1.3 =5.2	2×1.3 =2.6	4×1.3 =5.2	3×1.3 =3.9
근무 태도	2×1.2 =2.4	2×1.2 =2.4	3×1.2 =3.6	4×1.2 =4.8	1×1.2 =1.2
직원 평가	4×1.2 =4.8	2×1.2 =2.4	4×1.2 =4.8	4×1.2 =4.8	3×1.2 =3.6
성실성	3×1.1 =3.3	4×1.1 =4.4	5×1.1 =5.5	2×1.1 =2.2	4×1.1 =4.4
합계	14.4	19.6	19.1	19.6	18.3

따라서 평점 합계가 동일한 직원 B, D 중 매출실적이 높은 직원 B가 최우수 직원이 되며, 직원 A가 14.4점으로 평점 합계가 가장 낮은 직원이 된다. 두 직원의 매출실적 평점은 각각 5.2−1.3=3.9(점)의 차이가 난다.

09

| 정답 | ④

| 해설 | **08**의 해설을 참고하여 평점의 합계가 가장 낮은 직원 A는 직원평가 항목에서 공동 1위를 기록했음을 알 수 있다.

| 오답풀이 |

① 비업무 항목의 평점은 다음과 같다.

(단위 : 점)

구분	직원 A	직원 B	직원 C	직원 D	직원 E
근무태도	2×1.2 =2.4	2×1.2 =2.4	3×1.2 =3.6	4×1.2 =4.8	1×1.2 =1.2
직원평가	4×1.2 =4.8	2×1.2 =2.4	4×1.2 =4.8	4×1.2 =4.8	3×1.2 =3.6
성실성	3×1.1 =3.3	4×1.1 =4.4	5×1.1 =5.5	2×1.1 =2.2	4×1.1 =4.4
합계	10.5	9.2	13.9	11.8	9.2

따라서 비업무 항목만 놓고 보면 직원 C의 평점 합계가 가장 높다.

10

| 정답 | ④

| 해설 | GDP 대비 연구개발투자비율$=\frac{\text{총연구개발지출금}}{\text{당해 연도 GDP}}\times 100$이므로 총연구개발지출금=당해 연도 GDP×GDP 대비 연구개발투자비율÷100이다. 20X7년 멕시코의 GDP를 x라 하면 이탈리아의 GDP는 $1.9x$이므로, 멕시코의 총연구개발지출금은 $x\times 0.5\div 100=0.005x$, 이탈리아의 총연구개발지출금은 $1.9x\times 1.3\div 100=0.0247x$이다. 따라서 20X7년에 이탈리아는 멕시코보다 $\frac{0.0247x}{0.005x}=4.94$(배)의 금액을 연구개발에 투자했음을 추론할 수 있다.

| 오답풀이 |

③ 20X9년 독일의 GDP를 x라고 하면 미국의 GDP는 $4.8x$이므로, 독일의 총연구개발지출금은 $x\times 2.9\div 100=0.029x$, 미국의 총연구개발지출금은 $4.8x\times 2.8\div 100=0.1344x$이다. 따라서 20X9년에 미국은 독일보다 $\frac{0.1344x}{0.029x}\fallingdotseq 4.6$(배)의 금액을 연구개발에 투자했음을 추론할 수 있다.

11

| 정답 | ②

| 해설 | 20X9년 우리나라의 GDP 대비 연구개발투자비율은 4.2%이므로, 총연구개발지출금은 13,778×108×4.2÷100 =57,867,600,000(달러)이다.

12

| 정답 | ④

| 해설 | 소득 5분위 배율이 더 크다는 것이 반드시 상위 20%의 소득이 크다는 것을 의미하는 것은 아니다. 양 극단의 계층 간 소득 차이를 의미하는 것으로 하위 20%의 소득이 더욱 낮음으로 인해 배율이 커질 수도 있다.

| 오답풀이 |

① 2인 이상 비농가와 전체 가구 모두 가처분소득 기준 2017 ~ 2020년까지의 소득 5분위 배율이 감소하였으므로 빈부격차가 감소했다고 볼 수 있다.

② 2019년, 2020년에 가처분소득의 빈부격차는 전년보다 감소했지만 시장소득의 빈부격차는 증가했다.

③ 2018년 7.6−5.72=1.88(배), 2019년 8.08−5.75=2.33(배), 2020년 8.24−5.75=2.49(배), 2021년 9.32−6.37=2.95(배)로 격차는 지속 증가했다.

13

| 정답 | ②

| 해설 | 2011년 대비 2021년의 가처분소득 배율은 5.38에서 5.45로 증가하였고 동 기간 시장소득 배율은 6.65에서 9.32로 증가하였다. 따라서 가처분소득 배율의 증가율은

$\frac{5.45-5.38}{5.38} \times 100 \fallingdotseq 1.3(\%)$이며, 시장소득 배율의 증가율은 $\frac{9.32-6.65}{6.65} \times 100 \fallingdotseq 40.2(\%)$이다.

14

| 정답 | ④

| 해설 | 〈자료 2〉 노후 준비 방법 그래프의 53%는 노후를 준비하고 있는 사람들에 해당하는 65.4% 중에서 국민연금으로 노후 준비를 하는 인원이 차지하는 비율이다. 따라서 전체 조사대상자 중 몇 퍼센트인지를 묻고 있으므로 0.654×0.53=0.34662, 약 34.7%가 들어가야 한다.

15

| 정답 | ②

| 해설 | A ~ E의 대략적인 각 국가별 여름철 강수 집중도를 구하면 다음과 같다.

- A : $\frac{100}{1,250}=0.08$
- B : $\frac{200}{700}=0.29$
- C : $\frac{300}{1,800}=0.17$
- D : $\frac{800}{1,000}=0.80$
- E : $\frac{1,400}{1,600}=0.875$

첫 번째 정보에서 여름철 강수 집중도는 ㉱, ㉲ 국가가 ㉮, ㉯ 국가보다 2배 이상 높다고 했으므로 D, E는 ㉱ 국가 또는 ㉲ 국가이고, A, B, C는 ㉮ 국가 또는 ㉯ 국가 또는 ㉰ 국가이다.

세 번째 정보에서 ㉱ 국가는 ㉲ 국가보다 연간 강수량이 많다고 했으므로 D, E 중 연간 강수량이 더 많은 E가 ㉱ 국가임을 알 수 있다. 따라서 D는 ㉲ 국가이다.

네 번째 정보에서 ㉯ 국가는 ㉰ 국가에 비해서 연간 강수량은 많지만 여름철 강수량은 적다고 했으므로 A가 ㉯ 국가, B가 ㉰ 국가임을 알 수 있다. 따라서 이를 정리하면 ㉮ 국가－C, ㉯ 국가－A, ㉰ 국가－B, ㉱ 국가－E, ㉲ 국가－D이다.

16

| 정답 | ④

| 해설 | 지역별로 2021년 9월 대비 2022년 3월의 전기차 등록 증가율을 구하면 다음과 같다.

(단위 : 점)

지역	2021년 9월 대비 2022년 3월의 전기차 등록 증가율	지역	2021년 9월 대비 2022년 3월의 전기차 등록 증가율
서울	$\frac{5,036-3,530}{3,530} \times 100 \fallingdotseq 42.7(\%)$	광주	$\frac{634-423}{423} \times 100 \fallingdotseq 49.9(\%)$
인천	$\frac{659-435}{435} \times 100 \fallingdotseq 51.5(\%)$	강원	$\frac{571-378}{378} \times 100 \fallingdotseq 51.1(\%)$
경기	$\frac{2,845-1,714}{1,714} \times 100 \fallingdotseq 66.0(\%)$	경북	$\frac{1,024-575}{575} \times 100 \fallingdotseq 78.1(\%)$
충북	$\frac{410-168}{168} \times 100 \fallingdotseq 144.0(\%)$	경남	$\frac{1,202-893}{893} \times 100 \fallingdotseq 34.6(\%)$
충남	$\frac{482-269}{269} \times 100 \fallingdotseq 79.2(\%)$	대구	$\frac{2,569-1,454}{1,454} \times 100 \fallingdotseq 76.7(\%)$
세종	$\frac{175-69}{69} \times 100 \fallingdotseq 153.6(\%)$	울산	$\frac{404-223}{223} \times 100 \fallingdotseq 81.2(\%)$
대전	$\frac{364-253}{253} \times 100 \fallingdotseq 43.9(\%)$	부산	$\frac{935-629}{629} \times 100 \fallingdotseq 48.6(\%)$
전북	$\frac{422-232}{232} \times 100 \fallingdotseq 81.9(\%)$	제주	$\frac{10,368-8,281}{8,281} \times 100 \fallingdotseq 25.2(\%)$
전남	$\frac{1,209-810}{810} \times 100 \fallingdotseq 49.3(\%)$		

따라서 전기차 등록 증가율은 제주가 가장 작고, 세종이 가장 크다.

| 오답풀이 |

① 〈자료 2〉를 보면 제주에 등록된 전기차가 8,281대로 가장 많은 것을 알 수 있다.

② 〈자료 2〉를 보면 서울에 등록된 전기차는 3,530대, 제주에 등록된 전기차는 8,281대로 서울에 등록된 전기차 수의 $\frac{8,281}{3,530} \fallingdotseq 2.3$(배)가 제주에 등록되어 있음을 알 수 있다.

17

| 정답 | ③

| 해설 | 2021년 9월 대비 2022년 3월 전기차 등록 증가량은 서울이 5,036－3,530＝1,506(대), 인천이 659－435＝224(대), 경기가 2,845－1,714＝1,131(대)이다.

| 오답풀이 |

② 2018년과 2019년의 전년 대비 전기차 보급 증가율을 구하면 다음과 같다.

- 2018년 : $\frac{1,075-780}{780} \times 100 \fallingdotseq 38(\%)$
- 2019년 : $\frac{2,821-1,075}{1,075} \times 100 \fallingdotseq 162(\%)$

④ **16**에 따라 전북, 전남, 광주의 2021년 9월 대비 2022년 3월 전기차 등록 증가율은 순서대로 82%, 49%, 50%이다.

18

| 정답 | ②

| 해설 | 모든 주택형태에서 도시가스 에너지가 가장 많이 소비되고 있다.

| 오답풀이 |

① 전체 에너지 소비량의 30%는 7,354×0.3＝2,206.2(천 TOE)로 단독주택에서 소비한 전력 에너지량인 2,118천 TOE보다 많다.

③ 제시된 자료에 가구 수는 나와 있지 않으므로 가구당 에너지 소비량은 알 수 없다.

④ 모든 주택형태에서 소비되는 에너지 유형은 석유, 도시가스, 전력으로 3가지이다.

19

| 정답 | ④

| 해설 | 아파트 전체 에너지 소비량 중 도시가스 에너지 소비량이 차지하는 비율은 $\frac{5,609.3}{10,125} \times 100 \fallingdotseq 55.4(\%)$이다.

20

| 정답 | ③

| 해설 | ㉡ 학교 시설과 주변 환경 모두 매우 만족과 보통이라고 답한 비율이 90%에 가깝기 때문에 매우 불만족스럽다고 판단하기는 어렵다.

㉣ 보통이라고 답한 비율도 낮지 않기 때문에 매우 우호적이라고 판단하기는 어렵다.

3회 공간지각력

문제 198쪽

01	④	02	②	03	③	04	①	05	④
06	①	07	③	08	④	09	③	10	②
11	②	12	②	13	①	14	④	15	②
16	③	17	④	18	③	19	①	20	④

01

| 정답 | ④

| 해설 | ④는 제시된 도형을 시계방향으로 90° 회전시킨 것이다.

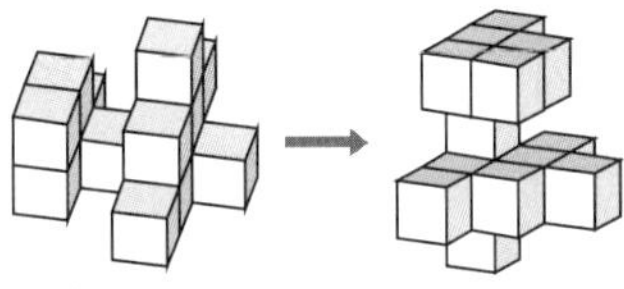

| 오답풀이 |

다음 입체도형은 점선 표시된 블록이 추가되고 동그라미 친 블록이 제거되어야 일치한다.

①
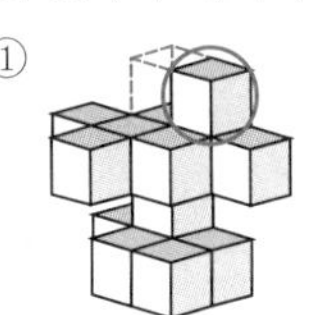

②
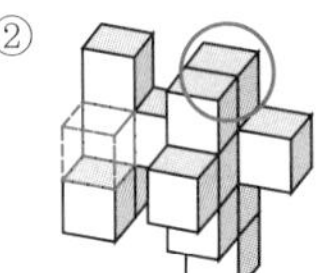

③
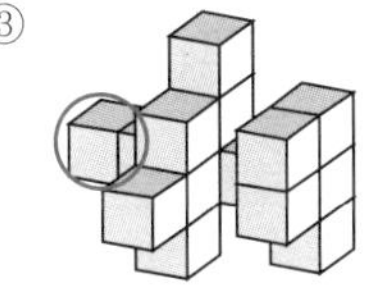

02

| 정답 | ②

| 해설 | ②는 제시된 도형을 세로축을 기준으로 90° 회전시킨 뒤 시계방향으로 90° 회전시킨 것이다.

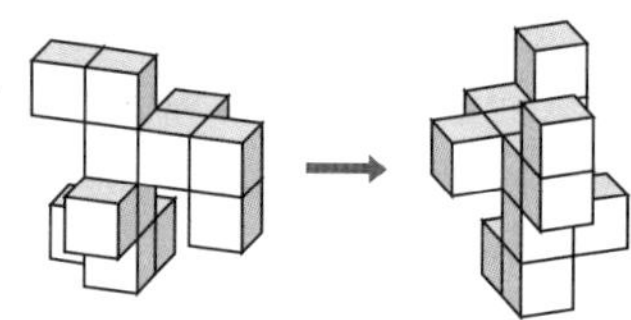

| 오답풀이 |

다음 입체도형은 점선 표시된 블록이 추가되고 동그라미 친 블록이 제거되어야 일치한다.

①

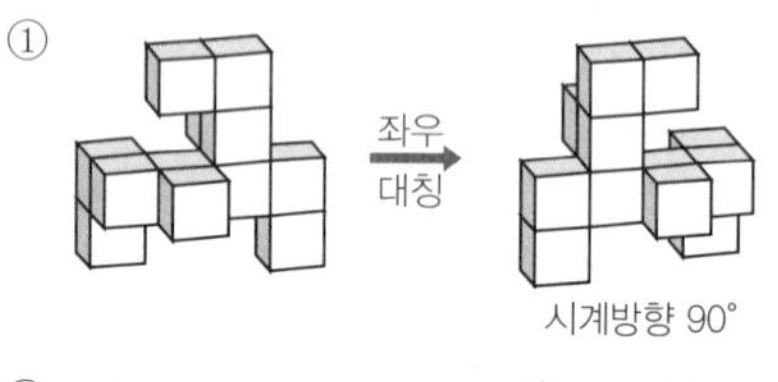

③

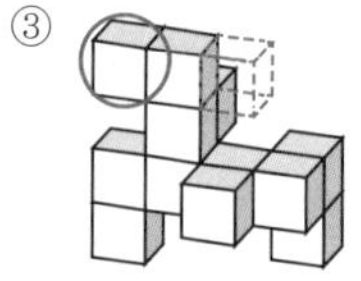

④

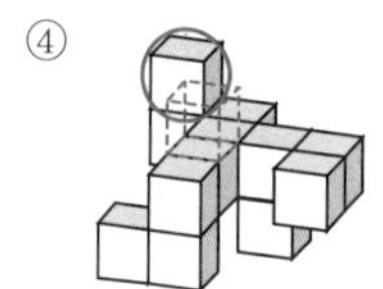

03

| 정답 | ③

| 해설 | ③은 제시된 도형을 뒤쪽 방향(↶)으로 90° 회전시킨 것이다.

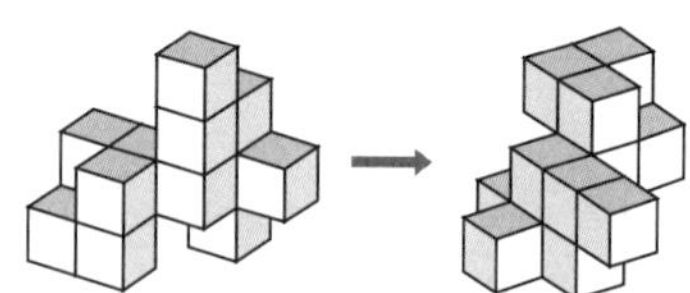

| 오답풀이 |

다른 입체도형은 점선 표시된 블록이 추가되고 동그라미 친 블록이 제거되어야 일치한다.

①

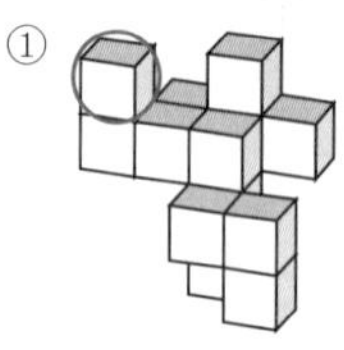

②

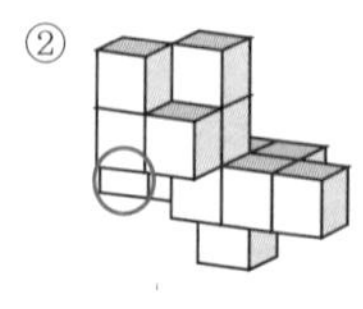

④

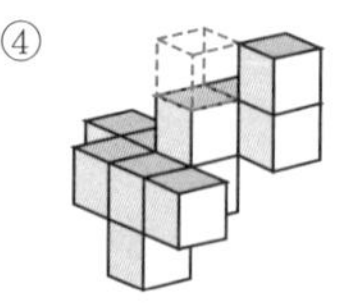

04

| 정답 | ①

| 해설 | ①은 제시된 도형을 앞쪽 방향(↶)으로 90° 회전시킨 것이다.

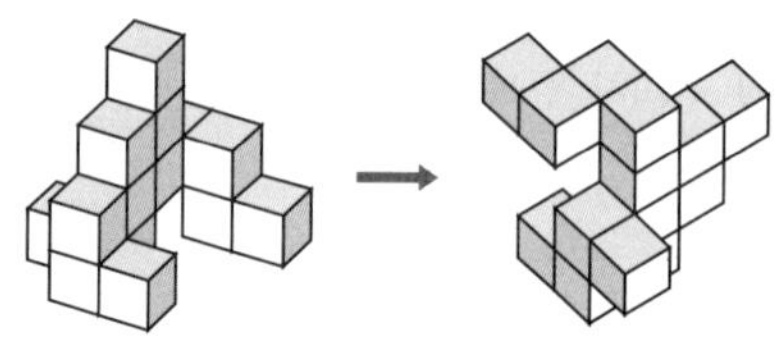

| 오답풀이 |

다음 입체도형은 점선 표시된 블록이 추가되고 동그라미 친 블록이 제거되어야 일치한다.

②

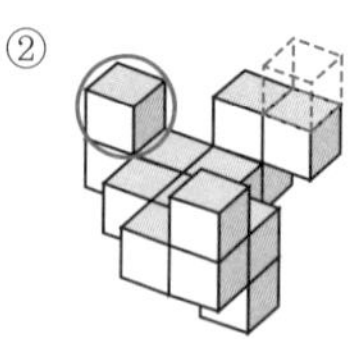

③

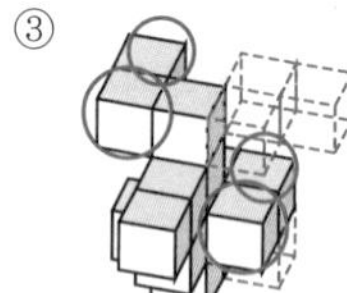

④

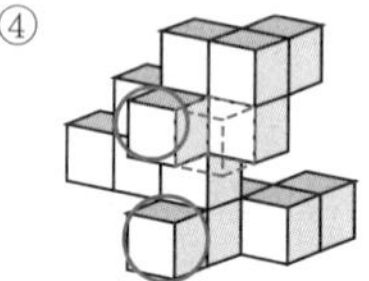

05

| 정답 | ④

| 해설 | ④는 점선 표시된 블록이 추가되고 동그라미 친 부분이 제거되어야 한다.

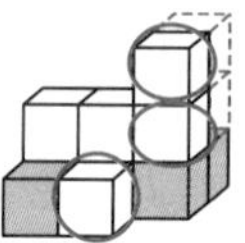

| 오답풀이 |

나머지 선택지의 결합 형태는 다음과 같다.

①

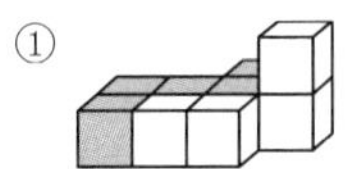

②

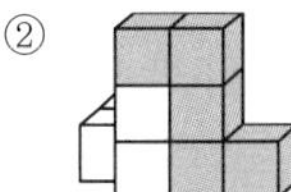

③

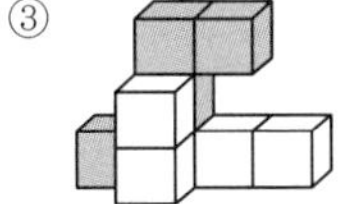

06

| 정답 | ①

| 해설 | ①은 동그라미 친 부분이 제거되어야 한다.

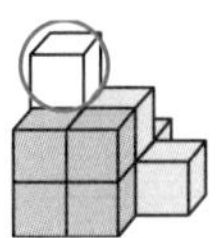

| 오답풀이 |

나머지 선택지의 결합 형태는 다음과 같다.

②

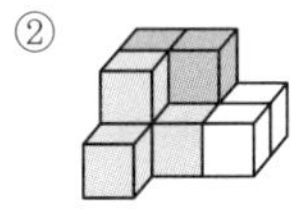

③

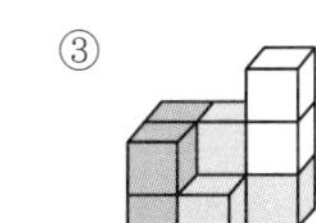

④

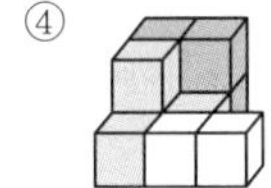

07

| 정답 | ③

| 해설 | 세 개의 블록으로 ③의 형태를 만들면 다음과 같다

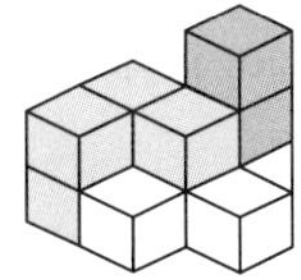

08

| 정답 | ④

| 해설 | 전개도 한 면의 방향이 다음과 같이 바뀌어야 한다.

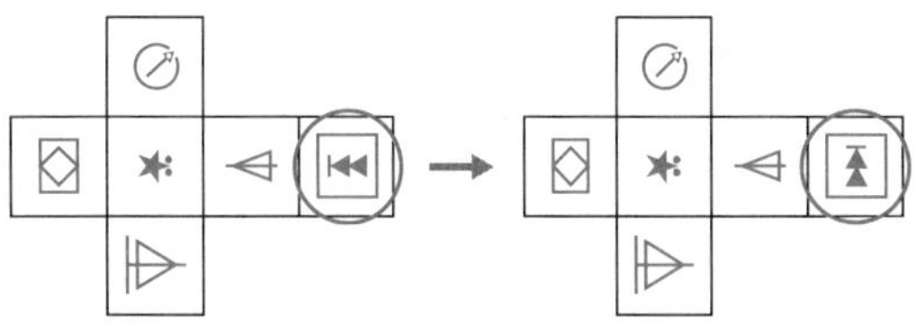

09

| 정답 | ③

| 해설 | 전개도 한 면의 방향이 다음과 같이 바뀌어야 한다.

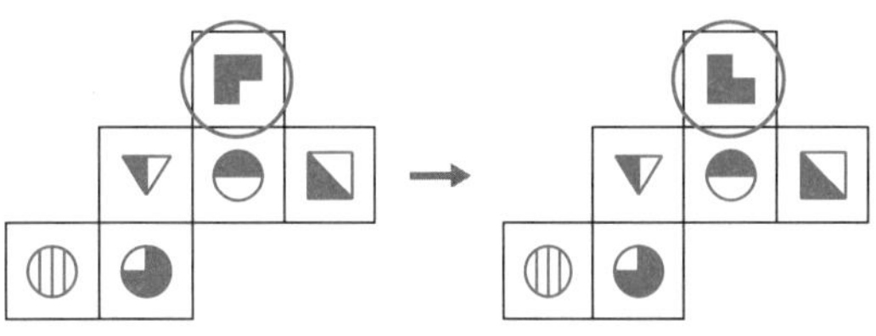

10

| 정답 | ②

| 해설 | 도형을 다음과 같이 전개도 모양으로 펼쳤을 때 도형의 인접한 변의 위치를 표시한다. ②의 도형이 맞닿는 면을 확인하면 다음과 같이 일치한다.

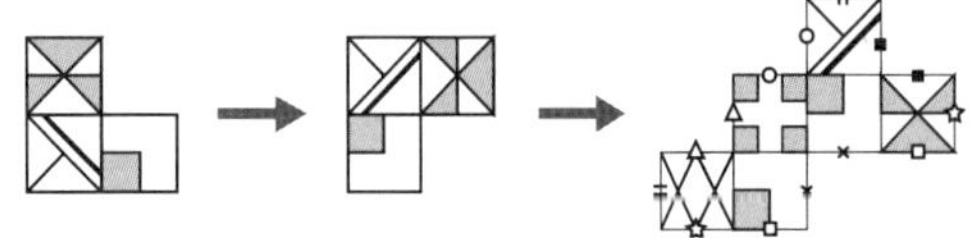

11

| 정답 | ②

| 해설 | 입체도형의 변이 서로 겹치는 부분을 a, b, c로 표시하고 ②의 전개도의 맞닿는 변을 동일하게 표시해 비교하면 다음과 같이 일치한다.

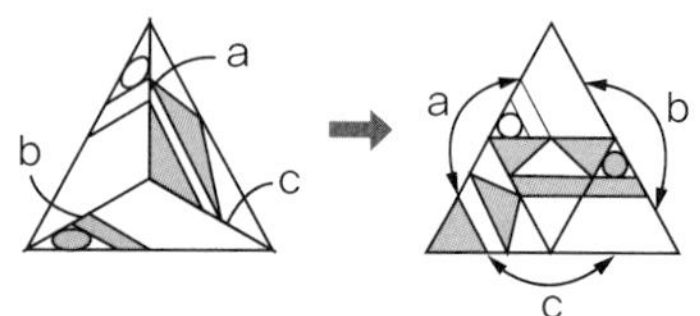

12

| 정답 | ②

| 해설 | ②의 전개도에서 서로 맞닿는 변을 표시하면 다음과 같다. 따라서 이를 접어 만들어지는 입체도형은 제시된 입체도형과 일치한다.

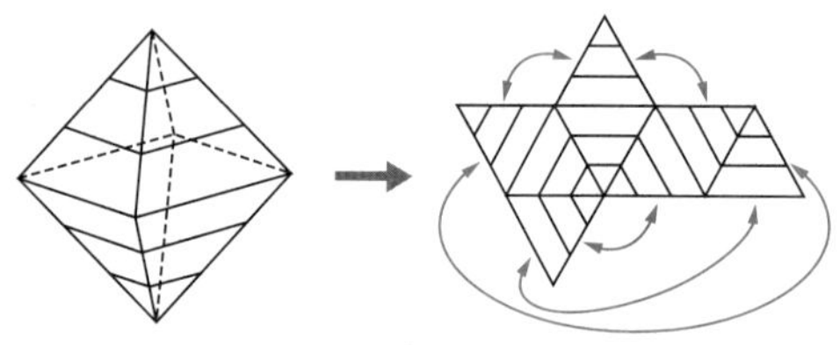

| 오답풀이 |

① 정팔면체로 만들어지지 않는다.

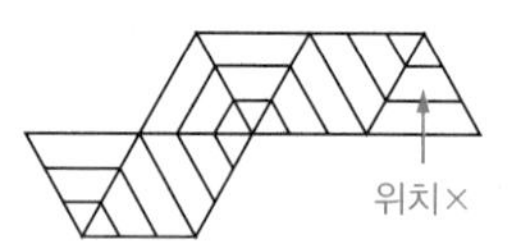

③ 정팔면체로 만들어지지 않는다.

④ 정팔면체로 만들어지지만 그림이 일치하지 않는다.

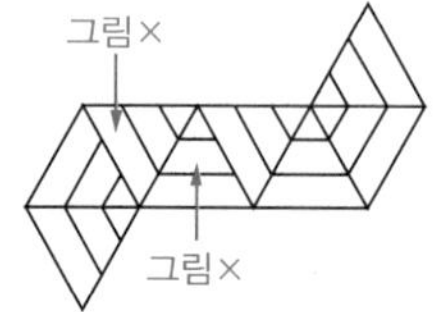

13

| 정답 | ①

| 해설 | 정육면체의 한 면을 다음과 같이 4개로 나눠 ⓐ~ⓓ로 구분한다. 그리고 A, B가 표시된 면을 글씨가 올바르게 읽힐 수 있는 방향으로 정면에서 봤을 때, 표시가 ⓐ~ⓓ 중 어느 위치에 있는가를 확인한다. 제시된 도형에서 A는 ⓑ, B는 ⓒ이다.

ⓑ	ⓐ
ⓒ	ⓓ

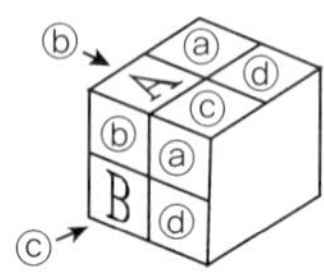

선택지를 확인해 보면 다음과 같이 정리할 수 있다.

구분	A	B
①	ⓑ	ⓒ
②	ⓑ	ⓓ
③	ⓑ	ⓓ
④	ⓓ	ⓑ

따라서 제시된 도형과 그림 기호의 위치가 같은 것은 ①이다.

14

| 정답 | ④

| 해설 | 전개도를 접었을 때 서로 만나는 변을 표시하면 다음과 같다.

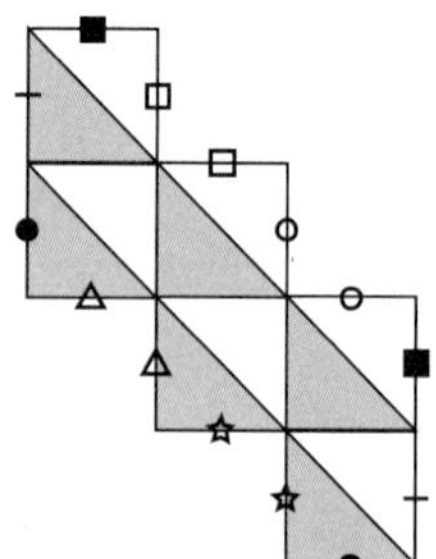

따라서 ④는 다음과 같이 바뀌어야 한다.

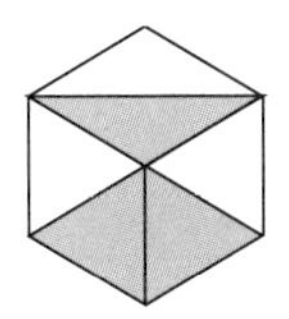

15

| 정답 | ②

| 해설 | 앞면과 뒷면에서 볼 수 있는 모양을 그림으로 나타내면 다음과 같다.

1. 앞에서 본 모양

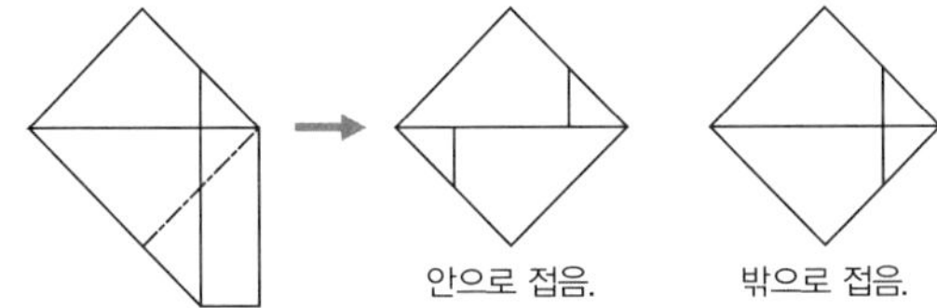

2. 뒤에서 본 모양

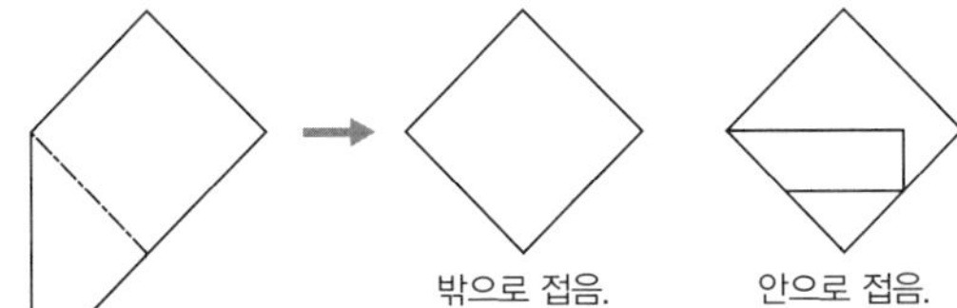

따라서 ②의 모양은 볼 수 없다.

16

| 정답 | ③

| 해설 | 역순으로 펼치면 다음과 같다.

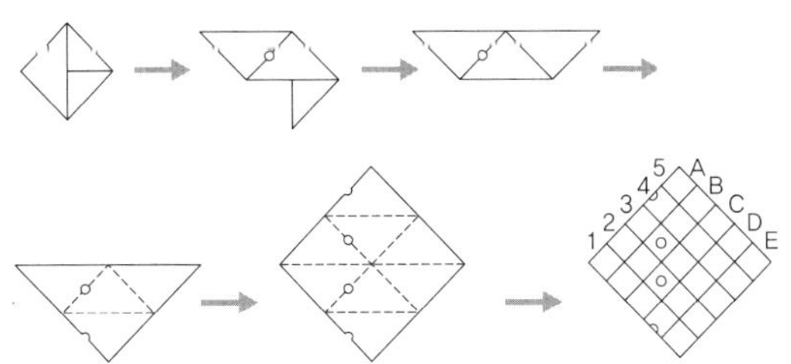

따라서 구멍이 뚫린 좌표는 A－4, B－3, C－2, D－1이다.

17

| 정답 | ④

| 해설 | 역순으로 펼치면 다음과 같다.

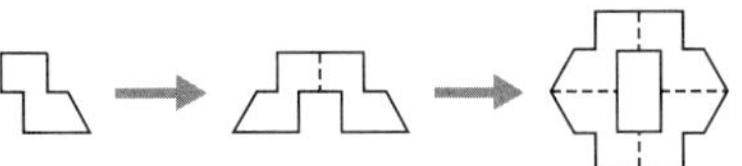

18

| 정답 | ③

| 해설 | 역순으로 펼치면 다음과 같다.

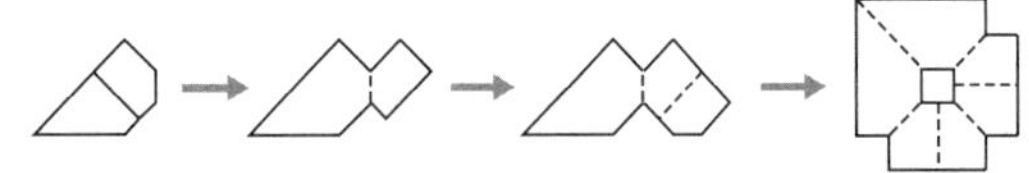

19

| 정답 | ①

| 해설 |

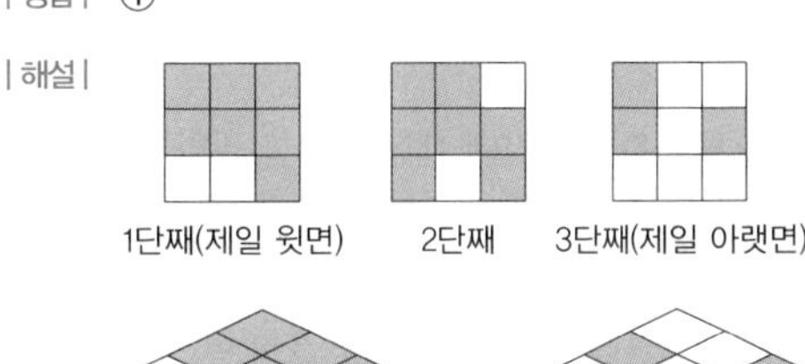

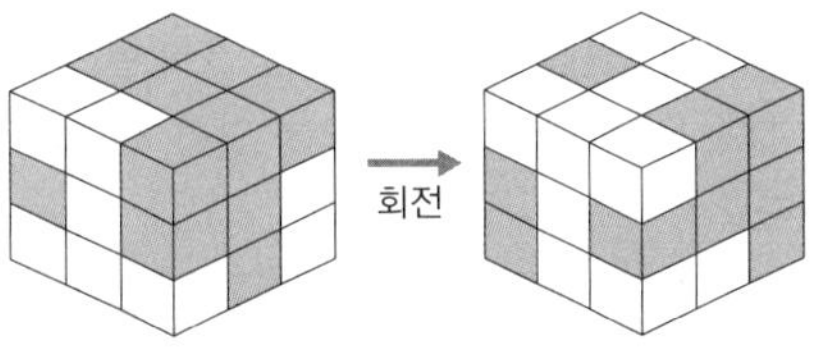

20

| 정답 | ④

| 해설 |

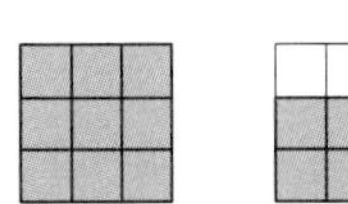
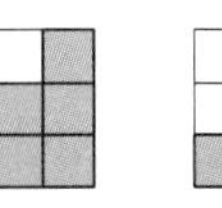

1단째(제일 윗면) 2단째 3단째(제일 아랫면)

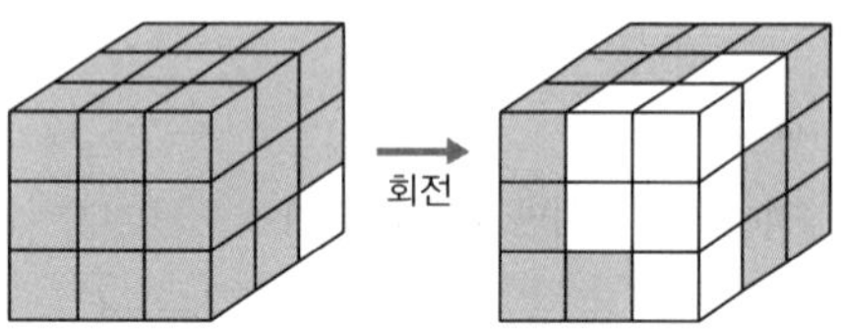

3회 문제해결력

문제 210쪽

01	③	02	④	03	④	04	①	05	①
06	①	07	③	08	③	09	③	10	②
11	①	12	②	13	③	14	②	15	③
16	④	17	④	18	①	19	④	20	①

01

| 정답 | ③

| 해설 | 4명 중 혼자 기혼자에 대한 정보를 말하고 있는 D를 기준으로 추론하면 다음과 같다.

1. D가 기혼자일 때 D의 발언으로 C는 독신자가 된다. C의 발언은 진실이므로 A는 독신자이고 A의 발언은 진실이므로 D도 독신자가 되지만 다음과 같이 처음 가정에 모순된다.

	기혼자	독신자
A		○
B		
C		○
D	○	○

2. D가 독신자일 때 D의 발언을 통해 C는 기혼자이다. C의 발언은 거짓이므로 A도 기혼자가 된다. A 자신과 D 모두 독신이라는 A의 발언은 A가 기혼자이므로 거짓이 된다. 남은 B는 독신자가 되며 다음과 같이 진실을 말하고 있다.

	기혼자	독신자
A	○	
B		○
C	○	
D		○

따라서 독신자는 B와 D이다.

02

| 정답 | ④

| 해설 | 정중앙에 위치하는 동민이와 앞뒤 배치가 확정된 재열, 해수를 기준으로 조건에 따라 배열하며 경우의 수를 나누어 생각한다.

재열이나 해수가 맨 앞이나 맨 뒤에 서 있다면 그 반대편인 맨 뒤나 맨 앞에는 수광이가 서는데, 이렇게 되면 동민이의 앞뒤로 소녀와 영진이가 위치하면서, 강우가 수광이의 바로 앞 혹은 뒤에 서게 되므로 조건에 어긋난다.

따라서 재열, 해수는 맨 앞과 맨 뒤를 제외한 앞에서 두, 세 번째 또는 네, 다섯 번째에 서고, 그 바로 앞 또는 뒤에는 수광이가 맨 앞 또는 맨 뒷자리에 서며, 반대편으로는 소녀, 강우, 영진이 차례로 서 있게 된다. 이를 정리하면 다음과 같다.

1. 재열과 해수가 두, 세 번째에 서는 경우

앞						뒤
수광	재열 (해수)	해수 (재열)	동민	소녀	강우	영진

2. 재열과 해수가 네, 다섯 번째에 서는 경우

앞						뒤
소녀	강우	영진	동민	재열 (해수)	해수 (재열)	수광

따라서 ④는 반드시 참이다.

03

| 정답 | ④

| 해설 | 제시된 조건에 따르면 F가 D보다 먼저 들어오고(F−D), G가 F보다 먼저 들어왔다(G−F−D). 또한 A가 F

보다 먼저 들어왔으나 1등은 아니므로 G-A-F-D 순으로 들어왔음을 알 수 있다. 따라서 첫 번째로 결승점에 들어온 직원은 G이다.

04

| 정답 | ①

| 해설 | A가 코스요리 1, 2, 3을 각각 선택할 때의 3가지 경우로 나누어 생각하면 다음과 같다.

1. A가 코스 1을 선택한 경우

코스 1	A, C, E
코스 2	D, F
코스 3	B, G

2. A가 코스 2를 선택한 경우

코스 1	C, D
코스 2	A, E, F
코스 3	B, G

3. A가 코스 3을 선택한 경우

코스 1	B, C, G
코스 2	D, F
코스 3	A, E

따라서 G가 코스 1을 선택하였다면 E는 코스 3을 주문하였다.

05

| 정답 | ①

| 해설 | (가) [정보 1]과 [정보 2]가 참일 경우 적어도 반려견 6마리는 이날 방문한 것이 되므로 [정보 3]도 참이 된다.

(나) [정보 2]가 참이라 하더라도 최소 2마리 이상이라고 하였기 때문에 이날 방문한 반려견의 수가 짝수인지는 확실히 알 수 없다.

(다) [정보 1]과 [정보 3]이 참일 경우 손님 3명이 각각 1마리, 1마리, 4마리 또는 1마리, 2마리, 3마리의 반려견과 함께 방문했을 수도 있으므로 [정보 2]가 반드시 참인 것은 아니다.

따라서 반드시 참인 것은 (가)뿐이다.

06

| 정답 | ①

| 해설 | 각 조건에 기호를 붙여 정리하면 다음과 같다.

- p : 영화를 좋아한다.
- q : 감수성이 풍부하다.
- r : 편집을 잘한다.
- s : 꼼꼼한 성격이다.

기호에 따라 주어진 명제와 그 대우 명제를 정리하면 다음과 같다.

- $p \rightarrow q(\sim q \rightarrow \sim p)$
- $s \rightarrow r(\sim r \rightarrow \sim s)$
- $p \rightarrow s(\sim s \rightarrow \sim p)$

따라서 '$\sim r \rightarrow \sim s$'와 '$\sim s \rightarrow \sim p$'의 삼단논법에 의해 '$\sim r \rightarrow \sim p$'도 참으로 성립된다. 즉, '편집을 잘하지 못하면 영화를 좋아하지 않는다'는 참이다.

| 오답풀이 |

②, ③, ④ 주어진 명제로는 알 수 없다.

07

| 정답 | ③

| 해설 | 첫 번째 명제와 세 번째 명제의 삼단논법에 따라 '진달래를 좋아하는 사람→ 감성적인 사람→ 보라색을 좋아한다'가 성립한다. 따라서 '진달래를 좋아하는 사람은 보라색을 좋아한다'가 성립한다.

08

| 정답 | ③

| 해설 | A : 닭 → 개∩고양이 ⇨

<table><tr><td>닭 → 개 (㉠)
닭 → 고양이 (㉡)</td><td>대우</td><td>개 × → 닭 ×
고양이 × → 닭 ×</td></tr></table>

B : 개∩고양이× → 닭∪물고기 (ⓒ)

C : 물고기×∪원숭이 → 고양이× ⇨

물고기× → 고양이×(ⓡ)	대우	고양이 → 물고기
원숭이 → 고양이×(ⓜ)		고양이 → 원숭이×

이를 토대로 〈보기〉를 검토해 보면,

(가) 고양이 → 원숭이× : ⓜ의 대우이므로 옳다.

(나) 원숭이 → 닭 : 원숭이 → 고양이× → 닭×, 원숭이 → 닭×이므로 옳지 않다.

(다) 닭 → 물고기 : 닭 → 고양이 → 물고기, 닭 → 물고기이므로 옳다.

따라서 옳은 것은 (가)와 (다)이다.

도형별 규칙들을 정리하면 다음과 같다.

도형	규칙
◈	맨 앞자리에 한 문자 더 추가하기
※	맨 앞자리 문자와 맨 뒷자리 문자의 위치 바꾸기
●	맨 앞자리 문자를 맨 뒤로 보내기
♡	문자의 정렬 순서를 역순으로 바꾸기
◑	맨 앞자리 문자 삭제하기

따라서 ●에 의해 맨 앞자리 문자인 ㄹ을 맨 뒤로 보내고, ♡에 의해 문자의 정렬을 역순으로 바꾼다.

ㄹㅋㅌㅅ ➡ ● ➡ ㅋㅌㅅㄹ ➡ ♡ ➡ ㄹㅅㅌㅋ

09

| 정답 | ③

| 해설 | ㄴㅇㅎ열과 ㅍㅁㅂㅈ열을 보면 ◈가 공통으로 들어가는데, 변화과정을 거쳐 각각 끝 문자에 ㅅ, 첫 문자에 ㄱ이 추가되어 있는 것으로 보아 ◈는 한 개의 문자를 추가하는 암호임을 유추할 수 있다.

그런데 문자를 앞자리에 추가하는 것인지, 뒷자리에 추가하는 것인지는 알 수 없으므로, 우선 ◈를 맨 앞자리에 문자를 추가하는 암호라 가정한다. 이에 따라 ㄴㅇㅎ ➡ ◈ ➡ ㅅㄴㅇㅎ ➡ ※ ➡ ㅎㄴㅇㅅ이 성립되어, ◈이 맨 앞자리에 한 문자 더 추가하는 암호가 되며, ※이 맨 앞자리 문자와 맨 뒷자리 문자의 위치를 서로 바꾸는 암호임도 추측할 수 있다.

다음으로 ㅍㅁㅂㅈ열에서 역으로 확인해 보면 ㅁㅂㅈㅍ ➡ ◈ ➡ ㄱㅁㅂㅈㅍ, ㅍㅁㅂㅈ ➡ ● ➡ ㅁㅂㅈㅍ를 통해 ●는 맨 앞자리 문자를 맨 뒤로 보내는 암호임을 알 수 있고, ㅂㅈㅅㄷ열에서는 ㅂㅈㅅㄷ ➡ ※ ➡ ㄷㅈㅅㅂ ➡ ♡ ➡ ㅂㅅㅈㄷ를 통해 ♡가 문자의 정렬 순서를 역순으로 바꾸는 암호임을, ㄱㅁㅂㅈㅍ열에서는 ㄱㅁㅂㅈㅍ ➡ ♡ ➡ ㅍㅈㅂㅁㄱ ➡ ◑ ➡ ㅈㅂㅁㄱ를 통해 ◑는 맨 앞자리 문자를 삭제하는 암호임을 알 수 있다.

10

| 정답 | ②

| 해설 | 변화과정의 결과인 ㄱㅅㅊㄹㄷ을 역으로 진행시키면 ㄷㅅㅊㄹㄱ ➡ ※ ➡ ㄱㅅㅊㄹㄷ, ㅅㅊㄹㄱ ➡ ◈ ➡ ㄷㅅㅊㄹㄱ가 되므로, ㄱㅅㅊㄹ ➡ ? ➡ ㅅㅊㄹㄱ가 되기 위해서는 '?'에 맨 앞자리 문자를 맨 뒤로 보내는 암호인 ●를 넣는 것이 적합하다.

ㄱㅅㅊㄹ ➡ ● ➡ ㅅㅊㄹㄱ ➡ ◈ ➡ ㄷㅅㅊㄹㄱ ➡ ※ ➡ ㄱㅅㅊㄹㄷ

11

| 정답 | ①

| 해설 | 대회의실과 20인 수용시설 2실, 숙박시설과 차량이 필요한데, C 호텔 숙박시설은 정원이 30인이기 때문에 불가능하다. 또한 D 호텔은 소회의실이 1실밖에 없으므로 워크숍 장소로 적절하지 않다. 마지막으로 남은 A 호텔과 B 호텔 중에서 같은 조건일 경우 노래방 기기가 있는 곳을 더 선호한다고 하였으므로 A 호텔이 워크숍 장소로 적절하다.

12

| 정답 | ②

| 해설 | 주어진 조건을 종합해 계산하면 다음과 같다.

A 공장	(3,500+25+400)×1,000+100,000 =4,025,000(원)
B 공장	(2,000+50+300)×1,000+120,000 =2,470,000(원)
C 공장	(3,000+50+200)×1,000+80,000 =3,330,000(원)
C 공장	(3,000+50+200)×1,000+140,000 =3,390,000(원)

따라서 B 공장의 납품가가 가장 저렴하다.

13

| 정답 | ③

| 해설 | 〈상품 내역〉에 따르면 발주일이 3월 26일이고 4월 5일이 행사일이므로 4일까지 납품받아야 한다면 발주일을 감안하여 9 ~ 10일의 작업일수가 필요하다.

따라서 작업일수가 10일 이하인 A 공장과 C 공장 중 납품가가 낮은 C 공장을 선택하는 것이 적절하다.

14

| 정답 | ②

| 해설 | B는 유럽경제연구팀 소속이며 유럽 지역 파견을 희망하고 있으므로 유럽으로 파견되는 것이 가장 적절하다.

| 오답풀이 |

① A는 중국어와 영어를 할 수 있으므로 중국으로 파견되는 것이 적절하다.

③ C는 서아시아팀 소속이며 아랍어를 사용할 수 있고 사우디아라비아 전문가이므로 사우디아라비아에 파견되는 것이 적절하다.

④ D는 동아시아팀 소속이며 영어를 사용할 수 있으므로 광동어와 함께 영어를 사용하는 홍콩으로 파견되는 것이 적절하다.

15

| 정답 | ③

| 해설 | • 공항에서 회사까지 이동 시 교통수단별 비용

- 택시(기본요금 거리인 2km 이동 후 추가로 이동하는 108km를 120m로 나누어 계산하면 100원의 초과요금이 900번 부과된다) : 3,800+900×100=93,800(원)
- 공항버스 : 15,000원
- 지하철(스트레스 비용까지 고려한다) : 1,200+100×20+100×110=14,200(원)

• 회사에서 회의장까지 이동 시 교통수단별 비용

- 택시(기본요금 거리 이동 후 48km를 이동해야 하기에 100원의 초과요금이 400번 부과된다) : 3,800+100×400=43,800(원)
- 지하철 : 1,200+100×8+100×50=7,000(원)
- 시내버스(초과요금은 최대 700원까지만 부과되며 스트레스 비용 고려하여 계산한다) : 1,200+100×7+100×50=6,900(원)

따라서 H는 공항에서 회사까지 이동 시에는 지하철을, 회사에서 회의장까지 이동 시에는 시내버스를 선택한다.

16

| 정답 | ④

| 해설 | **15**에서 선택했던 공항버스(이동수단1)와 시내버스(이동수단2)를 이용한다면 출장보고를 마친 후 회의장에 14시 5분에 도착하게 된다. H가 학회에 최소 한 시간 이상 참석하려면 회의장에 14시까지는 도착해야 하므로 출장보고에 필요한 1시간까지 고려하면 3시간 이내로 이동해야 한다.

• 교통수단별 이동 소요시간

ⅰ. 공항 → 회사

택시 : $\frac{110}{80}\times 60 = 82.5$(분)=1시간 22.5분

공항버스 : $\frac{110}{60}\times 60 = 110$(분)=1시간 50분

지하철 : $\frac{110}{110}\times 60 = 60$(분)=1시간 22.5분

ⅱ. 회사 → 회의장

택시 : $\frac{50}{80} \times 60 = 37.5$(분)

지하철 : $\frac{50}{110} \times 60 ≒ 27.3$(분)

시내버스 : $\frac{50}{40} \times 60 = 75$(분)=1시간 15분

따라서 3시간 이내로 이동가능한 수단 중 교통비용이 최소인 조합은 지하철(이동수단1), 시내버스(이동수단2)이다.

17

| 정답 | ④

| 해설 | 부서장의 요구사항 중 최우선사항인 최대 대기 시간과 충전 소요시간을 비교했을 때 상대적으로 최대 대기 시간이 짧은 B와 완전 충전에 소요되는 시간이 긴 A를 제외한 C, D를 비교한다. 여기에 두 번째 요구사항으로 RAM과 SSD의 용량이 넉넉한 제품을 요구하고 있으므로, C와 D 중 RAM 용량이 16GB로 더 큰 D를 최종적으로 선택하는 것이 가장 적절하다.

18

| 정답 | ①

| 해설 | 최대 대기 시간과 충전 소요시간을 고려 대상에서 제외하고 성능을 최우선사항으로 고려했을 때, RAM과 SSD 용량이 가장 크고 무게가 적은 A 제품을 선택하는 것이 가장 적절하다.

19

| 정답 | ④

| 해설 | 〈자료 2〉에 따르면 건강식품 사업부의 고객층은 장년층이며, 저렴한 비용을 우선적으로 고려한다고 나와 있다. 따라서 건강식품 사업부의 홍보 방안으로는 '신문 광고'가 가장 적합하다.

20

| 정답 | ①

| 해설 | 전자기기 사업부에서는 빠른 시장 장악을 중요시 여기므로 전파속도가 빠른 '동영상 전문 사이트 광고'와 '웹페이지 배너 광고' 중에서 선택해야 한다. 또한 스마트폰은 순환주기가 빠르고 신제품은 스마트폰 게임에 적합하다고 하였으므로, 홍보 지속 기간이 1주일이며 주요 소비층이 20대인 '동영상 전문 사이트 광고'가 가장 적합한 홍보 방안이 된다.

3회 집중력

문제 222쪽

01	①	02	②	03	③	04	④	05	④
06	①	07	④	08	③	09	②	10	②
11	③	12	①	13	①	14	③	15	①
16	②	17	③	18	④	19	②	20	④

01

| 정답 | ①

| 해설 |

動瞳罿重覲動陲動覲覲重瞳陲瞳動

勤重覲動陲動覲覲瞳陲瞳重動動瞳

覲瞳覲重勤動陲瞳陲重重勤動覲瞳

02

| 정답 | ②

| 해설 |

옐앰엡옐엘앨앰얩얠얩열옘얄엘얩

앨옐옙얕엽앱열엘얄얕앨옘압알옘

압옐엽얕앨엽앨얄앨옐앱얍옐예앨

03

| 정답 | ③

| 해설 |

18513447951487647826748142710422

74688149536368517218268

26512541637052920687972393112881

53813858152324674315783

04

| 정답 | ④

| 해설 |

panoqpgwkgushdfkbufrwejfpwqodkshuv

ehrdjsknjdhehrfsnauynfkscjfbskautbfhsk

05

| 정답 | ④

| 해설 |

╡ ╢ ╖ ╕ ╣ ║ ╨ ╤ ╥ ╙ ╘ ╒ ╓ ╫

║ ╝ ╜ ╛ ╞ ╟ ╝ ╜ ╛ ╞ ╟ ╚ ╔ ╘

╒ ╓ ╫ ╠ ═ ╬ ╩ ╚ ╔ ╠ ═ ╬ ╡ ╢

╖ ╕ ╣ ╧ ╨ ╤ ╥ ╙ ╞ ╟ ╝ ╣ ║ ╨

06

| 정답 | ①

| 해설 |

RIOGOGYKDLVPBMBNIQUP

NVPRFIEMBKZBXUEERPMB

YUZBXCWURYMAHSGQKBD

07

| 정답 | ④

| 해설 |

伽 儺 多 喇 摩 乍 亞 仔 且 他 坡 下

佳 娜 茶 懶 瑪 事 俄 刺 侘 咤 婆 何

假 懦 癩 痲 些 兒 咨 借 唾 巴 厦 亞

仔 且 他 瑪 事 俄 娜 茶 懶 瑪 些 兒

08

| 정답 | ③

| 해설 | RJDLXH : 570325

09

| 정답 | ②

| 해설 | LXIAKMW : 3241081

10

| 정답 | ②

| 해설 | ZGOKB : 61406

11

| 정답 | ③

| 해설 | CWSYP : 51472

12

| 정답 | ①

| 해설 | UQINE : 99482

13

| 정답 | ①

| 해설 | MTAVF : 83163

14

| 정답 | ③

| 해설 | 통계에 의하면 1억 명이 넘는 미국 여성 가운데 400만 명이 남편의 가정 폭력에 시달리고 있습니다. 그런데 FBI의 범죄통계에 따르면, 본 살인사건이 일어난 2006년에 살인사건으로 살해된 여성은 모두 3,000명이었습니다. 이 가운데 평소 가정 폭력을 일삼던 남편에게 살해된 여성은 1,200명이었습니다. 저는 피고가 평소에 가정 폭력을 일삼았다는 점을 인정합니다. 하지만 평소에 가정 폭력에 시달렸으면서 누군가에 의해 살해된 여성들 가운데 남편에게 살해된 여성의 비율이 중요하다고 생각합니다. 이와 더불어 남편에게 가정 폭력을 당하고 있는 여성은 무려 400만 명에 이르지만, 가정 폭력을 휘두르는 남편에 의해 살해된 여성의 수는 2006년 한 해 1,200명에 불과합니다. 따라서 검사 측에서 피고가 평소에 가정 폭력을 일삼았다는 것을 유력한 정황 증거로 삼아, 피고가 바로 이 살인사건의 범인이라는 주장에는 근거가 없어 보입니다.

15

| 정답 | ①

| 해설 | 두 글에서 서로 다른 부분이 없다.

16

| 정답 | ②

| 해설 | 옛날이나 지금이나 치세와 난세가 없을 수 없소. 치세에는 왕도정치와 패도정치가 있소. 군주의 재능과 지혜가 출중하여 뛰어난 영재들을 잘 임용하거나, 비록 군주의 재능과 지혜가 모자라더라도 현자를 임용하여, 인의의 도를 실천하고 백성을 교화하는 것은 왕도(王道)정치입니다. 군주의 지혜와 재능이 출중하더라도 자신의 총명만을 믿고 신하를 불신하며, 인의의 이름만 빌려 권모술수의 정치를 행하여 백성들로 하여금 자신의 사익만 챙기고 도덕적 교화를 이루게 하지 못하는 것은 패도(覇道)정치라오.

나아가 난세에는 세 가지 경우가 있소. 속으로는 욕심 때문에 마음이 흔들리고 밖으로는 유혹에 빠져서 백성들의 힘을 모두 박탈하여 자기 일신만을 받들고 신하의 진실한 충고를 배척하면서 자기만 성스러운 체하다가 자멸하는 자는 폭군(暴君)의 경우이지요. 정치를 잘해 보려는 뜻은 가지고 있으나 간사한 이를 분별하지 못하고 등용한 관리들이 재주가 없어 나라를 망치는 자는 혼군(昏君)의 경우이지요. 심지어 나약하여 뜻이 굳지 못하고 우유부단하며 구습만 고식적으로 따르다가 나날이 쇠퇴하고 미약해지는 자는 용군(庸君)의 경우입니다.

17

| 정답 | ③

| 해설 | 〈제품 현황〉의 가로줄은 행, 세로줄은 열로 나타내어 표시하면 다음과 같다.

- 5행 3열 : 3,680,000 → 3,880,000
- 5행 6열 : 2 → 5
- 8행 4열 : 23 → 33

18

| 정답 | ④

| 해설 | 〈고객 목록〉의 가로줄을 행, 세로줄을 열로 나타내어 표시하면 다음과 같다.

- 9행 2열 : 122-882 → 122-874
- 9행 3열 : 하병민 → 하병만
- 10행 2열 : 122-874 → 122-882
- 11행 1열 : 서울시 은평구 진관2로 31 → 서울시 은평구 진관로 31
- 11행 5열 : 010-311-3110 → 018-311-3110

19

| 정답 | ②

| 해설 |
- 3행 5열 : 010-2245-8999 → 010-2245-8899
- 5행 3열 : 김지윤 → 김지연

20

| 정답 | ④

| 해설 | • 6행 1열 : 서울시 은평구 연서로27길 31－6 → 서울시 은평구 연서로27길 316

• 7행 1열 : 서울시 은평구 갈현로17길 10 → 서울시 은평구 갈현로17길 17

• 7행 3열 : 이미정 → 이민정

• 8행 4열 : 화 → 목

3회 상식

문제 232쪽

01	①	02	③	03	④	04	④	05	④
06	③	07	②	08	②	09	③	10	③
11	①	12	①	13	③	14	④	15	③
16	④	17	②	18	④	19	④	20	④
21	③	22	④	23	①	24	④	25	②

01

| 정답 | ①

| 해설 | 5월과 10월에 계절제를 지내는 국가는 삼한이다. 삼한은 한반도 중남부에서 성장한 국가로서 일찍부터 벼농사가 발달하였다. 삼한은 정치적 지배자인 군장과 제사장인 천군이 별도로 존재한 제정분리 사회였고 종교적 신성 지역인 소도가 있었다. 또한 삼한 중 변한은 자신들의 우수한 철을 중국 군현과 왜에 수출하기도 하였다.

| 오답풀이 |

② 옥저와 동예에 대한 설명이다.

③ 형사취수제와 관련된 내용으로 부여와 고구려에 대한 설명이다.

④ 민며느리제와 관련된 내용으로 옥저에 대한 설명이다.

02

| 정답 | ③

| 해설 | 6세기 무령왕의 업적이다.

| 오답풀이 |

백제의 근초고왕은 고구려의 고국원왕이 군사를 이끌고 침공해 오자 승리를 거두었고 고구려의 평양성을 공격하여 고국원왕을 전사시켰다. 이후 한강에 접한 한산으로 도읍을 옮긴 근초고왕은 중국의 동진에 사신을 보내 외교관계를 수립하는 한편, 일본의 야마토 왕조와 국교를 수립하고 칠지도와 칠자경을 보냈으며 아직기와 왕인 두 학자를 파견하여 일본의 왕이 이들을 태자의 스승으로 삼기도 하였다. 또한 왕권을 강화하기 위해 고흥에게 명하여 백제의 사적을 정리한 국사인 「서기」를 편찬하게 했다.

03

| 정답 | ④

| 해설 | 진흥왕 순수비 중 북한산비에 대한 내용이다. 진흥왕은 고구려의 지배 아래에 있던 한강 유역을 빼앗고 함경도 지역까지 진출하였으며, 남쪽으로는 고령의 대가야를 정복(562)하여 낙동강 서쪽을 장악하였다.

| 오답풀이 |

① 신라 내물 마립간에 대한 내용으로 왕의 칭호를 대군장을 뜻하는 마립간으로 바꾸었다. 이것은 왕권이 안정되고 다른 집단들에 대한 중앙 정부의 통제력이 강화되었음을 의미한다.

② 신라 지증왕에 대한 내용으로 정치 제도가 정비되어 국호를 사로국에서 신라로 바꾸었고 수도와 지방의 행정 구역을 정리하였다. 대외적으로는 우산국(울릉도)을 복속시키기도 하였다.

③ 신라 법흥왕에 대한 내용으로 율령의 반포, 병부의 설치, 공복의 제정 등을 통하여 통치 질서를 확립하였다.

04

| 정답 | ④

| 해설 | 고려의 어사대에 대한 설명으로 여기에 속한 관원은 관리 감찰과 풍기 단속 등을 실시하였고 중서문하성의 낭

사와 함께 대간으로 불렸다. 이들은 직위가 낮았지만 왕과 관리의 잘못을 지적(간쟁)하거나 관리 임명에 동의권(서경)을 행사할 수 있었다. 또한 왕이 잘못된 정책을 실시할 경우 거부권(봉박)을 행사할 권한이 있었다. 이들은 정치 운영에서 견제와 균형을 맞추는 역할을 맡았다. 어사대의 기능은 조선 시대에 이르러 사헌부로 이어졌다.

| 오답풀이 |

① 도병마사 : 중서문하성의 재신과 중추원의 추밀이 모여 국가의 중대사를 결정하였다. 주로 국방과 군사문제를 의논하였다.

② 중서문하성 : 국가 정책을 계획하여 결정하였고 재신과 낭사로 구성되었다.

③ 중추원 : 왕명 전달과 군사 기밀, 궁궐의 숙위를 맡았고 추밀과 승선으로 구성되었다.

05

| 정답 | ④

| 해설 | 공민왕은 신돈을 등용한 후 전민변정도감을 설치하여 권문세족(친원세력)을 약화시키고자 하였다. 전민변정도감은 권문세족이 불법적으로 빼앗은 토지를 본래 주인에게 돌려주고 강제로 노비가 된 사람들을 해방하였다. 그 밖에도 공민왕은 기철로 대표되는 권문세족을 제거하고 원의 내정 간섭 기구인 정동행성 이문소를 폐지하였다. 또한 몽골풍을 금지하고 쌍성총관부를 공격하여 철령 이북의 땅을 다시 되찾았다.

06

| 정답 | ③

| 해설 | 유향소는 고려의 사심관에서 유래하여 조선시대에는 지방자치의 기능을 맡은 자치기구이다. 지방의 풍기를 단속하고 향리의 악폐를 막는 것을 목적으로 설립되어 주로 수령을 보좌하는 자문기관의 역할을 수행했다.

| 오답풀이 |

㉠ 유향소는 조선 후기 때 향청으로 명칭이 변경되었다. 경재소는 조선 전기 때 중앙의 고위 품관이 자신의 출신지역 유향소를 통제하고 중앙과 지방 사이의 일을 연락하던 기구이다.

07

| 정답 | ②

| 해설 | 갑자사화에 대한 내용이다.

| 오답풀이 |

① 김일손이 세조를 비방하는 글인 김종직의 조의제문을 사초에 실으려 하자, 이를 알게 된 연산군이 김일손 등 사림파를 제거하고 이미 죽은 김종직을 부관참시한 사건이다.

③ 조선 중종 때 현량과 실시, 위훈 삭제 등 조광조의 급격한 개혁정치가 원인이 되어 훈구파에 의해 조광조 등 신진사류들이 숙청된 사건이다.

④ 조선 명종 때 왕위계승문제로 인해 윤원형 일파 소윤(명종의 외척)이 윤임 일파 대윤(인종의 외척)을 숙청하면서 관련된 사림세력이 피해를 입은 사건이다.

08

| 정답 | ②

| 해설 | 1910년 8월 22일, 대한제국의 통치권을 일본에 양여함을 규정한 한일병합조약이 일제에 의해 강제로 체결되었고 같은 해 8월 29일 공포되면서 대한제국은 국권을 상실하게 되었다.

| 오답풀이 |

① 사법권 박탈(1909. 7. 기유각서), 경찰권 박탈(1910. 6.)

③ 3. 1 운동(1919)

④ 대한민국 임시정부 수립 : 연해주(1919), 상하이(1919. 4. 13.), 국내 한성정부(1919. 4. 23.)

09

| 정답 | ③

| 해설 | 박은식이 주장한 내용이다. 박은식은 유학의 종교화를 주장하면서 대동교를 창립하고 유교 개혁을 위해 『유교구신론』을 저술하였다.

| 오답풀이 |

① 신채호에 대한 설명으로 1908년 『독사신론』을 저술하여 민족주의 역사학의 연구 방향을 제시하였다.

② 정인보에 대한 설명으로 정인보는 한국인의 얼을 강조하여 『5천 년간 조선의 얼』이라는 글을 통해 민족정신에서 역사의 본질을 찾으려 하였다. 이외에도 『조선사연구』 등을 저술하였다.

④ 백남운에 대한 설명으로 유물사관에 바탕을 두고 한국사가 세계사의 보편 법칙에 따라 발전하였다는 점을 강조하였다.

10

| 정답 | ③

| 해설 | (가)에 들어갈 인물은 김영삼이다. 김영삼 정부는 지방 자치제를 전면적으로 실시하고 탈세와 부정부패를 차단하기 위해 금융 실명제를 실시하였고 신군부의 뿌리인 하나회를 해체하고 '역사 바로 세우기'를 내세워 전두환·노태우를 반란 및 내란죄로 수감하였다. 경제 부문에서는 경제협력개발기구(OECD)에 가입하는 등 시장 개방 정책을 추진하였고 임기 말에는 외환 위기를 맞아 국제통화기금(IMF)의 지원을 받았다(1997).

| 오답풀이 |

①, ② 전두환 정부 때의 일이다.

④ 노태우 정부 때의 일이다.

11

| 정답 | ①

| 해설 | 원자의 크기가 작을수록 핵과 전자의 인력이 강해지기 때문에 이온화 에너지는 증가한다.

1A족의 이온화 에너지의 크기는 Li > Na > K > Rb > Cs 순으로 크다.

12

| 정답 | ①

| 해설 | 암모니아 생성 반응의 화학식은 다음과 같다.

$N_2(g) + 3H_2(g) \rightarrow 2NH_3(g)$

질소 기체 2몰의 질량은 2×14×2=56(g), 수소 기체의 질량은 6g이므로 반응 전 기체의 총 질량은 62g이다.

| 오답풀이 |

② N_2 1몰과 H_2 3몰이 반응하므로 반응 후 남아 있는 기체는 질소(1몰)이다.

③ 반응 후 기체의 총 질량은 질량보존의 법칙에 의해 반응 전과 같이 62g이다.

④ 화학 반응이 일어나면 기체의 몰수는 감소(5몰 → 3몰)하기 때문에 반응 후 기체의 압력은 반응 전보다 낮아지게 된다.

13

| 정답 | ③

| 해설 | 전자기 유도는 자기장 변화를 방해하는 방향으로 발생하므로 (다)처럼 막대 자석이 다가올 때는 코일의 위쪽이 S극이 되어 척력이 작용한다.

14

| 정답 | ④

| 해설 | 결합각은 (가)가 109.5°, (나)가 120°, (다)가 180°, (라)가 120°로, (다) > (나)=(라) > (가)이다.

| 오답풀이 |

① (가)는 탄소-탄소의 모든 결합이 단일 결합이므로 포화 탄화수소이다.

② 사슬 모양 탄화수소는 (가), (나), (다) 3가지이다. (라)는 고리 모양 탄화수소이다.

③ (라)는 벤젠의 구조로, 벤젠 고리를 형성하는 6개의 탄소 원자들 사이의 결합 길이와 결합각이 모두 같다.

15

| 정답 | ③

| 해설 | 지레가 수평을 이루기 위해서는 F_1에 의한 돌림힘과 F_2에 의한 돌림힘이 같아야 한다. 즉, F_1에 의한 돌림힘 $F_1 \times 0.4$와 F_2에 의한 돌림힘 $F_2 \times 0.8$이 같아야 하는데, $F_1 \times 0.4 = F_2 \times 0.8$에서 $F_1 = 300\text{N}$이므로 $300\text{N} \times 0.4 = F_2 \times 0.8$이 되어 힘 F_2의 크기는 150N이다.

16

| 정답 | ④

| 해설 | ㉡ 공기 저항에 의해 등속도로 내려오는 빗방울은 등속 직선 운동으로 알짜힘이 0이 된다.

㉢ 지구의 중력권을 벗어난 후 엔진을 끈 우주 탐사선은 무중력 상태로 알짜힘이 0이 된다.

㉣ 정지한 물건(상태)의 경우 알짜힘이 0이 된다.

이 외에도 힘의 방향과 이동 방향이 수직인 경우 알짜힘이 0이 된다.

| 오답풀이 |

㉠ 속력은 일정하나 방향이 계속 바뀌므로 알짜힘이 0이 되지 않는다.

17

| 정답 | ②

| 해설 | 프리즘의 무지개 빛 중에서 A 빛의 굴절률이 가장 작고, B 빛의 굴절률이 가장 크다.

18

| 정답 | ④

| 해설 | 반응성의 순서는 A > H, B > A이므로, B > A > H가 된다. 따라서 B는 수소보다 산화되기 쉽다.

| 오답풀이 |

① (가)실험과 (나)실험에서 금속 A와 B는 모두 산화된다.

② (가)실험에서 수소 기체 1몰이 생성될 때 이동한 전자는 2몰이다.

③ (나)실험에서 전자는 B이온에서 A로 이동한다.

19

| 정답 | ④

| 해설 | 이동 거리 $= v-t$ 그래프에서의 면적

$$s = \frac{1}{2} \times 6 \times 18 = 54(\text{m})$$

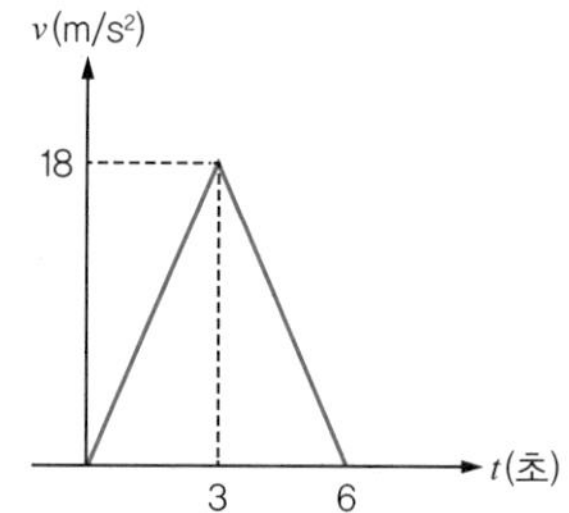

20

| 정답 | ④

| 해설 | 염화나트륨과 질산나트륨은 둘 다 불꽃색이 노란색이므로 불꽃반응으로 두 물질을 구별할 수 없다.

| 오답풀이 |

① 염화리튬과 질산리튬의 불꽃색이 공통적으로 빨간색이므로 리튬의 불꽃색이 빨간색이라는 것을 알 수 있다.

② 염화나트륨과 질산나트륨의 불꽃색이 공통적으로 노란색이므로 나트륨의 불꽃색은 노란색이라는 것을 알 수 있다.

③ 나트륨은 노란색이고 칼륨은 보라색이므로 질산나트륨과 질산칼륨은 불꽃색으로 구별할 수 있다.

21

| 정답 | ③

| 해설 | 피엠씨텍(PMCTECH)은 코크스 및 관련 제품 제조업체로, 신성장 부문에 속하는 기업이다.

22

| 정답 | ④

| 해설 | 수소연료전지는 e Autopos 브랜드에서 다루는 전기 생산 장치이다. 수소연료전지자동차(수소차)에서 엔진 역할을 하며, 셀(Cell)을 쌓은 스택(Stack)으로 구성된다.

| 오답풀이 |

① INNOVILT는 Innovation(혁신), VALUE(가치), BUILT(건설)의 합성어로 포스코의 우수강재를 활용하여 고객사에서 제작하는 프리미엄 건설자재 브랜드이다.

② e Autopos(Eco-friendly & electrified AUTOmotive Solution of POSco)는 친환경성, 협업 시너지, 미래 지향을 담은 혁신을 통해 친환경차 시장을 선도하겠다는 의미를 담고 있다.

③ Greenable은 '철은 친환경 에너지를 만드는 설비에 사용되고, 그 에너지는 다시 철을 만드는데 사용되어 친환경 미래를 가능하게 한다'라는 신념을 바탕으로 하는 브랜드로서 친환경에너지용 강재를 취급한다.

23

| 정답 | ①

| 해설 | 포스프레임(PosFrame)은 포스코의 스마트 플랫폼으로서, 제조 공정에서 산출되는 데이터를 분석해 효율과 안전을 도모한다. 또한 이를 기반으로 하여 스마트 데이터센터 건축과 스마트 팩토리, 스마트 건설을 중심으로 한 '스마트 X' 산업을 활발히 추진하고 있다.

24

| 정답 | ④

| 해설 | 포스코의 핵심가치는 안전, 상생, 윤리, 창의이다. 안전은 인간존중을 우선으로 직책보임자부터 솔선수범하여 실천우선의 안전행동을 체질화하는 것이고, 상생은 배려와 나눔을 실천하고 공생발전을 추구하며 사회적 가치창출을 통해 함께 지속성장하는 것이다. 윤리는 사회 구성원 간 상호신뢰를 기반하여 정도를 추구하고 신상필벌의 원칙을 지키는 것이고, 창의는 열린사고로 개방적인 협력을 통해 문제를 주도적으로 해결하는 것이다.

25

| 정답 | ②

| 해설 | 포스코는 경영이념 실현을 위한 지향점과 실천원칙을 기업시민헌장으로 제시하였다. 제시된 지향점 실현을 위한 실천원칙은 다음과 같다.

- 사회가 직면한 문제에 공감하고 기업차원의 역할을 다한다.
- 지역사회 발전과 환경보호를 위한 공익적 활동을 전개한다.
- 이웃을 배려하는 마음으로 모든 구성원이 나눔 활동에 적극 참여한다.

| 오답풀이 |

① '비즈니스 파트너와 함께 강건한 산업 생태계를 조성한다.'의 실현을 위한 실천원칙이다. 이 외에 '모든 사업에서 공정 · 투명 · 윤리의 가치를 실천한다.'와 '배려와 존중의 자세로 협력사, 공급사와 협업하고 동반성장한다.'라는 실천원칙이 있다.

③, ④ '신뢰와 창의의 조직문화로 행복하고 보람있는 회사를 만든다.'의 실현을 위한 실천원칙이다. 이 외에 '안전하고 쾌적한 근무환경을 조성하여 구성원의 건강과 안녕을 도모한다.'라는 실천원칙이 있다.

4회 기출예상문제

4회 언어논리력

문제 242쪽

01	②	02	②	03	④	04	④	05	④
06	①	07	②	08	③	09	④	10	②
11	④	12	①	13	③	14	③	15	④
16	①	17	③	18	②	19	②	20	②

01

| 정답 | ②

| 해설 | ㉠ 조현병을 규정하는 정의에 관한 내용이므로 '의사가 환자의 병 상태를 판단하는 일'을 의미하는 '진단'이 적절하다.

㉡ 1개월 이상 증상이 나타났어야 하므로 '현실에 실제로 있음. 또는 그런 대상'을 의미하는 '존재'가 적절하다.

㉢ 내과적, 신경과적 문제에 따른 증상을 나타내므로 '생물체 심신의 전체 또는 일부가 일과적 또는 계속적으로 장애를 일으켜 정상적인 기능을 영위할 수 없는 현상'을 의미하는 '질환'이 적절하다.

㉣ 증상의 정도를 줄이는 것이므로 '긴장된 상태나 급박한 것을 느슨하게 함'을 의미하는 '완화'가 적절하다.

| 오답풀이 |

- 치료 : 병이나 상처 따위를 잘 다스려 낫게 함.
- 상존 : 언제나 존재함.
- 약물 : 약의 재료가 되는 물질
- 이완 : 바짝 조였던 정신이 풀려 늦추어짐.

02

| 정답 | ②

| 해설 | ㉠에는 어떤 일에 끼어들어 관계한다는 의미의 '참여', ㉡에는 새로운 영역, 운명, 진로 따위를 처음으로 열어 나감을 의미하는 '개척', ㉢에는 사물이나 권리 따위를 넘겨줌을 의미하는 '인도'가 들어가는 것이 적절하다.

03

| 정답 | ④

| 해설 | 빈칸의 앞뒤 내용인 '겉으로는 동작이 거의 없는 듯하면서도 그 속에 잠겨 흐르는 미묘한 움직임이 있다'와 '가장 간소한 형태로 가장 많은 의미를 담아내고 ~'를 통해 정중동이 간결한 동작의 춤이라는 것을 알 수 있다. 따라서 빈칸에 ④가 들어가는 것이 적절하다.

04

| 정답 | ④

| 해설 | 학령인구 감소의 근본적이고 유일한 원인이 저출산 현상이므로 장 사원의 사례는 '잘못된 인과 관계'와 거리가 멀다.

05

| 정답 | ④

| 해설 | 제시된 글에서는 간접 광고의 도입 과정과 그에 따라 제기된 비판, 간접 광고의 영향력에 대응하기 위한 방안을 차례로 소개하고 있으며, 주제는 가장 마지막 문장에 나와 있는 '미디어 교육의 중요성'이다. 따라서 ④가 적절하다.

06

| 정답 | ①

| 해설 | 첫 번째와 두 번째 문단에서 시간의 기준점이 통일되지 않아서 발생한 문제점들을 언급하며 표준시의 필요성에 대해 설명하였고 세 번째와 네 번째 문단에서 그리니치 표준시의 도입과정을 설명하였다. 다섯 번째 문단에서 세계의 모든 인구가 하나의 표준시에 맞춰 일상을 삶에 따라 세상이 완전히 열려 지구 곳곳에 파편처럼 흩어져 살아가던 인류가 하나의 세계로 통합될 수 있었다는 것을 언급하며 그 의의를 설명하고 있다.

07

| 정답 | ②

| 해설 | 첫 번째 문단, 두 번째 문단은 기술의 양면성에 관해 언급하고 있고, 세 번째 문단은 사회 구조를 바람직하게 하려면 비판적이고 균형 있는 철학과 사상이 필요하다고 주장하고 있다. 따라서 글쓴이가 말하고자 하는 바는 세 번째 문단에 나타나 있다. 그러므로 기술의 양면성을 철학과 사상이 아닌 또 다른 새로운 기술로 보완해야 한다는 ②가 반박하는 내용으로 적절하다.

| 오답풀이 |

①, ③, ④ 글쓴이의 입장과 반대되는 내용은 맞지만, 글쓴이가 말하고자 하는 바에 대한 반박이 아니다.

08

| 정답 | ③

| 해설 | 0 ~ 5세 아동 대상의 무상보육 재원을 마련하기 위하여 ○○시의 지방채 발행 정책을 수립함을 알리고, 필요한 이유와 앞으로의 촉구 사항을 밝히고 있다. 따라서 이 글은 새로운 정책을 알리고 이에 대한 이유와 방향성을 밝힘으로써 시민들을 설득해 동의를 구하기 위해 쓰여진 글이다.

09

| 정답 | ④

| 해설 | (다) 문단은 근로시간 단축으로 인하여 근로의 강도가 강화되고 노동생산성 향상이 나타나는 현상을 설명하고 있으며, (라) 문단은 노동 강도가 강화됨에도 근로자들의 체감 만족도는 향상된다는 것을 보여 주고 있다. 따라서 보기의 문장은 (라)의 첫 번째 문장으로 삽입되는 것이 적절하다.

10

| 정답 | ②

| 해설 | 국가별 경제상황과 기업문화에 따라 다양하나, 기업 측면에서는 일관되게 나타났다. 즉, 국가 측면의 경우 일정한 경향성을 알 수 없다.

| 오답풀이 |

① 근로시간이 단축되면 노동 강도는 강화된다.

③ 마지막 문단에서 알 수 있다.

④ (나) 문단의 연구에서 수면 등 개인관리시간이 증가한다는 점, (다) 문단의 연구에서 음주 가능성이 증가한다는 점을 찾을 수 있다.

11

| 정답 | ④

| 해설 | 마지막 문단에 기존 사회복지제도와의 관계에 대한 검토가 필요하다고 제시되어 있을 뿐, 기존 사회복지제도의 혜택을 받고 있다고 해서 지급 대상의 순위가 낮아지는지에 대해서는 알 수 없다.

| 오답풀이 |

① 두 번째 문단에서 확인 가능하다.

② 기존 사회보험 중심의 복지가 제조업 · 노동자 중심의 복지제도인 것과 대조된다.

③ 두 번째 문단에서 노동시장 유연화 확대로 인해 양극화가 심화된 상황을 기본소득 도입 필요성이 증대한 것이라 말하고 있다.

12

| 정답 | ①

| 해설 | 세 번째 문단을 보면 모든 국민에게 기본소득제도를 도입할 것인지, 취약한 계층에 우선적으로 도입되어야 할 것인지는 아직 결정되지 않았음을 알 수 있으며 무엇이 더 나은 방향인지에 대해서는 언급되어 있지 않다. 따라서 ①은 필자의 주장으로 적절하지 않다.

| 오답풀이 |

② 마지막 문단에서 현재 사회복지제도가 보호하고 있지 못한 복지 사각지대에 놓인 계층을 고려해야 한다고 언급되어 있다.

③ 마지막 문단에서 우리 사회의 지속가능성 제고를 위해 아동 · 청년 등 젊은 세대의 특성을 고려해야 함을 알 수 있다.

④ 첫 번째 문단에서 기본소득은 모든 사람에게 개인단위로 자산심사나 노동 요구 없이 무조건 정기적으로 지급된다고 서술하고 있다.

13

| 정답 | ③

| 해설 | 제시된 글은 청정에너지로 분류되는 천연가스가 이산화탄소보다 더 강한 온실효과를 일으키는 메탄을 배출하고 천연가스를 채취할 때 사용되는 수압파쇄법은 라듐을 발생시키는 점에서 과연 청정에너지의 의미에 맞는 자원인지에 대한 의문을 제기하고 있다. 하지만 (다)는 미국의 가스관에 대한 설명으로 글의 주제와 관련이 없는 내용이다.

14

| 정답 | ③

| 해설 | (라)의 첫 번째 문장을 보면 '그래도 아직까지 천연가스가 가격 면에서는 석유보다 경쟁력이 있다고 생각할 것이다'라고 하면서 천연가스가 경제성 측면에서 석유보다 월등한 경쟁력을 갖추고 있다는 생각에 대해 여러 근거를 들며 반론을 제기하고 있다. 따라서 ③은 제시된 글에 대한 이해로 적절하지 않다.

| 오답풀이 |

① (가)에서 천연가스 발전소는 석탄 발전소에 비해 온실가스가 절반밖에 나오지 않는다고 하였다.

② (라)에서 천연가스 채취에 쓰이는 '수압파쇄법'은 채취 과정에서 방사성 폐기물인 라듐을 발생시킨다고 하였다.

④ (가)에서 천연가스의 주성분인 메탄을 이산화탄소보다 72배 더 강한 온실효과를 일으킨다고 하였다.

15

| 정답 | ④

| 해설 | P 기업은 당사가 가지고 있는 파이프라인 중 일부를 교체했다고 발표한 것이므로, 무언가를 가지거나 간직한다는 의미의 '보유'가 더 적절하다.

• 지참(持參) : 무엇을 가지고서 모임 따위에 참여함.

16

| 정답 | ①

| 해설 | 청년일자리에서 드러나는 문제들에 비추어 우리나라의 인력양성, 기업성장에 관련된 제도들의 개선 방향이 무엇인지를 검토하여야 할 시점이라고 주장하는 것은 청년실업 문제와 인력양성, 기업성장 관련 제도들이 밀접한 관련이 있기 때문이다.

| 오답풀이 |

② 청년일자리 고용의 질이 20년 전과 비교해 임금과 안정성 측면에서 크게 개선되었다고 주장하고 있다.

③ 미스매치 이론은 청년들이 어떻게 대응하여야 하는지를 알려 주는 가이드라인이 될 수는 있지만 청년실업 문제의 해결을 위해서 정부가 무엇을 해야 하는지를 말하는 정책방향에 대한 시사점을 제시하기에는 부족하다고 주장하고 있다.

④ 청년들이 생산직을 기피하는 이유가 의중임금이 충족되지 않기 때문이라면 충분한 조정을 거친 후에는 생산직에 취업을 해야 하는데 그렇게 되고 있지 않다고 언급하고 있으므로, 결국 의중임금이 근본 문제가 아니라는 점을 시사하고 있다.

17

| 정답 | ③

| 해설 | 문맥으로 보아 ㉠에는 미스매치 이론에 대한 설명에 해당하는 내용이 들어가야 적절하다. 따라서 미스매치의 전형적인 모습인 '대졸자가 적정 수준보다 많고 이에 비하여 대졸 일자리 공급은 부족하며'가 적절하다.

18

| 정답 | ②

| 해설 | 문맥으로 보아 생산직을 기피하던 청년들이 의중임금이 조정된 후에는 다시 생산직으로 돌아오는 것을 가정하는 내용이므로 의중임금을 '특정 근로자로 하여금 노동을 공급하게 하기 위해 지불해야 할 최소한의 임금'으로 정의하는 것이 적절하다.

19

| 정답 | ②

| 해설 | 먼저 간략하게 영화 줄거리를 소개하고 있는 (다)가 제일 처음 등장하는 문단에 해당한다. 그 다음으로 (가)가 이어져 영화가 등장한 배경과 감독의 연출 의도를 설명한다. 다음으로 비바리움이라는 개념이 가지는 의미와 영화에 대한 해석이 나타난 (나)가 오고 마지막으로 영화의 시각적 의미를 설명한 (라)가 와야 한다. 따라서 글의 순서는 (다)－(가)－(나)－(라) 순이 적절하다.

20

| 정답 | ②

| 해설 | ㉠의 앞부분을 보면 '두 사람은 매일 똑같이 반복되는 일상의 공포를 경험하며 탈출구는 없다.', '집은 스스로 판 무덤처럼 변한다.'라는 내용이 제시되어 있다. 이를 통해 이 영화에서의 주인공 두 사람은 탈출구 없는 집에서 반복되는 일상의 공포 속에 아무런 희망과 기쁨 없이 살아갈 수밖에 없음을 알 수 있다. 따라서 빈칸에 들어갈 말은 태어나서부터 죽을 때까지를 의미하는 '요람에서 무덤까지'이다.

4회 수리력

문제 258쪽

01	①	02	③	03	①	04	①	05	④
06	③	07	③	08	①	09	③	10	④
11	②	12	②	13	③	14	③	15	③
16	④	17	①	18	③	19	①	20	④

01

| 정답 | ①

| 해설 | A사의 제품 생산량은 전체의 $\frac{3}{10}$이고, B사의 제품 생산량은 전체의 $\frac{7}{10}$이므로 불량률은 다음과 같다.

- A사의 제품 불량률 : $\frac{3}{10}\times\frac{2}{100}=\frac{6}{1,000}$
- B사의 제품 불량률 : $\frac{7}{10}\times\frac{3}{100}=\frac{21}{1,000}$
- 제품 전체의 불량률 : $\frac{6}{1,000}+\frac{21}{1,000}=\frac{27}{1,000}$

따라서 임의로 부품 하나를 선택하였을 때 그것이 불량품이었다면, B사의 불량품일 확률은 $\frac{\frac{21}{1,000}}{\frac{27}{1,000}}=\frac{21}{27}=\frac{7}{9}$이다.

02

| 정답 | ③

| 해설 | 1시간 동안 둘이 함께 빚을 수 있는 만두는 20＋15＝35(개)이므로 210개를 빚으려면 $\frac{210}{35}=6$(시간)이 걸린다.

03

| 정답 | ①

| 해설 | 2,000원에서 50% 인상된 가격은 2,000×(1＋0.5)＝3,000(원), 3,000원에서 50% 인하된 가격은 3,000×(1－0.5)＝1,500(원)이다.

따라서 처음 가격과 비교하면 500원 감소하였다.

04

| 정답 | ①

| 해설 | 6명의 사원이 4인승 승용차에 나누어 탈 수 있는 방법은 (2명, 4명), (3명, 3명), (4명, 2명)으로 세 가지가 있는데, 문제에서 2대의 승용차가 동일한 차종이라고 했으므로 (2명, 4명)과 (4명, 2명)은 같은 것으로 봐야 한다.

이때 좌석배치는 고려하지 않으므로 2명과 4명으로 나누는 방법은 6명 중 무작위로 2명을 뽑는 경우와 같고, 3명씩 나누는 방법 역시 6명 중 무작위로 3명을 뽑는 경우와 같다.

따라서 사원들이 나누어 탈 수 있는 경우의 수는

$_6C_2 \times _6C_3 \times \frac{1}{2!} = \frac{6\times5}{2\times1} + \frac{6\times5\times4\times1}{3\times2\times1\times2} = 25$(가지)다.

05

| 정답 | ④

| 해설 | B 기업이 A 기업의 누적 생산량을 추월하는 데 걸리는 개월 수를 x라고 하면 다음과 같은 식이 성립한다.

$600+100x > 800+80x \qquad 20x > 200$

$\therefore\ x > 10$(개월)

따라서 B 기업이 A 기업의 누적 생산량을 추월하는 데는 11개월이 걸린다.

06

| 정답 | ③

| 해설 | A 비커 소금물의 농도를 x%, B 비커 소금물의 농도를 y%라 하면 다음과 같은 식이 성립한다.

$160\times\frac{x}{100}+240\times\frac{y}{100}=400\times\frac{7}{100}$ ……………… ㉠

$240\times\frac{x}{100}+160\times\frac{y}{100}=400\times\frac{8}{100}$ ……………… ㉡

㉠을 정리하면,

$2x+3y=35$ …………………………………………… ㉢

㉡을 정리하면,

$3x+2y=40$ …………………………………………… ㉣

㉢×3−㉣×2를 하면,

$5y=25 \quad \therefore x=10, y=5$

따라서 A 비커 소금물은 10%, B 비커 소금물은 5%이다.

07

| 정답 | ③

| 해설 | 1시 25분에서 15분 전 영화가 시작하였으므로 영화 시작 시간은 1시 10분이고, 상영시간이 2시간 20분이므로 영화 종료 시간은 3시 30분이다.

따라서 이때의 시침과 분침 사이의 각도는 $|(30°\times3+0.5°\times30)-6°\times30|=|105°-180°|=|-75°|=75°$이다.

08

| 정답 | ①

| 해설 | 〈팸플릿의 인쇄 단가〉에서 16페이지 팸플릿 1,500부 제작의 인쇄단가는 588,000원임을 알 수 있다. 또한 실외용 양면 배너 1개는 20,000+15,000=35,000(원)이며, 실내용 단면 배너 4개는 (15,000+10,000)×4=100,000(원)임을 알 수 있다. 따라서 배너와 팸플릿 제작비용은 588,000+35,000+100,000=723,000(원)이며, 이 금액에 부가세 10%를 더한 총금액은 795,300원이다.

09

| 정답 | ③

| 해설 | 8페이지로 된 팸플릿을 1,000부 제작했을 경우 277,000×1.1=304,700(원)의 비용이 발생하며, 500부를 제작했을 경우 249,000×1.1=273,900(원)의 비용이 발생하므로 비용의 차이는 30,800원이다.

10

| 정답 | ④

| 해설 | 독일과 프랑스의 고등학교 졸업자 평균 임금이 동일하다면 두 나라의 임금지수를 직접적으로 비교할 수 있다. 따라서 독일의 고등교육 이상 졸업자의 임금지수는 166, 프랑스는 154이므로 두 나라의 임금지수 차이는 12이다.

| 오답풀이 |

① 〈자료 3〉을 보면 뉴질랜드는 20X5년 118%에서 20X9년 154%로 증가하였다.

② 20X9년 한국의 중학교 이하 졸업자의 임금지수는 〈자료 1〉에서 72임을 알 수 있고, 고등교육 이상 졸업자 임금지수는 〈자료 3〉에서 141임을 알 수 있다. 따라서 두 그룹 간의 임금지수 차이는 69이다.

③ 한국의 중학교 이하 졸업자와 대학 졸업자의 임금 격차는 20X4년 98, 20X5년 93, 20X6년 90, 20X7년 79, 20X8년 71로 점차 감소하나 20X9년 73으로 소폭 증가하였다.

11

| 정답 | ②

| 해설 | 〈자료 1〉을 보면 20X8년 한국의 전문대학 졸업자 임금지수는 112%, 대학 졸업자는 145%이므로 20X8년 한국의 대학 졸업자 평균 임금을 x원으로 두면 다음과 같은 식을 세울 수 있다.

$112 : 145 = 180 : x$

$x = 180 \times \frac{145}{112}$

$\therefore x \fallingdotseq 233$(만원)

따라서 20X8년 한국의 대학 졸업자 평균 임금은 233만 원이다.

12

| 정답 | ②

| 해설 | 2020년 1인 가구는 19,111×0.272≒5,198(천 가구)이고 35년 전인 1985년 1인 가구는 6,648×0.042≒279(천 가구)이므로 5,198÷279≒18.6(배) 증가하였다.

| 오답풀이 |

① 2015년 3대가 함께 사는 가족의 수는 12,490×0.057≒712(천 가구)로 1985년의 6,367×0.109≒694(천 가구)보다 증가하였다.

③ 2005년을 기점으로 부부만 사는 가족(2005년 12.6%, 2015년 18%, 2020년 21.8%)이 직계가족과 함께 사는 가구(2005년 9.1%, 2015년 6.9%, 2020년 5.3%)보다 많아졌다.

④ 조사기간 동안 항상 부부와 미혼자녀 가구가 차지하는 비중이 50% 내외로 가장 큰 비중을 차지하였다.

13

| 정답 | ③

| 해설 | 2020년 비혈연가구 수는 전체 가구 수에서 혈연가구 수를 뺀 19,111−13,694=5,417(천 가구)이다. 따라서 비중은 $\frac{5,417}{19,111} \times 100 \fallingdotseq 28.3$(%)이다.

14

| 정답 | ③

| 해설 | ① 1985년 4인 가구 수 : 6,648×0.161≒1,070(천 가구)

② 2005년 5인 가구 수 : 12,958×0.129≒1,672(천 가구)

③ 2005년 2인 가구 수 : 12,958×0.169≒2,190(천 가구)

④ 2015년 5인 가구 수 : 15,887×0.077≒1,223(천 가구)

따라서 가구 수가 가장 많은 가구구성은 2005년 2인 가구이다.

15

| 정답 | ③

| 해설 | 2019년 국산 기계장비의 전년 대비 증감률이 1.0%이므로 전년 대비 증가하였다.

| 오답풀이 |

① 2020년 2/4분기 기계장비 지수는 97.6이고, 전년 동기 대비 증감률은 −5.7%이므로 2019년 2/4분기 기계장비 지수는 $\frac{97.6}{1-0.057} = \frac{97.6}{0.943} \fallingdotseq 103.5$이다.

② 2019년 의료정밀광학의 전년 대비 증감률이 2.1%이므로 전년 대비 증가하였다.

④ 2021년 2/4분기 자동차 지수는 130.9, 1/4분기 자동차 지수는 124.5이므로 2/4분기 자동차 공급량은 1/4분기 대비 증가하였다.

16

| 정답 | ④

| 해설 | 2021년 1/4분기 국산 의료정밀광학 지수는 110.8이고, 전년 동기 대비 증감률은 10.7%이므로 2020년 1/4분기 국산 의료정밀광학 지수는 $\frac{110.8}{1+0.107} \fallingdotseq 100.1$이다.

| 오답풀이 |

①, ②, ③ 2021년 1/4분기 국산 기계장비 지수는 97.1이고, 전년 동기 대비 증감률은 21.3%이므로 2020년 1/4분기 국산 기계장비 지수는 $\frac{97.1}{1+0.213} \fallingdotseq 80.0$이다.

17

| 정답 | ①

| 해설 | '순이익=판매가−제조원가'이므로 용품별 순이익을 구하면 다음과 같다.

구분	순이익(원)	전월 판매량(개)
규조토 발매트	5,000	2,850
욕실화	2,100	6,700
수납걸이	3,100	3,245
다이어리	3,900	7,000
투명필통	2,000	2,100
스톱워치	2,200	1,850
수납박스	2,500	6,050
무드등	4,500	1,200
캐릭터 쿠션	5,300	5,550
암막커튼	3,200	1,750

순이익이 3,500원을 넘지 않는 용품 중 전월 판매량이 가장 많은 용품은 욕실화이다. 따라서 판매가가 4,900원인 욕실화의 20% 할인가는 3,920원이다.

18

| 정답 | ③

| 해설 | 10의 해설을 참조하면 각 용품별로 규조토 발매트−욕실화, 다이어리, 수납박스−캐릭터 쿠션이 할인 대상이 된다. 이때 다이어리는 마지막 조건에 따라 50% 할인 가격에 판매할 수 있다. 월별 판매액이 전월 대비 2억 원 이상 증가하는 구간은 3월, 7월, 12월이다. 이 각각의 구간 직전 2월, 6월, 11월은 전월 대비 하락 구간이므로 이 기간을 포함하여 할인 기간을 설정한다. 이때 3월, 7월, 12월은 할인 기간에 포함될 수 없다.

③은 할인 기간을 11월로 설정하고 있으며, 수납박스와 캐릭터 쿠션을 세트로 만들었으므로 기본 조건을 충족한다. 이때 수납박스와 캐릭터 쿠션의 판매가 합은 10,500+7,800=18,300(원)이고, 11월 한 달간 18,300×0.3=5,490(원)이 할인된다.

| 오답풀이 |

① 규조토 발매트와 욕실화의 판매가 합은 12,500+4,900=17,400(원)이고 이를 30% 할인한 가격은 12,180원이다. 그러나 문자에서는 이를 13,000원에 판매한다고 했으므로 30% 할인조건을 충족하지 못한다.

② 할인 기간에 3월을 포함하므로 할인 기간 제외조건을 충족하지 못한다.

④ 욕실화만을 단독으로 세일하므로 대상조건을 충족하지 못한다.

19

| 정답 | ①

| 해설 | '전 산업'과 '숙박 및 음식점업'의 2020년 1월 근로자 1인당 월평균 임금총액이 각각 전년 동월 대비 15.6%와 15.1% 증가한 것을 의미하므로 이를 이용하여 2019년 1월의 근로자 1인당 월평균 임금총액을 계산할 수 있다.

- 전 산업 : 2019년 1월의 전 산업 근로자 1인당 월평균 임금총액을 x천 원이라 하면 다음과 같다.

  $x \times 1.156 = 4{,}118$

  $x = \dfrac{4{,}118}{1.156} \fallingdotseq 3{,}562$(천 원)

- 숙박 및 음식점업 : 2019년 1월의 숙박 및 음식점업 근로자 1인당 월평균 임금총액을 y천 원이라고 하면 다음과 같다.

  $y \times 1.151 = 2{,}144$

  $y = \dfrac{2{,}144}{1.151} \fallingdotseq 1{,}863$(천 원)

20

| 정답 | ④

| 해설 | '전 산업'부터 순서대로 월평균 임금은 각각 27천 원, 127천 원, −41천 원, −530천 원 증가하였으나, 월평균 근로시간은 각각 11.9시간, 8.9시간, 7.2시간, 4.9시간의 증가를 보였다. 따라서 월평균 임금은 월평균 근로시간의 증가에 비례하여 증가하지 않았다.

| 오답풀이 |

① 제시된 3개 분야의 월평균 근로시간은 모두 '전 산업'의 증가분인 176.7−164.8=11.9(시간)보다 적게 증가하였다.

② '숙박 및 음식점업'의 월평균 임금 증가분은 2,181−

2,054=127(천 원)으로 '전 산업'의 월평균 임금 증가분인 4,024−3,997=27(천 원)보다 많이 증가하였다.

③ 2020년 12월의 근로시간당 평균 임금은 '숙박 및 음식점업'이 $\frac{2,054}{169.2}$ ≒ 12.1(천 원/시간)이며, '사업시설관리 및 사업지원 서비스업'이 $\frac{2,247}{167.3}$ ≒ 13.4(천 원/시간)이다.

4회 공간지각력

문제 272쪽

01	①	02	③	03	③	04	②	05	②
06	④	07	④	08	③	09	③	10	②
11	④	12	①	13	④	14	④	15	④
16	④	17	③	18	②	19	②	20	④

01

|정답| ①

|해설| ①은 제시된 입체도형을 앞에서 바라본 형태로 반시계방향으로 90° 회전시킨 것이다.

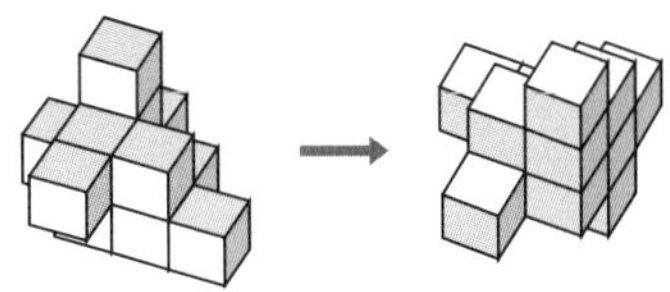

|오답풀이|

다른 입체도형은 점선 표시된 블록이 추가되고 동그라미 친 블록이 제거되어야 일치한다.

②

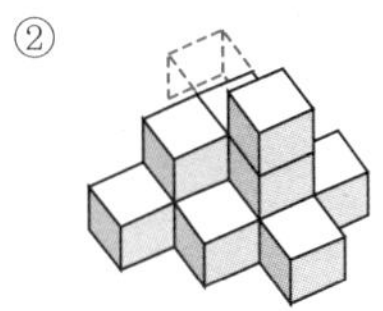

③

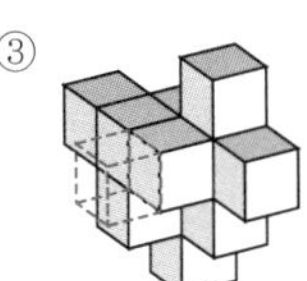

④

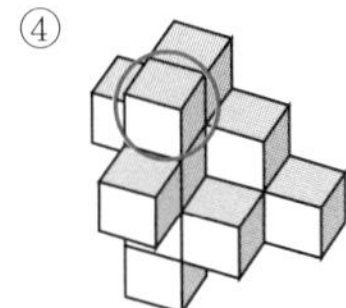

02

|정답| ③

|해설| ③은 제시된 입체도형을 앞쪽 방향(↶)으로 90° 회전시킨 뒤 시계방향으로 90° 회전시킨 것이다.

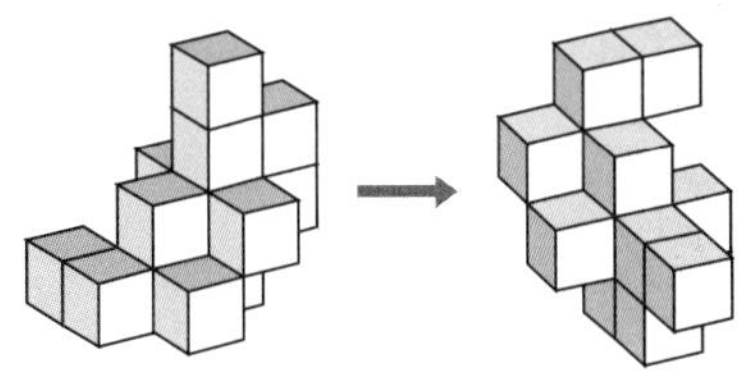

|오답풀이|

다른 입체도형은 점선 표시된 블록이 추가되고 동그라미 친 블록이 제거되어야 일치한다.

①

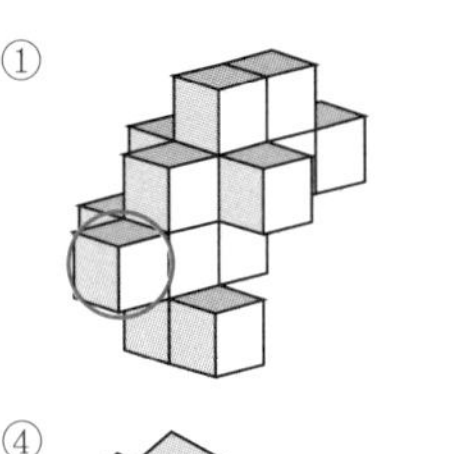

②

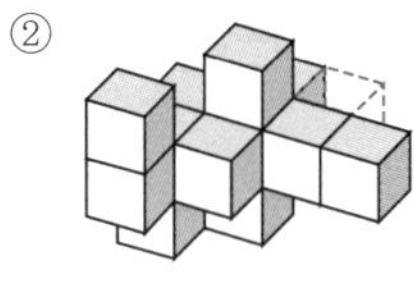

④

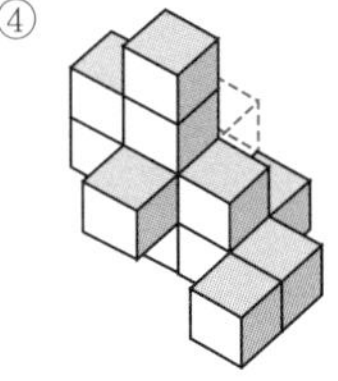

03

|정답| ③

|해설| ③은 제시된 입체도형을 뒤쪽 방향(↶)으로 90° 회전시킨 뒤 반시계방향으로 90° 회전시킨 것이다.

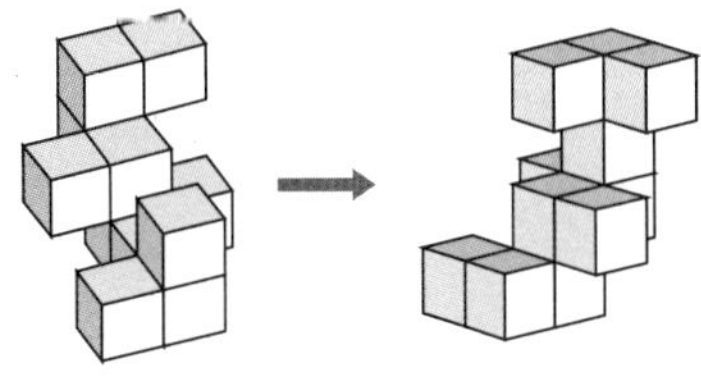

|오답풀이|

다른 입체도형은 점선 표시된 블록이 추가되고 동그라미 친 블록이 제거되어야 일치한다.

①
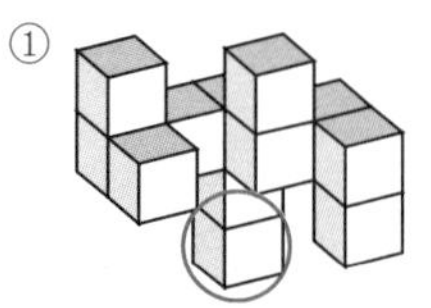
②
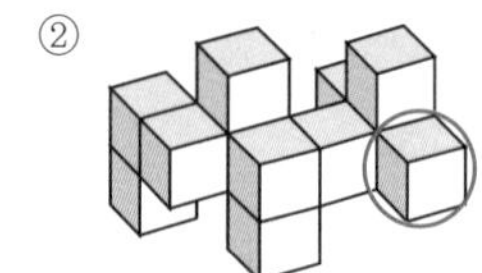
④
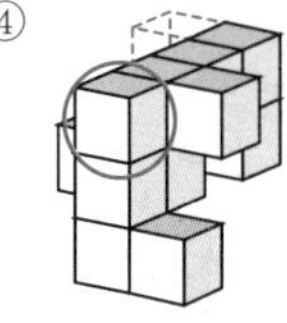

04

| 정답 | ②

| 해설 | ②는 주어진 블록으로 만들 수 없다.

| 오답풀이 |

①
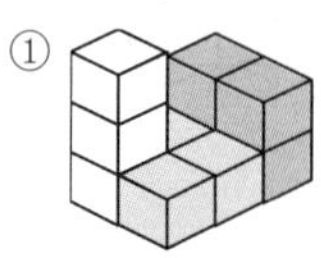
③
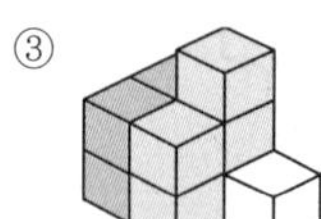
④
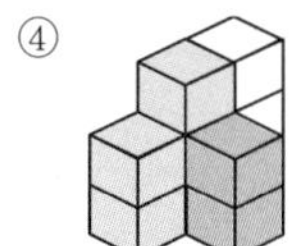

05

| 정답 | ②

| 해설 | ②는 점선 표시된 블록이 추가되고 동그라미 친 블록이 제거되어야 한다.

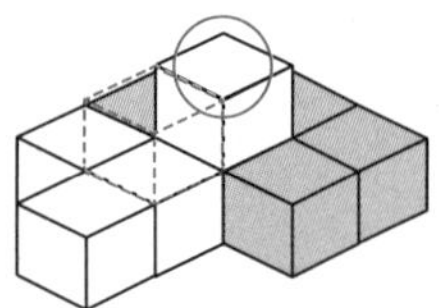

| 오답풀이 |

①
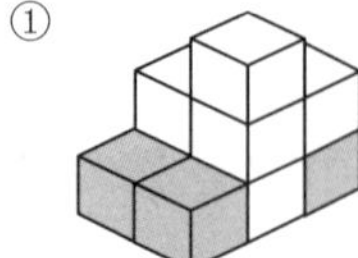
③
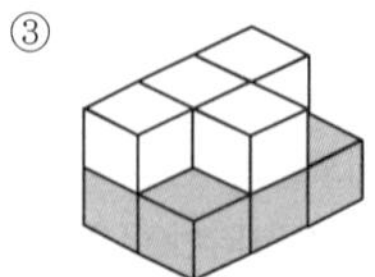

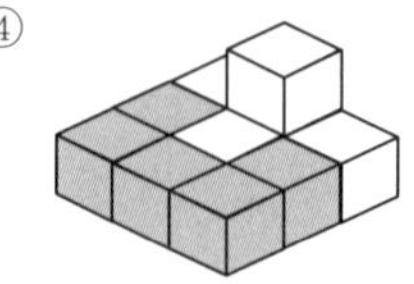

06

| 정답 | ④

| 해설 | ④는 점선 표시된 블록이 추가되어야 한다.

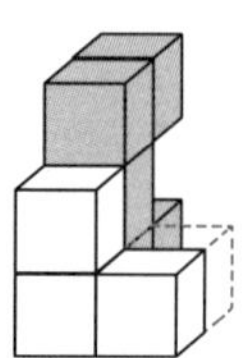

| 오답풀이 |

①
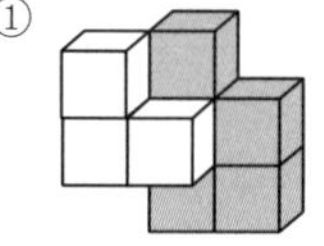
②
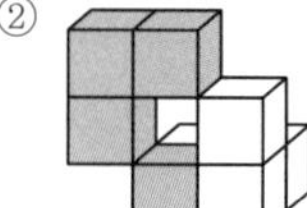
③
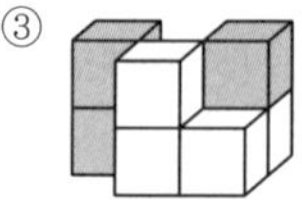

07

| 정답 | ④

| 해설 | A, B, C를 종합해 〈보기〉의 입체도형을 만들면 다음과 같다.

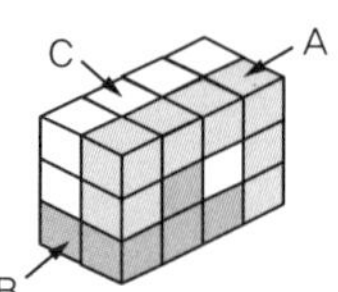

08

| 정답 | ③

| 해설 | ③의 정육면체를 각 단별로 분할하면 다음과 같다.

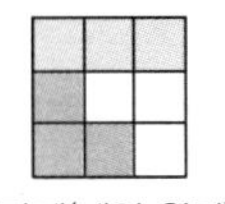

1단째(제일 윗면)

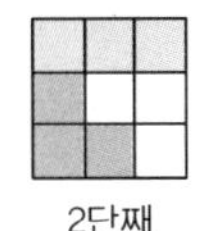

2단째

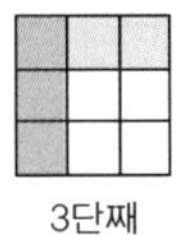

3단째

따라서 주어진 블록을 합쳤을 때 나올 수 있는 형태이다.

09

| 정답 | ③

| 해설 |

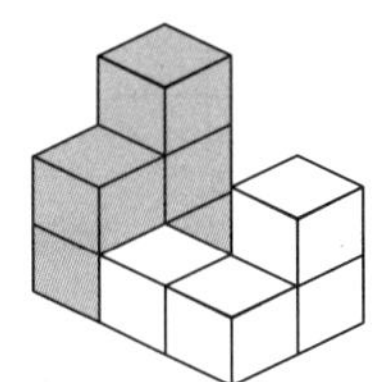

| 오답풀이 |

다른 도형은 점선 표시된 블록이 추가되고 동그라미 친 블록이 제거되어야 한다.

①

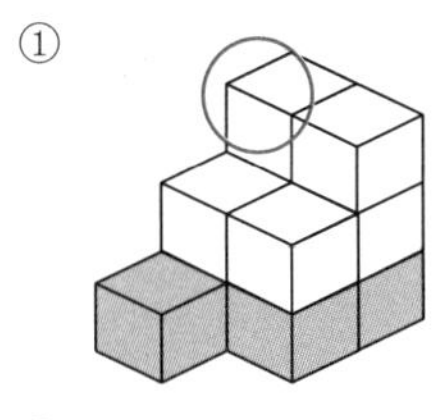

②

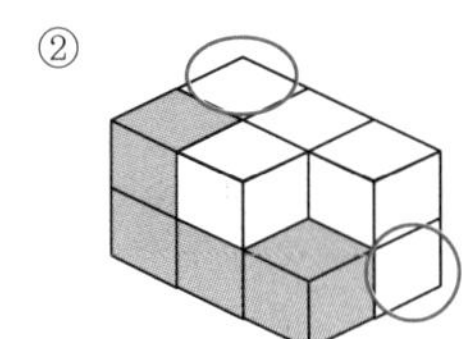

④

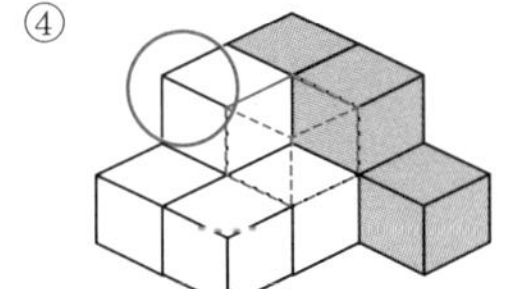

10

| 정답 | ②

| 해설 | 먼저 자르지 않는 변에 주목하면 ABCD, ADHE, EFGH 3개 면이 일렬로 연결되었다는 것을 알 수 있다. 따라서 네 개의 면이 이어져 있는 ①은 소거된다.

또한 ABCD에서 잘리지 않은 변은 AD뿐이므로 ABCD에는 ADHE면만 붙어 있다. ADHE에서 잘리지 않은 것은 AD, EH이므로 ADHE에 연결된 정면은 ABCD와 EFGH이다. EFGH에서는 EF, HG가 잘리지 않아 양 옆으로도 2개 면이 연결되어 있는 것을 알 수 있다. 이를 정리해 그림으로 나타내면 다음과 같다.

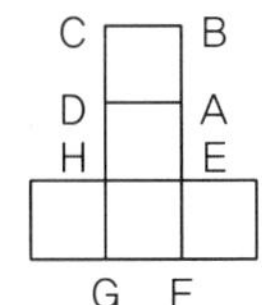

따라서 조건을 충족하는 것은 ②이다.

보충 플러스+

머릿속에서 잘라 펼치는 이미지를 만들 수 있으면 쉽게 풀 수 있다. 정육면체 1개의 면에는 4개의 변이 있다. 그중 3개의 변을 자르는 면을 기준으로 펼친다.

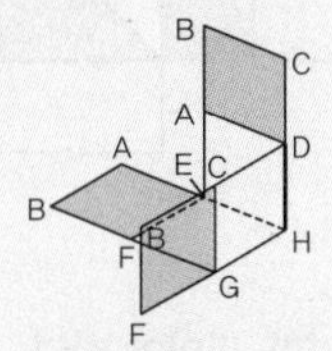

남은 부분 중 자르는 변은 DH이므로 변 DH를 잘라 펼치면 다음과 같다.

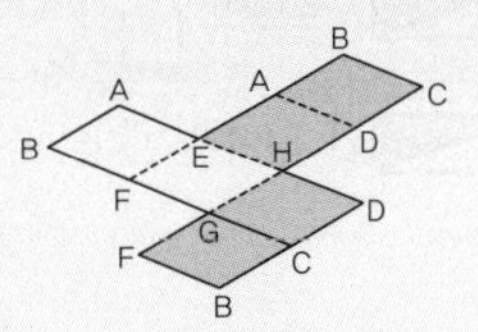

따라서 ②가 적절한 전개도이다.

11

| 정답 | ④

| 해설 | 전개도를 접어 입체도형을 만들었을 때 서로 맞닿는 변을 기호로 표시하면 다음과 같다.

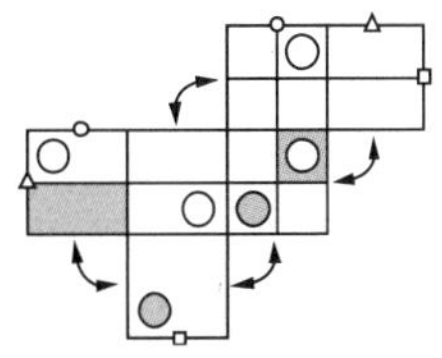

| 오답풀이 |

① 옆면이 가 되어야 한다.

② 윗면과 옆면이 바뀌어야 한다.

③ 윗면이 가 되어야 한다.

12

| 정답 | ①

| 해설 | 전개도를 접어 입체도형을 만들었을 때 서로 맞닿는 변을 기호로 표시하면 다음과 같다.

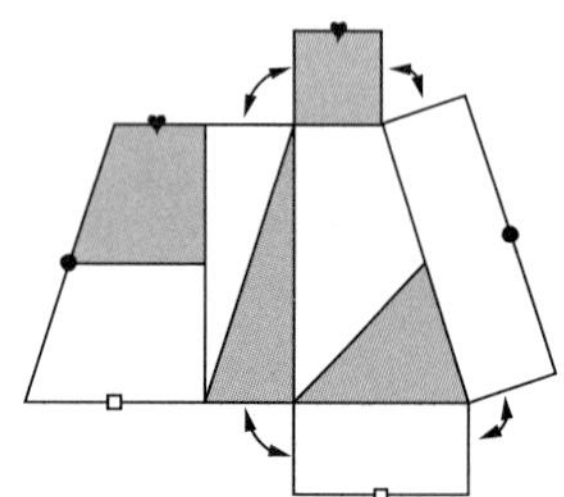

| 오답풀이 |

② 윗면이 가 되어야 한다.

③ 윗면이 , 옆면이 가 되어야 한다.

④ 앞면이 가 되어야 한다.

13

| 정답 | ④

| 해설 | 입체도형에서 보이는 4개의 면을 펼쳤을 때의 모양을 생각하고, 보이지 않는 면을 모두 흰색으로 가정해 전개도를 펼쳐 맞닿는 변을 표시하면 다음과 같다.

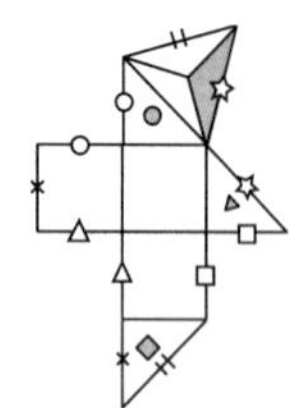

따라서 ④가 옳은 전개도이다.

14

| 정답 | ④

| 해설 | 각 선택지의 전개도를 접었을 때 제시된 입체도형으로 만들어지는지를 판단한다.

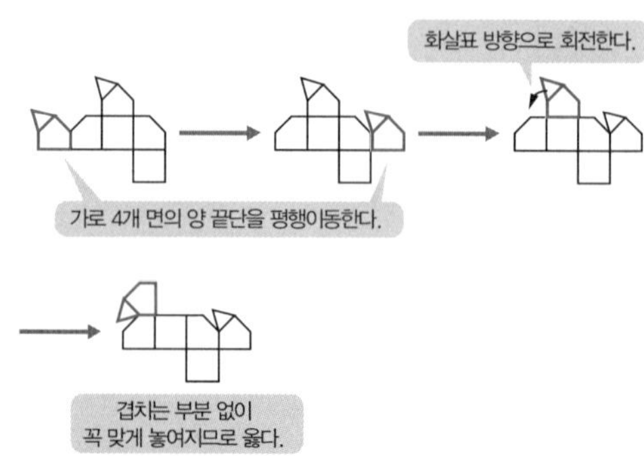

| 오답풀이 |

①

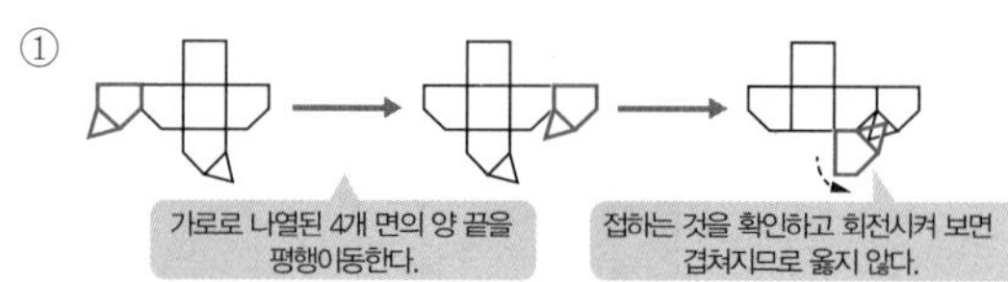

②

③

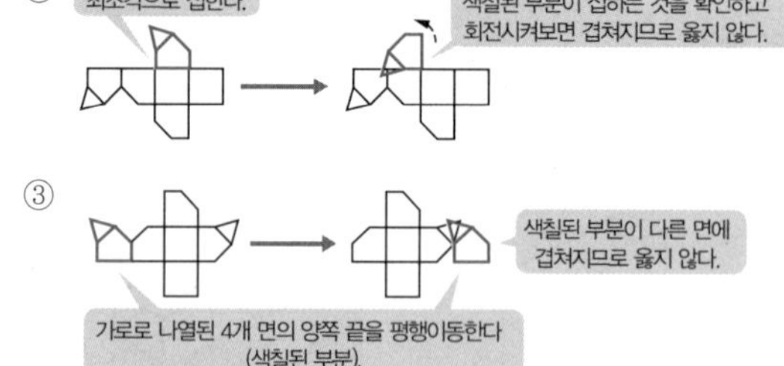

15

| 정답 | ④

| 해설 | 입체도형에서 보이는 세 면이 만나는 꼭짓점을 각각의 전개도에서 찾는다.

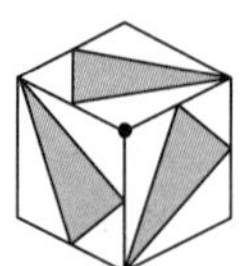

이 꼭짓점을 둘러싼 이등변삼각형이 향하고 있는 방향을 확인한다.

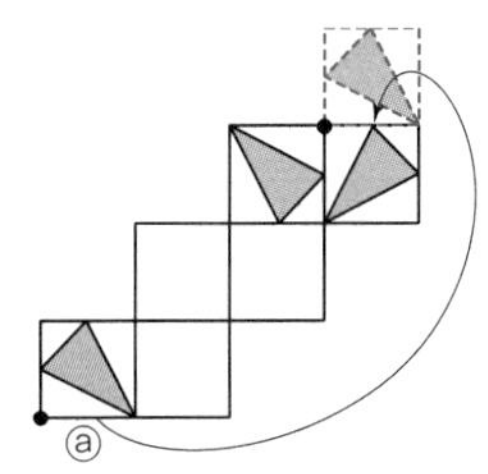

따라서 ⓐ면을 다른 두 면과 이어지도록 이동시키면 점선과 같이 되므로 ④가 제시된 도형의 전개도이다.

16

| 정답 | ④

| 해설 | 앞면과 뒷면에서 볼 수 있는 모양을 그림으로 나타내면 다음과 같다.

1. 앞에서 본 모양

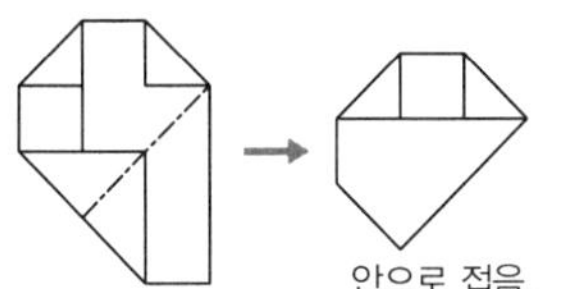

안으로 접음. 밖으로 접음.

2. 뒤에서 본 모양

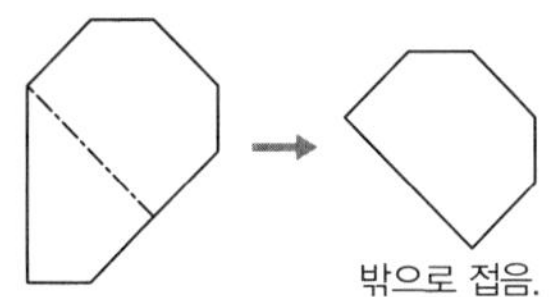
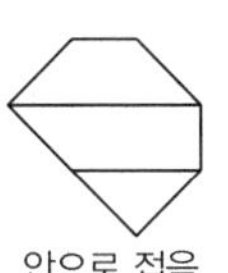

밖으로 접음. 안으로 접음.

따라서 ④는 볼 수 없다.

17

| 정답 | ③

| 해설 | 앞면과 뒷면에서 볼 수 있는 모양을 그림으로 나타내면 다음과 같다.

1. 앞에서 본 모양

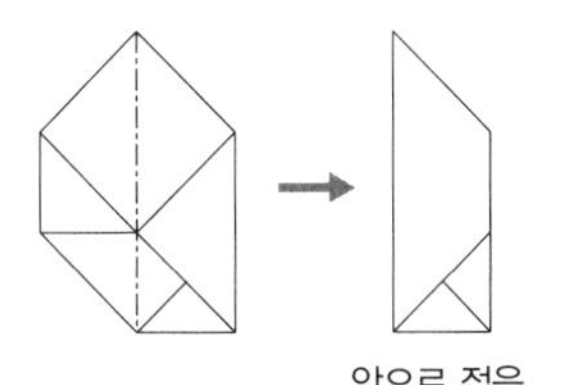
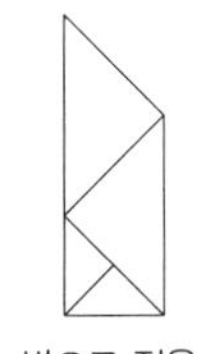

안으로 접음. 밖으로 접음.

2. 뒤에서 본 모양

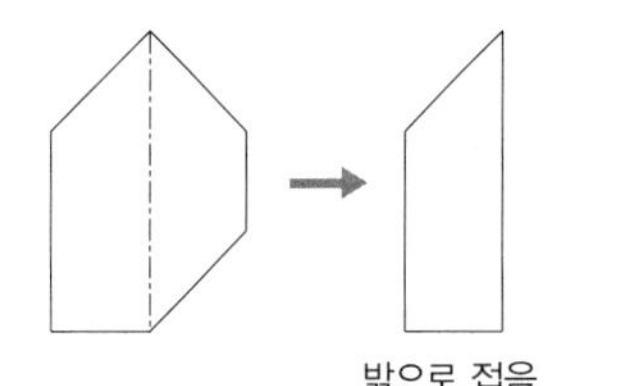
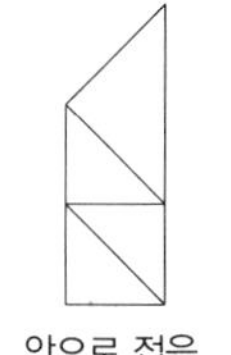

밖으로 접음. 안으로 접음.

따라서 ③은 볼 수 없다.

18

| 정답 | ②

| 해설 | 앞면과 뒷면에서 볼 수 있는 모양을 그림으로 나타내면 다음과 같다.

1. 앞에서 본 모양

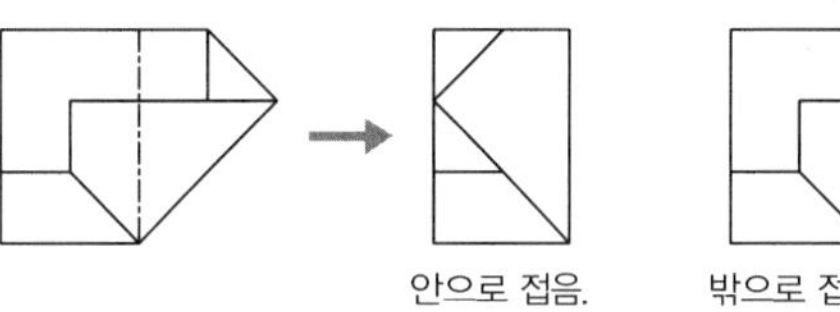

안으로 접음. 밖으로 접음.

2. 뒤에서 본 모양

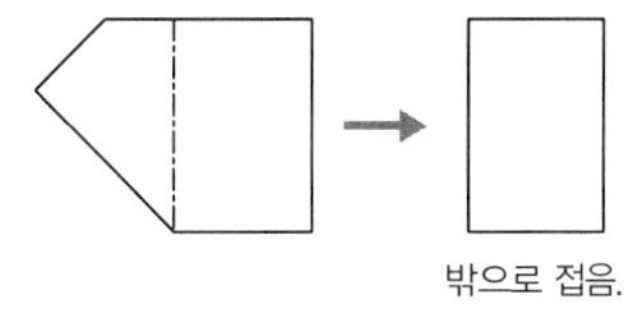
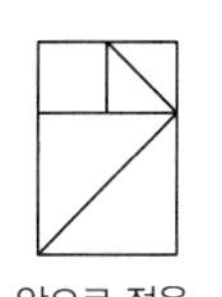

밖으로 접음. 안으로 접음.

따라서 ②는 볼 수 없다.

19

| 정답 | ②

| 해설 | 역순으로 펼치면 다음과 같다.

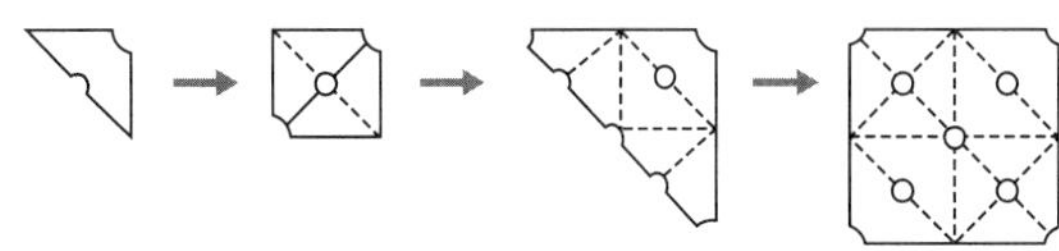

20

| 정답 | ④

| 해설 | 역순으로 펼치면 다음과 같다.

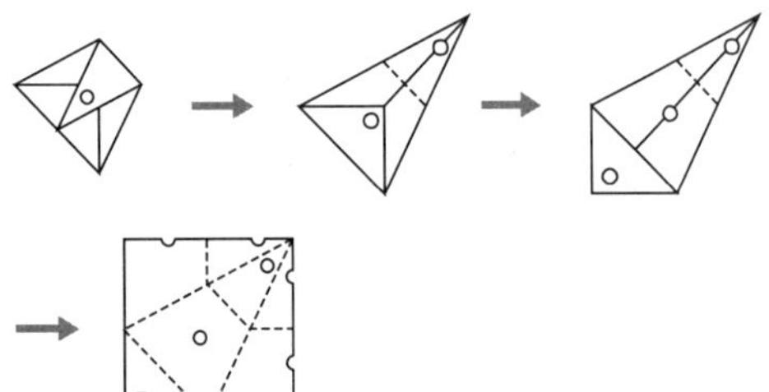

4회 문제해결력

문제 284쪽

01	②	02	④	03	④	04	②	05	④
06	③	07	④	08	④	09	③	10	②
11	④	12	②	13	③	14	④	15	③
16	②	17	①	18	④	19	②	20	①

01

| 정답 | ②

| 해설 | 남학생의 자리를 ㉠ ~ ㉤이라 하면 자리 배치는 (㉠) −1−(㉡)−2−(㉢)−3−(㉣)−4−(㉤)−5가 된다.

조건에 의해 A는 짝수 번호 옆에 앉아야 하므로 ㉡, ㉢, ㉣, ㉤에 앉을 수 있고, B는 짝수 번호 옆에 앉을 수 없으므로 반드시 ㉠에 앉아야 한다. C는 4의 옆자리에 앉을 수 없으므로 ㉠, ㉡, ㉢에 앉을 수 있지만 ㉠에 B가 앉으므로 C는 ㉡, ㉢에 앉을 수 있다. E는 반드시 1번 옆에 앉아야 하는데, B가 ㉠에 앉으므로 E는 ㉡에 앉는다. 따라서 C는 ㉢에 앉아야 한다.

이를 정리해 보면 가능한 자리 배치는 다음과 같은 두 경우이다.

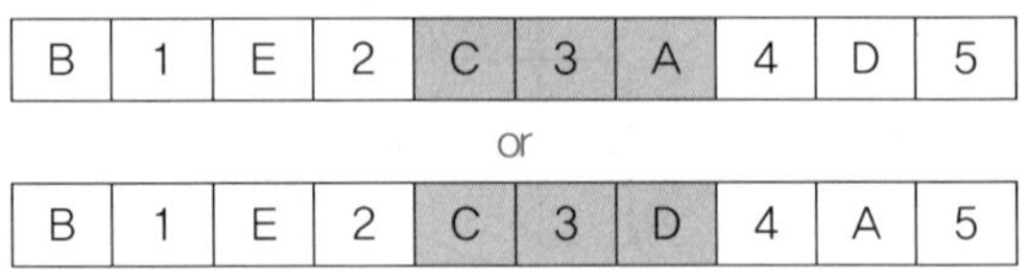

B	1	E	2	C	3	A	4	D	5

or

B	1	E	2	C	3	D	4	A	5

따라서 3번의 옆자리는 C, A 또는 C, D가 된다.

02

| 정답 | ④

| 해설 | A는 금품을 받지 않았으므로 B, C, D 중에서 생각한다. C가 금품을 받았다면 B, C, D 모두 금품을 수수하였다. 만약 B가 금품을 받았다면 C 또는 D도 금품을 받았는데, 만약 C가 금품을 받았다면 세 번째 조건에 따라 D 역시도 금품을 받은 것이 된다. 따라서 어떠한 경우에도 D는 금품을 받았음을 알 수 있다.

03

| 정답 | ④

| 해설 | 자리가 고정되어 있는 A와 세 번째 조건을 토대로 나타내면 다음과 같다.

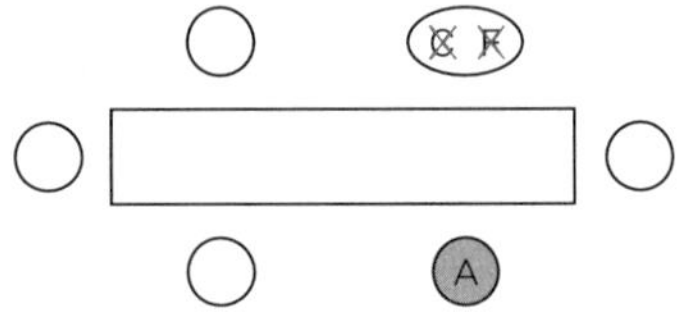

네 번째 조건을 보면 E는 C의 왼쪽 바로 옆에 앉아 있다고 했으므로 C는 3번 자리에 앉아 있지 않음을 알 수 있다. 따라서 C는 1번 또는 5번 또는 6번, F는 5번 또는 1번 또는 3번 자리에 앉아 있음을 유추할 수 있다. 마지막 조건을 보면 F는 B의 오른쪽 바로 옆에 앉아 있다고 했으므로 F의 자리는 3번이 아닌 것을 알 수 있다. 이를 정리해 보면 다음과 같은 경우가 가능하다.

1)

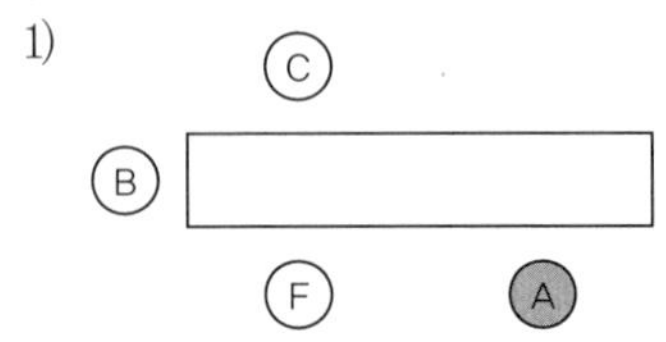

2)

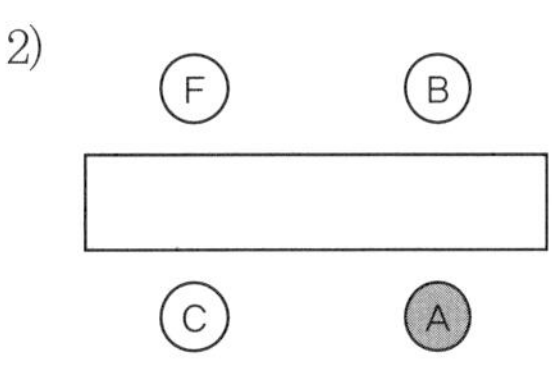

다섯 번째 조건을 보면 B의 왼쪽 바로 옆에는 D가 앉아 있다고 했는데 1)일 경우 B는 C와 F의 사이에 앉게 되어 조건에 맞지 않으므로, B는 2번 자리에 앉아 있음을 유추할 수 있다. 이를 종합해 보면 A와 친구들의 자리는 다음과 같다.

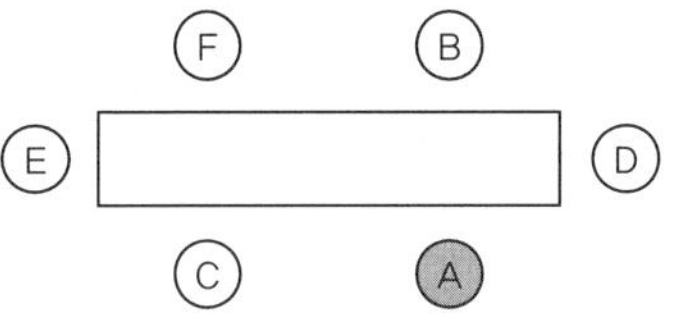

따라서 D와 E는 마주 보고 앉아 있다.

04

| 정답 | ②

| 해설 | (나), (마)를 통해 1층, 3층, 5층에 각각 B, A, D사의 사무실이 하나씩 있음을 알 수 있다. (라)를 통해 C사의 모든 사무실 위에는 A, B사의 사무실이 있어야 하므로 C사의 사무실은 1층, 2층 또는 3층에 위치할 수 있다. 만약 C사의 사무실이 1층에 하나 있다면, 2층에는 A, B사의 사무실이 있어야 하므로 C사의 남은 사무실은 3층에 위치해야 한다. 그런데 이 경우 4층에도 A, B사의 사무실이 있어야 하므로 두 회사의 사무실이 3개가 되어 불가능하다(아래 경우 1). 마찬가지로 C사의 사무실이 3층에 하나 있다면 C사의 남은 사무실은 2층에 위치해야 하는데 이는 불가능하다(아래 경우 2). 따라서 C사의 사무실은 모두 2층에 위치하고 3층에는 A사와 B사의 사무실이 위치한다.

경우 1

5층	D	
4층	A	B
3층	A	C
2층	A	B
1층	B	C

경우 2

5층	D	
4층	A	B
3층	A	C
2층	C	
1층	B	

(바)를 통해 A사와 E사의 한 사무실은 같은 층에 위치해야 하므로 두 사무실은 4층에 위치한다. (다)에 따르면 D사의 모든 사무실은 B사의 사무실보다 위층에 있어야 하므로 남은 D사의 사무실은 5층에 있고 1층에는 E사의 사무실이 위치한다. 이를 정리해 보면 다음과 같다.

5층	D	D
4층	A	E
3층	A	B
2층	C	C
1층	B	E

따라서 ②는 적절하지 않다.

05

| 정답 | ④

| 해설 | 각 조건에 기호를 붙여 정리하면 다음과 같다.

- p : 의류를 판매한다.
- q : 핸드백을 판매한다.
- r : 구두를 판매한다.

기호에 따라 제시된 조건과 그 대우를 정리하면 다음과 같다.

- $\sim p \rightarrow q(\sim q \rightarrow p)$
- $q \rightarrow \sim r(r \rightarrow \sim q)$

따라서 '$r \rightarrow \sim q$', '$\sim q \rightarrow p$'에 따라 '$r \rightarrow p$'가 성립한다. 즉, '구두를 판매하면 의류를 판매한다'가 참이므로 밑줄 친 부분에는 '구두를 판매하기로 했다'가 들어가는 것이 적절하다.

06

| 정답 | ③

| 해설 | 각 조건에 기호를 붙여 정리하면 다음과 같다.

- p : 팀장이 출장을 간다.
- q : 업무처리가 늦어진다.
- r : 고객의 항의 전화가 온다.
- s : 실적평가에서 불이익을 받는다.

기호에 따라 제시된 조건과 그 대우를 정리하면 다음과 같다.

• p → q(~q → ~p)

• r → s(~s → ~r)

• q → r(~r → ~q)

따라서 '~s → ~r', '~r → ~q', '~q → ~p' 세 명제의 삼단논법에 따라 '~s → ~p'가 성립한다. 즉, '실적평가에서 불이익을 받지 않으면 팀장이 출장을 가지 않은 것이다'는 참이다.

| 오답풀이 |

①, ②, ④ 주어진 명제로 알 수 없다.

07

| 정답 | ④

| 해설 | 각 조건에 기호를 붙여 정리하면 다음과 같다.

• p : 안경을 썼다.

• q : 가방을 들었다.

• r : 키가 크다.

• s : 스카프를 맸다.

기호에 따라 제시된 조건과 그 대우를 정리하면 다음과 같다.

• p → ~q(q → ~p)

• ~p → ~r(r → p)

• s → q(~q → ~s)

따라서 'r → p', 'p → ~q', '~q → ~s' 세 명제의 삼단논법에 따라 'r → ~s'가 성립한다. 즉, '키가 큰 사람은 스카프를 매지 않았다'는 참이다.

| 오답풀이 |

①, ②, ③ 주어진 명제로 알 수 없다.

08

| 정답 | ④

| 해설 | 각 조건에 기호를 붙여 정리하면 다음과 같다.

• p : 나무를 좋아한다.

• q : 새를 좋아한다.

• r : 하늘을 좋아한다.

• s : 꽃을 좋아한다.

• t : 숲을 좋아한다.

기호에 따라 제시된 조건과 그 대우를 정리하면 다음과 같다.

• p → q(~q → ~p)

• r → s∩t(~s∪~t → ~r)

• t → p(~p → ~t)

따라서 'r → s∩t', 't → p', 'p → q' 세 명제의 삼단논법에 따라 'r → q'가 성립한다. 즉, '하늘을 좋아하는 사람은 새를 좋아한다'는 참이다.

| 오답풀이 |

①, ②, ③ 주어진 명제로 알 수 없다.

09

| 정답 | ③

| 해설 | 흐름도의 첫 번째 가로줄 마지막에 있는 8342 → □ → 8243을 통해 □가 두 번째 자리와 네 번째 자리에 있는 숫자 또는 문자의 위치를 서로 바꾸는 기호임을 알 수 있다. 이를 두 번째 가로줄에 적용해 보면, ACGI에서 두 번째와 네 번째 자리의 알파벳이 서로 바뀌어 AIGC가 된다. 이 AIGC가 ♡를 거치면서 CGIA가 되었으므로 ♡는 배열된 순서를 역순으로 바꾸는 규칙임을 알 수 있다. 지금까지 파악한 □와 ♡의 규칙을 첫 번째 세로줄에 적용해 보면, 2154 → ♡ → 4512 → □ → 4215가 되므로 위에서 유추한 규칙이 옳다는 것을 확인할 수 있다.

마지막으로 첫 번째 가로줄은 3246 → ♡ → 6423 → △ → 8342가 되므로, △는 각 자리의 수에 각 +2, −1, +2, −1을 하는 규칙임을 알 수 있다.

이를 종합하여 규칙을 정리하면 다음과 같다.

• ♡ : 배열된 순서를 역순으로 바꾸기

• □ : 두 번째와 네 번째 자리의 숫자 서로 위치 바꾸기

• △ : 각 자릿수에 각각 +2, −1, +2, −1 하기

따라서 □를 적용하면 5273이 되고, △를 적용하면 7192가 된다.

10

| 정답 | ②

| 해설 | **09**에 제시된 규칙을 참고하여 ?를 구하면 다음과 같다.

BJKM → □ → BMKJ → ♡ → JKMB

11

| 정답 | ④

| 해설 | 6일 블루 연회장, 7일 골드 연회장, 13일 블루 연회장, 14일 골드와 블루 연회장을 모두 사용 가능하다.

| 오답풀이 |

① 250명이 입장할 수 있는 연회장은 300명이 입장 가능한 블루와 골드 연회장이다.

② 고객은 송년의 밤이라고 말했으므로 저녁 일정을 확인하는 것이 옳다.

③ 연회장별로 하루에 1건만 예약이 가능하므로 4일, 11일, 12일은 사용 가능한 연회장이 없다. 5일에는 블루 연회장을 사용할 수 있으나 이미 예약된 연회장의 시간을 고려하였을 때 투입할 수 있는 인력이 부족하다.

12

| 정답 | ②

| 해설 | 〈의사결정 기준〉에 따라 총 점수를 구하면 다음과 같다.

구분	베트남 다낭	태국 푸켓	제주도	괌
맛	5	3	4	2
1인 교통비	9.6	9.7	9.8	9.2
분위기	2	5	1	4
거리	4	2	5	1
방문횟수	3	2	1	4
가산점	1+2	1+5	2	3
총점	26.6	27.7	22.8	23.2

따라서 최종으로 선택되는 휴가지는 태국 푸켓이다.

13

| 정답 | ③

| 해설 | 사용기간과 기능을 중요하게 보고 있으므로 사용기간에서 5점, 기능에서 4점을 얻은 제품 C가 적절하다.

14

| 정답 | ④

| 해설 | 장 과장은 디자인과 기능을 중요시한다. 따라서 디자인에서 3점, 기능에서 4점을 얻은 제품 D가 적합하다.

15

| 정답 | ③

| 해설 | 〈결과물 제출〉에 따르면 최종 결과물 제출용 이메일 주소는 향후 별도 공지될 예정이다.

16

| 정답 | ②

| 해설 | 1차 심사 결과와 2차 심사 결과를 각각 계산해 보면 다음과 같다.

구분	1차 심사(100)					
	창의성(25)	실현 가능성(25)	적합성(20)	파급성(10)	완성도(20)	총점(100)
A	20	15	16	6	17	74
B	18	20	18	8	18	82
C	22	16	18	9	16	81

구분	2차 심사(100)		
	현장평가단(50)	심사위원(50)	심사 비율이 반영된 총점(100)
A	36	42	$(36\times0.3+42\times0.7)\times2=80.4$
B	35	40	$(35\times0.3+40\times0.7)\times2=77$
C	40	38	$(40\times0.3+38\times0.7)\times2=77.2$

가중치를 반영한 최종 점수 합산 결과는 다음과 같다.

A : 74×0.4+80.4×0.6=77.84(점)

B : 82×0.4+77×0.6=79(점)

C : 81×0.4+77.2×0.6=78.72(점)

따라서 총점이 가장 높은 팀은 B팀, 낮은 팀은 A팀이다.

17

| 정답 | ①

| 해설 | 행사 시작이 22일이므로 상사의 지시에 따라 입소교육은 늦어도 17일까지 완료되어야 한다. 따라서 늦어도 14일에는 입소교육이 시작되어야 하며 합격자 발표는 12일까지 이루어져야 한다. 이를 위해서는 11일까지 합격자 결과에 대한 결재가 완료되어야 하며 7일에 면접이 진행되어야 한다. 7일에는 김 과장만 면접을 진행할 수 없으므로 과장 이상의 직급자로 7일에 진행할 수 있다.

18

| 정답 | ④

| 해설 | 면접 대상자는 64명이고 4명씩 그룹으로 만들어 면접을 진행하므로 총 64÷4=16(개) 그룹이 생긴다. 또한 면접장은 2개로 나누어지기 때문에 한 면접장에서 8개 그룹(32명)이 면접을 볼 수 있다. 9시 30분에 시작하여 점심시간 12시까지는 150분의 시간이 있으므로 정리하는 시간 10분을 감안하여 25+10+25+10+25+10+25+10=140(분)이 지난 11시 50분에 네 번째 그룹의 면접과 정리가 모두 끝나게 된다. 점심시간이 끝나는 13시 30분부터 남은 네 개의 그룹의 면접을 진행할 수 있으므로 오전과 같은 140분의 면접과 정리시간이 지난 15시 50분에 마지막 그룹의 면접이 끝난다.

19

| 정답 | ②

| 해설 | (가) A는 2020년 4월 사무직으로 입사할 때 채용 시의 교육 명목으로 최소 8시간을 교육받았을 것이다. 이후 2022년 10월까지 2020년 3번, 2021년 4번, 2022년 3번의 정기교육을 받았을 것이며, 정기교육은 분기당 최소 3시간을 받아야 하므로 A가 받았을 정기 교육은 최소 10×3=30(시간)이다. 따라서 입사 이후 현재까지 받은 최소 안전교육 시간은 38시간이다.

(라) '산업보건 및 직업병 예방에 관한 사항', '사고 발생 시 긴급조치에 관한 사항', 「산업안전보건법」 및 일반관리에 관한 사항' 모두 작업내용 변경 시 교육내용에 해당한다.

| 오답풀이 |

(나) '유해 · 위험 작업환경 관리'는 근로사 및 관리감독자 정기교육 내용에 해당한다.

(다) 관리감독자는 연간 최소 16시간의 교육을 받아야 한다. 따라서 C는 2019년부터 2022년까지 최소 16×4=64(시간)의 교육을 받아야 하므로, 최소 6시간의 추가 교육이 필요하다.

20

| 정답 | ①

| 해설 | 서울과 올랜도의 시차는 14시간으로 서울이 올랜도보다 14시간 빠르다. 비행시간이 총 12시간이고, 도착 후 소요시간은 2시간 30분이므로 엑스포 장소까지 도착하는 데 걸리는 총 시간은 14시간 30분이다. 서울 기준 4월 6일 오후 11시에 엑스포 장소에 도착하게 되며, 이는 올랜도 현지 시각으로 4월 6일 오전 9시이다.

4회 집중력

문제 298쪽

01	④	02	②	03	④	04	②	05	③
06	②	07	④	08	④	09	③	10	③
11	②	12	①	13	②	14	②	15	④
16	③	17	④	18	②	19	③	20	②

01

| 정답 | ④

| 해설 |

02

| 정답 | ②

| 해설 |

WE IU FE GE SG YK QD JC NJ KG KM GM
VO EI KL LO OW IE UN KJ MQ LP DN FJ
RO IL EN MH DS KM KO FK FJ SL HG NC
MF CE CA HI EK UF YF GF KJ CB NJ HE

03

| 정답 | ④

| 해설 |

ずけぢだしぢゆびぜくいつねぬめぺぼど
づさゃわるめでづ
けつでげきぷぽをろぜにべすじけぉぞひ
ぎぢもをしよぢぎ
へどくぱらせぐけぉゐゎしぁなてそども
ふすけゅむびれた

04

| 정답 | ②

| 해설 |

n B Z a Q W D R U O E F L F I R B K U n O
L G V H J I C W G C Y H A C E P J Z C E P
I T Y C Q K m S X m V D S B m U W n V m S

05

| 정답 | ③

| 해설 |

211 231 212 210 275 276 257 297 291 217 227
214 247 279 216 211 217 231 271 251 237 291
277 237 255 218 274 267 211 217 285 216 271

06

| 정답 | ②

| 해설 |

海 技 術 火 庚 申 壬 癸 水 今 土 日 方 畜 儀
民 畜 東 西 韓 南 北 甲 美 丁 木 伍 月 西 仔
印 東 苗 士 伍 申 諭 今 乙 技 仔 韓 社 姻 海
美 妙 川 地 運 棟 進 相 念 快 親 文 現 太 産

07

| 정답 | ④

| 해설 |

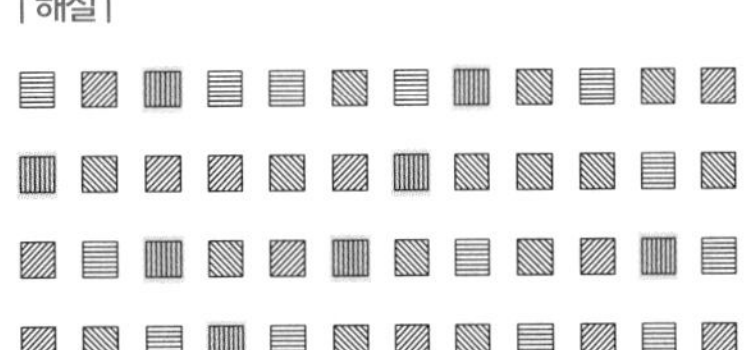

08

| 정답 | ④

| 해설 | HP−22

09

| 정답 | ③

| 해설 | VJB−954

10

| 정답 | ③

| 해설 | STR−816

11

| 정답 | ②

| 해설 | ZQB−034

12

| 정답 | ①

| 해설 | ㉢만 일치한다.

| 오답풀이 |

㉠ OARVNH−OAPVNH

㉡ 동백꽃−동맥꽃

㉣ 12131141−12131411

㉤ 교퍄휴져뮨챠−교파휴져뮨챠

13

| 정답 | ②

| 해설 | ㉣과 ㉤이 일치한다.

| 오답풀이 |

㉠ TZSWKBOYI−TZCWKBOYI

㉡ 2605842−2065842

㉢ 9789543−9798543

14

| 정답 | ②

| 해설 | ㉡과 ㉢이 일치한다.

| 오답풀이 |

㉠ ABHUU−ABHVU

㉣ 교리마스트로−교리마스투로

㉤ QWOASC−QWOASD

15

| 정답 | ④

| 해설 | 사회와 격리된 인간을 상상할 수 없듯이 언어와 격리된 인간도 상상하기 어렵다. 인간이 사회적인 그물망으로 엮여 있는 동물이고 그 사회적 그물망을 연결시켜 주는 역할을 하는 것이 언어이기 때문이다. 이는 사회를 떠난 인간이 존재할 수 없듯이 사회와 유리된 언어가 존재할 수 없다는 것을 의미하는 동시에, 사회가 달라지면 언어 사용 양상도 달라진다는 것을 의미한다.

16

| 정답 | ③

| 해설 | 속도는 기술 혁명이 인간에게 선사한 엑스터시(ecstasy)의 형태이다. 오토바이 운전자와는 달리, 뛰어가는 사람은 언제나 자신의 육체 속에 있으며, 뛰면서 생기는 미묘한 신체적 변화와 가쁜 호흡을 생각할 수밖에 없다. 뛰고 있을 때 그는 자신의 체중, 자신의 나이를 느끼며, 그 어느 때보다도 더 자신과 자기 인생의 시간을 의식한다. 인간이 기계에게 속도의 능력을 위임하고 나자 모든 게 변했다. 이때부터, 그의 고유한 육체는 관심 밖으로 밀려나고 그는 비신체적 속도, 비물질적 속도, 순수한 속도, 속도 그 자체, 속도 엑스터시에 몰입하게 된다. 기묘한 결합테크닉의 싸늘한 몰개인성과 엑스터시 불꽃. 어찌하여 느림의 즐거움은 사라져 버렸는가?

17

| 정답 | ④

| 해설 | 서울시 마포구 마포동은 송화주의 주소이며, 수화주의 주소는 대구광역시 달서구 호림동이다.

18

| 정답 | ②

| 해설 |

헌혈보류기간 (치료종료 후)	질병명
영구배제	리슈만편모충증, 바베스열원충증, 샤가스병, 큐열(Q열), 크로이츠펠트야콥병(CJD) 및 변종크로이츠펠트야콥병(vCJD), 한센병, 후천성면역결핍증(AIDS), C형간염
5개월	포충증
1개월	결핵, 공수병, 뎅기열, 두창, 디프테리아, 라싸열, 라임병, 레지오넬라증, 렙토스피라증, 마버그열, 바이러스성 출혈열, 발진열, 발진티푸스, 백일해, 보툴리눔독소증, 비브리오패혈증, 성홍열, 세균성이질, 수두, 수막구균성수막염, 수족구병, 신종인플루엔자, 신증후군출혈열(유행성 출혈열), 아프리카수면병, 에볼라열, 엔테로 바이러스 감염증, 야토병(툴라레미아), 유비저, 유행성이하선염(볼거리), 인플루엔자, 일본뇌염, 장출혈성 대장균감염증, 장티푸스, 조류인플루엔자 인체감염증, 주혈흡충증, 진드기매개뇌염, 쯔쯔가무시병, 치쿤구니야열, 콜레라, 탄저, 파라티푸스, 파상풍, 페스트, 폴리오, 풍진, 홍역, 황열, A형간염
치료종료 시까지	간흡충증, 급성호흡기감염증, 다제내성녹농균(MRPA) 감염증, 다제내성아시네토박터바우마니균(MRAB) 감염증, 메디나선충증, 메티실린내성황색포도알균(MRSA) 감염증, 반코마이신내성장알균(VRE) 감염증, 반코마이신내성황색포도알균(VRSA) 감염증, 요충증, 장관감염증, 장흡충증, 카바페넴내성장내세균속균종(CRE) 감염증, 편충증, 폐흡충증, 회충증

19

| 정답 | ③

| 해설 | • A2 : G2003001 → H2003001

• C6 : 사원 → 대리

• D5 : 2010－07－08 → 2009－07－08

20

| 정답 | ②

| 해설 | • B10 : 김자람 → 박사랑

• D8 : 2010－11－27 → 2010－07－27

4회 상식

문제 308쪽

01	②	02	④	03	④	04	④	05	①
06	④	07	④	08	②	09	②	10	④
11	①	12	④	13	①	14	④	15	④
16	④	17	①	18	④	19	②	20	②
21	①	22	③	23	②	24	③	25	④

01

| 정답 | ②

| 해설 | 왼쪽 그림은 갈판과 갈돌이고 오른쪽 그림은 빗살무늬토기이다. 두 가지 모두 신석기시대에 처음 제작되었다. 신석기시대에는 농경이 처음으로 시작되었고 구석기시대와는 달리 돌을 갈아서 만든 간석기를 사용하였는데 삽, 보습, 낫 등 주로 농기구를 제작하였다.

| 오답풀이 |

① 고대 집권국가

③, ④ 청동기시대

02

| 정답 | ④

| 해설 | 자료는 일연의 『삼국유사』에 실린 단군의 건국 이야기이다. 환웅이 '널리 인간을 이롭게 할 만하다'라는 대목을 통해 홍익인간의 이념을 알 수 있고 '풍백, 우사, 운사를 거느린 것'으로 보아 고조선이 농경 사회임을 파악할 수 있다. 또한 '곰과 호랑이'는 각각 곰과 호랑이를 숭배하는 부족을 의미하고 이를 통해 토테미즘 사상이 있었음을 알 수 있다. '환웅이 웅녀와 혼인했다는 것'으로 보아 환웅 부족이 곰 숭배 부족과 연합하여 고조선을 건국했음을 알 수 있다. 또한 최고 지배자의 호칭인 '단군왕검'은 무당을 뜻하는 의미인 '단군'과 임금을 뜻하는 '왕검'의 합성어로 이를 통해 제정일치의 지배자가 통치했음을 알 수 있다.

03

| 정답 | ④

| 해설 | 삼국의 선진 기술과 문화는 6세기경의 야마토 정권의 성립과 7세기경 나라 지방에서 발전한 일본 고대 아스카 문화의 형성에 큰 영향을 끼쳤다.

| 오답풀이 |

① 일본에 조선술(선박을 만드는 기술)과 축제술(제방 쌓는 기술)을 전한 것은 삼국 중 문화 교류가 적었던 신라이다.

② 일본 쇼토쿠 태자의 스승이 된 사람은 고구려의 승려 혜자로 백제의 승려 혜총과 함께 호코사에 머무르며 불교의 전파에 힘썼다.

③ 백제의 아직기는 4세기에 일본의 태자에게 한자를 가르쳤고 뒤이어 일본에 건너간 왕인은 천자문과 논어, 유교를 전하고 가르쳤다. 한학은 일본인에게 문학의 필요성을 인식시켜 주었고 유교의 충효사상을 보급시켜 주었다.

04

| 정답 | ④

| 해설 | 가야 연맹의 중심지가 김해에 있던 금관가야에서 고령에 있는 대가야로 바뀌게 된 것은 광개토대왕의 정복활동과 밀접한 관련이 있다. 광개토대왕은 신라 내물 마립간의 요청을 받아들여 신라에 쳐들어온 왜구를 격퇴하였고 도망가는 왜구를 추격하여 금관가야를 공격하였다. 이로 인해 금관가야가 쇠퇴하면서 전기 가야 연맹이 붕괴되고 고령의 대가야를 중심으로 후기 가야 연맹이 성립되었다.

05

| 정답 | ①

| 해설 | 나 · 당 연합군이 편성되어 먼저 백제를 공격하였다. 계백의 5천 결사대가 끝까지 저항했지만 결국 사비성이 함락되고 백제는 멸망하였다. 백제 멸망 이후 왕족 복신과 도침은 왕자 부여풍을 왕으로 추대하고 백제 부흥군을 조직하였다. 이때 왜가 백제 부흥군을 돕기 위해 지원군을 파견하였으나 백강 전투에서 크게 패배하면서 백제 부흥 운동도 막을 내리게 되었다.

| 오답풀이 |

② 당나라가 고구려 안시성에 쳐들어간 것은 나 · 당 연합 이전의 일이다.

③ 7세기 수가 멸망하고 당이 건국된 이후 고구려는 당의 침략에 대비하여 천리장성을 축조하였다.

④ 계백의 결사대가 황산벌 전투를 한 것은 사비성 함락 이전의 일이다.

06

| 정답 | ④

| 해설 | 이소응이 3품이나 되는 고위 무신임에도 불구하고 문신들에게 조롱받는 내용이다. 이를 통해 당시 무신들이 문신에 비해 차별 대우를 받고 있음을 알 수 있다. 무신들은 관직 승진도 정3품인 상장군까지만 올라갈 수 있었고 군대의 총사령관도 문신이 맡았다. 또한 의종의 사치와 향락 때문에 하급 군인들이 군인전을 지급받지 못하는 상황까지 겹치자 무신들의 불만이 높아졌고 자료에 나와 있는 사건을 계기로 무신정변이 발생하였다.

07

| 정답 | ④

| 해설 | 가혹한 형벌 제도의 폐지는 조선 영조에 대한 설명이다. 영조는 압슬형을 폐지하고, 사형을 받지 않고 죽은 자에게는 추형을 금지시켰으며, 사형수에 대하여는 3심제를 엄격히 시행하도록 하여 형살에 신중을 기하게 하였다. 또한 가혹한 형벌을 폐지시켜 인권존중을 기하고, 신문고 제도를 부활시켜 백성들의 억울한 일을 왕에게 직접 알리도록 하는 등 다양한 민생안정책을 펼쳤다.

08

| 정답 | ②

| 해설 | ㉠ 산미 증식 계획 : 일제가 조선을 자국의 식량 공급 기지로 만들기 위해 실시한 미곡 증식 정책으로 일제의 공업화 추진에 따른 부족한 식량을 우리나라에서 착취하면서 수리 조합 사업, 토지 개량 사업 등의 비용을 농민에게 전가하고 쌀 생산을 강요하였다. 농민은 소작료가 올라가고 조합비 · 비료대 등과 증산에 투입된 운반비까지 부담함으로써 이중의 고통을 받았고 일제가 강제로 수탈해 간 미곡이 증산량보다 많아 식량 부족이 심화되었다.

㉢ 토지 조사 사업 : 일제가 우리나라의 식민지적 토지 제도를 확립하여 한국인의 토지를 빼앗기 위해 실시한 대규모 국토 조사 사업으로 토지 조사령을 내려 우리 농민이 토지 소유에 필요한 서류를 갖추어 지정된 기간 안에 신고해야만 소유권을 인정받게 하였다. 당시 토지 신고제가 농민에게 널리 알려지지 않았으며 신고 기간도 짧고 절차가 복잡하여 신고의 기회를 놓친 사람이 많았다. 일제는 미신고 토지는 물론 공공기관에 속해 있던 토지, 마을이나 문중 소유의 토지와 산림, 초원, 황무지 등도 모두 조선총독부 소유로 만들었다. 이로써 우리 농민은 많은 토지를 빼앗기고 기한부 계약에 의한 소작농으로 전락하였다.

| 오답풀이 |

㉡ 회사령 : 일제가 민족 기업을 규제하기 위하여 제정 · 공포한 법령으로 기업의 설립을 총독의 허가제로 하고 허가 조건을 위반한 때에는 총독이 사업의 금지와 기업의 해산을 명할 수 있게 규정하였다. 이를 통해 한국인의 회사 설립과 경영을 통제함으로써 민족 자본의 성장은 억제되고 철도 · 항만 · 통신 · 항공 · 도로 등은 조선 총독부와 일본의 대기업이 독점하였으며 인삼 · 소금 · 담배 등은 조선총독부가 전매하였다.

㉣ 남면 북양 정책 : 1930년대에 이르러 일제는 산미 증식 계획이 어려움에 부딪히자 공업 원료 증산 정책으로 방향을 전환하여 남쪽에서 면화를 재배하고 북쪽에서 면양의 사육을 시도하는, 이른바 남면 북양 정책을 수립하고 이를 우리 농촌에 강요하였다.

09

| 정답 | ②

| 해설 | 신간회(1927)는 '민족 유일당 민족협동전선'이라는 표어 아래 이상재, 안재홍 등을 중심으로 결성된 합법적인 항일 단체로 광주 학생 항일 운동이 일어났을 때 조사단을 파견하였고 수재민 구호 운동 · 재만 동포 옹호 운동 등 사회 운동을 전개하는 한편 농민 운동, 학생 운동을 지원하는 활동도 전개하였다. 신간회는 내분의 발생, 일제의 교묘한 탄압, 코민테른의 지시를 받은 사회주의계의 책동 등으로 결국 4년여 만에(1931) 해체되었으나 3 · 1 운동 이후 민족주의자와 사회주의자들이 처음으로 민족협동전선을 구축하여 독립운동을 펼쳤다는 점에서 그 의의가 크다.

| 오답풀이 |

① 신민회(1907) : 안창호, 양기탁, 이동녕, 이동휘, 박은식, 신채호 등 사회 각계 각층의 인사를 망라하여 조직된 비밀 결사 단체이다. 국권 회복과 공화정체의 국민국가 수립을 궁극적인 목표로 표면적으로는 문화적 · 경제적 실력 양성 운동을 전개하면서 내면적으로 독립군 기지 건설에 의한 군사적 실력 양성을 기도하여 남만주의 삼원보, 밀산부의 한흥동, 블라디보스토크의 신한촌 등 해외 독립운동 기지를 건설하였다. 그러나 일제가 날조한 105인 사건으로 조직이 와해되고 말았다.

③ 보안회(1904) : 토지 약탈을 목적으로 한 일본의 황무지 개간권 요구에 대항하기 위해 송수만 등을 중심으로 서울에서 결성된 항일 단체이다. 이들의 저항 운동으로 일본의 황무지 개간권 확보는 좌절시켰으나 일본 측의 압력으로 해산되었다.

④ 근우회(1927) : 신간회 출범과 더불어 탄생하여 김활란 등이 중심이 되어 신간회의 자매 단체로 활동하였다. 사회주의 계열의 여성 단체가 조직되어 활성화되면서 민족주의 계열의 여성 운동과 대립을 보이다가 양측이 통합하여 결성되었으며 여성 노동자의 권익 옹호와 새 생활 개선을 행동 강령으로 하였다.

10

| 정답 | ④

| 해설 | 모스크바 3국 외상 회의에서는 한국의 임시 민주 정부 수립을 위한 미 · 소 공동위원회를 설치하고 최대 5년간 신탁 통치를 실시하기로 결의하였다. 이에 우익은 신탁통치에 반대하는 운동을 펼쳤으나 좌익은 찬탁 운동을 전개하면서 좌 · 우의 대립이 격화되었다.

11

| 정답 | ①

| 해설 | 음식을 불로 조리해 섭취함으로써 단백질 섭취 효율이 높아졌고, 위생적인 면에서도 크게 개선되었다.

| 오답풀이 |

② 석탄은 육지에서, 석유는 바다에서 주로 생성되었다.

③ 암모니아는 수소와 질소로만 이루어진 화합물이다.

④ 대기 중의 질소는 매우 안정한 물질로서 쉽게 반응하지 않으므로 식물은 질소 그 자체를 직접 이용할 수 없다.

12

| 정답 | ④

| 해설 | C(산소)와 D(산소)는 양성자 수는 같고, 질량수는 다른 동위 원소이다.

| 오답풀이 |

① A(탄소)의 원자가 전자는 4개이다.

② A의 질량 수는 6+7=13(개)로 B의 질량 수인 7+7=14(개)보다 적다.

③ 전자 수는 양성자 수와 같으므로 B(질소)의 전자 수(7개)는 C의 전자 수(8개)보다 적다.

13

| 정답 | ①

| 해설 | 코크스가 불완전 연소하면 일산화탄소(CO)가 발생된다.

| 오답풀이 |

② 반응 ㉡에서 CO는 CO_2로 산화되면서 철광석을 환원시키는 환원제로 작용한다.

③ 슬래그($CaSiO_3$)의 밀도가 용융된 철의 밀도보다 작기 때문에 용융된 철보다 위쪽에서 분리된다.

④ 반응 ㉢과 ㉣은 산화수가 변하지 않으므로 산화-환원 반응이 아니다.

14

| 정답 | ④

| 해설 | 진폭은 진동 중심에서 마루 혹은 골까지의 높이이므로 1cm이다.

| 오답풀이 |

① 1파장이 진행되는 동안의 길이가 20cm이므로 파장은 20cm이다.

② 주기가 1초이므로 진동수도 1Hz이다.

③ 전파 속력은 파장×진동수이므로 20cm/s이다.

15

| 정답 | ④

| 해설 | NH_3BF_3는 평면 구조로 120° 결합각을 갖지만 배위결합을 한 후 약 109.5°에 가깝다.

| 오답풀이 |

① NH_3는 삼각뿔 모양의 분자이다.

② NH_3BF_3는 배위 결합 후 8개의 옥텟 규칙을 만족하게 된다.

③ NH_3BF_3는 배위 결합(공유 결합)을 한다.

16

| 정답 | ④

| 해설 | $F\Delta t = m(v - v_0)$

$F \times 0.5 = 10 \times (20 - 0)$

$\therefore\ F = 400(N)$

17

| 정답 | ①

| 해설 | 이상 기체가 단열 팽창하면 부피를 늘리는 데 필요한 열을 내부 에너지로부터 얻기 때문에 이상 기체의 온도와 내부 에너지가 감소한다.

| 오답풀이 |

② 이상 기체의 부피가 늘어나므로 압력은 감소한다.

③ 단열 팽창이란 외부와 열교환 없이 물체의 부피가 늘어나는 현상이므로 외부로 일을 한 것이 된다.

18

| 정답 | ④

| 해설 | 주기율표에서 왼쪽 아래로 갈 때, 원자 반지름(㉢), 금속성(㉣), 이온화 경향(㉤) 등은 증가하고 이온화 에너지, 전자 친화도, 전기 음성도는 작아지며, 산화되기도 전자를 잃기도 쉽다.

19

| 정답 | ②

| 해설 | ㉠ A는 원자가 띠 위에 있는 전도띠를 말한다.

㉢ (나) 도체는 띠틈이 0으로 전기 전도도가 (가)에 비해 좋다.

| 오답풀이 |

㉡ 반도체는 (가)에 속하며, (나)는 도체이다.

20

| 정답 | ②

| 해설 | 광전자는 쪼이는 빛의 에너지가 어느 한도 이상이어야 튀어 나와서 전류가 흐르게 된다.

21

| 정답 | ①

| 해설 | 인공지능 스마트 제철소에서는 사물인터넷으로 정보를 수집하여 빅데이터로 정보를 분석한 후 인공지능으로 공정 과정을 제어하여 전체 벨류체인의 스마트화를 확대할 수 있다.

22

| 정답 | ③

| 해설 | 빈칸에 들어갈 용어는 뉴칼라(New Collar) 레벨 인증제이다.

| 오답풀이 |

② TL(Technician Level)은 총 다섯 단계로 구분되는 직무역량 인증제도이다. 개인의 역량 수준에 맞는 기술교육을 받고 선 · 후배 간 기술 노하우를 체계적으로 전수하는 기반을 마련할 수 있다.

④ 포스코 명장 제도는 세계적인 수준의 기술과 노하우로 회사에 기여하는 직원을 독려하기 위한 제도로서 TL 등급 이상 보유, 기능장 이상 보유 등의 요건을 갖추어야 명장 후보로 지원할 수 있다.

23

| 정답 | ②

| 해설 | 제시된 글은 포스코스틸리온에 관한 설명이다.

| 오답풀이 |

① 포스코휴먼스는 포스코가 장애인, 고령자, 다문화가정 등 다양한 취약계층에게 안정된 일자리를 제공하기 위해 포스위드(자회사형표준사업장)와 포스에코하우징(사회적기업)을 합병해 만든 회사이다.

③ PNR은 신일본제철이 RHF(Rotary Hearth Furnace, 회전로상식 환원로) 기술을 이용한 조인트 벤처(Joint Venture) 설립을 제안해 포스코가 이를 받아들임으로써 2008년 1월에 설립된 포스코의 출자사이다.

④ 포스코알텍은 포스코그룹의 고객 대상의 지식자산 전문 기업으로서 2017년 6월 8일 설립되었다.

24

| 정답 | ③

| 해설 | 고강도강은 냉연 제품에 속한다.

25

| 정답 | ④

| 해설 | 기업시민 포스코의 5대 브랜드는 다음과 같다.

- Green with POSCO : 함께 환경을 지키는 회사
- Together with POSCO : 함께 거래하고 싶은 회사
- Ghallenge with POSCO : 함께 성장하고 싶은 회사
- Life with POSCO : 함께 미래를 만드는 회사
- Community with POSCO : 지역과 함께하는 회사

PAT 포스코그룹 생산기술직

인적성검사 기출예상모의고사

www.gosinet.co.kr **gosinet**

모듈형_NCS

코레일_NCS

철도공기업_NCS

에너지_NCS